RÁDIO

Produção, programação e performance

Dados Internacionais de Catalogação na Publicação (CIP)
(Câmara Brasileira do Livro, SP, Brasil)

Hausman, Carl
  Rádio: produção, programação e performance / Carl Hausman...
[et al.] ; tradução Marleine Cohen ; revisão técnica Alvaro
Bufarah. - São Paulo : Cengage Learning, 2018.

  Outros autores: Fritz Messere, Lewis O'Donnell,
Philip Benoit
  1. reimpr. da 1. ed. de 2010.
  Título original: Modern Radio Production: production,
programming and performance.
  8ª ed. norte-americana.
  ISBN 978-85-221-0743-8

  1. Rádio - produção e direção I. Hausman, Carl. II.
Massere, Fritz. III. O'Donnell, Lewis. IV. Benoit, Philip.

10-01359   CDD-791.440232

Índice para catálogo sistemático:
  1. Rádio: Produção e direção   791.440232

RÁDIO
Produção, programação e performance

Tradução da 8ª edição norte-americana

Carl Hausman
Rowan University

Fritz Messere
State University of New York – Oswego

Lewis O'Donnell
Professor Emérito, State University of New York – Oswego

Philip Benoit
Millersville University – Pennsylvania

Tradução
Marleine Cohen

Revisão Técnica
Alvaro Bufarah

Jornalista, Mestre em Comunicação e Mercado pela Fundação Cásper Libero, Pesquisador dos núcleos de estudos de Rádio e Mídia Sonora do Intercom e da SBPJor. Atuou como repórter, produtor, apresentador e locutor em diversas emissoras, como CBN São Paulo, Rádio Capital AM, Radiobras, Rádio Sulamerica Trânsito, Voz da América e Swissinfo. É coordenador do Curso de Pós-Graduação em Gestão Executiva e Produção de Rádio e Áudio Digital da Fundação Armando Álvares Penteado (Faap).

Austrália • Brasil • México • Cingapura • Reino Unido • Estados Unidos

Rádio – Produção, Programação e Performance – Tradução da 8ª edição norte-americana

Carl Hausman, Fritz Messere, Lewis O'Donnell, Philip Benoit

Gerente Editorial: Patricia La Rosa

Editor de Desenvolvimento: Fábio Gonçalves

Supervisora de Produção Editorial: Fabiana Alencar Albuquerque

Pesquisa Iconográfica: Graciela Araujo

Título original: Modern Radio Production. Production, Programing, and Performance

ISBN 13: 978-0-495-57143-8
ISBN 10: 0-495-57143-1

Tradução: Marleine Cohen

Revisão Técnica: Alvaro Bufarah

Copidesque: Nelson Luis Barbosa

Revisão: Solange Aparecida Visconte e Bel Ribeiro

Diagramação: Join Bureau

Capa: Souto Crescimento de Marca

© 2010, 2007 Wadsworth, Cengage Learning

© 2011 Cengage Learning Edições Ltda.

Todos os direitos reservados. Nenhuma parte deste livro poderá ser reproduzida, sejam quais forem os meios empregados, sem a permissão, por escrito, da Editora. Aos infratores aplicam-se as sanções previstas nos artigos 102, 104, 106 e 107 da Lei nº 9.610, de 19 de fevereiro de 1998.

Esta editora empenhou-se em contatar os responsáveis pelos direitos autorais de todas as imagens e de outros materiais utilizados neste livro. Se porventura for constatada a omissão involuntária na identificação de algum deles, dispomo-nos a efetuar, futuramente, os possíveis acertos.

A editora não se responsabiliza pelo funcionamento dos links contidos neste livro que possam estar suspensos.

Para informações sobre nossos produtos, entre em contato pelo telefone **0800 11 19 39**

Para permissão de uso de material desta obra, envie seu pedido para **direitosautorais@cengage.com**

© 2011 Cengage Learning. Todos os direitos reservados.

ISBN-13: 978-85-221-0743-8
ISBN-10: 85-221-0743-2

Cengage Learning
Condomínio E-Business Park
Rua Werner Siemens, 111 – Prédio 11 – Torre A – Conjunto 12 – Lapa de Baixo
CEP 05069-900 – São Paulo – SP
Tel.: (11) 3665-9900 – Fax: (11) 3665-9901
Sac: 0800 11 19 39

Para suas soluções de curso e aprendizado, visite **www.cengage.com.br**

Impresso no Brasil
Printed in Brazil
1. reimpr. – 2018

Sumário

Prefácio XI
Agradecimentos XIV
Prólogo XV

Capítulo 1   A produção no rádio moderno 1
   O som da emissora 3
   Formatos 3
   Alcançando uma audiência específica 5
   Como o público-alvo afeta o formato 6
   Como os formatos são construídos 8
   Redes 10
   Outros desenvolvimentos da programação radiofônica 11
   O rádio via satélite amadurece 11
   Rádio não comercial 17
   Economia do rádio 17
   O papel do produtor no rádio moderno 20
   Resumo 25

Capítulo 2   A mesa de som 27
   Função da mesa de som 27
   Entendendo funções da mesa de som: alguns exemplos hipotéticos 28
   Compreendendo as funções da mesa: mesas reais 43

Operação da mesa	47
Resumo	52
Aplicações	53
Exercícios	54

Capítulo 3   Tocadores de CDs, CDs graváveis e toca-discos (pick-ups) .. 57

CDs	58
CDs graváveis	61
CDs de áudio, arquivos WAV e MP3	63
Tocadores de CD	65
Estrutura de um toca-discos	67
O disco	69
Resumo	70
Aplicações	72
Exercícios	73

Capítulo 4   Dispositivos de gravação e reprodução 75

Sampling	76
Gravação em disco rígido	80
Fita magnética	83
Sobre MiniDiscs	92
A cartucheira digital	94
Cabeças e trilhas	95
Gravadores de cassete	100
Cartucheiras	101
Resumo	102
Aplicações	103
Exercícios	103

Capítulo 5   Microfones e som 105

Os conceitos básicos do som	106
O microfone: como funciona	113
Tipos físicos de microfones	125
Escolha e uso de microfones	128
Resumo	134
Aplicações	135
Exercícios	136

Capítulo 6	Edição eletrônica..	139
	Os princípios da edição de áudio..	140
	Copiando, colando e fazendo looping................................	148
	Editando com um MiniDisc..	153
	Transferência..	156
	Resumo..	157
	Aplicações...	157
	Exercícios	158
Capítulo 7	Produção de programa gravado..	161
	Produção gravada *versus* produção ao vivo, no ar	161
	O leiaute de um estúdio de produção................................	162
	Trabalhando num estúdio de produção	166
	Música	168
	Voz gravada..	173
	Efeitos sonoros...	179
	Combinando elementos na produção	181
	Resumo..	182
	Aplicações...	183
	Exercícios	183
Capítulo 8	Produção ao vivo – No Ar	185
	Airshift típico...	186
	O som da emissora...	189
	Sugestões para produção ao vivo.......................................	195
	Trabalhando com serviços de satélite e de rede	199
	Resumo..	206
	Aplicações...	206
	Exercícios	207
Capítulo 9	Mais informações sobre o computador na produção de rádio	209
	Os princípios básicos do computador	210
	Efeitos gerados por computador	212
	Edição auxiliada por computador	214
	Computadores nos serviços de automação e por satélite.......................	222

Computadores na função de programação 229
Resumo... 232
Aplicações... 233
Exercícios 233

Capítulo 10 Produzindo um efeito 235
O que é um efeito?.. 235
Tipos de efeitos... 236
Como elementos de produção apoiam um tema................................. 237
Como um produtor usa elementos de produção 239
Utilizando elementos do som para conseguir um efeito 249
Gravando uma voz.. 249
Resumo... 252
Aplicações... 253
Exercícios 254

Capítulo 11 Os elementos dramáticos na produção de rádio................ 257
A estrutura do drama 258
Elementos dramáticos na produção de comerciais............................. 260
Elementos dramáticos na produção de rádio 262
Considerações técnicas sobre o drama de rádio 263
Resumo... 266
Aplicações... 267
Exercício... 268

Capítulo 12 Produção de comerciais.. 269
O que faz que um comercial seja eficiente? 270
Elementos eficientes em propaganda de rádio 271
Abordagens práticas em comerciais de rádio 274
Sugestões para produzir comerciais eficientes................................... 283
Aplicações da produção em promoções da emissora........................ 289
Resumo... 291
Aplicações... 291
Exercícios 292

Capítulo 13 Produção de notícias 295
   Pauta 296
   Redação de notícias 297
   Edição de notícias 298
   Uma rápida orientação para a redação de notícias de rádio 299
   Relato e leitura de notícias 318
   Programação de notícias e de assuntos públicos 319
   Noticiários 319
   Talk shows 324
   Eventos especiais 326
   Técnicas de produção para notícias e utilidades públicas 326
   Resumo 332
   Aplicações 332
   Exercícios 333

Capítulo 14 Produção esportiva e a distância (externas) 345
   Equipamento do rádio a distância 346
   Planejando a transmissão a distância 354
   A transmissão de esportes 357
   Nota final 359
   Resumo 360
   Aplicações 361
   Exercícios 361

Capítulo 15 Produção avançada de rádio 363
   Gravação multicanal 363
   Estéreo 371
   Gravando música 373
   Equipamento eletrônico e seu uso em produção de rádio 377
   Resumo 387
   Aplicações 388
   Exercícios 389

Capítulo 16 Produção, programação e o formato moderno 391
   O público e o formato 392

As especificidades do formato de rádio	400
Produção no ar e fora do ar no formato moderno	412
Colocando um formato no ar	419
Conclusão	421
Resumo	421
Exercícios	424

Apêndice A Uma Peça de Richard Wilson 427

Apêndice B Retrospectiva concisa da história do rádio: quando o passado encontra o futuro 439

Apêndice C Linha do tempo do rádio no Brasil – Luciano Klöckner...... 459

Glossário 471

Sugestões de leitura 487

Índice remissivo 499

Prefácio

Nós, os autores, somos, de longa data, fascinados pela história do rádio, e percebemos que é difícil encontrar uma história mais envolvente que a primeira aparição do rádio no novo universo da comunicação – um tempo em que os ouvintes atônitos se encantavam com as possibilidades de entretenimento e informação na ponta dos dedos, uma era em que uma nova tecnologia evoluía do mundo do *hobby* técnico de alguns para se constituir um meio de comunicação de massa.

Estamos, basicamente, falando dos últimos cinco anos.

O surgimento do podcasting e do streaming e da rádio HD é possivelmente um marco tão grande quanto o momento em que as primeiras vozes humanas atravessaram a crepitante estática e viajaram, como por mágica, pelas ondas.

E o rádio continua merecedor de seu apelido "A Mídia Mágica" até hoje, oferecendo aos meios digitais um amplo leque de programação e permanecendo, ao mesmo tempo, o acompanhante do estilo de vida do ouvinte, a voz amiga, a música que toca no lugar certo e a fonte de notícias e informação mais imediata à disposição tanto em tempos de calmaria quanto em épocas de crise.

Ao prepararmos esta 8ª edição, decidimos firmemente nos manter fiéis ao tema apresentado na anterior: foco na tecnologia de ponta, sem perder de vista que produção de rádio diz respeito a comunicação, e não a equipamentos.

Não entenda mal – gostamos dos *gadgets*, assim como a maioria das pessoas de rádio, mas pensamos que a tecnologia não é um fim em si. Em *Rádio – produção, programação e performance*, enfatizamos a mensagem por intermédio da mídia, e acreditamos que nossa visão trouxe resultados efetivos nas últimas duas décadas. Ouvimos frequentemente de antigos alunos – hoje (o que é assustador para nós) profissionais de mídia e executivos de meia-idade – que nossa estratégia de focar na comunicação lhes permitiu adaptarem-se a novas tecnologias e cenários de negócios em mutação, conduzindo suas carreiras, mesmo em períodos turbulentos, com certa tranquilidade.

Em outras palavras, ao conhecer os princípios por trás dos mais recentes aperfeiçoamentos, eles conseguiram se manter constantemente atualizados, sem sofrimento.

CONTEÚDO

Esta edição apresenta conteúdo novo e atualizado, preparado para proporcionar ao leitor uma visão do mundo do rádio em constante mudança. Por exemplo:

- Uma nova seção, intitulada "Pense Nisso", lança um olhar sobre alguns dos dilemas éticos enfrentados nessa era em que surgem tantos novos canais de comunicação instantânea, o ciclo de notícias de 14 horas e a implacável busca por lucro.
- Boxes atualizados, "Em sintonia com a Tecnologia", desmistificam, entre outras questões, a edição digital e o papel do computador como novo motor do áudio.
- As seções "No Ar!" fornecem dicas práticas para performance, e foram atualizadas para incluir as últimas técnicas referentes ao voice-tracking e à automação.
- As seções "Atualização do Mercado" apontam as tendências atuais do mercado, que ajudam, a quem estiver planejando uma carreira no rádio, a entender seu lugar nesse campo dinâmico.
- "Radio Retrô" – essa série de seções conta histórias interessantes a respeito do rádio de antigamente e mostra como elas se conectam com o presente, e provavelmente com o futuro.

NOVIDADE NESTA EDIÇÃO

Em vários capítulos, mostramos como o desenvolvimento tecnológico mudou o dia a dia nas emissoras de rádio. Por exemplo, demos uma volta na WCBS-AM, NewsRadio 88, em Nova York, e mostramos como as tecnologias digitais estão sendo usadas para simplificar o processo de reportar e produzir, e atribuem enorme capacidade criativa à equipe de trabalho. Em quase todos os capítulos acrescentamos novo conteúdo com base nas sugestões de alunos e revisores:

- O Capítulo 1 (A produção no rádio moderno) inclui questões específicas acerca das últimas tendências na indústria do rádio, bem como as "mudanças sísmicas" na base econômica rochosa da mídia.
- O Capítulo 2 (A mesa de som) analisa tendências recentes que resultaram em um número nunca antes visto de mesas "virtuais" – em outras palavras, um controle exercido por touch screen ou um clique de mouse, em lugar de girar um botão ou ajustar um fader vertical.
- O Capítulo 3 (Tocadores de CDs, CDs graváveis e toca-discos (pickups) amplia a discussão sobre os formatos em MP3 e os métodos de distribuição.
- O Capítulo 4 (Dispositivos de gravação e reprodução) inclui uma seção maior sobre a gravação sem disco.
- O Capítulo 6 (Edição eletrônica) trata das últimas novidades em software e hardware usados em edição.
- Os Capítulos 7 (Produção de programa gravado) e 8 (Produção ao vivo – No ar) tratam das novas tecnologias e abarcam as tendências de mercado em geral. Dando atenção, por exemplo, ao podcasting, ao webcasting e à rádio HD, bem como ao seu lugar na indústria.
- O Capítulo 12 (Produção de comerciais) inclui exemplos atualizados de scripts e discute a integração de comerciais com outras mídias, inclusive a internet.
- Os Capítulos 13 (Produção de notícias) e 14 (Produção esportiva e a distância (externas)) foram revistos para tratar das novas tecnologias que atribuem grande capacidade produtiva a quem lida com elas. Também demos atenção à produção feita em várias plataformas.
- O Capítulo 16 (Produção, programação e formato moderno) foi revisado para refletir as últimas tendências em formatos e em pesquisas de mercado.

Além disso, incluímos

- Atualizações a respeito do rádio por satélite.
- Sugestões de leitura e de links da internet.*
- Fotos novas, ilustrando os impressionantes avanços tecnológicos na história recente do rádio.

---

* A Cengage Learning não se responsabiliza pelas possíveis mudanças nos endereços dos sites ou em suas políticas de acesso.

AGRADECIMENTOS

Queremos agradecer a muitos colegas que nos ajudaram a preparar este texto.

Dentre os que colaboram nesta edição estão Tim Scheld e Bill Tynan, da WCBS-AM; o produtor independente de rádio de Syracuse, NY, Jay Flannery, Michael Ludlum, professor de jornalismo na New York University; e John Krauss, das emissoras WRVO.

Nossos agradecimentos ao nosso editor, Megan Garvey, e aos muitos funcionários da Cengage, que fizeram um trabalho duro e preciso ao longo do processo. Especificamente, Michael Rosenberg, editor; Jill D'Urso, editor assistente; Erin Pass, assistente editorial; Erin Mitchell, gerente de marketing; e Christine Caruso, gerente de projeto junto à PrePressPMG.

Prólogo

Comecei no rádio e aprendi muito a respeito da mídia mágica com um dos coautores deste excelente livro, Dr. Lewis O'Donnell, quando eu era universitário de mídia na State University of New York, em Oswego. Na verdade, o "Doutor", como o chamávamos, me disse no primeiro ano de curso que "eu tinha o rosto perfeito para o rádio!". Na verdade, considero isso um elogio.

Meus colegas na época, Carl Hausman e Philip Benoit, dividiam, se não apenas meus problemas faciais, certamente meu entusiasmo pelo rádio – e acho que a visão dos autores sobre o rádio se espelha nesta última edição do texto. Esta edição foi ampliada para incluir mais orientação sobre programação e performance ao vivo. Essas são áreas essenciais para qualquer pessoa que queira trabalhar com radiodifusão, porque, no atual mercado competitivo, você precisa ter um arsenal completo de habilidades.

E, claro, *Rádio – Produção, Programação e Performance* ainda faz o que fazia desde o início: fornece uma introdução acessível e sem jargões ao processo de se comunicar via rádio. Embora haja muita alta tecnologia envolvida, possui também muita informação pé no chão. Espero que você goste deste livro. O que sei é que gostei. E não estou dizendo isso só porque Phil Benoit ainda tem em seu poder alguns negativos dos tempos de faculdade que poderiam ser embaraçosos para mim.

Al Roker

1

A Produção no Rádio Moderno

Como no caso da notícia prematura sobre a morte de Mark Twain, os relatos sobre o desaparecimento do rádio têm sido exagerados. Há vários anos temos ouvido muitos especialistas predizerem que esta mídia está dando seus últimos suspiros; mas este veículo tem sempre um jeito de se reinventar.

Certamente, nem tudo é cor-de-rosa nesse universo. Conforme foi registrado, em meados de 2008, as ações das rádios representavam o setor de pior desempenho de toda a mídia, e isto inclui os jornais impressos. Segundo algumas estimativas, as propagandas locais, geradoras estratégicas de renda para o rádio (respondendo por cerca de dois terços da receita da mídia), tinham caído cerca de 5% desde o ano anterior.

Muitos analistas, entretanto, percebem que, na melhor das hipóteses, a economia atual está em turbulência, e as empresas de mídia geralmente são os primeiros indicadores de recessão. Além disso, as rádios voltadas para pequenos mercados estão mostrando novo fôlego; enquanto os jornais se encontram num estágio experimental de utilização de seus sites e edições impressas locais para alcançar mercados "hiperlocais", há décadas o rádio tem sido a mídia regional preferida.

Outras boas notícias: apesar de os sites de rádio não terem se transformado exatamente em minas de ouro (isto de fato ainda não aconteceu de maneira confiável em nenhuma categoria abrangente de sites de mídia), a revista *BusinessWeek* reporta que estes estão entre os mais rentáveis do mercado, tendo-se distanciado muito dos sites dos jornais impressos.[1]

---

[1] "In an On-Demand iPod World, Something's Gotta Give". *Washington Post*, Sunday Arts. 15 maio 2005, p. 1.

Enquanto muitos sites de mídia continuam registrando queda na receita, de modo geral os de rádio conseguem um lucro maior.

Em vez de enterrar o rádio, a avalanche de novas formas de mídia fez que ele na verdade se sobressaísse. Por quê? Porque a maioria das pesquisas mostra que o meio continua monopolizando grande parte do índice de audiência, e o Radio Advertising Bureau (um grupo especializado no setor) estima que uma pessoa nos Estados Unidos gasta, em média, 19 horas por semana ouvindo rádio, um número que se manteve estável nos últimos dois anos. O tempo gasto anualmente pelo mercado consumidor com mídia, correspondente ao rádio, está vinculado ao cabo e ao satélite (29%) e ultrapassa significativamente a internet (6%).[2]

Por quê? O rádio tem duas características mágicas: primeiro, ainda é uma das poucas mídias que podem ser acessadas de maneira segura e confiável no carro, onde gastamos um percentual cada vez maior de nosso tempo; segundo, é um parceiro constante de gente que realiza diversas tarefas. Uma fatia cada vez maior da audiência dedica-se a ouvir rádio simultaneamente com alguma outra mídia, em especial as inerentes ao computador.

O rádio também detém grande poder na chamada propaganda *business-to-business* (*B-to-B*) – em essência, uma empresa vendendo a outras que fazem uso de determinado produto. Como o rádio alcança uma grande quantidade de empresários e executivos enquanto estão dirigindo – quando as pessoas estão indo e voltando do trabalho –, constitui uma excelente mídia. Assim, ainda que o contexto atual da mídia esteja tão conturbado quanto sempre foi, lembre-se de que o rádio possui algumas vantagens únicas que trabalham em prol da sua evolução. O fato de a internet ter criado alternativas para o chamado rádio "terrestre" não é mais novidade; o que é realmente novo é que a possibilidade de oferecer uma variedade maior de escolhas de rádio sob encomenda em razão da oferta de emissoras para o nicho da internet – ou um canal exclusivo on-line – cria novas oportunidades em produção, programação e performance.

Este capítulo colocará o mundo do rádio, sempre em mudança e sempre emocionante, em perspectiva, levando-o por um pouco da história e traçando o caminho que este veículo percorreu para atingir uma característica fundamental: almejar um público específico que aprecia o que uma emissora em especial tem a oferecer.

Talvez o aspecto mais interessante do estudo deste meio de comunicação seja perceber como ele se adaptou a mudanças tecnológicas, às vezes evoluindo por

---

[2] Segundo os institutos de pesquisa, o rádio é um veículo de comunicação de massa ainda bastante forte no Brasil. Dados do Grupo de Profissionais de Rádio indicam que, em média, as pessoas ouvem 3h45min da programação diariamente, e que 95% dos lares têm pelo menos um aparelho, enquanto 63% dos veículos brasileiros rodam pelas cidades com um receptor. (NRT)

caminhos que ninguém esperava e ocasionalmente usando a ameaça de outras mídias em proveito próprio. Ao longo deste livro, faremos uso de uma seção chamada "Rádio Retrô" para ilustrar como o passado influenciou o presente no rádio. O início deste capítulo volta-se para as origens do rádio.

O SOM DA EMISSORA

O som da emissora é composto pelo emprego de várias fontes sonoras para criar um resultado único – um determinado produto que atrai ouvintes específicos. É a maneira como essas fontes se misturam que faz que uma emissora seja diferente das outras que brigam pela atenção de um ouvinte.

O perfil de uma emissora vem de uma combinação do tipo de música programada, do estilo e do ritmo da fala usada pelos locutores, das técnicas empregadas na produção de comerciais e anúncios de serviços públicos, dos efeitos sonoros utilizados na apresentação de noticiários e de outras técnicas de gravação e métodos de produção de som diferenciados.

FORMATOS

As emissoras de rádio comerciais ganham dinheiro ao atingir o público ouvinte em nome dos anunciantes que compram tempo de transmissão (veja o Capítulo 16). A atenção dos ouvintes é o bem mais precioso "entregue" aos anunciantes em troca de cotas de patrocínio e da comercialização de espaços. A audiência é aferida por serviços de pesquisa que usam técnicas de amostragem para obter o número de ouvintes, incluindo dados como idade, sexo e renda [perfil do ouvinte, conhecido no meio publicitário por target].

O objetivo da programação de uma emissora de rádio comercial é colocar algo no ar que atraia a audiência, para poder então ser "vendido" aos anunciantes. Se a programação não atingir este objetivo, haverá poucos interessados em investir, o que, logicamente, resultará em pouco dinheiro entrando nos cofres da emissora. Sem dinheiro, ela não pode operar. Portanto, o objetivo no caso é atrair e manter uma audiência que conquiste anunciantes. Este aspecto estratégico da programação de rádio – desenvolver um formato – é um campo altamente especializado por si só.

Da mesma forma que o rádio comercial precisa atrair e manter uma audiência específica para ser bem-sucedido no mercado, as emissoras públicas de rádio precisam usar as mesmas técnicas fundamentais para criar uma programação que sa-

RÁDIO RETRÔ • O RÁDIO CAPTURA OUVINTES E ... IMAGINAÇÕES

Os primeiros passos do rádio no início do século passado não deram nenhuma pista do papel que ele desempenharia no mundo atual. Os experimentos iniciais envolvendo o rádio,[1] como os de Guglielmo Marconi e Reginald Fessender, nunca prenunciaram a era na qual este brinquedo eletrônico se tornaria uma maneira de oferecer entretenimento e informação ao público no carro, no barco, ou em casa – e muito menos àqueles que fazem *jogging*, durante seu trajeto.

---

[1] O padre gaúcho Roberto Landell de Moura é considerado por vários estudiosos do meio radiofônico como o verdadeiro pai do "rádio". Isto porque foi ele quem conseguiu transmitir pela primeira vez na história a voz humana a distância, sem fios. Isto se deu em 1894, pelo menos um ano antes que o cientista italiano Guglielmo Marconi tivesse feito suas primeiras transmissões utilizando ondas eletromagnéticas. Toda a história é respaldada pelos registros dos jornais da época indicando que Landell conseguiu sua proeza na capital paulista, transmitindo entre um ponto na Avenida Paulista e outro no Mirante de Santana (bairro da zona norte da capital). Outro fator importante é que Marconi fez seus experimentos e conseguiu transmitir por ondas os códigos do alfabeto criado por Morse, por isto reconhecido como o pai da radiotelegrafia, enquanto Landell é o pai da "radiofonia". Infelizmente o padre brasileiro não conseguiu dar visibilidade a seus experimentos, mesmo quando tentou entregar a patente ao governo brasileiro. Por isso acabou perdendo o reconhecimento mundial para Marconi. (NRT)

A programação dos rádios começou como uma tentativa original de levar a oferta cultural das grandes cidades às salas de estar de toda a América. Aos poucos, o veículo assumiu seu *status* como um companheiro pessoal. A programação inicial das emissoras consistia na transmissão de sinfonias ao vivo, na leitura de poemas e cobertura ao vivo de grandes eventos, juntamente com outros gêneros, como drama, comédia de situação, e outros programas que compõem muitas das atuais grades das emissoras de televisão.

Alguns historiadores sustentam a opinião de que o rádio assumiu sua forma atual em 1935, quando Martin Block colocou no ar pela primeira vez seu programa Salão de Bailes Faz de Conta, na WNEW da cidade de Nova York. A ideia do programa surgiu de uma emissora da Costa Oeste. A transmissão remota da apresentação de uma banda no salão de bailes local que havia sido programada acabou cancelada. Para preencher o tempo, o locutor teve a iniciativa de conseguir algumas gravações da banda e as veiculou no rádio. Ele definiu o programa como proveniente de um salão de bailes de "mentirinha" e assim o tempo foi preenchido. Quando Block levou a ideia para Nova York, nasceu a era do **disc jockey** (ou **DJ**) no rádio.

As produções radiofônicas atingiram seu auge durante as décadas de 1930 e 1940,

tisfaça as necessidades do seu público ouvinte. Embora as emissoras públicas não vendam espaço para anunciantes, precisam embalar sua programação de maneira convincente para ter quem financie os programas e assinantes individuais.[3]

---

[3] Lembramos que, no caso brasileiro, não temos nenhuma emissora que se encaixe nos padrões internacionais de emissoras públicas, mas sim emissoras estatais, pois dependem de verbas de instâncias governamentais (municipais, estaduais e federal). (NRT)

a chamada Era de Ouro do rádio. Os programas daquele tempo eram geralmente produzidos em grandes estúdios, onde a equipe de produção e os astros criavam produtos sonoros elaborados, cuja efetividade dependia de técnicas sofisticadas de produção. Dramas eram transmitidos ao vivo porque os gravadores de rolo ainda não haviam sido inventados. A música era executada por orquestras dentro dos estúdios, que tocavam ao vivo no programa que estava sendo transmitido.

Os efeitos sonoros eram produzidos de forma criativa pela equipe de sonoplastas que trabalhava ao lado dos atores e músicos. Cascas de cocos, por exemplo, imitavam o som das batidas dos cascos de cavalos no chão, e o barulho de celofane perto do microfone recriava o estalar do fogo. O arranjo e a orquestração de várias fontes sonoras combinavam-se para criar o efeito desejado na mente do público ouvinte. Eram elaborados orçamentos, grandes quantidades de pessoas eram envolvidas, e os scripts geralmente eram complexos. A produção fez que a Era de Ouro fosse de ouro.

Hoje em dia, o que sustenta o rádio é a música gravada, intercalada com notícias e conversas – e, claro, mensagens comerciais, que pagam pela operacionalização da maioria das emissoras. Quando a televisão dominou as salas de estar dos lares americanos e ofereceu, de forma muito mais explícita, o drama e uma variedade de gêneros, a figura do DJ se tornou dominante no rádio. A música, o noticiário e a personalidade, numa mistura cuidadosa conhecida como **formato**, tornaram-se a medida da habilidade de empresas do setor atraírem os ouvintes.

O desenvolvimento de tecnologias **de estado-sólido**, e, mais tarde, de eletrônicos com **microchips**, livrou este meio de comunicação de seu *hardware* volumoso e imóvel. Na praia, no carro e nas ruas da cidade, o rádio pode ser um companheiro constante até mesmo do ouvinte mais ativo. A liberdade em relação aos programas longos (de meia hora e uma hora inteira) que um dia caracterizaram o rádio, e ainda marcam a programação de TV, fez a informação circular rapidamente no veículo hertziano. Por exemplo, quando as pessoas querem saber de uma notícia de última hora, geralmente optam pelo rádio.

Tudo isso tem um grande significado para qualquer pessoa que queira compreender as suas técnicas de produção. A **produção** no rádio é a conjunção de várias fontes sonoras para alcançar um propósito relacionado à programação das emissoras. Você, como produtor de rádio, é responsável pelo "perfil" da emissora.

ALCANÇANDO UMA AUDIÊNCIA ESPECÍFICA

Diferente da televisão, que tenta atrair segmentos mais amplos de público com seus programas, o rádio se desenvolveu como meio voltado a grupos menores, os chamados públicos-alvo. Por exemplo, uma emissora pode escolher tocar rock para atrair um **segmento** mais jovem. (Segmento é a característica estatística das populações humanas; a palavra é usada no singular na indústria da comunicação para designar qualquer foco da audiência.) Ao atrair um segmento do público (como pessoas de certa idade, sexo ou com uma determinada renda) que divide uma preferência por um certo tipo de música, uma emissora pode esperar atrair anunciantes que queiram vender produtos para ouvintes desse grupo.

COMO O PÚBLICO-ALVO AFETA O FORMATO

Muita pesquisa e muito esforço foram realizados para determinar os tipos de programação que atraem diferentes públicos. O resultado desses esforços tem sido a identificação de formatos que atraem parcelas específicas da população. Um deles é o arranjo dos elementos da programação, em geral gravações musicais, numa sequência que atrairá e manterá o segmento de público que uma emissora está procurando. Por exemplo, um formato chamado "Top 40" ou "CHR" (*Contemporary Hit Radio* – Rádio de Sucessos Contemporâneos) é construído em torno de gravações que são as mais populares dentre as mais vendidas atualmente a um público composto majoritariamente de adolescentes e de pessoas com idade em torno dos 20 anos. Ao tocar essas gravações de forma adequada, uma emissora atrairá certa quantidade de ouvintes dessas faixas etárias. Quanto mais adolescentes e jovens adultos ouvirem a emissora, mais ela chamará a atenção dos anunciantes, mas como o espaço publicitário é reduzido diante da demanda, isso fará que ela possa cobrar dos interessados valores mais altos para atingir esse valioso público-alvo.

Existem muitos outros formatos, como o CHR (uma versão mais nova e inclusiva do formato Top 40), adult contemporary (que atinge adultos com música moderna), urban, country, classic rock (que agora tem posição fixa na FM), christian, latin, modern rock, dance e classical. Existem ainda outros especializados, como urban contemporary, ethnic, smooth jazz e notícias, que desenvolveram várias formas, incluindo all-news, news-talk e outros híbridos.[4]

Embora existam alguns formatos muito compactos e nomes para descrevê-los muito variados, pelo menos quatro deles – news-talk, adult contemporary, popular

---

[4] O mercado brasileiro de rádio não tem as mesmas características econômicas nem demográficas se comparado ao norte-americano. Isto fez que ao longo dos anos as emissoras nacionais não desenvolvessem uma variedade tão grande de formatos de programação, pois reclamam que não há público para muitas variáveis. Outro fator diferenciador é que não temos a mesma tradição em elaboração de pesquisas que norteiam o desenvolvimento de produtos (programas) diferenciados para cada região ou emissora. Desta forma, as empresas do setor acabam por replicar as mesmas formas básicas de programação, sendo a musical a mais utilizada, pois requer menos investimento. (NRT)

hits e black-specific – representam mais da metade do que se ouve no rádio norte-americano.[5]

Um formato, lembre-se, é mais do que música. A fórmula para se construí-lo pode ser expressa como produção, personalidade e programação. A maneira como esses três elementos estão integrados num formato depende de uma decisão de marketing tomada pela gerência da empresa, geralmente baseada em uma cuida-

---

QUANTOS TIPOS DE RÁDIO EXISTEM NO BRASIL? por Gabriel Passajou

É difícil classificar os formatos de rádio no Brasil. Isso se deve ao fato de não existir uma forma oficial de rotular as emissoras. Na verdade, cada um de nós temos uma maneira de organizar os estilos e isso gera algumas confusões. A principal delas é considerar emissoras como a Jovem Pan, Mix ou Metropolitana como "jovens". Como se apenas jovem ouvisse rock, dance ou reggae. E os jovens que gostam de sertanejo, pagode e outros ritmos populares? Como é que ficam? ... Por isso, o melhor jeito de classificar as emissoras é relacioná-las ao estilo de música que tocam ou ao público a que se destinam e nunca a faixa etária. Divido as rádios em seis grupos: pop, popular, adulta, news, corporativas e religiosas. O problema surge quando queremos especificar as categorias desses grupos. Classifico-as, portanto, assim:

Pop: *Eclética* – rock, dance, R'n'B, hiphop, reggae e afins. Ex.: Jovem Pan, Mix, Metropolitana. *Segmentada* – Só tocam um estilo musical. Ex.: Kiss FM (rock), Energia FM (dance).

Popular: *Eclética* – sertanejo, pagode, hits de novelas etc. Ex.: Band, FM O dia. *Híbrida* – O mesmo que eclética, mas inclui estilos considerados pop, principalmente R'n'b e pop-rock. Ex.: Beat 98. *Segmentada* – Apenas divulgam um estilo musical. Ex.: Tupi-SP, Liberdade-MG e Terra-GO (sertanejo).

Adulta: *Eclética* - easy listening, jazz, MPB, erudito etc. Ex.: Eldorado, Globo, Paradiso, Alpha. *Segmentada* – só tocam um estilo musical. Ex.: Antena 1 (soft music e flashbacks internacionais), Nova Brasil (MPB).

News: Aqui temos duas grandes representantes: CBN e Band News.

Corporativas: Embora novas (e em pequeno número) no cenário brasileiro, trata-se de uma tendência crescente em praças importantes. São rádios patrocinadas por apenas uma empresa, que lhe dão o nome e tem por objetivo a identificação com os seus consumidores e vendas futuras com potenciais clientes. Ex.: Oi, Sul América, Mit.

Religiosas: Basicamente temos duas categorias: *evangélica* e *católica*.

Lembro que esta é uma classificação pessoal, mas acredito seja bastante precisa em relação aos principais formatos de rádios no Brasil.

Fonte: Extraído de http://gabrielpassajou.com, em 22 dez. 2009.

---

[5] "Radio Feels the Heat of High-Tech Competition", *Pittsburgh Post-Gazette*, 30 jan. 2005, E-3; XM Satellite Radio, "XM Satellite Radio tops six million subscribers", *press release*, 4 jan. 2006; Sirius Satellite Radio, "Sirius Satellite Radio passes 3 million subscribers", *press release*, 27 dez. 2005.

dosa análise da concorrência em determinado mercado e uma avaliação dos segmentos de público que efetivamente se pode esperar ter como ouvintes de uma emissora em particular. Um formato é, portanto, buscado para posicionar a emissora de forma a atrair uma grande parcela de ouvintes em um determinado segmento de mercado.

As emissoras mudam de formato frequentemente, o que de modo geral ocorre por causa da decisão de seguir um segmento populacional mais rentável, mas, em outros casos, o gosto do público pode mudar. Talvez haja muita concorrência num segmento em particular e a emissora opte por ir em busca de outro público em um mercado mais estável. Geralmente a mudança ocorre porque a gerência da emissora acredita que seu público está se tornando velho.

Certa ou errada (e há boa evidência de que é errada), a suposição é que o público formado por indivíduos mais velhos tem menor chance de mudar seus hábitos de compra do que os ouvintes mais jovens, e que têm menos recursos para atender aos apelos da publicidade radiofônica.

COMO OS FORMATOS SÃO CONSTRUÍDOS

As emissoras definem seus formatos de diferentes maneiras. Algumas simplesmente adquirem gravações e as programam em algum tipo de sequência durante toda a programação. Outras possuem diferentes formatos para distintos momentos do dia. Uma emissora que toca mais música durante o dia pode ter um *talk show* no período da manhã.

Os diferentes horários de um dia de transmissão são chamados *dayparts*.[6] As pesquisas revelaram que diferentes grupos ou públicos sintonizam diferentes *dayparts*. Sintonizamos uma emissora porque queremos ouvir informações sobre o trânsito pela manhã, mas podemos preferir outra à tarde por causa da música que ela toca. Sintonizamos uma terceira estação à noite porque ela faz uma transmissão de esportes pelo qual nos interessamos. (Apresentaremos uma ampla discussão sobre formatos no Capítulo 16.)

Um mercado em grande ascensão nos últimos anos fornece às emissoras formatos "*ready-to-use*" ("prontos para usar"). Empresas conhecidas como **agências de notícias (*syndicators*)** oferecem, por uma taxa fixa, feeds de satélite, arquivos e tapes de música ou atrações prontas para serem transmitidas. A música foi cuidadosamente planejada e produzida num padrão destinado a atrair o maior número

---

[6] No Brasil, definimos *dayparts* como grade de programação, os diferentes horários para a veiculação de programas de rádio. (NRT)

possível de ouvintes nos segmentos de audiência desejados. Alguns desses formatos são fornecidos às emissoras via satélite, enquanto outros têm vários segmentos de música e locução incluídos, com espaço para comerciais locais e notícias. Outros simplesmente fornecem músicas em CD ou por arquivos de áudio via internet.

A automatização por computador no rádio ampliou o uso de programação dos *syndicators*. Isso significa que, para levar o programa ao ar, é necessário um número mínimo de pessoas na emissora. Muitas emissoras, cuja programação parece envolver numerosos profissionais realizando várias funções no ar, são, na verdade, compostas por um único operador, que cuida de um computador no qual estão armazenadas as músicas, as locuções, os comerciais e os avisos promocionais.

Ironicamente, a popularidade dos tocadores de MP3 portáteis, que permitem aos ouvintes baixar suas próprias músicas e tocá-las aleatoriamente, influenciou os formatos de rádio. Um formato que se tornou popular em 2005 não tem DJ e tampouco as músicas são identificadas – assim como um dispositivo de áudio portátil com uma coleção de gravações ou como as seleções de música ininterrupta que são populares no rádio por satélite. Denominado "Jack" (provavelmente por causa de um DJ fictício chamado Cadillac Jack Garrett), o esquema oferece cerca de 30% de música a mais que os formatos comuns, de acordo com os programadores, e foi instituído em emissoras de Baltimore, Minneapolis, Seattle, Kansas City, Dallas e Los Angeles. (Nessa época ocorreu o mesmo com algumas emissoras em portais brasileiros). Alguns estudiosos do setor, porém, afirmam que esse formato não deve ser considerado rádio, por não ter uma interação humana mais direta e efetiva na produção dos conteúdos.

Os formatos de rádio desfrutam de uma vantagem especial no mundo da mídia porque alcançam de modo confiável um público identificável, ao mesmo tempo que atingem uma grande parcela da população. Esta é uma mistura atraente para os anunciantes, que sabem que a propaganda veiculada atingirá uma grande parcela da população: de acordo com o Radio Advertising Bureau, cerca de três quartos da população americana com mais de doze anos ouve rádio em algum momento do dia. O conceito é conhecido como alcance do rádio, que discutiremos de forma detalhada no Capítulo 16.

Além disso, os formatos individuais preparados para o rádio são montados com base num apelo para determinados públicos. Notícias/entrevistas/informações, por exemplo, têm atualmente a maior porcentagem (em torno de 17%) de ouvintes de rádio e é uma forma testada e aprovada para atingir profissionais de negócios. O formato adult contemporary, que geralmente apresenta versões mais suaves de músicas atuais, alcança aproximadamente 15% dos ouvintes de rádio e é comumente sintonizado no trabalho. Para cada um deles há um perfil diferente de anunciante a ser trabalhado.

REDES

Nas décadas de 1930 e 1940, as redes de rádio eram grandes fontes de programação para emissoras de afiliadas ao redor do país, elas forneciam notícias, humor, variedades e drama, ao lado de programas musicais de todos os tipos. Em um determinado ponto, a programação local de várias emissoras simplesmente preenchia buracos na programação da rede. Na verdade, a Federal Communications Comission (FCC) desenvolveu regras para evitar o domínio dos programas das emissoras de rádio pela programação das redes.

As atuais redes de rádio se prestam a um papel bastante diferente daquele dos seus primórdios. As emissoras dependem de uma ampla gama de afiliadas como fontes subsidiárias de programação e as usam para suplementar a programação produzida localmente. Muitas emissoras usam notícias fornecidas por redes, o que lhes permite ofertar um tipo de noticiário nacional e internacional que normalmente não estaria disponível em uma atividade estritamente local. Além disso, redes de rádio geralmente oferecem a suas parceiras comerciais programas curtos que podem ser transmitidos diretamente da rede ou usados posteriormente.

Muitas redes de rádio começaram a oferecer blocos de programação radiofônica para emissoras locais. Por exemplo, alguns em formato de entretenimento político, outros que ajudam os ouvintes a lidar com seus problemas. As redes também estão cada vez mais oferecendo outras formas de programação, como especiais musicais, usadas por afiliadas para suplementar suas grades de conteúdos locais; em troca, esperam que estas veiculem os anúncios que são a principal fonte de renda da rede.[7]

As redes também utilizam a moderna tecnologia para oferecer programas por satélite a suas afiliadas (veja a Figura 1.1), o que permite uma reprodução de som de excelente qualidade. E, embora as redes de rádio representem certamente menos uma peça central da programação do que nos tempos que antecederam a televisão, o crescimento dos serviços está se processando rapidamente. Muitos anteveem o dia em que esses conteúdos não serão muito diferentes daqueles formatos disponibilizados pelas agências (*syndicators*).

---

[7] As emissoras brasileiras vêm desenvolvendo programação em formato de rede desde meados dos anos 1980 com a chegada das transmissões via satélite. Atualmente, muitas redes utilizam tecnologias diferentes para facilitar que suas afiliadas recebam seus conteúdos de programação tanto ao vivo (satélites e links de telefonia) como gravados (internet/FTP e e-mails). Um bom exemplo são redes como Bandeirantes, CBN, Jovem Pan e Transamérica. (NRT)

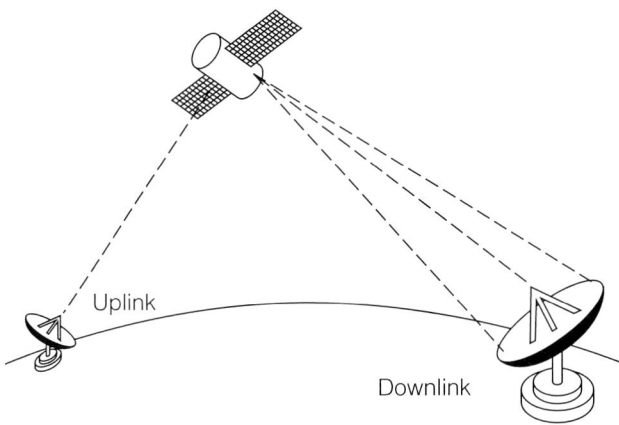

FIGURA 1.1 Sinais terrestres são transmitidos por um satélite a 35.500 km acima da Terra. O sinal é recebido no transponder do satélite e retransmitido para uma antena parabólica na superfície da Terra.

OUTROS DESENVOLVIMENTOS DA PROGRAMAÇÃO RADIOFÔNICA

O uso de redes, programações customizadas e os elementos produzidos localmente constituem o essencial das fontes da programação do rádio moderno. Algumas variações, como as redifusoras (produtoras), que se especializaram em pequenos programas sobre saúde, alimentação, relatórios de negócios, entre outros, surgem quase todos os dias, também aparecem formatos não musicais, como os all-news, esportes e all-talk.

A produção de rádio é uma ferramenta de grande vitalidade, um meio que ainda está se desenvolvendo rapidamente. É emocionante e cheio de oportunidades de carreira. A produção – uso de elementos sonoros para criar um efeito ou passar uma mensagem – sempre foi e sempre será um elemento estratégico no rádio.

O RÁDIO VIA SATÉLITE AMADURECE

O rádio via satélite moderno, com vários canais, está redefinindo este veículo ao introduzir nichos de novos formatos. A Sirius e a XM fundiram-se no final de 2008, e passaram a oferecer uma programação contínua por meio de satélites geoestacionários no espaço diretamente para o rádio do carro ou casa dos interessados.[8]

A possibilidade de atravessar longas distâncias sem mudar de canal pode fazer que a maneira como as pessoas ouvem rádio seja revista. Por exemplo, se sua preferência é por um estilo de música específico, você pode ir de um Estado a outro ouvindo a mesma estação.

Pelo fato de o sistema de satélite disponibilizar mais de cem canais de programação própria, os ouvintes têm uma grande variedade de escolha. A Sirius-XM Radio tem canais em sete países e oferece várias opções diferentes de jazz, hip-hop, rock e outros formatos, com vários estilos de gravação. Na verdade, os formatos que estão se extinguindo rapidamente na rádio AM ou FM encontram-se disponíveis novamente por rádio via satélite ou via internet. E algumas programações controversas estão indo para o rádio via satélite para evitar multas da FCC (órgão de fiscalização do setor radiofônico nos Estados Unidos). Howard Stern foi para a Sirius-XM em 2006, o que representou uma grande vitória para a indústria do rádio via satélite, que também conta agora com outras personalidades do rádio, como Bob Edwards, Opie e Anthony.

Outras inovações separam o rádio via satélite da AM e FM analógica. Primeiro, o rádio via satélite tem um som melhor que o do rádio terrestre, já que os sinais são digitais. Outra diferença são as facilidades de produção. Estúdios de rádio via satélite estão entre os mais modernos da indústria (veja a Figura 1.2). Além de oferecer som de qualidade cristalina, os receptores de rádio via satélite mostram o título da música e o nome do artista. Você nunca mais precisará se perguntar quem executou aquela última seleção.

Há, porém, algumas variáveis. Você precisa de um receptor especial para o serviço de satélite, mas os disponíveis hoje em dia são compatíveis apenas com serviços específicos. Rádios produzidos para a XM Radio não podem sintonizar toda a programação da Sirius, e vice-versa, embora, como resultado da fusão, as duas companhias tenham começado a combinar e dividir recursos de programação. Além disso, o rádio via satélite não é local, então, se você precisar de informações especiais sobre o tempo ou o trânsito, terá de sintonizar a boa e velha AM ou FM.

O rádio via satélite teve uma história incomum nos últimos dois anos. Ele não alcançou seu potencial esperado, embora certamente tenha uma força que precisa ser reconhecida. Em fins de 2008, tinha mais de 18 milhões de assinantes.

O rádio digital também teve desempenho abaixo das expectativas de muitos observadores do mercado, mas a tecnologia ainda está em desenvolvimento e certos aspectos são intrigantes. Por exemplo, a mais recente tecnologia à vista envolve

---

[8] Jon Fin, "Requiem for Old-Time Radio". *BusinessWeek*, 10 mar. 2008, p. 79.

FIGURA 1.2 O centro das operações de transmissão da XM Radio controla dois satélites e mais de 170 canais digitais de rádio.

Fonte: XM Radio

o uso de uma tela de display para rádio digital ou por internet, para selecionar o conteúdo de rádio e poder acessá-lo posteriormente, de maneira muito parecida com o que a TiVo[9] faz em relação ao conteúdo de vídeo.

Existem muitas vantagens no uso de um display digital que os anunciantes e produtores podem explorar, e a última delas certamente não é a possibilidade de mostrar imagens relacionadas ao produto, que podem ser memorizadas.

A possibilidade que um modelo digital tem de coordenar dados acerca das preferências dos ouvintes também está na sua origem, mas promete impor mudanças drásticas aos anúncios para rádio digital. Um bom exemplo é o serviço Pandora, que prepara playlists (seleções) baseadas em hábitos de audição prévios. Se você ainda não experimentou, veja como é curioso: com base em algumas músicas que você seleciona, o serviço oferecerá outras que se encaixam no seu gosto. Usados

---

[9] Marca popular, nos Estados Unidos, de um equipamento que permite aos usuários capturar a programação de canais de TV e armazená-la em um disco rígido (HD). (NRT)

EM SINTONIA COM A TECNOLOGIA • RÁDIO WEB

A internet virou a indústria do rádio de ponta-cabeça, e ainda que no início os empresários considerassem a Web uma ameaça, muitas estações e cadeias, como a Clear Channel Communications, viam o universo on-line como uma nova e animadora oportunidade.

Há duas abordagens tecnológicas para o rádio na Web: o streaming e o podcasting. O **streaming** consiste em colocar no ar um sinal digital em tempo real. A qualidade é boa e alcança grandes edifícios que geralmente impedem sinais de rádios convencionais. Isto resulta em audiência maior ao meio-dia e também representa uma oportunidade de usar esse período do dia para divulgar a programação da manhã e do fim da tarde, quando as pessoas estão sintonizando os sinais terrestres em seus carros (FM e AM).

Podcasting consiste em distribuir um programa em MP3 ou outro formato. O termo refere-se ao dispositivo iPod, da Apple, mas você não precisa desses aparelhos, para ouvir esses conteúdos. Qualquer dispositivo de armazenamento e reprodução digital funciona, e o termo causou verdadeiro alarde entre os fabricantes que são rivais da empresa e contrários ao emprego do nome.

Podcasting é muito diferente do streaming pelo fato de que o programa é enviado como uma gravação (arquivo). Embora isso ofereça alguma conveniência aos ouvintes, também provoca um problema com o licenciamento de músicas. Atualmente, as grandes empresas do setor fonográfico não permitem que a música seja enviada por podcast porque isso equivale a distribuir uma gravação, que pode então ser facilmente redistribuída de uma pessoa a outra. Embora a distribuição de áudio via streaming tenha causado problemas para as empresas de licenciamento, acordos padronizados foram realizados, para permitir a distribuição de músicas de grandes selos em websites.

Num clássico exemplo de como a tecnologia e as regulações moldam a programação, o podcasting está se tornando um serviço de notícias e informações de primeira qualidade. A National Public Radio (NPR) oferece muitas vantagens por este formato, e grandes talk shows também distribuem extratos. A Clear Channel distribui algumas comédias originais, incluindo um programa diário de trote telefônico que teve ao todo cerca de meio milhão de downloads.

Como quase 20% da população usa dispositivos de gravação digital, e diante da expectativa de este número crescer, o serviço que chamamos podcasting pode, na realidade, representar o futuro do rádio.

Qualquer pessoa que inicia uma carreira no rádio deve adquirir habilidades em operações pela web o mais cedo possível. Verifique <http://www.radio-locator.com> e <http://www.webcasting.com> para ter uma visão geral do que está acontecendo. Veja também o que se passa em <http://www.clearchannel.com> e <http://www.cbsradio.com/index.html>. Ambos são bons exemplos do papel da internet na indústria do rádio comercial. Em <http://www.apple.com/podcasting> você terá uma prévia sobre podcasting.

De acordo com várias pesquisas, aproximadamente um em cada cinco ouvintes de rádio utiliza regularmente podcasts, e aqueles que estão envolvidos com novas formas de mídia às vezes os avaliam como algo "antiquado", pelo fato de oferecerem uma experiência essencialmente linear. Em outras palavras, é um programa do início ao fim, e não algo interativo.

Dito isto, é interessante notar que o *tag* de músicas ao vivo no rádio pode em breve se associar ao podcast linear para compor um ambiente de rádio interativo. Ao identificar digitalmente uma música para download, ambos os lados da relação "ouvir rádio" têm algo a ganhar.

Mas quando você vai direto ao produto na base – uma música ou uma série de músicas armazenadas digitalmente –, o iPod e outros tocadores de MP3 têm uma força que merece reconhecimento, e representam certamente uma ameaça ao rádio terrestre e por satélite. Um número cada vez maior de carros está saindo das linhas de montagem com tocadores de MP3. Além disso, os celulares cada vez mais são usados como tocadores de MP3 e conectados entre si. Os celulares estão se tornando também um meio de se ouvir música obtida por streaming em razão da disponibilidade de redes de transferência de dados em alta velocidade.

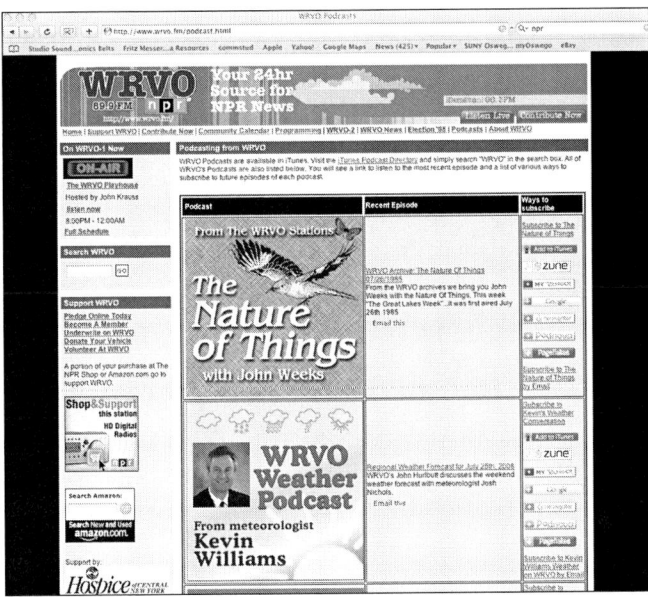

FIGURA 1.3 O podcasting se tornou uma maneira útil para as emissoras reproduzirem sua programação.
Fonte: Z100 Radio, NY.

Uma nota final sobre podcasting: algumas pesquisas recentes mostram que os adolescentes apreciam muito ouvir transmissões por MP3 e computador. O uso de dispositivos por parte dos adolescentes está crescendo, ao mesmo tempo que sua confiança no rádio terrestre está caindo.

com outras tecnologias, esses serviços prometem apontar uma nova fonte de recursos na indústria do rádio.

O hábito de ouvir rádios on-line cresce a cada ano. A revista especializada em música e rádio *Billboard* relata que, no início do verão de 2008, os dados de pesquisas mostravam que 46% do público em geral sintonizavam rádios on-line, comparados aos 28% em 2002.

A grande razão citada por aqueles que sintonizam rádios on-line é a possibilidade de controlar a música que está sendo tocada (2%), e 17% dizem que ficam on-line para ouvir música que não está disponível em outros lugares.[10]

O rádio de alta definição (HD) está aquém das expectativas do mercado, mas existem algumas luzes no fim do túnel. Primeiro, a indústria está fazendo *lobbies* para que os fabricantes de carros incluam a tecnologia em um número maior de veículos. Uma iniciativa parecida foi responsável pelo crescimento da rádio FM que, acredite ou não, quase morreu antes da introdução em larga escala de aparelhos nos carros. Além disso, muitos programadores estão testando a adição de mais canais na oferta de HD. Um canal de HD padrão pode acrescentar duas ou, às vezes, três streams extras ao sinal. Alguns desses canais extras aparentam despertar uma audiência grande e leal, embora isto não possa ser assegurado: na época em que este livro estava sendo escrito, as grandes agências de aferição de índices não estavam medindo a audiência dos chamados canais HD2.

Se você está procurando diversidade, a rádio por satélite oferece as melhores alternativas. Por exemplo, este formato disponibiliza atualmente uma dezena ou mais de canais de notícias. Há uma série de seis canais de música chamada *Decades*. Cada um deles é especializado na música de uma determinada década. Você aprecia as *big bands*? Há boas chances de gostar do *The Forties*, ao passo que o *The Fifties* oferecerá *doo-wop* e "How much is that Doggie in the window?". Se quiser ouvir U2 e REM, que década escolheria? Também encontram-se canais especiais de blues, hip-hop, jazz contemporâneo, ópera, hits europeus, rock acústico, dance underground, country moderno e dezenas de outras opções. Há um canal só com as músicas de Elvis, outro que toca somente Led Zeppelin para que você não tenha que encher seus ouvidos em uma emissora de rock comum.

O veterano em formatos Lee Abrams, programador chefe da XM, acredita que o rádio por satélite é uma fábrica de energia natural no mercado dos meios de comunicação em massa. "Os ouvintes apreciarão música sem comerciais, uma escolha musical mais rica e o fato de poder receber uma excelente qualidade de som em qualquer lugar dos Estados Unidos", disse (comunicação pessoal).

---

[10] Antony Bruno. "Clear Channel, CBS Expand Online". *Billboard*, 24 maio 2008, p. 26.

RÁDIO NÃO COMERCIAL

Muito do que dissemos até agora sobre a indústria do rádio diz respeito ao segmento da indústria voltado para a geração de lucros, que não abrange as rádios não comerciais.

Estas rádios são compostas por uma quantidade relativamente pequena de emissoras, que tiram seu apoio financeiro estritamente da generosidade de doadores (ou de instituições governamentais ou não governamentais). Algumas são afiliadas a organizações sem fins lucrativos, como instituições religiosas ou comunitárias. Essas emissoras recebem a maioria de seus recursos das organizações-mãe ou de ouvintes, e doações ocasionais de fundações ou negócios.

ECONOMIA DO RÁDIO

A maioria das emissoras nos Estados Unidos tem licença para operar comercialmente. Elas programam uma grande variedade de conteúdo informativo e de entretenimento. As rádios comerciais ganham dinheiro vendendo espaço publicitário dentro da programação para atingir audiências específicas. Este tem sido o modelo econômico básico para o rádio desde 1927, e é importante notar que uma consolidação cada vez maior, nos últimos dez anos, fez que este mercado se tornasse mais centrado no lucro. Grandes corporações compram emissoras de rádio com o objetivo de ganhar dinheiro de forma mais eficiente. Quando uma corporação possui muitas emissoras, pode alcançar economias de escala, consolidando funções, como gerenciamento, tecnologia e programação, o que resultam na perda de muitos empregos no mercado do rádio. Entretanto, novas tendências econômicas acenam com oportunidades para os integrantes de equipes de produção multitalentosos, hábeis em realizar tarefas tão logo sejam solicitadas, como a edição assistida por computador.

Existe, porém, outra força vibrante no rádio que é não comercial. As rádios públicas são o segmento deste setor no qual a maioria das pessoas se lembra quando pensa em rádio não comercial. A rádio pública é caracterizada por sua participação numa estrutura de financiamento que inclui duas grandes fontes de renda: os recursos do governo e os do setor privados. Os primeiros são distribuídos para as rádios públicas arcarem com os custos operacionais e de programação. As fórmulas e os procedimentos que norteiam a distribuição desse financiamento são complexos, e não é necessário entrar em detalhes aqui. A outra grande fonte de recursos para a rádio pública são os pedidos de doação aos ouvintes e a outras fontes privadas.

> **PENSE NISSO • QUESTÕES ÉTICAS NO RÁDIO MODERNO**
>
> Don Imus[1] voltou ao rádio, mas foi demitido em 2007 por fazer declarações racistas. Depois de forte pressão por parte de ativistas e de patrocinadores, a CBS Radio cancelou em abril seu popular programa de rádio *Imus in the Morning,* uma semana depois de o polêmico locutor difamar racialmente membros do time de basquete feminino da Rutgers University.
>
> A MSNBC, que tinha uma transmissão simultânea do programa pela TV, também a cancelou.
>
> O presidente e chefe executivo da CBS, Leslie Moonves, anunciou a demissão aos funcionários da rede por e-mail, afirmando que a controvérsia tinha ido além de uma observação pontual. Em parte, o e-mail dizia: "Uma coisa é certa: a questão envolve muito mais do que Imus. Como foi bastante salientado, Imus foi visitado por presidentes, senadores, autores importantes e jornalistas de todo o espectro político. Ele cresceu em uma cultura que permite um certo nível de expressão repreensível, que machuca e diminui ampla gama de pessoas. Ao tirá-lo do ar, acredito que podemos dar um passo importante e necessário não apenas solucionando um único problema, mas também mudando essa cultura".
>
> Após a polêmica, alguns especialistas de mídia entrevistados pelo *Mercury News,* de San Jose, na Califórnia, previram que a demissão de Imus podia levar a uma nova era de civilidade no rádio. "É significativo que uma rede tenha decidido exercer um princípio de responsabilidade em relação a um tagarela profissional", disse Todd Gitlin, professor de jornalismo e sociologia na Columbia University. "Isso pode mudar o rumo da não intervenção verbal, que prevaleceu por 20 anos."[2]
>
> ---
>
> [1] Locutor e *talk-show* norte-americano apresentador do programa "Imus in the Morning" por mais de 30 anos pela NBC/CBS.
>
> [2] Carl Hausman (Ed.), Ethics Newsline, "Shock-Jock Imus Fired in Aftermath of Racially Charged Remarks". Disponível em: http://www.globalethics.org/newsline/2007/04/16/shockjock-imus-fired-in-aftermath-of-racially-charged-remarks. Acessado em: 4 jul. 2007. Ver também Kava, Brad. "Imus Dismissal may have profound effect on media", *The Mercury News,* 13 abr. 2007 (s/p., acessado através do Lexis/Nexis).

Diferente das rádios comerciais, as emissoras não comerciais não estão estreitamente associadas a formatos específicos criados para aumentar a audiência.

Existem dois tipos de rádios não comerciais.

As emissoras públicas de rádio fornecem uma programação que geralmente não está disponível em meios comerciais. Esta filosofia é refletida no amplo espectro de programas ouvidos na NPR ou na Public Radio International (PRI). Extensos programas de notícias diárias, como o *All Things Considered*, transmissões ao vivo de música clássica ou jazz e a cobertura de eventos, como almoços da National Press Club, estão entre os exemplos de programação que a maioria das estações comerciais evitaria, temendo a substancial falta de interesse do público.

O segundo tipo de emissora não comercial é patrocinado por organizações sem fins lucrativos, como universidades, igrejas e grupos comunitários locais, entre outras. Essas emissoras oferecem uma programação eclética, que não se encaixa em nenhuma categoria específica de formato. Geralmente se prestam como importante centro de treinamento para aqueles que se interessam em seguir carreira no setor. Como tanto as emissoras de rádio públicas quanto as das universidades dependem de voluntários para ajudar a operá-las, frequentemente o conteúdo é fornecido por alunos nas emissoras universitárias. Outra grande diferença de programação entre as emissoras não comerciais e o rádio comercial é a ausência de propagandas. Repentinamente, surgiu um princípio "sagrado" na rádio pública, segundo o qual promover produtos e serviços comerciais era inapropriado. Em anos recentes, entretanto, essa proibição cedeu diante do reconhecimento de que um número maior de investidores poderia ser persuadido a dar mais dinheiro para a programação se lhes fosse permitido usar parte do tempo alocado para divulgar suas doações e conseguir alguma atenção para seus produtos e serviços.

A ausência de comerciais não impediu que alguns ouvintes criticassem as emissoras públicas pelos seus esforços em arrecadar dinheiro ao vivo. Nos intervalos cada vez mais frequentes, aparentemente, a maioria delas faz uma pausa em suas programações para transmitir longos pedidos de doações. Alguns ouvintes dizem preferir comerciais de produtos ao que eles às vezes chamam de discursos que usam a culpa como recurso e ameaças de interromper a programação caso os ouvintes não contribuam.

Algumas emissoras experimentaram métodos alternativos para solicitar doações, prometendo diminuir ou eliminar os esquemas de arrecadação de dinheiro ao vivo caso consigam certa quantidade antes de iniciar a programação. Esforços como esses alcançam um sucesso limitado em algumas áreas, mas, no fundo, sempre será necessário haver alguma forma de pedir recursos se as transmissões públicas quiserem sobreviver.

A transmissão de rádio não comercial oferece muitas oportunidades para quem é do meio de produção radiofônica. Se você trabalha em uma emissora pequena, ou grande, ou em uma rede de transmissão pública, certamente estará mais apto a encontrar maior variedade de produção radiofônica no rádio não comercial do que no comercial.

Ainda hoje são transmitidos dramas na rádio pública, por exemplo, e muitas emissoras gravam performances musicais no próprio local. Esses projetos desafiam os produtores de uma forma que o rádio comercial nunca desafiará. Algumas estações não comerciais também podem ter mais produções de noticiário. E, claro, os *airshifts* (apresentados a seguir) requerem habilidade para operar o equipamento em um estúdio ao vivo.

Atualmente, muitas emissoras não comerciais, e a própria NPR, ao lado de várias outras agências sem fins lucrativos, estão presentes na internet usando muitos recursos da tecnologia, que incluem os podcasts e os RSS (Really Simple Syndication). Um excelente exemplo da máxima exploração da tecnologia pelas rádios sem fins lucrativos é a AARP, uma associação para adultos da meia-idade, que retransmite um programa de rádio em vários mercados e mantém um grande banco de programas para download. Você pode pesquisar esta alternativa de rádio em: <http://radioprimetime.org/index.htm>.

O PAPEL DO PRODUTOR NO RÁDIO MODERNO

Com toda a excitação em relação ao rádio automatizado e aos formatos pré-gravados, pode parecer que resta pouco a fazer na produção radiofônica em nível local. Na realidade, é o oposto.

As habilidades em produção formam a base do perfil da programação de uma emissora. Sem elas a estética exclusiva não poderá ser criada, mas somente por si mesmas não bastam, e é por isso que começamos este livro sobre produção com uma discussão a respeito da programação. A boa produção é uma extensão da programação de uma emissora, e um **produtor** – qualquer pessoa que manipule o som para criar um efeito ou passar uma mensagem – precisa fazer este trabalho sob medida para reforçar a programação da emissora.

A promoção é uma área cada vez mais importante das operações de uma empresa deste segmento. O clima atual de intensa concorrência, em todas as formas de mídia, pela atenção do público faz que as emissoras precisem trabalhar mais do que nunca para se sobressair. A produção tem uma função estratégica neste processo, porque a promoção adota muitas formas – sites, concursos, adesivos e outros prêmios que tenham as imagens que identificam a emissora; cartazes; anúncios na televisão e outras mídias etc. Mas um recurso estratégico para a construção da audiência é o tempo de permanência de uma emissora no ar. O pessoal da área de produção pode desempenhar um importante papel para ajudar uma emissora a se promover, colocando criatividade no som a fim de construir uma identidade clara aos ouvintes.

Neste texto, vimos o básico da transmissão radiofônica. Ao estudar as peculiaridades da produção, você estará explorando a essência da programação do rádio. Esta área de trabalho, de um ponto de vista mecânico, é um método para se combinar várias fontes sonoras em um produto que tem uma finalidade específica.

FIGURA 1.4 Salas de redação de notícias modernas são geralmente estações de trabalho computadorizadas. Aqui, Chris Ulanowski, diretor de notícias da WRVO-FM, arquiva uma notícia no computador central de notícias. Em seguida, ele irá para uma cabina de produção para gravar.

Fonte: Fritz Messere

Qualquer um em uma emissora de rádio pode realizar esta função. O gerente de vendas que grava e constrói um comercial é um produtor, como também o é a pessoa que prepara um noticiário. O pessoal da locução que opera a mesa de som (conhecida como operação **combo**) também é produtor. Nas emissoras de médio e grande portes, essas funções podem ficar por conta de um gerente de produção, que se especializa em realizar tarefas como comerciais, anúncios de serviços públicos (PSA, sigla em inglês para *public service announcements*) ou *talk shows*. Algumas emissoras e grandes redes têm profissionais nesta função em período integral, que cuidam exclusivamente da programação especializada, como shows e eventos esportivos.

A responsabilidade específica de um produtor depende da emissora na qual trabalha. Emissoras de rádio variam em sofisticação, das pequenas, que só funcionam durante o dia com um equipamento mínimo e antiquado, até as supercasas,

NO AR! • TÉCNICAS PARA UMA BOA PERFORMANCE AO VIVO: O PAPEL DO LOCUTOR NO RÁDIO MODERNO

A seção "No ar!" desta edição de *Rádio – Produção, programação e performance* o ajudará a entender como funcionam as comunicações ao vivo e como se aplicam ao conteúdo de capítulos específicos. Embora nem todos os produtores de rádio estejam no ar, muitos estarão. Por exemplo, ainda que você não tenha um *airshift* ao vivo, poderá gravar comerciais, promoções ou outros anúncios. Talvez possa fazer um noticiário ocasional. E se não falar ao microfone, como um produtor, você certamente estará trabalhando com pessoas que estão no ar e precisam entender essas técnicas, habilidades e requisitos.

Para começar esta exploração do papel do locutor no rádio moderno, precisamos viajar rapidamente ao passado.

Os locutores no início

Os primeiros locutores no rádio eram meio vendedores, meio mestres de cerimônias (MC), e também guias sofisticados dos eventos que aconteciam no mundo. Os anunciantes realizam várias tarefas, como atuar como MC em um programa de variedades, anunciar o elenco de um drama ou servir como introdutor de uma peça (veja a Figura 1.5). O locutor foi visto como alguém que faz uma *performance*, e não apenas fala, quando está no ar. Essa percepção resultou no desenvolvimento de uma forma estilizada de fala que era enfática e dramática. Os anunciantes usavam um estilo distinto que não era ouvido em nenhum outro lugar além do rádio.

A mídia moderna

Quando a televisão chegou, na década de 1950, o rádio descobriu que não mais poderia cumprir a missão de ser o veículo preferencial de todos. Foram-se os dias de grandes programas de variedade no rádio ou de comédias semanais. Quase por acidente, o rádio começou a servir como companheiro, com o mesmo estilo de vida das pessoas que gostavam de certos tipos de música. Até a década de 1950, a ideia de tocar músicas gravadas no rádio não tinha passado pela cabeça de muitos executivos da indústria, mas o desespero trazido pela chegada da televisão – o peso-pesado da mídia – os impeliu a tentar.

O rádio individual acabou se tornando um sucesso esmagador. A mídia, agora portátil graças à introdução do rádio a transistor, cercava o ouvinte de música sem pausa, o que reforçava um estilo de vida em particular. Hoje, vemos uma crescente especialização do rádio e de formatos que são feitos sob medida para públicos muito específicos.

O que significa tudo isto para o locutor

Para as pessoas que realizam *performances* no ar, a evolução do rádio tem várias implicações muito claras:

1. Alcançar o indivíduo é o ponto-chave. O contato pessoal é essencial no rádio. Duas pessoas – o locutor e o ouvinte – estão dividindo música e um estilo de vida. Como resultado, o estilo do locutor deve ser íntimo, comunicativo e pessoal. Existe muito pouco espaço no rádio hoje em dia para o estilo arcaico, de "voz de locutor" pomposa e afetada.
2. Conhecer o assunto é essencial. O locutor do velho estilo tinha de ser suave e facilmente compreensível, pois se ocupava de uma gama incrivelmente ampla de tarefas, desde introduzir música

clássica até anunciar seleções de polca e mediar um programa local de perguntas e respostas. Hoje, este profissional cuida apenas de um estilo musical, e, mais ainda, geralmente apenas de um nicho específico dentro desse estilo (por exemplo, o country "quente" que mistura elementos de rock, ocupa um nicho diferente do da música country genérica). É difícil ou impossível fingir ter conhecimento de música para um público tão concentrado, e esse público não tolerará locutores que não conheçam o assunto.

3. Competência técnica é importante. Houve uma época em que os locutores simplesmente falavam o que liam. Não tocavam no equipamento e, na verdade, em geral eram proibidos de fazê-lo por imposição da categoria.

Às vezes, havia bons motivos para isso – o equipamento dos primórdios do rádio era complexo, precário e geralmente perigoso se usado de forma incorreta. Mais tarde, conforme o equipamento foi sendo simplificado e padronizado, tornou-se parte do dever do locutor ter sua própria mesa de som. Atualmente, é preciso saber usar um computador, porque é provável que você tenha de realizar alguns comandos mediante programas de edição ou até mesmo fazer o computador "ver" sua próxima escolha musical.

Em suma, os dias dos locutores de voz impostada e alta se foram, e é importante que você evite parecer como o estereotipado locutor do "olá-a-todos-na-terra-do-rádio". Esse estilo está em extinção e existe apenas em acampamentos, quando alguém quer tirar um sarro.

FIGURA 1.5 Drama radiofônico executado em um estúdio de rádio da NBC, com a ajuda de um operador de efeitos sonoros e vítimas grunhindo (no chão) em *Lights Out*.

Fonte: Bettmann/CORBIS

dotadas de alta tecnologia, nas cidades grandes. Mas, independente do tamanho, o papel e a importância da produção e do produtor são os mesmos.

Um produtor pode receber a tarefa de criar e executar um comercial que venda o produto de um patrocinador, realizar a introdução de um programa de notícias que prenda a atenção do ouvinte ou combinar uma quantidade de elementos anteriormente gravados com conteúdos ao vivo num determinado pacote conhecido como *airshift*. Todas essas funções, e outras mais, criam o produto radiofônico em mercados pequenos e nos de médio e grande portes.

Ao ser proficiente nessas tarefas, você terá abertura para um leque de oportunidades no campo do rádio. E, embora nosso foco seja a transmissão radiofônica, as habilidades e noções aqui apresentadas podem ser aplicadas em várias outras situações profissionais, como a gravação em estúdio, assim como a produção para streaming e podcasting, as apresentações multimídia, o áudio para televisão, a produção especializada de som para agências de propaganda, casas de produção e outros clientes comerciais, que também exigem muitas das habilidades abordadas neste texto.

Em geral, você estará explorando um campo que exige uma gama de habilidades e precisará investir algum tempo para aprendê-las. Compreender o básico é só o começo. A proficiência real em produção radiofônica exige compromisso profissional, experiência, criatividade e um certo espírito de aventura. Uma produção realmente efetiva tem a marca de identificação de seu produtor. É única. As habilidades envolvidas são ferramentas e o modo como você as usa faz a diferença.

Embora possa haver alguma frustração no processo de tentar criar uma produção próxima à que imaginou, é muito satisfatório quando a magia acontece e você pode ouvir o resultado final de seus esforços e dizer "Isso! É isso!". Muitos veteranos do rádio acreditam que a produção é uma das partes de maior prazer em seu trabalho. É uma chance de ser, de uma só vez, artista, técnico e performático. A produção é um dos trabalhos estratégicos em qualquer emissora de rádio. As pessoas que trabalham bem são aquelas que constituem a base da transmissão radiofônica.

Além disso, a produção de áudio abre oportunidades de carreira em outras áreas que não a transmissão radiofônica. Cinema e televisão também exigem produtores de áudio competentes, e negócios/indústrias precisam dos serviços de produtores internos habilidosos.

Então, divirta-se enquanto aprende a produzir essa magia. Você trabalhará muito, mas as recompensas serão duradouras, e adquirirá habilidades para toda a vida. E também pode desenvolver uma longa paixão por essa atividade emocionante e recompensadora nesta profissão que é parte vital do nosso mundo atual.

RESUMO

O rádio deixou de ser uma mídia de audiência em massa para se tornar mais específico, ou seja, ele alcança um público-alvo selecionado, mais definido que o público atingido pela programação das emissoras de televisão.

Os formatos da Era de Ouro também representaram o apogeu do "teatro da mente" – quando os dramas radiofônicos transportavam os ouvintes por meio do criativo relato de histórias e de efeitos sonoros produzidos ao vivo. Os produtores aprenderam a apreciar todo o valor do impacto desta mídia.

O perfil da programação de uma emissora de rádio é uma mistura generalizada de música, voz, tempo, ritmo, e outros elementos de produção que se combinam entre si para criar uma assinatura coesa e identificável. A emissora de rádio moderna desenvolve cuidadosamente e sintoniza seu formato para alcançar um público-alvo quantificável – um público que é, numa próxima etapa, "vendido" aos compradores de espaço publicitário no rádio. As rádios não comerciais fornecem escolhas de programação alternativas a esses formatos específicos.

O impacto das redes caiu consideravelmente depois da Era de Ouro, mas a capacidade de transmissão por satélite, streaming e podcasting, entre outros avanços tecnológicos, deu nova vida a este conceito. Muitas emissoras integram agora programações de rede de uma forma que complemente seus formatos, permitindo estabelecer localmente o conteúdo recebido.

2

A Mesa de Som

Provavelmente, nada intimida mais em produção de rádio do que o primeiro contato com a **mesa de som** – uma rede complexa de chaves, botões e medidores –, ou, por vezes, uma atemorizante tela de computador. Entretanto, operar a mesa, ou **console**, torna-se, em regra, um hábito. Na verdade, a maioria dos profissionais de rádio dirá algo como: "Quando comecei, tudo o que me importava era operar a mesa e saber o que aconteceria se mudasse de emprego e tivesse de usar uma nova mesa. Mas, depois de alguns meses, descobri que operar a mesa era, na verdade, um dos aspectos mais simples do trabalho. E quando mudei de emissora, aprendi a usar a nova mesa numa tarde".

Julgamos importante enfatizar que é possível se familiarizar com a mesa de som, já que muitos calouros em produção de rádio se assustam diante das primeiras experiências com os controles e nunca adquirem a confiança necessária para usar a mesa como uma ferramenta versátil e "tocá-la", como um instrumento musical.

Lembre-se de que qualquer pessoa pode operar uma mesa de som. Você não precisa ser um engenheiro ou um técnico; basta compreender o que ela faz e ter prática em relação às habilidades mecânicas operacionais necessárias.

FUNÇÃO DA MESA DE SOM

Digital ou analógica, a mesa de som é simplesmente um dispositivo para amplificar, rotear e mixar sinais de áudio. É importante ter em mente a distinção entre áudio e som. **Áudio** é o termo usado para fazer referência aos sinais elétricos envolvidos na reprodução ou transmissão do som. **Som** é a vibração pelo ar ou por outro meio.

Amplificação

Amplificação é a elevação de um sinal para um nível utilizável. A minúscula voltagem produzida por uma estação de trabalho computadorizada, um tocador de CD, um microfone ou mesmo um toca-discos, não é forte o suficiente para ser enviada a um alto-falante ou pelo ar. (Este é precisamente o motivo pelo qual o tocador de CD do som da sua casa está conectado a um amplificador, que tanto pode ser embutido como um componente separado.) A mesa de som dá ao operador um controle conveniente sobre o **volume** de várias fontes de sinais, como microfones, computadores, toca-discos (de qualidade profissional), tocadores de CD, cartucheiras, computadores, instrumentos musicais e outros componentes de playback.

Roteamento

A mesa de som permite ao produtor determinar o caminho do sinal, ou, em outras palavras, **roteá-lo**. Como você verá, ela pode enviar um sinal para veiculação ou para um canal de cue, o que permite ao operador ouvir uma fonte de áudio sem o sinal ir ao ar. Além de rotear sinais, o operador pode ligar e desligar os sinais (canais).

Mixagem

A mesa de som pode liberar dois sinais ao mesmo tempo – a voz do locutor e a música, por exemplo –, além de permitir que o volume de ambos seja controlado separadamente, ou **mixado**, para que a música não se sobressaia à voz.

Por meio da amplificação, do roteamento e da mixagem, o operador da mesa pode produzir um produto final que será veiculado (como é o caso de um locutor de rádio que realiza um airshift), ou roteado para um computador ou outro equipamento de gravação (como alguém faria ao produzir um comercial a ser colocado no ar mais tarde).

ENTENDENDO FUNÇÕES DA MESA DE SOM: ALGUNS EXEMPLOS HIPOTÉTICOS

A discussão anterior sobre amplificação, roteamento e mixagem é suficiente como explicação teórica do funcionamento de uma mesa de som. Mas, como ela funciona na prática?

Para explicar, vamos adotar uma abordagem pouco incomum: mostraremos uma série de mesas de som hipotéticas usadas em emissoras de rádio igualmente hipotéticas. Falaremos brevemente sobre o uso de tocadores de CD, microfones e unidades de reprodução sonora, mas as instruções detalhadas acerca desses dispositivos virão nos próximos capítulos. Então, não se preocupe, basta compreender o que, por que e como a mesa faz. O propósito desses exemplos é demonstrar como este equipamento de som realiza certas operações.

Mostraremos mesas de som "concretas", comuns, similares às que comumente são usadas na maioria das emissoras hoje em dia. Devemos notar aqui que as mesas de som digitais podem converter áudio analógico em dados ou usar dados diretamente de uma fonte de entrada digital, como um computador ou uma cartucheira digital; entretanto, para o propósito da nossa discussão, presumiremos que as mesas analógicas e digitais funcionam da mesma forma. Mais adiante, neste capítulo, exemplificaremos uma mesa de computador "virtual". Note que, embora mesas virtuais estejam ganhando popularidade, a real permanece mais popular e provavelmente ainda será utilizada por um bom tempo.

Mesa Hipotética *A*

Na nossa primeira emissora de rádio hipotética, a mesa de som *A* toca apenas um som, o mesmo disco, repetidamente. Os únicos equipamentos que esta emissora possui são um **tocador de CD** e a mesa *A*. Veja na Figura 2.1 o que ela contém.

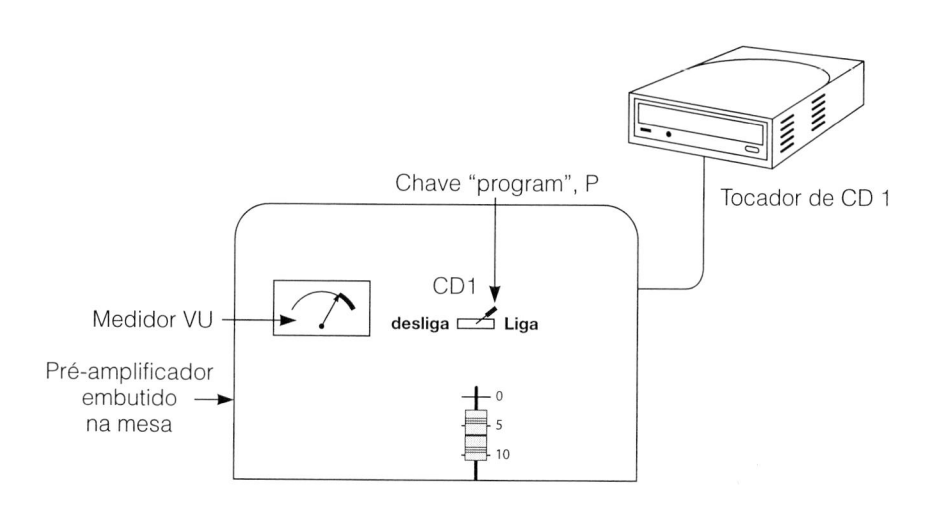

FIGURA 2.1 Mesa *A* numa emissora que usa apenas um tocador de CD (CD1).

Pré-amplicador. O sinal de alguns dispositivos de entrada é muito fraco, então um dispositivo chamado **pré-amplificador** (geralmente chamado de *preamp*) o eleva para um nível mais utilizável. Aqui, a mesa *A* tem um tocador de CD conectado.

Potenciômetro. Em termos de engenharia, **potenciômetro** – quase sempre chamado de **fader** ou **pot** – é um resistor variável; em termos leigos, não é nada mais do que um controlador de volume. Geralmente, um fader em slide ajusta o volume, da mesma forma que um dimer reostato ajusta a intensidade das luzes numa sala de jantar. Ele aumenta o volume de saída de uma mesa; e é, portanto, um ajuste para o medidor VU (discutido em breve), e não um controle para o monitor.

Botão ON ou Switch de Roteamento. O botão ON é aquele que coloca o sinal no ar quando pressionado. Algumas mesas de som o identificam como um botão "program". Outras mesas têm esta opção ON logo abaixo do fader em slide e um switch de seleção program acima do fader. Discutiremos outras funções do switch de roteamento em exemplos posteriores.

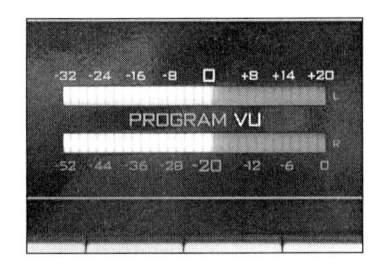

a. Leitura em nível apropriado.

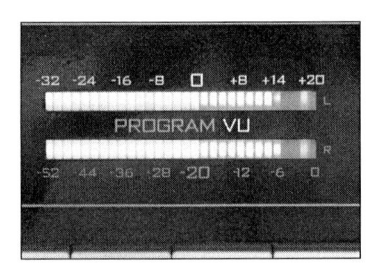

b. Leitura "no vermelho".

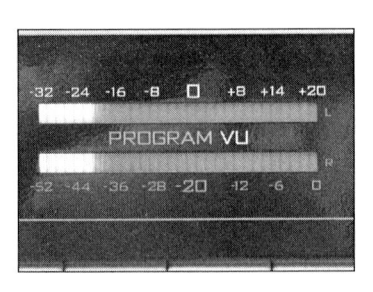

c. Leitura "zerada."

d. Este medidor VU mostra a porcentagem de modulação na escala inferior.

FIGURA 2.2 Leituras do medidor VU.

Medidor de Unidade de Volume. Você sabe que o fader permite ajustes no nível de volume, mas como saber qual é o correto? O volume é uma escolha especialmente subjetiva.

O **medidor de unidade de volume** (geralmente chamado **medidor VU**) apresenta uma representação visual objetiva da altura do som. É um componente muito importante da mesa de som, e a capacidade de lê-lo corretamente é estratégica em todas as fases da produção de rádio. Medidores VU podem ser analógicos ou digitais (como mostra a Figura 2.2), com um gráfico de barras iluminado.

Essencialmente, o aspecto mais importante da leitura deste medidor é saber que o zero na escala superior é a referência para o volume adequado. Uma verificação mais detalhada da medição na mesa *A* (veja a Figura 2.2a) mostra que o CD está tocando em um volume, ou nível de som, adequado.

Uma leitura de +14 na escala superior significa que o sinal está tocando muito alto; e se ficar mais alto, pode soar distorcido. (Uma unidade de volume é a medida relativa da altura do som, similar a um decibel, uma medida que discutiremos no Capítulo 5.) Uma leitura acima de zero é conhecida como "no vermelho", porque a parte da escala acima de dez tem geralmente cor vermelha ou os LEDs brilham em vermelho. Uma leitura de +4 ou +5 indica que as coisas estão ainda piores, e +14 (veja a Figura 2.2b) colocará todos os medidores da direita no máximo, o que se conhece por "estourar o medidor", o que pode causar distorção severa.

Por sua vez, uma leitura muito baixa resultará em um nível de volume de música muito baixo e com muito ruído. O ruído está sempre presente em componentes elétricos, até mesmo os componentes digitais o emitem. Quando não existe volume de sinal suficiente, o ruído torna-se muito mais audível; isto é tido como uma relação sinal–ruído inaceitável. Esta é a conexão entre a quantidade de sinal em um canal e seu ruído. Uma relação sinal–ruído maior é melhor. Uma leitura efetivamente abaixo de cerca de -20 (veja a Figura 2.2c) é conhecida como "leitura zerada". O operador da mesa *A* é responsável por manter os picos o mais próximo possível do zero. Isso não é particularmente difícil, porque o medidor VU é feito para corresponder a médias. A agulha tende a pender, buscando um nível de volume mediano.

O operador não deve colocar o deslizante no máximo cada vez que o nível baixar para -0 (menos zero), ou baixá-lo demais toda vez que a agulha estiver no vermelho. Manipular o pot sempre resultará na eliminação das passagens altas para as baixas na música, especialmente se clássica.

Os medidores de LED reagem mais rapidamente a níveis gerais do que os medidores VU mecânicos, e as escalas podem estar mostrando tanto o pico do nível de volume quanto a altura média do som. Na Figura 2.2b, a barra de LED que está mais à direita mostra o pico do nível de volume, e as barras contínuas estão evidenciando o nível de volume médio. Geralmente, os medidores VU de LED mostrarão uma cor verde quando o sinal estiver dentro do aceitável, e laranja ou vermelho quando acima de 0 (zero) na escala. Trate de sempre definir com o técnico da emissora o nível apropriado para sua mesa.

A propósito, alguns medidores VU indicam a porcentagem da modulação (Figura 2.2d). **Modulação** é a marca sonora em um sinal de rádio, e 100% é o ideal; é a medida percentual da passagem de voltagem de uma mesa de som para transmissão ou para um dispositivo de gravação. Cem por cento representam a máxima voltagem possível; o medidor VU oscilante pode comparar a marca sonora de sua fonte ao nível máximo desejado.

Note que 100% correspondem a 0 (zero) unidade de volume, a leitura igualmente ideal. Modulação demais resulta em um sinal supermodulado, distorcido; muito pouca, causa problemas com a relação sinal–ruído e faz que o som do sinal seja pouco definido ou fraco. Seja qual for a escala utilizada, a grande tarefa que um operador de mesa de som precisa enfrentar é manter a agulha de um medidor VU oscilando entre os pontos que marcam 0 (zero) (escala superior) e 100 (cem) (escala inferior). Aumentos ocasionais de volume para a área vermelha são aceitáveis – na verdade, inevitáveis –, assim como as pouco frequentes quedas para a leitura zerada.

Monitor. Trata-se de um alto-falante que permite ao operador ouvir o que está se passando na transmissão. O **monitor** (ou **air monitor**) não é na verdade uma parte da mesa de som, embora esteja conectado ao console e seja operado por meio de seus controles. Geralmente, controles de seleção permitem ao operador usar o monitor para ouvir uma série de fontes além do que está acontecendo na transmissão. Em essência, este é o alto-falante pessoal do operador, e não afeta o som que é transmitido.

Amplificador. Antes de deixar a mesa, o sinal precisa ser amplificado – aumentado – novamente. O último passo, portanto, envolve enviar o sinal por um amplificador.

Recapitulação da Mesa A. O sinal do tocador de CD passa primeiramente pelo preamp, uma função elétrica interna da mesa. O volume do sinal pré-amplificado é controlado por um fader. Depois da passagem do sinal pelo fader, uma chave funciona como um switch ON-OFF; neste caso, a posição "ON" refere-se ao "program". (Você aprenderá mais sobre o uso desses vários switches com a próxima mesa.) Por fim, o sinal é amplificado novamente. No caso de uma estação de rádio que toca apenas um disco, a **saída** da mesa é então enviada ao transmissor hipotético. Na Figura 2.3 reproduzimos a mesa *A* da forma como um técnico em transmissão o faria.

A mesa *A* certamente é fácil de operar, e atende perfeitamente às necessidades de uma emissora que toca apenas um disco. Mas não tem nenhuma flexibilidade. Permite apenas a repetição constante de um disco reproduzido no único tocador de CD da emissora. Você poderia, claro, trocar de disco, mas fazer isso no ar deixaria intervalos (buracos) ainda maiores na programação do que tocar tudo de novo, e, ao chegar no fim do disco, voltando rapidamente ao começo. Então, vejamos como uma mesa mais avançada soluciona o problema.

Mesa Hipotética *B*

A emissora que usa a mesa hipotética *B* tem dois tocadores de CD (veja a Figura 2.4). Isto permite ao operador realizar transições suaves entre as seleções, pois tem outro CD pronto para rodar quando o primeiro acabar, eliminando os intervalos no programa, conhecidos nesse meio como **dead air**. Entretanto, se o objetivo é eliminar intervalos, o operador deve saber onde está o ponto de início de cada corte do CD. Deve haver uma forma de marcar o disco – ouvir onde começa o primeiro som da parte musical, para que o som possa iniciar imediatamente quando o tocador de CD for ligado. E, como é comum em vários formatos de rádio, realizaremos uma **transição** da música; ou seja, o fim de uma música e o começo da outra serão sobrepostos por um ou dois segundos.

A mesa *B* é similar à *A*, mas possui vários recursos adicionais que permitem ao operador eliminar intervalos e sobrepor músicas.

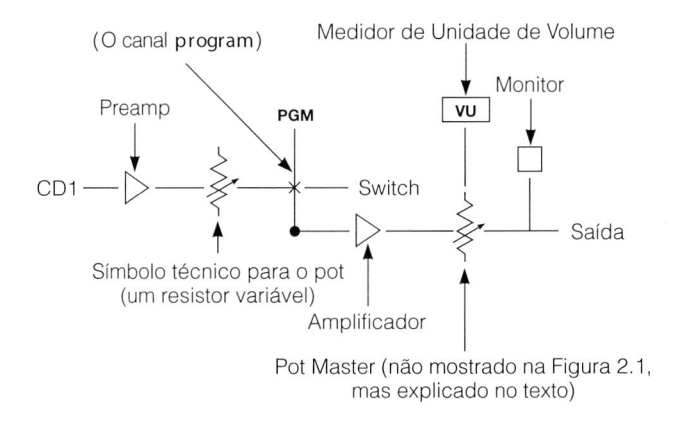

FIGURA 2.3 Este desenho técnico mostra todos os componentes na corrente de áudio da mesa *A*. Os sinais transitam do CD através dos componentes da mesa até a saída.

Múltiplos Canais de Entrada. Ter dois faders permite à emissora usar dois tocadores de CD. Essa mesa tem dois canais de entrada: o Canal 1, para o tocador de CD 1, e o 2, para o segundo tocador. Tanto o tocador de CD 1 como o de CD 2 são fontes; ou seja, cada um transmite um sinal. Então, além dos dois faders, também haverá dois preamps e dois botões program.

O Canal Audition. Não confunda os canais de entrada na mesa *B*. Este canal é uma saída diferente da do program e dá maior flexibilidade ao operador.

Tal como o nome indica, o **audition** (audição) permite ouvir um CD, num computador ou outra fonte, sem colocá-lo no ar. Este canal roteia o sinal de uma fonte para uma caixa de retorno. (Existe a aplicação para gravação, que discutiremos mais adiante.) Qualquer coisa que possa ser colocada no program pode ser reproduzido pelo audition.

Você percebe, na Figura 2.4a, como é feita a seleção do canal audition? A seção de saída da mesa *B* é na verdade composta de dois switches separados. Um botão liga o canal audition e outro ativa o canal program. Diferente da mesa *A*, que só tinha um botão program que podia ser ligado ou desligado. Tanto o audition quanto o program podem ser usados de formas independentes (veja a Figura 2.4b).

O Canal Cue. Este canal serve para um dos mesmos propósitos que o audition: permite ao operador ouvir uma fonte sem colocá-la no ar). O operador da mesa *B* é capaz, usando o canal cue, de achar um ponto específico no disco antes de ser tocado pela emissora, e pode, portanto, marcar o disco para que este comece imediatamente. Essa marcação geralmente envolve determinar exatamente onde começa a próxima música (algumas músicas ao vivo começam com aplausos, e o operador certamente não quer que isso vá ao ar). O canal cue toca em um pequeno alto-falante localizado dentro da mesa de som. Para colocar o fader em cue, o operador geralmente o seleciona apertando o botão cue. De modo geral, isso desativa temporariamente o canal program enquanto este estiver no modo cue. Nas mesas mais antigas, que usam chaves ou botões em vez de faders, você pode girar o pot totalmente no sentido anti-horário para ativar o canal cue.

Por que, você deve estar se perguntando, existem duas formas de ouvir fontes sonoras que não estão no ar? Os canais cue e audition têm cada um suas vantagens e desvantagens. O primeiro é muito fácil de usar, pois requer apenas que se aperte o botão para colocar o canal neste modo. Depois de ter marcado o necessário em um CD, o operador da mesa *B* não precisa fazer mais nada até colocar a música do tocador de CD "no ar" (veicular), como se diz na linguagem do rádio. Mas o alto-falante do cue geralmente é minúsculo e ruim; então, se o operador

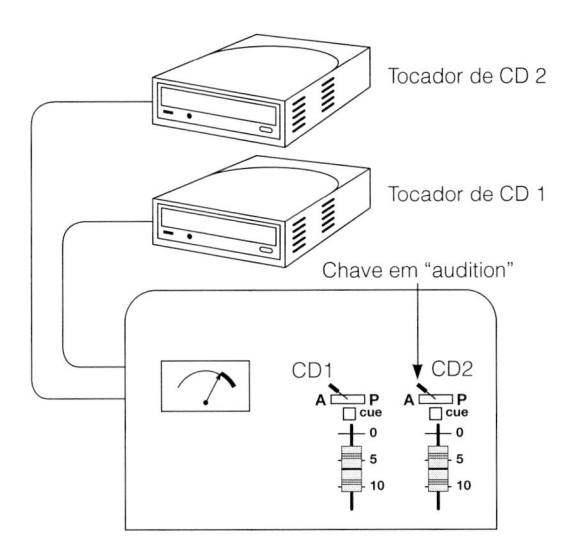

a. Mesa *B* em uma emissora que usa dois tocadores de CD (CD1 e CD2).

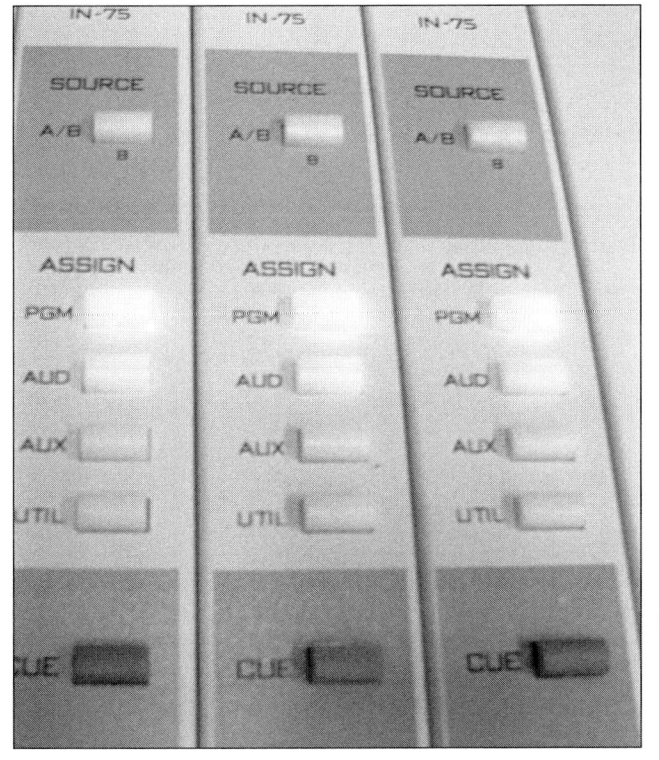

b. Os switches de seleção da mesa de som permitem ao operador escolher program, audition ou outras saídas.

FIGURA 2.4

quiser ouvir uma nova peça musical para avaliar se deve ir ao ar, este canal não será uma boa escolha.

O audition, por sua vez, roteia o sinal por um alto-falante de alta qualidade. Às vezes é um conjunto de caixas separado na sala de controle ou dentro do próprio estúdio, embora geralmente este canal seja enviado pelo mesmo alto-falante que o programa. O operador usa um switch de seleção de monitor (não mostrado na Figura 2.4a) para determinar que canal – program ou audition – vai para o alto-falante. O audition tem outra função muito útil: se o operador preferir, pode tocar um disco no ar no canal program, enquanto produz um comercial no audition. Mais adiante explicaremos como isto é feito.

Adicionando os canais de múltiplas fontes, o canal audition e o canal cue à representação do técnico de transmissões, conseguimos saber como o sinal flui na mesa *B*, o que é mostrado na Figura 2.5.

Recapitulação da Mesa *B*. As saídas de dois tocadores de CD são enviadas para dentro da mesa *B*. Cada tocador tem seu próprio canal de fonte. Como existem dois, dois canais de fonte, e, claro, dois faders, o operador da mesa *B* é capaz de fazer transições suaves entre os CDs, até mesmo sobrepondo o início de uma música ao final da outra. Mais importante, o operador da mesa *B* pode usar o canal audition ou o canal cue para ouvir um canal-fonte sem colocá-lo no ar.

Conforme mostrado na Figura 2.5, o caminho que o sinal segue pela mesa *B* começa nos tocadores de CD, e segue pelos canais-fonte apropriados, pelos faders e seletores de saída, até a saída audition ou program. Nessa mesa, os botões/seletores permitem ao operador transmitir o sinal pelo canal program ou pelo audition. Note, também, que o canal cue é ativado separadamente. Após o roteamento do

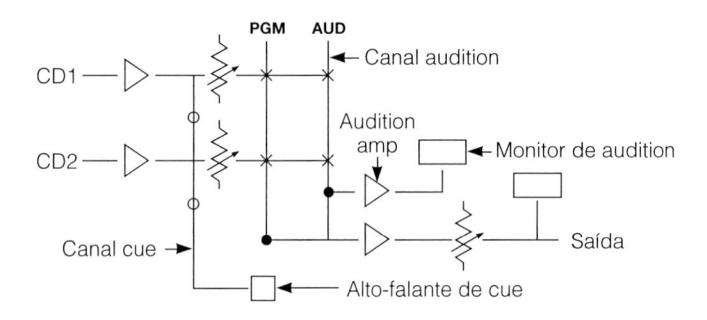

FIGURA 2.5 Representação técnica de uma mesa de som de dois canais. Compare esta com a Figura 2.3 e note os componentes adicionais, os canais audition e cue.

FIGURA 2.6 Mesas de som pequenas como esta são perfeitas para cabinas de produção radiofônica.
Fonte: Fritz Messere.

sinal pelo seletor de saída, ele passará por um amplificador. O medidor VU medirá a altura do sinal, e este irá para o transmissor.

Mesa Hipotética C

O operador da mesa hipotética C tem um microfone (veja a Figura 2.8) na sala de controle e como tem mais recursos, como a mesa B, pode colocar o som de um microfone no ar e mixá-lo com outras fontes. O **microfone** está no canal-fonte 1. Além deste, esta mesa tem outros recursos.

A abreviação *mic*, pronunciada "maike", é amplamente usada na profissão; na literatura dos fornecedores; em material impresso da emissora e em publicações sobre áudio e radiodifusão. Você verá novas mesas com as indicações "Mic 1", "Mic 2".

Sistema Mute. Um **sistema mute** especial corta o som do monitor (o alto-falante que permite ao operador saber o que está acontecendo no ar). Ele é essencial quando um microfone e um alto-falante estão na mesma sala porque, sem estar mudo, o microfone captaria a saída do alto-falante, a enviaria pelo sistema de amplificação e a captaria novamente conforme o som saísse do alto-falante, causando assim o que conhecemos por **microfonia**, que é o mesmo efeito desagradável que ocorre ao aproximarmos muito o microfone da caixa de som. Para evitá-la, toda vez que o canal do microfone é ligado o sistema mute interno da mesa cortará o som do alto-falante. Isto, claro, torna necessário o uso do próximo item: os fones de ouvido.

Medidores VU para o program

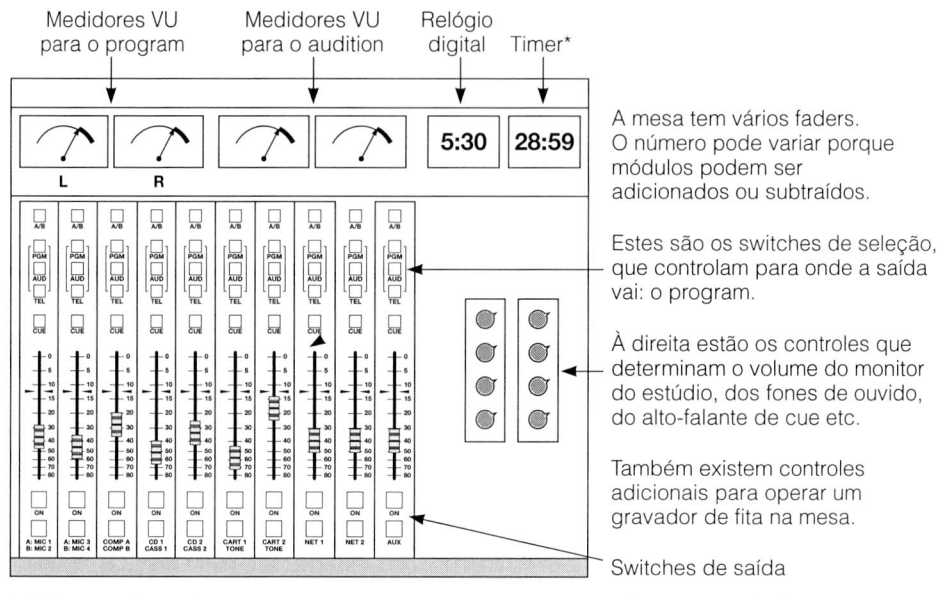

Medidores VU para o audition

Relógio digital

Timer*

A mesa tem vários faders. O número pode variar porque módulos podem ser adicionados ou subtraídos.

Estes são os switches de seleção, que controlam para onde a saída vai: o program.

À direita estão os controles que determinam o volume do monitor do estúdio, dos fones de ouvido, do alto-falante de cue etc.

Também existem controles adicionais para operar um gravador de fita na mesa.

Switches de saída

* O timer pode mostrar um segmento, ou por quanto tempo uma fonte em particular toca, ou o que mais for programado para fazer.

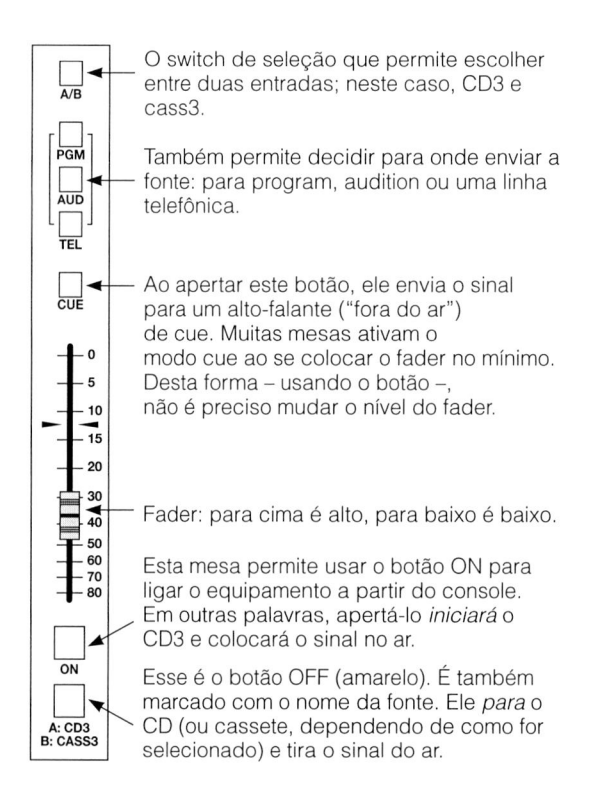

O switch de seleção que permite escolher entre duas entradas; neste caso, CD3 e cass3.

Também permite decidir para onde enviar a fonte: para program, audition ou uma linha telefônica.

Ao apertar este botão, ele envia o sinal para um alto-falante ("fora do ar") de cue. Muitas mesas ativam o modo cue ao se colocar o fader no mínimo. Desta forma – usando o botão –, não é preciso mudar o nível do fader.

Fader: para cima é alto, para baixo é baixo.

Esta mesa permite usar o botão ON para ligar o equipamento a partir do console. Em outras palavras, apertá-lo *iniciará* o CD3 e colocará o sinal no ar.

Esse é o botão OFF (amarelo). É também marcado com o nome da fonte. Ele *para* o CD (ou cassete, dependendo de como for selecionado) e tira o sinal do ar.

FIGURA 2.7

a. Funções da mesa de som de uma sala de controle

b. Cada canal de áudio tem seu próprio fader. O operador pode escolher entre duas entradas e enviar o sinal para program, audition ou outra saída.

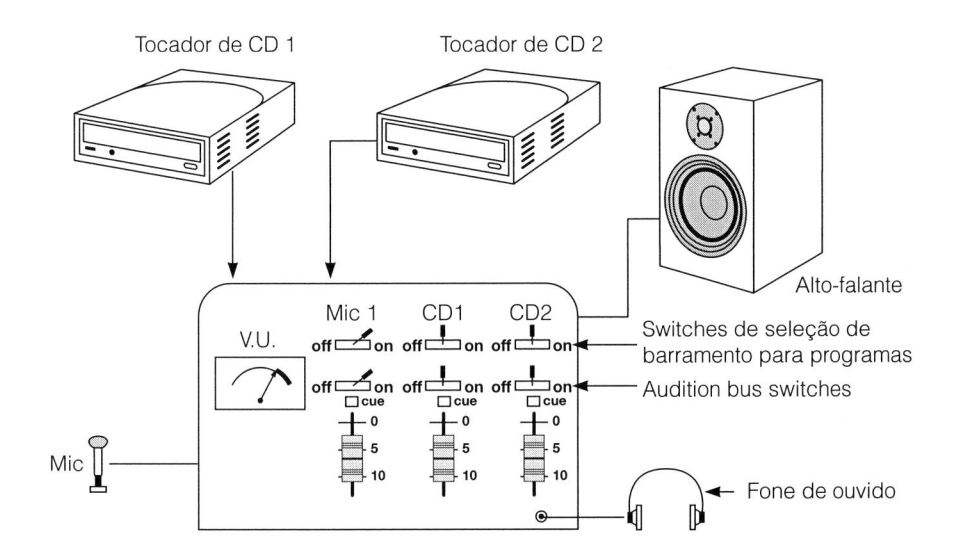

FIGURA 2.8 Mesa que pode ser usada com dois tocadores de CD e um microfone.

Fones de Ouvido. Enviam o som bem perto dos ouvidos do operador, impedindo qualquer possibilidade de microfonia. Pelo fato de operarem quando o microfone está aberto, permitem ao operador ouvir a si mesmo falando no microfone. Existe uma saída para fones de ouvido na mesa de som e um pot que controla seu volume.

A mesa C também contém um botão de seleção de fones de ouvido, que permite ao operador ouvir, por exemplo, o canal audition ou cue neles. Esta possibilidade é muito útil se, enquanto estiver falando no ar, o operador descobrir que o próximo segmento do programa ainda não foi marcado.

Fader Master. Este fader controla toda a saída da mesa. O medidor VU na verdade lê a saída do **pot master**. Muitas mesas de produção de rádio não têm faders master. A saída correta foi ajustada pela equipe técnica; o operador não é capaz de mudá-la. Muitas mesas de mixagem de áudio têm faders master que ajustam a saída média de todos os canais combinados.

Recapitulação da Mesa C. Existem três saídas para equipamento na sala de controle: os dois tocadores de CD e o mic. Em cada saída, o canal-fonte passa por um preamp, um fader, um canal cue, um botão de seleção entre program e audition, o amplificador da mesa e o pot master. A Figura 2.9 é uma representação técnica da mesa C.

Eis aqui uma nova informação: o preamp para um mic é diferente daquele para um tocador de CD. Estes tocadores normalmente têm componentes eletrônicos embutidos (não mostrados na Figura 2.9) e seu sinal é trazido à mesa no que é conhecido como line-level. Outros dispositivos de reprodução, como gravadores de fita e computadores, também vêm à mesa em line-level. Já que os microfones chegam à mesa num nível mais baixo do que o de fontes line-level, os preamps em canais de microfone devem aumentar o nível do sinal mais do que a maioria dos preamps de entradas.

O objetivo dos preamps é trazer as fontes no mic e line-level ao mesmo nível na mesa para simplificar o processo de mixagem. Preamps de line-level (como aqueles em tocadores de CD e toca-discos) também podem mudar a equalização de um sinal de áudio; mais adiante explicaremos o que é a equalização, juntamente com a produção avançada de rádio (veja o Capítulo 15).

Mesa Hipotética D

A emissora de rádio que usa a mesa D está vinculada a uma rede de rádio que fornece um noticiário de dois minutos no início de cada hora. O que é fornecido pela rede é levado ao estúdio por uma conexão de internet banda larga ou um link de satélite, que o técnico ligou à mesa. Outro programa oferecido na mesa D é um talk show de telefone que dura 10 minutos e começa 30 minutos depois do início da hora.

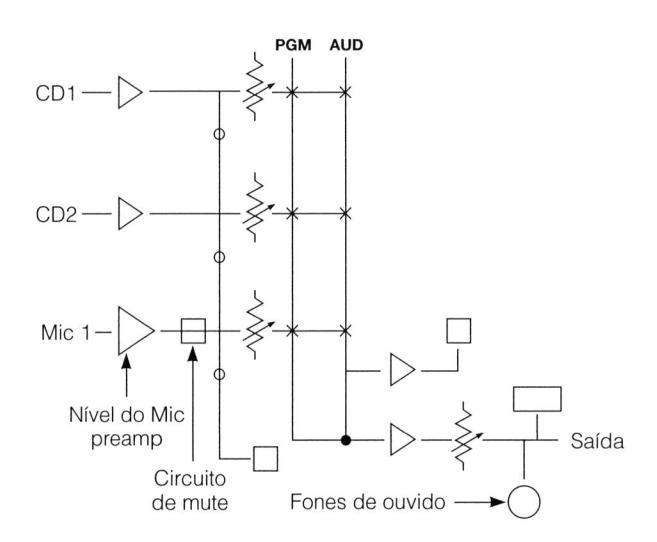

FIGURA 2.9 Fluxo do sinal na mesa C.

> ### RÁDIO RETRÔ • DEIXANDO DE LADO O ANTIGO POT
>
> Durante muitos anos, quase todas as mesas de radiodifusão usavam potenciômetros circulares, chamados "pots". Quando se desenvolveram os faders em slide vertical os pots foram amplamente relegados à gravação musical, onde era importante que o técnico fosse capaz de olhar para o desenho feito pelos faders verticais para saber quais canais estavam altos e quais estavam baixos.
>
> O termo "pot" entrou no jargão do rádio e se tornou verbo, utilizado ainda hoje: "Pot up, a voz está muito baixa", ou "pot down, o som está distorcido".[1]
>
> Os pots circulares estão desaparecendo porque um fader em slide vertical é geralmente mais confiável e não exige manutenção. Os pots no estilo antigo tinham uma escova na parte de trás que se conectava a vários contatos que eram arranjados como números de um relógio, e quando os contatos ou sensores ficavam sujos, o pot fazia um ruído como algo sendo arranhado.
>
> O desaparecimento dos pots circulares não deixou de ser notado. Muitos operadores de mesa preferiam estes aos faders verticais, porque os percebiam como melhores exemplos de "engenharia humana", ou seja, mais fáceis de usar do que a disposição vertical, mais moderna. Existe certa verdade nisto: é muito mais rápido girar seu pulso do que elevar um fader, e pots circulares permitem deixar as mãos mais próximas da mesa para um ajuste fino. Com certa prática, também era fácil colocar o seletor acima do pot na posição ON e girá-lo ao mesmo tempo.
>
> Talvez o pot circular tenha seu ressurgimento, como ocorreu com o mostrador analógico do relógio. Muitas emissoras instalaram rapidamente relógios digitais assim que passaram a ser viáveis, pois eram mais fáceis de ler durante uma checagem do horário do tipo "São 8:07 sob um céu nublado". Um locutor/operador que precisa determinar quando começar um anúncio de serviço público (PSA, sigla em inglês) que dura 15 segundos, um comercial de 30 segundos e uma previsão do tempo de um minuto, geralmente terá dificuldade ao fazer a subtração olhando para um relógio digital. Em contrapartida, os antigos ponteiros de segundos e minutos são um ótimo guia feito pela engenharia humana para se dividir o tempo. Portanto, apesar dos avanços da tecnologia, muitas estações ainda mantêm um relógio digital no campo de visão do locutor.
>
> ---
>
> [1] Na linguagem do rádio brasileiro o conceito de pots foi traduzido como sinônimo de "modulação". É comum ouvir operadores de áudio dizendo aos repórteres ou locutores que estão modulando muito baixo (pod down) ou "estouraram" a modulação (distorção pelo excesso de volume). Mas não foi criado um verbo como no caso norte-americano, até pelas variáveis de linguagem que se utiliza nas emissoras de rádio. (NRT)

Certamente, não faz sentido ter dois canais separados para sinais que nunca são usados ao mesmo tempo. A mesa *D* (veja a Figura 2.10) tem uma opção que permite ao operador escolher a rede (Net) ou o telefone (Tel). Muitas mesas nomeiam esses sinais como "remote lines" ou "router input" porque as fontes estão localizadas fora do estúdio.

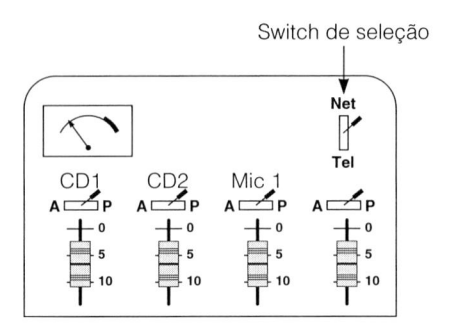

FIGURA 2.10 Mesa com um switch de seleção entre "A" e "B".

Line Select ou A/B Switches. O operador deve saber decidir qual sinal será escolhido, ou roteado, para ir ao canal-fonte. A Figura 2.11 mostra os switches **line select** que permitem esta seleção, representados no diagrama da mesa *D*; eles estão em geral, mas não sempre, à direita da última entrada de canal na mesa.[1]

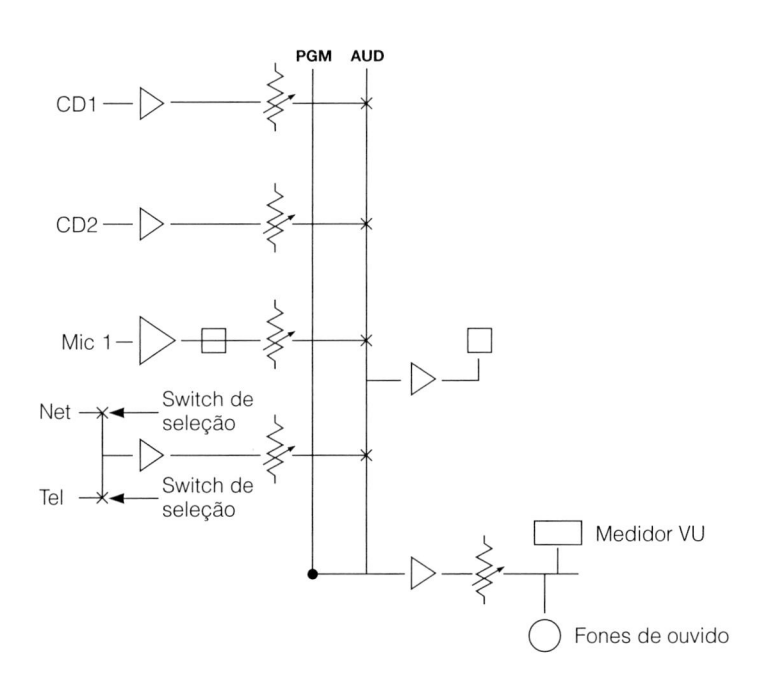

FIGURA 2.11 Fluxo do sinal na mesa *D*.

---

[1] Seleção de Linha / Canais A/B: as mesas de áudio disponíveis no Brasil oferecem uma boa variedade de formas para utilizar este recurso; as mais novas já trazem este elemento no modelo digital incorporado ao sistema. (NRT)

Recapitulação da Mesa D. A única novidade nesta mesa é o line select ou A/B switches, que dá uma quarta entrada à mesa. Este switch permite ao operador selecionar o sinal que irá para o canal-fonte e será controlado pelo pot.

Resumo das Mesas Hipotéticas

As mesas que mostramos não seriam muito úteis numa emissora de rádio moderna. Mesmo a relativamente sofisticada mesa D não tem a flexibilidade geralmente necessária em uma emissora, que pode usar dois ou mais computadores, um ou mais tocadores de CD, três mics, duas ou mais cartucheiras digitais, uma entrada para telefone e uma conexão de rede. Mas os princípios ilustrados são comuns a todas elas. Se você compreender estes princípios, será capaz de entender a operação de qualquer mesa de som usada em uma emissora de rádio.

COMPREENDENDO AS FUNÇÕES DA MESA: MESAS REAIS

As mesas usadas no rádio, apresentadas e descritas nas Figuras 2.12a e 2.12b, permitem ao operador – que agora talvez deva ser chamado de produtor – escolher entre várias fontes possíveis. Ele pode mixar as fontes, roteá-las e colocar o produto da combinação no ar ou gravá-lo para uso posterior.

A mesa na Figura 2.12a tem pots circulares, enquanto as das Figuras 2.12b e 2.12c têm faders verticais ou de slide. Ambos os tipos servem ao mesmo propósito e utilizam os mesmos princípios básicos que foram demonstrados nas mesas hipotéticas, embora o funcionamento interno delas seja bastante diferente.

Mesas Analógicas

Unidades analógicas contêm os seguintes elementos:

- Preamps, que são embutidos na mesa e não visíveis
- Canais de entrada, que permitem o uso e, possivelmente, também a mixagem de vários sinais-fontes
- Um seletor de linha ou switch de roteamento, para determinar quais dos vários sinais são enviados ao canal-fonte
- Potenciômetros (pots) – pode ser o pot circular ou o fader vertical, mais moderno
- Um canal de cue
- Botões seletores para rotear o sinal pelo canal audition ou pelo program (ou ambos)

- Um medidor VU, para uma leitura objetiva do volume do sinal
- Um amplificador, que aumenta a saída da mesa (não visível, por ser embutido)
- Alguns controles diversos, que permitem ao produtor o ajuste do volume do fone de ouvido, a escolha da sua fonte, ou a seleção de outras funções convenientes. Um controle importante é o *de volume do monitor*, que deve sempre ser usado em lugar do medidor VU quando se estiver ajustando o nível de volume que se pretende ouvir.

Mesas Digitais

Mesas digitais funcionam diferentemente das analógicas, mesmo parecendo bastante com os equipamentos tradicionais. Nelas não existe um caminho que o sinal percorre para cada canal, como descrevemos em nossas mesas hipotéticas. Isto ocorre porque os sinais digitais são compostos de códigos binários (zeros e uns). Entretanto, a maioria das mesas digitais apresenta a possibilidade de plugar entradas analógicas, como um microfone (que é um dispositivo analógico). Essas entradas analógicas são, primeiramente, convertidas em sinais digitais. O fader de cada canal nesta mesa pode modificar a intensidade e a prioridade do dispositivo de entrada (por exemplo, um computador ou uma cartucheira digital). Geralmente, uma mesa digital terá saídas tanto analógicas quanto digitais.

Sem complicar demais, você pode pensar em uma mesa audiodigital como uma estação computadorizada bastante flexível, com muitas capacidades de entrada e saída. Mesas digitais variam em complexidade e em recursos, mas têm algumas funções que são relativamente padronizadas entre os modelos.

- Conversores analógico–digital, que permitem que sinais analógicos sejam convertidos para uso na mesa
- Conversores digital–analógico, que permitem que a saída digital da mesa seja enviada a dispositivos analógicos, como gravadores e transmissores FM
- Switches de seleção que permitem que os canais sejam associados a diferentes entradas e saídas
- Faders para cada canal de entrada que, embora funcionem como faders de áudio, permitem controle do stream de dados para cada entrada
- Entradas e saídas digitais que se conectam a fontes digitais, como cartucheiras digitais e computadores
- Um medidor VU ou LED para uma leitura objetiva da altura do sinal.
- Alguns controles diversos, que permitem ao produtor o ajuste do volume do fone de ouvido, a escolha da sua fonte ou a seleção de outras funções

a. Console que usa potenciômetros circulares.

b. Mesa de transmissão que usa faders em slide. Note o switch de seleção entre A e B e os botões de designação entre program e audition para cada entrada de canal.

c. Mesa da WCBC-AM, no ar, em Nova York. Steve Scott, âncora do meio-dia, faz um turno combo (opera a mesa e faz a locução).

FIGURA 2.12 Leituras de um medidor VU.
Fonte: a. e b. Fritz Messere, c. Philip Benoit.

convenientes. Um controle importante é o de volume do monitor, que deve ser usado (em lugar do medidor VU) quando se estiver ajustando o nível de volume que se pretende ouvir.

Independente de estar usando uma mesa digital ou analógica, elas fazem essencialmente a mesma coisa, empregando os princípios que mostramos com as mesas hipotéticas. Pense nesses princípios, em vez de memorizar grupos particulares de equipamentos e funções, e você será capaz de operar qualquer mesa depois de um pouco de prática.

A Figura 2.13 mostra uma mesa em uso em uma emissora de rádio. Um operador perito pode escolher as fontes e ajustar os níveis enquanto fala ao microfone.

Existem muitos tipos de mesa diferentes das mostradas nas Figuras 2.12 e 2.13, mas não é prático mostrar aqui um catálogo de mesas de rádio. Não fique obcecado pelo equipamento. Apoie-se numa boa compreensão dos princípios da função da mesa e você será capaz de operar praticamente qualquer uma delas.

FIGURA 2.13 Novo estúdio digital principal na WRVO-FM Public Radio, em Oswego, Nova York.

Fonte: Fritz Messere.

OPERAÇÃO DA MESA

Um instrutor ou operador experiente em sua emissora de rádio pode lhe explicar o funcionamento de sua mesa. Exercícios no fim deste capítulo o ajudarão a desenvolver suas habilidades mecânicas. Independente de qual equipamento esteja conectado à mesa e de qual tipo de produção estiver sendo realizada, você estará fazendo três operações básicas na mesa:

- Amplificação
- Roteamento
- Mixagem

Todas essas operações são usadas nas técnicas de produção, explicadas nos próximos capítulos.

Neste ponto, você precisa estar especialmente preocupado em encontrar os sinais das fontes de entrada na mesa, operando os níveis corretamente (com o medidor VU) para evitar distorção ou indefinição, e entendendo o caminho que o sinal segue. Os aspectos mais delicados da produção virão mais tarde, e seu desempenho será melhor com a prática.

Outro aspecto da operação da mesa envolve o uso de mesas estéreo. Um sinal estéreo, como você provavelmente sabe, tem dois canais (chamados canais direito e esquerdo), e um receiver estéreo decodifica o sinal, dando a impressão de que as fontes sonoras estão localizadas em certas posições. Uma emissora FM que emite um sinal estéreo usa uma mesa com o mesmo formato de sinal, que examinaremos no Capítulo 15. Por ora, basta saber que operar uma mesa estéreo é essencialmente o mesmo que operar as mesas descritas anteriormente.

Mix-Minus

Hoje em dia, muitas mesas de rádio têm um recurso útil que permite ao operador colocar conversas telefônicas no ar sem microfonia quando o mic do locutor está aberto. Este recurso se chama *mix-minus*.

Os circuitos dentro da mesa juntarão todos os diferentes sinais usados, *com exceção* do(s) microfone(s) usado(s) no estúdio. Isto permite ao locutor falar com convidados por telefone e ouvir todos os elementos corriqueiros do programa, sem ter de se preocupar com a possibilidade de ouvir microfonia pelos alto-falantes do monitor, o que simplifica muito conduzir um programa de rádio com chamadas por telefone.

A Mesa Virtual

Mesas "virtuais" digitais recriam a aparência de uma mesa padrão, oferecendo alguns recursos adicionais. Programas como o Adobe Audition, Pro Tools e outros dão grande flexibilidade à mixagem para que se possa progredir com a produção. Por exemplo, um programa de várias pistas chamado Audition™, da Adobe Systems, cria uma mesa virtual em seu monitor (veja a Figura 2.14).

Você pode usar o mouse para aumentar ou diminuir os níveis dos faders; ou, ainda, designar fontes sonoras a diferentes faders ou "busses", que são conjuntos de circuitos designados a um fader. Ainda que essa mesa virtual não seja usada para produção de rádio ao vivo, ela é muito flexível para produção de áudio.

A Figura 2.15 mostra um trabalho de edição mais completo do que o abordado até agora. O programa oferece ao produtor uma ampla gama de controles e opções. Não se preocupe se não entender o propósito de todos os diferentes controles virtuais, eles serão explicados em capítulos posteriores.

FIGURA 2.14 O mixer de trilhas do Adobe Audition™ é a representação visual de uma mesa de som.
Fonte: Cortesia da Adobe Systems, Inc.

Vantagens da Mesa Virtual

1. É fácil designar fontes a diversos faders. Em alguns casos, é possível conseguir com o computador algo que só seria obtido se você reconectasse as entradas da mesa de forma diferente.
2. O computador memoriza seu trabalho. As configurações podem ser armazenadas e restauradas posteriormente.
3. Você pode tentar arranjos diferentes até ficar satisfeito. Suponha que você tem 30 takes diferentes do voice-over de um locutor e quer ouvir como todos eles soam junto com alguma música que foi previamente gravada. Com uma mesa real, você teria de passar a música por um fader e a voz por outro, remarcando o arquivo a cada vez. Com a mesa virtual, é possível agrupar os diferentes takes de voz e clicar em cada um deles sequencialmente. Os takes são armazenados em um arquivo digital, da mesma forma que documentos em um processador de texto.

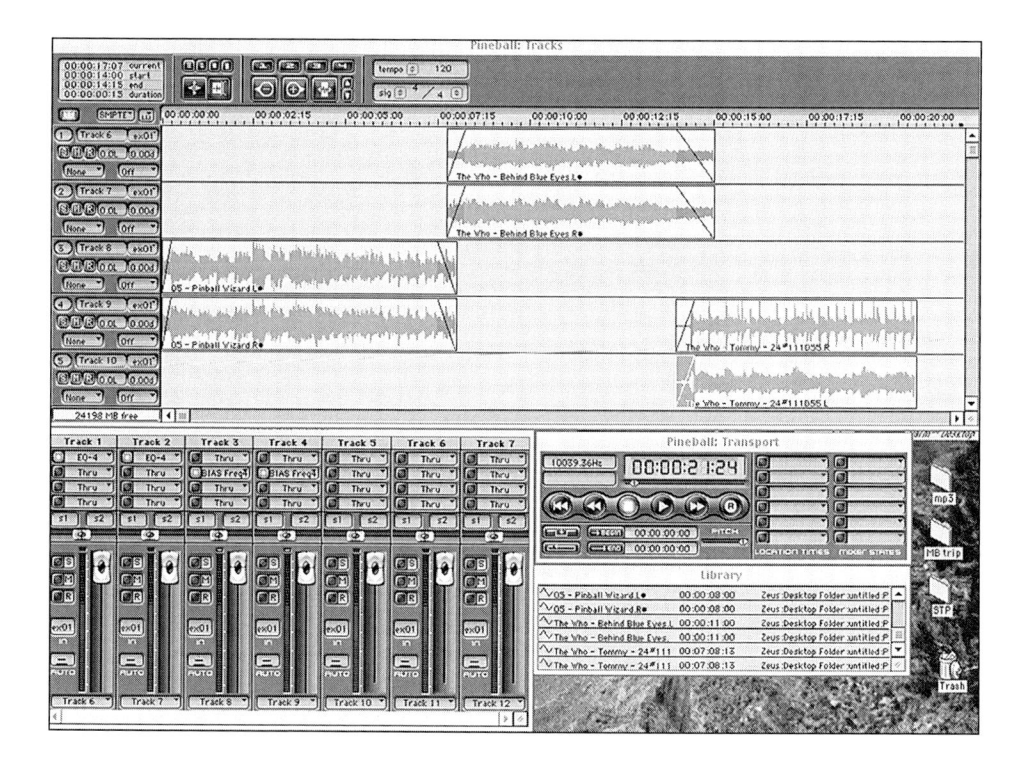

FIGURA 2.15 A mesa virtual representada aqui produz várias telas que mostram controles de edição, de fade e de transporte.
Fonte: Bias, Inc.

Vantagens de uma Mesa Real

1. É muito difícil usar sua mesa virtual para gravação real quando é preciso controlar o volume de várias fontes, a não ser que você tenha uma unidade de *control surface* conectada ao seu computador, ou que seu programa tenha automação. (A control surface imita uma mesa real ao disponibilizar faders.) Se houver vários locutores no estúdio, por exemplo, é realmente muito mais fácil apenas abrir seus mics na mesa real e gravar, controlando os níveis à medida que você trabalha.
2. É mais fácil realizar um airshift com uma mesa real porque ela fica estática – ou seja, permanece sempre na mesma posição e perspectiva. Lembre-se, também, de que se você ligar uma segunda fonte e ela estiver muito alta – por exemplo, um CD tocando alto demais –, é muito mais rápido simplesmente baixar o pot ou o slider do que usar um mouse para achar o slider virtual.

Uma conclusão geral: a mesa virtual é muito melhor quando se quer fazer uma produção complicada de segmentos previamente gravados, como um trabalho multitrilhas. Os novos estúdios virtuais permitem acessar uma tecnologia de áudio de mainframe. A mesa real (digital ou analógica), por sua vez, é melhor para trabalhos ágeis e simples ou para colocar material ao vivo no ar.

Os próximos passos o ajudarão a se familiarizar com as unidades que enviam sinais à mesa (Capítulo 3), com as de gravação e reprodução (Capítulo 4) e com os microfones (Capítulo 5). Primeiro, entretanto, vamos encerrar nossa discussão sobre a operação da mesa de rádio falando rapidamente de duas opções que aumentam sua flexibilidade: o submixing e o patching.

Submixing

Um **submixer** não é mais do que uma mesa em miniatura que combina ou "agrupa" algumas entradas. Suas saídas são enviadas à mesa de rádio. Por exemplo, suponha que você tem em seu estúdio quatro convidados e um mediador para um talk show, cada um com um mic separado. Talvez não seja possível usar cinco pots separados se sua mesa não tiver cinco entradas mic-level, ou você pode não conseguir rearranjar algo já designado. Qual a solução? Plugue os mics em um submixer (que tem vários pots e um medidor VU para que cada mic-level seja ajustado) e coloque a saída do submixer (em line-level) na sua mesa, onde ele se associa a um só pot.

A Figura 2.16 mostra o Shure SCM810, uma unidade que pode ser usada independentemente ou como submixer. Submixers são úteis para gravações ou transmissões remotas, como explicaremos nos próximos capítulos.

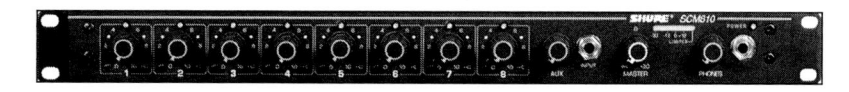

FIGURA 2.16 O Shure SCM810, um mixer de oito canais, pode ser usado sozinho para aumentar a capacidade de uma mesa de som.

Fonte: Electro-Voice, Inc., Buchanan, MI.

Patching

O **patching** permite rotear um sinal de forma diferente daquela pensada quando a mesa foi conectada pelo técnico da emissora. Existem duas formas de mudar o roteamento de sinais de rádio. Uma delas é automatizar o processo usando o switcher de roteamento, um equipamento que faz conexões entre a mesa e suas fontes de entrada e saída com um toque de botão. Muitas mesas digitais hoje têm capacidade de rotear sinais de canais de entrada para diferentes saídas na mesa de som.

A segunda é usar uma **patchbay** (às vezes chamada de patch channel). Basicamente, ela realiza a mesma função que um quadro de distribuição telefônica, usando conectores (plugues) para enviar um sinal a uma fonte específica. Você, como produtor de rádio e operador de mesa, usará a patchbay de vez em quando para facilitar uma operação ou como uma medida de emergência por pouco tempo, se algo quebrar. Por exemplo, suponha que a saída de um computador está normalmente conectada ao canal-fonte 3 de uma mesa, mas o computador esteja quebrado. Considere, também, que o outro único computador ligado à mesa não pode ser usado porque está no mesmo pot que um tocador de CD, em uso constante.

A solução seria passar a saída do computador em funcionamento para o canal 3. Isto se faz com um **patchcord** (veja a Figura 2.17), que é plugado em jacks ou na patchbay. Patchcords podem ser simples ou duplos, dependendo de sua finalidade ou da configuração da bay.

Geralmente, as saídas, ou fontes, estão na fileira de cima das conexões do patch, com as entradas na de baixo. Em outras palavras, você normalmente encontrará o que sai de uma unidade (como o computador em funcionamento na fileira de cima) identificado "Saída Comp 2" ou algo assim. O sinal é normalmente conectado à mesa na fileira de baixo, com uma identificação como "Entrada Canal 3". A observação mais detalhada de uma patchbay revelará que as saídas e entradas, que geralmente se relacionam, estão alinhadas verticalmente. Digamos que o compact disk 1 (CD1) normalmente vai no canal 2. As entradas para o CD1 estarão diretamente acima daquelas para o canal 2 na patchbay. Naturalmente isto é cha-

FIGURA 2.17 Patchbay com patchcords conectados.
Fonte: Fritz Messere.

mado de **conexão normal**. O termo também é usado como verbo (em inglês): CD1 *normal* através do canal 2. Quando você muda esse arranjo com um patchcord, você está *saindo do normal*.

Um jack especial no painel de patch é chamado de **multiple**, que permite ligar uma fonte nele e plugar vários patchcords, que carregam todos a mesma saída. Dessa forma, você pode rotear um sinal para várias fontes, uma prática que é útil em ocasiões raras, como ao gravar um sinal de rede e mandá-lo ao ar ao mesmo tempo.

Na maioria dos estúdios modernos, o roteamento é feito eletronicamente; entretanto, se sua estação usa uma patchbay, é sempre bom colocá-la de volta ao normal ao terminar o trabalho, para que o usuário seguinte não tenha que se deparar com suas conexões especiais.

RESUMO

Depois da apresentação deste capítulo, você provavelmente já entendeu o que faz uma mesa comum e por que ela é configurada da forma como é.

Todas as mesas realizam essencialmente as mesmas funções: amplificação, roteamento e mixagem. Mesas digitais frequentemente aceitam entradas tanto analógicas quanto digitais. Entre os instrumentos e controles mais importantes na mesa, temos os faders (pots), que são simplesmente controladores de volume; os medidores de unidade de volume (VU), que mostram uma representação visual da força do sinal; e os botões, que ligam e desligam os faders.

Existem três canais principais na mesa típica: program, audition e cue. O program vai ao ar ou a um dispositivo de gravação. O audition é usado para audição individual por um monitor do estúdio. O cue envia um sinal por um pequeno alto-falante e é usado para encontrar os sons iniciais de gravações e fitas.

Um submixer é uma mesa em miniatura que permite que entradas sejam agrupadas antes de serem enviadas à mesa.

O patching permite rerrotear o fluxo normal do sinal para a mesa. É útil para operações especiais ou para uso emergencial de equipamento que não estiver ligado à mesa.

Todas as mesas, independente de sua configuração, operam de forma muito similar. Não há por que se sentir intimidado diante de uma nova mesa; se você aprender o básico, será capaz de operar qualquer uma, não importando o quanto pareça ser complexa.

APLICAÇÕES

Situação 1 / O problema Um jogo de futebol, enviado de uma rede, estava sendo transmitido e duraria até as 23h30. Às 22 horas, o gerente geral de sua emissora telefonou: um novo comercial tinha de ser feito para um cliente e ir ao ar assim que amanhecesse. O operador em serviço é quem produziria o comercial?

Solução possível O profissional técnico em serviço decidiu produzir o comercial, que consistia da leitura de um anúncio com a música de fundo agitada, usada como base, no canal audition. Para tanto, ele configurou o mic da sala de controle e o CD para o canal audition. Então encontrou a saída do canal audition na patchbay e ligou a Saída Audition na Entrada Computador.

Ao produzir o comercial no modo audition, ele foi capaz de usar a mesma mesa que estava transmitindo o jogo no modo program. A vantagem é que, como ele estava na sala de controle, não em um estúdio separado, conseguiu observar o jogo de vez em quando – não necessariamente porque quisesse saber o placar, mas porque as feeds de redes podem ter problemas técnicos, e um operador desatento pode transmitir meia hora de estática. (A maioria das mesas tem medidores VU separados para audition e program.)

Situação 2 / O problema O fader no canal 3 provoca estalidos toda vez que é ajustado. (Isto acontece com certa frequência, geralmente porque os componentes internos do pot deram curto ou precisam ser limpos.) O fader controlava o tocador de CD, e como o operador estava no meio do programa, o problema estava se tornando crítico.

Solução possível Antes de usar o tocador de CD, o operador simplesmente passou sua saída para um canal diferente, saindo do normal. Agora, o tocador de CD será controlado por um fader diferente até que possam ser realizados reparos na mesa. O operador também deixou uma nota para o próximo operador de mesa, explicando a nova conexão do patch.

EXERCÍCIOS

1. Realize uma operação combo (opere a mesa e faça a locução) com dois CDs e um mic. O objetivo não é produzir, mas sim operar a mesa. Inicie um CD e coloque a máquina em play. (Não se preocupe em atingir um ponto específico da música; esta é a marcação, que discutiremos no próximo capítulo.) Inicie o segundo CD depois do final do primeiro, elevando gradativamente o volume na mesa. Tente falar junto com a música, fazendo o que você julga ser um balanço correto entre a voz e a música. Siga a rotina típica do DJ: anuncie o nome da música que acabou de ser tocada, coloque a próxima música, inicie o CD e aumente o volume na mesa.
2. Faça uma tira de papel com o nome de cada equipamento que estiver ligado na mesa em seu estúdio ou laboratório de produção de rádio – por exemplo, CD Player 1, Mic 2, Cart 1, CD Player 2, Computador. Coloque as tiras de papel em um chapéu.

    Coloque CDs nos tocadores e em cue todos os outros dispositivos-fonte. Peça que alguém fique perto do(s) mic(s). Seu instrutor ou assistente de laboratório tirará uma tira de papel e dirá os nomes de um ou de mais equipamentos.

    Sua tarefa é iniciar rapidamente o equipamento mencionado e aumentar seu volume na mesa. Mais de uma fonte pode ser enunciada ao mesmo tempo. Ao ouvir *mic*, você – o operador – deverá apontar para a pessoa que estiver perto do mic (este é o sinal padrão para que alguém comece a falar.)

Quando o instrutor disser "Corta", você deve abaixar o som e então desligar o equipamento. Dê à pessoa no microfone um sinal de corte (passe o dedo indicador na altura da garganta da esquerda para a direita ou use os dedos indicador e médio imitando o movimento de uma tesoura).

(Discutiremos outros sinais visuais comuns usados no rádio no Capítulo 7.)

Tudo isso pode parecer um pouco como um campo de treinamento de recrutas. Na verdade, é muito similar à abordagem usada para ensinar soldados a operar equipamentos ou montar armas. Você descobrirá, entretanto, que tentar localizar pots e equipamento sob esse tipo de pressão é uma forma muito efetiva de aprender a operá-los.

3. Faça um diagrama, similar às representações técnicas mostradas neste capítulo, da mesa em seu estúdio ou laboratório de produção de rádio. Não se preocupe com os detalhes, apenas tente incluir os canais e identificar fontes e switches de seleção.

3

※

Tocadores de CDs, CDs Graváveis e Toca-Discos (Pick-Ups)

No capítulo anterior falamos sobre como um sinal de áudio é roteado em uma mesa de som, mas nos referimos muito resumidamente às fontes que produzem este sinal.

Nos Capítulos 3 e 4, descreveremos todas as fontes que você provavelmente encontrará numa emissora de rádio moderna (exceção feita aos microfones, que serão abordados no Capítulo 5). São assuntos deste capítulo os tocadores de CD e toca-discos, embora não seja provável que você encontre muitos deles atualmente. Mesmo os CDs estão se tornando cada vez mais raros, à medida que mais e mais emissoras de rádio estão usando arquivos digitais de computadores como principal fonte de música. Seja como for, você precisa entender como usar todas as ferramentas disponíveis em produção de rádio.

Na primeira edição deste livro, era extremamente importante para os futuros produtores de rádio compreender a engrenagem do toca-discos. Na época (1986), ela era primordial na produção radiofônica em quase todos os meios de radiodifusão.

As coisas mudaram muito e, hoje em dia, o toca-discos e os discos de vinil que ofereceram música para produção e outros elementos sonoros durante boa parte da história da radiotransmissão são raros, embora não tenham desaparecido completamente. Mesmo o CD já está sendo posto de lado, e cada vez mais a programação é gravada e tocada como arquivos de computador. O radiodifusor de hoje pode escolher entre uma ampla gama de equipamentos modernos a preço cada vez mais acessível, o que faz que o equipamento analógico, como toca-discos, cartucheiras e gravadores de rolo, se torne obsoleto.

Incluiremos uma breve discussão sobre os toca-discos e outros equipamentos tradicionais para gravação em fita nesta edição de *Rádio: Produção, programação e performance*. Mas o foco aqui é saber quais são as possibilidades existentes no fascinante mundo da tecnologia digital para produção, e quais serão seus papéis na produção radiofônica do futuro.

O campo da produção radiofônica está sempre mudando, e o desenvolvimento contínuo de sistemas sofisticados de produção de áudio continua em ritmo surpreendente. Durante nossa exploração sobre o que é antigo e o que é novo, o mais importante é que, independente da tecnologia, o *resultado* da criação de um efeito por meio do uso de técnicas de produção é da maior importância.

CDs

O CD substituiu o vinil como uma das duas principais fontes para distribuição musical, ao lado dos downloads de música dos nossos dias. Emissoras de rádio usam CDs para música e para produção de áudio. O advento de CDs graváveis, que podem ser gravados na emissora, oferece ótimas possibilidades porque esta mídia permite arquivamento e rápida recuperação de sons antigos, específicos da emissora, como ID e comerciais.

O CD (veja a Figura 3.1a), feito de plástico, pode ser encontrado em dois tamanhos (ambos com menos de 12 centímetros de diâmetro). A informação nele contida é lida pelo laser do tocador (veja a Figura 3.1b).

Esses equipamentos usam tecnologias de gravação digital que contêm uma única e constante stream de dados que evolui em espiral do centro para a borda do disco. Como o disco em si não é tocado fisicamente por uma agulha ou um dispositivo de captação, está menos sujeito a desgaste do que outras fontes analógicas, como discos de vinil e cassetes (que mantêm o atrito da mídia com o dispositivo de leitura).

Gravação digital é o uso de amostras de som para produzir uma gravação que é armazenada em linguagem de computador – o código binário ON ou OFF da tecnologia digital. Ainda que o método exato pelo qual os sons são *transduzidos* (convertidos de uma forma a outra) para informação digital não seja particularmente relevante no trabalho de produção de rádio (nem facilmente compreensível), os seguintes aspectos básicos são importantes.

1. Gravações digitais na verdade são formadas por amostras numericamente transcritas dos sons originais; em termos de engenharia, a gravação digital é um conjunto de amostras de sons (embora também possa ocorrer que a versão digital seja uma representação de um som).

CAPÍTULO 3 TOCADORES DE CDs, CDs GRAVÁVEIS E TOCA-DISCOS (PICK-UPs) 59

a. Compact Disc.
Fonte: Philip Benoit.

b. Tocador de CD.
Fonte: Philip Benoit.

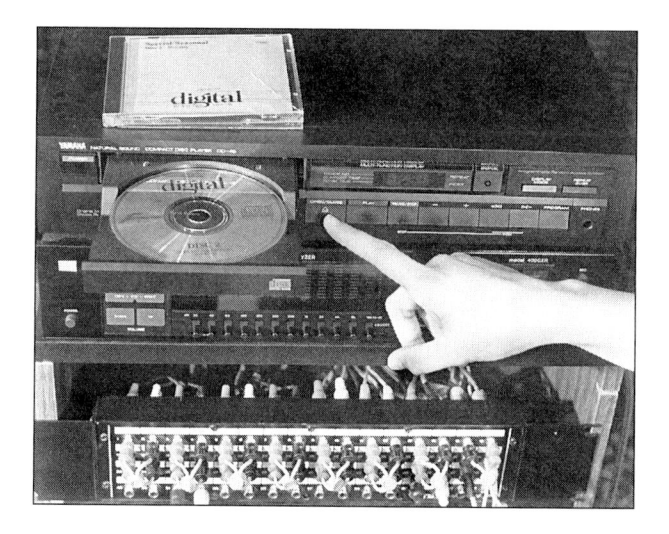

FIGURA 3.1 Elementos de um sistema de CD.

Essas amostras são captadas muito rapidamente. Na maioria dos casos, a informação processada digitalmente é sampleada em taxas de transferência que são duas vezes mais altas do que os humanos podem ouvir; é a **frequência de sampleamento**, expressa em unidades chamadas *hertz* (ciclos por segundo, abreviado como Hz). Uma das frequências de samplamento tipicamente usada para gravação digital, então, seria expressa como 44,1 kHz ou 44.100 ciclos por segundo (*kilohertz* (kHz) – quilohertz, que é uma unidade de 1.000 ciclos por segundo). Os samples são então codificados nos dígitos binários que dão à gravação digital seu nome. (Veja o Capítulo 4 para obter mais informações sobre o processo de gravação digital.)

2. A gravação digital produz um sinal com sonoridade mais limpa. Muito pouco som externo é introduzido no sistema (se é que isto ocorre) durante a gravação digital e a reprodução, por isso não há chiado ou ruídos.
3. A tecnologia digital produz um som diferente das fontes analógicas antigas como as fitas; muitos ouvintes a consideram "mais clara" e o chiado é inquestionavelmente reduzido. Poucos ouvintes alegam, entretanto, não gostar do som digital tanto quanto (ou mais do que) do som analógico; alguns argumentam que o som analógico é "mais quente" e mais real (um som mais robusto). Duas novas tecnologias de reprodução, Super Áudio CD e DVD-Áudio, foram introduzidas, e possuem melhor resposta de frequência e uma faixa dinâmica mais ampla. Alguns especialistas alegam que esses novos dispositivos permitirão a reprodução de som surround em múltiplos canais, eliminando, também, os sons desagradáveis. Falaremos mais sobre essas tecnologias adiante, neste capítulo.

De qualquer forma, o conceito de som "natural" é de difícil definição. O som natural de uma sala de concertos, por exemplo, quase sempre envolve algumas peculiaridades da acústica da sala, ecos não esperados e vários ruídos de fundo, como barulho de cadeiras e tosse. Uma gravação que omite esses sons dificilmente pode ser considerada antinatural, então podemos assumir que o objetivo do áudio nem sempre é reproduzir com total realismo quaisquer sons originalmente presentes.

Os CDs parecem ser uma boa solução, mas talvez não a melhor, para a radiodifusão. O aspecto positivo é que eles não se desgastam nem sofrem danos tão facilmente quanto outras mídias analógicas, embora possam ser riscados. O aspecto negativo, embora sejam de uso conveniente, é que eles não permitem uma automação fácil. Muitas emissoras de rádio comerciais convertem a programação musical de CD para arquivos computadorizados e os tocam no computador, em vez de trocar de CD várias vezes ao dia. Converter trilhas de CD para arquivos sonoros de computador faz que a tarefa de automatizar muitas funções da emissora se torne fácil, e esta é a tendência no rádio comercial. As emissoras de rádio de universidades são uma exceção a esta regra, com DJs tocando uma ampla variedade de músicas em vários formatos, que vão de CDs a arquivos de áudio.

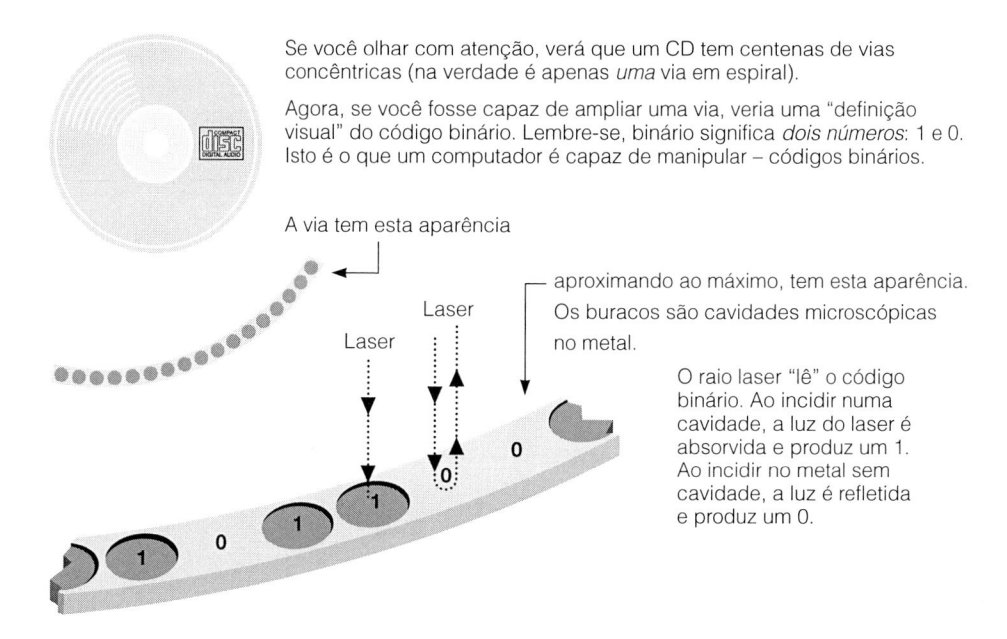

FIGURA 3.2 Armazenando código binário em um CD.

CDs GRAVÁVEIS

A tecnologia de gravação de CD multiplicou-se nas casas e na indústria de radiodifusão (veja a Figura 3.3). Os fabricantes de computadores transformaram a possibilidade de se gravar CD e DVD num recurso padrão na maioria dos seus computadores.

Esses sistemas utilizam discos graváveis chamados CD-R (que pode ser gravado uma vez), CD-RW (regravável) ou DVD-R (utilizado uma única vez), que têm uma camada fotossensível especial. A informação audiodigital é gravada no disco com um laser que "escreve" por meio do calor e "queima" a camada de metal. Quando o raio laser incide no CD-R, faz que a camada se torne opaca (veja a Figura 3.4). À medida que os dados são registrados, o laser compõe padrões de claro-escuro microscópicos que absorvem ou refletem a luz de volta para o *laser de leitura* do tocador de CD. Esta tecnologia, relativamente cara há alguns anos, é muito comum atualmente e já está se tornando obsoleta diante do uso de DVD e do Blu-Ray.

Devemos notar que existem dois tipos diferentes de mídias graváveis e de gravadores de CD (veja a Figura 3.5). Dispositivos de CD-R gravam em um CD permanentemente, enquanto gravadores de CD-RW gravam em um disco que

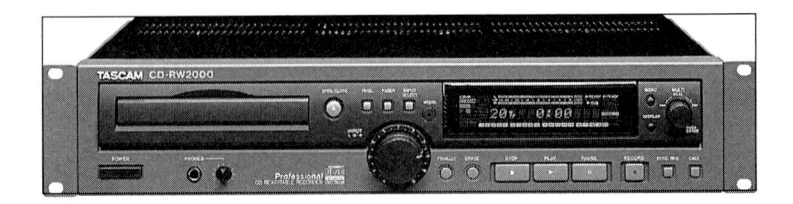

FIGURA 3.3 O TASCAM CD-RW 2000 tem muitos recursos para gravar e produzir CD.
Fonte: TASCAM, uma divisão da TEAC Corp. of America.

pode ser reescrito/regravado repetidamente. Discos de CD-R podem ser reproduzidos em um tocador de CD comum; entretanto, nem todos os tocadores de CD reproduziam discos de CD-RW. Portanto, os CD-RW não são uma boa escolha para duplicação de áudio. Note, também, que CD-R não são reproduzidos em todos os tocadores de CD de radiodifusão.

CD-R
O laser de gravação numa trilha móvel começa na parte interior do CD-R e se move em direção ao perímetro.

O laser de leitura é capaz de alterar a camada sensível à luz do CD-R. Ele queima um padrão de áreas reflexivas e não reflexivas que são lidas pelo laser de reprodução.

Camada de alumínio

Um CD-R é feito numa base de policarbonato em várias camadas.

Base de policarbonato

Camada sensível à luz

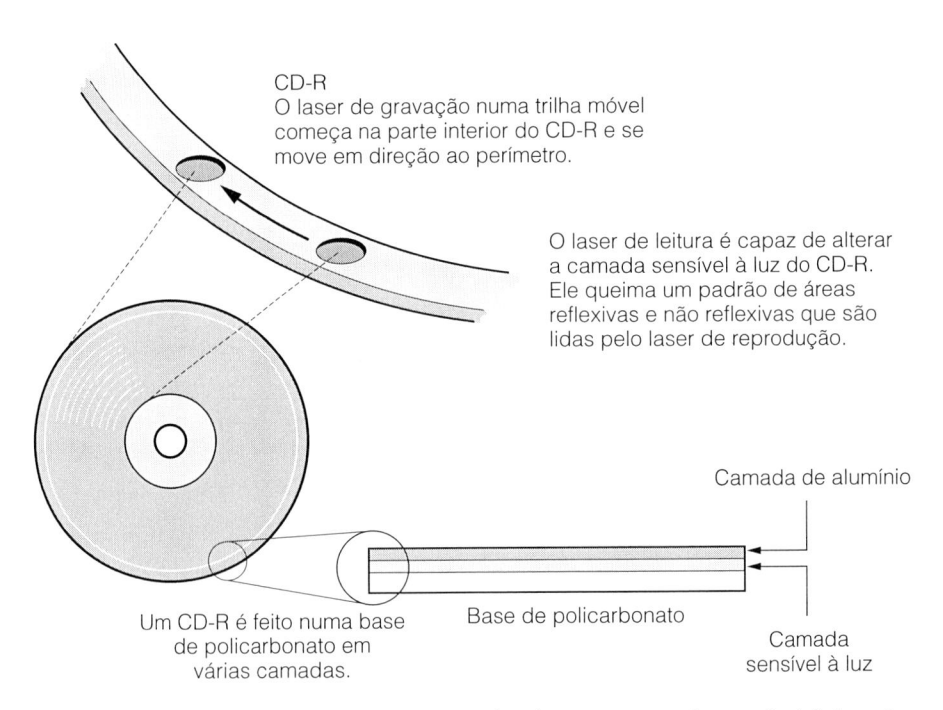

FIGURA 3.4 O laser de gravação é capaz de alterar a camada sensível à luz de um CD-R e queima um padrão de áreas reflexivas e não reflexivas, que são lidas pelo laser de reprodução.

a. CD-ROM gravável.
Fonte: TDK Electronics Corporation.

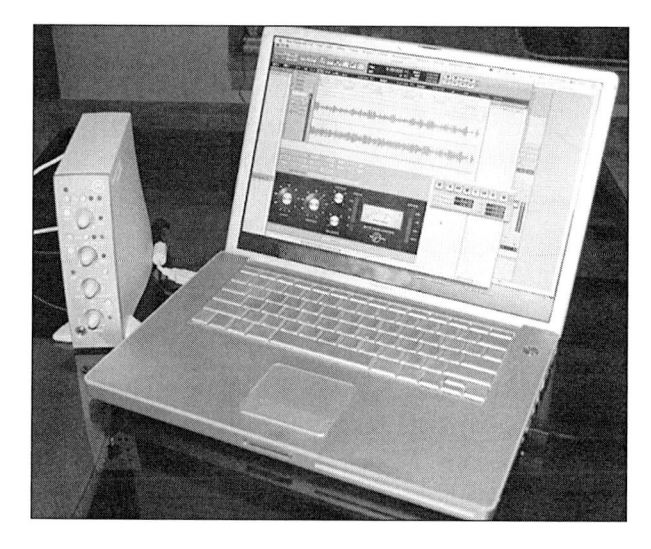

b. Computadores modernos como este laptop Mac permitem usar softwares avançados em qualquer lugar. Quando o projeto está concluído, o usuário pode gravar um master em CD no mesmo laptop.
Fonte: Fritz Messere.

c. O Silence Eliminator toca automaticamente o CD se a programação da rádio for interrompida. Esta máquina pode ser programada para tocar faixas específicas do CD.
Fonte: Fritz Messere.

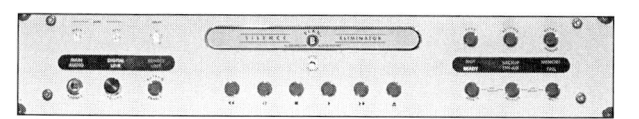

FIGURA 3.5

CD DE ÁUDIO, ARQUIVOS WAV E MP3

Na atualidade, são usados vários tipos diferentes de formatos de dados para reproduzir áudios em CD-R. O formato padrão de áudio para um CD é chamado CD-DA (Compact Disc – Digital Audio). Este formato sampleia a música em uma frequência de mais de 44 mil vezes a cada segundo. Os dados armazenados nos formatos CD-DA usam arquivos de áudio *não comprimidos* que permitem o armazenamento de 70 a 80 minutos de som em um CD. Como os dados digitais não são comprimidos, o CD consegue reproduzir com máxima fidelidade.

Muitas emissoras usam um formato similar ao arquivo WAV encontrado em sistemas de computadores Windows, que é chamado de Broadcast Wave Format (BWF). Semelhante ao CD-DA, esse tipo de arquivo é um sistema não comprimido, o que significa que sua qualidade de reprodução também é excelente. O propósito do arquivo BWF é permitir a troca sem pausa de conteúdo de áudio entre diferentes tipos de equipamentos de transmissão, como Digital Audio Workstations (DAW) e sistemas de automatização. Um arquivo BWF contém **metadata**, informações básicas sobre o conteúdo do arquivo, como título, origem, data e hora, bem como os dados de áudio. Portanto, o material criado nesse formato pode ser carregado em softwares de bancos de dados capazes de automatizar o rádio. Muitas gravadoras de radiodifusão o usam.

Muitos computadores domésticos e gravadores de CD-R usam um formato diferente, chamado **MP3** (abreviação para MPEG audio layer 3), que pode armazenar até 14 horas de áudio em um único disco. Como um MP3 pode gravar num CD tanto áudio a mais do que um disco de formato padrão ou WAV? A resposta é simples, embora o processo seja espantosamente complexo. O formato MP3 comprime o arquivo de som em um fator de 10 ou mais ao usar uma técnica matemática avançada de modelamento conhecida por perceptual noise shaping. Este esquema de compressão elimina certas partes de um som que o ouvido humano não pode ouvir prontamente quando está sendo ocultado por sons mais altos. Por exemplo, quando existe uma sirene de ambulância por perto, esse som alto geralmente oculta sons mais baixos ao redor. O perceptual noise shaping pode reduzir um arquivo CD-DA ou WAV de 30 a 40 megabytes para um arquivo de MP3 de 3 megabytes, permitindo que a mídia contenha muito mais arquivos de música.

Embora o CD áudio padrão (CD-DA) produza um som de maior qualidade do que o equivalente em MP3, você pode ter dificuldade em realmente ouvir a diferença, a não ser que esteja ouvindo caixas de som com altíssima qualidade. Entretanto, alguns tocadores de CD mais antigos não reproduzem arquivos MP3, embora muitos computadores possam tocar os dois tipos de arquivos.

A tecnologia de CD-R ainda não é universal em estações de rádio, mas muitos produtores visam à possibilidade de "queimar" seu próprio material para que possam colocar elementos sonoros frequentemente usados em uma mídia durável e de fácil acesso (veja a Figura 3.5b). Além disso, gravar um CD possibilita a um produtor transferir arquivos quando diferentes computadores não estão em rede ou não estão no mesmo lugar.

Os CD são uma mídia relativamente robusta, mas ainda é preciso ter um certo cuidado ao manuseá-los. Muitos especialistas são da opinião de que a maioria das "quebras" de CD resulta de manuseio errado pelo pessoal da produção. Independente de alegações iniciais que afirmem o contrário, os CD não são imunes a danos; riscos na sua superfície podem prejudicar muito a reprodução, e um disco danificado pode ter má qualidade sonora, saltos, ou sua reprodução impedida.

TOCADORES DE CD

A reprodução de CD geralmente é muito simples. Você insere o disco em uma gaveta mecanizada, que se fecha automaticamente e coloca o disco em posição para ser reproduzido. O tocador de CD apresenta o número de faixas no CD. Quando você aperta o *play*, o laser é guiado à porção correta da mídia lendo o disco do centro para a borda. (O arquivo de CD é, na verdade, uma trilha em espiral, com os primeiros bits de dados sendo um arquivo de *table of contents* [TOC].) Como os CDs têm vários cortes, um seletor ou botão na máquina permite que você escolha a parte que quer tocar (seleção número 3, por exemplo). A maioria dos tocadores de CD mostra quanto tempo já foi tocado e o tempo total do disco no tocador. Os CDs trazem informações apenas de um lado, mas esse lado pode ter mais do que uma hora de material de programa. (Para quem gosta de detalhes técnicos, cada CD pode manter 44.100 amostras por segundo × 2 bytes por amostra × 2 canais × 60 segundos por minuto × 74 minutos = 783.216.000 bytes de informação de armazenamento.)

Em razão de os CDs poderem guardar mais de 60 minutos de conteúdo, são muito úteis para distribuir programação, como um especial musical de uma hora.

Quando os tocadores são automatizados, o número das faixas pode ser programado em um computador. Os métodos de programação vão desde instruções simples para que um computador toque aleatoriamente sem repetir nenhuma faixa por um certo tempo (modo shuffle), até o controle completo sobre o programa, faixa por faixa e hora por hora. Poucas emissoras de rádio, entretanto, usam a automatização de CD, porque a maioria quer maior controle sobre seus formatos e não se satisfazem com o dead air entre as faixas do CD (veja a Figura 3.5c).

Hoje em dia, são os discos rígidos de computadores ou cartucheiras digitais, e não os vários tocadores de CD na sala de controle, que despontaram como método preferido de reprodução musical. Entretanto, muitas outras opções, como

MiniDiscs e cassetes de gravação digital, que discutiremos no próximo capítulo, ainda são encontradas em várias emissoras de rádio.

Super Áudio CD e DVD-Áudio: A Onda do Futuro?

Durante a década de 1990, vários líderes da indústria tentavam decidir qual tecnologia do futuro substituiria os CD. Duas tecnologias mais novas despontaram como candidatas em potencial. Os Super Áudios CD (SACD) e os (DVD-Áudio) têm uma aparência similar, mas são baseados em tecnologias diferentes. Em vez de entrar numa discussão técnica sobre as diferenças entre as duas tecnologias, optamos por focalizar suas possíveis utilizações no campo da produção de áudio.

Os Super Áudios CD e os DVD-Áudio são capazes de dar uma resposta de frequência e uma faixa dinâmica muito maior do que as mídias tradicionais, e esses dispositivos são, em teoria, muito superiores aos MP3 em capacidade de reprodução de áudio. Isto pode significar um som de qualidade maior, na medida em que o rádio entra na área da difusão digital em alta definição, mas talvez a diferença mais interessante entre essas tecnologias é que, diferentemente dos CD normais, elas são capazes de mixagens em som surround multicanal, como Dolby Digital 5.1. É possível transmitir mixagens Dolby Digital 5.1 no formato de rádio digital de alta definição, mas é muito cedo para prever se essas tecnologias serão adotadas por muitas emissoras. Alguns especialistas dizem que o ambiente automotivo seria perfeito para o rádio HD 5.1.

Conforme dissemos, algumas pessoas reclamaram das limitações dos CDs convencionais. Tanto o DVD-Áudio quanto o Super Áudios CD têm benefícios mensuráveis sobre as tecnologias atuais. Se a comunidade de radiodifusão adotará ou não alguma dessas novas tecnologias à medida que evoluímos para o rádio HD é ainda incerto.

Os toca-discos que reproduzem gravações em LP são, literalmente, peças de museu hoje em dia (o MIT tem um em exposição, ao lado de outra dedicada a réguas de cálculo, um dispositivo mecânico popular nas décadas de 1950 e 1960 para realizar cálculos complexos), mas você ainda os encontrará em muitas emissoras de rádio. O motivo: emissoras que tocam músicas antigas ou *standards* podem ter ou não digitalizado todas as suas coleções, e chega um momento em que algo deve ser tirado da prateleira e tocado ou transposto para um formato diferente. Este é o motivo pelo qual estamos incluindo alguma descrição de toca-discos aqui. Talvez você nunca encontre um, mas, se acontecer, será importante manuseá-lo corretamente porque ele, e o disco, podem ser artefatos relativamente valiosos.

ESTRUTURA DE UM TOCA-DISCOS

Um toca-discos (*turntable*) opera da mesma maneira que uma vitrola, exceto que é um dispositivo mais robusto, no qual é possível fazer o cue. Antes de explicarmos sua operação, vamos esclarecer algumas questões de terminologia. Na linguagem do rádio não se faz referência a um toca-discos como a uma vitrola. E um long-play é comumente chamado **disco**. Utilizaremos, daqui em diante, toca-discos e discos.

O toca-discos utilizado para radiotransmissão que é mostrado na Figura 3.6a tem vários componentes. Embora existam pequenas diferenças operacionais e estéticas entre vários modelos, todos funcionam de uma forma muito similar. Os mais novos, como da Figura 3.6c, têm na verdade um conversor analógico-para-digital (A-D) embutido, permitindo que a saída do toca-discos seja plugada diretamente em uma entrada digital de uma mesa de som ou diretamente em um computador para converter uma gravação analógica em um arquivo digital.

Partes do Toca-Discos

O disco é colocado no **prato**, o componente do toca-discos que gira. O botão liga-desliga (on-off), também conhecido por start switch, é suave e não produz ruído. Ele não produz ruído porque ninguém quer que o público ouvinte ouça um "clique" enquanto o mic estiver aberto. O controle de velocidade permite ao operador selecionar entre $33^{1/3}$ e 45 *rpm* (rotações por minuto) com o simples aperto de um botão. Em geral, discos de 12 polegadas tocam em $33^{1/3}$ (normalmente abreviado para "33"), enquanto os discos de 7 polegadas, menores e com o furo do centro maior, tocam em 45 rpm. (Embora gravações em 78 rpm não sejam mais feitas, alguns toca-discos têm a opção de tocar nessa velocidade. Em alguns modelos mais antigos, existe também uma posição neutra que permite que o motor fique parado.)

O Mecanismo de Tração

A maioria dos toca-discos para radiodifusão é conhecida como *toca-discos de tração direta*; ou seja, o motor gira o prato diretamente. Com esses equipamentos não há posição neutra, e a mudança de velocidade é realizada eletronicamente.

O Braço

O **braço** (veja a Figura 3.6b) é o dispositivo móvel colocado sobre o disco. No final do braço estão a **agulha** e a **cápsula**. A agulha geralmente é uma peça pontiaguda,

a. Esta tração direta é típica em toca-discos modernos.
Fonte: Fritz Messere.

b. O braço e agulha são colocados nos sulcos da gravação.
Fonte: Fritz Messere.

c. Novos toca-discos incluem um conversor analógico/digital que permite sejam conectados diretamente em mesas digitais.
Fonte: Stanton.

FIGURA 3.6

de diamante ou metal, ligada a uma tira de metal chamada *cantilever*, que é ligada à cápsula fonocaptora, que traduz a vibração física da agulha para um sinal elétrico. O processo de conversão de uma forma de energia para outra é chamado **transdução**. Este é um conceito muito importante, e nos referimos a ele muitas vezes aqui.

O DISCO

De onde vêm as vibrações captadas pela agulha? Elas estão impressas nos sulcos do disco, feito de vinil, um dispositivo analógico. (A palavra *analógico* relaciona-se a algo que mostra uma similaridade com outra coisa.) As vibrações que são registradas dentro dos sulcos correspondem às variações de som que foram gravadas.

Na verdade, os padrões de vibração são impressos nos sulcos do disco. No começo do processo de manufatura, o disco master é cortado com uma agulha, que está conectada à saída de um gravador de fita, e um sinal elétrico é transduzido em uma vibração física.

Você notará que existem lacunas entre as seleções, ou peças musicais individuais, no disco; essas lacunas de separação (e o sulco no começo do disco) não têm som. Eles são chamados de *lead grooves* (Figura 3.7).

Ao operar um toca-discos, coloque um disco no prato, ponha a agulha no começo da faixa que você selecionou e o posicione para que o início da música se dê imediatamente, ou ao menos em cerca de um segundo do início da faixa. Posicionar o disco, conforme dissemos, é chamado *marcar*. Manusear discos e marcá-los são tarefas muito comuns em produção de rádio, e esta é a forma correta de se fazer ambas as coisas.

FIGURA 3.7 Discos de vinil têm padrões de vibração minúsculos, cortados em sulcos.
Fonte: Fritz Messere.

RÁDIO RETRÔ • TOCA-DISCOS

O velho toca-discos de long-play (LP) se tornou uma peça de museu, mas não se surpreenda se encontrar um desses parado na sua emissora de rádio ou entre os equipamentos de produção. Muitas emissoras ainda têm muitas coleções de vinil, algo que faz sentido quando nos lembramos do quanto este formato é popular. Geralmente, só se põe para funcionar um toca-discos quando é preciso usar, digamos, uma música em particular para um comercial, e aquela faixa não está facilmente disponível em mídias modernas.

Há algumas coisas que devem ser lembradas se você estiver tocando um LP num toca-discos

1. Os LPs são delicados. Segure-os com a palma da mão pelas laterais ou apoie os dedos no rótulo e nas laterais. A oleosidade de suas mãos pode obstruir os sulcos.
2. Os toca-discos de radiodifusão mais antigos possuíam engrenagens e velocidades. Quando se fazia uma marcação no disco (o que será discutido), geralmente colocava-se o equipamento no modo neutro para que o prato pudesse girar no toca-discos. Não existia nenhuma marcação informando "neutro" – você tinha de colocar o controle de velocidade no centro do controlador. Há uma probabilidade maior, entretanto, de que você trabalhe com um toca-discos de tração direta, com a qual pode escolher a velocidade correta apertando um botão.
3. O disco mostrado na Figura 3.7 é um $33^{1/3}$ rpm, então é esta a velocidade na qual você deve configurar o toca-discos. Embora existam discos de tamanhos diferentes, como os de 45 rpm, você raramente os encontrará.
4. Toca-discos têm um botão liga-desliga para o motor. Isto não os coloca necessariamente no ar. Você geralmente recua o disco em um quarto de volta, inicia-o e então liga o pot ao qual ele se associa na mesa.
5. Fazer um cue de faixa num disco exige uma certa prática (veja a Figura 3.8). Coloque a agulha no sulco entre as faixas, coloque o pot do toca-discos no modo cue, gire o prato lentamente com suas mãos, e pare a rotação quando ouvir o primeiro som da faixa. Então, volte o prato (não só o disco) em um quarto de volta. Quando quiser que o disco inicie, aperte o botão "ON" e aumente o pot. Alguns operadores de múltiplas tarefas gostam de fazer a marcação no disco diretamente no começo do som, segu-

RESUMO

O CD utiliza um laser em vez de uma agulha mecanizada. O laser lê informação sonora codificada digitalmente na mídia. Existem três formatos básicos de CD usados em radiotransmissão: o CD de música padrão e dois formatos para computador, WAV (ou BWF) e MP3.

rá-lo pela lateral, permitindo que o prato gire, e então soltá-lo quando a música for começar. Isto é chamado *slipcueing* ou *slipstarting*. Você pode fazer isso porque os vinis de emissoras têm uma cobertura móvel no prato que permite girar sob um disco que pode ser segurado sem que seja danificado. É necessário ter prática, mas a vantagem é que você pode simplesmente soltar o disco e começar a música no instante preciso que desejar.

FIGURA 3.8 Slipcueing: assim que o início de uma faixa for encontrado, segure o disco até o momento em que estiver pronto para soltá-lo e tocar a música.
Fonte: Fritz Messere.

Identificamos os métodos básicos de se fazer um cue de faixa no disco; a escolha é uma decisão bastante pessoal. Em alguns casos, o slipcueing é útil quando é preciso fazer uma entrada muito rápida com a música; ele inicia a faixa imediatamente, sem a espera momentânea para o prato atingir a velocidade certa. Isto é muito útil para marcar faixas de um álbum de show ao vivo, porque o som da audiência criaria um ruído de "wow" se o disco fosse iniciado de outro modo. Uma desvantagem é que ele ocupa uma das suas mãos durante a produção.

Quando estiver realizando o slipcueing, é aconselhável não aumentar o som da mesa até imediatamente antes do momento planejado para o início da faixa; isto é chamado de **dead-potting.** (Embora sua mesa provavelmente tenha um fader, e não um pot, o termo permanece desde os dias iniciais do rádio.)

Se assim não fizer, poderá pegar o ruído do motor do toca-discos e da rotação do disco. Iniciar a mesa com o pot com volume é chamado de **hot-potting**. É preferível aumentar o volume ou realizar um dead-potting do toca-discos; com aparelhos mais modernos, livres de ruído, o hot-potting passou a ser mais aceito.

Os CD são marcados eletronicamente, de modo geral, por um computador. O player é capaz de localizar quase que instantaneamente uma seleção em particular. Essas mídias oferecem uma reprodução sonora com menos distorção do que discos de vinil e são menos sujeitas a desgastes. Entretanto, não são indestrutíveis e podem se desgastar se não forem manuseadas cuidadosamente. Hoje, os CD graváveis (CD-R) podem ser encontrados em muitas estações de audiodigitais e computadores.

Os Super Áudios CDs e os DVD-Áudio prometem melhor fidelidade e capacidade multicanal. Se essas novas tecnologias serão adaptadas por emissoras HD ainda não é possível prever.

Um toca-discos para radiotransmissão possui prato, switch, controle de velocidade, mecanismo de tração e braço. Este último tem uma agulha e uma cápsula na ponta. A agulha capta vibrações dos sulcos no disco e as vibrações são transduzidas em áudio. Marcar discos de vinil requer localizar o sulco inicial da faixa que você quer tocar.

APLICAÇÕES

Situação 1 / O problema Uma produtora numa estação de oldies estava montando um comercial que exigia uma mistura de elementos musicais da década de 1960 e sons de selva, que não estavam disponíveis em CD. O formato da emissora envolve elementos sonoros de rápida velocidade, extremamente bem mesclados. Voltar o disco e aumentar o volume usando o pot da mesa resultava em uma minúscula, porém perceptível, falha no som.

Solução possível A produtora decidiu realizar o slipcue dos elementos musicais e sons da selva em um computador. Ao identificar o primeiro som da seleção musical que desejava, voltando um pouco, e realizando um hot-potting da faixa, ela foi capaz de fazer uma produção muito boa para o spot.

Situação 2 / O problema O produtor de um spot queria usar a letra de uma canção popular. Infelizmente, existia uma introdução instrumental antes da entrada da letra no CD. O spot precisava muito dessa letra, mas o instrumental de 10 segundos anterior a ela não era apropriado.

Solução possível O produtor elegeu o uso da função de pausa no tocador de CD. Ele ouviu a introdução instrumental e conseguiu pausar o tocador de CD logo antes do início da letra. Ao acionar "play", o CD começou instantaneamente com a voz do cantor. Ao usar este método, ele evitou ouvir a porção instrumental da música.

(Nota: Seria fácil solucionar ambos os problemas com o uso de uma Digital Audio Workstation (DAW), ou, simplesmente, estação de trabalho audiodigital, mas ainda não discutimos edição em computador.)

EXERCÍCIOS

1. Este exercício é estritamente uma questão de praticar alguns movimentos mecânicos. Pode parecer um pouco tedioso, mas praticar essas ações básicas fará que as operações mais complexas se tornem muito mais fáceis. Os movimentos a ser praticados são:

   - Soltar a agulha na lead grooves de um disco. Continue tentando até acertar todos os sulcos de um lado inteiro do disco sem pegar nada da música.
   - Manusear o disco como mostra a Figura 3.8.

2. Usando três vinis ou CDs, vá de uma faixa musical para outra, e mais uma. Toque cada disco por 10 a 20 segundos, então abaixe o volume e recomece com outro.

3. Realize uma passagem entre uma peça vocal e uma instrumental, escolha uma faixa instrumental que tenha um final definido (em vez de usar um fade out). Faça que o segmento resultante tenha exatamente 5 minutos de duração. Para tanto, você terá de fazer um back-timing no disco e um dead-pot no instrumental. (Back-timing no disco é uma técnica que permite combinar duas músicas ou mais para fazer uma produção durar um tempo específico. Neste caso, para fazer o tempo do vocal e instrumental somar exatamente 5 minutos, você teria de subtrair o tempo da seleção vocal do total de 5 minutos e começar o instrumental mais adiante, em um momento específico de sua transição para que o tempo de duração seja igual ao desejado.)

4

✳

Dispositivos de Gravação e Reprodução

Atualmente, a maioria do conteúdo das emissoras de rádio é pré-gravada. Os CD e os downloads de música fornecem grande parte das músicas para os consumidores, embora as emissoras de rádio transfiram material de seus programas para um disco rígido de computador para depois levá-los ao ar.

É bastante comum o uso do gravador de CD para armazenar o conteúdo durante a produção, particularmente quando são necessárias várias cópias. Entretanto, realizar mudanças específicas para a radiotransmissão não é uma prática nova. É interessante saber que já na década de 1950 muitas emissoras de rádio possuíam máquinas para cortar discos de vinil com este mesmo propósito.

Cortar discos de vinil, entretanto, não era prático, já que eles não podem ser editados. Os vinis eram úteis especialmente para o armazenamento permanente do som. A necessidade de um método conveniente de gravar conteúdo para ser usado apenas algumas vezes, com a possibilidade de mudanças adicionais depois da gravação, levou ao desenvolvimento da tecnologia de gravação magnética e o uso das *fitas de áudio*.

Os gravadores de CD, a gravação no disco rígido, os dispositivos flash e os MiniDiscs substituíram em grande parte a fita de áudio analógica e a digital. No entanto, as mídias de gravação magnética estão bem vivas nos estúdios de radiotransmissão para usos digitais, porque os discos rígidos de computador estão usando esta tecnologia para armazenar e reproduzir arquivos de dados. Alguns multitracks digitais usam fita para gravar e cassetes padronizados tanto para coletar notícias como para arquivá-las.

A fita de áudio é também chamada **fita magnética**, pois suas propriedades magnéticas permitem o armazenamento de som. Na verdade, o som não é armazenado na fita. A energia sonora é convertida em energia elétrica e esses pulsos elétricos são então transformados em energia magnética.

Este capítulo trata das tecnologias de gravação e reprodução que são comumente encontradas no rádio, e geralmente divididas em dois tipos: magnéticas e ópticas. A nova tecnologia de estado-sólido permite a retenção de arquivos digitais em cartões flash e em outras smart media, mas começaremos falando sobre o armazenamento em mídias magnéticas. As fitas magnéticas podem armazenar tanto sinais analógicos quanto informação digital, enquanto a mídia de gravação óptica é usada apenas para esta última. Para entender este processo, comecemos examinando como funcionam as gravações digitais. Em seguida, veremos como os sinais são guardados em mídias magnéticas e ópticas.

O processo digital começa com a conversão do som em dados. Embora essa tecnologia seja relativamente complexa, vamos explicá-la da maneira mais simples possível. A de gravação digital capta dois componentes de todos os sinais de áudio, o de frequência e o de amplitude, e os converte em representações matemáticas chamadas *samples* e *quantização*.

SAMPLING

Sampling é o processo de conversão de sinais de áudio analógicos em representações numéricas. Basicamente, consiste em tirar uma fotografia da onda de áudio e quebrá-la em vários pequenos segmentos do sinal que podem ser expressos para que um computador possa usá-los. A linguagem de computador usa *números binários*, longas sequências de 0 (zeros) e 1 (uns), para representar as ondas sonoras que foram sampleadas. O processo de sampleamento é incrivelmente rápido. Na verdade, um segundo de áudio será sampleado 44.100 vezes. Mas vamos começar com uma amostra rudimentar que mede um sinal de áudio apenas duas vezes por segundo. Em radiodifusão, esses números binários representarão, enfim, nossos sinais de áudio.

Essa waveform (veja a Figura 4.1a) frequentemente é usada para representar uma onda sonora que chamamos *onda senoidal*. Você verá que ela tem um lado positivo e um negativo. Vamos supor que queiramos realizar o sampleamento dessa onda em um padrão de duas vezes por segundo. As duas amostras para essa onda senoidal seriam representadas pelas partes positiva e negativa da onda, e poderíamos fornecer alguma informação digital pura, como pode ser visto na Figura 4.1b. Infelizmente, essa amostra digital não dá informações muito úteis. Ela simplesmente diz que o sinal estava ligado duas vezes: uma vez como um sinal positivo, e outra, como negativo. Ela não dá muitas informações sobre a inclinação da onda (com que rapidez o som se aproxima de seu valor máximo), por exemplo, por isso não é útil.

Vamos tentar samplear essa mesma onda senoidal usando oito amostras por segundo, em vez de duas (veja a Figura 4.2). Desta vez, você pode começar a ver a representação da onda senoidal original, porque aumentamos o número de amostras para fazer que a representação fique mais detalhada.

Agora, imagine usar 24 amostras por segundo (veja a Figura 4.3) para representar essa onda senoidal. Essa representação digital assemelha-se muito à onda

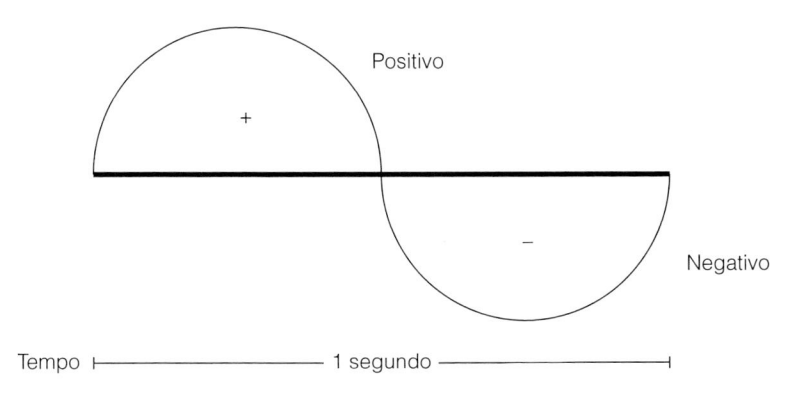

a. Esta representação de um sinal de áudio é chamada onda senoidal. Neste desenho, a onda senoidal finalizou uma rotação completa em um segundo.

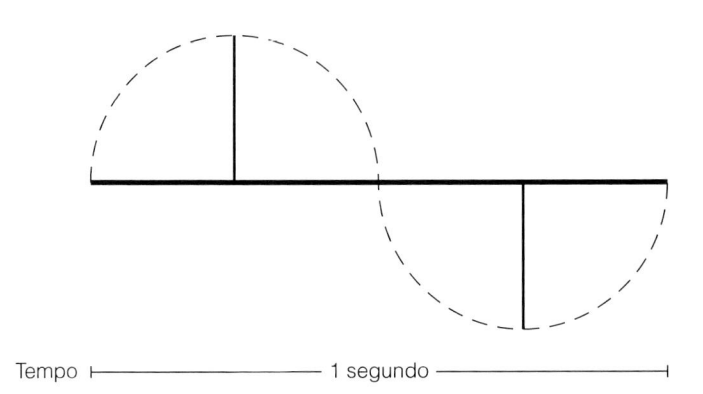

b. A representação digital de nosso sinal de áudio apresenta duas amostras: uma positiva e uma negativa.

FIGURA 4.1

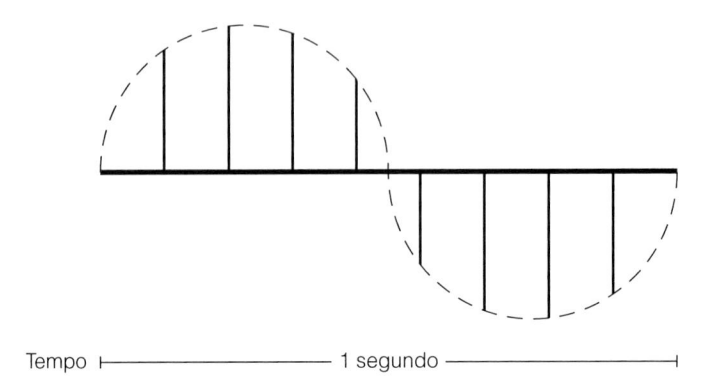

FIGURA 4.2 Esta representação digital de ondas senoidais usa oito amostras: quatro positivas e quatro negativas.

original. Ainda que as 24 amostras não sejam suficientes para um uso prático, podemos ver como isso acontece: conforme o número de amostras aumenta, a precisão da representação da onda senoidal original também aumenta. Imagine qual será a precisão quando samplearmos o som em um padrão de 44.100 vezes por segundo. Esta é a taxa de amostragem da gravação digital.

À medida que se obtêm as amostras da onda do sinal de áudio, elas são convertidas em números binários num processo chamado **quantização**. Quanto maior o total da quantização, melhor será a resolução do som. Conforme explicado, os números binários são expressos em 0 (zeros) e 1 (uns). A quantidade expressa como um número binário é referida como uma *palavra digital*. O valor de cada dígito binário é chamado *bit*. Em termos práticos, os números binários usados para audiodigital de alta qualidade são relativamente grandes. Isto assegura que o sinal digital é uma representação muito fiel do sinal de áudio original.

O processo de gravação requer vários passos, e trataremos deles um a um. Primeiro, conforme o som entra no circuito de áudio, um filtro limita as frequências a serem convertidas. Frequências que existem, mas não são audíveis a humanos (como um apito para cachorros), são eliminadas nesse momento. Então, um circuito *sample-and-hold*, usado para executar o processo de quantização, mantém a onda na memória do computador por uma fração de segundo. Durante esse sampleamento dos dados, a informação tanto sobre a frequência do sinal quanto sobre sua amplitude é convertida em uma série de palavras digitais. Já dissemos que um segundo de áudio seria sampleado mais de 44 mil vezes, então você pode ver que

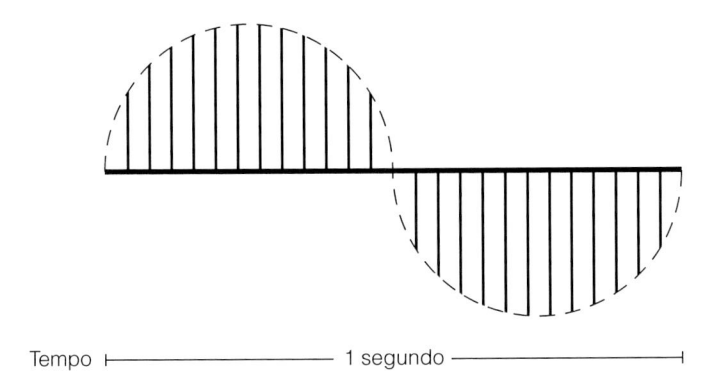

FIGURA 4.3 Representação digital de uma onda senoidal utilizando 24 amostras. À medida que o número de amostras aumenta, a representação digital se torna mais precisa.

muitos dados estão sendo gerados no processo de quantização. Assim que os sinais estiverem sampleados e convertidos em palavras digitais, eles precisam ser codificados. Um stream estável de dados gerado pelo processo de codificação agora representa o áudio.

Em seguida, é aplicada a *correção de erros* para minimizar a possibilidade de ocorrer problemas que podem surgir enquanto o computador estiver armazenando e recuperando os dados. A Figura 4.4 mostra o processo pelo qual o sinal de áudio passa até se transformar em bits de informação que estão prontos para ser armazenados em um formato digital.

Agora que a onda de áudio original foi convertida para uma forma utilizável e codificada, e que a correção de erros foi aplicada, podemos gravar essa informação em um disco rígido de computador ou em um gravador de fita Digital Audio Tape (DAT) para futura reprodução. Tanto os discos rígidos quanto as fitas de gravação magnética dividem muitos princípios básicos. Por exemplo, para armazenar o arquivo digital, precisamos *modular* as palavras digitais, formadas de 1 (uns) e 0 (zeros), para uma série de pulsos magnéticos. Tanto os discos rígidos quanto as fitas de gravação podem ser reutilizados centenas de vezes pela reescrita sobre arquivos anteriores, mas ambas as tecnologias podem falhar, o que resulta em perda de dados. Por isso é importante criar arquivos de backup para conteúdos que você queira guardar permanentemente.

Primeiramente, veremos como isso funciona num disco rígido de computador, e depois passaremos à fita magnética.

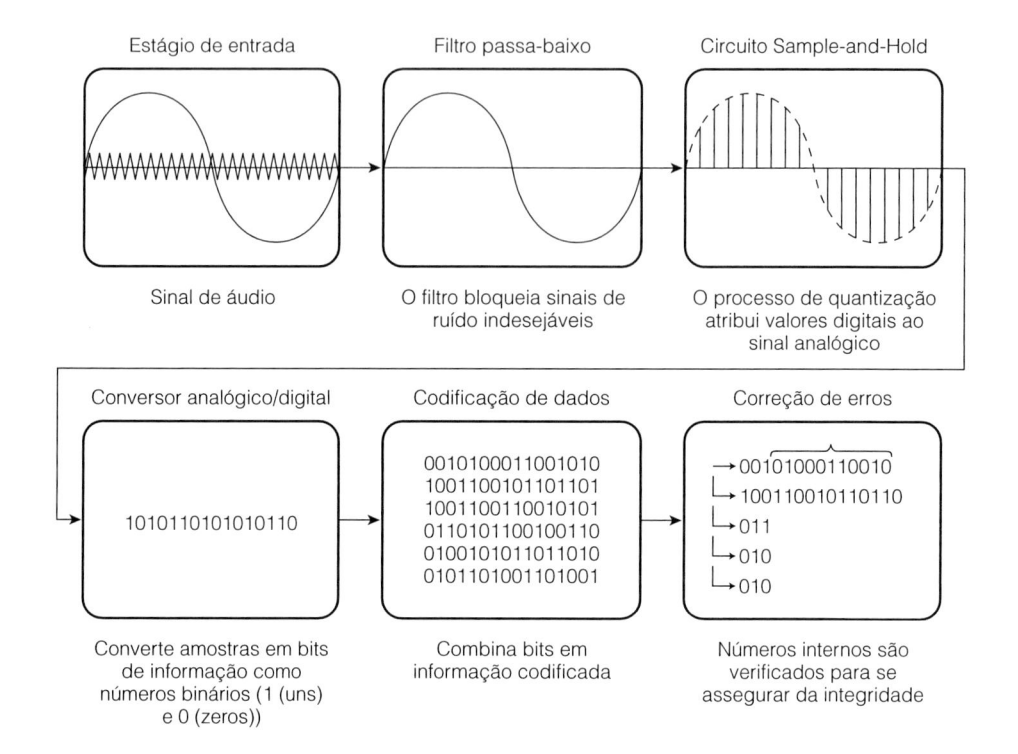

FIGURA 4.4 Diagrama em blocos do processo de gravação digital.

GRAVAÇÃO EM DISCO RÍGIDO

Os discos rígidos usam uma cobertura de óxido de ferro num eixo e as cabeças de gravação (record heads) imprimem uma série de pulsos magnéticos em várias trilhas da superfície. Apesar de o princípio ser assim tão simples, a execução real do processo é um pouco mais complexa.

Um drive de disco rígido tem um ou mais discos de vidro independentes que foram revestidos com óxido de ferro e, polidos até obterem uma superfície incrivelmente lisa e com altíssima precisão. As cabeças de leitura/gravação (record heads) – uma para cada lado – movem-se sobre o disco sem tocar realmente a superfície. A leitura ocorre quando o movimento da cabeça deixa uma impressão magnética no disco. No processo de gravação, os dados são salvos como uma sequência de **bytes** em locais específicos do drive. Conforme a informação é escrita no disco rígido, o computador cria um diretório com a identificação dos locais nos quais os dados estão armazenados.

O processo de gravação é possível porque os domínios magnéticos (o tamanho real das partículas de ferro) são extremamente pequenos e porque o eixo do disco gira em uma velocidade muito alta, geralmente 5.400 rpm ou 7.200 rpm, ou mais. Como os domínios magnéticos são muito pequenos, os discos rígidos podem conter uma quantidade enorme de dados. As cabeças de leitura/gravação vão e voltam um pouco acima da superfície do disco até 40 ou mais vezes por segundo, e como o eixo do disco gira muito rápido é possível recuperar dados rapidamente (veja a Figura 4.5).

O sistema operacional do computador mantém um diretório no qual a informação está armazenada no disco rígido. Esse diretório torna-se um mapa de onde os dados para o *arquivo* estão armazenados. O computador usará esse diretório para recuperar essa informação quando você quiser reproduzi-la. Se quiser editar o

FIGURA 4.5 Este disco rígido tem quatro eixos revestidos com óxido de ferro. As cabeças de leitura/gravação se movem pela superfície numa velocidade muito grande.
Fonte: Fritz Messere.

arquivo, o disco rígido gravará nova informações sobre as mudanças, e o diretório será atualizado para indicar onde essa nova informação está armazenada no disco rígido. No processo de reprodução, o usuário pode acessar essa informação quase instantaneamente ao solicitar um nome de arquivo.

Os dados são transferidos do disco enquanto as cabeças de leitura recuperam os apropriados e os enviam para a memória RAM. Enquanto um arquivo de áudio está sendo tocado, a cabeça do disco rígido se move pelos dados por um caminho indicado pelo diretório de arquivos do disco. Como os pulsos de dados podem ser espalhados por partes diferentes do disco rígido, eles são acumulados dentro do computador em um buffer (chamado de cache) e então transferidos para os registros de informações no computador. A partir daí, os dados são convertidos em pulsos de áudio pelo conversor digital/analógico (D-A) da placa de som do computador. Os discos rígidos modernos têm *velocidades de busca* extremamente rápidas, o que significa que podem recuperá-los com rapidez suficiente para permitir que o computador acumule os dados de áudio e os reproduza como um arquivo de áudio em tempo real. Entretanto, o sistema está sujeito a alguns problemas. Por exemplo, à medida que se fazem mais gravações e regravações, os discos rígidos se tornam fragmentados porque os dados para cada arquivo estão distribuídos sobre muitos setores de armazenamento diferentes do disco rígido. O resultado pode ser um som "engasgado" na reprodução. Programas de desfragmentação (chamados de utilitários do disco) são usados para reescrever os arquivos de dados e colocá-los em ordem no HD.

Conforme os discos rígidos foram ficando maiores, mais baratos e mais rápidos, a reprodução de áudio por computador se tornou mais corriqueira. Hoje em dia, a maioria das emissoras de rádio reproduz música, comerciais e segmentos de programas gravados num disco rígido de computador. Não é incomum descobrir que uma emissora de rádio usa seis ou mais discos para armazenar todas as suas músicas, comerciais e promoções, e depois colocá-los no ar. Algumas estações centralizam os arquivos de música em um servidor, para que o material do programa possa ser usado simultaneamente em estúdios diferentes.

Estações de Trabalho Audiodigitais

Os programas de software que têm capacidade de gravação e mixagem podem transformar um computador em uma *estação de trabalho audiodigital* (Digital Audio Workstation – DAW). Alguns fabricantes também produzem máquinas dedicadas a este uso. Tanto os computadores Mac quanto os PC, usados como estações de trabalho audiodigitais, exigem uma interface entre o hardware de áudio e o software. As exigências variam conforme a capacidade desejada. É possível usar alguns programas de áudio, como o Adobe Audition e o Bias Peak, com as interfaces de áudio padrão fornecidas com o computador, mas fica-se limitado a gravar, no máximo, dois canais por vez. Para poder gravar mais canais ao mesmo tempo, são necessárias interfaces de áudio mais sofisticadas. Alguns programas, como o Pro Tools, por exemplo, exigem um equipamento especial de interface de áudio para operar.

As estações de trabalho de audiodigitais permitem que um produtor realize funções de edição muito mais fácil e rapidamente do que era feito em fitas magnéticas, ampliando o leque de vantagens.

Os principais benefícios dessa tecnologia são as funções automáticas que podem ser construídas dentro do programa, utilizando o poder de processamento rápido do computador. Por exemplo, ajustando simplesmente um controle que cria um cross-fade digital num determinado ponto onde serão reunidos dois elementos sonoros numa edição, você pode fazer que qualquer edição se torne virtualmente indetectável, por mais complicada que seja.

Se não gostar da edição que fez, basta deletá-la e começar de novo com as fontes de som originais, que permanecem intactas enquanto se experimenta outras possibilidades de edição.

Assim que tiver um resultado satisfatório, poderá salvá-lo num arquivo, mantendo as fontes de som originais íntegras. A qualidade sonora de todos os materiais permanece praticamente intacta, independente de quanto você trabalhar com elas ou quantas versões de um arquivo sonoro forem gravadas.

FITA MAGNÉTICA

A **fita magnética** é, na verdade, a "avó" do armazenamento de música de alta qualidade, e os princípios de operação não são tão diferentes da gravação em disco rígido. A **fita de áudio** é uma tira de um material que tem uma fina camada de **óxido de ferro** (um nome chique para a ferrugem) em pó em uma das superfícies. Essas partículas formam um **fluxo magnético** quando são expostas a um **campo** eletromagnético formado pela cabeça de gravação (falaremos mais a este respeito adiante).

A parte de trás da fita – o material sobre o qual é aplicada a camada – é feito de **Mylar®**, uma substância resiliente e extremamente flexível que pode se esticar bastante antes de quebrar. Essa não é necessariamente uma vantagem, já que uma fita rasgada pode ser reparada, enquanto uma esticada não. Geralmente, com algum cuidado, as fitas magnéticas constituem um meio de armazenamento confiável. Existem tamanhos diferentes de fita que são usados na indústria musical e de radiodifusão (Figura 4.6), que variam de duas até um oitavo de polegada de largura, algumas são enroladas em bobinas abertas, outras em cassetes (k7).

Fitas de diferentes tamanhos servem para diferentes propósitos. Por exemplo, as fitas de uma e de duas polegadas de largura são encontrados em grandes estúdios onde a gravação em múltiplas faixas é uma necessidade. Os radiodifusores tendem a usar fitas de um quarto de polegada em gravadores de fita (de duas faixas), e cassetes de áudio mais antigos usam fitas que têm um oitavo de polegada de largura. Essas fitas podem ser utilizadas tanto em formato analógico quanto digital.

Fita Audiodigital

As fitas audiodigitais são uma consequência do CD, pois são gravadas usando os mesmos métodos de sampleamento e codificação descritos anteriormente. Entretanto, essas fitas (conhecidas por DAT) têm uma vantagem sobre os CD, pelo fato de estarem prontamente disponíveis para gravação e reprodução e de poderem ser reutilizadas várias vezes.

As fitas audiodigitais regraváveis (R-DAT) usam duas faixas da fita digital num cassete que tem tamanho parecido ao de um baralho. A fita é colocada em

FIGURA 4.6 Fita de rolo mostrada nos tamanhos de 1 polegada e ¼ de polegada. DAT e cassetes digitais de 8 faixas são alguns dos formatos disponíveis.

Fonte: Fritz Messere.

uma máquina que lembra um gravador de vídeo. (Por exemplo, veja a máquina R-DAT mostrada na Figura 4.7.)

A maioria das máquinas tem diversos mostradores de sampling, que representam o número de vezes que o som é sampleado digitalmente por segundo. As unidades R-DAT em geral oferecem mostradores de sampling de 44,1 kHz, 48 kHz e (para entradas digitais apenas) 32 kHz.

Uma cabeça rotativa (rotative head) gira em uma inclinação transversal sobre a fita conforme esta passa pela cabeça; portanto, sua ação lembra o mecanismo de um gravador de vídeo. O processo é chamado de *varredura helicoidal*. Um gravador de fita audiodigital pode produzir áudio mais ou menos com a mesma qualidade de som de um CD. Isto permite ao usuário realizar cópias que são praticamente tão boas quanto o master (original).

Ao longo dos anos, os engenheiros de radiodifusão e os audiófilos vêm discutindo se a fita digital soa melhor que a gravação analógica de áudio. É possível argumentar sobre a relação entre sinal e ruído e qualidade sonora, mas a gravação digital tem uma vantagem clara sobre as fitas de gravação analógica. A perda por geração (com a produção de cópias) não é um problema tão importante como no caso da gravação no formato mais antigo. A digital retransmite essencialmente séries de pulsos ON-OFF. Cada pulso está ligado ou desligado, não existe meio-termo; consequentemente, nesse processo os sons são reproduzidos com grande precisão.

Isto não quer dizer que fitas audiodigitais (ou também CD) sejam imunes aos excesso de uso, pois as mais finas podem se desgastar e romper. Entretanto,

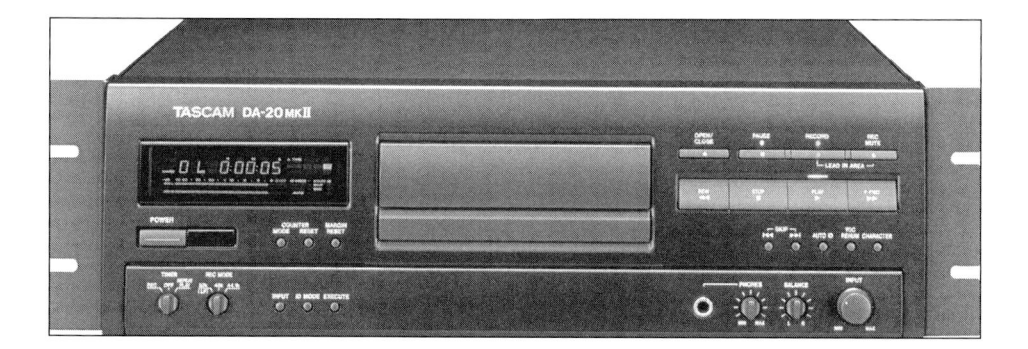

FIGURA 4.7 O gravador R-DAT mostra o número de cortes e o tempo transcorrido no display alfanumérico.

Fonte: TEAC Corp. of America.

enquanto a fita em si mantiver sua integridade, as cópias de cópias de cópias podem ser feitas *ad infinitum* sem uma perda considerável da qualidade de áudio.

Na década de 1990, a fita de audiodigital teve aceitação relativamente ampla em operações de estúdios radiodifusão e gravação, para uma grande variedade de aplicações nas produções. Hoje, entretanto, a gravação DAT foi substituída por outras tecnologias de gravação, como os gravadores de disco rígido e os flash drives. Os computadores entraram tanto na radiodifusão, que alguns observadores do mercado sentem que o uso essencial desta fita num futuro próximo será em áudio multitrack, embora a gravação em disco rígido seja provavelmente mais comum no áudio multitrack atual.

Funcionamento do Gravador de Fita Digital

O processo de gravação em fita magnética ocorre quando a fita passa por um ímã que organiza os padrões de magnetismo nas partículas para corresponder àqueles da mensagem sonora que está sendo enviada ao gravador.

Um dispositivo chamado **cabeça de gravador** (record heads) é o eletromagneto responsável pela impressão das informações na fita, e em um gravador convencional ela realiza três funções, mas, antes de descrevê-las, vejamos onde as cabeças estão e como a fita é colocada em contato com elas.

Todos os gravadores de fita, independente de suas diferenças de design, operam relativamente da mesma forma. Note como a unidade mostrada na Figura 4.7 tem os mesmos controles básicos que um tocador de fita cassete. Ela tem alguns recursos avançados que serão explicados adiante.

A Figura 4.8a é um desenho simplificado do percurso de uma fita de R-DAT. O gravador puxa a fita da esquerda para a direita do cassete. Os nomes técnicos dos componentes da esquerda e da direita, respectivamente, são *carretel doador* e *carretel receptor*. Conforme a fita passa do **carretel doador** para o **receptor**, entra em contato com as cabeças, onde um sinal magnético é implantado na fita ou reproduzido a partir dela.

Cabeças e Controles do R-DAT

Para codificar todas as informações digitais que são fornecidas pelos componentes eletrônicos, o gravador de fita R-DAT usa cabeças magnéticas para imprimir pulsos magnéticos na fita por um percurso diagonal. O sistema funciona de forma muito similar a um gravador caseiro de VHS (veja a Figura 4.8b). Primeiro, à medida que a fita é puxada do carretel doador, os guias a posicionam sobre uma **cabeça de apagamento** (erase head) que produz um campo magnético, chama-

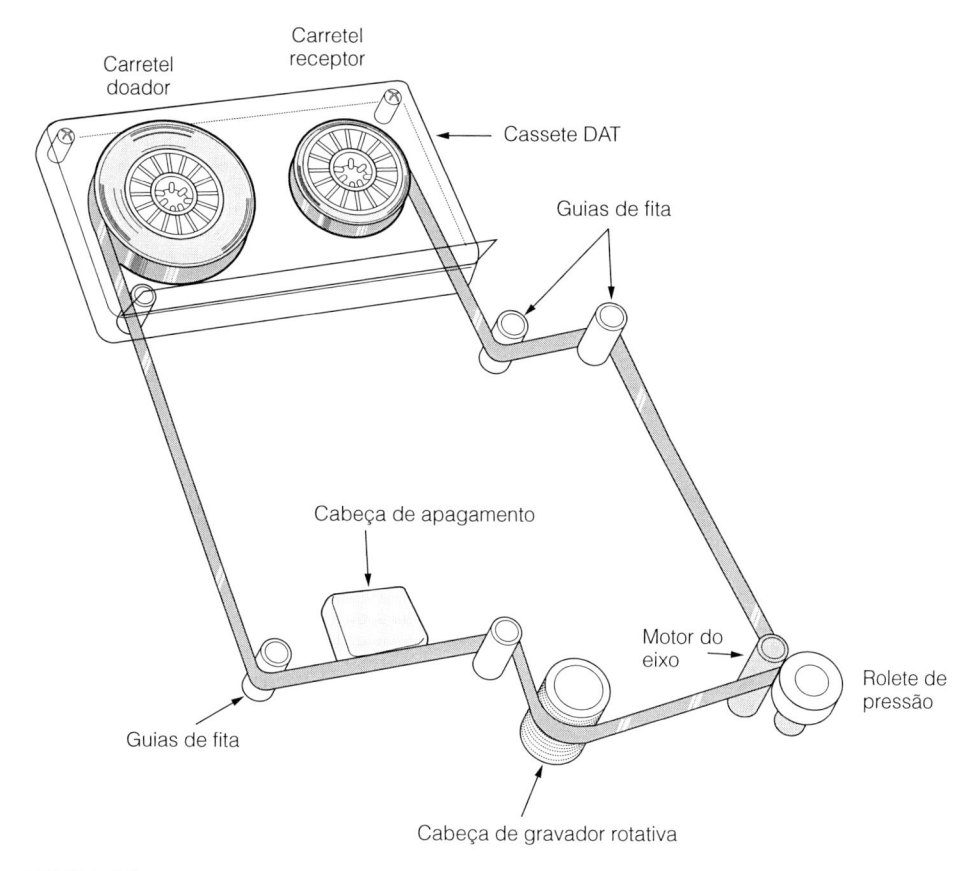

FIGURA 4.8

a. A fita é retirada do cassete por guias de precisão, pelas cabeças de apagamento e de gravação. Em uma velocidade constante, o eixo e o cilindro puxam a fita que é puxada de volta para dentro do cassete e para o carretel receptor.

do *fluxo*, que é relativamente poderoso e embaralha o padrão de partículas de ferro, destruindo as informações que estavam gravadas anteriormente.

As **cabeças de leitura/gravação** têm duas funções: reprodução e gravação. No modo de gravação, elas produzem pulsos magnéticos que organizam as partículas de ferro em uma ordem particular, guardando a informação na fita. As cabeças são montadas em uma polia que gira em alta velocidade (2.000 rpm para a reprodução padrão). Conforme a fita encosta na polia, as cabeças rotativas gravam pulsos magnéticos, que correspondem à informação codificada mostrada na Figura 4.4. No modo de reprodução, essas cabeças leem os pulsos magnéticos que foram guardados na fita.

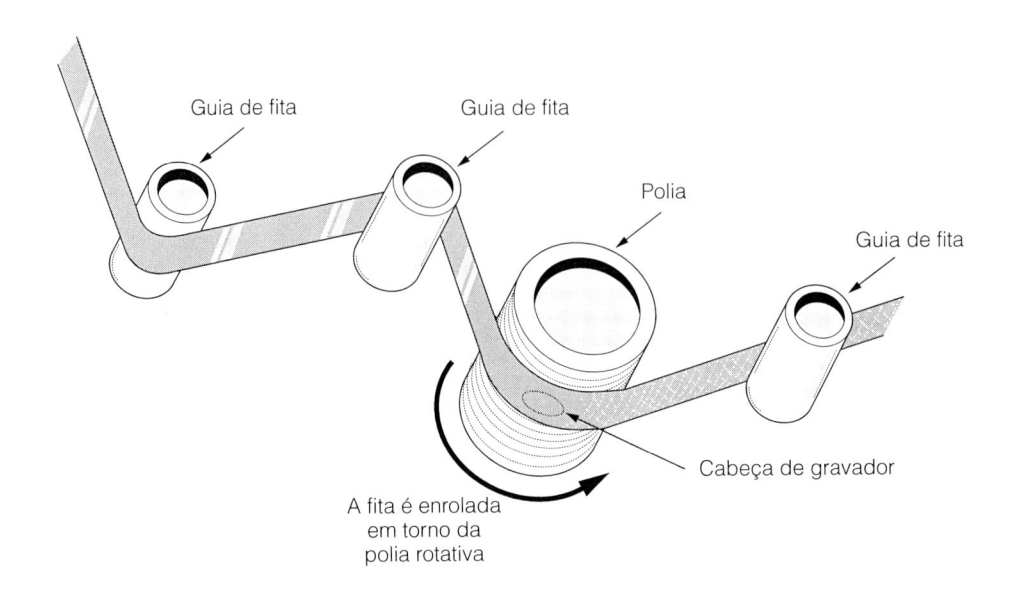

FIGURA 4.8

b. Gravadores de fitas DAT usam uma polia giratória na cabeça para aumentar a capacidade de gravar grandes quantidades de dados na fita. As faixas são gravadas na forma de uma série de pulsos magnéticos.

Independente das diferenças entre modelos, o objetivo de todos os gravadores de fita é o mesmo: passar a fita pelas cabeças numa velocidade constante. Eis o que os componentes do mecanismo de execução fazem:

- O carretel doador contém a fita que será passada pelas cabeças.
- O carretel receptor puxa a fita depois que ela tiver passado pelas cabeças.
- Os **guias de fita** são feitos precisamente para manter a fita na posição correta.
- O **eixo** é uma haste de metal giratória que determina a velocidade e a direção do movimento. Ele gira a peça seguinte do equipamento – o rolete de tração (ou de pressão).
- A fita passa entre o **rolete de tração**, feito de borracha, e o eixo, e é puxada. O eixo e este rolete mantêm a fita em movimento com velocidade constante; então a fita é puxada de volta para dentro do cassete pelo carretel receptor.
- Os guias e as roldanas da fita garantem tensão constante e a mantêm em movimento no caminho certo e sem dificuldades.

Controles e Indicadores de Gravadores de Fita

Embora o estilo das alavancas e dos botões seja diferente de uma máquina para outra, os controles e indicadores realizam funções típicas (veja a Figura 4.9).

Play. Apertar o botão Play fará que a máquina reproduza a gravação na fita. A fita se move pelas cabeças do carretel doador até o carretel receptor. A cabeça de apagamento não entra em operação quando a máquina está no modo Play. Assim, os pulsos magnéticos da fita configuram mudanças eletromagnéticas na cabeça, que correspondem aos sinais gravados.

Record (REC). Geralmente, o botão Record é apertado junto com o controle Play. Quando está ativado, o circuito de gravação é ativado e a cabeça de gravação imprime um sinal nas partículas de óxido de ferro na fita. Este é o sinal que a cabeça de leitura pode reproduzir. Quando a máquina está no modo Record, a cabeça de apagamento também é ativada. Não faria sentido gravar se a informação anterior (se houvesse) da fita não tivesse sido removida.

FIGURA 4.9 Os controles incluem: Rewind, Fast Forward, Stop, Play, Pause e Record. Apertar "skip" fará que o gravador procure a próxima faixa gravada na fita.
Fonte: TEAC Corp. of America.

Medidor de Unidade de Volume (VU). Como o medidor da mesa, este monitora o sinal que entra no gravador de fita para que os níveis corretos sejam mantidos quando estiver gravando. Também existem controles separados no gravador que controlam o nível do sinal que chega. É muito importante manter um nível correto nesse medidor. Hoje em dia, a maioria dos gravadores tem medidores VU, que parecem uma linha de barras que se iluminam da direita para a esquerda para indicar o nível de volume relativo. Os níveis de gravação nunca devem passar de 100% de modulação.

Fast Forward (FF). O controle FF move a fita para a frente (na mesma direção que o Play) em grande velocidade. Geralmente, não é possível ouvir o material gravado durante o modo fast forward; é preciso usar o modo Jog ou Shuttle se você quiser ouvir os sons da fita em alta velocidade.

Rewind (REW). Ativar este controle faz que a fita se mova para trás (do carretel receptor para o carretel doador).

Stop. Apertar o Stop faz parar o movimento do mecanismo.

Record Mute. Apertar este botão silencia o som que entra no gravador.

Pause. Este botão interrompe temporariamente o mecanismo de reprodução, sem tirar a fita das cabeças.

Open/Close. Este botão ativa a porta deslizante para que se tenha acesso à fita DAT.

Shuttle ou Jog. Este disco permite tocar a fita mais rapidamente do que o normal para que você possa encontrar pontos de cue na fita. Este recurso funciona como o 2× em um tocador de DVD.

Realizando o Cue de uma Fita

Tal como em relação aos discos e toca-discos, você precisará saber onde a informação sonora de uma fita começa, para poder colocá-la no ar ou usá-la na produção de estúdio. Os gravadores de fita digital têm uma stream de dados em subcódigo que age como um sistema de identificação (ID), permitindo passar de um segmento gravado ao próximo facilmente. A janela alfanumérica mostra o número da faixa que está tocando. Esse sistema é muito conveniente para se guiar rapidamente pela fita, mas você talvez ainda precise localizar o início exato do segmento gravado.

Digamos, por exemplo, que você tem a gravação de um programa de entrevistas. Basta inserir a fita e movê-la para o segmento 3 do ID. Agora, usando o mecanismo jog ou shuttle, você pode ir rapidamente para a frente até ouvir o segmento correto da fita – pelo alto-falante de cue da mesa. Depois, ao apertar o botão Play, o programa começará imediatamente.

Às vezes, pode haver uma contagem regressiva ou um tom de cue em fitas pré-gravadas para ajudar o operador a realizar a ação. Por exemplo, o programa de entrevistas pode começar com o apresentador dizendo: "Programa Encontre a Comunidade, a ser colocado no ar no domingo, 17 de março, começando em cinco, quatro, três, dois, um: Boa tarde, bem-vindo ao...". Com experiência, você aprenderá a ouvir a contagem regressiva no modo cue, parar a fita depois do "um", e estar pronto para colocar o programa no ar.

A cabeça de um gravador DAT coloca o sinal num lugar específico de uma tira chamada **trilha**. É uma função do gravador/reprodutor, e não uma propriedade da fita em si. Lembre-se de que um gravador DAT codifica pulsos magnéticos de dados na fita. A polia giratória permite que a cabeça de gravação "grave" os pulsos de dados como trilhas oblíquas na fita magnética (veja a Figura 4.8b). A combinação da cabeça rotativa com o movimento para a frente da fita, conforme é puxada pelo eixo, permite ao gravador registrar uma grandes quantidade de informação na pequena fita DAT de 1/7 de polegada. O método de gravação é chamado *pulse code modulation,* ou PCM. (Gravadores de fitas analógicos são diferentes; falaremos sobre eles mais adiante.)

Reprodução DAT

O processo de reprodução para um gravador DAT é quase o inverso do de gravação. Veja na Figura 4.10 um diagrama de blocos da sequência de reprodução. No modo de reprodução, a fita é puxada para ter contato com a cabeça, da mesma forma que no de gravação. Dessa vez, entretanto, as cabeças recebem a informação magnética contida na fita e enviam o sinal para o demodulador, que redefine os sinais modulados e os envia como pulsos de uns e zeros.

Os dados são acumulados em registros de memória e a correção de erros é aplicada ao sinal, então enviado a um conversor digital/analógico, que reconverte os números digitais em um sinal de áudio analógico. A saída é enviada antes para um circuito sample-and-hold que remove os pulsos de troca do sinal, e depois para um filtro passa-baixo, que remove ruídos estranhos de alta frequência da gravação.

```
Cabeça de     Demodulador e              Conversor
leitura       correção de erros         digital/analógico    Circuito sample-and-hold

              Canal 1
              □ □ □    10101              01010101  ⎍⎍⎍      ∿∿∿
              Canal 2
              □ □ □    1101               1101010   ⎍⎍⎍      ∿∿∿

              O demodulador redefine os   O circuito D para A converte   Este circuito remove pulsos
              pulsos magnéticos e os      palavras digitais em           de troca digital do sinal,
              modifica em pulsos "on" (1s) sinais analógicos             retornando-os para o áudio
              ou sem pulso (0s); e a
              correção de erros é aplicada
```

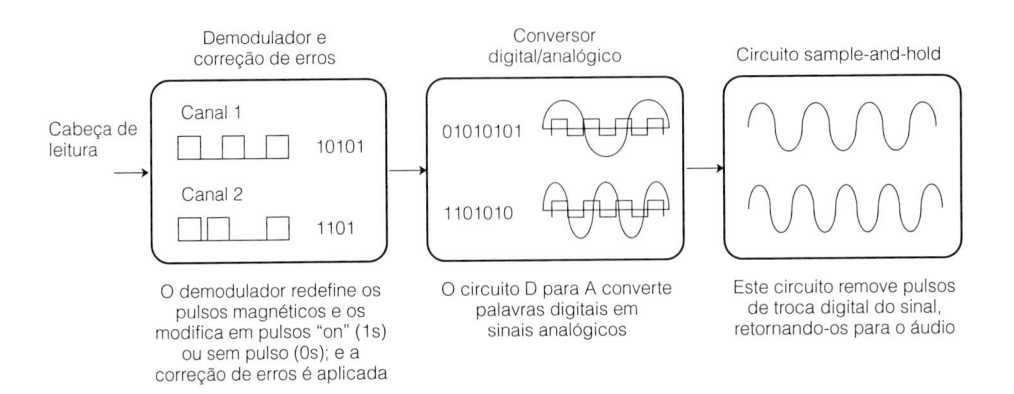

FIGURA 4.10 A demodulação converte os pulsos magnéticos da fita de volta à informação binária.

SOBRE MINIDISCS

A Sony Corporation lançou o MiniDisc (MD) em 1992, visando à substituição do cassete doméstico (veja a Figura 4.11). O MiniDisc nunca foi muito bem aceito pelos consumidores. Entretanto, alguns radiodifusores o aceitaram como um substituto lógico para o gravador de fita cassete de áudio e, em alguns casos, como um gravador para o estúdio. As características sônicas do MiniDisc não são iguais às do CD ou da fita audiodigital, mas, diferente dos CD graváveis, a tecnologia do MiniDisc permite gravar, editar e reproduzir faixas de áudio rapidamente. Esses fatores fizeram com que o MiniDisc desafiasse o DAT para conquistar seu lugar em muitas cabinas de controle de emissoras de rádio.

O MiniDisc é um dispositivo magneto-óptico de gravação com cerca de 7 cm. Eles têm capacidades diferentes e podem armazenar 60, 74 ou 80 minutos de áudio estéreo num formato comprimido. O áudio gravado passa por um processo similar àquele usado por outras mídias digitais. O sinal de áudio é sampleado e codificado em informação digital, mas, diferentemente de um sistema DAT, o MiniDisc comprime o sinal de áudio em mais de cinco vezes antes de ser gravado. Este sinal comprimido é então gravado na mídia óptica de forma similar à de gravação de um CD-RW (veja o Capítulo 3).

Os MiniDiscs podem ser gravados e reutilizados, e, já que o material é armazenado em formato digital, um diretório de arquivos é atualizado a cada vez que a gravação é feita. Os títulos são armazenados como parte da informação gravada. Entretanto, diferente dos CD e das fitas DAT, os gravadores de MiniDisc também

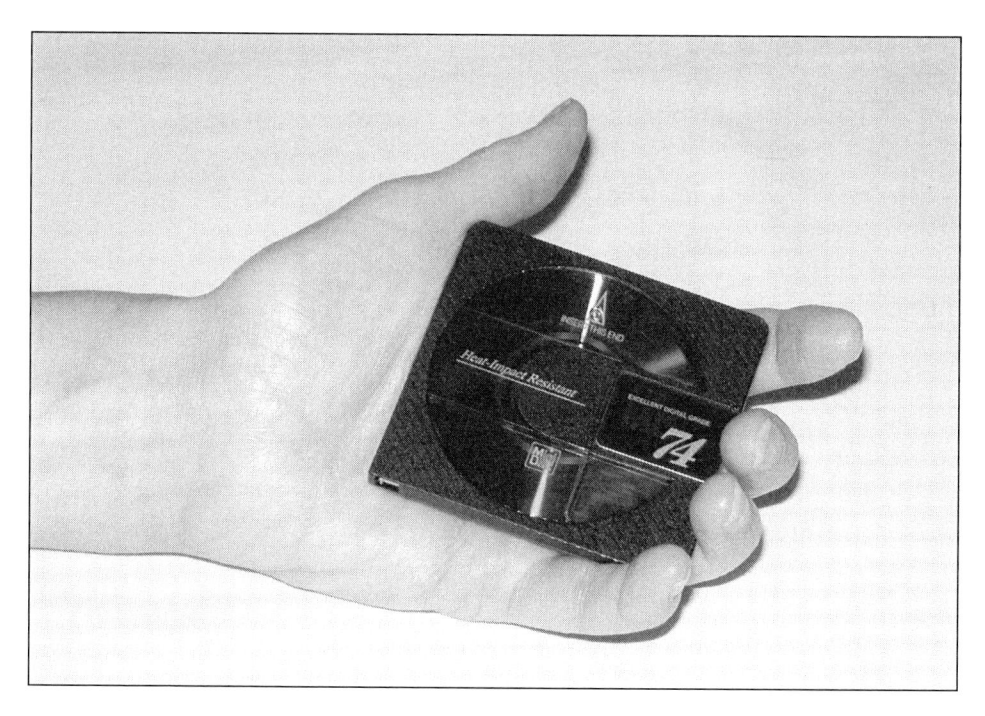

FIGURA 4.11 Um MiniDisc, embora seja menor que uma carta baralho, pode armazenar até 80 minutos de material estéreo.

Fonte: Fritz Messere.

têm alguns recursos rudimentares de edição embutidas, permitindo que os usuários identifiquem e recuperem informações muito rapidamente.

Os MiniDiscs têm muitos recursos que os tornam bastante atrativos para as emissoras de rádio. Em primeiro lugar, seus arquivos não precisavam guardar dados em ordem sequencial. O sistema escreve um arquivo de tabela de conteúdo (TOC) que mantém as faixas em ordem. Um número aproximado de 255 faixas pode ser gravado. Como resultado, é possível fazer segmentos das gravações de MiniDisc e editá-las ou mudá-las (veja o Capítulo 6 para obter explicações sobre o processo de edição). Os MiniDiscs são bastante robustos e podem ser usados várias vezes. Os recursos de edição básicos lhes dão uma vantagem real sobre as fitas DAT. Os arquivos DAT são gravados em ordem sequencial, e é impossível editar neste formato.

Arquivos de MiniDisc, entretanto, podem ser acessados aleatoriamente (ao contrário do sequencial) e são relativamente fáceis de se editar e modificar. Arquivos podem também ser separados ou combinados facilmente. Gravadores de Mini-

Disc podem ser muito pequenos; muitas emissoras de notícias equipam seus repórteres com eles para gravar entrevistas e músicas.

A CARTUCHEIRA DIGITAL

Um dos dispositivos digitais mais populares em emissoras de rádio é a cartucheira digital, que na verdade não é uma cartucheira, mas um grande sistema de armazenamento em disco rígido. (Cartucheiras analógicas serão discutidas na página 101.) Algumas são sistemas independentes, enquanto outras são, na verdade, computadores que rodam um programa que age como uma cartucheira. Quase todos os computadores podem ser programados para rodar esses softwares

A maioria das cartucheiras digitais apresenta elementos do programa, como faixas de música, anúncios ou comerciais, que estão em fila para ser reproduzidos (veja a Figura 4.12). Geralmente, a cartucheira está ligada à mesa de som para que o operador de áudio inicie o som desejado usando uma touch screen ou um mouse. Dependendo de como a cartucheira é programada, pode ativar várias sequências por vez, configuração esta comumente conhecida por *live-assist*.

Essas cartucheiras também podem ser usadas para automatizar parcialmente uma emissora ou para programar um computador fornecendo voice tracking. Mas a tecnologia permite interação humana antes do programado: o locutor pode ver a lista de músicas e de outros elementos e gravar uma faixa de voz que será reproduzida mais tarde.

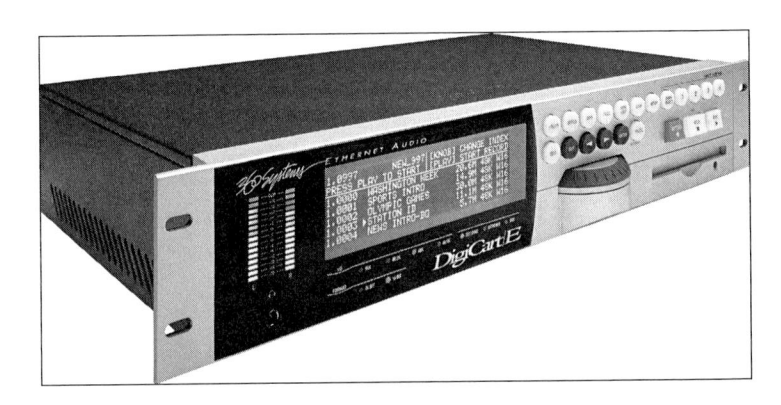

FIGURA 4.12 Novas cartucheiras podem acessar áudio de estações de trabalho digitais ou funcionar como gravadoras independentes.
Fonte: 360 Systems.

Bulk Eraser[1]

As fitas de áudio, diferente dos discos rígidos, geralmente precisam ser completamente apagadas para ser reutilizadas. Existe um truque para se usar corretamente um bulk eraser. Se você praticar, poderá evitar muitos problemas. Essencialmente, basta mover o apagador lentamente em movimentos circulares por todos os lados da fita (ou cartucho). Para terminar, tire o apagador lentamente de perto da fita antes de desligá-lo. Se assim não fizer, a súbita queda do campo magnético transmitirá um ruído à fita.

As fitas DAT podem ser apenas parcialmente apagadas com a utilização de um bulk eraser; entretanto, qualquer campo magnético forte pode apagar uma fita analógica, então, tome cuidado e nunca coloque fitas ou cartuchos perto de campos magnéticos, como aqueles gerados por transformadores, amplificadores ou alto-falantes, que podem danificar ou apagar sua produção. O magnetismo decorrente da operação de bulking também pode danificar seu relógio de pulso, então não se esqueça de tirá-lo antes de começar a apagar fitas.

CABEÇAS E TRILHAS

Agora que tratamos do funcionamento das fitas de rolo, vamos estudar um detalhe técnico que pode ser confuso.

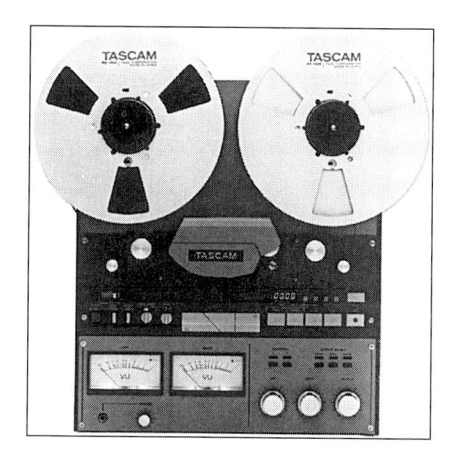

FIGURA 4.13 Este gravador de rolo aceita carretéis de até 10½ polegadas.

Fonte: TASCAM, TEAC Professional Division, Montebello, CA.

---

[1] Aparelho para apagar fitas magnéticas de uma só vez, sem a operação de desenrolamento. (Arten Glossário). (NE)

EM SINTONIA COM A TECNOLOGIA • SOM DIGITAL E COMPRESSÃO DE ÁUDIO

No Capítulo 3 nos referimos brevemente à compressão de áudio ideal ao falarmos sobre MP3. Tanto as tecnologias de MP3 quanto as de MiniDisc comprimem os arquivos antes de salvá-los. Geralmente, o objetivo deste processo é reduzir a quantidade de dados necessários para guardar ou distribuir músicas. Isso se torna importante na medida em que uma emissora tem interesse em oferecer um serviço de programas pela Internet ou se ela tem um servidor central para distribuir seus arquivos de áudio para estúdios de produção. O tamanho de um arquivo é determinado por sua qualidade (ou seja, o *bit rate*) e duração. Arquivos de áudio menores são mais fáceis de ser enviados via stream pela internet e de transferir de um computador para outro. Normalmente os arquivos utilizados nas emissoras de rádio são relativamente grandes se comparados com os utilizados pela população para que se possa manter a qualidade do áudio a ser veiculado. Por exemplo, uma gravação em estéreo de um minuto, feita num programa como o Pro Tools, da Digidesign, precisa de aproximadamente 10 megabytes (MB) para ser armazenado no disco rígido. Com essa configuração, o programa realizará o sampleamento de áudio a uma taxa de 44,1 kHz (quilohertz) por segundo, com uma quantização com 16 bits de profundidade. Setenta minutos de música ocupariam um arquivo de 700 MB, aproximadamente a capacidade de um CD. Gravações de alta definição mais novas, que usam a quantização de 24 bits, por exemplo, exigiriam ainda mais espaço de armazenamento. Vale lembrar que, comparativamente, os CD podem armazenar cerca de 74 minutos de áudio.

Tanto os MP3 quanto os MiniDiscs comprimem arquivos de áudio para criar versões muito menores do que seus equivalentes não comprimidos. Isso permite que mais informações sejam guardadas num mesmo espaço, porém, para que isso ocorra haverá uma perda de qualidade sonora.

Há muitas possibilidades de se comprimir arquivos de dados. Alguns sistemas de audiocompressão não causam nenhuma degradação perceptível na qualidade de áudio. Esses processos são usados em estações de trabalho de audiodigitais, conhecidas como *lossless* compression, porque a qualidade da música gravada é a mesma da original. Entretanto, esses sistemas tendem a reduzir o tamanho do arquivo de dados em apenas 25%; sendo assim, o arquivo

---

Diferente de um gravador digital, que escreve dados na fita em diagonal, as cabeças de um gravador analógico colocam o sinal num local específico da fita, uma tira chamada **trilha**. A configuração de fitas de rolo mais comuns para a radiodifusão é conhecida por **two track**. Duas tiras são gravadas para estéreo, a trilha da esquerda é a trilha 1 (acima) e a da direita é a 2 (abaixo).

Outro tipo de gravação, usada em cassetes estéreo, é o **quarter track**. Duas das trilhas estéreo são gravadas com a fita indo numa direção (trilhas 1 e 2), e duas

comprimido é quase tão grande quanto os arquivos originais. Por isso, não é nada prático se os arquivos de áudio forem enviados pela internet por stream.

O segundo tipo é chamado **lossy compression**, e vários tipos estão disponíveis. Em radiodifusão, os tipos mais comuns de compressão são o MP3 (MPEG audio layer 3), frequentemente usado para transferir arquivos pela Internet, e o ATRAC (Adaptive Transform Acoustic Coding), usado em MiniDiscs.

Esses sistemas usam técnicas *psicoacústicas* (o estudo da percepção subjetiva do som por seres humanos) para chegar ao objetivo de reter a qualidade, criando arquivos de áudio menores. Duas técnicas básicas são usadas para fazer que o tamanho dos dados seja menor. Primeiro, como resultado de testes extensivos, engenheiros de áudio desenvolveram ideias sobre quanta distorção (mudança) na música é tolerada pelo ouvinte antes de se tornar perceptível. A segunda técnica envolve analisar o som para ver quais frequências sonoras são mais ou menos importantes para o ouvinte. Assim que o sinal tiver sido analisado, a compressão ocorre com a quebra do espectro de áudio em sub-bandas menores.

Então, ao reduzir o tamanho de certas sub-bandas, que são menos importantes, o arquivo de áudio pode ter seu tamanho diminuído. Observe que essas técnicas reduzem significativamente o tamanho dos arquivos. Dê uma olhada nas diferenças que são resultantes da compressão. Você poderá ver que é muito substancial.

- Um minuto de áudio não comprimido = 10 MB
- Um minuto de áudio comprimido por MP3 = 0,83 MB
- Um minuto de áudio comprimido por ATRAC (MiniDisc) = 1,43 MB

À medida que um maior número de grandes arquivos de estúdio precisa ser enviado via stream ou armazenado, a importância da compressão de dados se torna clara. As estações de rádio usam grandes discos rígidos de computador para armazenar comerciais importantes. Jingles, músicas e segmentos de notícias, que também podem ser armazenados em um computador, ocupam muito espaço.

A compressão é importante à medida que as emissoras atravessam a fronteira digital.

são gravadas indo na direção oposta (trilhas 3 e 4). Os cassetes portáteis usados para registrar notícias gravam uma única trilha de cada lado da fita.

Como as Trilhas Funcionam

Cada trilha é colocada na fita por uma cabeça diferente. Entretanto, várias cabeças podem estar localizadas numa mesma estrutura. O elemento que realmente coloca o sinal na fita é uma minúscula área retangular na cabeça, onde o campo magné-

RÁDIO RETRÔ • GRAVADORES DE FITA ANALÓGICA

Esta é uma discussão a respeito da maneira como os gravadores de fita analógica são usados em equipamentos de radiodifusão de rolo, cartucho e gravadores e reprodutores de fita cassete. Muito embora a maioria das emissoras de rádio tenha incorporado um equipamento digital, existem muitas que usam vários equipamentos analógicos.

A Figura 4.14 é uma representação simplificada de um gravador de rolo. Ele tem alguma similaridade com a nossa representação do gravador DAT quanto ao seu sistema de controles e funcionamento. Todos os gravadores de rolo, independente das diferenças de design, operam mais ou menos da mesma forma.

O gravador puxa a fita do rolo esquerdo para o rolo direito. Os nomes técnicos dos componentes da esquerda e da direita, respectivamente, são **carretel doador** e **carretel receptor**. Quando uma fita passa do primeiro para o segundo, desliza pelas cabeças, onde um sinal é implantado nela ou reproduzido a partir dela.

Começaremos explicando as cabeças e então passaremos para o sistema de transporte de fita.

As Cabeças

A Figura 4.15 mostra as cabeças de um gravador de fita.

Gravadores de rolo têm três cabeças separadas, e cada uma realiza uma função diferente, como apagar, gravar e reproduzir. Inicialmente, a cabeça de apagamento embaralha os padrões das partículas de óxido de ferro e destrói as informações previamente gravadas. A cabeça de gravação produz um campo magnético que organiza as partículas de óxido de ferro em uma ordem determinada, armazenando a infor-

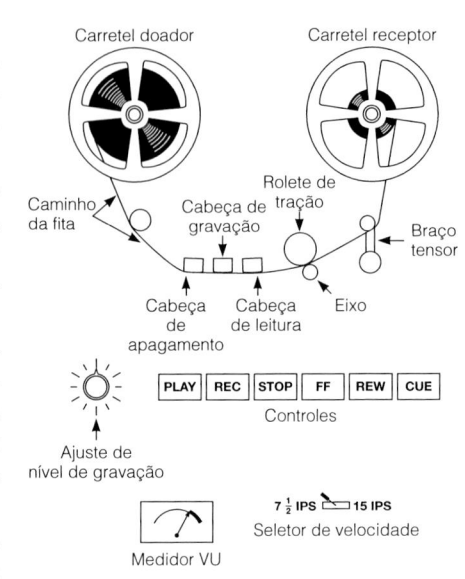

FIGURA 4.14

Ilustração característica dos gravadores de fita de rolo.

mação na fita. A cabeça de leitura lê o padrão formado pelo arranjo das partículas de óxido de ferro e produz um sinal elétrico que carrega a informação sonora.

As cabeças estão sempre colocadas nesta ordem (da esquerda para a direita): de apagamento, de gravação, de leitura. Já que a fita passa pela cabeça de gravação imediatamente antes de passar pela cabeça de leitura, o operador do gravador pode reproduzir o que acabou de ser gravado para se certificar de que existe realmente uma gravação na fita. O pessoal de radiodifusão costumava usar este recurso para criar um eco curto, como um efeito especial rudimentar, ao passar a saída de reprodução do gravador de volta à mesa, conforme uma gravação era feita.

FIGURA 4.15
Três cabeças (centro da foto). Perto das cabeças do gravador, o eixo e rolo puxam a fita através da cabeça a uma velocidade constante.

O Mecanismo de Transporte de Fita

Independente das diferenças entre modelos, o objetivo de todos os gravadores de fita é o mesmo: passar uma fita pelas cabeças numa velocidade constante. Para ver a ilustração do sistema de transporte de fita, observe a Figura 4.14. Os componentes do mecanismo de funcionamento realizam as mesmas funções do gravador DAT.

Controles e Indicadores do Gravador de Fita

Embora o estilo das alavancas e dos botões seja diferente de uma máquina para outra, os controles e os indicadores realizam funções específicas (veja a Figura 4.8) que são comuns em gravadores DAT, gravadores analógicos de rolo e cassetes.

PLAY Apertar o botão Play fará que a fita se mova por meio das cabeças do carretel doador até o carretel receptor. As cabeças de apagamento e de gravação não funcionam quando a máquina está no modo Play.

RECORD (REC) Com o Record ativado, a cabeça de gravação imprime um sinal nas partículas de óxido de ferro da fita. Quando o gravador está neste modo, a cabeça de apagamento também é ativada.

FAST FORWARD (FF) O controle Fast Forward move a fita para a frente (na mes-

> ### RÁDIO RETRÔ • GRAVADORES DE FITA ANALÓGICA (continuação)
>
> ma direção que o controle Play) em grande velocidade. Geralmente ela é elevada e tirada do contato com as cabeças para evitar um desgaste desnecessário.
>
> **CUE** O controle Cue coloca a fita em contato com a cabeça ao desativar o tape lifter. Ele permite fazer o cue da fita quando ela estiver se movendo em Fast Forward ou Rewind.
>
> Em alguns gravadores, o controle Cue também é usado se o operador quer ouvir os sons da fita enquanto está enrolando (girando) os rolos com a mão, como quando edita a fita.
>
> **REWIND (REW)** Ativar o controle Rewind faz que a fita se mova para trás, do carretel doador para o receptor.
>
> **STOP** Apertar o botão Stop faz parar o movimento dos rolos.
>
> **SPEED SELECT** Este controle estabelece com que rapidez a fita passa pelas cabeças. As velocidades mais frequentemente usadas em gravadores de rolo para radiodifusão são de 7½ e 15 polegadas por segundo (IPS, sigla em inglês). Essas designações informam o número de polegadas de fita que são passadas por um ponto determinado por segundo. Uma velocidade pouco usada, mas às vezes disponível, é a de 3¾ IPS. Note que cada velocidade é exatamente o dobro ou metade da velocidade anterior.
>
> **Realizando o Cue de uma Fita**
>
> A exemplo do que ocorre com discos e toca-discos, você precisará saber onde a informação sonora começa numa fita, para que possa colocá-la no ar ou usá-la em produção de estúdio.
>
> Digamos, por exemplo, que você tem a gravação de um programa de entrevistas. É possível enrolar a fita e usar o fast forward com o controle de cue ativado, até ouvir um som de fala – pelo alto-falante de cue da mesa, claro! Então, você a voltaria para o ponto aproximado no qual o som começa, pararia o gravador e giraria os rolos manualmente até ouvir o começo no modo cue. Geralmente há uma contagem regressiva ou um tom de cue nas fitas pré-gravadas, para ajudar o operador.

tico está focado. Quando existe mais de uma cabeça, a estrutura que as segura é chamada **headstack**. Gravações de multitrilha terão oito ou mais cabeças empilhadas umas sobre as outras.

GRAVADORES DE CASSETE

Gravadores e reprodutores de cassete são essencialmente portáteis, e por este motivo se tornaram tão comum nas redações das emissoras de rádio. O tamanho da fita, entretanto, limita a utilidade dessas máquinas em outras áreas da produção radiofônica. Além disso, a velocidade de gravação é menor ($1^7/_8$ IPS), o que, somados, reduzem a qualidade sonora.

Dispositivos de redução de ruídos, como um Dolby, são usados em gravadores de estúdio para minimizar esses problemas (veja o Capítulo 15). Outro problema com os gravadores cassete, ao menos do ponto de vista da produção radiofônica, é que a fita é difícil de editar mecanicamente. A maioria dos operadores de notícias regrava as fitas cassetes numa estação de trabalho computadorizada, um MiniDisc ou um gravador de rolo, para poder editá-las.

CARTUCHEIRAS

Embora tanto as fitas de rolo quanto as fitas digitais ofereçam alta qualidade, existem alguns aspectos negativos. Citando um, é preciso muito tempo para carregar a fita e achar o cue. As cartucheiras foram desenvolvidas como uma solução para este problema. Elas utilizavam um cartucho – geralmente chamado cart – em uma fita em loop infinito (veja a Figura 4.16).

A vantagem de usar esses cartuchos é que as unidades feitas para tocá-los são capazes de perceber um **tom de cue** na fita, que a interrompe imediatamente após ser tocada durante um ciclo completo. Isso significa que a fita está pronta para recomeçar do início. Em essência, a fita realiza o cue de si mesma. Esse é o motivo pelo qual as cartucheiras foram tão úteis em produção de rádio. Existem duas trilhas em uma cartucheira mono; uma delas contém apenas o tom de cue. Cartucheiras estéreo têm duas trilhas de áudio e uma para o tom de cue.

Um comercial de 60 segundos é geralmente colocado em um cart de 70 segundos. O comercial, por motivos que serão explicados depois, estará pronto para ser tocado quando for colocado na máquina, e para tocar o spot, o operador que está no ar simplesmente aperta o botão de Play da cartucheira. Normalmente, o switch de ativação da cartucheira está programado para começar quando o canal de áudio da mesa for ativado. A fita, que é um rolo sem fim, é puxada para passar pelas cabeças; quando o comercial termina, o produtor deixa o cart tocar até que ele chegue ao tom de cue, que para a máquina automaticamente. Diz-se que o cart então foi *re-cued*.

Os cartuchos também podem ser carregados com uma quantidade de spots diferentes – por exemplo, seis ou sete identificações da estação com duração de 10 segundos podem ser carregadas em um cart de 70 segundos.

Esta é uma forma conveniente de se tocar tais faixas, e garante que serão rotacionadas ao longo do dia da radiodifusão. O tom de cue (que você não pode ouvir) é colocado em uma trilha separada da fita, quando a cartucheira está em

FIGURA 4.16 O cart de radiodifusão é uma fita em loop infinito, que fica dentro do cartucho. Um tom de cue pode ser aplicado, para controlar as funções de começar e parar.

Fonte: Philip Benoit.

modo Record e o botão de início é apertado. Um som de parada não pode ser aplicado no modo Play.

As cartucheiras mais novas têm um controle Fast Forward que permite que a fita do cartucho seja avançada rapidamente para o próximo ponto de cue.

RESUMO

A gravação magnética é importante na radiodifusão. Os discos rígidos de computadores usam a mesma tecnologia de gravação magnética que os gravadores de fitas analógicas e digitais. Tanto os discos rígidos quanto as fitas magnéticas têm uma cobertura de óxido de ferro que pode ser usada para fazer representações magnéticas do sinal de áudio. As partículas de óxido se alinham para se adequar ao sinal gerado por uma cabeça magnética. Dessa forma, a informação sonora é transduzida e armazenada para futura reprodução. As estações de trabalho audiodigitais (DAWs) e as fitas digitais dão melhor qualidade em gravação e uma grande flexibilidade para a edição. Os MiniDiscs usam um sistema de gravação ótica e compressão de áudio para reduzir o tamanho dos arquivos de áudio, mas com uma pequena queda da qualidade sonora.

Algumas emissoras de rádio ainda usam também gravadores/reprodutores de fitas analógicos.

Os gravadores two track são úteis para fazer gravações em estéreo em radiodifusão. Os cassetes, que são pequenos rolos fechados, são úteis para operações portáteis e, às vezes, usados em operações de estúdios. Os cartuchos usam um loop contínuo de fita em uma caixa de plástico.

Os cartuchos de bulk erasing e outras fitas analógicas ajudam a garantir a gravação de alta qualidade.

APLICAÇÕES

Situação 1 / O problema A produtora de um programa de notícias de cinco minutos quer o som de um teletipo no fundo. Ela tem um CD de efeitos sonoros com este som, mas a faixa tem apenas 30 segundos, e não seria prático ficar apertando Play para que o som toque sem parar.

Solução possível Grave a faixa em MiniDisc várias vezes e utilize a função de edição para combinar o áudio numa trilha mais longa.

Situação 2 / O problema Um segmento de avisos comunitários é transmitido duas vezes a cada hora, aos 15 e aos 45 minutos depois do início da primeira hora. A produtora encontrou uma peça musical perfeita para introduzir o segmento, mas percebeu que é inconveniente ligar um tocador de CD duas vezes a cada hora para obter 10 segundos de música.

Solução possível A produtora simplesmente grava, ou duplica, os 10 primeiros segundos de música do disco num cart, que é rotulado e colocado num rack, ficando assim mais fácil para o operador pegá-lo, a fim de levar ao ar por meio da cartucheira.

EXERCÍCIOS

1. Usando um MiniDisc, grave alguém contando de 1 a 20. Então, peça para que diga um número entre 1 e 20. Sua função será realizar o cue do disco o mais rápido possível para começar neste número. Por exemplo, se o número dito foi 16 você vai querer encontrar a parte da faixa na qual o locutor está lendo 13 ... 14 ... 15 ... e pausá-la. (Isso poderá ser feito,

logicamente, no modo cue ou audition.) Agora, coloque o MiniDisc no modo program e inicie. Você deverá então ouvir a locução iniciando claramente com o número 16. Faça que vários números sejam sugeridos até que você adquira prática no processo de realizar cue.

2. Decida qual tipo de máquina (CD, cassete, MiniDisc, fita DAT ou cart) poderia ser melhor para as seguintes aplicações e explique os motivos de sua escolha:

- Uma abertura musical para um programa de notícias.
- Uma entrevista que um repórter fará no local onde será realizada uma passeata.
- Um comercial de 60 segundos.
- Um drama radiofônico de meia hora.
- Um segmento de entrevista de 10 minutos realizado no estúdio.
- Várias vinhetas de identificação da estação. (Talvez você queira produzir o ID de amostra da estação na máquina que julgar mais apropriada.)

5

✷

Microfones e Som

Em muitas emissoras de rádio, há pouco a dizer sobre a escolha do microfone que melhor atenda às exigências de registro sonoro. Aqueles que já trabalharam em algumas emissoras em geral se lembram de que na maioria delas existem poucos modelos de microfones. Todos os estúdios de produção e de difusão em determinada emissora geralmente têm o mesmo modelo, embora outro possa ser usado em ambientes externos ou noticiários; por isto os microfones são feitos para atender a propósitos específicos.

No entanto, você não precisa conhecer todos os detalhes do uso do microfone para fazer seu trabalho numa emissora de rádio. Uma pessoa que realiza tarefas de produção numa pequena emissora geralmente usará o microfone que estiver ligado à mesa. Um repórter, o microfone que lhe for entregue antes de sair a campo. Em muitas situações de produção, a técnica e a solução mais simples de uso de microfone serão usadas frequentemente.

Você, contudo, será capaz de realizar melhor até mesmo um trabalho de produção básico se tiver um bom conhecimento do funcionamento de microfones. Em alguns casos, o conhecimento detalhado ajudará a resolver problemas complexos. Além disso, nas áreas mais avançadas da produção de rádio, como a de gravar música ao vivo, será *preciso entender melhor as funções* de um microfone.

Abordamos de forma realista a situação porque muitos novatos na produção de rádio se tornam bastante arrogantes depois de resolver situações envolvendo detalhes acerca do uso e da escolha do microfone nos seus livros, mas nunca usam o conhecimento adquirido durante as aulas ou mesmo nos seus primeiros empregos. Por isso, ainda que esse conhecimento não pareça essencial agora, pode se mostrar valioso mais tarde.

OS CONCEITOS BÁSICOS DO SOM

O microfone, assim como muitos outros equipamentos que discutimos anteriormente, é um **transdutor**. Ele modifica a energia do movimento sonoro em energia elétrica. É o instrumento que transforma som em algo que pode ser usado pelas unidades de gravação e reprodução ligadas a uma mesa para radiotransmissão.

O som em si é uma vibração – um movimento específico – de moléculas do ar. O que acontece é o seguinte: uma fonte sonora (um prato, talvez) cria mudanças na pressão do ar, causa ondas alternantes de compressão (pontos densos) e de rarefação (pontos esparsos) pelo ar. Quando as moléculas são empurradas umas contra as outras, diz-se que elas sofrem **compressão**. Áreas de baixa pressão, nas quais as moléculas são separadas umas das outras, são chamadas de **rarefação**. Para visualizar a situação, observe a Figura 5.1.

A vibração que viaja pelo ar carrega informações; desta forma, o som do prato que soa em nossos ouvidos é determinado pelo padrão de vibração. Na verdade, o tímpano é um transdutor também. Ele dá o primeiro passo para converter a energia motora da vibração em energia elétrica para o cérebro.

O microfone também transduz a energia de movimento em energia elétrica, que pode então ser transformada em energia eletromecânica (por armazenamento num arquivo de computador ou numa fita de áudio) ou ser convertida de volta em **energia de movimento** por um **alto-falante**.

Como o microfone faz isto e por que alguns são melhores do que outros para reproduzir certos sons? Para entender, vamos primeiro explorar um pouco mais a

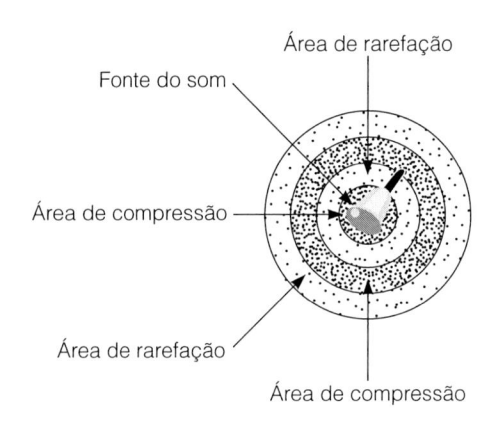

FIGURA 5.1 Compressões e rarefações.

natureza do som em si. Essa informação será útil para compreendermos o comportamento do som e a forma como os microfones afetam sua reprodução.

Os Componentes Sonoros

O som de um tom puro é representado por uma **onda senoidal** (veja a Figura 5.2); lembre-se de que usamos uma dessas no Capítulo 4, em nosso exemplo de sampleamento. Este é um dos símbolos mais frequentemente usados no mundo do som, dos microfones e do rádio – e um dos menos compreendidos. Uma onda senoidal que descreve um som é uma representação gráfica das rarefações e compressões nas moléculas do ar. Se fôssemos samplear a densidade das moléculas de uma **onda** (mostrada na Figura 5.3), encontraríamos uma área espessa, em seguida, uma mais fina, depois outra, ainda mais fina, e então, uma um pouco mais grossa, e por fim uma grossa novamente. Um gráfico deste padrão se pareceria com o da Figura 5.4a, que é um esboço do padrão sonoro, e não uma figura dele. Portanto, a onda senoidal apenas representa o som. Nenhuma onda senoidal emana de uma fonte sonora, ela apenas pode ser usada para analisar vários componentes do som.

Ciclo. Cada vez que uma onda passa pelo seu padrão e volta ao seu ponto inicial, completa-se um **ciclo**. Um ciclo passa por uma rotação completa a cada 360 graus. O tempo que uma onda leva para realizar um ciclo completo é chamado *intervalo*.

Um ciclo (veja um esboço na Figura 5.4b) pode ser medido a partir de qualquer ponto inicial. Perceba que, embora uma onda senoidal tenha 360 graus em

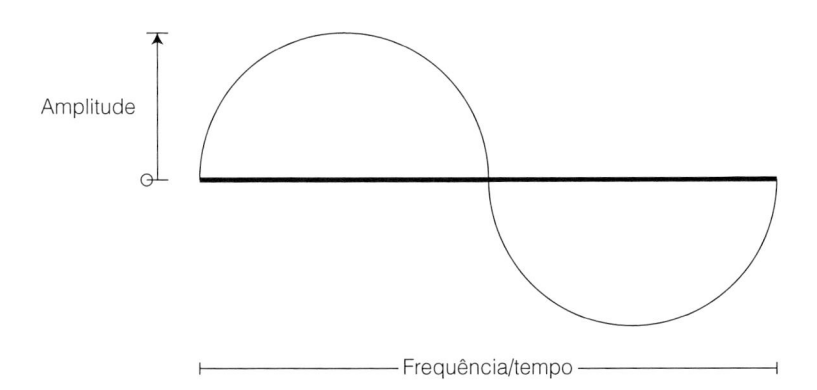

FIGURA 5.2 Esta onda senoidal representa um tom puro. À medida que o tom atinge certa amplitude, sua frequência pode ser medida com o decorrer do tempo.

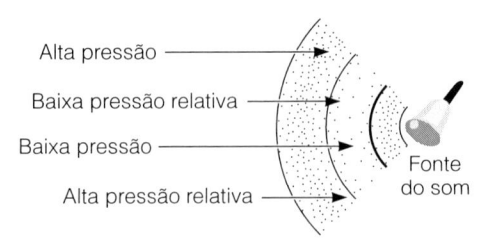

FIGURA 5.3 Medindo compressões e rarefações.

uma rotação completa, essa representação compreende dois intervalos iguais, que denominamos *positivo* e *negativo*. Cada um deles tem 180 graus de comprimento.

Frequência. É o parâmetro que indica quantas vezes um ciclo é repetido em um dado período. É medida em ciclos por segundo (cps); este termo foi substituído por **hertz (Hz)**, em homenagem ao matemático Heinrich Hertz, que demonstrou pela

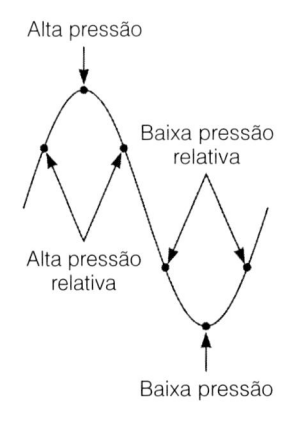

a. Descrição do que representa uma onda senoidal.

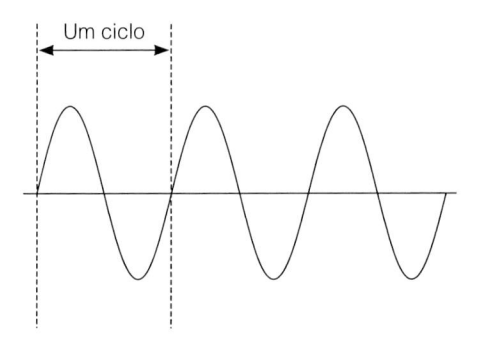

b. Ciclo de uma onda senoidal.

FIGURA 5.4 Características de uma onda senoidal.

primeira vez a existência das ondas de rádio. Mais adiante veremos como a frequência representa um papel na natureza do som.

Amplitude. Em termos técnicos, **amplitude** é a altura da onda senoidal. Ela indica o volume do som. Quanto maior a amplitude, mais alto é o som.

Esses componentes determinam as características do som, e a onda senoidal é uma representação visual dessas características. Para completar, lembre-se de que qualquer som pode ser descrito por uma ou mais ondas deste formato.

A Natureza do Som: A Frequência

Por que dissemos "uma ou mais ondas senoidais"? O som consiste de combinações de padrões de ondas, ou **waveforms**. Ainda que um dispositivo chamado *gerador de tonalidade* produza, por circuito elétrico, uma onda pura (quando representada num osciloscópio), a maioria dos sons é uma combinação de muitas ondas de diferentes formatos e frequências, chamadas *waveforms complexas*.

As frequências e seus ouvidos. O ouvido humano pode captar desde frequências muito baixas, de cerca de 35 Hz, até sons agudos, perfurantes, de até 20.000 Hz. Isto, é claro, depende da idade e do perfil físico e de saúde de cada indivíduo. As pessoas mais velhas geralmente não ouvem frequências altas tão bem quanto os jovens, uma vez que as partes mais baixas da escala são um rumor grave profundo, e as mais altas, um apito agudo que mal pode ser ouvido pelos seres humanos.

Como a frequência molda o som. Um som é resultado de uma combinação de várias ondas – algumas mais altas, outras mais baixas –, e a maior frequência de uma voz masculina média, por exemplo, geralmente é em torno de 300 Hz. Sons consonantais como *t* e *d,* são muito mais altos, em torno de 1.000 Hz. Consoantes com sons sibilados muito altos, como o *s*, podem chegar perto de 6.000 Hz (veja a Figura 5.5). Outros componentes dos sons da fala humana podem chegar a até 9.000 Hz.

Os sons de frequência mais alta, que são as consoantes, atribuem inteligibilidade à fala. Se os sons consonantais altos não são reproduzidos por nenhum dos transdutores incluídos na engrenagem de equipamentos de radioprodução, a fala humana se torna menos inteligível. A música que não tem sons de alta frequência soa apagada e fraca; as altas frequências dão clareza e vibração.

Limitar o alcance das frequências transduzidas também afeta o tom da fala. Telefones mais antigos reproduzem frequências de cerca de 300 a 3.000 Hz. A diferença entre a fala por meio desses telefones e por um microfone de alta qua-

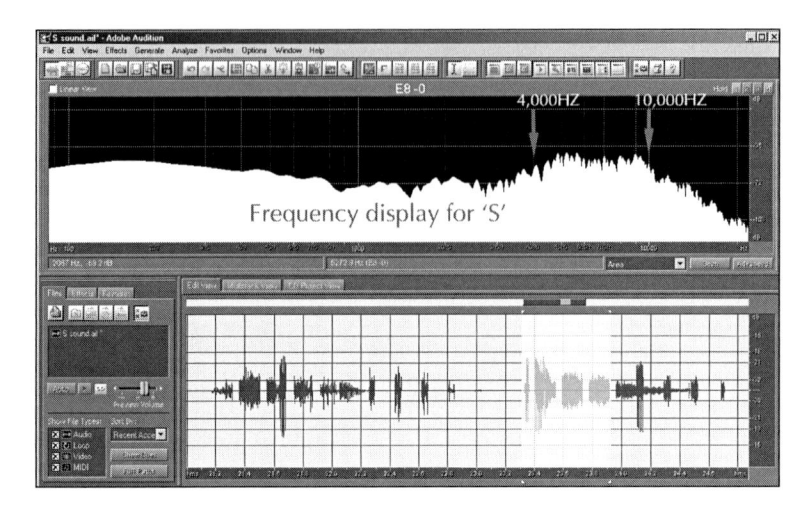

FIGURA 5.5 Apresenta-se aqui a fala de um locutor do sexo masculino pronunciando a letra S. Note que a frequência que fica entre 4 kHz e 10 kHz tem uma surpreendente quantidade de conteúdo, o que pode dar sibilância ao som.

Imagem: Adobe Systems.

lidade é muito clara. Vários microfones reproduzem frequências com diversos graus de eficiência.

A Natureza do Som: A Amplitude

A amplitude da onda senoidal representa o volume do som. Outra forma de representar o volume sonoro é medi-lo em *decibéis*. Decibel (dB) é uma medida muito complexa de níveis relativos de som; é preciso se lembrar de dois aspectos essenciais sobre eles:

1. Quanto mais alta a leitura dos decibéis, mais alto o som. Assim, 20 dB é o nível sonoro de um sussurro; 55 dB, o de uma voz alta numa conversa; 75 dB é o nível de ruído do trânsito de uma cidade; 110 dB, o de uma banda de rock com sol alto, amplificado; e 140 dB é o motor de um avião a jato na decolagem. (Essas medições são expressas de uma forma particular chamada dB SPL – *decibel sound pressure level*.)
2. Acredita-se que aumentar ou diminuir de 1 a 2 dB SPL é a menor mudança no nível sonoro que um ouvido humano pode perceber, mas um aumento de 6 dB SPL é o que o som humano percebe como o dobro do volume sonoro. (Tente isso da próxima vez que estiver em uma mesa de

som. Quando um som estável, como um tom, vai de -6 a 0 num medidor VU, a altura do som apresentada não parece duplicar?)

Veja uma explicação mais detalhada: normalmente se pensaria que duplicar a potência de saída de um som o aumentaria proporcionalmente. Entretanto, o ouvido não ouve de forma linear. Ou seja, se você estivesse tocando um som estéreo com saída equivalente a 10 watts de potência e o elevasse para um nível igual a uma saída de 15 watts (um aumento de 5 watts), não perceberia um aumento de 1,5 vezes o volume original. Como é difícil medir o volume relativo em termos de watts, usamos um sistema que mede o som de maneira que corresponde à forma como o ouvido parece ouvi-lo. Portanto, o decibel é uma ferramenta muito útil para medir aumentos ou diminuições significativas no volume aparente.

Lembra-se do medidor VU e das leituras na escala superior no Capítulo 2? Essas unidades de volume correspondem a decibéis. As pessoas geralmente se perguntam por que o medidor VU usa 0 dB como a modulação de som mais alta a ser transmitida, quando o bom-senso sugere que quanto mais alto o som, maior a leitura em dB. A resposta remonta aos tempos em que a radiodifusão era transmitida da rede à estação afiliada por fios telefônicos. Os engenheiros desenvolveram um medidor que expressava mudanças em volume relativo. Na verdade, seria muito confuso ter uma escala de medidor VU que marcasse, digamos, de 60 a 120 dB. Portanto, na radiodifusão padronizamos 0 VU como um nível de som relativo que alimentará nosso transmissor e/ou proporcionará um bom nível aos nossos dispositivos de gravação. Qualquer registro menor do que 100% representará um número negativo. Desta forma não temos de trabalhar com grandes números de decibéis.

Lembre-se: a leitura de 0 dB é relativa. Um medidor VU que indica -3 informa que sua entrada é 3 dB mais baixa do que o melhor nível.

Outras Características do Som

Assim, abordamos as propriedades físicas que formam a natureza do som, mas outras áreas também devem ser consideradas. A **altura**, um termo comumente usado para descrever o som, não é a mesma coisa que frequência. Esta é uma medida física, e a altura é a interpretação subjetiva da frequência e do volume pela mente, ou seja, a maneira como ouvimos uma frequência. O ouvido humano simplesmente não ouve da mesma forma que um instrumento científico. Por exemplo, tente fazer esta experiência: ouça o som de uma sirene se aproximando. Conforme o som fica mais próximo, parece que sua altura aumenta, mas na verdade a frequência não muda!

Duração é outra característica do som. Ela se refere à quantidade de tempo que um som e que os harmônicos individuais existem dentro de uma waveform complexa.

Velocidade e *Distância* também têm seu papel na forma como ouvimos sons. O som não é muito rápido, viaja pelo ar a pouco mais de 335 metros por segundo, ou 1.200 quilômetros por hora, e em razões diferentes por meios diferentes; viaja cerca de quatro vezes mais rápido pela água, por exemplo. Entretanto, ele tem de vibrar por um meio como o ar; o som não existe no vácuo.

A lentidão relativa do som no ar pode ser ilustrada por um exemplo familiar. Quando estiver sentado na arquibancada durante um jogo de futebol, você primeiro verá o atacante chutar para somente depois ouvir o som da chuteira batendo na bola. Por causa da lentidão do som, perceberá ecos (o reflexo imediato do som) e reverberações (o reflexo continuado do som) em um local fechado com paredes reflexivas. Uma grande sala com paredes reflexivas fará que as reverberações levem mais tempo para *declinar*, ou desaparecer.

A distância também influi na altura do som quando nos alcança, porque enquanto ele viaja pelo ar, perde sua intensidade. Quando viaja duas vezes uma distância específica, chega apenas a um quarto de sua intensidade original. Diz-se que esse comportamento segue a razão inversa dos quadrados. Isto significa que a intensidade de um som é inversamente proporcional ao quadrado da distância. Por exemplo, conforme a distância entre você e uma fonte sonora duplicar, a intensidade sonora diminuirá quatro vezes.

Uma última característica é a qualidade, ou *timbre*, do som. Trata-se, mais uma vez, de um referencial de como os ouvidos e a nossa mente o percebem. Isso tem a ver com a maneira como os harmônicos de um som são combinados e também com as intensidades relativas desses harmônicos. Essas combinações nos fazem perceber uma diferença entre uma nota musical em um violão e em um piano.

Resumo dos Conceitos Básicos do Som

Entender como o som se comporta é um pré-requisito para aprender sobre microfones, e muito do que se precisa saber gira em torno de como esse equipamento capta o som.

O som é uma vibração de moléculas no ar e consiste de rarefações e compressões. Uma onda senoidal é a representação gráfica de uma onda sonora; mas não deve ser vista como uma imagem real da onda.

O som é medido em termos de frequência e amplitude. A frequência nos informa com que constância a onda sonora faz um ciclo completo em determinado período e é medida em ciclos por segundo, denominados *hertz*. Amplitude é a altura da onda senoidal e refere-se à altura com que se ouve o som, medida em decibéis. O som viaja no ar a cerca de 335 metros por segundo.

As características do som incluem a altura (a forma como percebemos a frequência), a amplitude (a forma como percebemos o volume) e a qualidade, ou timbre (a forma como interpretamos as waveforms complexas). A duração se refere ao tempo de permanência de um som.

Agora que iniciamos este capítulo com uma explicação sobre o som, vamos ver como os microfones funcionam, quais os vários tipos e seus usos.

O MICROFONE: COMO FUNCIONA

Uma das formas de um produtor escolher um microfone e definir seu uso é determinando como o microfone *colore* som (O significado deste termo deve ficar claro em breve.).

Componentes Eletrônicos do Microfone

A reprodução sonora é afetada pelos meios mecânicos e eletrônicos usados dentro do microfone para transformar a energia móvel ou **acústica** do som – a vibração de moléculas no ar – em elétrica. Algumas variedades de microfones são muito mais bem adaptadas a algumas tarefas do que outras. Por isso é importante entender o funcionamento dos três tipos de microfone mais comuns em radiodifusão: o de **bobina móvel**, de **fita** e **condensador**.

Bobina Móvel. A eletricidade é formada quando se move um condutor por um campo magnético. Isto é exatamente o que acontece num gerador: as bobinas de fios são movidas por um campo magnético (pense numa turbina girando), e como resultado a corrente elétrica corre pelos fios.

Isso é o que acontece também num microfone de bobina móvel, no qual o diafragma é ligado a uma bobina de fio (veja a Figura 5.7a). O **diafragma**, uma membrana fina, vibra à medida que é conduzido pelas ondas sonoras. A conexão entre esses dois elementos conduz à vibração, que passa pelas linhas de força produzidas pelos magnetos dentro do microfone. A onda elétrica produzida carrega a impressão da onda sonora, ao espelhar tanto a frequência da energia acústica quando a amplitude dessa energia. Os microfones de bobina móvel geralmente são chamados **microfones dinâmicos**.

EM SINTONIA COM A TECNOLOGIA • O FORMATO DO SOM

"A maior mudança trazida pela tecnologia digital", explica Rodney Belizaire, um engenheiro de gravação na WQEV em Nova York, "é a conexão do olho com o ouvido". O que ele quer dizer é que a descrição visual da onda sonora como aparece na tela de computador logo se torna reconhecível à pessoa que está fazendo a edição. Você nunca será capaz de ler as ondas sem saber qual é o roteiro, mas se tiver familiaridade, ainda que limitada, com as palavras, será capaz de vê-las na tela.

A waveform, geralmente denominada *envelope sonoro*, não é nada mais do que uma representação gráfica da amplitude e da frequência do som.

A amplitude – que significa *força* – será sua maior preocupação quando estiver lidando com os visuais na tela do computador. A waveform é maior no lado positivo e negativo quando o som está mais alto. (Lembre-se, o som é um sistema de rarefações e compressões, que se traduzem eletronicamente em mais e menos, respectivamente.)

A maioria dos programas de computador permite determinar por quanto tempo se vê o som. Se vir as palavras *new on Atlantic* dentro das demarcações de um segundo, a waveform (envelope sonoro) parecerá com o que mostra a Figura 5.6a.

Grande parte dos programas de computador permite mostrar cada segundo do conteúdo, enquanto alguns oferecem maior precisão, aproximando-se da fração de segundo. Apesar disso, o que é particularmente útil na maioria dos aplicativos padronizados é a possibilidade de mostrar tempos-padrão para o uso (15, 30 ou 60 segundos); são estes os vários componentes sonoros colocados.

A Figura 5.6b ilustra o que queremos dizer. Ela exemplifica um comercial para um futuro lançamento de CD. A narração é in-

Um envelope sonoro

Este diagrama demonstra como a waveform reflete a amplitude de variação da fala. Indicamos, abaixo da waveform, em letras maiores, quando a fala normal é forçada (dado um maior volume).

Você também pode verificar uma pausa entre "new" e "on".

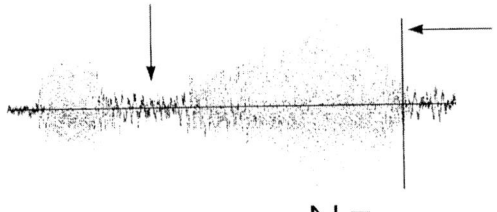

Esta é uma linha que atravessa a onda quando você repete o trecho. Ela se move em tempo real – ou seja, se a onda inteira é de um segundo, ela vai do início ao fim em um segundo. Se a tela estiver definida para mostrar 30 segundos, a linha terá este tempo para movimentar toda a forma de onda.

NEW . . . ON ATLANTIC

FIGURA 5.6
a. Um envelope sonoro.

tercalada com partes da música. Estas partes, em estéreo, estão nas trilhas 1 e 2 do computador. A voz do locutor está na 3. As setas indicam que o computador foi programado para realizar um cross-fade gradual – diminuindo uma trilha, enquanto aumenta a outra. A trilha do locutor na verdade começa com as palavras "*New on Atlantic, all your favorite music from...*", e então segue para uma parte musical do álbum, e depois de volta para a narração, em seguida outra parte, e assim por diante.

Você pode ver, mesmo sem conhecê-lo inteiramente, como esse comercial foi construído. Nos últimos capítulos, falaremos sobre os melhores aspectos da edição.

Por enquanto, apenas lembre-se de que basta ver numa simples ilustração como o som pode ser percebido pelos ouvidos e pelos olhos no campo digital.

Abaixo da waveform, indica-se com letras maiores quando os sons são enfatizados (recebem maior volume) na narração comum. Pode-se ver também a pausa entre o "new" e o "on". Essa é uma linha que passa pela waveform quando reproduzida. Ela se move em tempo real – ou seja, se a waveform inteira durar 1 segundo, esta é a duração do começo ao fim. Se sua tela estiver configurada para mostrar 30 segundos, a linha levará este tempo para se mover por toda a extensão da waveform.

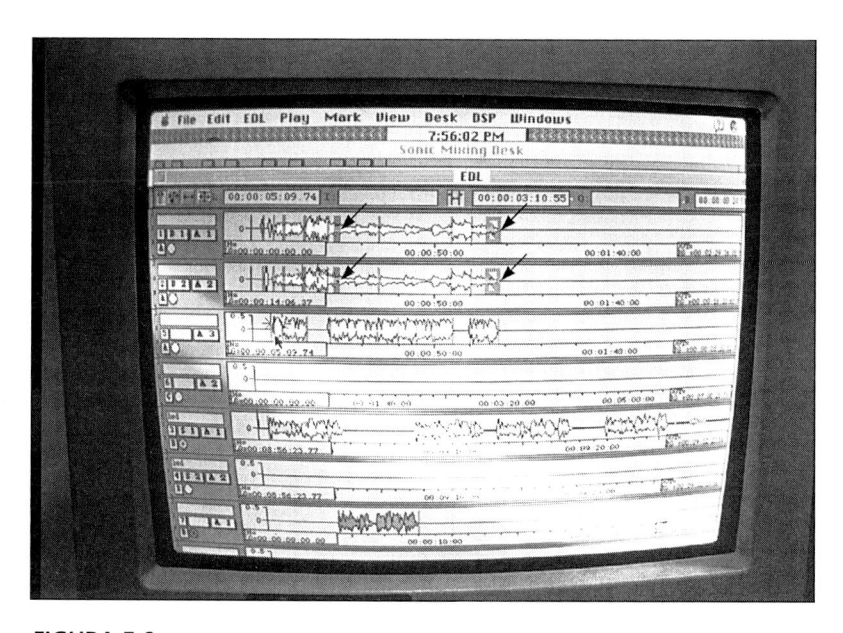

FIGURA 5.6
b. O processo de edição digital, da maneira como ele aparece numa tela de computador.
Fonte: Philip Benoit.

Diafragma **Ímã**

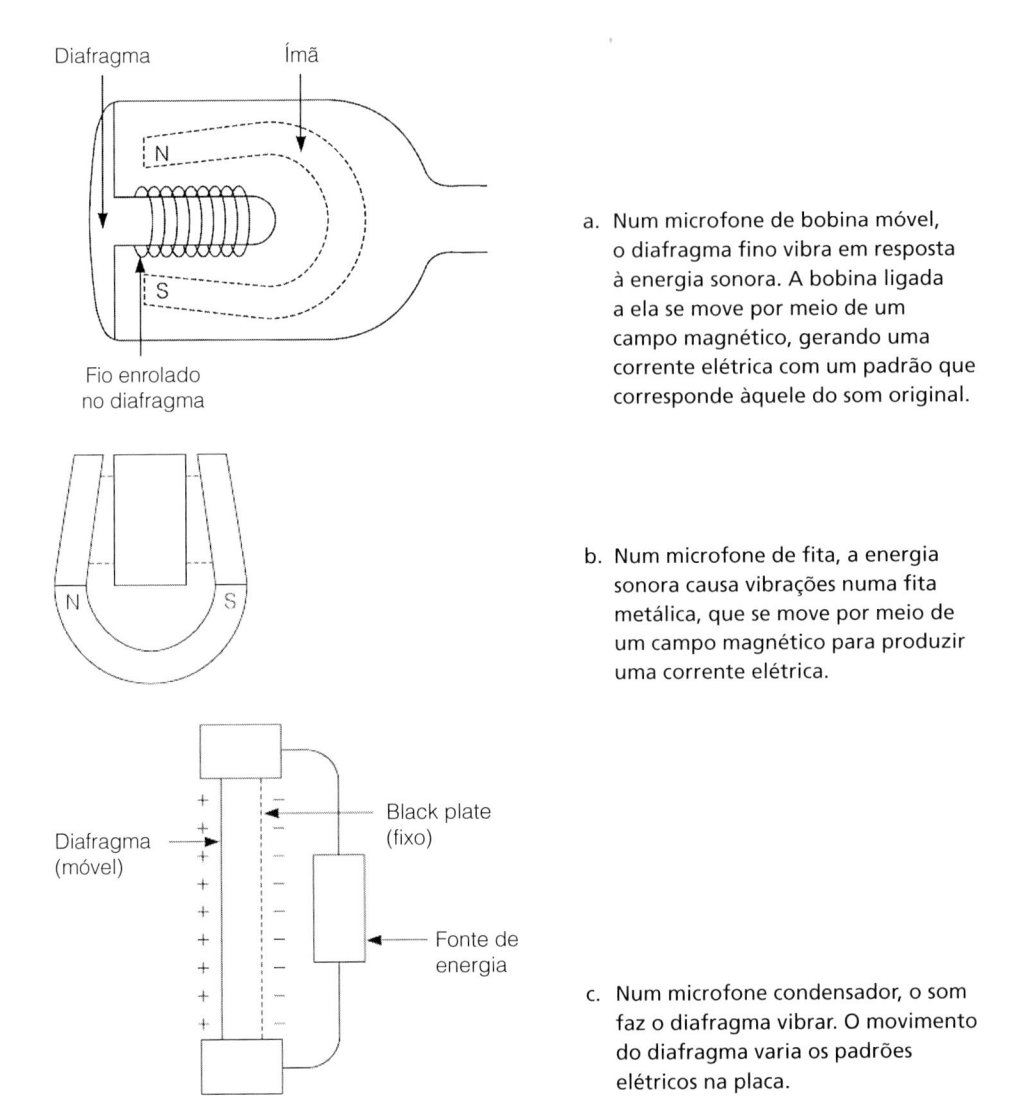

Fio enrolado no diafragma

a. Num microfone de bobina móvel, o diafragma fino vibra em resposta à energia sonora. A bobina ligada a ela se move por meio de um campo magnético, gerando uma corrente elétrica com um padrão que corresponde àquele do som original.

b. Num microfone de fita, a energia sonora causa vibrações numa fita metálica, que se move por meio de um campo magnético para produzir uma corrente elétrica.

Diafragma (móvel) — Black plate (fixo) — Fonte de energia

c. Num microfone condensador, o som faz o diafragma vibrar. O movimento do diafragma varia os padrões elétricos na placa.

FIGURA 5.7 Os três tipos de princípios de microfone.

Fita. Este tipo de microfone usa uma fita de metal fina (geralmente ondulada) suspensa entre os polos de um magneto (veja a Figura 5.7b), que vibra em harmonia com as ondas sonoras. Tecnicamente, o microfone de fita responde a uma diferença de pressão entre a parte da frente e a de trás da fita; é por isso que algumas pessoas se referem a ele como **microfone de gradiente de pressão**. Este tipo tem se tornado menos comum no rádio, mas recentemente novos modelos foram introduzidos, o que sugere que poderemos encontrá-los mais em estúdios.

Condensador. Um microfone condensador opera mediante o uso de um componente elétrico chamado **capacitor**. *Condensador* é na verdade o nome antigo do capacitor, por isso este tipo de microfone permanece com essa denominação. O capacitor armazena uma carga elétrica (veja a Figura 5.7c) que é aplicada ao lado do condensador conhecido por *placa*; conforme o diafragma vibra, altera a distância entre si próprio e a placa, mudando a quantidade de carga que é retida pela placa.

Os microfones condensadores geralmente precisam de uma fonte de energia separada para gerar a carga; portanto, podem precisar de baterias. Os mais modernos puxam uma carga de 24 volts da mesa, que é um abastecedor de energia "fantasma"; daí por que algumas mesas de som são chamadas Phantom.

Padrões de Captação (Polares) do Microfone

Os componentes eletrônicos de um microfone também afetam o padrão segundo o qual ele capta sons. Esses padrões, chamados **padrões de captação** ou **padrões polares**, têm importantes consequências na maneira como um microfone é particularmente usado. Alguns captam sons de todas as direções, ou da frente e de trás, mas não dos lados; ou apenas da frente. Os padrões de captação básicos são **omnidirecionais, bidirecionais e cardioides**. (Estes às vezes são chamados de *unidirecionais*, isto é, "direcionados para um lugar".)

Omnidirecionais. Um microfone omnidirecional capta sons igualmente de todos os lados, como mostra a Figura 5.9a. Para identificar o que é um padrão de captação, é útil saber como se pode desenhá-lo. O microfone é colocado em algum lugar, apontado para um alto-falante e girado em torno de um círculo, mantido paralelamente ao chão. Então, mede-se a amplitude da onda que foi captada em vários polos. Conforme mostra a Figura 5.9a, a amplitude é tão grande em 90 graus quanto em 0 grau (sendo 0 (zero) quando o microfone fica de frente para o alto-falante). Lembre-se, o padrão de captação é uma *representação tridimensional*, então os microfones também ouvem o som por cima e por baixo. Embora geralmente consideremos que o microfone omnidirecional capta bem o som de todas as direções, existe uma pequena falha em 180 graus, simplesmente porque a massa do microfone fica no caminho das ondas sonoras.

Na verdade, o motivo pelo qual um microfone omnidirecional pode ser sensível aos áudios vindos de todas as direções está relacionado ao fato de que o som é uma série de rarefações e compressões de moléculas de ar. Já que a parte de trás

> ### RÁDIO RETRÔ • O REI DOS MICROFONES
>
> Se você observar bem nas mesas dos apresentadores de talk show, como Larry King e David Letterman, perceberá um microfone que está ultrapassado, mas ainda é um ícone popular: o RCA 77DX (veja a Figura 5.8). Os microfones estão lá como acessórios, e muitas empresas ainda vendem réplicas deste símbolo da difusão de mídia, mas eles não funcionam.
>
> O 77DX foi daqueles microfones que inspiraram lealdade entre muitos locutores e cantores. Por exemplo, o *The New Yorker* traçou recentemente o perfil do cantor Al Green, que conquistou a fama com hits como "Let's Stay Together" e "Love and Happiness". O produtor de Green credita o som especial ao "Velho Número 9" – o 77DX que é mantido na prateleira e usado apenas por Green. (O estúdio colocava números em todos os seus microfones.)
>
> (Outro microfone antigo, o Shure 55, tornou-se conhecido como o "Microfone de Elvis", porque o cantor e seus produtores gostavam muito de seu som.)
>
> O 77DX era delicado por causa do componente fita, e poucos sobrevivem ainda hoje; eles têm um som quente, rico e atraente, que realmente não pode ser quantificado em uma planilha de resposta de frequências.
>
> Deve-se notar, entretanto, que o 77DX não era um microfone para todos – por causa da sua fita delicada, algumas pessoas que pronunciavam a letra "P" com força faziam o microfone "estourar".
>
> **FIGURA 5.8**
>
> O lendário RCA 77DX foi uma modificação de um modelo anterior, introduzido pela RCA em 1932. Ele foi classificado como um microfone "polidirecional", porque o usuário podia mudar do padrão omnidirecional para o bidirecional e o cardioide. Era apresentado em dois acabamentos: o modelo cromado era geralmente usado em rádio, mas o não reflexivo se tornou o favorito de muitas personalidades da televisão, incluindo o lendário Edward R. Murrow, da CBS.
>
> Fonte: Philip Benoit.

do microfone está fechada, o diafragma é puxado pelas rarefações e empurrado pelas compressões, independente da direção do som. A importância deste conceito, ilustrado nas Figuras 5.10a e 5.10b, ficará clara em breve.

Bidirecional. Este aceita o som vindo da frente e de trás, e o rejeita se vier pelos lados. Seu padrão de captação é mostrado na Figura 5.9b. Note, também, que os anéis concêntricos indicam os níveis sonoros em decibéis; enquanto o padrão de captação aponta em direção ao centro do círculo, ele cai de acordo com o número

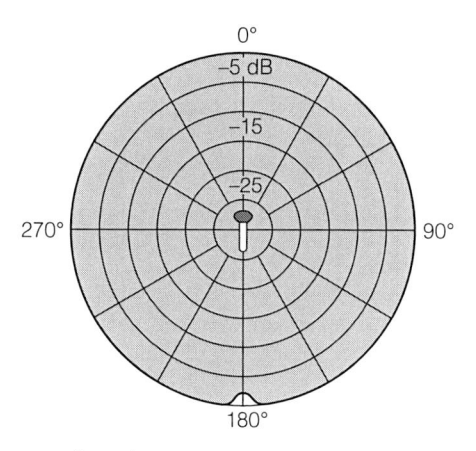

a. Padrão de captação omnidirecional.

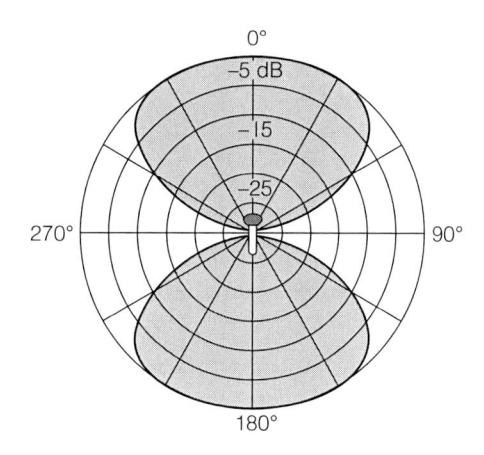

b. Padrão de captação bidirecional.

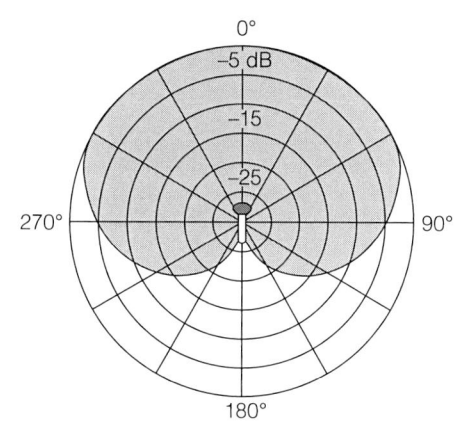

c. Padrão de captação cardioide.

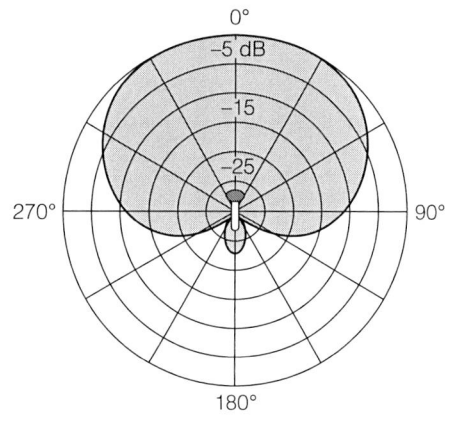

d. Padrão de captação supercardioide.

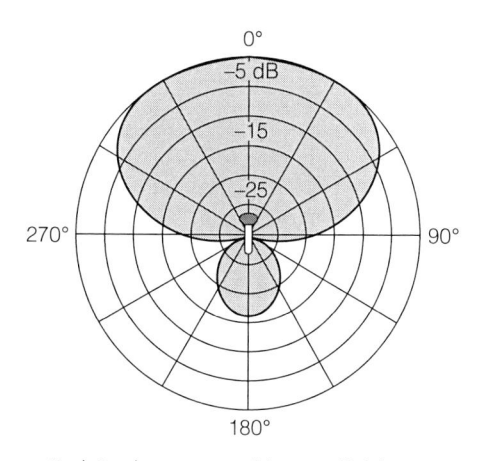

e. Padrão de captação hipercardioide.

FIGURA 5.9

Padrões de captação de microfones. As áreas em cinza representam os formatos da área de cobertura de cada microfone.

de decibéis indicados nos anéis concêntricos. O padrão bidirecional é característico dos microfones de fita, que têm a fita aberta para a passagem de ar em ambos os lados.

Cardioides. *Cardioide* significa "em formato de coração", como se vê na Figura 5.9c. Você pode visualizar esse padrão em três dimensões ao imaginar que o microfone é a haste de uma maçã gigante. Geralmente, o padrão cardioide é chamado **unidirecional**, o que significa que capta som de apenas uma direção. (*Uni* significa "um".) Às vezes, este termo é usado para indicar o mesmo conceito. (Para visualizar as representações tridimensionais dos padrões de captação de microfones, veja as Figuras 5.11a e b.)

Um microfone com padrão cardioide obtém essa direcionalidade por meio de buracos, chamados *ports*, na sua parte de trás. O som que entra por esses *ports* é roteado por uma rede acústica (veja a Figura 5.12a) que faz que o microfone cancele o som vindo de trás. Em termos físicos, as ondas sonoras que entram pela parte de trás estão defasadas em relação aos sons que entram pela frente (veja a Figura 5.12b). Ou seja, quando as ondas são combinadas, os pontos altos combinarão com os baixos, e vice-versa, cancelando uns aos outros. Este conceito de **fase** é importante em produção avançada de rádio.

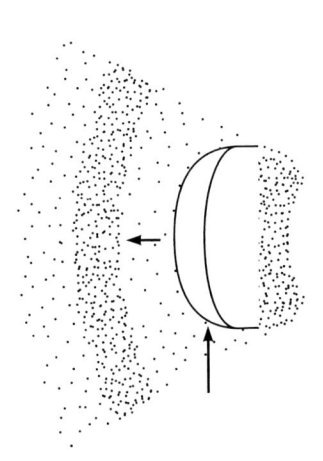

a. Diafragma puxado por rarefações (baixa pressão).

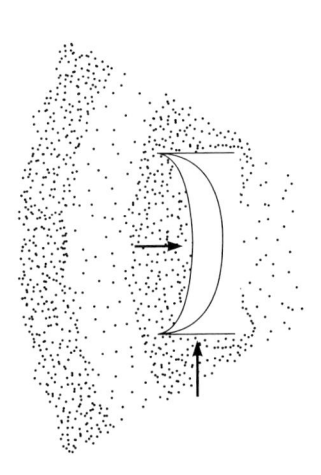

b. Diafragma empurrado por compressões (alta pressão).

FIGURA 5.10 Reação do diafragma de um microfone ao som. Perceba que para o diafragma faz pouca diferença de qual direção está vindo o som.

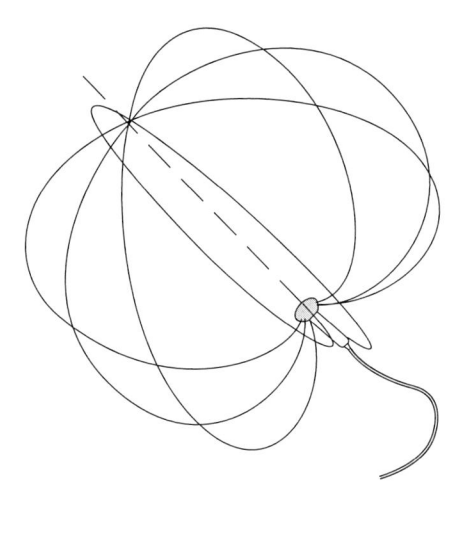

a. Imagem aproximada de como o padrão de captação cardioide se estende em três dimensões. Se você pensar no padrão de captação como uma enorme maçã, o microfone seria o cabo.

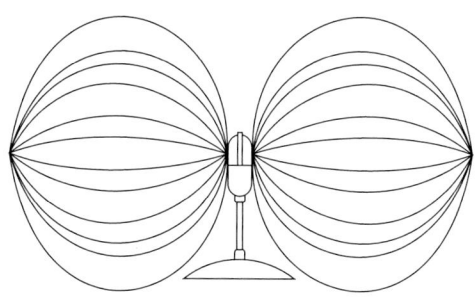

b. Imagem aproximada de como o padrão de captação bidirecional se estende em três dimensões. Ele consiste de duas esferas gigantes de captação em ambos os lados do microfone.

FIGURA 5.11 Representações tridimensionais dos padrões de captação.

O padrão cardioide é uma função do cancelamento de ondas sonoras, por causa dos *ports* no microfone, e não em razão de um seu componente eletrônico particular. Os equipamentos com um padrão cardioide podem ser de bobina móvel, fita ou condensadores. Os com padrão omnidirecional geralmente têm uma bobina móvel, mas ocasionalmente têm um condensador.

Uma versão especial do padrão cardioide é o **supercardioide** (veja a Figura 5.9d), que tem uma curva mais fechada na frente e uma ponta atrás. O padrão **hipercardioide** (veja a Figura 5.9e) tem um ângulo frontal ainda mais fechado e uma ponta maior atrás. Esses dois padrões, também chamados *unidirecionais*, geralmente são usados para aplicações altamente direcionais em externas, como para o trabalho em estúdios de televisão, quando é importante rejeitar sons não desejáveis.

Os ports permitem a entrada do som por trás, resultando no "cancelamento de fases".

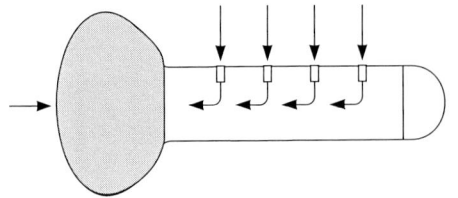

a. Diagrama simplificado dos ports de um microfone. Os ports permitem que o som entre pela parte de trás e, ao fazê-lo, cancelam uns aos outros.

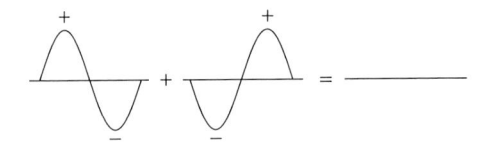

b. Cancelamento de fases como soma de ondas senoidais de amplitudes opostas.

FIGURA 5.12 Ports do microfone e cancelamento de fases.

Resposta de Frequência dos Microfones

Diferentes microfones respondem de formas diferentes a frequências sonoras. Existem dois componentes da **resposta de frequência**: o *alcance* e a *curva de resposta*.

Alcance. Alcance significa simplesmente a largura do espectro de frequências que um microfone pode captar. Bons equipamentos podem captar frequências de até 20.000 Hz, o que está além do alcance da maioria dos ouvidos adultos normais. Um bom microfone também pode "ouvir" bem todos os sons, acima ou abaixo de cerca de 5 dB, mas, dependendo de seu design, pode ser mais ou menos direcional ao captar sons que vêm dos lados e de trás (veja a Figura 5.13).

A Figura 5.14 é um gráfico da resposta de frequência para um microfone comum de estúdio. Veja que existem várias curvas de resposta. A linha contínua representa a resposta de frequência geral para o microfone. Quanto mais alta a linha, melhor a reprodução do microfone indicada na linha inferior do gráfico. Essa característica da curva de resposta é conhecida por *formato*. Note que a resposta de frequência para esse microfone em particular é relativamente consistente entre cerca de 50 Hz até aproximadamente 15 kHz, até cair abaixo da linha de 5 dB. Isso significa que o microfone reproduzirá todas as frequências entre 50 Hz e 15 kHz igualmente bem.

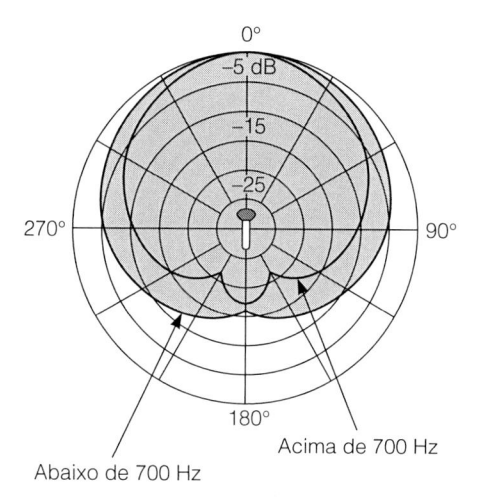

FIGURA 5.13 Gráfico de um padrão de captação fornecido por uma fabricante de microfones. Escala: 5 dB por divisão.

Fonte: Electro-Voice, Inc., Buchanan, MI.

Formato. Veja como o **formato** do padrão de resposta do microfone na Figura 5.14 tem uma oscilação nas frequências mais altas, começando em cerca de 5 kHz. Isso se deve ao fato de o microfone, por sua natureza, impulsionar essas frequências. Um equipamento como este é útil para locução, já que reproduz com potência as frequências que dão inteligibilidade à fala. Essas modificações de frequência também adicionam coloração[1] ao som, assim como um microfone lhe dá certa qualidade, ou timbre. Há também um ganho (designado pela linha pontilhada cinza) que pode dar ainda mais inteligibilidade à voz, ao variar o formato de resposta do microfone. O técnico pode escolher adicionar ganho ou manter a resposta flat. Outro switch permite ao técnico atenuar a resposta dos graves, o que é útil em ambientes barulhentos.

Em geral, os técnicos de gravação que ajustam os microfones para música utilizarão um com uma **resposta flat** – um microfone que seja capaz de responder igualmente bem a todas as frequências em todo o espectro de áudio. O termo

---

[1] O termo "coloração" é utilizado para indicar o que vários teóricos determinam como textura sonora, que é reconhecida pelos nossos sentidos sugerindo emoções e reações a cada sequência de notas musicais, sons e ruídos. Assim, cada ambiente sonoro pode ser reconhecido de forma diferente levando o ouvinte de rádio a se aproximar mais da mensagem veiculada. Um bom exemplo é a produção de radiodocumentários, gênero que explora bastante a recriação dos espaços sonoros.

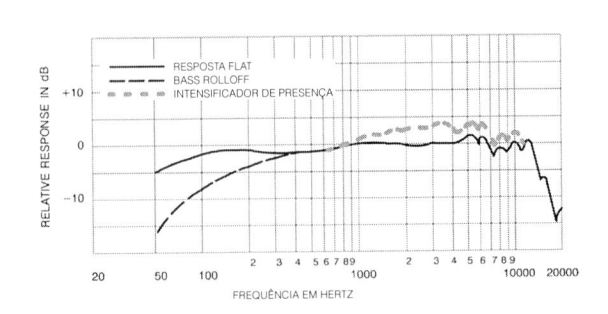

FIGURA 5.14 O Shure SM7B é um microfone popular em estúdios que dá excelente reprodução vocal.

Fonte: Shure.

alta fidelidade aplica-se bem a esta característica por significar "grande precisão". Um microfone que responde bem a todas as frequências tem fidelidade alta; o termo também se aplica a alto-falantes, amplificadores, e assim por diante.

Microfones cardioides tendem a dar impulso a frequências graves (mais baixas) à medida que a fonte sonora se aproxima do microfone. Isso é conhecido por **efeito de proximidade**, motivo pelo qual alguns locutores que querem um som mais profundo se aproximam bastante dos microfones que possuem este padrão de captação.

O que isso tudo significa? Ao compreender os padrões polares dos microfones e os gráficos de resposta de frequência, você será capaz de evitar vários problemas. Por exemplo, um microfone cardioide rejeitará sons que venham de trás e será útil para operações na mesa, porque você não quer transmitir os cliques de botões nem o farfalhar de papéis. Um microfone omnidirecional talvez seja a escolha correta para entrevistas realizadas na rua para noticiários, quando se quer captar o som ambiente para dar autenticidade à situação.

Em alguns casos, um produtor pode optar por um microfone que intensifica frequências específicas porque, por exemplo, as altas frequências da voz precisam ser intensificadas para ser inteligíveis. Alguns microfones, como o Shure MC50, têm resposta de frequência variável; essas variáveis são obtidas quando se mudam os caps de equalização no microfone. Outros, como o Shure KSM44, frequentemente usado como um microfone para voice-over na radiodifusão, podem obter múltiplos padrões de captação.

Revisão do Funcionamento de Microfones

Os microfones são transdutores que transformam a energia móvel do som no ar em energia elétrica utilizando um componente eletrônico. Três deles são comuns na aplicação radiofônica: a bobina móvel, a fita e o condensador.

Alguns microfones são mais sensíveis do que outros para sons que vêm de certas direções. A indicação visual dessa propriedade é chamada de *padrão de captação*. Os padrões de captação mais comuns em microfones destinados ao rádio são omnidirecionais, bidirecionais e cardioides.

A resposta de frequência varia de um microfone para outro. Já que alguns têm um alcance mais amplo do que outros, eles podem reproduzir uma gama maior de frequências. Alguns microfones também tendem a impulsionar certas áreas de frequências.

TIPOS FÍSICOS DE MICROFONES

Estamos usando uma frase bastante imprecisa quando falamos de "tipos físicos" de microfones. Este não é um termo padrão na indústria, mas é, entretanto, uma boa forma de classificar os microfones de acordo com seu uso pretendido. Alguns desses usos podem não ser aplicados ao rádio em geral, mas mostraremos alguns exemplos, de qualquer forma.

Microfones de Mão

Microfones programados para uso manual são, obviamente, pequenos o bastante para serem manipulados facilmente. Outras características incluem a durabilidade e a capacidade de rejeitar ruídos advindos do manuseio. O Electro-Voice 635A (veja a Figura 5.15a) é um dos microfones de mão mais comumente usados em radiodifusão, pois tem a qualidade de ser robusto e oferecer uma boa resposta vocal, o que faz que seja um excelente equipamento de campo.

Microfones de Estúdio, Montados

Os microfones programados para uso em estúdio normalmente são montados em uma base ou em um pedestal. Em geral são maiores que os microfones de mão e mais sensíveis. O Neumann U-87 (veja a Figura 5.15b) seria de muito difícil manuseio, não apenas por causa de seu formato, mas também porque este ótimo microfone é tão sensível que captaria cada som, por menor que seja, gerado pela sua utilização. Alguns microfones, que são pequenos e dão reprodução de som de alta qualidade, podem ser usados tanto em estúdio quanto na mão.

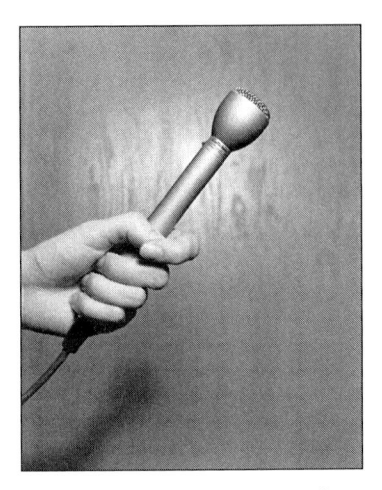

a. Electro-Voice 635A, um excelente microfone de mão.
Fonte: Philip Benoit.

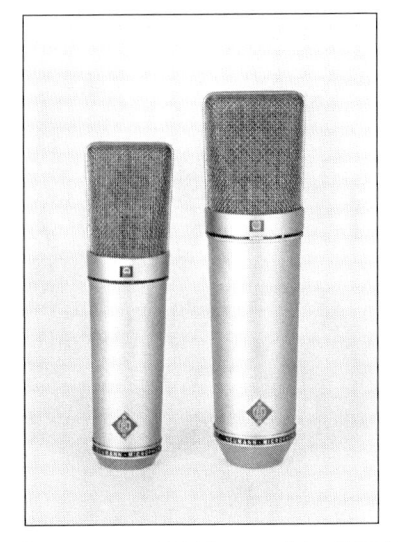

b. Neumann U-87 (esquerda) e U-89 (direita): microfones de estúdio.
Fonte: Gotham Audio Corporation, New York, NY.

c. O AKG C-4500B tem uma ampla faixa dinâmica, para narração e gravação musical.
Fonte: AKG Acoustics.

d. Microfone com fone de ouvido, comumente usado para emissão de conteúdo esportivo e em ocasiões nas quais a base do microfone prejudicaria o espaço de trabalho.
Fonte: Philip Benoit.

e. Microfones usados em externas frequentemente têm quebra-ventos para reduzir o ruído causado pelo vento.
Fonte: Philip Benoit.

FIGURA 5.15

Tipos físicos de microfone.

Uma nova geração de microfones de estúdio foi introduzida na radiodifusão e edição sonora. O AKG C-4500B (veja a Figura 5.15c) foi projetado para reduzir o efeito de proximidade. Este microfone também tem um nível muito baixo de ruído e imunidade a sobrecargas, fazendo que seja a escolha ideal para aplicações na radiodifusão digital.

Microfones com Fones de Ouvido

Microfones com fones de ouvido (veja a Figura 5.15d) permitem operar sem o auxílio das mãos e são úteis em rádio para tarefas como transmissão esportiva. Também funcionam bem ao rejeitar os sons que cercam o locutor.

Microfones de Lapela

O microfone de lapela em geral é preso às roupas de uma pessoa, frequentemente usado por âncoras em noticiário de televisão, mas tem pouca aplicação no rádio.

Shotgun

Esses microfones são usados para captação a longa distância (veja a Figura 5.15e) em televisão e filmes, mas de pouco uso no rádio.

Podemos concluir esta discussão sobre tipos de microfones dizendo que em produção de rádio você estará usando especialmente os modelos de estúdio e de mão. A forma como se escolhe um microfone depende não apenas do tipo, mas também dos fatores discutidos até agora neste capítulo.

Alguns microfones condensadores permitem que você mude as cápsulas de captação. Estes são chamados de *system microfones*, pois é possível mudar a abertura da cápsula, passando do microfone shotgun para um de estúdio, ou até mesmo para um de mão. Isso permite que uma pequena emissora compre um ótimo sistema de microfone e o adapte a várias aplicações. Infelizmente, a maioria desses microfones condensadores exige fornecedores de energia externos ou não aparentes, o que pode diminuir sua utilidade em algumas situações.

Revisão dos tipos físicos

Os microfones mais comuns encontrados no rádio são do tipo manual e de estúdio; às vezes aqueles com fones de ouvido são usados para esportes. Mas alguns podem ser utilizados de mais de uma forma: há microfones que são utilizados para estúdio ou uso manual, e os condensadores, chamados *microfone modular*, que permitem a troca da cápsula de captação, variando seu uso potencial.

ESCOLHA E USO DE MICROFONES

Como explicamos, nem sempre é possível ter muita variação na escolha de microfones, e será preciso usar aquele que estiver disponível. Mesmo assim, você se beneficiará aprendendo sobre essa tecnologia, porque compreenderá melhor como usá-los. Quando tiver como opinar quanto à escolha, vai querer escolher com base nesses cinco fatores:

1. Tipo
2. Padrão de captação
3. Componente
4. Resposta de frequência
5. Personalidade

Escolha por Tipo de Microfone

Esta é uma categoria autolimitada, porque você geralmente vai usar microfones de mão ou de estúdio, e as escolhas são óbvias. Como dissemos, alguns microfones de alta qualidade podem ser usados em ambas as aplicações, mas tome cuidado ao usar um cardioide que tenha muitos ports na haste e na parte de trás se precisar segurá-lo na mão. Você mudará o padrão de captação do microfone se, sem querer, cobrir os ports com a mão.

Mudar assim o padrão de captação acontece às vezes quando cantores seguram o microfone com muita força e, sem querer, causam microfonia. Fechar os ports muda o padrão cardioide para omnidirecional, captando o som dos alto-falantes. A microfonia, neste caso, acontece quando o som sai de um alto-falante, é captado pelo microfone e amplificado pela mesa, enviado pelo alto-falante, captado e amplificado novamente, e assim por diante – até que o som se transforma em um apito agudo.

Escolha por Padrão de Captação

Um repórter que faz muitas entrevistas com o microfone de mão provavelmente achará que o padrão omnidirecional é mais conveniente do que outros, porque o microfone não precisa ser movimentado tanto para manter mais de um entrevistado dentro do padrão de captação (ao qual se refere como estando *on microfone*). Usados em estúdio, geralmente os preferidos são aqueles com padrão cardioide, porque anulam sons estranhos. Uma entrevista com duas pessoas, com um convidado e um moderador que estão de frente um para o outro, pode ser realizada muito bem com um microfone bidirecional colocado entre eles, embora usar dois microfones unidirecionais permita maior controle. Por exemplo, se uma voz for muito mais potente que a outra, o volume de um canal pode simplesmente ser baixado, para compensar.

Escolha por Componente

Alguns **componentes** realizam tarefas variadas melhor do que outros (veja a Tabela 5.1).

TABELA 5.1 Gráfico de Componentes do Microfone

Elementos	Vantagens	Desvantagens
Bobina móvel	Relativamente barato. Funciona bem em condições sonoras difíceis, como quando está ventando. Geralmente tem longa duração.	O diafragma precisa mover muita massa, então não pode vibrar tão rapidamente como os de muitos modelos condensadores ou como em alguns de fita. Isso faz que exista menos resposta a frequências altas.
Fita	Resposta de alta frequência muito boa em vários casos. A "coloração" do som é considerada por muitos locutores como atrativo e com sons ricos. Excelente sensibilidade.	Delicado e facilmente danificável, especialmente por causa de vento e grande sobrecarga de ruídos. Sensível a sons de fala, como as letras *b* e *p*, causando estalidos.
Condensador	Os condensadores de boa qualidade têm resposta de alta frequência estendida, além de altos brilhantes e claros. Versatilidade, incluindo, em alguns casos, a possibilidade de obter mudanças extensivas no padrão de captação e resposta de frequência; em alguns microfones condensadores, o componente inteiro pode ser desatarrachado e substituído por outro. Durabilidade razoável em caso de choque mecânico (certamente melhor do que os microfones de fita).	Suscetível a danos provenientes de umidade. Caro. Bastante inconveniente às vezes, por causa da necessidade de usar uma fonte de energia separada.

Escolha por Resposta de Frequência

Geralmente não há a oportunidade nem a necessidade de consultar um gráfico de respostas de frequência para se obter os pequenos detalhes da reprodução sonora de um microfone. Mas se quiser examinar um desses gráficos, geralmente irá encontrá-lo na embalagem ou no site do fabricante. Microfones de qualidade vêm com um gráfico preparado exclusivamente para o consumidor.

Você não precisa ler um gráfico toda vez que for escolher um microfone, mas precisa ter um certo conhecimento geral sobre alcance e formato de curva.

Alcance. Um microfone de excelente qualidade, com uma resposta de até 20.000 Hz, é útil em gravação musical por causa de sua "ampla" resposta.

Formato de Curva. Um microfone que tem uma elevação na curva de resposta em torno das frequências de consoantes faz que o discurso seja mais compreensível. No entanto, essa elevação não é necessária em um microfone destinado apenas para gravação musical.

Além do mais, alguns microfones têm o que é chamado de *bass roll-off* (atenuação de graves) para compensar o efeito da proximidade. Em outras palavras, eles tiram a ênfase dos graves. Um produtor que sabe que o microfone será usado para falar de perto e queira anular o efeito da proximidade, pode ativar o controle roll-off na sua base.

Uma produção mais elaborada pode exigir um exame mais detalhado da resposta de frequência, mas para a maioria dos usos, é suficiente saber que tipo de resposta ele tem e se enfatiza algumas freqüências, ou se tem uma curva flat, e se tem respostas ajustáveis.

Escolha por Personalidade

A personalidade de um microfone é uma qualidade que pode ser difícil de definir, mas é um fator, de qualquer modo. A maioria dos locutores desenvolve um gosto por um microfone em particular cujas características o atraem. Há aqueles que gostam dos microfones de fita porque dão calor e riqueza ao som. Os repórteres de noticiários geralmente preferem o de bobina móvel em especial, porque são robustos e confiáveis. Os técnicos de gravação frequentemente apreciam o condensador, que possibilita sons altos claros quando usado para gravar música de piano. Certos microfones, entretanto, podem parecer temperamentais, caindo na antipatia de alguns profissionais.

Muitos locutores não gostam de microfones de fita por causa dos problemas com o pipocar das letras "p" e "b". Na hora da decisão, escolher um de acordo com sua personalidade é tão válido quanto qualquer outro motivo.

Adicionando Fatores de Escolha

Mais uma vez, talvez você não esteja em posição de escolher microfones para tarefas especiais. Reiteramos que conhecer os fatores de escolha pode ser muito útil para o uso correto do microfone, e isso poderá compensar se for preciso escolher um para lidar com uma situação particularmente difícil.

Evitamos indicar o uso dos catálogos para apresentar informações específicas, mas a Tabela 5.2 reúne alguns dos microfones comumente usados em produção de rádio e inclui comentários sobre o tipo, o padrão de captação, o componente, a resposta de frequência e a personalidade.

TABELA 5.2 Tabela de Modelos de Microfone

Microfone	Componente	Descrição	
Electro-Voice RE-50	Bobina móvel	Omnidirecional; similar ao popular 635A; resistente a batidas; excelente para todos os casos; quebra-vento interno; filtro contra rajadas de vento; robusto.	
Shure SM-58	Bobina móvel	Cardioide; bom para estúdio; robusto; filtro **contra estouros**. O microfone vocal mais popular dos palcos.	
Shure SM7B	Dinâmico	Cardioide; reprodução vocal clara e natural.	

Continua

TABELA 5.2 Tabela de Modelos de Microfone (*continuação*)

Microfone	Componente	Descrição	
AKG C-4500B	Condensador	Cardioide; resposta de frequência feita sob medida para reduzir efeitos de proximidade.	
Neumann U-47	Condensador	Padrão de captação cardioide; excelente para voz; resposta flat; som "quente"; **filtro contra rajadas de vento**, atenuação de graves.	
Sony C-37P	Condensador	Omnidirecional/cardioide; quatro ajustes para atenuação de graves; bom para captação de vozes e instrumentos musicais.	
Sennheiser 416 (no meio), com o 417 e o 418	Condensador	Supercardioide; geralmente montado em pedestal; resposta flat; elimina som ambiente indesejável; excelente para gravação a distância em que se deseja direcionalidade.	
Electro-Voice RE-20	Bobina móvel	Alta qualidade; o mais popular microfone de locução no rádio; elevação de graves quando usado de perto; boa resposta de frequência, durável.	

Notas Sobre o Uso do Microfone

O uso de microfones pode ser extremamente simples ou extraordinariamente complexo, dependendo da situação. Preparar-se para falar num microfone de estúdio não é mais complicado do que se certificar se está dentro do padrão de captação (o que será óbvio ouvindo pelos fones de ouvido), nem muito próximo nem muito distante. É extremamente importante que você monitore sua voz com fones de ouvido sempre que possível; monitorar simplesmente seu nível num medidor VU não dirá se está estourando seus "p" ou falando fora do eixo do microfone. Faça disso uma regra: sempre que estiver pronto para ligar o microfone, coloque seus fones de ouvido antes.

A distância correta para se falar num microfone de estúdio ou de mão vai de 15 a 30 cm, embora não exista uma regra definida. Na verdade, a única recomendação certa é trabalhar a uma distância razoável, com base no que soa certo para um determinado alto-falante e um determinado microfone. É bom lembrar que quando você está ouvindo sua voz num estúdio muito silencioso, pode não estar ouvindo exatamente como o público ouve. Pessoas em carros e em atividade, frequentemente, estão em ambientes com muitos ruídos de fundo.

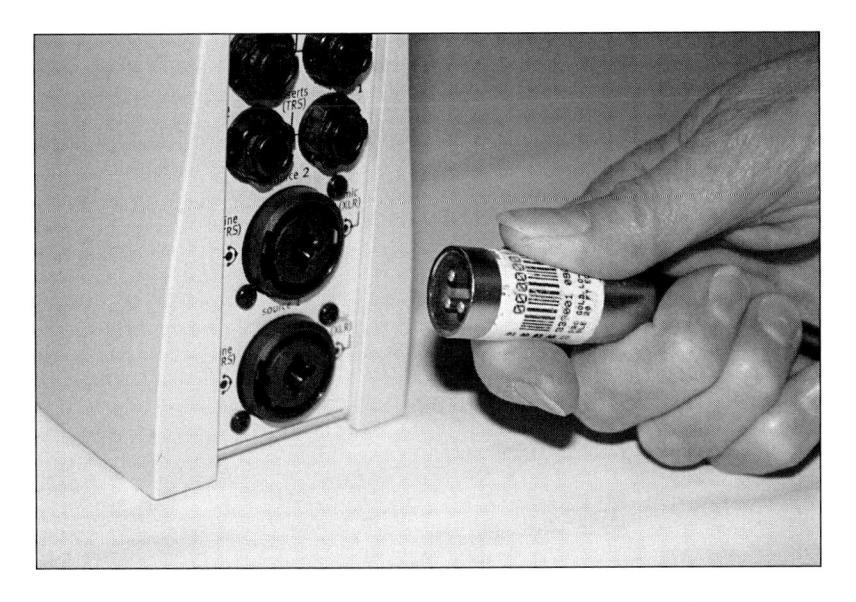

FIGURA 5.16 Conectores XLR. O tipo que está sendo segurado é macho. O receptor é fêmea. Eles se conectam facilmente.

Fonte: Fritz Messere.

Configurar vários microfones num estúdio é mais complicado do que fazer airshift sozinho. A primeira coisa que um produtor precisa saber neste caso é como plugá-los. A Figura 5.16 mostra os conectores mais comumente usados. Os plugues mostrados, **XLR**, são os mais comuns. Não por acaso há um truque para conectar e desconectar alguns XLR. Certos conectores têm uma alavanca no lado fêmea que os trava na posição correta. (Você ouvirá um estalido quando fizer a conexão.) Para remover, aperte a alavanca e retire a ponta macho pelo conector; nunca puxe pelo fio.

Ocasionalmente você encontrará outros conectores – geralmente o conector de plugue de fone, um pino que tem cerca de 1¼ polegada de comprimento, e o miniplugue de fone, que é um pino de cerca de 1,2 polegada. Em alguns casos, precisará de adaptadores para fazer que uma fonte fique compatível com outra. Se quiser plugar um microfone diretamente na entrada de gravação de um gravador MiniDisc portátil, por exemplo, precisará de um adaptador de plugue XLR fêmea para plugue de fone macho.

Geralmente, é melhor verificar com a equipe operacional de que conectores vai precisar. As especificações podem se tornar bastante técnicas, e talvez seja necessário um certo nível de conhecimento em engenharia de áudio para realizar a conexão corretamente.

É comum os microfones serem colocados sobre bases no chão ou em mesas. Depois que forem montados, a próxima responsabilidade do produtor no estúdio é posicioná-los corretamente. Essa tarefa, logicamente, variará com a situação. Um programa de entrevistas para noticiário pode exigir que sejam posicionados apenas um ou dois microfones; uma sessão de gravação musical pode exigir que sejam posicionados 20 – com cinco deles apenas na bateria!

Por causa da grande variedade de situações, trataremos do posicionamento de microfones separadamente, em capítulos específicos. Por exemplo, falaremos do posicionamento de microfones em programas de entrevistas sobre atualidades no Capítulo 13, e do seu posicionamento em música, na seção sobre gravação musical, no Capítulo 15.

RESUMO

O som é produzido pela vibração de moléculas do ar, e é uma combinação de padrões de onda que consistem de frequências mais altas e mais baixas. A intensidade de um som é medida em decibéis (dB). Microfones transduzem as vibrações sonoras em corrente elétrica, que pode então ser enviada para um equipamento de gravação ou, por intermédio de uma mesa, para um transmissor.

São usados três tipos básicos de microfones na radiodifusão: de bobina móvel, também conhecido como dinâmico, no qual as vibrações sonoras fazem que uma bobina se mova por um campo magnético, produzindo uma corrente elétrica; de fita, que tem uma fita metálica fina suspensa entre os polos de um eletromagneto; e condensador, que descarrega a corrente em resposta às vibrações de um diafragma que se mexe.

Os microfones possuem vários padrões de captação. Os omnidirecionais captam som uniformemente e de qualquer direção; os bidirecionais, som da frente e de trás do microfone, mas não dos lados; os unidirecionais ou cardioides (também conhecidos por direcionais) captam sons da frente, mas não dos lados ou de trás.

A capacidade dos microfones de reproduzir sons varia. A resposta de frequência de um determinado microfone define como ele reproduzirá certa extensão de frequências. Alguns podem ser ajustados para variar sua resposta de frequência. Selecionar um microfone depende de encontrar um que tenha o padrão de captação, as características físicas e a personalidade correta para uma dada tarefa.

APLICAÇÕES

S‌ITUAÇÃO 1 / O PROBLEMA O produtor de um programa de rádio transmitido às 5 horas tem um problema delicado: o noticiarista, estoura muito seus "ps". O que é pior, a estação é a Som 3 (nome hipotético), em São Paulo, e o nome do show é Perfis Públicos de Rádio. O som do noticiarista é muito ruim toda vez que ele identifica a estação e se apresenta no programa.

SOLUÇÃO POSSÍVEL Além de um tratamento fonoaudiológico para o noticionista, a melhor solução é trocar o microfone de fita por um de bobina móvel de boa qualidade. Foi exatamente isto o que o produtor fez.

S‌ITUAÇÃO 2 / O PROBLEMA A diretora esportiva de uma pequena emissora começou a fazer locução de futebol de campo em sua pequena cidade. Os ouvintes reclamaram que às vezes tinham dificuldade para compreendê-la por causa do ruído da torcida e porque sua voz soava apagada. Ela supôs que o microfone omnidirecional que tinha montado em uma mesa simplesmente não era o melhor para o trabalho.

SOLUÇÃO POSSÍVEL Embora não tivesse um microfone com fone de ouvido especial, a diretora esportiva tinha acesso a um com padrão de captação cardioide, componente de bobina móvel durável e ótimo aumento de frequências da fala na curva de respostas. Ela substituiu o microfone omnidirecional por este, mais apropriado.

EXERCÍCIOS

1. Coloque um microfone em uma base e configure a mesa para gravar sua saída. Peça para alguém andar em torno do microfone, em círculos, contando ou falando. Faça isso com três microfones diferentes: um com padrão omnidirecional, outro bidirecional, e o terceiro cardioide. Reproduza a fita e note as diferenças de captação sonora.

   Agora, usando um microfone com padrão de captação cardioide, grave a si mesmo lendo algo a 40 cm do microfone (falando diretamente nele) e depois a 15 cm. Note o efeito de proximidade. Se o microfone tiver um botão de bass roll-off, experimente usá-lo e avalie o efeito no som.

2. Configure quantos microfones tiver à disposição. Peça para alguém que leia 30 segundos, mais ou menos, de material em cada microfone e grave. (Certifique-se de que a pessoa identifique cada microfone: "Estou lendo no Electro-Voice RE-20, 'Oitenta e sete anos atrás'.") Reproduza a fita e escreva (ou discuta) sua opinião acerca de cada versão. Dê detalhes de por que você gosta ou não de cada microfone e quais as características de cada um. Faça um esforço para obter detalhes. As características dos microfones não são sempre óbvias, e é necessário prestar atenção para reconhecê-las.

3. Escolha microfones para as aplicações abaixo. Você pode escolher entre aqueles ilustrados neste capítulo ou apenas enumerar os fatores de escolha que quer para a aplicação em particular. Por exemplo, um locutor que tende a trabalhar muito próximo do microfone e tem uma voz grave e poderosa provavelmente não deve usar um microfone de fita; um de bobina móvel ou condensador seria uma escolha melhor. O microfone deve ter um controle de bass roll-off e uma personalidade que enfatize brilho e clareza.

   Agora, tente o mesmo com as seguintes situações. (Não existem, na verdade, respostas certas ou erradas, a maioria é questão de julgamento.)

   - Um locutor com uma voz fraca, aguda e ofegante
   - Entrevistas em vestiários
   - Locutores amadores (convidados de um programa de entrevistas)
   - Um locutor que está fazendo um comercial para um restaurante chique
   - Um DJ que grita

NO AR! • DICAS PARA UMA BOA PERFORMANCE AO VIVO: TÉCNICA DE MICROFONE PARA LOCUTORES

Eis algumas dicas para soar o melhor possível no ar:

- Você pode criar uma sensação mais intimista ao se aproximar do microfone. Isto é especialmente verdadeiro com microfones condensadores supersensíveis, mas lembre-se de que os ruídos da boca, como estalos e cliques, serão acentuados.
- Se você tende a estourar os "p" e "b", evite microfones de fita. Se precisar usá-lo, posicione-se para falar através da fita, e não diretamente nela.
  Nem sempre é possível perceber a orientação da fita olhando pelo lado de fora do microfone, então experimente e aprenda a posição correta para este de fita em especial.
- Distancie-se do microfone se estiver realizando uma tarefa de vendas *hardsell*. Você não sobrecarregará o componente e a perspectiva obtida ao distanciar-se do microfone acentuará a mensagem.
- Aproxime-se do microfone quando estiver numa situação na qual existam muitos ruídos.
- Afaste-se do microfone se tiver uma voz grave e profunda, que soa indefinida.
- Como regra geral, trabalhe a cerca de 15 cm da maioria dos microfones. A distância variará, logicamente, com o tipo e com a circunstância, mas 15 cm é uma boa referência. (Use sempre fones de ouvido para medir sua qualidade vocal.)
- Mantenha a mesma distância relativa do microfone.
  Não se aproxime nem se afaste, a não ser que tenha razões para fazê-lo. (Você pode, por exemplo, querer criar um efeito mais intimista para uma parte do conteúdo.) Locutores iniciantes geralmente têm dificuldade com isso, porque mexem a cabeça e sem querer ficam em off-microfone ou se aproximam muito e perdem a nitidez.
- Não pegue um microfone conectado quando ele estiver com o sinal aberto (no ar). Os de estúdio geralmente não têm abafadores sonoros para manuseio, e o público ouvirá ruídos indesejáveis.
- Se tiver problema ao falar, como estouro de consoantes, respiração intensa ou outros, tente usar um filtro (antipuff). Ele bloqueará um pouco do ruído indesejável.
- Se acha que precisa dar profundidade à sua voz, use um microfone cardioide e trabalhe perto dele. Mas não chegue muito perto, ou sua voz perderá a nitidez.

6

✳

Edição Eletrônica

Nos dois próximos capítulos, trataremos do funcionamento dos equipamentos de produção radiofônica e da arte de *editar* – o processo de rearranjar, corrigir e montar o produto num todo bem finalizado.

Produção, como percebemos, é um termo relativamente vago. Muitos pensam que a produção de rádio é o processo de montar um comercial ou um programa de notícias. Mas, na verdade, qualquer manipulação de som é uma produção:

- Cortar um pequeno trecho de uma longa entrevista para colocá-lo no ar durante um noticiário é produção.
- Fazer um comercial de 60 segundos é produção.
- Operar uma ilha durante uma operação com várias tarefas é produção também – e um tipo muito importante, pois o operador que realiza várias funções transmite o som da emissora em geral.

Dividimos os capítulos de produção básica em torno dos três exemplos anteriores. Neste capítulo, falamos dos mecanismos básicos de manipulação sonora e mostramos algumas formas que essa manipulação assume. No Capítulo 7, vamos nos ater a algumas das técnicas que são específicas do trabalho no estúdio e da produção de segmentos a serem reproduzidos mais tarde, como comerciais e anúncios públicos. No Capítulo 8, discutiremos as técnicas usadas para trabalhar ao vivo.

Existem, é claro, aspectos em comum entre as técnicas, mas achamos que você considerará esta a forma lógica de explorar o básico da produção radiofônica. O Capítulo 8 desenvolve ideias anteriores e trata das sutilezas do uso das técnicas de produção de rádio para reforçar uma mensagem e criar um efeito em particular, que é o verdadeiro objetivo, em primeiro lugar, quando se senta diante de uma mesa de som.

OS PRINCÍPIOS DA EDIÇÃO DE ÁUDIO

Emendar, transferir e editar são as atividades básicas de um produtor de rádio que manipula o som, e existe uma variedade de terminologias usadas para descrever essas três funções básicas. **Emendar** significa alterar fisicamente fitas de áudio ao cortá-las e reagrupá-las novamente. Hoje em dia, as emendas são feitas eletronicamente, e novas terminologias, refletindo o uso das estações de trabalho digitais, foram adicionadas aos termos usados para descrever a edição. Hoje, cortamos, colamos e copiamos arquivos sonoros da mesma forma como usamos um processador de texto para manipular palavras, sentenças e parágrafos de um artigo. Cortar e colar sons eletronicamente é o equivalente a emendar fitas de áudio.

Transferir é o processo de reproduzir ou transferir um arquivo sonoro que está em uma mídia para outra, frequentemente referido como **extração** ou *ripping*, quando usado no contexto de um arquivo de CD para um computador ou uma ilha audiodigital (usaremos o termo DAW e computador ou estação de trabalho de áudio, alternadamente, neste capítulo). Dá-se o nome **copiar** ao processo de fazer um espelho de um arquivo.

Editar é uma combinação dessas funções, e mais: pode ser o processo de rearranjar, corrigir e montar som para compor um produto final. Editar é um termo genérico que se aplica tanto ao rearranjo físico quanto o eletrônico do som.

Vamos empregar esses termos para que eles façam sentido. A sequência de eventos apresentada mostra as várias formas pelas quais se pode manipular o som numa ilha audiodigital. Você encontrou um corte de música num CD de produção que quer usar como fundo musical num comercial. Inicialmente, você *extrai* (rip) o áudio do CD e o salva como arquivo de som para poder manipulá-lo na sua estação de trabalho de áudio. O processo de extração capta o arquivo de áudio do CD e o converte num arquivo utilizável em uma estação de trabalho de áudio. Depois disso, *edite* o fundo musical ao *cortar* o arquivo musical, reduzindo-o a um segmento de música de 30 segundos que será utilizado como base de sua voz no comercial. Assim que estiver satisfeito com a trilha sonora, *copie* o arquivo e *cole* como uma trilha para acompanhar sua voz no spot. Agora você está pronto para mixar as trilhas.

Dois outros termos relacionados, que pertencem à edição eletrônica, são *edição destrutiva* e *não destrutiva*. A primeira, que se assemelha muito ao uso da função "cortar e colar" num processador de texto, refere-se a mudanças realizadas num arquivo de som. Além de cortar e colar, a edição destrutiva corresponde ainda a mudanças de efeitos produzidas no arquivo de áudio que não podem ser desfeitas posteriormente. Por exemplo, adicionar eco a uma trilha de voz pode ser considerado uma mudança destrutiva, caso não possa ser desfeito depois. A edição não destrutiva se dá quando os componentes do áudio original são mantidos e podem ser reutilizados no caso de uma mudança no arquivo de áudio, como uma edição, não ser satisfatória. Hoje em dia, a maioria dos programas audiodigitais modernos emprega esta edição.

O processo de edição exige certa compreensão do que se pode esperar ver na tela de uma estação de trabalho audiodigital (DAW) antes de começar a usá-la para manipular arquivos sonoros.

Observando uma Waveform

Uma waveform é a representação visual de um arquivo sonoro. Você pode nunca antes ter visto uma de perto e não ser totalmente óbvio o que está vendo ou o que está procurando. Eis um arquivo sonoro com uma frase de uma música selecionada dos Los Lonely Boys (veja a Figura 6.1a). A frase é constituída de quatro palavras, "How Far Is Heaven?". A imagem mostra a tela de computador de um programa audiodigital chamado Peak Pro 5.0.

Olhe para as duas waveforms grandes mostradas na Figura 6.1a. Elas retratam apenas alguns segundos de áudio; os picos representam as seções mais altas, e as depressões mostram as menos altas da música. Você pode ver os lugares entre as palavras onde existe um acompanhamento musical e as waveforms estão presentes, mas eles não são muito grandes em comparação com os da fala. Você notará que existem na verdade duas principais waveforms. A de cima representa o canal da esquerda e a de baixo, o canal direito do áudio. As duas waveforms menores e mais densas acima representam a waveform da música inteira, que segue pelo topo da Figura 6.1a. Dentro da waveform menor, uma caixa estreita mostra a parte atual da música que está sendo mostrada pelas waveforms maiores. Note que as duas waveforms maiores representam uma minúscula porção do som, no qual o grupo está cantando "How far is heaven?". Note, também, que parecem existir linhas grandes, retas e verticais, em intervalos regulares, que se desprendem das duas grandes waveforms. Essas linhas representam a porção mais alta do áudio, como os instrumentos de percussão, uma caixa, um bumbo ou um baixo.

Arquivos sonoros às vezes têm um ritmo ou cadência. Se você estiver editando músicas que têm uma batida regular, pode vê-las facilmente ao procurar os picos que ocorrem em intervalos regulares na waveform. A palavra falada também pode ter uma cadência, mas é mais difícil de ser visualizada.

Alguns sons são facilmente identificados, mas outros tendem a ocorrer simultaneamente. Geralmente, os sons com muita potência são mais fáceis de ser vistos, e incluem consoantes como *d*, *p*, *t*, *z*, *k*. Vogais não têm potência e não criam picos nítidos na waveform. Quanto mais você praticar a "leitura" de uma waveform, mais apto estará para editar.

Emendando e Editando um Arquivo Sonoro

A edição eletrônica pode tanto ser destrutiva quanto não destrutiva; discutiremos ambas as técnicas neste capítulo.

A razão mais comum para cortar um arquivo de som e colá-lo novamente é eliminar uma parte não desejada. Imagine uma situação em que você quer gravar uma entrevista para um noticiário que está para entrar no ar. Ao preparar a matéria, você escolhe usar apenas uma parte da entrevista. Aquilo que escolher incluir no noticiário será chamado de **sound bite**. Você pode cortar e colar as seções que quiser incluir no arquivo de som. Como alternativa, um produtor pode escolher rearranjar partes de um arquivo de som em uma sequência mais lógica ou simplesmente encurtar o que já foi gravado.

Ter esta eficiência no trabalho de edição básica é de grande valia, pois permite montar arquivos de som curtos e úteis em noticiários e previsões do tempo. Hoje em dia, muitas emissoras usam uma pequena estação de trabalho independente para gravar notícias recentes trazidas por repórteres de campo ou chamadas que vêm de ouvintes (Figura 6.1b). Por exemplo, as emissoras que transmitem segmentos pré-gravados de pessoas que ligam pedindo músicas seguem este procedimento, ainda que o programa esteja sendo transmitido. Todos nós ouvimos pessoas pedindo músicas no rádio e as músicas logo em seguida. É provável que a solicitação da música tenha sido gravada anteriormente e editada pelo operador da mesa antes de ser tocada no ar. O operador da mesa fez então o cue do trecho sonoro e da música solicitada e os tocou, uma imediatamente após a outra, para dar a impressão de que os eventos estavam ocorrendo ao mesmo tempo.

A edição pode ser tão simples quanto esses dois exemplos, ou pode ser muito complexa, como produzir um documentário ou um comercial que tem muitas edições. Essas técnicas são, em parte, um trabalho técnico, mas também de arte. Elas certamente envolvem aprender e aplicar algumas habilidades técnicas, mas manipular o som também exige um bom ouvido e um pouco de paciência. Aqui estão alguns aspectos básicos.

CAPÍTULO 6   EDIÇÃO ELETRÔNICA   143

a. As duas waveforms menores no topo da tela representam o arquivo sonoro inteiro. As duas waveforms maiores são os canais direito e esquerdo. Note como é literalmente possível ver a waveform para "How Far is Heaven?".

Fonte: BIAS, Inc.

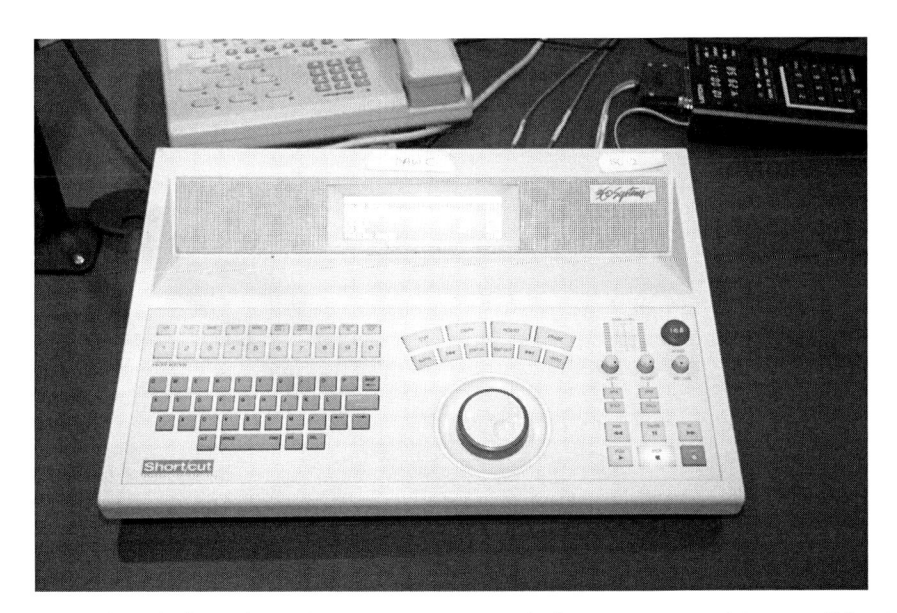

b. Estações de trabalho independentes como esta são ideais para gravar notícias ou solicitações de ouvintes.

Fonte: 360 Systems.

FIGURA 6.1

O passo a passo para realizar emendas é o seguinte: marcar o primeiro ponto de edição, e depois o segundo, cortar o arquivo de som (ou a fita), juntá-lo e colar a emenda. Falaremos disso adiante.

Fazendo Pontos de Edição

Suponha que você tenha concluído uma entrevista com o prefeito, que relatou um acontecimento importante. Você vai querer usar um trecho curto da entrevista para um noticiário que entra em breve. A entrevista foi gravada num gravador digital no escritório do prefeito. Agora que você voltou para o estúdio, vamos editar a entrevista para que ela seja colocada no ar. O primeiro passo é transferir (*copiar*) a entrevista para um computador e salvá-la como arquivo de som.

Existem muitos programas diferentes de gravação e edição tanto para PC quanto para Mac, ou então sua emissora pode ter uma máquina independente, chamada estação de trabalho audiodigital (DAW). Todos têm as mesmas funções, embora os recursos específicos, complexos, possam ser diferentes de uma marca para outra. O corte que é ilustrado aqui foi feito no Adobe Audition 3.0, um dos programas de edição de áudio mais populares.

A entrevista gravada é assim:

PREFEITO: Decidimos prosseguir com a construção de uma nova via expressa que cruza a cidade, da junção da Interestadual 440 com a – como você pode ver aqui no mapa – Rua Comercial, onde haverá um grande trevo rodoviário.

O prefeito destacou um ponto num mapa em seu escritório, mas como a referência ao mapa se perde para o ouvinte de rádio, que não pode vê-la, decidimos eliminar esta menção. A tarefa a ser realizada, então, é eliminar a porção do arquivo sonoro na qual o prefeito diz "como você pode ver aqui no mapa". Já que a declaração faria muito mais sentido se a referência fosse retirada, o local lógico para se fazer o primeiro ponto de edição seria a letra *a* depois de Interestadual 440:

PREFEITO: Decidimos prosseguir com a construção de uma nova via expressa que cruza a cidade, da junção da Interestadual 440 com a – *como você pode ver aqui no mapa* ...

∧ ∧
Primeiro ponto de edição **Segundo ponto de edição**

Vamos mostrar como editar esse trecho sonoro usando dois métodos de edição diferentes. O primeiro exemplo usa a **edição destrutiva**. Assim que tivermos completado a edição e salvado o arquivo, a porção indesejada terá desaparecido para sempre.

O arquivo sonoro para a entrevista do prefeito Hazzard é mostrado na Figura 6.2a. O primeiro **ponto de edição** é onde queremos cortar o arquivo sonoro. Para fazer isto, temos de encontrar exatamente este ponto, o que significa que teremos de selecionar a waveform na tela do computador. A Figura 6.2b mostra o trecho selecionado que queremos remover da entrevista.

A tela de computador pode mostrar uma parte do arquivo com a entrevista do prefeito ou o arquivo inteiro. Geralmente, um controle de zoom permite definir a largura do arquivo sonoro. Neste caso, configure a largura para mostrar o arquivo inteiro, que tem aproximadamente 16 segundos de duração. Reproduza o arquivo de som até encontrar o ponto apropriado em que o prefeito diz *"como você pode ver aqui no mapa..."*. Toque o arquivo novamente e pare a reprodução quando alcançar o primeiro ponto de edição, onde o prefeito diz "como". Observe onde está o ponto nessa waveform. Pressionando o botão do mouse, arraste o ponteiro pela porção que julga ser "como você pode ver aqui no mapa...". Solte o botão. (A porção correta do arquivo sonoro que precisa ser eliminada pode ser vista na Figura 6.2b.) Na maioria dos programas DAW, é possível reproduzir a seção selecionada ao apertar a barra de espaço. (Se isto não funcionar, reveja os pontos específicos do seu DAW.)

A porção selecionada abrangeu toda a frase "como você pode ver aqui no mapa"? Verifique se selecionou muito ou pouco da entrevista do prefeito? Continue utilizando essa técnica até selecionar exatamente a porção que deseja. Alguns programas permitem configurar pontos iniciais e finais, que podem ser movidos separadamente até que você encontre a porção correta do áudio que quer ver selecionada.

O Adobe Audition, que é o programa mostrado neste exemplo, permite que o usuário aumente a porção selecionada ao arrastar o marcador no topo do arquivo sonoro. (Alguns programas também têm o recurso "scrubbing", que permite mover o ponteiro para a frente e para trás sobre o ponto editado. Verifique o manual do seu sistema para ver que funções seu programa oferece.)

Assim que tiver selecionado corretamente a porção a ser deletada, você pode cortar o segmento. (Se cometer um erro, poderá usar o comando Undo para restaurar a porção deletada.) Agora, o arquivo de áudio foi cortado e a porção indesejada eliminada. O arquivo editado pode ser salvo e está pronto para ser reproduzido durante o noticiário. Mas, lembre-se, assim que o tiver salvado, terá removido permanentemente aquele segmento da entrevista do prefeito.

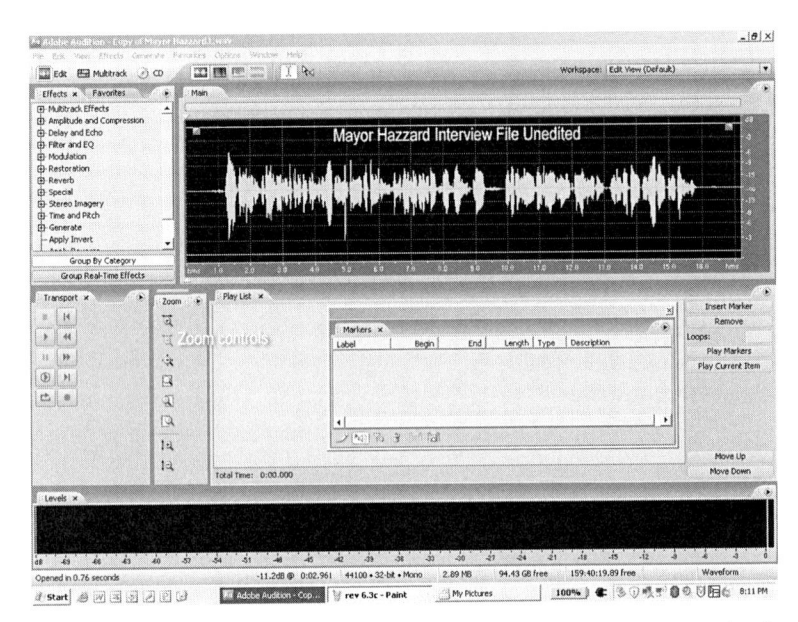

a. A waveform da entrevista com o prefeito Hazzard, antes da edição. Controles de zoom permitem ao editor aumentar ou diminuir o tamanho da waveform.

Imagem: Adobe Systems.

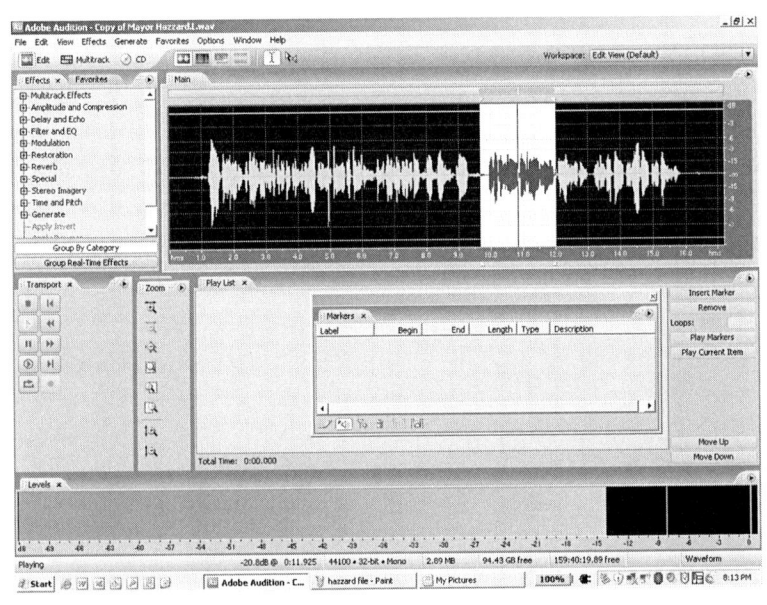

b. A porção do áudio "como você pode ver aqui no mapa ..." está selecionada na waveform.

Imagem: Adobe Systems.

FIGURA 6.2

Edição Não Destrutiva

Embora o método destrutivo de edição funcione muito bem, você pode querer reeditar a entrevista num segundo momento e não terá acesso à porção deletada após ter salvado a entrevista editada. Alguns programas de áudio não permitem desfazer facilmente o que já foi editado, especialmente depois que mover o cursor para um novo lugar do arquivo sonoro. Você também poderá considerar, mais tarde, que escolheu o ponto de edição errado. Assim que tiver salvado o arquivo editado, não poderá desfazer a edição, porque modificou permanentemente o arquivo de áudio. Se esse era o arquivo de som master (matriz/principal), você tem um problema!

A **edição não destrutiva** é uma solução mais adequada, pois é possível editar o arquivo ao marcar e escolher certas "regiões" dentro do arquivo sonoro que quiser reproduzir. Para criar uma região no Adobe Audition, você deve selecionar a porção do arquivo sonoro que deseja e, então, clicar em Add na caixa de controle Cue. Primeiro, certifique-se de que as janelas Cue List e Playlist estejam na tela. (Faça isto ao selecioná-las no menu.)

Experimente esta técnica ao selecionar a primeira parte do trecho sonoro (veja a Figura 6.3a) conforme mostrado em itálico:

PREFEITO: *Decidimos prosseguir com a construção de uma nova via expressa que cruza a cidade, da junção da Interestadual 440 com a –* como você pode ver aqui no mapa – Rua Comercial, onde haverá um grande trevo rodoviário.

Pressione Add na caixa Cue para adicionar essa frase. (Note que se pode rotular e escrever uma descrição para cada ponto de cue, para se lembrar que áudio cada segmento contém.) Agora, selecione a segunda porção do trecho sonoro que queremos, começando com Rua Comercial:

PREFEITO: Decidimos prosseguir com a construção de uma nova via expressa que cruza a cidade, da junção da Interestadual 440 com a – como você pode ver aqui no mapa – *Rua Comercial, onde haverá um grande trevo rodoviário.*

Assim que esta seção estiver selecionada, adicione a segunda área de cue para a caixa Marker (Figura 6.3b). Agora, para colocar essas áreas nas quais realizamos o cue na playlist, selecione a primeira, com um clique, e então clique em Insert Marker, na caixa Playlist. Faça o mesmo para a segunda área a ser marcada. As duas áreas agora aparecerão na caixa Playlist (Figura 6.3c). Ao clicar em Play Markers, o computador reproduzirá as duas áreas editadas, uma após a outra, editando o arquivo como se você tivesse cortado permanentemente as porções indesejadas do arquivo original (veja a Figura 6.3d).

A edição não destrutiva tem a vantagem de permitir mudar seus pontos de edição quantas vezes for necessário sem alterar o arquivo de som original. Outra vantagem é que a edição não destrutiva permite reproduzir segmentos do arquivo de áudio fora de sua ordem original. Este é o método preferido da edição em computador, porque garante uma margem de segurança que a edição destrutiva não pode oferecer.

COPIANDO, COLANDO E FAZENDO LOOPING

As mesmas técnicas que são usadas para identificar e selecionar partes de um arquivo sonoro de voz, que mostramos no nosso exemplo do prefeito Hazzard, podem ser usadas para editar música ou para criar "loops" de som como ruídos de fundo, efeitos sonoros ou para um fundo musical.

Alguns segmentos musicais seriam perfeitos para comerciais e anúncios comerciais, mas eles podem não se encaixar no tempo exigido. Em muitos casos, simplesmente não seria apropriado fazer um fade down da seleção musical, porque soaria estranho. Com prática, geralmente é possível encurtar ou alongar segmentos de áudio ao isolá-los e selecionar porções específicas, colando-as juntas.

A Figura 6.4a mostra um segmento isolado do começo de "Cochise", do Audioslave. Ele foi selecionado e será criado um loop para fazer que o segmento seja maior (veja a Figura 6.4b). Note os grandes picos na waveform, representando a batida de compasso do segmento selecionado. Copiar e colar esse segmento em um novo arquivo de som várias vezes produz um fundo musical maior para seu spot. A maioria das estações de trabalho de áudio permite ao usuário criar uma área dentro de um arquivo sonoro chamada *loop*. Como diz o nome, ele é útil para pegar um segmento curto de música ou um efeito sonoro e torná-lo mais longo. Uma bateria ou outros segmentos de música de percussão frequentemente formam trilhas de fundo estimulantes.

O looping torna possível a repetição dessas frases rítmicas, criando porções mais longas, que podem ser utilizadas em produção de áudio.

Para encerrar o fundo musical, cole-o num documento de playlist para o tempo desejado. Agora, esse documento reproduzirá a região três vezes (Figura 6.4c). Note, também, que é possível usar a função cross-fade do programa para unir os segmentos suavemente. Os loops podem ser exportados para programas de criação musical, como o Garageband, da Apple, aumentando sua utilidade.

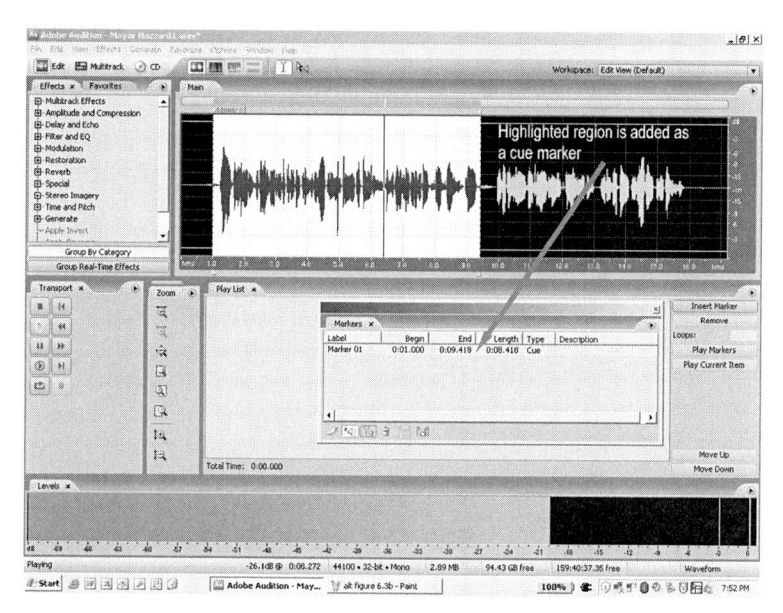

a. O primeiro segmento é selecionado e adicionado como um marker de cue.
Imagem: Adobe Systems.

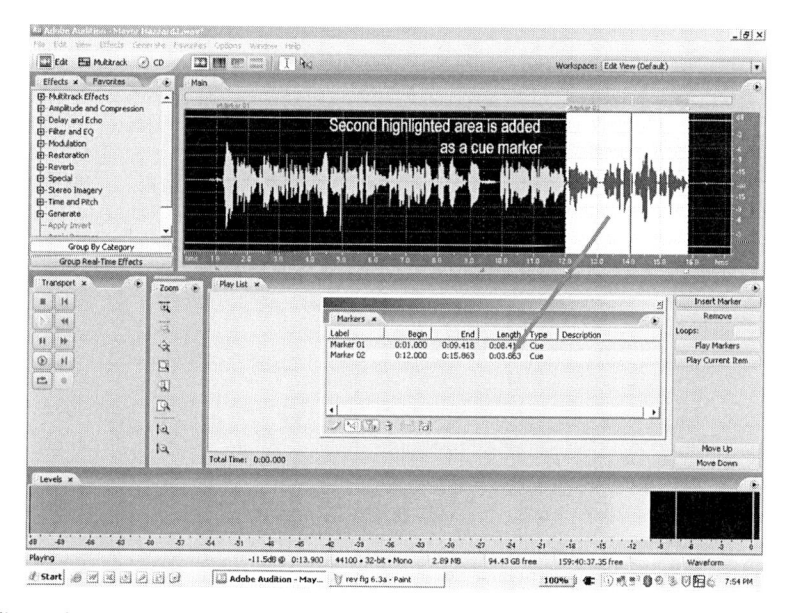

b. O editor selecionou "Rua Comercial, onde haverá um grande trevo rodoviário", e adicionou este segmento à lista de cue.
Imagem: Adobe Systems.

FIGURA 6.3

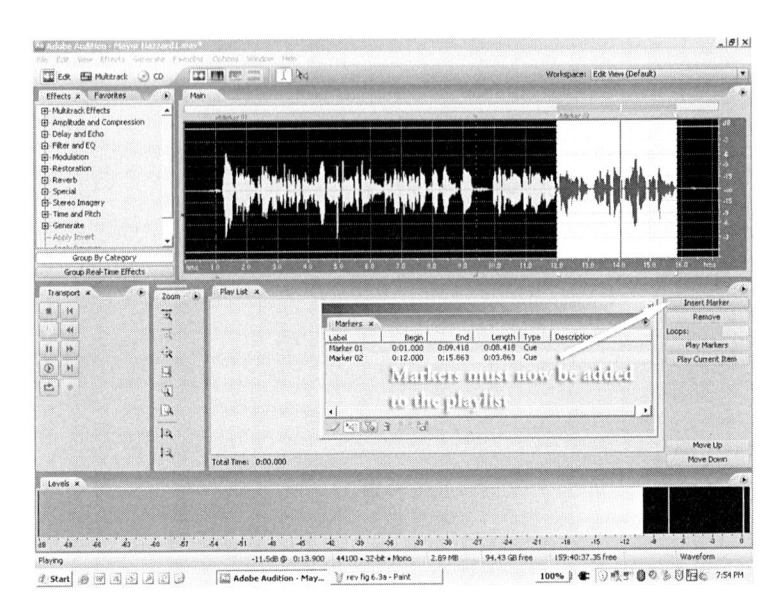

c. Os markers são adicionados à área da playlist ao se clicar no botão "Insert Marker".

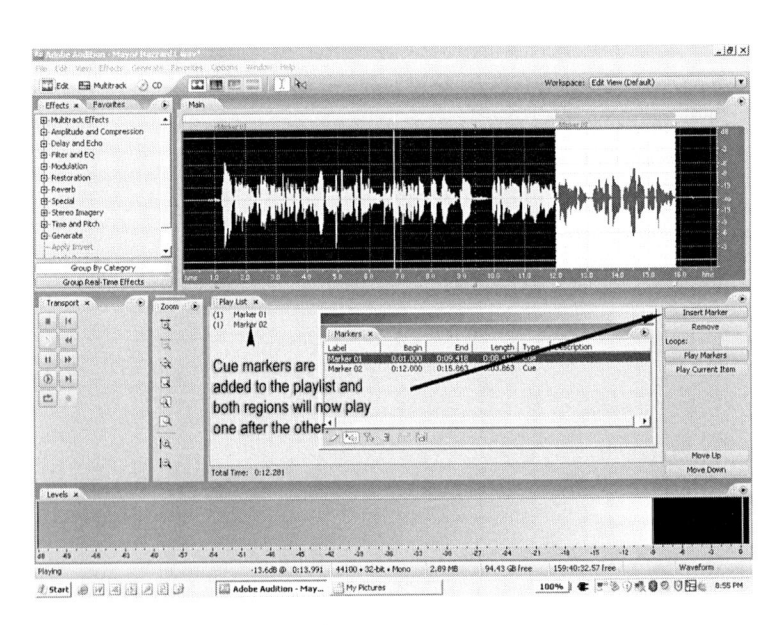

d. Ao adicionar markers de cue à playlist, você pode efetivamente editar os segmentos juntos.

FIGURA 6.3 (*continuação*)

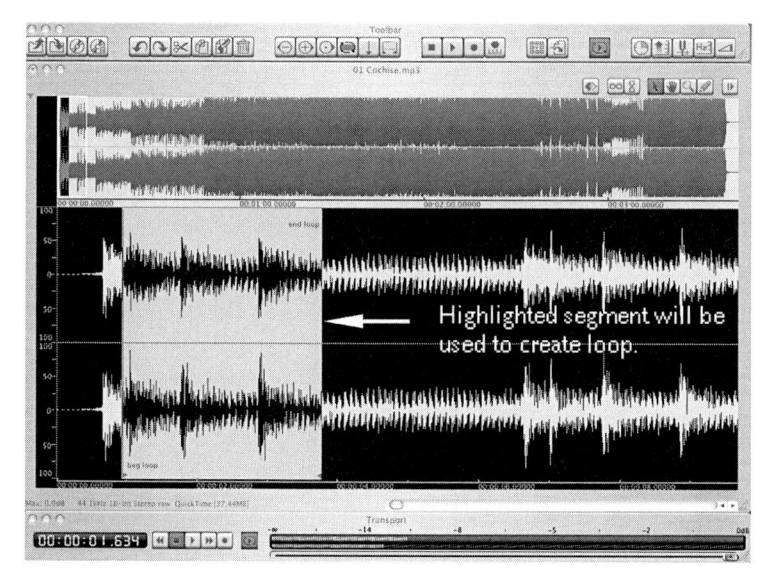

a. A porção de bateria dessa trilha de áudio é usada para criar um loop. O programa permite ao usuário mover tanto a parte "de dentro" como a "de fora" do segmento selecionado.

Fonte: Cortesia de BIAS, Inc.

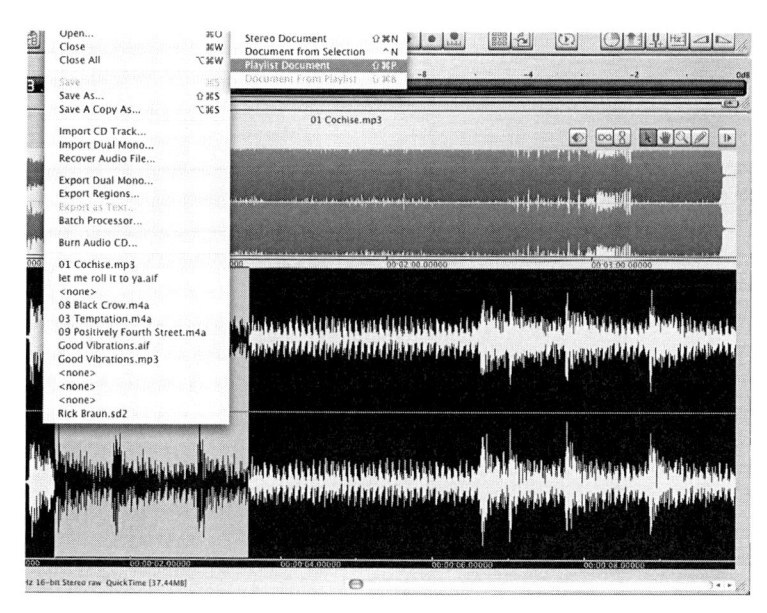

b. Assim que o segmento tiver sido refinado, o editor criará um documento de playlist para fazer o loop.

Fonte: Cortesia de BIAS, Inc.

FIGURA 6.4

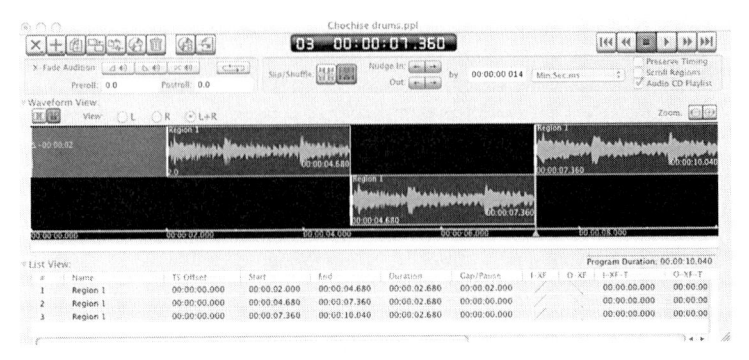

c. O loop criado na Figura 6.4a foi colado em um novo documento de playlist. Toda vez que o loop for colado na playlist, o tempo do fundo musical é expandido.

FIGURA 6.4 (*continuação*)

É possível usar diferentes áreas para criar uma versão mais curta de uma música como um fundo musical ou uma peça independente. A Figura 6.5 ilustra uma playlist de três segmentos da música "Good Vibrations". Essa playlist combinou os segmentos para formar uma versão de 20 segundos da faixa.

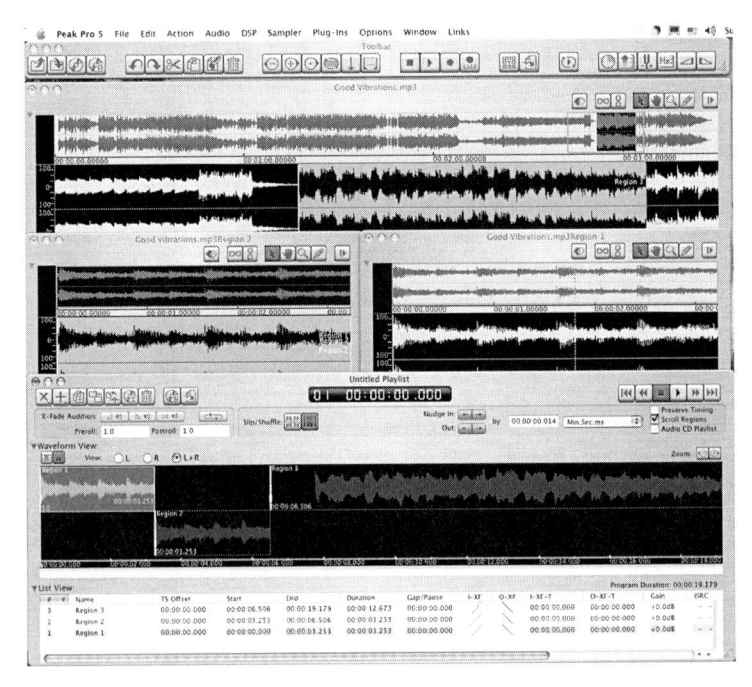

FIGURA 6.5 Três regiões sonoras foram combinadas para criar um fundo de 20 segundos.
Fonte: Cortesia de BIAS, Inc.

Editar música exige prática e paciência, mas é uma habilidade que definitivamente vale a pena adquirir. A edição musical oferece muita flexibilidade em produção de rádio.

EDITANDO COM UM MINIDISC[1]

Lembre-se de que em nossa discussão anterior sobre MiniDiscs dissemos que são dispositivos de gravação magneto-óptico que permitem gravar e regravar sobre a mesma mídia. Eles podem ser usados para gravar, apagar, editar, mover, combinar ou dividir. Essas funções de edição permitem alguma flexibilidade a esses equipamentos, mas são uma ferramenta de edição relativamente rudimentar para a radiodifusão. Apresentamos esta informação porque os MiniDiscs frequentemente são usados em atividades de coleta de notícias para rádio e, às vezes, pode ser necessário usar essa função de edição (veja a Figura 6.6).

Lembre-se de que usamos um MiniDisc portátil para gravar originalmente toda a nossa entrevista com o prefeito Hazzard. Se você começou com um MiniDisc em branco, este seria o primeiro arquivo sonoro gravado no disco. Seu gravador MiniDiscs o numeraria automaticamente como cut 1. Agora, reproduza a entrevista e exercite-se para pressionar o controle de Pause no nosso ponto de edição.

PREFEITO: Decidimos prosseguir com a construção de uma nova via expressa que cruza a cidade, da junção da Interestadual 440 com a <ponto de edição>

Depois de pausar o equipamento no local correto, pressione Edit no gravador MiniDisc. Ele "perguntará" se você quer dividir o segmento. Perceba que alguns gravadores podem ter um seletor que precisa ser movido para exibir as funções de edição (veja a Figura 6.7). Aperte Set e o gravador agora mostrará 1 < > 2? Aperte OK no display alfanumérico. Agora virá a "pergunta" se você quer converter o cut 1 em dois cortes, no local pausado. Ao acionar Enter, você autoriza o gravador a dividir a entrevista em duas partes, que se organizarão do seguinte modo:

---

[1] No Brasil, o uso de MiniDisc não chegou a empolgar os profissionais de rádio, pois o custo do equipamento era alto e havia problemas com a manutenção em algumas regiões. Parte das emissoras, nas capitais, chegou a utilizá-lo nos estúdios, mas os repórteres tinham algumas resistências a manuseá-los nas externas. (NRT)

FIGURA 6.6 Gravadores MiniDisc de mão podem ser usados para coletar notícias.
Fonte: Philip Benoit.

CUT 1: Decidimos prosseguir com a construção de uma nova via expressa que cruza a cidade, da junção da Interestadual 440 com a ...
CUT 2: – como você pode ver aqui no mapa – Rua Comercial, onde haverá um grande trevo rodoviário.

Agora reproduziremos o cut 2 e acionaremos pause no segundo ponto de edição, logo depois da frase "como você pode ver aqui no mapa". Novamente acionaremos Edit e dividiremos os segmentos ao acionar Set e então Enter. Esse segmento será dividido nos cuts 2 e 3. Temos, agora, três cuts diferentes.

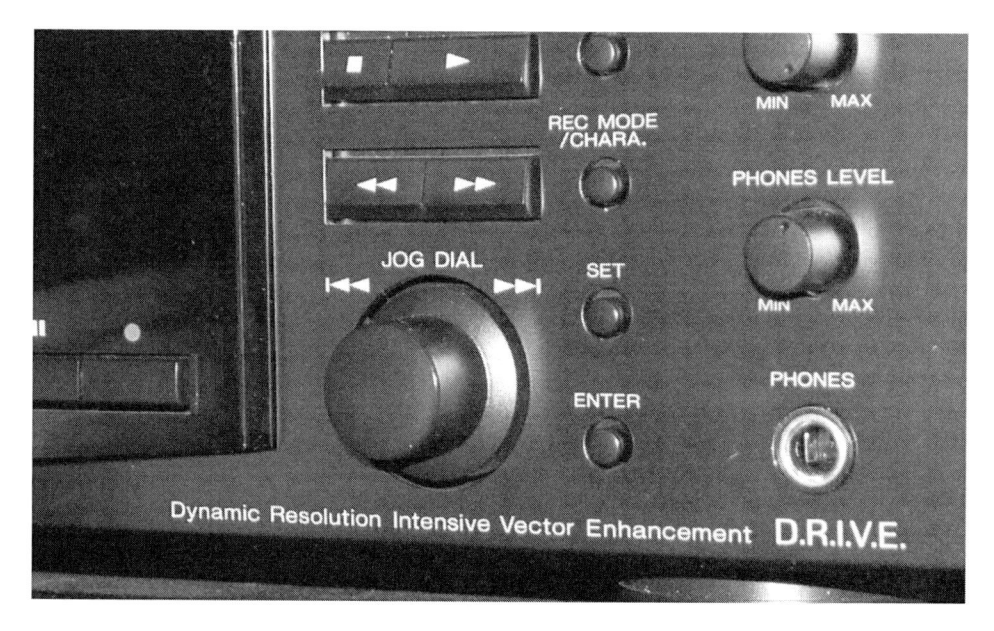

FIGURA 6.7 O seletor permite ao usuário realizar funções de edição básica nesse gravador MiniDisc.

Fonte: Fritz Messere.

CUT 1:   Decidimos prosseguir com a construção de uma nova via expressa que cruza a cidade, da junção da Interestadual 440 com a ...
CUT 2:   como você pode ver aqui no mapa ...
CUT 3:   Rua Comercial, onde haverá um grande trevo rodoviário.

Por fim, combinaremos os cuts 1 e 3 para completar o trecho sonoro. Mova o seletor até que o Cut 1 seja mostrado, então acione Play e Edit. O gravador agora perguntará "Dividir?" no display alfanumérico. Rode o seletor até que "Combinar?" seja mostrado. Acione Set e o display alfanumérico mostrará o cut 1 e piscará o cut 2. O gravador está perguntando se você quer combinar o cut 1 com o cut 2. Não queremos o cut 2; mas o 3. Quando você mover o seletor no sentido horário, o cut 3 substituirá o cut 2 como segundo segmento de edição. Ao acionar Enter, o gravador reunirá os cuts 1 e 3. Nossa edição estará completa. (Note que alguns MiniDiscs perguntarão "OK?" antes de executar a edição. Cada gravador apresenta diferenças em relação a outros, mas o procedimento é basicamente o mesmo.) Agora reproduza o trecho sonoro e observe como ficou sua edição.

TRANSFERÊNCIA

Obviamente, a edição no MiniDisc é rudimentar, se comparada às possibilidades disponíveis numa estação de trabalho computadorizada, mas ela pode ser muito útil quando um repórter está em campo e precisa fazer algumas tomadas de som para colocar no ar rapidamente.

Independente de usar um computador, um MiniDisc ou um gravador de fita digital, você frequentemente estará copiando de uma fonte para outra. A transferência é uma ferramenta importante no arsenal de técnicas de produção.

O processo de transferência é frequente em rádio. Por exemplo, pode-se transferir um segmento de notícias gravado e editado num DAW de um MiniDisc para armazená-lo ou para colocá-lo posteriormente no ar. Quando você *transfere*, basicamente copia uma fonte de um local para outro ou para uma mídia diferente. A tecnologia que permite realizar uma transferência é essencialmente a mesma utilizada para emendar e editar. Portanto, também é possível alcançar muitos dos mesmos objetivos que conseguimos com as técnicas de edição usando a edição eletrônica.

A transferência de uma fonte para outra seguidas vezes pode provocar uma deterioração na qualidade da gravação, especialmente se você estiver trabalhando com um arquivo de MP3 ou um MiniDisc em que o áudio foi comprimido, ou quando você gravou num dispositivo de fita analógica, como uma cartucheira ou um gravador de rolo. Cada nova transferência de gravação é conhecida como de outra **geração**. Transferências constantes e muito frequentes podem resultar em perda de qualidade, inserindo artifícios (ruídos adicionais) no processo de gravação.

Vantagens da Transferência

Há, entretanto, algumas vantagens reais no processo de transferência. A transferência permite sobrepor elementos. Se, por exemplo, você quiser inserir música e falar sobre ela, realizando um fade out da música, terá de usar a transferência ou funções mais sofisticadas do DAW. Outro lado positivo é que isto pode ser feito muito rapidamente.

A transferência pode responder por parte do trabalho de edição que você realizará. As emissoras obtêm a maior parte de suas músicas de CD ou por meio de um serviço de música, e a transferem para o disco rígido do computador para reproduzi-la. Comerciais ou jingles geralmente são entregues em CDs e precisam ser transferidos para um computador ou uma cartucheira digital para ser colocados no ar. Segmentos de notícias gravados em campo precisam ser transferidos para um DAW para ser editados.

Revisão sobre Transferência

Transferir envolve gravar material de programa de uma fonte para outra. Isto é muito útil em edição porque se revela menos trabalhoso do que outras formas de edição eletrônica; entretanto, a transferência não é tão precisa para localizar pontos de edição. A transferência normalmente é usada quando elementos estão sobrepostos, especialmente em música.

RESUMO

Os segmentos gravados são separados e emendados de duas formas: por edição eletrônica (cortar e colar informações) e por transferência (copiar e reinserir eletronicamente material gravado).

As estações de trabalho de audiodigitais melhoraram muito o processo de edição de material gravado em comparação com os métodos analógicos. Tanto a transferência quanto a edição eletrônica são edições não destrutivas, e a tecnologia DAW permite ao usuário criar facilmente edições praticamente indetectáveis.

O propósito de se emendar e editar geralmente é eliminar palavras ou frases, mudar a ordem de frases e diálogos, reduzir ou ampliar fundos musicais.

A transferência permite realizar muitas dessas mesmas operações, mas também é útil para combinar vários elementos de produção de uma forma rudimentar.

APLICAÇÕES

Situação 1 / O problema Um gerente de produção de uma emissora de rádio local recebeu a tarefa de produzir um comercial para um político. Como parte do comercial, o candidato discutiu seus pontos de vista por 40 segundos. Entretanto, o candidato tinha um padrão de fala ruim: ele repetiu "ahn" muitas vezes durante sua apresentação.

Solução possível Já que o trabalho do produtor era – neste caso – mostrar o candidato sob um enfoque positivo, transferiu o áudio para um arquivo sonoro num DAW e então editou todos os "ahns" das observações do político. O trabalho levou 20 minutos para ser concluído, mas o áudio resultante se mostrou suave e limpo.

Situação 2 / O problema A produtora de um programa de entretenimento fez uma entrevista (no local, usando uma fita cassete) com o diretor de um grupo de teatro. Ela queria entrelaçar três cortes da entrevista em seu script.

O script tinha as seguintes linhas: "E o que Pat Wilbur, diretor do Grupo de Teatro Starlight, planejou para essa temporada?"... (primeiro corte da entrevista)... "Mas o público será melhor neste ano do que o triste resultado do ano passado?"... (segundo corte da entrevista)... "então, como Pat Wilbur pretende aumentar esse público?"... (terceiro corte da entrevista).

Qual seria a melhor forma de entrelaçar esses cortes no script?

Solução possível A produtora ouviu a entrevista inteira várias vezes e fez observações precisas sobre onde queria inserir a locução.

Como o tempo era curto, decidiu transferir os três cortes diretamente num MiniDisc, que seria usado para reproduzir os curtas no ar. (O programa era feito ao vivo.) Ela colocou o gravador MiniDisc em Record e Pause, rolou a fita cassete e iniciou o MiniDisc no modo Record assim que a seção correta da entrevista começou, interrompendo o disco assim que a seção desejada da entrevista terminou. Este procedimento foi repetido para os outros dois cortes. Portanto, houve três cortes em ordem sequencial no MiniDisc. Cada vez que a produtora queria fazer um corte na entrevista, ela simplesmente acionava o botão Start no gravador.

O corte seguinte tinha um cue automaticamente, porque os segmentos foram gravados em ordem.

EXERCÍCIOS

1. Se você tem dois ou mais MiniDiscs ou cartucheiras disponíveis, transfira um trecho de áudio de um para o outro. Por exemplo, comece com um corte de 10 segundos de uma música transferindo-o para um MiniDisc ou uma cartucheira; pegue o disco ou a cartucheira e transfira do gravador 1 para o gravador 2. Agora, transfira do gravador 2 de volta para o gravador 1 (colocando um novo MiniDisc ou uma cartucheira limpa no 1). Este exercício atenderá a dois objetivos: ouvir que efeito têm as sucessivas gerações de gravação e entender melhor a relação entre essas máquinas (de gravação e reprodução) na mesa.
2. Entreviste um colega de classe, faça três cortes na entrevista e edite-os com um script parecido com aquele que foi descrito na Situação 2 deste capítulo. (Você está montando uma série de **intercalações de vozes**.) Não se

preocupe muito com o conteúdo da entrevista ou do script; este é apenas um meio de se praticar técnicas de edição. O programa inteiro não precisa ter mais que 1 minuto. Neste exercício, você fará um uso inicial das técnicas de transferência. Poderá fazê-las para MiniDisc, DAT ou para um DAW; o que considerar mais fácil.

3. Ouça meia hora de rádio e identifique quantas estruturas de edição puder. Escreva-as. Por exemplo: "Introdução ao noticiário das 4 horas na WAAA: *instalada música, tirada música, colocada voz*. A isto se seguiu uma *intercalação de vozes* durante o relato das primeiras notícias".

7

✸

Produção de Programa Gravado

Usamos o termo *produção de programa gravado* para nos referir apenas ao trabalho de produção radiofônica que não seja feito ao vivo (no ar). Na maioria dos casos, a gravação é feita para ser utilizada no ar posteriormente.

A diferença básica entre a produção gravada e a ao vivo, da qual falaremos no próximo capítulo, é que a produção ao vivo é feita de uma só vez; só existe uma oportunidade para acertar. Nas tarefas de gravação em estúdio, o produtor tem a liberdade de fazer várias tomadas do mesmo elemento de produção para tentar diferentes misturas e combinações, ou para descartar todo o projeto e recomeçar do zero se ele não estiver funcionando.

Por causa dessas vantagens, tentam-se produções muito mais complexas nos trabalhos gravados. Embora mixar uma narração, incluindo vários efeitos sonoros e um fundo musical, seja quase impossível numa só tomada, isto fica fácil em um estúdio de gravação, porque é possível realizar cada tarefa por vez, com os vários elementos divididos em etapas lógicas.

PRODUÇÃO GRAVADA *VERSUS* PRODUÇÃO AO VIVO, NO AR

Como um produtor de rádio decide se uma produção será feita ao vivo ou criada antes? Existem três elementos a ser considerados: a complexidade, o horário do programa e a conveniência.

Complexidade

Uma produção que tem muitos elementos precisa ser realizada antecipadamente. Alguns comerciais são lidos ao vivo, mas quase sempre são produções com apenas uma voz, com o locutor simplesmente lendo ou **improvisando** a partir de um roteiro.

Horário do Programa

Um talk show transmitido às 5h30 da manhã de um domingo será pré-gravado no estúdio, geralmente durante horários de trabalho em dias úteis da semana. Não é nada prático tentar fazer que convidados apareçam ao vivo em um programa transmitido tão cedo.

Por sua vez, os noticiários de modo geral não são gravados (e quando o são, a realização é feita o mais próximo possível do horário do programa), porque ficam desatualizados tão logo as notícias mudem.

Conveniência

Se uma produção pede a voz de um locutor específico, é mais conveniente gravá-la ou fazer que o locutor esteja presente toda vez que a produção for ao ar? O mesmo raciocínio se aplica à necessidade de reproduzir uma produção. Embora a música e a narração para a introdução de um programa possam ser feitas ao vivo se o programa for ao ar uma única vez, será muito mais conveniente pré-gravar a introdução se ela for repetida semanal ou diariamente.

Seguindo a mesma linha de raciocínio, pré-produzir o material reduz a chance de se cometer um erro ao vivo.

O LEIAUTE DE UM ESTÚDIO DE PRODUÇÃO

Numa pequena emissora de rádio, o estúdio de produção geralmente é montado onde é conveniente. Em geral, na discoteca, na área técnica, ou mesmo num canto da sala do gerente. Numa emissora maior, o estúdio de produção geralmente se parece com o da Figura 7.1.

No outro extremo está o estúdio high-tech, totalmente equipado (Figura 7.2a). Outra variação do estúdio de alto nível consiste em uma estrutura com possibilidade de gravação e remixagem de músicas originais em *multitrilhas* (*programas multipistas*). Atualmente, a maioria das instalações de estúdios de porte médio apresenta uma área envidraçada entre a principal sala de controle e o estúdio. Em grandes estúdios de produção musical, o vidro divide a área onde ocorre a perfor-

FIGURA 7.1 Estúdios de produção básicos como este podem ter apenas um equipamento mínimo.
Fonte: Fritz Messere.

mance da área de controle (Figura 7.2a). O vidro normalmente tem duas camadas que não são paralelas uma à outra nem à parede do estúdio (Figura 7.2b), a fim de prevenir reflexões internas e externas do som.

O estúdio de produção nas emissoras de rádio pequenas é a adaptação de uma sala com o equipamento geralmente dirigido a uma combinação de usos. Embora o estúdio seja voltado para a produção fora do ar, geralmente haverá um link **impresso** nos circuitos da sala de controle principal, para que o que sai do estúdio de produção possa ser colocado ao vivo no ar. Esse esquema torna-se útil quando a sala de controle principal não puder ser utilizada durante reparos ou outras emergências. O estúdio também pode ser usado como cabina de locução, especialmente pelo departamento de notícias, que pode ainda ter sua própria área de produção.

Equipamento do Estúdio de Produção

Em muitos casos, o equipamento do estúdio de produção pode praticamente duplicar o que existe em um estúdio ao vivo, embora possa não ser tão potente. Em algumas emissoras, o equipamento de produção pode ser emprestado da sala de controle de transmissão ao vivo. O equipamento mínimo geralmente inclui algum

a. Estúdios da KWIC-FM. Note que a janela à direita tem um vidro que forma um ângulo.
Fonte: Les Glenn — Cumulus Broadcasting.

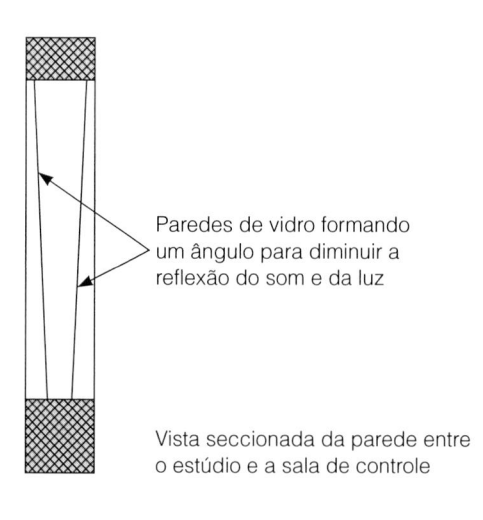

Paredes de vidro formando um ângulo para diminuir a reflexão do som e da luz

Vista seccionada da parede entre o estúdio e a sala de controle

b. Uma dupla camada de vidro é usada para separar a sala de controle do estúdio de produção. Um espaço vazio entre as placas de vidro promove o isolamento sonoro de áreas adjacentes.

FIGURA 7.2

tipo de mesa, um computador, um microfone, talvez um MiniDisc e um tocador de CDs. Em ambientes menores, é possível encontrar também cartucheiras e toca-discos entre as opções de equipamento. A mesa poderá ser um mixer portátil que a emissora usa para trabalhos **a distância**, mas é igualmente provável hoje em dia que a mesa de produção seja uma control surface digital moderna, em que as entradas são puxadas para a mesa a partir de um ponto central.

Um switcher de roteamento pode também estar presente num estúdio de produção. Em muitos casos, o roteador permite interconexão entre diferentes entradas do estúdio de produção com outros estúdios, com a rede, ou mesmo diretamente com o transmissor. A entrada de um canal na mesa, ou sua saída, pode ser mudada com um toque de botão (Figura 7.3). Geralmente há comunicação entre estúdios para que o técnico possa falar com o locutor.

Tratamento Sonoro em Estúdios de Produção

Vários materiais à prova de som (Figura 7.4) disponíveis no mercado normalmente são usados para diminuir a reflexão sonora no estúdio de produção. Às vezes, caixas de ovos são cortadas e coladas nas paredes, dando o mesmo efeito de um carpete nelas colado. Isso ajuda muito na diminuição da reflexão sonora, criando um ambiente acusticamente neutro.

Estúdios projetados para gravação musical geralmente têm superfícies de materiais duros e moles que podem ser modificadas. Isso permite ao técnico escolher entre um ambiente sonoro mais intenso ou neutro, dependendo das necessidades do produtor.

Como dissemos, o estúdio de produção de uma emissora pequena pode servir para dois propósitos, e é comum a combinação entre uma discoteca e um estúdio de produção.

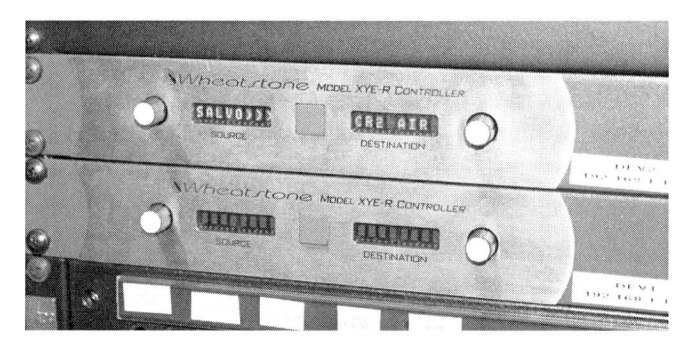

FIGURA 7.3

Switchers de roteamento agem como patchbays.

Eles permitem escolher uma fonte de áudio e enviá-la a uma das várias entradas em um ou mais estúdios.

Fonte: Fritz Messere.

FIGURA 7.4

Material à prova de som fixado nas paredes do estúdio para reduzir uma indesejada reflexão de som.

Fonte: Philip Benoit.

TRABALHANDO NUM ESTÚDIO DE PRODUÇÃO

Quem trabalha em ambiente de estúdio de produção? Em algumas emissoras, um gerente de produção é encarregado do estúdio e tem a responsabilidade de supervisionar toda a produção que não vai ao ar. Locutores (jocks) também usam instalações de produção para tarefas como produção de voice tracking, gravação de promoções e spots comerciais. Em emissoras menores, o pessoal de vendas geralmente produz seus próprios comerciais. Basicamente, o estúdio é usado por qualquer pessoa que tenha de criar um conteúdo que resulte em uma produção a ser levada ao ar. Neste sentido, todos os membros da equipe designados para tais tarefas são produtores.

Qualquer pessoa que assume as tarefas de um produtor deve saber muito mais sobre o processo de radiodifusão do que quem age simplesmente como locutor ou técnico. Um produtor precisa entender os meios de elaboração de um spot ou de um programa. Por exemplo, pode ser mais eficiente dividir a produção em algumas tarefas distintas, como fazer toda a parte musical primeiro e a narração depois, mesmo que não seja esta a sequência em que os componentes aparecerão no produto final.

Uma analogia com o trabalho de produção cinematográfica ilustra bem este processo. Imagine um filme cujas cenas final e inicial ocorrem num mesmo restaurante. Neste caso, faz sentido para o produtor, que precisa movimentar sua equipe, seus atores, coadjuvantes e cenários, filmar as cenas do começo e do fim no mesmo dia. (Não é novidade o final de um filme ser gravado no primeiro dia da produção.) Em outras palavras, as partes ou sequências de um filme podem ser filmadas em qualquer ordem e depois editadas de acordo com o roteiro.

Percebe-se assim que a mesma estratégia geralmente é útil no estúdio de produção radiofônica. E já que a agenda de um estúdio em geral é apertada, tudo poderá ser feito muito mais rapidamente aprendendo-se a planejar o trabalho em uma **sequência baseada em tarefas**. Se, por exemplo, houver três comerciais

RÁDIO RETRÔ • O DESENVOLVIMENTO DA FITA DE GRAVADOR, OU COMO PASSAR MAIS TEMPO NO CAMPO DE GOLFE

Sempre foi um desafio tecnológico desenvolver uma mídia de gravação que capturasse som, fosse fácil de usar, confiável e contasse com o apoio do consumidor.

A história das mídias de gravação para rádio comprova esta interação complexa de forma interessante – e mostra como a sorte e a casualidade são importantes na evolução das mídias. Ela também mostra que as tecnologias às vezes encontram seu próprio caminho, apesar das predições dos especialistas ou mesmo de seus inventores.

Por exemplo, em meados da década de 1880, Thomas Edison desenvolveu uma das versões do gramofone, que gravava em cilindros de cera. Quando as pessoas lhe disseram o quanto estavam animadas em poder usar o equipamento para tocar música em casa, ele zombou delas. Era um aparelho de gravação destinado ao trabalho, ele disse. Ninguém pretendia ouvir música gravada em casa.

Na verdade, as pessoas tentaram, mas o cilindro não era um sistema muito bom. Logo, outros inventores começaram a desenvolver o *disco*, um sistema muito prático no qual uma agulha vibrante cortava um sulco em um disco e a unidade de reprodução lia essas vibrações. Na virada do século XX, foram feitos muitos avanços na tecnologia de discos e os equipamentos ganharam utilidade não apenas para gravar música, mas – algumas décadas mais tarde – para reproduzi-la no ar.

A maioria da produção de conteúdo gravada nos anos 1940 terminava com algum tipo de disco, geralmente de alumínio de 16 polegadas. Bing Crosby, famoso pela música "White Christmas", não queria ficar preso a um estúdio para realizar performances que seriam transmitidas ao vivo. Da mesma forma, os programas de redes de rádio eram transmitidos duas vezes por noite nessa mesma época (uma vez para a Costa Leste e depois para a Oeste), então ele desafiava sua equipe técnica a inventar um bom sistema para gravar seu programa e reproduzi-lo. Os discos da época funcionavam, mas nem todos muito bem. Eles mantinham apenas cerca de quatro minutos de conteúdo em cada disco, então é possível imaginar as possibilidades de erro de reprodução. Além disso, a qualidade não era tão boa.

Crosby insistia em que a equipe inventasse algo melhor, e apontou uma nova tecnologia que havia sido desenvolvida na Alemanha: a fita de áudio. Embora fossem inicialmente céticos, seus produtores a experimentaram, e funcionou. Mesmo que pudesse romper, a fita continha muito mais espaço onde armazenar sinais transduzidos e oferecia melhor qualidade.

Costuma-se dizer que a fita de áudio se tornou a mídia escolhida para o estúdio de gravação porque Bing Crosby queria mais tempo para gastar com seus jogos de golfe. Nunca saberemos a verdade, mas a fita permaneceu como a mídia dominante durante anos depois que ele a popularizou.

Para conhecer histórias interessantes sobre o desenvolvimento da gravação de fitas, acesse <http://www.bext.com/Mullin-RPT.pdf> e <http://www.videointerchange.com/audio_ history.htm>

similares para ser produzidos, pode ser útil fazer a locução dos três antes e adicionar os fundos musicais e efeitos em cada um depois.

Trabalhar numa sequência baseada em tarefas torna-se instintivo desde que haja um esforço para romper com os antigos conceitos que exigem que se trabalhe numa sequência em tempo real (fazendo o começo antes, o meio depois e o fim por último). Estruture sempre suas tarefas de acordo com o método mais conveniente e eficiente de utilização do estúdio de produção disponível. A compreensão deste princípio representa o diferencial entre um produtor e alguém que simplesmente grava um arquivo sonoro ou qualquer material numa cartucheira digital.

Outro fator que ajudará a desenvolver habilidades e obter reconhecimento como produtor de rádio é uma compreensão dos princípios básicos da criação radiofônica e como estes se relacionam com a produção em estúdio. Estamos falando de música, gravação de voz e efeitos sonoros.

MÚSICA

A música é um elemento muito importante na produção de rádio; e, a bem da verdade, pode-se até dizer que, em muitas emissoras, o rádio tem tudo a ver com música. Em todo caso, é importante para um produtor ter conhecimento musical. Bons produtores sabem usar a música, manipulá-la para criar um efeito e também conhecem seus tipos e variedades, e, portanto, podem adequar as produções ao formato característico da emissora. Num ambiente de produção em estúdio, geralmente se usam segmentos de música, em vez de trilhas inteiras.

Fontes Musicais

A música a ser usada normalmente foi pré-gravada em CD, mas, hoje em dia, ela pode também ser *transmitida* por satélite ou baixada pela internet. O uso da música é licenciado para uma emissora de rádio mediante uma taxa a ser paga para licenciamento ou direitos de uso; entre as maiores companhias que cuidam desses licenciamentos estão a American Society of Composers, Authors and Publishers (**Ascap**) e a Broadcast Music Incorporated (**BMI**).[1]

---

[1] No Brasil temos um órgão especializado na fiscalização e recolhimento de direitos autorais de obras musicais denominado Escritório Central de Arrecadação e Distribuição (Ecad). Esta instituição é mantida pela Lei dos Direitos Autorais Brasileira (9.610/98), que delimita as formas de uso de todas as obras intelectuais. As emissoras de rádio brasileiras mensalmente fazem o recolhimento de uma taxa para cada música tocada em suas programações. Estes valores são distribuídos às associações ou pessoas que detêm os direitos dessas obras. (NRT)

A quantia paga a essas entidades depende, no geral, do tamanho do mercado radiofônico e da renda gerada pela emissora de rádio. As taxas de licença cobrem o direito de executar a música (tocá-la no rádio). As emissoras que fazem um stream de seus programas na internet pagam uma taxa separada por música e por ouvinte.

Esses direitos de execução não se estendem, todavia, ao uso de uma determinada faixa num comercial; para isso, os produtores devem contatar o representante musical para obter a permissão de usar uma música em especial para determinada peça comercial.

Às vezes, algumas exigências específicas não são satisfeitas pelas músicas populares disponíveis. Para atender a essas necessidades, algumas seleções musicais especializadas foram desenvolvidas. Várias companhias vendem bibliotecas de **produção** (Figura 7.5): música original gravada que atende às produções e exigências de duração mais comuns das emissoras. Por exemplo, **fundos musicais** que durem exatamente 60 ou 30 segundos.

Alguns pacotes de produção incluem seleções vocais que podem ser usadas para atender às necessidades da produção comercial. Portanto, uma faixa de 30 segundos pode começar com um grupo de vocalistas cantando: "Você encontrará tudo no shopping", e o instrumental continua, servindo como fundo musical para que o locutor local o preencha com uma fala anunciando lojas e estabelecimentos que vendem especialidades que são encontradas no shopping local. O vocal volta, 25 segundos após o início da faixa, para encerrar com: "Faça suas compras onde você encontra tudo de que precisa!". Geralmente, esses elementos de produção pré-gravados parecem muito previsíveis, então o produtor precisa ser perspicaz para escolher os elementos que deve usar.

FIGURA 7.5

Acervos de música especializada estão disponíveis para uso em produções.

Fonte: Fritz Messere.

As agências de propaganda que compõem uma música original para seus clientes são outra fonte musical. Essa música geralmente assume a forma de um jingle, que é incorporado à propaganda de rádio (e às vezes de TV) do cliente. Os fundos musicais fornecidos por agências de propaganda são muito similares aos trabalhos feitos pelas companhias que têm acervos de produção, exceto pelo fato de que o jingle da agência de propaganda é específico de apenas um cliente. (Pense nos jingles do McDonald's e da Coca-Cola, que você já conhece.) Algumas grandes companhias fornecem às suas franquias fundos musicais padronizados que podem ser "identificados" nas diferentes emissoras de rádio.

Geralmente é mais fácil trabalhar com acervos de produção especializada do que com músicas populares. (Você não precisa fazer tanta adaptação da música, como encurtá-la, aproximando o começo do fim para ter um spot de 30 segundos.) Em geral, ou a emissora de rádio compra os direitos de uso do acervo musical inteiro ou concorda em pagar uma taxa para usar uma faixa específica.

Escolhendo a Música para um Trabalho de Produção

A seleção da música pode ser uma tarefa muito complexa. A música pode viabilizar ou interromper uma produção. Um comercial, por exemplo, pode ganhar muito impacto com a seleção de uma música de fundo que reforce a mensagem. Entretanto, uma escolha inadequada pode tirar força da mensagem ou mesmo dela divergir. Por exemplo, um texto que fala sobre os benefícios de uma viagem relaxante pela Agência de Viagens Acme não será reforçado por uma música muito ritmada. Além disso, nenhum texto pode ter o apoio de uma seleção muito familiar a ponto de desviar a atenção pretendida pela mensagem.

Mesmo a menor emissora de rádio pode ter milhares de gravações em seus acervos. As estações de rádio geralmente classificam os acervos por tipo (rock, country, jazz, clássica, e assim por diante). Os computadores facilitam esta rotina, já que o programa pode ser controlado para procurar gêneros específicos de música. As emissoras que mantêm coleções de CDs podem usar um código de cores ou uma listagem numérica ou alfabética nos seus acervos musicais. É importante entender as amplas classificações que as emissoras usam para poder localizar uma música por tipo, rápida e facilmente. Discutiremos algumas classificações amplas mais adiante neste capítulo. O uso de programas de bancos de dados para classificar seleções musicais facilita o trabalho de encontrar diferentes tipos de música.

Muitas emissoras podem dividir seus acervos musicais em seleções vocais e instrumentais, e já que a maior parte da música para produção é instrumental, sua escolha será bastante reduzida. Algumas emissoras destinam uma prateleira para os bons CDs de produção, o que é útil, mas isto pode incluir o risco de algumas seleções musicais se tornarem demasiadamente usadas. Existe de fato um perigo real em se usar demais certas músicas populares (presumindo que você tenha a permissão de usá-las). Como dissemos, uma canção fácil e popular pode atrair mais a atenção do que a mensagem do comercial, de forma que o ouvinte ouve a música, e não a mensagem. De outro modo, uma música popular pode ser exatamente o que se pede numa situação particular. Por exemplo, nos últimos anos, algumas montadoras escolheram músicas conhecidas para fazer uma associação entre músicas específicas e a marca de carro. Geralmente, a montadora negociará com o produtor da música o direito de uso *exclusivo* daquela música. Nenhum outro comercial poderá usar a mesma música em nenhum tipo de propaganda de automóvel.

Muitas peças a serem usadas em produções são escolhidas por alguém que – depois de anos de experiência em produção de estúdio – nota que determinada **parte** no ar seria uma peça particularmente boa para trabalho de produção. Talvez seja um trecho instrumental que transmite entusiasmo, ou alegria, ou outra sensação. Muitas pessoas que trabalham no meio desenvolvem suas preferências em produção de comerciais, embora isso também traga o risco de a música ser usada demasiadamente. Hoje, muitas emissoras pop e urbanas usam elementos de ritmo e percussivos como fundos musicais para suas produções.

De qualquer modo, a música precisa reforçar a mensagem, não distrair o usuário ou destoar do conteúdo. O estilo precisa se encaixar tanto na mensagem quanto no formato da emissora.

Estilos Musicais

Um abrangente conhecimento de música é essencial para o profissional de rádio. Primeiro porque, ainda que sua intenção seja seguir carreira numa rádio de rock, pode precisar trabalhar por dois anos numa emissora de música country ou contemporânea, muito embora sua paixão seja o jazz moderno. Emissoras com um formato amplo, como o novo Jack, podem usar vários estilos musicais na produção e, assim, é preciso conhecer os estilos e ser capaz de usá-los corretamente. Além disso, a música moderna produz muitas **intersecções** entre estilos. Alguns tipos de country, por exemplo, quase soam como rock. Saber reconhecer elementos de vários estilos ajudará a catalogar a música e melhor usá-la para obter efeitos. Revistas do ramo e sites de música podem ajudar a aprender mais sobre música e sobre estilos musicais. Aqui estão as características de alguns dos principais estilos musicais.

Rock. O rock geralmente apresenta bateria e guitarra elétrica. Normalmente tem um ritmo especial, mantido pela bateria e pelo baixo. O de vanguarda inclui efeitos eletrônicos elaborados. As seleções mais calmas de rock geralmente são usadas em produção de rádio como fundo musical. Frequentemente, trechos de sons percussivos são usados repetidamente para comerciais que querem dar ideia de muita energia.

Country. Embora alguns digam que a "voz fanhosa" seja seu atributo mais reconhecível, o gênero country tem suas raízes em uma combinação de estilos, como a música de Nashville, dos apalaches, a música celta, o folk, o blues e o gospel. Na verdade, como possui uma herança diversa, boa parte do repertório de música country atual é orquestrado, de forma que se torna praticamente indistinguível da música popular geral. No passado, o violão com cordas de aço foi a sua base, mas agora quase qualquer combinação de instrumentos pode ser usada. Existem vários subgêneros diferentes dentro deste ritmo. Quem trabalha numa emissora de country deve conhecer todas essas diferenças.

O country pode ser usado em produções para conseguir efeitos especiais (talvez como um fundo musical para um comercial de rodeios) e, claro, é amplamente usado em produção de emissoras com formato country.

Jazz. Este estilo musical pode variar desde a dança tradicional para big band até a dixieland e o bebop, de composições latinas a composições estranhas e altamente experimentais. O jazz geralmente emprega um ritmo sincopado. Enquanto ele é antes de mais nada considerado uma forma instrumental, existem notáveis vocalistas de jazz muito bem-sucedidos. O "cool jazz" é popular e acessível, e tende a ser uma boa música para produção.

O jazz tem muitos usos em produção e é particularmente útil, porque boa parte dele é instrumental. Os tipos mais experimentais são menos utilizados, embora possam às vezes ser escolhidos.

Clássica. O termo *música clássica* é em grande parte um erro de nomenclatura, porque o clássico na verdade se refere apenas a um tipo de música dentro do que é conhecido popularmente como "clássico". O período clássico é representado, por exemplo, pela música de Mozart. O barroco, que precedeu o clássico, é mais comumente associado a Bach, que criava várias melodias que interagiam com contrapontos. (Esse tipo de música barroca é chamada *polifônica*). O período romântico da música seguiu o clássico e é caracterizado pelos trabalhos de Tchaikovsky e, mais tardios, de Beethoven.

Por falta de um termo melhor, abrangemos tudo isso sob a categoria *clássico*, embora algumas pessoas se refiram a este estilo como "música de concerto" ou "boa música". Óperas leves e algumas músicas da Broadway também entram nesta categoria. A música clássica é às vezes útil em produção, porque cria rapidamente um clima e geralmente é usada para obter um efeito especial.

Urban. Este estilo, que é um subgênero do rhythm and blues (R&B), é notável pelos seus riffs com graves pesados e por sua natureza altamente percussiva. A música urbana tem uma batida repetitiva, o que a torna fácil de editar. O rap, o hip-hop e o soul também são considerados subgêneros do R&B. Fundos musicais com música urbana frequentemente podem se sobressair da média da programação em emissoras pop e de música contemporânea, mas podem não ser apropriados para todos os formatos.

Música Popular em Geral. Esta ampla categoria pode englobar muitas outras, embora, essencialmente, a música popular típica seja mais melódica e orquestral do que o rock. Violinos e outros instrumentos de cordas com arco são usados, assim como instrumentos de madeira. O piano é típico deste estilo como um todo, e muitas das seleções de rock mais amenas certamente se encaixam nesta categoria. Do outro lado da moeda estão os sons do "beautiful-music", de Henry Mancini ou Kenny G. Este estilo musical é especialmente útil em tarefas gerais de produção, porque boa parte é instrumental.

Música Especializada. Esta categoria inclui as polcas, as valsas, as músicas de épocas do ano e as marchas, que são usadas em produções quando é solicitado um efeito específico.

VOZ GRAVADA

A voz, que é o segundo elemento mais importante da produção, pode ser gravada por um locutor que está executando uma operação combinada ou por um produtor operando a mesa enquanto um ou mais locutores falam em um ou vários microfones.

Uma tarefa comum em produção de estúdio é atribuir microfones a vários alto-falantes, por exemplo, para a realização de um debate. Aqui, as técnicas de microfone que discutimos no Capítulo 5 são úteis, junto com outras considerações que discutiremos mais adiante. O objetivo mais importante de se gravar uma voz num ambiente de produção em estúdio, na verdade, é conseguir uma gravação limpa que acentue a voz e a fala do locutor. Atingir este objetivo pode envolver considerações como:

- Selecionar um microfone que diminui a ênfase das peculiaridades de um discurso, como **estalar o p** ou **sibilar** excessivamente.
- Substituir um microfone altamente sensível por um modelo de menor sensibilidade, para cortar o ruído do ar-condicionado ou algum ruído de quem está falando.
- Eliminar ruídos da mesa (locutores não profissionais são conhecidos por dar batidinhas na mesa ou fazer ruídos com canetas) ao colocar o microfone num pedestal em vez de sobre a mesa.
- Instruir os locutores, profissionais ou amadores, quanto ao posicionamento e ao uso do microfone. Pessoas não habituadas precisam ser avisadas sobre o fato de falar muito perto ou muito longe do microfone.

Tarefas como essas são comuns em todos os tipos de produção. Mesmo que, em alguns casos, gravar a voz em estúdio seja uma tarefa simples, outras situações são complexas. Duas das dificuldades mais comuns encontradas em trabalho de produção são equipar com microfones vários locutores e se comunicar com eles quando os microfones estiverem abertos.

Equipando Vários Locutores com Microfones

Uma função típica do especialista em produção da emissora de rádio é configurar programas de debates. Com alguns entrevistados no estúdio, é tentador ligar microfones para todos que possam vir a falar.

A maioria dos especialistas concorda, no entanto, que quanto menos microfones você puder colocar, melhor. Usar muitos microfones trará dificuldades para equipar o programa (tentar achar o pot certo para ajustar, por exemplo, quando se está lidando com seis ou sete pessoas) e realizar o faseamento.

Contudo, é prático usar dois microfones quando há dois locutores. Talvez o tipo de programa de entrevistas mais comum envolva um único apresentador e um único convidado, e a tarefa de gravar tal show pode ser bem realizada com dois microfones cardioides, com pouca sobreposição do padrão de captação (Figura 7.6).

A vantagem dessa instalação é que o operador fica livre para controlar os volumes individuais e manter um balanço confortável. Um microfone bidirecional ou omnidirecional também pode ser usado, mas a perda em flexibilidade geralmente não vale a conveniência que se tem ao fazer uma instalação mais simples. Entretanto, quando há vários locutores, uma configuração de microfones simples

FIGURA 7.6

Uma entrevista simples com duas pessoas, e a utilização de microfones cardioides.

Fonte: Philip Benoit.

é uma vantagem, embora seja necessário tomar cuidado para que as pessoas falem em níveis de voz semelhantes. Como dissemos, os problemas de faseamento são uma séria dificuldade na instalação de vários microfones, embora tipos novos, como os cardioides possam ser usados com sucesso quando a pessoa fala perto do microfone (Figura 7.7).

Deve-se também lembrar que toda vez que se abre um microfone, os sons da sala ou os ruídos presentes no estúdio são ampliados.

Para entender os problemas de faseamento, vamos primeiro lembrar de nossa discussão sobre **microfones direcionais** no Capítulo 5. Dissemos que esse tipo de microfone cancela o som com o uso de uma rede acústica dentro do microfone; ou seja, os sons chegam ao diafragma em tempos diferentes e, portanto, se cancelam. O mesmo efeito ocorre no estúdio: o som chega em diferentes micro-

FIGURA 7.7

Leiaute permitindo que seis locutores estejam posicionados em torno de três microfones. A separação e orientação corretas dos microfones poderiam impedir a sobreposição de seus padrões de captação, se fossem usados microfones cardioides.

Fonte: Philip Benoit.

fones em diferentes momentos, com uma diferença suficiente para acabar com o faseamento.

Isto parecerá menos abstrato ao se considerar que o som não viaja muito rapidamente. Embora 335 metros por segundo possa parecer um movimento bastante rápido, note como o som se posiciona em relação à visão. Da última fileira das arquibancadas em um estádio de futebol pode-se discernir facilmente o *gap* entre o momento em que a bola atinge o chão durante um drible e aquele em que se ouve a bola batendo no chão. Atletas de corrida iniciam uma competição quando veem a fumaça da pistola que dá o sinal de partida, em vez de esperar o barulho, que ouvirão uma fração de segundo depois. Agora, com ondas sonoras fazendo, digamos, 5.000 ciclos por segundo (5.000 Hz), é fácil perceber como uma pequena demora pode fazer que os ciclos fiquem fora de fase.

A solução para problemas de faseamento é evitar, sempre que possível, qualquer sobreposição entre os padrões de captação dos microfones. Às vezes, para isto se torna necessário colocar mais do que um locutor num microfone para evitar a sobreposição dos padrões. Por exemplo, é possível equipar seis locutores com três microfones, cada qual posicionado para duas pessoas, para que haja pouca ou nenhuma sobreposição dos padrões de captação.

O conceito de problemas de faseamento pode ficar claro quando se ouve uma transmissão fora de fase. Em muitos casos, para superar este problema basta uma maior separação dos padrões de captação. Mover o microfone geralmente resolve o problema. Usar uma relação de 3 para 1 é útil aqui (Figura 7.7). Geralmente, a distância entre os microfones deve ser três vezes a do microfone em relação ao locutor. Lembre-se de que problemas de faseamento são apenas o efeito dos sons que alcançam os microfones em momentos diferentes e se cancelam uns aos outros. Lembre-se, também, de que mesmo uma minúscula diferença no momento em que os sons alcançam um microfone pode gerar problemas de faseamento.

Outra dificuldade em se equipar com microfones vários locutores é, claro, a questão dos níveis de som. Um locutor que tem uma voz muito forte geralmente não deve ficar no mesmo microfone que alguém que normalmente sussurra. Esta situação, também, exigirá que se trabalhe por tentativa e erro.

Trabalhar com locutores não profissionais cria outro problema com a configuração do volume. Embora um locutor profissional geralmente saiba que deve falar várias sentenças para permitir configurar o pot num nível correto, os amadores desconhecem esta regra. O que ocorre geralmente antes de um debate de mesa é mais ou menos assim:

PRODUTOR: *(ou quem estiver operando a mesa)*: Smith, pode me dar um nível, por favor?

SMITH: O quê?

PRODUTOR: Um nível de volume da voz. Por favor, fale somente para que eu possa configurar seu microfone?

SMITH: O que você quer que eu diga?

PRODUTOR: Qualquer coisa.

SMITH: Oi, oi. Está bom assim?

PRODUTOR: (*que ainda nem achou o fader*): Não, não, fale até que eu peça para parar.

SMITH: Mas o que eu devo dizer agora?

Para piorar as coisas, o nível de volume que Smith finalmente dá ao produtor não tem absolutamente nada a ver com a voz empostada que ele usará quando a gravação começar. Embora não exista uma solução perfeita para este problema, um dos métodos menos controversos para se conseguir um nível de volume de um amador é pedir que cada pessoa conte até vinte. Certo, a voz que uma pessoa usa para contar alto é diferente daquela que de uma conversa, mas o nível de volume de voz que é usado por um locutor consciente de que deve falar alguma coisa para quem solicitou os níveis também não é necessariamente o que sairá durante a conversa. Se houver um ensaio do programa antes de ir ao ar, deve-se usá-lo para configurar os níveis.

Comunicando-se com os Locutores

Quando se trabalha num estúdio de produção, especialmente quando se grava programas de entrevistas, é preciso considerar como se comunicar com os locutores e convidados quando os microfones estão abertos. Isto não chega a ser a metade do problema que existia nos tempos do rádio ao vivo – quando programas inteiros, como os de variedades e dramas, eram colocados no ar ao vivo –, mas conhecer algumas marcações e sinais simples pode acabar com a inconveniência de ter de parar de gravar para dar uma instrução. Além disso, sinais e gestos às vezes são úteis quando um locutor está entrando ao vivo no ar.

Os sinais manuais, na Figura 7.8, mostrados já são usados há um bom tempo, e embora possa não haver muitas situações para usá-los, eles representam uma padronização da comunicação num estúdio.[2]

---

[2] Há uma diversidade de gestos que viabilizam a comunicação entre os apresentadores (locutores) e os técnicos e produtores. Muitas vezes este processo tem particularidades que variam de emissora para emissora e também de acordo com os regionalismos. Um fator que também influencia neste processo de comunicação é que em várias emissoras brasileiras não há mais uma separação entre as áreas técnicas e de locução, fazendo que os profissionais tenham uma comunicação gestual bem maior. (NRT)

FIGURA 7.8
Sinais manuais padronizados em estúdios.
a. "No ar."
b. "Dê-me um nível."
c. "Corte meu microfone."
d. "Encerre."
e. "Alongue."

No Ar. Este sinal (Figura 7.8a) utiliza um dedo apontado diretamente para o locutor.

Me Dê um Nível. Um movimento imitando alguém falando, feito com os dedos (Figura 7.8b), indica que o locutor deve informar seu volume de voz.

Corte meu Microfone. Passar um dedo pela garganta (Figura 7.8c). No caso de estar usando um microfone com fone de ouvido, deve-se apontar para ele também.

Encerre. Este sinal é feito por um movimento circular ("de encerramento") com as mãos (Figura 7.8d).

Alongue. Um movimento com as mãos, como esticando uma borracha (Figura 7.8e). Isto diz à pessoa que está ao microfone para continuar falando e alongar o programa.

É preciso lembrar que esses sinais não são à prova de falhas, e nem todo mundo os conhece. Se eles forem padrão na emissora, ótimo. Poderá ser bem útil se os sinais forem combinados antes com os locutores e convidados.

EFEITOS SONOROS

Falamos de efeitos sonoros em vários contextos nos outros capítulos. Aqui, examinamos como são usados em produção de estúdio. Algumas das fontes de efeitos sonoros mais úteis que se encontram à disposição do produtor são os acervos de CDs vendidos por várias empresas. Esses discos têm trilhas relativamente específicas e informam quantos segundos cada uma tem de duração. Por exemplo, as faixas da categoria de sons de buzinas de carros podem ser classificadas da seguinte forma:

- 17: Buzina, Modelo T Ford, :05
- 18: Buzina, carro moderno, :06
- 19: Várias buzinas no trânsito, :10

Muitos desses CDs possuem inúmeros trechos por disco, então contá-los geralmente é difícil. Felizmente, a maioria dos tocadores de CD profissionais permite ir para uma seção específica do disco usando um seletor ou um controle remoto.

Os acervos de produção também estão disponíveis como arquivos de computador, e é possível escolher diversos formatos, como WAV, AIFF ou MP3. Os efeitos sonoros também podem ser baixados de vários sites da internet, mas é preciso certificar-se de que há permissão para uso dos sons antes de incorporá-los às produções.

Às vezes, não se consegue encontrar o que se busca, e um efeito sonoro precisará ser criado.[3] A maioria de nós está familiarizada com os truques mais comuns da indústria para realizar a produção de efeitos sonoros, como amassar celofane para produzir o efeito do crepitar de chamas. Sabemos também que os resultados – a não ser que seja obra de um especialista – estão aquém do satisfatório. Muitas

---

ATUALIZAÇÃO DO MERCADO • O MAIS MODERNO ESTÚDIO DE GRAVAÇÃO

Quando um artista renomado vai a Nova York para fazer uma performance para uma rádio, geralmente o faz nos estúdios combinados da WQEW-AM e WQXR-FM.

Por quê? Porque essas emissoras construíram um dos melhores estúdios no mercado. Esse estúdio é um excelente exemplo de três dos princípios dos quais falamos neste capítulo:

- Separação sonora. Por exemplo, as janelas entre o estúdio e a sala de controle têm uma polegada de espessura. O estúdio é na verdade uma construção separada dentro de outra.
- Isolamento. É construído sobre amortecedores de neoprene, para que o estúdio não seja afetado pela vibração sonora. Pode-se até sentir um "tremor" quando se anda pelo chão.
- Controle sobre espaços "vivos" e "mortos". As paredes têm painéis que são reflexivos quando fechados e absorvem o som quando estão abertos.

Provavelmente será difícil alcançar essas qualidades técnicas em um outro estúdio, mas pode-se tentar reproduzir os princípios gerais. Por exemplo, um vidro de boa qualidade ou uma grande distância entre a sala de controle e o estúdio podem ser combinados para produzir um isolamento adequado. Talvez não haja orçamento disponível para uma construção dentro de outra, mas é possível tentar manter o estúdio livre de vibrações. Não o instale perto de um elevador. Pendure microfones, em vez de colocá-los nas mesas, se a vibração for um problema. Revestir o chão pode ajudar. É possível instalar revestimentos com dupla superfície, mas também pode-se prender folhas de material amortecedor de sons e removê-las depois, caso seja preciso alternar entre ambientes com som vivo ou morto.

---

[3] Nas emissoras de rádio dos anos 1940 e 1950 eram comuns os programas utilizarem o trabalho dos sonoplastas para darem a dimensão dos ambientes sonoros para cada situação indicada nos roteiros. Porém, com o passar dos anos, com a chegada da TV, a redução das verbas para o rádio e mais recentemente a digitalização dos conteúdos, a função do sonoplasta foi esvaziada. Atualmente, é comum que as emissoras utilizem sites para baixar efeitos sonoros ou comprem coleções de ruídos e efeitos produzidos em estúdios nacionais ou internacionais. (NRT)

pessoas que trabalham com produção e querem dedicar seu tempo e esforço podem criar efeitos sonoros personalizados, mas, em grande parte da produção de rádio, não se faz este esforço.

A maioria dos efeitos sonoros que você pode criar são ruídos de fundo comuns, como o barulho de um restaurante. Bom senso e experiência poderão ajudar quanto a isso; é preciso saber que o microfone e o locutor ouvem de forma diferente. O cérebro pode filtrar ruídos num restaurante, mas o microfone provavelmente captará cada tinir de pratos e de talheres. Então, ao se produzir um efeito sonoro, deve-se estar preparado para experimentar algumas diferentes técnicas de microfone, sem hesitar em tentar vários níveis sonoros e realizar fade in e fade out de vários efeitos diferentes para criar o som que se deseja.

COMBINANDO ELEMENTOS NA PRODUÇÃO

O processo de mixagem de música, voz e efeitos sonoros consiste, essencialmente, em passar sinais pela mesa ou manipulá-los num processo de edição para criar o produto final.

Ao combinar esses elementos num ambiente de estúdio de produção é importante assegurar-se de que o produto final será tão semelhante ao som original quanto possível (e fazê-lo com o menor número possível de regravações do mesmo trecho).

Discutiremos as questões específicas acerca dos vários processos de produção nos devidos capítulos, mas indicaremos aqui como se pode, com eficiência, criar peças de produção. Durante a produção, há algumas formas de se evitar duplicar as trilhas várias vezes. Os programas mais atuais permitem separar cada elemento numa faixa simples. A criação de várias trilhas pode dar grande flexibilidade. A ideia é realizar de uma só vez quantas operações forem possíveis antes de mixar uma versão estéreo; por exemplo, fazer todo o fundo musical (com todas as trilhas) de uma vez, se possível, em vez de adicionar elementos gradualmente e transferir de uma trilha para outra (ou para a fita) várias vezes. (Lembre-se de que se estiver em uso um equipamento analógico, cada gravação trará um pouco de ruído.)

Outro aspecto referente à combinação de elementos na produção é manter a cabeça aberta e usar o máximo de opções possível. Existe uma forma mais fácil de se fazer as coisas? Deve-se pensar nisto, e não usar sempre a mesma rotina por costume. Devem ser usadas técnicas de edição e de transferência ao máximo, em produção de estúdio.

Lembre-se de que é possível fazer uma edição em um programa de computador, num DAW independente ou em um MiniDisc, para os seguintes efeitos:

- Remover erros de uma gravação existente.
- Inserir perguntas, respostas ou pausas.
- Inserir sons **reais**.
- Dar concisão e remover lapsos em qualquer programa.

Pode-se fazer uma transferência para:

- Reproduzir uma fonte sonora num formato mais conveniente (por exemplo, colocar uma seleção musical curta numa cartucheira digital para fazer que fique mais fácil de ser localizada).
- Manter parte de uma edição quando não se quiser fazer edições destrutivas ou cortar gravações de fitas antigas, e quando não se estiver preocupado em adicionar outra geração à fonte sonora.
- Liberar parte de um equipamento.
- Mixar duas ou mais fontes.

É preciso lembrar que trabalhar num ambiente de estúdio quase sempre significa se esforçar para ter excelente qualidade e eficiência nas operações. Embora se possa aceitar alguma redução na qualidade em coberturas ao vivo de um evento a ser noticiado, o material produzido no estúdio precisa ter boa qualidade, não ter falhas na técnica do microfone ou nas habilidades de produção.

Ao mesmo tempo, é importante lembrar que em nenhum lugar a equação "tempo é dinheiro" é mais óbvia do que no estúdio de radiodifusão moderno. Pode existir muita gente pedindo para usar o estúdio, então, fazer seu trabalho numa sequência baseada em tarefas é muito eficiente.

RESUMO

Muitos programas são gravados antes por serem muito complicados para montá-los ao vivo; além disso, elementos de programas, como comerciais que serão usados várias vezes, são gravados antes para que a pessoa que está operando a transmissão no ar não precise "reinventar" a roda para produzi-los.

Estúdios de produção variam muito em tamanho e complexidade, desde arranjos pequenos no canto de uma sala até grandes centros operacionais, completos e com equipamento moderno.

O trabalho de produção mais eficiente é feito numa sequência baseada em tarefas; ou seja, a produção é organizada de acordo com as exigências do calendário de produção. O trabalho não é necessariamente produzido em uma ordem sequencial estanque, ou seja, do começo ao fim. Pode ser mais conveniente, por exemplo, produzir o fim do spot antes, depois o meio e finalmente o começo.

A música é um elemento importante na produção de programas gravados. Ela vem de várias fontes, incluindo o acervo básico que vai ao ar na emissora e os acervos especialmente licenciados. Às vezes, a música é gravada especificamente para um comercial ou outro spot especial.

Atribuir microfones a vários locutores geralmente envolve a instalação de microfones e canais em quantidade suficiente para que o operador da mesa ajuste a variação natural da potência da fala dos indivíduos.

APLICAÇÕES

SITUAÇÃO 1 / O PROBLEMA O produtor estava fazendo uma configuração para um programa no qual operaria a mesa para uma entrevista com três convidados. Ele havia instalado um microfone omnidirecional. Tudo funcionou bem, mas um dos convidados tinha por acaso uma voz muito, muito suave.

SOLUÇÃO POSSÍVEL Embora seja uma boa opção para algumas circunstâncias, um microfone omnidirecional não é indicado para esta situação. Em vez disso, o produtor instalou dois cardioides, certificando-se de que os padrões não se sobrepunham. Os dois convidados de voz grave estavam num padrão de captação; e o de voz suave no outro. Portanto, os níveis poderiam ser igualados.

SITUAÇÃO 2 / O PROBLEMA A diretora de notícias de uma pequena emissora queria usar parte de um grande escritório como estúdio anexo durante a cobertura das eleições. Infelizmente, a sala tinha um som tão "vivo" que soava como se as entrevistas de candidatos estivessem sendo feitas no chuveiro.

SOLUÇÃO POSSÍVEL A diretora de notícias comprou papelão grosso e fez um quadro 2 × 4 e o usou como uma divisória, fazendo que a sala (de fato) ficasse menor. Ela também colou algumas caixas de ovos na parede para desviar o som ambiental e reduzir o ruído da sala.

EXERCÍCIOS

1. Prepare um comercial para um futuro concerto hipotético. Esta árdua tarefa de produção é o tipo de atividade que eventualmente alguém pode

lhe pedir que faça. Esta atividade em particular pede o uso de quatro trechos de um cantor popular; embora você geralmente não use vocais para trabalhos de produção, não terá escolha quando o objetivo for divulgar a performance realizada por um cantor. Para produzir esse spot, pegue o CD de um vocalista da sua coleção pessoal ou do acervo da sua faculdade ou emissora. Eis o texto a ser utilizado para produzir o spot:

FAZENDO UMA APRESENTAÇÃO AO VIVO NO CENTRO CÍVICO, EM 12 DE JUNHO, _____ EM PESSOA!
(*primeiro corte, fade down*)

JUNTE-SE A_____ EM SEU/SUA PRIMEIRA TURNÊ POR AQUI.
ESTE É O EVENTO MUSICAL QUE VOCÊ ESTAVA ESPERANDO.
(*segundo corte, fade down*)

OS INGRESSOS ESTÃO SAINDO A $ 25,00 E $ 15,00, E PODEM SER ADQUIRIDOS PELA AGÊNCIA DE INGRESSOS OU NA BILHETERIA DO CENTRO CÍVICO.
(*terceiro corte, fade down*)

NÃO PERCA A OPORTUNIDADE DE ASSISTIR _____, EM CONCERTO, NO CENTRO CÍVICO, DIA 12 DE JUNHO ÀS 19H.
(*fecha com o vocal*)

Dependendo do equipamento disponível, você pode produzir esse spot de várias formas diferentes. Se tiver um DAW ou um computador com capacidade para várias trilhas, poderá transferir a música para diferentes trilhas e posicioná-las em locais apropriados sob a trilha da sua voz. O programa do DAW permitirá usar cross-fading para que as transições para a música fiquem suaves.

2. Desta vez, prepare antes o fundo musical ao transferir as faixas para um MiniDisc, um computador ou uma cartucheira digital. Você não conseguirá fazer cross-fade, então agrupe as músicas. Agora, faça o comercial, lendo o texto sobre o fundo musical.
3. Produza o mesmo comercial, desta vez realizando o cue de um disco por vez, e parando o disco, computador ou cartucheira digital depois de ter tocado a parte e lido o texto apropriado. Faça o mesmo com os outros discos.

Não existe jeito certo ou errado de produzir esse comercial, mas tentar produzi-lo recorrendo às três técnicas dará uma ideia das vantagens e limitações de cada uma.

8

✷

Produção ao Vivo — No Ar

Um dos mais precisos testes de medição da habilidade em produção é fazer um airshift. Ou seja, fazer a locução e operar a mesa simultaneamente, embora hoje em dia isto possa ser feito por voice-track ou com ajuda da automação de um computador. Este é o ponto no qual todas as outras técnicas de produção entram em ação; portanto, durante o airshift, você utilizará todas as suas habilidades para produzir a fluência sonora que marca o caráter único da sua emissora.

Vamos considerar que essa atividade seja feita ao vivo. Você certamente usará todas as habilidades que discutimos até agora. A principal tarefa numa situação ao vivo é mixar as fontes sonoras na mesa. Essas fontes, logicamente, vão para o transmissor e entram no ar, em vez de para um arquivo sonoro num HD de computador. Obviamente, é preciso evitar erros a qualquer custo. Não há como voltar atrás, e um erro, como um comercial que não é produzido por causa de um arquivo de áudio cujo cue foi feito errado, que teria sido um pequeno incômodo numa produção de estúdio, é um grande problema quando acontece no ar. Em primeiro lugar, *interrupções na transmissão* indicam desleixo. Para piorar as coisas, o comercial precisará ser remarcado (o que é chamado de *corrigir*) e, em alguns casos, é necessário pedir desculpas ao anunciante, que por certo vai se irritar.

Uma consideração genérica a ser feita quanto à produção ao vivo é a transição de uma fonte para outra. Esta, na verdade, é a essência da performance no ar. A maioria dos formatos rápidos centra-se no que é chamado de *programação lotada*, o que significa que dificilmente há algum espaço (em alguns casos existe até uma sobreposição) entre as fontes sonoras. Entretanto, emissoras que transmitem bate-papos e muitas emissoras de NPR (National Public Radio), públicas, geralmente usam a pausa como efeito e podem não mixar um som com o outro. Produtores experientes em produção ao vivo desenvolvem um ritmo, um sexto sentido do tempo, que é essencialmente uma questão de prática, embora uma compreensão maior do trabalho ajude.

AIRSHIFT TÍPICO

A produção ao vivo é feita por três tipos de funcionários da emissora de rádio: o locutor que opera uma mesa multifuncional, o técnico que opera uma mesa para um locutor, ou um operador de mesa numa emissora que pode ter automatizado parte de sua programação. O arranjo usado na sua emissora será em grande parte determinado por uma combinação das práticas que adota e, em alguns casos, por regras sindicais. Em geral, apenas os maiores mercados têm um técnico especial operando a mesa para o locutor. O número de operações multifuncionais (Figura 8.1) ganha de longe do número de arranjos com técnicos e locutores, e é provável que você estará operando a mesa multifuncional nos seus primeiros trabalhos no rádio.

Hoje, os sistemas de automação e tecnologia por computador simplificaram muito algumas das tarefas que estão associadas à realização de um airshift. Falaremos disso mais adiante neste capítulo, mas, por enquanto, vamos considerar que sua emissora não seja automatizada.

Tarefas de um Produtor no Ar

Um produtor no ar – o locutor da equipe ou um DJ – cuida da operação multifuncional. Este tipo de produção é complexo e estressante, e de modo geral envolve a maioria ou todas as seguintes tarefas:

- Operar a mesa
- Realizar o cue de discos e fitas, se as músicas e os comerciais não estiverem programados em computador (em sistemas que programam a música e os comerciais, quem está no ar frequentemente toca bumpers e stingers e faz a locução ao vivo)
- **Cuidar dos níveis** das fontes sonoras que vão ao ar
- Selecionar a música de preenchimento
- Anunciar as músicas, ler mensagens comerciais, fazer atualizações das condições do trânsito e da previsão do tempo, e, em alguns casos, ler notícias
- Gravar programas enviados por redes para uma futura transmissão
- Atender o telefone

FIGURA 8.1
Hoje, a automação de computadores ajudou a simplificar as operações combo. Aqui, o âncora da WCBS-AM, Steve Scott, pode colocar no ar um comercial, um relatório de notícias, ou um fato ocorrido, usando o mouse, tocando a tela ou usando a mesa de radiotransmissão.
Fonte: Phil Benoit.

- Monitorar o Emergency Alert System – que disponibiliza informações de emergência/última hora
- Verificar se existem notícias ou itens esportivos importantes, monitorando o computador de notícias, e salvando o conteúdo apropriado para os colegas da emissora
- Realizar a manutenção geral, como arquivar CDs, logs comerciais, transferir arquivos sonoros entre a estação audiodigital e os reprodutores (se eles não estiverem conectados em rede) e, às vezes (em emissoras muito pequenas), passar o aspirador de pó
- Fazer a leitura das medições, caso esta tarefa não seja automatizada
- Manter um log do programa
- Reproduzir notícias durante noticiários
- Realizar trabalho de produção fora do ar (às vezes no canal audition) quando um programa longo, como uma transmissão de jogo ou um programa pré-gravado, estiver no ar
- Em alguns casos, montar e ler o noticiário local

Se achar que essas tarefas podem ser estressantes, você está completamente certo. Realizar um airshift pode ser exaustivo para a mente. Embora os ouvintes possam pensar que tocar música e falar um pouco por quatro horas ao vivo seja fácil, quem já fez sabe que é exatamente o contrário.

Emergency Alert System (EAS). Além do trabalho intenso envolvido, atuar como produtor no ar envolve algumas tarefas de maior importância. Em momentos excepcionais, por exemplo, a pessoa que está no ar precisa comunicar mensagens muito importantes ao público. Emergências climáticas geralmente exigem que o operador que está no ar repasse as notícias e informações fornecidas pelas autoridades locais e regionais.

Existem muitas configurações de sistemas de emergência. As autoridades locais podem ter um sistema conectado a emissoras da área, seja um sistema de transmissão radiofônica ou uma rede de telefones. Além disso, as autoridades federais norte-americanas exigem que todas as emissoras no país participem do **Emergency Alert System** (EAS), um sistema governamental estabelecido em 1994, que foi criado para permitir às autoridades comunicar o público a respeito de situações emergenciais. O EAS substituiu o Emergency Broadcast System (EBS). Este antigo sistema ligava as emissoras de rádio ao governo federal por um modelo de "pirâmide", no qual grandes emissoras retransmitiam o alerta a emissoras regionais, que então o retransmitiam a emissoras menores, e assim por diante. Esse sistema podia transmitir apenas uma mensagem curta.

Embora o sistema tenha sido projetado originalmente para notificar emergências nacionais, os radiodifusores descobriram que o uso de ramificações menores do sistema permitia a transmissão de informações vitais sobre emergências climáticas. Quando o novo sistema EAS foi criado, as autoridades decidiram aproveitar a capacidade local e permitir que as emissoras de rádio personalizassem mais amplamente sua forma de recebimento de emergências. Agora, um alerta EAS pode ativar várias fontes diferentes, incluindo estações meteorológicas, e o operador de rádio pode receber e retransmitir relatórios eficientemente localizados (Figura 8.2).

O monitor EAS na sala de controle é ativado por um *transmissor de dados*, que envia uma mensagem que pode ser armazenada digitalmente e reproduzida momentos após sua recepção. Em um passado recente, a grande maioria de alertas EAS envolveu emergências climáticas e desastres naturais, como furacões e tornados. Quando o furacão Katrina atingiu a costa americana do Golfo do México em 2005, o rádio conseguiu transmitir informações vitais de alento a vítimas do desastre, enquanto outras mídias, como jornais e emissoras de televisão, não tiveram condições de fazê-lo. Após este desastre, a Federal Emergency Management Agency propôs um novo sistema de avisos que integraria o EAS com um novo sistema chamado Integrated Public Alert and Warning System (IPAWS). Infelizmente, o sistema não estava operando durante a horrível enchente de 2008 no Meio-Oeste norte-americano.

Cada emissora de rádio precisa criar um log, receber três alertas EAS com sucesso por mês, e transmitir alertas três vezes por mês. Além disso, um teste aleatório completo do sistema é ativado mensalmente pelo Estado.

O governo federal, em cooperação com a TV e o rádio, também instituiu o plano **Amber** (America's Missing: Broadcast Emergency Response), que usa o sistema de alerta para dar informações sobre crianças desaparecidas. Quando as

FIGURA 8.2
Monitores de alerta de transmissão de emergência. Veja que os monitores EAS e os monitores climáticos são separados.
Fonte: Fritz Messere.

autoridades confirmam um relatório a respeito de uma criança desaparecida, um alerta é enviado pelo sistema EAS. As emissoras de rádio integrantes interrompem a programação para dar uma descrição da criança sequestrada e do suspeito do crime, e detalhes do sequestro são transmitidos a milhões de ouvintes e telespectadores.

Monitorar o sistema EAS é uma tarefa importante do produtor que está no ar. O equipamento de cada emissora é um pouco diferente, e é possível receber instruções específicas da gerência da emissora. Mais informações sobre o EAS podem ser obtidas na home page: http://www.fcc.gov/pshs/services/eas/. Lembre-se de que, embora as tarefas de um produtor que esteja no ar possam ser divertidas, elas também podem envolver enorme responsabilidade.

Programação Característica

Como essas tarefas estão integradas no dia de trabalho? Consideramos o que, segundo nossa experiência, constitui uma programação bem padronizada para locutores matutinos e vespertinos que trabalham em emissoras médias (Tabelas 8.1 e 8.2). Dividimos as atividades em tarefas no ar e fora do ar. Ambas as programações refletem o começo de um turno típico, embora possa haver infinitas variações nos temas que são apresentados.

Lembre-se de que um locutor é também responsável por anunciar a música e deve oferecer informações e entretenimento ao mesmo tempo.

O SOM DA EMISSORA

A principal responsabilidade do produtor que está no ar é apresentar uma programação que reforce o formato e os objetivos da emissora. As características que identificam a emissora de rádio são abrangentes e expressas no que é conhecido, amplamente, como o *som* da emissora. Os elementos do som não são apenas os

> **PENSE NISSO • A ÉTICA E AS PROMOÇÕES NO RÁDIO**
>
> As promoções, em geral, podem e costumam fugir ao controle. Num caso particularmente trágico, uma mulher de Sacramento, na Califórnia, morreu em janeiro de 2007, logo após ter participado de um concurso promovido por uma rádio para ver quem bebia mais água.
>
> Foi instaurado um inquérito policial, mas não foram formalizadas queixas pela morte que, aparentemente, teria ocorrido por intoxicação pela água, após a mulher ter bebido cerca de dois galões no concurso promovido pela estação KDND.
>
> A prova consistia ainda de verificar quanto tempo 20 participantes que haviam bebido muita água aguentariam até irem ao banheiro, e o vencedor ganharia um videogame.
>
> Alguns dias após a morte da concorrente, a emissora demitiu cinco locutores e cinco outras pessoas da equipe que haviam participado do concurso, de acordo com um relatório da Sacramento Bee. A emissora KOVR relatou que a família da mulher estava planejando entrar com uma ação civil contra a emissora. De acordo com vários relatórios da imprensa, alguns DJs estavam fazendo piada sobre a possibilidade de as pessoas morrerem intoxicadas por água e caçoaram da participante por causa de seu estômago dilatado. O *The San Francisco Chronicle* relatou que um DJ, após ouvir de outro: "temos um cara que está prestes a morrer", respondeu, "peça então que ele assine a liberação", desencadeando uma gargalhada geral no estúdio.
>
> Excesso de água pode alterar a química do corpo em um nível tão grande que pode até mesmo interferir nas batidas do coração e causar inchaço no cérebro.[1]
>
> Questões a serem discutidas: o que você estabeleceria como limite para promoções desse tipo? Você acha que o concurso de beber água ultrapassou esse ponto, ou foi simplesmente uma consequência bizarra e trágica que não tinha como ser prevista? Como isso poderia estar relacionado aos reality shows de TV nos quais há todo tipo de provas perigosas pelas quais devem passar os participantes? Ou existiriam dois padrões de provas para esses fins?
>
> ---
>
> [1] Adaptado da *Ethics Newsline*, "Woman Dies after Participating in Radio Station Contest", 22 jan. 2007, <http://www.globalethics.org/newsline/2007/01/22/woman-dies-after-participating-in-radio-stationcontest/>. (Também disponível como: Lee, Henry K. "Sacramento KDND not culpable in water contest", <http://www.sfgate.com/cgi-bin/article.cgi?f=/c/a/2007/ 04/03/WATER.TMP>. Acessado em 23/11/08.)

tipos de música tocados. Definindo também o som, temos o ritmo, o conteúdo, o tipo de locução e a mistura das fontes do programa.

Ritmo

As programações exibidas nas Tabelas 8.1 e 8.2 revelam uma emissora com um ritmo relativamente lento. Em muitas das emissoras mais frenéticas, os elementos

CAPÍTULO 8   PRODUÇÃO AO VIVO – NO AR

TABELA 8.1   Programação da manhã

HORÁRIO (Matutino)	No Ar	Fora do Ar
5h30 – 5h59		Chegar à emissora, aquecer o **transmissor**, verificar com o repórter de notícias se há atualizações nas principais notícias locais, tirar os MiniDiscs e realizar outras preparações para o progama, ligar a mesa e outros equipamentos.
5h59 –	Fazer o anúncio inicial, identificando a emissora.	
6h00 – 6h05	Colocar as notícias da rede no ar.	Verificar, no computador, o resumo do que será tocado na emissora pela manhã. Preparar o log comercial e outros materiais a ser transmitidos no programa da manhã.
6h05 – 6h07	Acionar a introdução do programa de notícias locais no MiniDisc, realizar o cue das gravações do repórter, abrir o microfone do repórter, controlar os níveis.	Tocar o áudio do repórter.
6h07 – 6h09	Dizer oi, introduz o programa, fazer algum comentário sobre o tempo, colocar a primeira música.	
6h09 – 6h12	Tocar a primeira música.	Reunir um relatório esportivo com as **notícias on-line** acessadas num computador e as do jornal local.
6h12 – 6h13	Ler um comercial.	
6h13 – 6h15	Ler a previsão do tempo.	
6h15 – 6h18	Tocar uma música.	Informar-se sobre as entradas em log, responder chamadas telefônicas, pegar algumas notificações sobre escolas que não abrirão por causa do tempo.
6h18 – 6h19	Tocar spots no computador.	Verificar a próxima música, realizar o cue de arquivos sonoros, ver o quanto dura a abertura instrumental da próxima seleção musical para falar até a entrada do vocal.
6h19 – 6h22	Ler as notícias esportivas, tocar um spot para um patrocinador de um relatório esportivo.	
6h22 – 6h25	Tocar uma música.	Gravar um relatório de esqui que foi enviado por telefone pelo correspondente, guardar o MiniDisc que foi tocado, realizar o cue do programa *Negócios Hoje*.
6h25 – 6h29	Tocar a fita do *Negócios Hoje*.	Pegar o MiniDisc do repórter para conseguir um relatório maior de notícias locais, gravar o relatório de trânsito local que foi enviado pela AAA.
6h29 – 6h30	Tocar um comercial, acessar o relatório de notícias local.	

TABELA 8.2 Programação da noite

Horário (Vespertino)	No Ar	Fora do Ar
18h45 – 19h00	Operar a mesa para um talk show com telefonemas (filtrar as ligações, colocar no ar, operar o sistema secundário de atraso)	
19h00 – 19h05	Notícias da rede.	Rever o computador para obter o arranjo musical.
19h05 – 19h07	Ler as principais manchetes locais e da previsão do tempo, anunciar um programa musical.	
19h07 – 19h10	Tocar uma música.	Iniciar a cartucheira digital para gravar um programa de rede a ser transmitido depois.
19h10 – 19h12	Informar o horário e a temperatura, improvisar um spot a partir de um roteiro.	
19h12 – 19h15	Tocar uma música.	Fazer o download das condições atuais de temperatura, monitorar a rede para o início de um programa de esportes.
19h15 –	Sports pregame show e jogo local.	Monitorar o jogo para poder inserir comerciais e dar identificação da emissora, executar logs, produzir vários spots.

dos programas se inserem com rapidez e intensidade – um jingle aqui, uma piada ali, e então um spot ou um cluster comercial.

Manter um ritmo é observar a si mesmo para garantir que segmentos no ar não sejam muito longos (ou muito curtos, dependendo da emissora). A apresentação de conteúdo pode variar, também, conforme o ritmo da programação de sua emissora.

Conteúdo

O conteúdo de uma emissora é o que ela diz e toca. Isto soa óbvio, mas manter a continuidade de conteúdo não é tão fácil quanto parece. Para um produtor no ar, a continuidade de conteúdo é mantida quando não se toca um rock moderno numa emissora de música suave, ou quando não se usa uma apresentação rápida se o apresentador comandar um programa de antigos sucessos num sábado à noite. Por outro lado, uma emissora que toca seleção de sucessos não vai querer que o locutor fique falando devagar entre duas seleções rápidas. Os DJs geralmente desenvolvem uma percepção aguçada para igualar e padronizar o tempo das músicas e a locução.

Este é um aspecto importante a ser lembrado. O rádio é uma mídia particularmente local, então o conteúdo da programação geralmente deve refletir o que estiver ocorrendo em uma comunidade específica. A emissora pode ter um quadro de avisos da comunidade e, em todo caso, é importante saber o que está acontecendo na região.

Estilo de Locução

Embora o foco deste livro seja a produção, as operações no ar exigem uma breve discussão sobre locução. Quando são realizadas operações combinadas, as tarefas de locução e de produção estão ligadas. O locutor é, muitas vezes, o produtor, e vice-versa.

O estilo correto de apresentar o conteúdo depende da combinação do estilo e do formato da emissora. Emissoras country e clássica requerem estilos de comunicações diferentes. Se o DJ de country pode falar em cima da música no começo da gravação e apresentar créditos dos músicos e cantores da música que está sendo ouvida, o locutor de música clássica, por sua vez, apresentará o conteúdo de modo mais formal, respeitando um espaço de silêncio entre as introduções faladas e o início das gravações que estão sendo levadas ao ar. Além disso, o locutor de música clássica dará mais informações sobre os compositores do que sobre os artistas.

O desenvolvimento das habilidades de um locutor competente exige muito treinamento. Verifique se sua escola disponibiliza aulas de voz e dicção. Aproveite todas as oportunidades para ler textos em vários estilos de rádio, esforçando-se sempre para obter um estilo interlocutivo (não é tão fácil quanto parece).

Um bom locutor da área diz que desenvolveu suas habilidades de improvisação descrevendo o cenário que via todas as manhãs enquanto dirigia seu carro indo para o trabalho. É preciso ter em mente que bem poucos são naturalmente talentosos em locução de rádio. Todos, porém, precisam trabalhar muito pesado e praticar constantemente (veja a "Atualização do Mercado" na página 196).

Misturando as Fontes Sonoras

Algumas agitadas emissoras de rock combinam o máximo possível de fontes sonoras. O clima, por exemplo, pode ser apresentado por cima da introdução instrumental da música; comerciais sempre têm fundos musicais. **Transições** são comuns; uma nova fonte sonora sempre é apresentada antes do final de uma peça musical. Já numa emissora que toca adult contemporary (música contemporânea para adultos) não seria possível misturar fontes sonoras desta forma. Dependendo da estra-

> ## RÁDIO RETRÔ • OLÁ A TODOS NA TERRA DO RÁDIO, AQUI QUEM FALA É O SEU LOCUTOR
>
> Como um locutor deve falar? Em relação a isto, desde o desenvolvimento do rádio sempre houve várias opiniões e mudanças de tendência. Aqui está um apanhado geral e uma moral da história no fim.
>
> Os locutores do início do rádio eram quase todos homens e, naquela época, quando o rádio ainda era uma mídia bastante experimental, acreditava-se que a voz aguda de um tenor fosse a ideal para o rádio, pois só ela poderia atravessar a interferência e passar pelo sinal de rádio. Se na ópera são os tenores masculinos que alcançam as notas mais fortes, a voz de tenor operístico revelava-se, então, ideal para o rádio.[1]
>
> Mas quando o rádio se transformou numa mídia de show business, alcançando milhares ou mesmo milhões de ouvintes com a voz da pessoa no ar, os gostos mudaram, valorizando-se locutores que imitavam o estilo popular de oratória.
>
> Os oradores, que efetivamente falavam a grandes grupos, geralmente eram homens com potentes vozes graves.
>
> Deste modo, o *baixo profundo* se tornou norma no rádio, especialmente para notícias. A tendência migrou para a televisão, com locutores com um grave poderoso, como Walter Cronkite, dominando as ondas sonoras. Os locutores tentavam falar como Cronkite, ainda que não conseguissem, gerando, às vezes, resultados cômicos.
>
> Era igualmente cômica a forma cantante de falar de alguns DJs. Ninguém sabe direito como este estilo em particular evoluiu, mas um palpite é que este era um estilo que imitava a fala altamente estilizada dos mestres de cerimônias ou dos apresentadores de vaudeville.
>
> Hoje em dia, existe um consenso bastante claro quanto ao que um locutor não deve fazer: não se deve falar como nenhum tipo de locutor desses aqui descritos. A voz artificial está ultrapassada e soa ridícula. Em lugar disso, os gerentes de rádio querem pessoas que possam se comunicar no ar com um estilo que demonstra comunicação interpessoal convincente.
>
> Lembre-se: no rádio, você está falando com uma pessoa, não está discursando nem encenando um programa.
>
> ---
> [1] A escola de rádio brasileira foi moldada sobre os alicerces do formato norte-americano, pois foi de lá que importamos os equipamentos e as maneiras de fazer rádio no início da década de 1920. Com o passar dos anos, apesar de absorvermos muito da influência norte-americana, também criamos algumas formas próprias de produzir e veicular conteúdos no rádio. Em função do público da época, o rádio brasileiro seguia o mesmo modelo de locução formal e empostada. Tanto, que um dos nomes revolucionários foi Nicolau Tuma, que inovou na transmissão de futebol ao imprimir mais velocidade na narração. Por isso ficou conhecido como "speaker metralhadora". (NRT)

tégia de programação da emissora, uma estação country pode usar um conceito adaptado de mistura de fontes sonoras.

A garantia de sucesso de uma produção ao vivo depende da qualidade e da técnica da produção integradas ao som da emissora. A seguir, apresentamos outras sugestões que podem ser úteis.

SUGESTÕES PARA PRODUÇÃO AO VIVO

Não podemos tratar de todas as situações específicas porque o conteúdo, os formatos e o equipamento variam muito. Mas existem algumas sugestões genéricas para o trabalho no ar, bem como algumas recomendações de precaução, que vêm de experiências (às vezes, desagradáveis).

Operação da Mesa

Como regra geral, é bom zerar os faders. Entretanto, com um programa de computador, uma cartucheira digital ou um reprodutor de MiniDisc, é possível deixar o pot configurado no nível apropriado. Com tocadores de CDs é uma boa ideia colocar o fader no zero para evitar realizar o cue no ar. É preciso ser extremamente cauteloso com faders e switches seletores que controlam as linhas e os telefones da rede. Eles costumam ficar abertos quando nada está sendo transmitido. Quando é enviado um sinal, ele pode se manifestar como um choque para quem está no ar e deixou o sinal aberto.

Estabelecendo uma Rotina

Independentemente de como se escolheu operar a mesa, é preciso fazê-lo de forma consistente. Mantenha o hábito, por exemplo, de verificar com segurança que o mic não está ativado na mesa antes de falar. Além disso, jamais fale palavrões ou use termos ofensivos enquanto estiver na emissora de rádio. Assumindo isto como uma regra geral e pessoal, evita-se falar alguma bobagem no ar. Os problemas provocados por este tipo de atitude podem ser bem sérios, e isto infelizmente acontece. Por isso, elimine palavrões do vocabulário comum diante de um microfone. Infelizmente, os microfones sempre estão abertos nos momentos errados.

Outra preocupação: se sua emissora usa um switcher de roteamento para enviar entradas à mesa que está no ar, certifique-se de colocar todas as entradas de volta ao normal.

Planejando Antecipadamente

Um bom operador de mesa tem de ser como um bom jogador de bilhar que pensa várias jogadas antes, para não ficar numa posição em que não possa agir. Pense da mesma forma ao realizar um airshift. Se a emissora não conta com música pré-selecionada num sistema de computador, selecione quantas músicas puder antecipadamente; prepare quantos segmentos (blocos) forem possíveis. Uma ligação ou qualquer outra interrupção pode causar muito atraso e prejudicar o programa.

> ### ATUALIZAÇÃO DO MERCADO • O QUE FAZER...
> ### MAS, MAIS IMPORTANTE, O QUE NÃO FAZER
>
> Quando estiver realizando um airshift, você pode ao mesmo tempo entreter o público e envolvê-lo no ritmo e na sequência do que está tocando.
>
> Caso contrário, você pode estar afastando seus ouvintes. Os diretores de programas de rádio preocupam-se tanto – quem sabe, até mais – com as pessoas que estão deixando de sintonizar quanto com as que de fato estão. Realmente, "sintonizar outra estação" é um fator importante para se construir o formato e escolher (e manter) talentos.
>
> Uma das prioridades do produtor que faz um airshift e fala no ar é evitar irritar os ouvintes. Isto não significa *não* ser exatamente desagradável; se, de repente, alguns DJs populares se tornassem mais suaves seria motivo para muitos ouvintes deixar a emissora.
>
> A questão é: as migrações ocorrem quando os ouvintes não têm o que estão esperando. Se querem ouvir música e o DJ fica falando, eles dessintonizam. Se querem ouvir o DJ falando e ele não fala, eles dessintonizam.
>
> Os seguintes aspectos irritantes devem ser sempre evitados quando você estiver no ar:
>
> - *Muita animação.* A maioria dos locutores está "baixando o tom" de suas locuções. De modo geral, o jeito "tapa na cara" de falar tornou-se impopular até mesmo nas emissoras com formato mais pesado. A locução atual é muito mais pessoal.
> - *Muitos lembretes sobre quantas músicas são tocadas.* Entrevistas com ouvintes descontentes confirmam que quando se interrompe continuamente a música para dizer quantas músicas estão sendo tocadas – DEZ HITS DE UMA SÓ VEZ! – irrita muito. É preciso lembrar que se for anunciado "menos conversa", é exatamente isto que o ouvinte de fato espera. Se você estiver encarregado da produção desses "anunciantes" (anúncios so-

Passe algum tempo diariamente planejando antes seu programa do dia seguinte. Existem eventos na comunidade sobre os quais você quer falar? Existe um evento esportivo local importante pelo qual seus ouvintes se interessariam? Pensar sobre seu próximo programa deveria ser algo rotineiro, e não uma exceção.

Fique Atento aos Finais Falsos

Um **final musical falso** é uma música que parece que vai acabar – mas não acaba. O locutor, nesse momento, provavelmente já começou a falar e vai se sobrepor ao verdadeiro final da música. Isto soa muito antiprofissional. Verificar a contagem do tempo num computador da programação pode, por certo, ajudar a evitar este problema.

- *"Pré-vendas" intermináveis antes de começar um programa sem intervalos.* "DEZ DE UMA SÓ VEZ, EM BREVE, SIM, DEZ DE UMA SÓ VEZ, O PROGRAMA SEM INTERVALO DO MEIO-DIA, LÁ VEM..." pode fazer que o ouvinte mude de estação antes de a seleção começar.
- *Rir de suas próprias piadas.* Locutores às vezes gostam de se convencer de que são engraçados rindo sem parar com o repórter da previsão do tempo, mas isto nem sempre parece divertido ao ouvinte.
- *Interromper o final das músicas.* Os ouvintes, na verdade, querem ouvir a música toda, e não vão gostar que você fale em cima dela ou que a corte antes do final. Pesquisas dizem que os ouvintes ficam irritados ao perder o final das músicas que estão ouvindo. Em poucas palavras, não fale em cima de músicas que terminam frias (sem um fade out).
- *Complicar o prefixo da emissora.* Emissoras de rádio geralmente usam "apelidos", como "Mix 101", que não têm relação real com o prefixo da emissora. Consequentemente, quando as emissoras dão a identificação legal exigida (um anúncio direto do prefixo da emissora e o local onde ela está) em cima da hora, os locutores geralmente tentam integrá-la numa montagem muito produzida que se aproveita do apelido da emissora. Os ouvintes se irritam com isto. Simplesmente diga o prefixo da emissora, e não faça uma enorme produção em cima disso.
- *Falar durante a introdução instrumental até começar a parte vocal da música.* Grupos especializados dizem que isto é irritante e geralmente visto como um exercício de autoindulgência por parte do locutor.
- *Insistir em não mexer no medidor VU em todos os elementos sonoros.* A pesquisa mostra que ouvintes estão se cansando de estouros incessantes.

Às vezes, isso ocorre também com os comerciais. Evite problemas rotulando claramente o material do programa que tem final falso. Por exemplo, se sua emissora usa um computador para reproduzir comerciais, pode ser possível rotular o arquivo sonoro como uma forma de identificar tais problemas; por exemplo, <Pizza do Geno – falso>. Muitas emissoras rotulam segmentos comerciais com outros finais. Por exemplo, se seu comercial termina com uma música realizando um fade out, a palavra "fade" é adicionada ao título; por exemplo, <Pizza do Geno – fade>. A maioria dos programas de computador permite a observação do tempo gasto com cada segmento do programa no display. Isso pode ser útil para que o operador determine quando um comercial está terminando, e facilita a tarefa de operar uma mesa apertada, além de evitar momentos embaraçosos conhecidos como *dead air* (silêncios não intencionais na transmissão causados por um erro de produção ou técnico).

Ouvindo o Air Monitor

Mantenha o air monitor tocando num bom volume, pois se ficar baixo não será possível ouvir, por exemplo, a linha da rede entrando no ar ou um CD que está pulando. Também é importante monitorar a transmissão da emissora por um alto-falante de uma fonte que esteja no ar ou fora dele. Geralmente, os monitores de mesa de áudio permitem escolher entre as fontes program, audition e off-air. Embora a maioria dos produtores experientes saiba disso, muitos dos inexperientes se surpreenderam ao descobrir que o programa que achavam que estava sendo levado ao ar sem nenhum problema na verdade não foi transmitido porque um patch foi mudado ou porque outro problema técnico ocorreu sem que percebessem. Por quê? Porque os operadores novatos estavam ouvindo a saída da mesa do programa em vez de ouvir a fonte fora do ar. Pelo mesmo motivo, mantenha o volume do seu fone de ouvido alto o suficiente para ouvir quaisquer problemas caso não esteja realizando locução.

Organizando o Equipamento

Não deixe que CDs, discos, fitas etc. se acumulem no equipamento; tire-os assim que possível. Caso contrário, em algum momento precisará rapidamente de um equipamento de reprodução e não haverá nenhum disponível. Se sua emissora ainda estiver usando uma cartucheira analógica, será mais provável colocar por acidente no ar uma que foi tocada anteriormente. Organizar o equipamento enquanto realiza suas tarefas é um dos melhores hábitos para se desenvolver eficientes produções ao vivo.

Preparando-se para o Pior

Em nenhum lugar acontece erro mais evidente do que no rádio, quando um silêncio embaraçoso revela que o produtor perdeu o controle no ar. Hoje, isso raramente acontece, porque a maioria dos segmentos é carregada num programa de computador e um bloco é reproduzido atrás do outro. Entretanto, nenhuma tecnologia é à prova de falhas, e se o seu programa parar (por qualquer razão), é bom ter uma fonte de áudio de prontidão. Uma forma de contornar este problema, caso aconteça, é manter um material de emergência preparado (um anúncio de serviço público que dura um minuto ou uma faixa de CD extra etc.). Se seu computador travar, você terá material pronto para manter seu programa.

Prepare-se também para potenciais dificuldades técnicas. Aprenda como encontrar e fazer funcionar um cord de microfone caso o microfone da sala de controle para operações combinadas falhe e seja preciso realizar outra (assumindo, claro, que nenhuma restrição imposta pelo sindicato o impeça de fazer isso).

TRABALHANDO COM SERVIÇOS DE SATÉLITE E DE REDE

Cada vez mais programação no rádio é enviada por **satélite**, recebida por uma antena parabólica especial, e daí retransmitida para a emissora local. Tal programação vai desde o que é chamado, há muito tempo, de programação por *wireservice*, até uma programação completa de música ou de locução.

Agências de notícias fornecem noticiários, junto com as feeds das redes que geralmente não entram mais em emissoras por meio de fios. Entretanto, embora a recepção de notícias e de programação de redes por satélite seja uma prática padronizada há mais de duas décadas, fornecer formatos inteiros por satélite é uma prática relativamente nova. Ela já ganhou ampla aceitação.

Quando uma emissora recebe sua programação por satélite, é a última etapa de uma série de ações conhecidas por feed de satélite.

Feed de Satélite

Primeiro, o material do programa é produzido nos estúdios na sede da emissora e é transmitido (em termos técnicos, é realizado o **uplink**) para o satélite. O satélite age como um transmissor: ele capta o sinal, o amplifica e retransmite para a Terra. Devido à posição extremamente alta do satélite, o sinal que vai à Terra cobre uma área geográfica ampla, eliminando a necessidade de vários transmissores para atingir emissoras remotas. Os satélites podem realizar essa função por serem **geoestacionários** – parados sobre o equador numa órbita que está sincronizada exatamente com a rotação da Terra, para que o satélite sempre mantenha a mesma posição relativa em relação ao solo. Já que satélites podem retransmitir inúmeros sinais de várias fontes simultaneamente, muitos serviços de programas de rádio, como as 14 redes de rádio da ABC que são transportados pelo satélite AMC-8, usam essa tecnologia como forma eficiente de distribuir a programação a milhares de rádios individuais por todo o país.

De volta à Terra, a emissora local que recebe o sinal usa um **downlink** – uma antena parabólica, geralmente localizada na propriedade da emissora – para levar o sinal para um transponder, dispositivo que sintoniza o canal correto para o programa desejado. A saída do transponder é trazida para dentro da mesa como uma entrada de programa.

A Programação por Satélite

Atualmente estão disponíveis vários tipos de conteúdos de programas. Aqui estão alguns exemplos.

- Serviços que oferecem programações completas de música/esportes em vários formatos. Geralmente, esses serviços têm um formato cuidadosamente elaborado e locutores de alto grau. Um exemplo de um provedor de serviços bem-sucedido é a Westwood One, que transmite programação para mais de 1.400 emissoras nos Estados Unidos. No leque de programação da Westwood One estão as seguintes emissoras: CNN Radio News, CBS Rádio, MTV Radio Network, BET Radio, CMT Radio, Power FM e programações esportivas, como as transmissões de futebol da NFL ou a NCAA.
- *Redes que fornecem programação especializada em período parcial ou integral e formatos de locução ou de informação.* Esses serviços estão conquistando uma crescente popularidade na AM, na qual a programação musical está decaindo, especialmente porque os ouvintes que apreciam música preferem as emissoras FM, de maior fidelidade. Tais serviços incluem programas nacionais que recebem ligações e formatos especializados, como a *AdviceLine* da Talk Radio Network. Um dos programas de ligações semanais mais populares é o *Car Talk,* da National Public Radio, que tem brincadeiras e os conselhos automotivos de Tom e Ray Magliozzi. Algumas redes fornecem programas diários que se encaixam no formato da emissora local. O *The Ride with Doug and DeDe,* da ABC Radio, é um programa vespertino de alcance nacional dirigido a pessoas entre 25 e 40 anos, que atende às necessidades de emissoras de urban contemporary. Outros serviços podem oferecer inserções curtas, como os segmentos de programa Metro Network e Shadow Trafic, da Westwood One, que transmitem notícias, a previsão do tempo e informações esportivas a centenas de emissoras de rádio nos Estados Unidos.
- *Serviços que fornecem programações em formatos curtos para ser integradas nos formatos das emissoras associadas.* Alguns desses programas têm um conteúdo bastante consistente, como o *Country Countdown,* da CMT, que é uma contagem regressiva das 30 principais músicas distribuídas pela Westwood One, e o *SuperGold,* de Mike Harvey, um "peça sua música", de oldies, que é acompanhado em mais de 350 emissoras em todo o país aos sábados à noite. Os demais são especiais que representam uma ampla variedade de interesses, tais como o *Hollywood Confidential, The Beatles Years* e *Weekly Country.*

Milhares de programas diferentes são enviados às emissoras, incluindo programas periódicos de notícias e informações, programas de esportes e muitos programas de negócios.

Serviços On-line e de CDs

O desenvolvimento da internet criou novas maneiras de distribuir a programação rapidamente e com uma boa relação custo-benefício. Hoje em dia, os provedores de programas permitem às emissoras afiliadas entrar em sites que contêm uma programação especializada feita sob medida para suprir as necessidades específicas de muitos formatos diferentes de emissoras.

O *ePrep*, da ABC Radio, é um serviço que fornece ampla variedade de conteúdo de programas que pode ser baixado pela emissora local usando os formatos Contemporary Hit Radio (CHR)/Hot Adult Contemporary (AC), Country, e News/Talk e Rock. Todos os dias, as emissoras podem acessar informações sobre turnês e notícias musicais e de entretenimento. Clipes de áudio pré-produzidos em formato Real Audio ou MP3 também estão à disposição.

Quando o programador da estação faz o logon, as páginas totalmente indexadas e todo o conteúdo são resumidos, permitindo que a adição da programação especializada seja relativamente fácil de fazer.

Outros programas são distribuídos por CD para ser tocados ao vivo. Por exemplo, o *American Gold with Dick Batley* é um programa semanal de oldies, distribuído por CD ou on-line. Toda semana, o fornecedor remete às emissoras associadas o programa com quatro horas de duração, oferecendo ainda uma planilha de cue. Geralmente, esses programas dão um tom de cue de baixa frequência que funciona com o sistema de automação da emissora para ativar automaticamente as entradas de conteúdo local.

Como Usar Material Enviado por um Serviço

Um produtor no ar tem muitas opções para lidar com material enviado por satélite ou pela Internet, dependendo do formato característico da emissora.

Transmissão ao Vivo. Se o conteúdo precisa ser transmitido ao vivo e inserido em um formato produzido localmente, o produtor trata a transmissão conforme faria com qualquer outro programa da rede. A equipe técnica certamente já ligou a saída do transponder do satélite na mesa. Simplesmente abre-se um fader da mesa no momento – exato – em que o programa está previsto para começar. Programas noticiosos, relatórios de negócios, conversas por telefone e especiais de música podem ser transmitidos desta forma.

Transmissão Atrasada. Geralmente, o material é gravado para ser levado ao ar mais tarde; às vezes esta função é automatizada. Por exemplo, grandes emissoras que transmitem extensos noticiários recebem uma farta quantidade de informações de vários serviços e optam por automatizar os gravadores para salvar este conteúdo. Os produtores de notícias analisam então o conteúdo de acordo com sua preferência e editam matérias particularmente úteis para incluí-las no noticiário. Se não há automação, a pessoa que está no ar geralmente responde pela gravação do conteúdo enquanto realiza outras tarefas. Em geral, isso envolve passá-lo para um computador da sala de controle, uma cartucheira digital ou um MiniDisc, e então iniciar o gravador manualmente.

Há segmentos de programas que também estão disponíveis por sites FTP (file transfer protocol), e à emissora basta entrar no site e baixar um arquivo que contém o programa certo. Assim que o arquivo estiver no computador de programas da emissora, ele pode ser agendado para transmissão no momento apropriado.

Inserção Local. Em alguns casos, o produtor no ar recebe o programa completo por satélite e precisa inserir a programação local, que geralmente é uma porção pequena, mas importante, do dia. Esta programação inclui comerciais locais, notícias, previsão do tempo e serviços públicos locais.

Geralmente, os serviços de satélite fornecerão aos seus associados locais guias precisos, com horários exatos previstos para o acesso local. Um método comum é usar uma representação similar a um relógio, chamada de *hot-clock* ou *pie*, que mostra a programação de cada hora e informa quando:

1. O serviço estará transmitindo músicas e comerciais.
2. As associadas locais podem inserir seus comerciais. De hora em hora, as associadas podem ser autorizadas a passar um máximo de 10 a 12 minutos de horário comercial, com 2 a 6 minutos de comerciais que vêm da rede. O tempo restante é também alocado para identificações locais da emissora, inserções comerciais e anúncios promocionais.

Alguns serviços permitem opção de vários minutos, durante os quais a programação de satélite ainda é enviada, mas as associadas locais podem optar por inserir seu próprio material (Figura 8.3).

Embora as inserções possam ser feitas manualmente, de modo geral o sistema é automatizado. Um sinal que está dentro da feed de satélite ativa automaticamente o sistema de computador automatizado da emissora para começar a tocar um liner, a identificação da emissora ou um cluster comercial.

FIGURA 8.3

Corey Anderson programa interrupções no sistema de automação NexGen Studio 22, na KOGA.

Fonte: Prophet Systems.

O programa de automação geralmente tem seu relógio interno sincronizado com o relógio de 24 horas do satélite para assegurar que os cortes para inserção local sejam precisos, sem *dead air*.[1] Depois que a programação foi transmitida, um *rejuntor* é tocado, enquanto o sistema de automação local se reconecta com a feed de satélite. A passagem entre a feed de satélite e os anúncios locais ocorrem suavemente. Com frequência, os ouvintes não sabem que estão ouvindo uma feed automatizada de satélite. O programa de automação é construído com capacidade de pausar o sistema, para que a emissora possa ir ao vivo para dar notícias de última hora ou enviar outras transmissões remotas. Existem muitos recursos de segurança integrados no sistema para lidar com eventualidades como um evento esportivo que demora mais do que devia.

As redes de satélite inventaram meios de permitir que o locutor da rede transmita, por linhas privativas ou pela internet, identificações locais e anúncios de eventos. Esses são reproduzidos em cue, permitindo a personalização praticamente completa do programa. (Para obter mais informações sobre automação baseada em computadores, veja o Capítulo 19.)

---

[1] No Brasil, o serviço de satélites utilizado pelas emissoras de rádio ainda tem um custo muito alto. A primeira emissora a utilizar esta plataforma de transmissão foi a Rede Bandeirantes, nos anos 1980. Atualmente, temos outros recursos mais interessantes do ponto de vista de investimento, como internet, linhas digitais para dados e linhas telefônicas digitais, entre outras. (NRT)

NO AR! • TÉCNICAS PARA UMA BOA PERFORMANCE AO VIVO: IMPROVISAÇÃO

Improvisação significa, literalmente, falar "à vontade". Você diz o que vem à sua cabeça, e não o que está no script. Improvisar é uma habilidade crucial para locutores de rádio e, até certo ponto, uma habilidade que pode ser aprendida e ensinada.

Aqui estão alguns princípios que podem ajudá-lo a improvisar adequadamente.

- *Não basta abrir a boca e deixar as palavras fluírem.* Você precisa planejar ao menos em parte o que vai dizer. Improvisações impróprias já arruinaram muitas carreiras.
- *Tenha bom conhecimento de onde obter conteúdo.* É essencial estar familiarizado com a música, os artistas e, se estiver trabalhando com notícias, com a atualidade. Na verdade, conhecer os eventos atuais é estratégico para todas as pessoas que estão ao vivo, porque eventos podem ser adequados a qualquer formato.
- *Use o seguinte processo em três passos:* (1) Planeje e sintetize – resuma o que você quer dizer em algumas notas mentais, (2) faça a improvisação em pequenas partes, e (3) seja direto. Por exemplo, você pode planejar improvisar falar sobre as condições climáticas. Em vez de abrir a boca e "deixar o espírito falar", divida o que você quer dizer e sintetize:
  – Ainda está quente e seco
  – Mas a tão esperada chuva já está chegando
  – Vai chover todo o fim de semana, mas agora a maioria das pessoas agradeceria uma mudança no tempo.

Agora você pode respirar e passar essas três ideias em três ou quatro frases.

- *Lembre-se de ser breve!* Locutores iniciantes quase sempre levam muito tempo, às vezes, tempo até demais.
- *Antes de dizer algo, pense se é apropriado.* Você quer dizer algo ou apenas falar? Se sua escolha for a segunda, toque outra faixa de CD.
- *Evite piadas internas.* Elas são engraçadas para você e para quem está na sala ao lado, mas não têm graça para o ouvinte.
- *Pratique eliminar pausas e interjeições.* Dizer "ahnnn" ou fazer longas pausas é irritante. Embora todos precisem mostrar seus pensamentos de vez em quando, lembre-se de que interjeições são mais um hábito do que uma necessidade. Se trabalhar conscientemente para eliminá-las, você se surpreenderá com a rapidez com que vai fazer isso.
- *Conheça as regras.* Locutores iniciantes geralmente se surpreendem com o número de regras e restrições quanto ao que será dito no ar. Por vezes, a gerência da emissora fornece um manual contendo o que se espera que você diga. Embora isso pareça frustrante, existe um motivo: geralmente, a gerência da emissora já fez amplas pesquisas para descobrir o que o público ouvinte quer ouvir ou não. Ao mesmo tempo, lembre-se de que na maioria dos casos a música, e não o locutor, é a "estrela". Descubra o que a gerência espera que você diga e trabalhe segundo as orientações – ao menos no começo.

- *Conheça seu formato.* As exigências de improvisação variam de estação para estação e de formato para formato, mas, como exemplo, aqui estão alguns princípios que sempre são relativamente os mesmos:

    Música country exige um bom conhecimento do conteúdo. É muito difícil fingir. E é difícil fingir gostar da música. Se você não suporta country, é quase impossível conseguir gostar. Lembre-se de que os fãs da música country são intolerantes com locutores que misturam os nomes dos artistas e seus fatos, e nunca zombe da música.

    Adult Contemporary geralmente tem um locutor cuja função é "facilitar", oferecendo informações sobre trânsito, tempo, fechamento de escolas, entre outros, em um só programa. Em geral, as improvisações que chamam muita atenção para a personalidade do locutor o tiram do formato, então pode ser que peçam para você "segurar" sua personalidade.

    Em Contemporary Hit Radio, Urban Contemporary ou Top 40 existem vários tipos de personalidade, incluindo o DJ de rock, que mantém um padrão fixo de informações sobre os artistas e sobre a música, e o DJ muito atrevido, que frequentemente passa dos limites entre o bom e o mau gosto com seu humor de mau gosto. Em um extremo está o DJ "elétrico", cuja razão de ser é irritar as pessoas e atrair ouvintes que querem ver até onde ele chega. Tome cuidado ao tentar imitar DJs "elétricos", porque, a não ser que você tenha um público ouvinte considerável e o poder financeiro de Howard Stern, é improvável que encontre qualquer gerência de emissora que queira aguentar as dores de cabeça que vai provocar. Mantenha-se em condições de recuar quando sentir que está perto da zona de perigo. Mas, se for exigido um humor afiado, não recue muito; observe outros humoristas, como suas piadas funcionam, e como eles se safam delas.

- Em relação às notícias ou aos bate-papos informativos, não existe substituto para o conhecimento. Você simplesmente não pode fingir compreender as notícias. Quando se trata de improvisar nesse gênero, tenha cuidado. Um passo em falso pode resultar em um processo por difamação. Geralmente, você deve seguir o plano, sintetizar a estratégia e se manter no que sabe. Se fizer improvisações acerca de notícias ou informações, não faça especulações. É preferível não dizer nada a dar informações incorretas. Também tome cuidado para não parecer um sabe-tudo, especialmente quando estiver fazendo entrevistas. Se você fizer uma pergunta, dê ao convidado tempo adequado para responder. Por fim, não fale como se fosse superior ao público, e seja respeitoso.

RESUMO

A produção ao vivo consiste geralmente em operar a mesa ao vivo durante um programa em transmissão. Quando o locutor opera sua mesa, isto significa que está realizando uma operação combinada. As tarefas do produtor no ar são diversificadas, geralmente incluindo transmitir ou ler comerciais, anúncios de serviços públicos e notícias; ler os medidores; operar todo o equipamento da sala de controle; pegar CDs para serem tocados e preencher o log da emissora – um documento oficial da FCC (Federal Communications Commission).

Operar uma mesa durante um programa ao vivo pode ser uma rotina difícil. Algumas das responsabilidades do operador são manter a integridade do som da emissora e manter o ritmo, o conteúdo e a mixagem de fontes sonoras corretos.

Pode-se descomplicar muito a operação de uma mesa se for estabelecida uma rotina de "segurança em primeiro lugar": feche os faders e os switches de programas, realize novamente o cue de segmentos de programas, e assim por diante. Planeje as operações de sua mesa; pense como um bom jogador de bilhar, várias jogadas à frente. Acima de tudo, tome cuidado perto de microfones; eles costumam estar abertos nos momentos mais inoportunos.

Feeds de satélites modernos permitem que o produtor no ar interaja com uma transmissão que é enviada de um ponto central. Em alguns casos, todas as funções do programa são automatizadas, mas, às vezes, o produtor precisa inserir notícias e previsões do tempo locais.

APLICAÇÕES

Situação 1 / O problema Um programa musical de uma locutora termina às 7 horas, quando ela tem de ligar a rede. Um problema que ela tem enfrentado é que o fim do programa tem sido medíocre: ela sempre precisa baixar o pot do último CD no meio da música para ligar a rede.

Solução possível A locutora adotou um instrumental rápido como sua música-tema e começou a faixa, que durava 3 minutos e 20 segundos, às 6:56:40. Mas ela não colocou a faixa no ar imediatamente: foi feito o dead-pot da seleção, até que a gravação anterior terminou em cerca de 6:58:10. A locutora então iniciou seu *outro* (um termo coloquial de rádio que significa o oposto de *intro*) e aumentou o pot que havia passado por um dead-potted cut, falando por cima dele.

Já que foi feito o back-timing do instrumental – que tinha um final expressivo – para terminar corretamente, a locutora foi capaz de ligar a rede sem problemas e dar um final conclusivo para seu programa. (Muitos locutores que têm um tema-padrão o mantêm numa cartucheira digital ou no computador de programação.)

EXERCÍCIOS

1. Realize um airshift simulado que inclua esses elementos: três faixas de disco, dois relatórios climáticos, um comercial ou anúncio de interesse geral e ao menos 15 segundos de locução. Seu airshift deve usar três estilos:

   - Adult contemporary (AC)
   - Hot hits ou rock moderno rápido
   - Rock suave de álbuns.

   Não se preocupe tanto com a qualidade da locução, porque este não é o verdadeiro propósito deste exercício, mas, sim, com os valores da produção.
   Por exemplo, você falaria simultaneamente à introdução instrumental de uma faixa de rock? E quanto às baladas do formato AC?

2. Escolha três emissoras locais e descreva seu som em termos de valores de produção. Ouça sobreposições de música e de voz. O locutor fala por apenas dois segundos de cada vez? Ou ele passa muito tempo falando? Escreva suas observações e discuta como os valores de produção reforçam o som da emissora.

3. Este exercício deve ser feito num tempo muito restrito. Você precisa basicamente encaixar todos os elementos num segmento de 10 minutos:

   - Exatamente 1 minuto de leitura de notícias
   - Exatamente 1 minuto de leitura de comerciais
   - Uma faixa de CD que tem de 2 a 4 minutos
   - Exatamente 1 minuto do roteiro do calendário da comunidade, tirado do jornal local
   - Fale sobre o clima o suficiente para preencher o tempo restante
   - Faça o dead-pot de um disco instrumental enquanto estiver lendo o texto; a música deve terminar exatamente quando completar 10 minutos.

9

✴

Mais Informações Sobre o Computador na Produção de Rádio

Nos dias de hoje, o computador é uma ferramenta essencial na produção de rádio. Em quase todas as emissoras ele substitui os gravadores de fita e as cartucheiras, embora deva-se lembrar que um computador é apenas uma das várias ferramentas necessárias para a produção de rádio e que, provavelmente, é a mais importante de todas.[1]

O virtuosismo tecnológico não é um fim em si; ao contrário, é um método mais rápido e eficiente de manipular informações, criar efeitos e controlar várias tarefas. Neste capítulo, vamos falar da tecnologia de computadores, tanto para produção quanto para operações. Em particular, vamos focar as aplicações do computador na produção de efeitos, na realização de edição, na produção ao vivo, na automação, programação e transmissão audiodigital. Em nossa investigação sobre este tema, repetiremos um pouco do conteúdo que foi apresentado em capítulos anteriores, tanto no sentido de lhes dar continuidade quanto para que este possa ser lido independentemente, como exercício, fora de ordem.

Antes de nos concentrarmos nas especificidades das aplicações do computador no rádio, vamos então apresentá-lo.

---

[1] O uso de computadores na produção das emissoras brasileiras teve início nos anos 1990, seguindo o processo natural de digitalização desencadeado pelos CDs, MDs (MiniDisc) e DATs (Digital Audio Tape). Atualmente, a grande maioria das emissoras brasileiras mantém a programação no ar utilizando computadores com diversos programas, desde os mais sofisticados e profissionais aos mais simples e gratuitos baixados da web. Este processo também está na base da proliferação das rádios de internet, nas quais um adolescente ou um grupo de amigos pode colocar uma emissora no ar na rede mundial de computadores com baixo custo, com uma proposta de programação bastante segmentada e pessoal. Definitivamente os computadores vieram para ficar nas emissoras de rádio brasileiras. (NRT)

OS PRINCÍPIOS BÁSICOS DO COMPUTADOR

Poucos elementos da vida moderna são tão cercados de mistério quanto o funcionamento interno do computador. Realmente, parece que aqueles que conhecem o segredo deste equipamento tentam confundir deliberadamente os iniciantes usando jargões incompreensíveis. (Muitos têm dificuldade em entender por que a terminologia não é mais acessível.)

O "beabá" de como operar um computador é prontamente entendido hoje. Embora o **hardware** (o computador em si) em particular e o **software** (os programas utilizados para que o computador realize tarefas específicas) variem, os PCs e os Macs fazem mais ou menos os mesmos tipos de tarefas e quase do mesmo jeito. Como acontece com vários equipamentos tecnológicos modernos, os computadores operam de forma digital; ou seja, funcionam com o uso de uma série de pulsos "liga" e "desliga". O código liga-desliga é expresso em dígitos. (Veja os Capítulos 3 e 4, que contêm uma introdução à tecnologia digital.) O conceito de classificar informações como "liga" ou "desliga" vem do século XVIII. Uma das primeiras aplicações digitais foi em um tear de Jacquard. Um papel perfurado com buracos (que foi mais tarde substituído por um cartão) determinava a posição de uma parte do tear. Se houvesse um buraco no cartão, o tear realizaria uma determinada operação; se não houvesse nenhum, o tear operaria de forma diferente. O princípio liga-desliga foi usado para programar o padrão de um tecido inteiro. Mais tarde, cartões perfurados foram usados em várias aplicações, na manufatura e nos cálculos. Herman Hollerith usou cartões de papel perfurados em 1890 para fazer o Censo dos Estados Unidos, iniciando a revolução da coleta de dados.

A pronta realização de cálculos – o ponto forte do computador – só se tornou possível em larga escala ou acessível aos consumidores com o desenvolvimento dos circuitos impressos, que são uma derivação direta da válvula eletrônica, que é um dispositivo para amplificar ou manipular um sinal. Válvulas eletrônicas eram quentes, frágeis e grandes. Oportunamente, os cientistas substituíram este componente por transistores, tecnologias de estado-sólido que realizavam as mesmas tarefas que as válvulas eletrônicas, mas são muito menores e mais simples mecanicamente. Por causa dessas características, milhões de transistores poderiam ser colocados numa placa de circuito. Esta foi a gênese do circuito integrado.

Logo ficou claro que as técnicas científicas modernas poderiam substituir o desajeitado arranjo de transistores nas placas de circuito de então. Utilizando um processo chamado *fotolitografia*, um híbrido de fotografia e gravura, os cientistas produziram um circuito integrado num chip feito com um material chamado *silício*. Nascia o microcomputador.

Chips são os cérebros do computador, que realizam as tarefas de liga-desliga – a manipulação de dígitos – que constituem o processo de cálculo. A função (liga--desliga) é determinada a cada instante pela presença ou ausência de um sinal elétrico. Um sistema que oferece essas duas escolhas – ligado e desligado (ou 0 e 1, sim e não) – é conhecido por processo **binário**; o computador representa informações por meio dessa codificação binária, e uma sequência de pulsos liga--desliga é usada para denotar números e letras.

Já que esses pulsos podem ser gerados, tabulados e manipulados à velocidade da luz, as operações podem ser realizadas com uma rapidez incrível. O computador, portanto, se tornou uma valiosa ferramenta para a manipulação de informação. Ele realiza milhões de cálculos num instante, não fica entediado ou distraído, e é perfeitamente preciso no escopo das suas operações.

O cérebro do computador (o lugar onde fica o microchip master) é chamado de **unidade de processamento central**, ou central processing unit – **CPU**. Geralmente, as instruções e informações são colocadas na máquina por meio de um teclado, e os comandos e uma leitura da informação são vistos em um monitor. Hoje, muitos computadores modernos têm na verdade dois processadores, acelerando o processo de computação e dando mais funcionalidade à geração atual de softwares.

O computador armazena e recupera informações de um programa na **random access memory**, ou **RAM**. Outro tipo de memória no computador é a **read-only memory**, ou **ROM**, que é implantada no sistema na fábrica e não pode ser mudada. A ROM geralmente contém grupos de instrução internos de que o computador necessita para ligar corretamente.

A informação na RAM, que é geralmente onde o programa é carregado, junto com qualquer informação que tiver sido inserida pelo teclado ou pela placa de som (por exemplo), permanece apenas enquanto o computador estiver ligado, o que faz que o armazenamento em longo prazo na memória RAM se torne pouco prático. Por este motivo, os computadores possuem mecanismos de armazenamento, geralmente na forma de um dispositivo que grava informações num disco rígido.

A força do computador está na sua capacidade de manipular informações, e não na de armazená-las. Por exemplo, é mais fácil manter mil receitas em fichas de arquivo 3 × 5 do que digitá-las num computador. Entretanto, caso você queira encontrar todas as receitas que usam ovo e salsa, esta tarefa seria monumental se fosse feita à mão. Ela pode ser realizada em alguns segundos pelo computador, que, eficiente e rapidamente, verificará os itens de cada receita até encontrar os ingredientes identificados.

Tal eficiência e velocidade sobre-humanas também têm muitas aplicações no campo do rádio. Como exemplo, considere como os computadores agora permitem que um produtor armazene, organize e edite uma grande variedade de arquivos sonoros.

EFEITOS GERADOS POR COMPUTADOR

Os computadores têm aplicações que vão além da gravação e da edição. Músicos e produtores de comerciais independentes geralmente aproveitam a versatilidade de programas que usam tecnologia **MIDI** (*musical instrument digital interface*) para melhorar a produção musical. Alguns produtores com habilidades musicais usam um dispositivo de controle MIDI (Figura 9.1) para sincronizar a reprodução de arquivos sonoros criados com instrumentos musicais eletrônicos, como teclados, dentro de programas de áudio, como Adobe Audition, Pro Tools, Cubase, Garage-Band, e outros programas de mixagem musical.

As novas mesas de sonorização e de mixagem têm entradas e saídas MIDI embutidas para que os faders da mesa possam ser ligados ou desligados de dentro do programa do computador. Com dispositivos MIDI, também é possível produzir

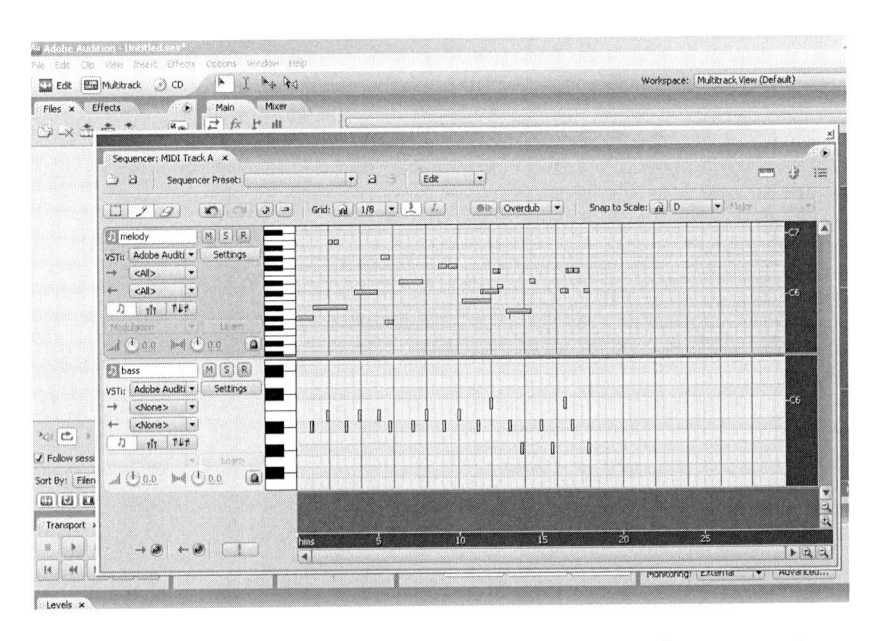

FIGURA 9.1 O Adobe Audition contém um poderoso sequenciador que permite ao produtor interagir com instrumentos virtuais e de hardware.

Fonte: Adobe Systems, Inc.

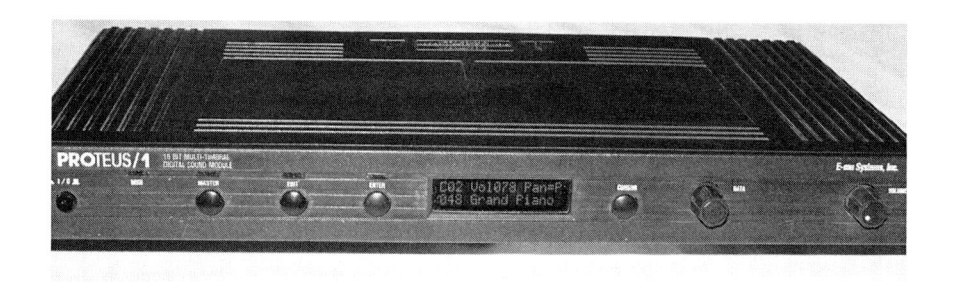

FIGURA 9.2 Este sintetizador MIDI é capaz de produzir sons de vários instrumentos diferentes ao mesmo tempo.

Fonte: Fritz Messere.

trilhas musicais inteiras ou efeitos especiais, como sons de "raios laser" usados num programa de ficção científica.

Um produtor com habilidades musicais também pode usar o computador como um controlador MIDI junto com um sintetizador (Figura 9.2). Um teclado ligado a um sintetizador pode criar ampla variedade de sons. Alguns sintetizadores, por exemplo, produzem sons realistas ao combinar vários geradores de tom e de frequência juntos. Cada gerador é chamado de *voz* e os sintetizadores podem usá-los para tocar os sons de pianos de cauda, trompas, baterias, carros, e assim por diante.

Alguns sintetizadores podem produzir muitos sons simultaneamente. Quando um sintetizador pode tocar simultaneamente várias vozes que soam como instrumentos diferentes (digamos, um baixo elétrico e um piano) que permite controlar essas vozes separadamente, é chamado de *multitimbres*. Com um sintetizador é possível reproduzir o som de uma pequena banda ou criar pequenos loops sonoros para usar como fundo musical em comerciais.

Sequenciador é um dispositivo que permite gravar diferentes canais de informação MIDI em algum tipo de dispositivo de memória, como um disco rígido. Os computadores frequentemente são usados como sequenciadores e permitem gravar 16 canais de informação ou mais. Embora o MIDI tenha muitas funções que não podem ser tratadas nesta abordagem genérica, eis algumas ideias para se pensar. Com o uso de um sequenciador é possível controlar um sintetizador ou vários sintetizadores simultaneamente.

Ele realiza exatamente o que diz seu nome: envia uma sequência de dados aos dispositivos, instruindo-os a tocar uma certa nota em um determinado tempo, para fazer que tenha um certo volume e duração e para fazê-la soar como um instrumento em particular.

Em "Atualização do Mercado" discute-se como é possível usar amostras de instrumentos MIDI para criar fundos musicais em produções de comerciais.

Muitas empresas se especializaram em fornecer softwares de música e de efeitos para usuários de sequenciadores MIDI; uma delas oferece atualmente loops em CDs. A variedade de sons, associada à capacidade do computador de manipular cada som e de criar música e efeitos musicais, faz do sistema MIDI uma alternativa atraente para a criação de acervos de efeitos sonoros e de músicas temáticas em CDs, que podem custar mais de $ 1.000 por ano para serem licenciados.

EDIÇÃO AUXILIADA POR COMPUTADOR

Como foi dito nos capítulos anteriores, a tecnologia digital substituiu a tarefa de cortar e colar fitas em quase todas as emissoras de rádio. A tecnologia da estação de trabalho em audiodigital permite realizar tarefas de edição sonora com facilidade. A possibilidade de gravar áudio em discos rígidos (HD) eliminou, em sua essência, a necessidade do gravador como mídia para armazenar a informação de áudio que você vai editar.

O software de edição característico em emissoras que usam esse tipo de tecnologia permite o armazenamento digital de todas as informações em um ou mais discos rígidos – música, diálogos e efeitos sonoros – na memória do computador, com um monitor em uso para analisar e manipular os sons. Muitos sistemas, tanto para PCs quanto para Macs, estão disponíveis. Outros sistemas são de uso exclusivo e empregam seus próprios sistemas operacionais. A Tabela 9.1 apresenta alguns exemplos de sistemas populares e seus usos.

Nas modernas estações de trabalho digital, o operador emprega um ou vários métodos para localizar e recuperar as diversas fontes a serem editadas para que possam ser manipuladas. Essas incluem seleção, criação de áreas ou scrubbing do arquivo sonoro. A edição pode ser feita e ouvida, e, se o ponto de edição estiver incorreto ou se outro aspecto da reprodução editada não for satisfatório, os pontos na waveform podem ser mudados e a edição feita novamente. (Veja o Capítulo 6 para obter uma descrição completa, com ilustrações.)

Como foi dito anteriormente, os programas modernos permitem realizar edições não destrutivas. Não existe risco de perder ou danificar o material de áudio original, porque o processo que ocorre na tela pode ser revertido sem danificar o arquivo sonoro original. O operador pode repetir o processo mais e mais vezes até obter uma edição satisfatória. Geralmente, o material de áudio que está sendo utilizado durante o processo de edição é armazenado no disco rígido em um arquivo sonoro, enquanto as edições são armazenadas separadamente, na memória do com-

TABELA 9.1 Lista Comparativa de Programas de Edição

Programa	Plata-forma	Principal uso	Comentários
Adobe Audition 3.0	PC	Mixagem e edição multipista	Edição completa e possibilidade multitrilha, muito popular na radiodifusão
BIAS Peak Pro 6.0	Mac	Edição e masterização	Editor para duas trilhas – excepcionalmente rápido com a randerização de efeitos em tempo real
SONY Sound Forge 9	PC	Edição e gravação	Programa de produção e de multitrilha melhorado
Digidesign Pro Tools 7.0	Mac/PC	Mixagem e edição multipista	O pacote de áudio mais completo; bastante difícil de se aprender a usar
BIAS Deck 3.5	Mac	Mixagem multipista	Adjunto multipista do Peak; grava até 64 trilhas; permite vários efeitos
SAW Studio Basic	PC	Mixagem e edição multipista	Versão reduzida do SAW Studio; excelentes possibilidades de edição
Vegas 8	PC	Mixagem multipista	Áudio e vídeo muito comuns em emissoras do eixo Rio-São Paulo
Audacity	PC freeware	Multipista limitado	Uso em rádios comunitárias ou estúdios amadores.

putador, como uma *trilha virtual* ou *trilha scratch* (um arquivo temporário separado no disco rígido), por isso não há risco de destruir o original com erros de edição. Assim que a edição tiver sido feita de forma satisfatória, o novo material resultante será armazenado como um arquivo novo, para eventualmente ser usado.

Como o som é representado numa tela de computador? Os sistemas das estações de trabalho audiodigitais (DAW) criam uma waveform na tela do computador, conforme discutimos anteriormente. Quando o editor reconhece a porção da waveform que corresponde ao conteúdo a ser deletado, o mouse (ou outro dispositivo de apontamento) é usado para marcar e deletar essa porção da onda. Novamente, se houver um erro, a informação pode ser reexibida e o processo, re-

ATUALIZAÇÃO DO MERCADO • SMARTSOUND E GARAGEBAND

O SmartSound Pro é um programa de computador que permite que um produtor crie música isenta de royalties ou efeitos sonoros de fundo para comerciais de rádio ou trilhas de áudio para segmentos de vídeo. Usando a capacidade de um computador para facilitar as transições lógicas entre segmentos musicais, o programa é capaz de construir fundos de áudio personalizados com durações específicas. Existem dois modos no programa.

No modo *Maestro*, um programa de ajuda com um assistente vai guiá-lo no processo de construção de um fundo musical selecionando o clima, os instrumentos, a duração e os efeitos. Por exemplo, é possível especificar um tema de 13 segundos com ritmo e instrumentos de metal e fazer que o programa desenvolva esta trilha musical para uso imediato.

Se a música for boa, mas o tempo estiver errado, é possível (por exemplo) especificar um tema de 14 ou 15 segundos com ritmo, e o computador produzirá imediatamente a nova variação que foi solicitada. Quando estiver procurando o tipo certo de música, o usuário pode utilizar uma palavra-chave ou estilo musical.

A chave para fazer que esse programa funcione é o uso de loops instrumentais embutidos no programa. Entretanto, suponha que o SmartSound tenha criado um fundo que terminou no tempo certo, mas tem muitos componentes. Ao usar a função *Editor* do programa, um produtor pode "ver por dentro" da estrutura do fundo musical e

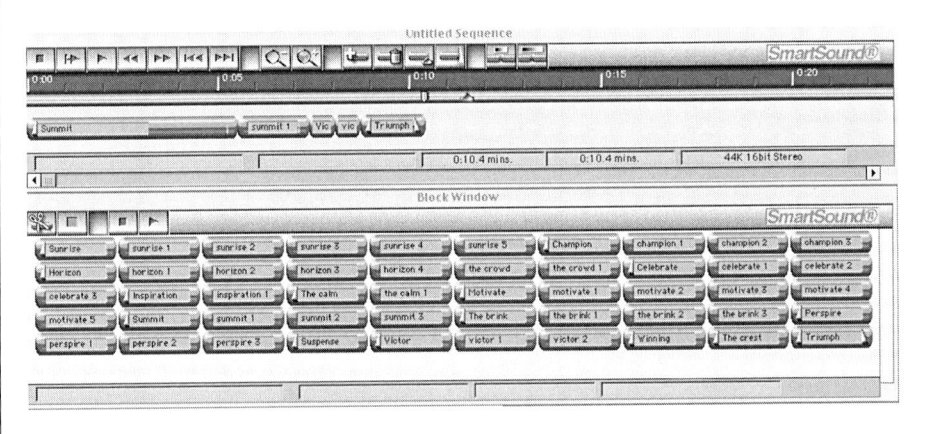

FIGURA 9.3 No modo Editor, o produtor pode manusear segmentos da música para produzir fundos musicais individualizados.

Fonte: SmartSound.

modificá-la. Um fundo musical consiste de alguns "blocos" que contêm os elementos sonoros para os vários instrumentos. O Editor possibilita personalizar um determinado fundo (Figura 9.3) escolhendo-se os elementos apropriados às suas necessidades.

Inúmeros discos de acervos com diferentes tipos de música estão disponíveis. O uso de discos diferentes permite mudar os fundos musicais usando gêneros ou estilos diferentes, bem como mudar o "clima", o tempo ou o tema. Por exemplo, alguns discos têm como foco temas acústicos, outros contêm música orquestrada ou rock latino, e outros ainda fornecem efeitos que permitem ao usuário mixar elementos sonoros, especificando parâmetros, como a duração da trilha, o tempo e o estilo.

A saída pode ser gravada tanto como um arquivo WAV como AIFF, assim o fundo musical pode ser importado facilmente em qualquer programa audiodigital padrão.

Em 2004, a Apple Computer lançou o GarageBand, um pacote de software de gravação e criação musical, de baixo custo, que permite que um produtor desenvolva trilhas sonoras empregando instrumentos digitais pré-gravados e loops de música MIDI. Entretanto, além do uso de loops pré-gravados, esse aplicativo também permite gravar até oito trilhas musicais, como seria possível fazer com programas de gravação multitrilha. Essa função possibilita gravar trilhas vocais e outras instrumentações especiais junto com a trilha MIDI, para uso comercial. A tela do GarageBand se parece com os arranjos multitrilha, com funções de mudança do nível de áudio e ajuste de *panning*, mas as trilhas podem tanto ser gravadas diretamente quanto extraídas dos acervos musicais fornecidos com o programa.

O interessante a observar é que a mais recente versão deste programa inclui jingles e ferramentas especiais de produção, como a de *ducking*, um processo que reduz de maneira dinâmica o nível de volume de fundos musicais sob trilhas de voz. Essas novas funções podem melhorar as possibilidades de produção de pequenas emissoras de rádio e empresas de produção. Pacotes com loops adicionais e sites com novas amostras ultrapassam o número e os tipos de instrumentos e ritmos disponíveis, tornando possível desenvolver fundos especiais para clientes específicos.

A vantagem de se criar mixes personalizados para clientes comerciais é óbvia. Frequentemente, a música personalizada é escrita, arranjada e produzida por pequenas casas de produção de áudio. Se a emissora possui um cliente que não quer pagar para que uma nova música seja escrita, mas quer um som especial, os pacotes de programas como o SmartSound e o GarageBand podem ser uma alternativa de baixo custo à contratação de músicos para criar trilhas originais.

petido, até que se consiga uma boa edição. A versão editada do arquivo sonoro é armazenada temporariamente com a criação de uma trilha virtual.

A tecnologia de softwares tornou muito fácil eliminar os ruídos que podem aparecer numa gravação. Uma representação de waveform de áudio, às vezes chamada **envelope sonoro**, é muito mais fácil de se trabalhar e manipular do que em princípio se pode imaginar. Por exemplo, suponha que ao produzir uma promoção em uma emissora, você comece reproduzindo a gravação de fala de um locutor dizendo o seguinte: "WRVO Oswego Public Radio". Conforme reproduz o arquivo sonoro, você verá os diversos padrões à medida que as palavras são ditas. Já que é possível parar, dar início ou reverter as palavras, você pode monitorar como a waveform muda com o que é falado. (O mesmo pode ser conseguido lidando com música.)

Gravamos especialmente ruído no começo de um arquivo sonoro para fins de demonstração. Ao olhar para a imagem das ondas na tela do computador, é possível identificar facilmente o ruído como o padrão que se suspende sobre a linha central (Figura 9.5). A waveform de um ruído produzido eletronicamente é diferente daquela de um som natural. Em muitos casos, há apenas uma waveform positiva ou negativa, e, por motivos que estão além dos objetivos deste capítulo, o padrão muitas vezes cai visualmente para apenas um dos lados da linha central. Para remover o ruído, o produtor pode simplesmente selecionar a porção do padrão sonoro que representa o ruído e instruir o computador a deletá-lo.

Pacotes de programas, como o SoundSoap, da BIAS, podem remover cliques e chiados das gravações. Esse programa tem um recurso chamado Learn Noise que elimina automaticamente os sons intermitentes e os ruídos de fundo, como o do ar-condicionado. Outro recurso útil é o chamado Preserve Voice, com o qual o programa remove automaticamente sons que estão fora do alcance da voz humana. O SoundSoap pode ser usado como um programa em si ou como um aplicativo de plug-in em outros programas de edição de áudio.

As etapas numa sequência de edição digital padrão são ilustradas e descritas a seguir. (Esse arquivo sonoro foi gravado no Pro Tools LE 7.0.) Existem uma pausa e algum ruído antes de o locutor começar. Ele já leu o texto "WRVO Oswego Public Radio".

Se quiser remover a palavra "Pública" e fazer que a ID seja apenas "WRO Oswego Radio", siga as próximas orientações, que tem como base os comandos encontrados no ProTools.

1. Mova o ponteiro do mouse até a parte da onda que indica o som a ser retirado, antes que o locutor diga o prefixo WRVO. Ao usar a ferramenta Scrubber, é possível deslizar o trecho na waveform para a frente e para trás e ouvir

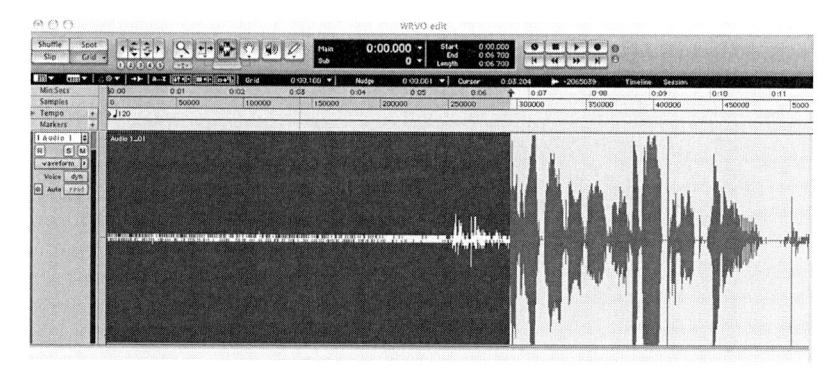

FIGURA 9.5 A waveform menor e repetitiva representa o ruído antes da maior, que representa uma waveform de vocal.

Fonte: Digidesign.

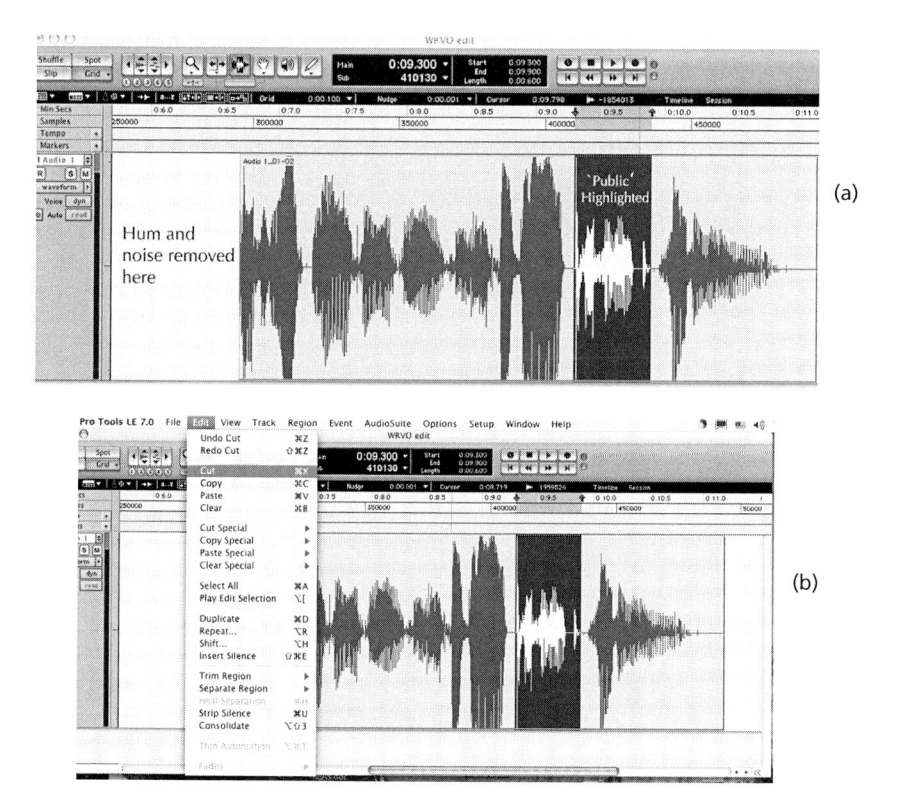

FIGURA 9.6

a. Esta waveform representa um locutor dizendo "WRVO Oswego Public Radio". Removemos o som externo antes de o locutor falar e selecionamos a palavra "Public".
b. A palavra "Public" foi selecionada nessa gravação. Ao selecionar Cut do menu Edit, o segmento selecionado é removido.

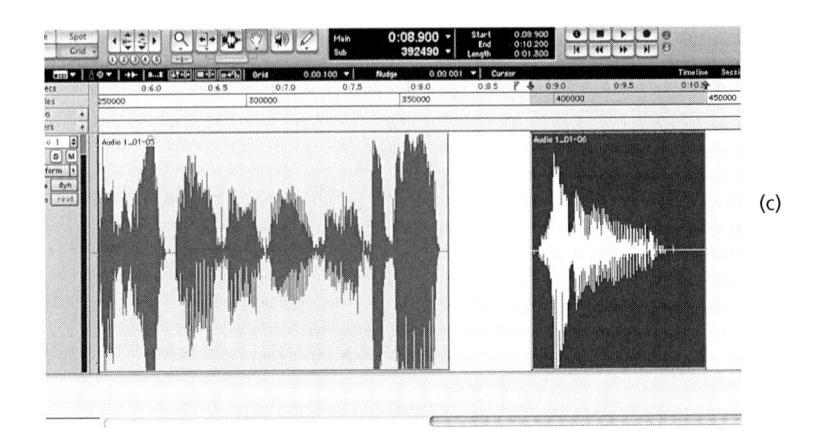

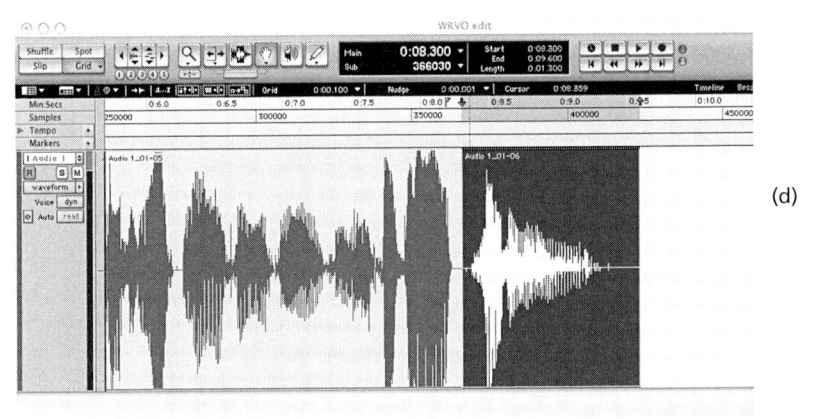

FIGURA 9.6 *(continuação)*

c. O espaço vazio entre as duas waveforms refere-se à palavra "Public" deletada.

d. Combinamos as duas seções, completando nossa edição.

Fonte: Digidesign.

a seção em tempo real. Isso ajudará a determinar o começo e o fim exatos da seção indesejada. Assim que o trecho exato tiver sido localizado, mude da ferramenta Scrubber para Selector e escolha a porção indesejada do áudio. A tecla Delete permitirá remover o ruído indesejado (Figura 9.6a).

2. Em seguida, vamos remover a palavra "Public" do arquivo de áudio. Marque a waveform que corresponde à palavra "Public", usando a mesma técnica (Figura 9.6a). O uso da função Cut do menu Edit remove a palavra indesejada (Figura 9.6b). O Pro Tools é um programa complexo que fornece ao usuário várias ferramentas para controlar edições.

Entre essas funções, temos Shuffle, Spot, Slip e Grid. Por exemplo, o uso dos controles de edição no modo Grid permite ao editor remover seções de áudio, mantendo os espaços entre as partes editadas (Figura 9.6c). No modo Shuffle, o arquivo sonoro fecha sobre a parte selecionada da palavra indesejada. Esses modos de edição permitem ao usuário controlar a forma como cada produção será realizada.

3. Dependendo do que se pretende, é possível utilizar o programa para eliminar a palavra "Public" e unir as palavras "WRVO" e "*radio*". Se houver muito ou pouco espaço entre as palavras, é preciso acessar o menu anterior e refazer a edição. Já que estamos no modo Grid, vamos selecionar a palavra *rádio* (Figura 9.6c) e combiná-la com a identificação da emissora (Figura 9.6d).
4. As opções não terminam por aqui. É possível fazer reverberar as palavras, mixar música por baixo delas, equalizar a trilha de voz, acelerar ou desacelerar o ritmo da locuções e das trilhas (Figura 9.7).

As atuais estações de trabalho de áudio podem realizar edições básicas e avançadas, e muito mais. Embora os computadores Macintosh pareçam ser os favoritos dos músicos e produtores musicais que usam programas MIDI para fazer interfaces com computadores e sintetizadores, muitos profissionais da radiodifusão preferem os sistemas baseados no Windows, que podem ser integrados a outros equipamentos de radiodifusão que funcionam em PCs.

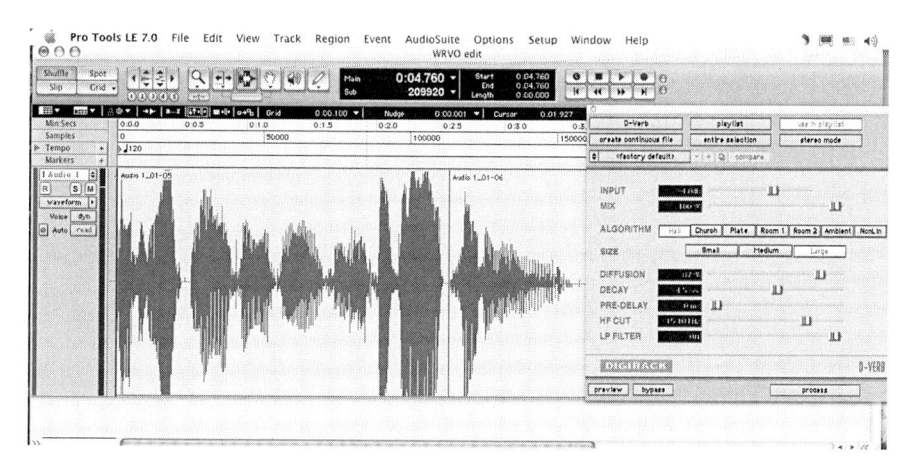

FIGURA 9.7 O programa permite adicionar efeitos especiais ao arquivo sonoro. O que aparece aqui é o módulo de reverberação do Pro Tools.

Fonte: Digidesign.

Além disso, muitos sistemas estão sendo integrados às redes, permitindo que os arquivos sejam divididos entre diferentes estações de trabalho num complexo de radiodifusão ou de produção.

A mesa de som tradicionalmente usada no rádio, por acaso, está se tornando mais inteligente, graças à tecnologia digital e de rede. Uma tendência é conectar mesas de áudio como parte de uma rede maior que divide recursos de entrada e de saída. Em essência, uma smart bridge conecta todas as entradas e saídas e então roteia esses sinais para várias mesas de áudio, conforme as solicitações dos usuários. Por exemplo, uma unidade de CD pode ser solicitada em determinado estúdio enquanto outra pessoa que trabalha em outro estúdio de produção pede um arquivo sonoro de outro equipamento com entrada no roteador de áudio. A mixagem e o switching reais são feitos dentro do processador de áudio central, mas a pessoa que está trabalhando no estúdio está na verdade controlando a mixagem (Figura 9.8). Já que a tecnologia para rotear sinais e processá-los está toda dentro do servidor de áudio, um simples cabo CAT 5 pode ser usado para conectar as mesas. A conectividade TCP/IP para redes permite que mesas digitais "conversem" com computadores que estejam rodando programas específicos e estações de trabalho digitais. Isto simplifica muito o cabeamento e as operações para as emissoras de rádio.

Algumas mesas digitais usam programas de computador para memorizar configurações especiais. Por exemplo, pode-se ter um sistema particular para entrar com as notícias. Algumas mesas digitais permitem armazenar e nomear as configurações de switch e do fader para cada uma das tarefas do operador. Tudo isso pode ser programado na memória da mesa, com os níveis corretos voltando todas vezes.

As mesas e estações de trabalho audiodigitais também têm muitas aplicações na produção fora do ar. Uma edição pode ser ensaiada muitas vezes, com suas configurações corrigidas até que o resultado esteja perfeitamente sintonizado na DAW. Se o sistema estiver conectado em rede, esse arquivo estará imediatamente disponível para o produtor no ar em um outro estúdio.

COMPUTADORES NOS SERVIÇOS DE AUTOMAÇÃO E POR SATÉLITE

Provavelmente, a aplicação mais imediata e perceptível da tecnologia de computadores para o rádio está na área de automação e automação live-assist, e muitas emissoras adotaram algumas dessas formas de **automação** para ajudar no dia a dia.

A *automação* diz respeito ao uso da tecnologia para permitir que um processo seja executado com mínima ou total ausência de mão de obra humana no local. Um conceito relacionado, o de **live-assist**, refere-se ao uso de comandos

FIGURA 9.8 O editor nessa cabina de produção acessou a estação de trabalho audiodigital a partir de uma entrada na mesa digital.
Fonte: Fritz Messere.

automaticamente sequenciados para ajudar a pessoa que está operando a mesa a executar uma série de tarefas.

Uma breve história da automação em emissoras de rádio ajudará a compreender o papel atual da tecnologia computadorizada de automação. Esse processo de automação chegou à maturidade no final dos anos 1950 e início dos 60 por meio de métodos automáticos para fazer o cue de fontes sonoras que hoje parecem complicados. O desenvolvimento da cartucheira e seu eventual uso generalizado na década de 1960 fortaleceu muito a expectativa de otimização do trabalho. Como a cartucheira para radiodifusão era um dispositivo de loop contínuo, faria o próprio cue e seria carregada para várias funções mecânicas para transportar e reproduzir um ou mais carts (cartuchos).

Os **carrosséis** de cartuchos se tornaram extremamente populares entre o início e a metade da década de 1970.

O carrossel era um dispositivo circular que rodava e colocava os carts em contato com o dispositivo de reprodução. Os carrosséis geralmente eram sincronizados com fitas de rolo (fornecidas por um programa associado) que tinham de ser trocadas manualmente depois de algumas horas.

A automação surgiu como a resposta aos problemas enfrentados por muitas emissoras, grandes e pequenas. Ela cortou drasticamente custos com pessoal e forneceu material de alta qualidade. As vozes pré-gravadas dos locutores eram da melhor qualidade e a música cuidadosamente escolhida de acordo com critérios cuidadosamente avaliados.

> **RÁDIO RETRÔ • PRIMÓRDIOS DA AUTOMAÇÃO – O RÁDIO ENLATADO**
>
> Atualmente, uma emissora de rádio inteira pode ser operada por um computador off-the-shelf, mas no início da década de 1970 não havia esse tipo de equipamento. Muitos donos de emissoras de rádio queriam, no entanto, testar uma tecnologia não consolidada porque podiam vislumbrar os benefícios econômicos de gerenciar uma emissora com pouca gente.
>
> Geralmente, a emissora FM é que era automatizada e o DJ da AM tinha de cuidar do computador e do sistema de automação em seu tempo livre. Um método popular de automatização consistia em três gravadores de fita de rolo grandes e dois carrosséis de cartuchos. O computador estava programado para tocar o conteúdo do rolo 1, depois os comerciais da cart 1 e da cart 2, em seguida duas músicas do rolo 2, seguidas por outro intervalo comercial, e assim por diante.
>
> Havia problemas com esse modelo. Primeiro, nem sempre era confiável, e quando a automação dava problema, era cômico (pelo menos para quem não estava cuidando da automação). Não era muito incomum ouvir um comercial, duas músicas, e o Star Spangled Banner da identificação da emissora tocando ao mesmo tempo – ou não ouvir absolutamente nada (buraco no ar).
>
> O maior problema, entretanto, era a sequência em si. Obviamente "enlatada". Um locutor de voz neutra falava o nome das músicas sem parar ("Você acabou de ouvir 'Captain and Tennille' com Muskrat Love, e, antes disso, Bee Gees com..."), e por causa do suprimento limitado de fitas, os ouvintes que passavam muito tempo ouvindo a emissora conseguiram dizer qual era a música seguinte.
>
> Mesmo assim, esses formatos ajudaram a estabelecer a rádio FM como um provedor qualificado de músicas. Na década de 1970, essas emissoras não eram tão comuns quanto agora, e foi preciso convencer os ouvintes a sintonizarem essas frequências, ainda que suas músicas favoritas tocassem ali.

Os donos de emissoras descobriram, entretanto, que a automação, que era a aparente resposta às dificuldades financeiras de qualquer emissora, poderia na verdade afastar os ouvintes. O público logo se cansou do formato claramente "enlatado" de muitos programas oferecidos por sistemas automatizados. Muitas emissoras trouxeram de volta os locutores ao vivo à programação inteira ou em determinados momentos de grande audiência, e usaram a automação para os períodos mais lentos, como os turnos da noite.

Quando a automação parecia já estar sendo descartada, a tecnologia do computador a trouxe de volta para a frente das atividades de rádio. A automação moderna usa a potência e a sofisticação da tecnologia atual para realizar tarefas que eram difíceis ou impossíveis de fazer com sistemas de gerações mais antigas, que envolviam hardwares complexos e relés mecânicos. Os sistemas de automação de hoje oferecem um controle parcial ou completo da programação ao vivo,

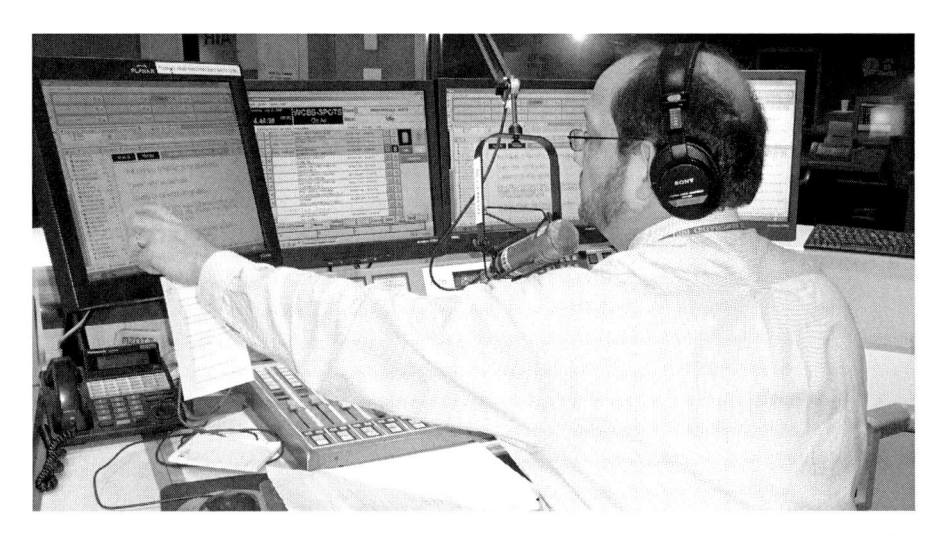

FIGURA 9.9 Aqui, o âncora da WCBS, Steve Scott, executa uma operação combinada inteira graças à disposição das telas de computador numa distância de fácil alcance. Ele pode levar ao ar partes de programas tocando a tela, usando o mouse ou apertando um botão na mesa. Note que toda a comunicação na emissora está na ponta de seus dedos: wirecopy, e-mail, memorandos, arquivos de áudio e a página da Web.

Fonte: Philip Benoit.

usando uma ampla variedade de programas (Figura 9.9). Embora boa parte do conteúdo programado nos sistemas automatizados possa vir de um ou mais discos rígidos de computador, os softwares de automação, como o Studer's DigiMedia, podem ter interface com outras mídias, como CDs, MiniDiscs e o Digital Audio Tape (DAT), atribuindo ao operador da mesa total controle sobre todas as entradas das fontes. Dependendo do sistema, o operador da mesa pode realizar o cue de segmentos de programa utilizando um mouse, um teclado ou mesmo por touch screen.

Funções como organizar playlists de músicas ou de locução, inserir trilhas de voz e manter logs de programas são fáceis para os computadores, e eles podem até mesmo se comunicar por interface com a programação enviada por satélites. Por exemplo, em emissoras em que a programação é recebida, o sistema de computador percebe tons de cue subaudíveis que são enviados com o material do programa. O tom é separado do sinal do programa e enviado ao hardware de interface com o satélite. Esses sinais ativam então partes locais do programa que são integradas à programação recebida.

Seguem alguns exemplos do que a tecnologia de automação de ponta pode fazer:

- Uma feed de satélite transmite música atual num formato bem definido. A música é apresentada por um locutor gabaritado, alocado ao sistema. Conforme a música vai chegando ao fim, o satélite envia um tom subaudível (geralmente 25 ou 35 Hz) que ativa o computador ou a cartucheira na emissora local que transmite o programa enviado por satélite. A locução diz "Você está ouvindo a [identificação da emissora local]". Então, a feed de satélite assume novamente, com o locutor falando: "Esse foi [nome do artista e da música]". A integração sem emendas entre elementos locais e o satélite acrescenta qualidade à produção da programação.

  O sistema de automação personaliza o serviço de transferência por satélite, assegurando que a automação não transforme o som em "enlatado". Alguns sistemas de automação têm até mesmo um método para o locutor passar anúncios locais, como eventos futuros na comunidade, ao mercado específico. Esses arquivos sonoros podem ser pré-gravados pelo locutor e enviados à emissora local como arquivos WAV ou MP3 pela internet, baixados no computador de programas da emissora e usados pelo sistema de automação no momento adequado.

- Uma redação de rádio possui um servidor central conectado por rede a computadores em vários estúdios diferentes. Os repórteres e editores podem se conectar com o sistema de notícias e trocar informações um com o outro, e também acessar feeds de notícias da rede e de wire-services. Ninguém precisa correr de lá para cá em busca do texto, está tudo acessível instantaneamente. A tecnologia TCP/IP é usada para conectar mesas, simplificando muito a automação e o cabeamento.

- Repórteres que estão em campo carregando gravadores digitais portáteis podem gravar notícias em flash drives. Usando um laptop, é possível editar trilhas sonoras no campo e transferir esse arquivo de som de volta ao estúdio. O repórter simplesmente se conecta a uma rede (possivelmente por um hotspot wireless) e transfere o arquivo para a emissora. Assim que estiver baixado no computador de programação da emissora, estará pronto para ser integrado num noticiário local de última hora.

- Hoje, sistemas de automação são comuns em muitos ambientes de rádio, grandes ou pequenos. Sistemas como o Google Radio Automation permitem programar um número ilimitado de slots nos dias de transmissão. O sistema tem capacidade suficiente para ser usado com sucesso tanto em emissoras de notícias e bate-papo como nas de música. Também possui alguns recursos especiais que tornam seu uso atraente. Por exemplo, em uma situação de live-assist, cada usuário pode configurar a tela de acordo com suas preferências durante seu turno. O sistema usa tecnologia VPN (*virtual private network*), o que permite que um usuário controle a playlist musical de uma emissora de qualquer outro computador em qualquer outro lugar no mundo. O sistema pode ser programado para transmitir ao vivo shows enviados por satélite, mas também gravará programas de satélite para ser transmitidos mais tarde, na grade de programação. O sistema pode ainda fornecer uma função de voice-tracking remoto, permitindo que os DJs trabalhem em casa ou estejam ao vivo em outro estúdio, em algum outro lugar.

Na maioria dos sistemas de automação, comerciais, músicas e trilhas de voz podem ser armazenados, listados e ter seu log feito pelo sistema. Isso é possível porque eles armazenam todos os arquivos de áudio em um ou mais discos rígidos. Assim que um arquivo for inserido no disco rígido do computador, ele pode ser catalogado e procurado facilmente, porque os programas mantêm uma base de dados de cada elemento do programa. Esses sistemas digitais também controlam o sequenciamento de etapas do programa, para que seu diretor possa mesclar as escolhas musicais, variar os conjuntos de spots e realizar o cross-fade para a entrada e saída de jingles. Ao procurar elementos específicos de programas, como música, é possível fazer a busca pelo título da faixa, pela categoria musical ou pela duração. Essa flexibilidade permite ao usuário procurar a base de dados musical de várias formas.

Muitos sistemas de automação permitem que os elementos do programa sejam coordenados entre uma fonte de satélite e **stopsets** programados localmente, para que a transição não seja detectada pelo ouvinte. Um problema comum aos sistemas de automação por satélite anteriores dizia respeito às dificuldades para variar os elementos do programa de modo a encaixar os tempos dedicados a inserções locais, como comerciais, IDs e relatórios de informação, sem parecer um "enlatado". Sistemas modernos de automação cuidam de tais problemas porque conseguem selecionar automaticamente diferentes introduções locais e promoções, de acordo com as mudanças da programação da rede. Quando falta um elemento do programa por causa de erro, locuções de reserva na duração correta podem ser substituídas automaticamente para que o hiato não seja notado pelos ouvintes. O sistema tem capacidade para permitir que os locutores forneçam trilhas de voz do estúdio ou de locais remotos pela internet. Os sistemas automatizados podem até mesmo inserir automaticamente transmissões de Emergency Alert System (EAS) na playlist (alertas de calamidades comuns nos Estados Unidos).

Os sistemas de computadores atuais podem ser ligados a funções de trânsito (sintonização) e de logging, para que seja avaliado o recorde de tempo linkado em relação a todos os elementos do programa. A cobrança pode ser feita automaticamente, com verificação do tempo em que se rodou o comercial de um cliente, e todos os elementos do programa são logados.

Por exemplo, a Smarts Broadcast Systems tem um sistema de cobrança e de trânsito no rádio que gera logs diários para a emissora. O conteúdo de programa, como spots e jingles, pode ser aproveitado em intervalos específicos ou inseridos em janelas de programação para identificação da emissora.

O software gera automaticamente os relatórios de cobrança baseados na veiculação das peças publicitárias, que vai direto para o departamento comercial, que os envia às agências ou ao anunciante.

No setor de programação musical das emissoras, os sistemas digitais são capazes de gerar playlists de músicas para vários períodos, desde um único dia até um mês. A música pode ser classificada por artista e estilo musical e agendada para tocar automaticamente apenas em **partes do dia** apropriadas para cada seleção.

Uma emissora que usa uma playlist pequena durante os horários vagos poderia aumentar a variedade de sua seleção musical ao meio-dia ou nos horários vespertinos. Se a emissora de rádio fizer parte de um grupo de radiodifusão em que várias emissoras transmitem da mesma instalação, um sistema musical baseado em servidores permitiria o acesso de várias emissoras ao mesmo acervo musical simultaneamente.

Embora alguns possam argumentar que a automação não favorece os interesses da indústria como um todo – porque geralmente ocorre uma perda de empregos como resultado do uso expansivo da tecnologia –, ela oferece certas vantagens a profissionais do rádio e seus ouvintes. Para os empregados, a automação live-assist facilita o trabalho dos operadores e produtores que operam a mesa. Agora é possível apertar apenas um botão para acionar uma sequência de cinco ou seis etapas. Sistemas de computador tornam possível a realização de muitas tarefas demoradas com um apertar de botão ou (em um sistema *touch-screen*) com um toque na parte correta do monitor.

Já que as novas tecnologias ajudaram os locutores a realizar mais facilmente seus próprios trabalhos de produção, houve uma clara tendência no sentido de exigir que eles realizassem operações combinadas, mesmo em grandes estúdios. Por exemplo, algumas emissoras da CBS ou operadas por ela estão exigindo que os funcionários realizem operações combinadas como medida de redução de custos.

Que benefícios a automação oferece ao ouvinte? Existem argumentos sob vários aspectos da questão, mas muitas pessoas apreciam ouvir programação de ótima qualidade complementada com inserções locais – graças ao controle do computador. Mesmo pequenos mercados podem ter formatos musicais e locução de ótima qualidade junto com material criado localmente. Por sua vez, muitos ouvintes acham que as emissoras com partes da programação controlada de forma rigorosa se tornam monótonas com o tempo.

A descrição do trabalho e das tarefas realizadas pelo pessoal do rádio tem mudado em razão da automação. Alguns funcionários de pequenos ambientes que originalmente tinham como tarefa girar discos (a mesma música disponível em qualquer lugar do país), tiveram seu foco de trabalho orientado para as vendas, as notícias locais ou o serviço comunitário, quando a emissora mudou para receber serviços automatizados. Infelizmente, em muitos lugares a lista de locutores da equipe foi simplesmente cortada ou eliminada, e a música passou a ser tão controlada que o som da emissora se tornou frio.

A programação de notícias e de serviços de utilidade pública, entretanto, se beneficiou com a tecnologia de computadores. A WBAL-AM, em Baltimore, é um exemplo de como a tecnologia tornou possível transmitir notícias minuto a minuto. As emissoras de notícias e de bate-papo enviam seus repórteres a campo equipados com laptops e gravadores portáteis. Os repórteres gravam entrevistas, editam seu conteúdo em campo e usam tecnologia wireless para enviar arquivos sonoros de volta à emissora para que sejam transmitidos. Essa flexibilidade, inexistente até poucos anos, dá à emissora de rádio enorme capacidade.

COMPUTADORES NA FUNÇÃO DE PROGRAMAÇÃO

Embora a palavra *programação* tenha muitos significados no contexto de produção e operação de rádio, as atividades incluídas em uma definição específica – o processo de planejar e documentar o conteúdo transmitido pela emissora – foram multiplicadas e melhoradas substancialmente pela tecnologia de computadores. Nas seções anteriores deste capítulo demos exemplos de como a programação e a produção estão se fundindo para oferecer uma programação sofisticada. Planejar a programação musical, dos comerciais e de outros componentes do programa é algo extremamente demorado e complexo. Entretanto, a situação é bastante facilitada pelos softwares especializados.

O Natural Broadcast Systems, por exemplo, tem um sistema comercial e de agendamento que pode fazer o seguinte:

- Observar todos os componentes de programa e imprimi-los (log)
- Fazer anotações de todas as disponibilidades comerciais
- Garantir que comerciais para produtos que competem diretamente (duas empresas de aviação, por exemplo) não estejam agendados sem algum intervalo de tempo entre um e outro

> **PENSE NISSO • QUESTÕES ÉTICAS EMERGENTES EM MÍDIA ON-LINE**
>
> Há cerca de um ano, me pediram para conversar com um grupo de profissionais que trabalha com várias formas de mídia on-line, incluindo rádio, sobre questões importantes relacionadas à ética. Fiquei um tanto descrente pelo fato de o assunto ser muito abstrato para interessar profissionais de comunicação, mas estava equivocado – recebi grande retorno de profissionais da área de propaganda e relações públicas dizendo que, realmente, essas questões estavam vindo à tona no universo deles.
>
> Aqui estão sete problemas éticos emergentes, alavancados pela tecnologia digital, que poderão em breve aparecer no seu radar:
>
> 1. Gravações digitais podem durar para sempre, o que exige decisões éticas proativas sobre a sua expectativa de existência.
>
>   Para exemplificar, pense na enorme diferença de impacto em relação à digitalização de arquivos de jornal, o que gera uma questão ética muito diferente da mera existência de algumas cópias de papel velho mantidas em arquivo. Existem centenas de novos dilemas que poderiam derivar desta premissa: por exemplo, se o prisioneiro X foi absolvido de um crime graças a um teste de DNA depois de passar cinco anos na prisão, voltamos atrás e corrigimos todos os documentos no arquivo? Ou fazemos anotações nas antigas reportagens? Ou removemos as reportagens de vez? Os vídeos se tornam imortais tão logo enviados à internet. Um comercial de TV ruim vai reaparecer no YouTube ou outro serviço de postagem de vídeos, assim como acontecerá com um karaokê ruim gravado com um telefone celular.
>
> 2. A velocidade da comunicação digital aumenta exponencialmente a probabilidade de erros. Velocidade – e expectativa de velocidade na era da conexão sempre mais veloz – não apenas permite erros como também os amplia. Adicione a isto o efeito "panela de pressão" da comunicação digital, que afeta quase todos em todas as linhas de trabalho. Pense em como a aceleração da sua vida profissional causada pelas exigências do seu e-mail e do seu Blackberry afeta sua performance e seu estado mental.
>
> 3. Dados um pouco perigosos quando não são controlados, criando uma obrigação ética de jogar limpo. Muitos grandes incidentes demonstraram que o velho cuidado displicente de sempre pode

- Dar aos vendedores uma forma de programar uma sequência de spots de imediato e permitir que o patrocinador saiba os horários em que serão transmitidos.
- Gerar faturas automaticamente para spots que foram levados ao ar
- Permitir que o gerenciamento de vendas compare resultados de vendas por indivíduo e faça projeções (cotas) para cada vendedor

precipitar desastres na era da informação. Empresas já deixaram informações importantes em mídias não protegidas, não encriptadas, num táxi ou num laptop perdido. Este problema não se relaciona apenas com os mantenedores de grandes bases de dados; pense sobre as possíveis consequências relacionadas com o fato de responder um dos seus e-mails apertando o botão Responder a Todos, quando você só queria responder a quem o enviou.

4. Estamos envolvidos com a ética de várias culturas. O clichê sobre as comunicações digitais encolhendo o mundo se tornou uma súbita realidade nos últimos meses, quando o fato de as grandes empresas norte-americanas da internet censurarem seu conteúdo para ter acesso ao vasto mercado chinês apareceu na tela do radar do Congresso norte-americano. Que regras seguimos quando estamos envolvidos em comunicação internacional?

5. Somos aquilo com que nos associamos. Publicações de notícias on-line, em particular, enfrentam dilemas éticos relacionados ao linking. Você pode escolher não mostrar um incidente violento ou algo que possa ser evidentemente ofensivo, mas pode aceitar se linkar a ele? É um problema que tem poucos precedentes éticos e que precisa ser muito bem pensado e discutido.

6. Presume-se que resultados de pesquisas são honestos e imparciais, mas são mesmo? Esta é uma questão complexa. Certos mecanismos de busca de alguns sites obtêm determinados resultados porque para fazer isso eles recebem de patrocinadores que buscam uma posição proeminente. A maioria dos grandes mecanismos de busca não tem resultados "pague para ter seu lugar", mas isso não garante que seus resultados não possam ser modificados por webmasters usando vários truques para se destacar nas classificações.

   Existe um campo minado entre autopromoção saudável e distorção desonesta de resultados de busca.

7. A tecnologia permite o plágio desenfreado. A internet é a maior copiadora do mundo, e o problema da propriedade de ideias é incrivelmente complexo. Se você estiver preparando uma propaganda impressa, até onde poderá copiar um componente de design? Cortar e colar um relatório feito a partir de um arranjo de várias fontes ainda é plágio?

As possibilidades para o uso do computador em todas as áreas do rádio – efeitos especiais, edição, produção ao vivo, automação e programação – são virtualmente ilimitadas.

Por exemplo, os encoders da Radio Data System (RDS) agora fornecem títulos de músicas e identificações para as rádios equipadas com displays RDS (Figura 9.10). Mesmo os seguidores mais devotados da alta tecnologia, entretanto, se

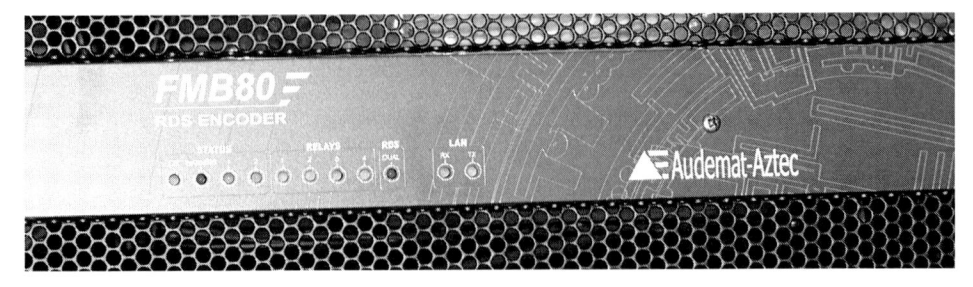

FIGURA 9.10 Codificadores RDS podem ser usados para mostrar a identificação da rádio e os títulos de músicas, e também para identificar formatos de emissoras de rádio e emitir relatórios sobre o trânsito.

Fonte: Fritz Messere.

apressam em avisar que o uso de dispositivos não é um fim em si mesmo. O computador pode trabalhar mais rápido e mais facilmente, mas não pode fazer uma boa rádio. Isso só é possível pela habilidade do produtor, e a boa rádio é tocada na mente do ouvinte. Rádio, afinal, é o palco central no teatro da mente – e a imaginação nunca será suplantada por efeitos.

RESUMO

O computador moderno usa hardware (a máquina) e software (os programas) para realizar suas tarefas. O computador pode realizar muitas funções numa velocidade incrível, oferecendo ainda grande flexibilidade.

Uma função particularmente útil do computador no rádio é criar efeitos, incluindo música, usando um sintetizador MIDI (*musical instrument digital interface*) ou programas de desenvolvimento musical que usam loops sonoros MIDI previamente gravados.

Você não precisa ser um músico hábil para usar esses pacotes; os programas para a criação musical são de fácil utilização.

As estações de trabalho em audiodigital substituíram os dispositivos de gravação analógica. Elas dão ao produtor de rádio grande flexibilidade no tocante à gravação e edição. Na edição auxiliada por computador, a informação é armazenada digitalmente e manipulada por representações visuais numa tela de computador.

Talvez o impacto mais visível na tecnologia de computadores para rádio esteja na automação e na programação live-assist. O equipamento automatizado pode ser incrivelmente flexível e o live-assist pode permitir a um operador realizar várias tarefas complexas ao clicar um mouse ou, em alguns casos, apenas tocando a tela do computador.

Os computadores têm um papel importante na atividade de programação. Hoje em dia, mesmo emissoras pequenas usam computadores para gerar logs e agendar componentes de programas.

APLICAÇÕES

Situação 1 / O problema Um produtor queria montar um pacote promocional da emissora apresentando um coro cantando a identificação da rádio. Infelizmente, havia apenas dois locutores trabalhando e nenhum voluntário para formar um coral.

Solução possível Usando uma DAW com possibilidades multitrilha e equipamento de processamento sonoro, o produtor direcionou duas vozes para o armazenamento digital, mudou suas características levemente e então as colocou em novas trilhas, repetindo o processo até obter o que parecia ser um coral com mais de doze vozes.

Situação 2 / O problema A gerente de produção de uma emissora que se ligava por interface a um serviço de satélite fez toda sua produção numa unidade de edição digital.
Sua iniciativa mais recente precisava ser trabalhada: um comercial de voz para preencher um hiato de 60 segundos durava apenas 58. Não havia tempo para chamar o locutor de volta para regravar a faixa do spot.

Solução possível Um dos aspectos do armazenamento digital é a possibilidade, em alguns hardwares, de acelerar ou reduzir a velocidade da reprodução. Reduzir a velocidade da reprodução excessivamente distorceria a voz, mas alongá-la por 1,5 segundo era algo quase imperceptível, certamente, do que 2 segundos de dead air numa emissora que só toca hits musicais.

EXERCÍCIOS

1. Se você dispuser de equipamento apropriado, grave os seguintes efeitos. O conteúdo não é a questão central, o importante é notar como a manipulação do som muda o efeito produzido. Produza e grave:

- Uma série de notas ou tons com a mesma frequência, com um alto rápido seguido de uma diminuição no volume.
- Uma série de notas com a mesma frequência, em que a nota realiza um crescendo no fim.
- Uma série de notas com a mesma frequência, com nenhuma mudança no volume – apenas um liga e desliga repentino.
- Uma série de notas nas quais a frequência mude rapidamente ou oscile cantarolando.
- Um som similar ao ruído de fundo de um chuveiro ou à estática de uma televisão com chuviscos.

2. Novamente, se dispuser de equipamento, desenhe representações da waveform (envelope) mostradas na tela para cada produção do Exercício 1. (Faça isso da melhor forma que puder, mas lembre-se de que a habilidade de desenhar não é o importante aqui.) Mostre os desenhos e depois toque os sons para alguém que não tem familiaridade com esse exercício e veja se essa pessoa pode dizer que imagem representa determinado som.

3. A seguir, um exercício usando papel e caneta para aqueles que não têm acesso a um equipamento computadorizado. Escreva um trabalho (seu professor especificará a duração e o formato) focando o que, na sua opinião, a revolução tecnológica no rádio gerou como boa ou má influência em relação a esta mídia.

   Por exemplo, você acha que a tecnologia está substituindo o toque humano no rádio? Você acredita que é melhor ter locutores ao vivo na maioria das emissoras de rádio, ou o voice-tracking é um substituto aceitável? Você acha que os tipos de tecnologia disponíveis estão melhorando o rádio, permitindo às pessoas mais liberdade para ser criativas? Independentemente de seu ponto de vista, apresente sua proposta usando informações deste capítulo, outras que você obteve em aulas e por meio de pesquisa, bem como as seguintes fontes de dados adicionais:

   a. Fatos obtidos em jornais do ramo. *Broadcasting and Cable*, *Electronic Media* e *Radio World Newspaper Online* (http://www.rwonline.com) serão provavelmente os que mais ajudarão. Essas publicações estão amplamente disponíveis em bibliotecas ou on-line.

   b. Uma entrevista com um veterano local do rádio, peferencialmente uma pessoa que trabalha ao vivo.

10

✷

Produzindo um Efeito

Vamos estender o assunto um pouco, pensando nos Capítulos 6, 7, 8 e 9 como uma aula de artes plásticas na qual foram ensinadas as pinceladas básicas. Agora é hora de explorar formas de criar luz, sombra, substância e ambiente.

Como produtor de rádio, você será levado a criar uma variedade de efeitos usando as habilidades básicas que explicamos anteriormente. A produção de um efeito pede mais do que memorizar atividades mecânicas. Ela envolve imaginação, experimentação e um pouco de tentativa e erro.

Não estamos dizendo que produzir um efeito seja algo puramente intuitivo. É preciso dominar técnicas específicas e a experiência técnica deve ser combinada com a criatividade. Este capítulo serve como ponte entre os primeiros nove capítulos, que lidam com técnicas e aspectos mecânicos, e os capítulos seguintes, sobre assuntos relacionados com o drama radiofônico e os elementos dramáticos em produção de rádio, produção de comerciais e produção de notícias ou de relações públicas. Este capítulo também revê boa parte dos elementos discutidos anteriormente, abordando alguns aspectos que vamos estudar mais tarde.

A mistura de elementos é importante porque a união da tecnologia com a arte – a possibilidade de criar um efeito – é o núcleo da produção de rádio.

O QUE É UM EFEITO?

Quando nos referimos ao "clima", ao impacto e ao apelo geral da produção radiofônica, usamos o termo *efeito*. Não nos referimos a um efeito sonoro específico (como o ruído da freada de um carro).

A teoria da moderna comunicação sustenta que passar uma mensagem depende de mais que simplesmente a validade da informação. Alcançar pessoas com uma mensagem também envolve influenciá-las emocionalmente – criar um clima de animação, talvez, ou um sentimento de identificação. Esses fatores de ativação emocional podem geralmente ser despertados ou desligados com o uso de técnicas de produção de rádio.

Um comercial que incita a venda de ingressos para um time de futebol, por exemplo, certamente procura criar um clima de animação: o som de um chute inicial, seguido pelo rugido da multidão, apoiado por uma música rápida e vibrante. Para criar este exemplo, o produtor precisa saber como obter esses efeitos sonoros, quer seja tomando-os de uma coleção reproduzida em CD, quer seja baixando-os pela internet (levando em conta que tenha os direitos de usar o efeito), ou gravando o som desejado numa partida usando técnicas básicas de microfone. Todas as técnicas de produção dependem, logicamente, da correta mixagem e roteamento dos sinais por intermédio de uma mesa e sua gravação numa estação de trabalho digital ou outro equipamento. O produtor usa suas habilidades de produção para montar e formar a estrutura do comercial, mas é preciso saber como criar um efeito para produzir a mensagem sutil, as nuanças que são responsáveis pelo impacto e pela dramatização da mensagem.

TIPOS DE EFEITOS

O foco da mensagem – e o efeito que se quer criar – nem sempre será o mesmo em situações bastante similares. Presuma, por exemplo, que o gerente de vendas da emissora de rádio, que precisa de um comercial para um restaurante, quer sua ajuda para criar um spot eficiente com 60 segundos.

Música leve é o que você quer? O som de copos, associado à voz suave de um locutor? Talvez. Se o restaurante for elegante (ou tentar ser), sua escolha de música suave estaria correta. Entretanto, os restaurantes podem ser tão diferentes quanto as pessoas. Indo um pouco mais fundo, você pode descobrir que o restaurante desse cliente em particular tem um estilo étnico; e, se for assim, talvez a música latina, uma valsa ou outra seleção especial seja mais eficiente? Talvez seja um estabelecimento de fast-food. Você muito provavelmente sugeriria agilidade; portanto, músicas com tempos rápidos seriam a escolha lógica.

A música, da mesma forma que qualquer outro elemento de produção, precisa sustentar o tema. É importante gravar este conceito bem fundo em sua mente, porque se afastar do tema geral é o engano mais comum do produtor de rádio novato.

Todo elemento de produção deve dar apoio ao tema, ou então ele destoa da mensagem.

COMO ELEMENTOS DE PRODUÇÃO APOIAM UM TEMA

A música rápida do nosso comercial de restaurante fast-food passa uma impressão específica: rapidez, animação e vibração. Este elemento de produção sustenta o tema de uma mensagem para o fast-food; mas certamente destoaria do comercial de um restaurante elegante.

Esses temas não são sempre tão aparentes à primeira vista. Não existe um guia óbvio de como produzir um comercial para um computador, por exemplo. Na verdade, a abordagem eventualmente usada pode evoluir após meses de sofisticadas pesquisas de marketing, realizadas para descobrir quais elementos despertam as emoções dos típicos compradores de computador. Obviamente, um planejamento tão intrincado não será deixado para o produtor.

Em muitos casos, o gerente de vendas e o cliente sabem exatamente que clima e que efeito desejam. Será tarefa sua conseguir este efeito e escolher elementos de produção que apoiem o tema. Existem muitos elementos de produção além da música e dos efeitos sonoros, mas vamos focar esses dois por enquanto. Mais adiante, neste capítulo, discutiremos qualidade sonora da voz, e assim por diante, e vamos explorar seu uso correto. Os elementos de produção da música e dos efeitos sonoros podem apoiar um tema e realçar a mensagem sob várias formas. Aqui estão alguns breves exemplos que ilustram como esses elementos se encaixam no esquema geral.

Criando Entusiasmo

Comerciais de bebidas não alcoólicas dependem da capacidade da produção de rádio de criar entusiasmo para fazer que o produto atraia um mercado que busca excitação, agitação e alegria de viver. A música escolhida – fora as letras, que falam sobre os benefícios da bebida – deve sustentar esse clima de entusiasmo.

Pense, também, na música que você ouviu na introdução de programas esportivos. A música era uma balada calma e sentimental? Claro que não. Era rápida e intensa, e deixava implícito que o programa a seguir seria agitado e empolgante.

Criando Identificação Imediata

O que o tique-taque de um relógio traz à mente? Se você é como milhões de outras pessoas, pensará imediatamente no programa *60 Minutes*, da CBS News. E é exatamente o que os produtores querem que pense.

Por quê? Porque o tema familiar do relógio é um elemento que distingue imediatamente o *60 Minutes* de sua concorrência, criando certa lealdade entre ouvintes e telespectadores. Em qualquer mídia, é isso o que se pretende. O patrocinador de um comercial quer que a peça publicitária salte aos olhos; o produtor de um talk show quer que os ouvintes distingam seu programa daquele da concorrência e que tenha algum tipo de "marca" com o qual se identifiquem.

Uma questão importante: qualquer que seja o elemento de produção escolhido para a tarefa de criar uma identificação imediata, este deve sustentar a mensagem como um todo. O som de canhões atirando, por exemplo, certamente chamaria atenção, mas não ajudaria a demonstrar que o programa de notícias que vem a seguir é importante e tem classe. Na verdade, essa confusão interna da mensagem destoaria do fator de identificação; ouvintes de um programa de notícias que se abre com o som de canhões atirando provavelmente não ligariam mentalmente o programa à marca sonora.

Evocando uma Emoção

O que o som barulhento de buzinas de carros significa para você? Provavelmente evoca as sensações desagradáveis da última vez que ficou parado, frustrado e morto de calor num engarrafamento. O produtor do comercial de uma viagem de avião para uma ilha do Caribe poderia usar esse fator de forma eficiente. Efeitos sonoros são uma das ferramentas mais importantes para evocar uma emoção. Na verdade, às vezes, dois segundos de efeitos sonoros podem economizar várias linhas de diálogo, fazendo que o texto do comercial seja mais simples.

Resumo dos Efeitos

O objetivo da produção de rádio é criar um efeito que, por sua vez, seja capaz de alcançar um certo grupo com uma mensagem. Em muitos casos, o grupo e a mensagem podem ser apresentados por um gerente de propaganda ou pelo cliente que quer que você produza um comercial. Apresentamos uma discussão mais completa a respeito disso no Capítulo 12.

Ao se reportar a um produtor de um programa de notícias ou de esportes, será preciso usar elementos de produção que apoiem o tema do programa e criem uma identificação com o ouvinte. Conforme discutimos no Capítulo 1, o produtor de rádio atualmente é responsável por reforçar o som característico da emissora – a qualidade que o diferencia da sua concorrência em todos os momentos.

Lembre-se de que você pode ser responsável pela produção de diversas atividades diferentes em várias emissoras de rádio. Pode ser um locutor da equipe que produz comerciais e anúncios de serviços públicos depois de um airshift (airshift é também, claro, um produto da produção de rádio). Talvez você trabalhe num grupo de emissoras e precise produzir comerciais que serão ouvidos em várias estações do mesmo mercado. Você pode ser um repórter responsável por reunir meia hora de notícias, integrando-as em torno de um tema geral. Seu trabalho no departamento de vendas de uma pequena emissora pode envolver uma produção ativa. Pode ser o diretor do programa, encarregado de assegurar que tudo que vai ao ar reforce o formato, o som. Independente do cargo, estará usando os equipamentos e técnicas de produção descritos nos capítulos anteriores para conseguir os efeitos discutidos até agora neste capítulo. E, como já vimos, estará usando vários elementos de produção.

COMO UM PRODUTOR USA ELEMENTOS DE PRODUÇÃO

Falamos brevemente sobre como a música e os efeitos sonoros, como elementos de produção, são usados para criar um efeito. Outros elementos podem servir para o mesmo propósito. Agora vamos examinar cada elemento e mostrar como e por que ele cria um efeito.

Música

A observação de que a música alcança o âmago da psique humana não surpreende. A música levou pessoas a avançarem em direção à guerra e conduziu casais a valsarem rumo ao casamento. Músicas de todos os tipos estão instantaneamente disponíveis para o produtor de rádio. As fontes das quais você utilizará músicas incluirão:

- O acervo musical geral que a emissora coloca no ar. Ela pagou uma taxa para várias agências de licenciamento para ter direito ao uso da música, e você deve ser capaz de usar alguns desses discos nas suas produções.
- Certos tipos de gravações que você paga por **needle drop** – ou seja, quando um trecho de uma dessas gravações for transferido para ser usado

numa produção. Essa situação é mais comum em estúdios de gravação que não são filiados a uma emissora de rádio e não pagam uma taxa mensal de licenciamento para colocar música em geral no ar.
- Fundos musicais fornecidos por um patrocinador nacional, para ser usados por vendedores associados ou por empresas. Por exemplo, um fabricante de cortadores de grama pode fornecer a seus distribuidores um comercial no qual o jingle da companhia esteja incluído no começo e no fim de um spot de 30 segundos, com um buraco de 30 segundos de música de fundo – um fundo musical – sobre o qual um locutor leria um texto para a loja de um comerciante local. (Mais sobre isso no Capítulo 12.) Esse conteúdo de propaganda em cooperativa, ou co-op, é apresentado numa ampla gama de estruturas.
- Música original composta especificamente para um certo propósito, como músicas de jingle usadas como fundo musical, jingles produzidos localmente para empresas e música composta para ser usada em temas de programas ou de produções. Você pode, de vez em quando, estar envolvido na gravação de uma música assim, ou talvez sua emissora gere seus próprios fundos musicais usando um dos programas discutidos no Capítulo 9. (Examinaremos este aspecto da produção de rádio no Capítulo 15.)

A música é uma ferramenta tão evocativa que acaba sendo usada em várias tarefas de produção de rádio; infelizmente, também é com frequência mal-usada e utilizada em excesso. Aqui estão alguns princípios básicos específicos para ajudá-lo, como produtor, a usar música corretamente do ponto de vista estético.

Use música

- Quando encontrar um motivo lógico para fazê-lo. Use-a para criar um clima e reforçar um tema.
- Quando a música tiver um propósito lógico e se encaixar no formato de sua emissora. Um fundo de rock pesado para um anúncio de utilidade pública não complementará o som de uma emissora que toque um formato de música leve. Como discutimos no Capítulo 1, o produtor precisa respeitar a integridade do formato da emissora.

Não use música

- Apenas por reflexo. Muitas vezes, você ficará melhor sem ela. Suponha, por exemplo, que todas as outras emissoras da cidade usem uma curta

abertura musical (às vezes chamada de **stinger**) para os noticiários. Você, como produtor, se sente atraído a fazer o mesmo? Não, claro que não; uma abertura "fria" pode certamente ser eficiente, e, neste caso, irá destacá-lo da concorrência.
- De forma indiscriminada. Este aviso se aplica especificamente ao produtor de rádio novato, que é tentado a usar música popular atual em locuções ou em outras produções, servindo ela ou não ao reforço da mensagem.

Uma nota final: tome cuidado ao usar vocais como fundo para uma locução produzida. Embora as letras que digam algo diferente do "eu serei seu amigo para sempre, me liga..." possam tentar o produtor de um anúncio de utilidade pública de um sistema de saúde comunitária, misturar vocais com locução pode fazer que tanto a letra quanto a locução fiquem ininteligíveis. Entretanto, fazer um cross-fading e outras operações pode às vezes suavizar o problema.

Efeitos Sonoros

O exemplo de buzinas de carro fazendo barulho usadas numa propaganda para uma viagem ao Caribe mostra o valor dos efeitos apropriados. (Note a palavra *apropriado*.) Considera-se efeito qualquer elemento sonoro que não seja música ou fala.

Efeitos sonoros (SFX) podem vir de:

- Acervos especiais de efeitos sonoros, CDs ou arquivos de áudio que a emissora de rádio compra e adquire os direitos de usar. Esses acervos sonoros estão geralmente em CDs, embora também existam disponíveis em pacotes de programas.
- Efeitos sonoros gravados pelo produtor. Esta prática soa mais simples do que realmente é. O antigo truque de rádio de fazer barulho com o celofane para simular o som de chamas geralmente tem exatamente o efeito esperado. Uma porta batendo, outro exemplo, nem sempre soará como uma porta batendo. Com certos posicionamentos de microfone e certos tipos de porta, ela pode soar como um tiro. Gravar seus próprios efeitos sonoros exigirá experimentação, tanto com a produção do som quanto com o posicionamento do microfone para gravar.

Independente de como um efeito sonoro é produzido, seu uso apropriado pode adicionar conteúdo à mensagem. O uso inapropriado pode fazer que pareça banal, amador e fora de propósito.

Há boas razões para usar ou não efeitos sonoros.

Use efeitos sonoros

- Para economizar tempo e palavras. Outro comercial sobre férias pode começar com uma ventania de inverno para reforçar a mensagem. O uso do efeito sonoro economizou parte do texto do produtor; não há necessidade de o locutor dizer: "Você não odeia o inverno e o tempo horrível dos últimos dias?". O efeito sonoro, que dura apenas um ou dois segundos, criou a imagem desejada.
- Para usar drama. O público espera um pouco de drama em todas as mídias, e reforçar sua mensagem usando drama pode conquistar a atenção dos ouvintes. Você pode imaginar, por exemplo, o tipo de público e o tipo de mensagem que se associariam num comercial que tem por efeito sonoro um bebê chorando? E um motor potente de um carro esportivo? Um foguete sendo lançado?

Não use efeitos sonoros

- Só porque é possível. O produtor nem deve considerar usar um efeito se não houver necessidade e propósito definidos. Tenha em mente que o uso excessivo de efeitos sonoros é um dos enganos mais comuns de novatos na produção de rádio. Você será considerado amador se cair nessa armadilha.

Efeitos sonoros são uma excelente ferramenta de produção, mas se mal-empregados são impróprios e podem depor contra a mensagem. Use um efeito quando for lógico e servir a um propósito. Por exemplo, se seu comercial envolve um carro, o produtor provavelmente vai querer o som de fundo de um motor durante todo o spot. Outras vezes, efeitos sonoros pontuais precisam assumir um papel principal nos comerciais; considere, por exemplo, a necessidade de ter como efeito sonoro um telefone tocando quando o script disser que uma pessoa atendeu o telefone. Os capítulos 11 e 12, sobre drama radiofônico e produção de comerciais, respectivamente, dissertam sobre as maneiras como os efeitos sonoros comunicam uma mensagem eficientemente.

A Coloração do Som

A **coloração** do som é uma qualidade indefinida, que nem sempre pode ser vista de forma independente. Este elemento de produção é difícil de definir. Entretanto, você compreenderá quando ouvi-lo. Vez ou outra também usará técnicas de coloração para produzir um efeito em seu próprio trabalho de produção.

Alguns exemplos podem ajudar. Compare de modo geral a qualidade do som de um DJ moderno num programa de rádio *adult contemporary*, ao de um monótono entrevistador de assuntos gerais e notícias de uma emissora de rádio pública com um formato mais vagaroso. Você sabe que existe uma diferença, mesmo sem poder explicá-la.

Uma explicação para que o DJ moderno mantenha um som tão intenso é a compressão eletrônica e o contorno do sinal; podemos dizer que isto é feito de forma bem científica, e diz respeito a elevar o volume de sons mais suaves e usar equalização de frequências para que toda a apresentação tenha uma consistência específica (e então, espera o diretor do programa, o sinal se destacará mais do que os sinais das emissoras concorrentes quando o ouvinte estiver sintonizando o dial em busca de uma emissora). Uma compressão intensa não seria apropriada num talk show mais tranquilo, porque os equipamentos insistiriam em elevar o som nos períodos de silêncio entre perguntas e respostas, criando um efeito irritante.

A compressão é apenas um exemplo do processo no qual o som é alterado para conseguir uma coloração. Um leve **eco** em geral é eletronicamente aplicado; falaremos sobre este efeito com mais detalhes no Capítulo 15. As emissoras FM, que transmitem sinais de boa resolução, geralmente possuem microfones de alta qualidade que reproduzem um amplo espectro sonoro, incluindo a respiração e os barulhos da boca do locutor, fazendo que a voz pareça bastante próxima e íntima.

Os microfones podem ter um efeito poderoso na coloração do som. Como você deve se lembrar da discussão sobre a qualidade sonora (ou timbre) no Capítulo 5, a forma como os padrões sonoros são reproduzidos afeta a forma como os percebemos. Geralmente, a coloração é na verdade um tipo desejável de **distorção**. Apresentaremos exemplos de coloração sonora nos capítulos 11, 12 e 14, que lidam com drama, comerciais e produção remota e esportiva, respectivamente, e discutiremos alguns métodos técnicos para conseguir coloração no Capítulo 15. Um produtor de rádio deve estar preparado para lidar com o conceito de coloração. Não se surpreenda quando o diretor do programa lhe pedir para produzir um som mais claro ou solicitar um spot promocional com um toque mais pessoal.

Velocidade e Ritmo

Se você estiver produzindo um espetáculo musical, um programa de notícias ou um comercial, a velocidade e o ritmo afetarão diretamente o "clima" e a mensagem. Esse elemento de produção é um dos mais importantes de todo o espectro da produção de rádio. Mas a velocidade e o ritmo têm alguns efeitos dos quais, em princípio, você pode não estar ciente. Faça a seguinte comparação:

- Ouça um comercial sobre apólices de seguros ou outros investimentos. (Esses comerciais são bastante comuns em talk shows de rádio, especialmente daqueles que falam de negócios.) Note o ritmo propositalmente muito lento. Por quê? Porque desenvolvemos uma imagem negativa de pessoas que falam muito rápido. O locutor que vende grandes investimentos precisa parecer que é conhecedor do assunto e confiável.
- Confronte a abordagem anterior com a usada em comerciais de bebidas não alcoólicas. Confiança, aqui, não é um fator. Aqui, o que se vende é a imagem de um estilo de vida, e essa imagem geralmente representa uma turma jovem e animada. Comerciais para essas bebidas incluem músicas com temas modernos, frequentemente cantadas por artistas populares da atualidade.

Recorremos a esses exemplos na expectativa de que você desenvolva um ouvido crítico quando se trata de determinar a velocidade e o ritmo de seu próprio trabalho. Tenha sempre em mente que o ritmo cria um efeito e precisa reforçar a mensagem. Lembre-se também de que às vezes uma nova ideia é bem-sucedida precisamente porque quebra as convenções da programação.

Walter Winchell, uma lenda da radiodifusão cuja carreira estava no auge durante a Depressão, entrou no rádio depois de reunir experiência como colunista de fofocas em um jornal. Inicialmente, contava com poucas oportunidades de fazer sucesso porque na época esperava-se que os locutores de rádio tivessem uma pronúncia lenta e suave. Winchell, entretanto, quebrou as regras com uma fala rápida, em *staccato*: "Bom dia, Sr. e Sra. América, e todos os navios no mar, vamos à imprensa... Flash!...". Ele falava sem pausa para respirar, de forma pontuada com o som das batidas de um telégrafo, e conseguiu exatamente o que queria. Winchell tinha um programa agitado, que cativava o ouvinte, como se o pegasse pelo braço, gritando "Espere até você ouvir isso!". A velocidade e o ritmo reforçaram a mensagem de Winchell.

O veterano da radiodifusão, Paul Harvey, é um reconhecido mestre do timing, e sua técnica ajudará a fazer uma distinção importante. Harvey mantém um ritmo diversificado e cheio de energia, mas ele também cativa seus ouvintes com sua fala final bem posicionada, geralmente precedida de uma pausa dramática. "E o homem acordou na manhã seguinte, e descobriu", Harvey diria, "que estava borrifando o irritante mosquito não com inseticida ... [pausa] ... mas com [pausa agonizante] ... uma lata ... de spray de tinta azul!". A velocidade e o ritmo são também importantes elementos na produção de um programa musical. Em muitas emissoras de rock, o formato inteiro é construído em torno de tempos e ritmos mais tranquilos. Compare isso com a abordagem frenética, ininterrupta, da fala rápida das emissoras de contemporary hits. Ambas estão tentando projetar uma imagem.

Qualidade Vocal

Este elemento da produção não implica necessariamente uma diferença qualitativa entre vozes boas e ruins. A *qualidade vocal* é a imagem geral que a voz de um locutor projeta. Geralmente, um produtor escolhe o locutor a ser usado para uma produção em particular. Às vezes o produtor recebe uma tarefa específica e precisa usar uma determinada voz (ou a sua própria) para conseguir o melhor efeito, mudando talvez sutilmente sua pronúncia.[1]

De qualquer modo, associar a voz e a pronúncia correta com a mensagem é o elemento que mais importa. Muitos aspectos da seleção e da pronúncia são razoavelmente óbvios. A voz de um moderador de notícias requer certa autoridade. Um spot feito para convencer jovens a fazer compras numa determinada loja pode se beneficiar de uma voz jovem e uma pronúncia familiar e amigável. Pense em outros exemplos. Propagandas de remédios para mulheres geralmente têm uma voz feminina simpática. Por quê?

Outro aspecto da qualidade de voz é a ausência de elementos de distração. É um consenso que vozes usadas no ar não devem ter defeitos (não estamos apenas nos referindo a defeitos patológicos da fala) que atrapalhem a mensagem. Uma das distrações mais comuns do locutor é a respiração imprópria. Vozes ofegantes, exceto quando são um recurso bem-aceito, soam amadoras. Geralmente, locutores inexperientes podem ser ouvidos ofegando entre frascs. Esses sons podem não ser aparentes na fala do dia a dia, mas em um microfone certamente são percebidos. A solução para isso é aprender técnicas de respiração – guardar bastante ar, em vez de tentar falar até que todo seu ar tenha terminado. Planeje suas inspirações; respire nas pausas naturais do texto. Textos de propaganda devem ser lidos expressivamente. Não leia num ritmo que o faça perder o fôlego.

---

[1] No caso brasileiro há uma grande quantidade de cursos livres e profissionalizantes para a formação de locutores de rádio. Porém, o mercado necessita de um perfil profissional que vai além da qualificação média dada nesses cursos. Cada vez mais é necessário o conhecimento de programas de captura e edição de áudio, operação de equipamentos (mesas de áudio, computadores etc.), locução e interpretação de textos, noções de entrevistas e reportagem. Ou seja, ter uma boa voz e falar bem é apenas mais um dos elementos necessários para se trabalhar em rádio. (NRT)

> **ATUALIZAÇÃO DO MERCADO • PRODUZINDO UM EFEITO E O RESULTADO FINAL:
> A PROMOÇÃO DAS PRODUÇÕES**
>
> "De olho nos acontecimentos; ativa, eficiente, uma fonte de notícias e informações." Existe alguma dúvida de que esta é a melhor descrição para uma emissora de rádio exclusivamente noticiosa?
>
> Transmitir esta imagem, tendo como veículo o estúdio de produção, é o trabalho de Bill Tynan, diretor dos serviços de criação da WCBS-AM, uma emissora exclusivamente de notícias de Nova York (Figura 10.1). Bill foi indicado para receber o A.I.R Award como melhor produtor de serviços de criação/produção em 2005. Ele chama muitas de suas peças promocionais de "provas de performance", o que significa que os ouvintes fizeram a melhor escolha.
>
> Uma das técnicas favoritas é editar grupos de fragmentos de coberturas de uma notícia para ter uma peça promocional pronta para entrar no ar no dia seguinte. As peças promocionais de Tynan, por exemplo, já apresentaram repórteres sem fôlego dando relatórios *in loco*, associados com textos de locutores, o que reforça a ideia de que a WCBS estava presente. Um conselho, entretanto, pode ser aplicado a quase todas as operações de produção e promoção. "Não se sinta o máximo", diz Tynan. "Você não quer dar a ideia de que quis dizer: Nossa, não foi maravilhoso, houve um desastre e nós fomos os primeiros a noticiar. Tynan nota que o computador simplifica muito seu tipo de trabalho de produção. Durante uma tarefa de promoção típica, talvez fosse necessário fazer o cross-fade de sete ou oito faixas. Antes dos computa-
>
> **FIGURA 10.1** Bill Tynan, diretor de serviços de criação na WCBS-AM em Nova York, produzindo uma peça promocional.
>
> Fonte: Carl Hausman.

dores, seria preciso transferir essas faixas em carts, fazer três cross-fades em outro cart, e então o cross-fade desses carts para ter a mixagem final. Tynan explica que seu campo viu enormes mudanças nos últimos anos, e, mais recentemente, essa mudança girou em torno da introdução da multimídia nos sites da internet. Ele escreve para o site da WCBS: "Ver como a WCBS evoluiu da tradicional radiodifusão no ar até se tornar o incrível serviço que agora oferecemos on-line é algo muito estimulante para mim. Existe tanto áudio e vídeo em nosso site, disponível sob demanda, que isso está mudando toda a dinâmica de como as pessoas usam a emissora de rádio. É muito diferente da época em que, ainda criança, eu ficava ouvindo um rádio transistor portátil (ou o velho rádio de válvula da cozinha, falando sobre o fechamento das escolas, junto com minha mãe). Mas a função da emissora permanece essencialmente a mesma... a de ser uma fonte vital de informação para as pessoas, sempre que necessário. Ter participado dessa missão e ter trabalhado com pessoas tão dedicadas ao longo dos anos foi realmente uma honra".[1]

Agora, ele pode simplesmente carregar os trechos no computador, colocá-los na tela, ajustá-los onde quiser e programar os cross-fades. A Figura 10.2 mostra um exemplo de um de seus scripts.

"UM CAMINHÃO CARREGANDO PROPENO BATE NUMA PONTE EM WHITE PLAINS, PERTURBANDO A TRANQUILIDADE DA NOITE!"

HOMEM: "As árvores estavam pegando fogo, as pessoas gritavam. Parecia o fim do mundo!"

"A EQUIPE DA WCBS ESTAVA LÁ NAS PRIMEIRAS HORAS DA MANHÃ, PARA FAZER A COBERTURA COMPLETA!"

LAMB: "Uma bola de fogo varreu tudo a partir da I-287, ateando fogo em casas..."

JEFF: "A vizinhança pensou que fosse uma bomba, quando o caminhão explodia iluminou o céu do início da manhã..."

SCHLD: "Muitas dessas pessoas tiveram tanta sorte que estão felizes de estar vivas."

QUINN: "Foi um pesadelo para os moradores, e agora é um pesadelo para quem quer ir de casa para o trabalho..."

BUSCH: "Pegue a New York State Thruway; ela está andando muito bem..."

TOM K: "Considere seguir pela Metro-North se você estiver indo para lá..."

PARA OBTER AS ÚLTIMAS INFORMAÇÕES SOBRE REPAROS EM RODOVIAS E SOBRE ROTAS ALTERNATIVAS, FIQUE COM A WCBS NEWSRADIO 88!"

WCBS-AM

FIGURA 10.2

Um script para uma peça promocional em uma emissora exclusivamente de notícias.

---

[1] Bill Tynan, WCBS Newsradio 880, Nova York, 20 ago. 2007. Disponível em: <http://www.wcbs880.com/pages/11278.php?contentType=4&contentId=107442> (Acessado em: 5 jul. 2008).

O Som das Palavras

Um produtor de rádio geralmente é responsável por escrever o texto que é lido no ar.

Falaremos dessas técnicas específicas na próxima seção e nos capítulos apropriados (em especial, nos capítulos 12 e 13, que discutem comerciais e notícias), mas é preciso levar em conta algo aqui: escrevendo para o ouvido.

Palavras podem influenciar o humor. Note como as palavras *jantar* e *comer* criam sensações diferentes. Isto também ocorre com *investir* e *comprar*. O som físico das palavras também tem um efeito. *Businesses* não é uma boa palavra para o ouvido, porque os sons de *s* tornam a palavra muito sibilante e menos atrativa.

O Texto

Aqui estão três princípios gerais para o texto:

1. Lembre-se de que você está escrevendo para os ouvidos, não para os olhos. Use verbos ativos sempre que for possível. Sentenças longas e construções intrincadas não têm lugar no rádio. Construa sentenças curtas e que soem como uma conversa. Evite referências como "a última opção": lembre-se de que o ouvinte não pode ver o texto e decidir qual opção veio antes e qual veio depois).
2. Lembre-se de que seu texto precisa ser lido. Isto soa óbvio, mas não é. É necessário praticar para escrever num ritmo que possa ser lido facilmente por outra pessoa. Tome um cuidado especial com o uso de vírgulas e pontos; o uso incorreto pode fazer que o texto seja praticamente ilegível.
3. Preste muita atenção no formato técnico. Cada emissora tem uma forma mais ou menos padrão de escrever textos. Algumas delas, por exemplo, usam letras maiúsculas para qualquer coisa que será lida no ar. As questões técnicas variam de emissora para emissora, por isso certifique-se de seguir o padrão local. Se não, o texto produzido pode ser muito difícil de decifrar para um locutor.

Resumindo, os elementos de produção são úteis para a criação de efeitos e para reforçar uma mensagem. Muitos são óbvios; alguns exigem um pouco de raciocínio. Todos têm impacto sobre a maneira como o produto sonoro vai atingir o público.

Elementos de produção também se misturam num produto inteiro. A maioria das produções de rádio contém vários elementos. Ao julgar vários elementos, você, como produtor, precisa sempre determinar se eles fazem sentido dentro do contexto da mensagem. Esse efeito sonoro transmite o que se deseja? A música fará que a mensagem fique mais forte ou desviará a atenção? A voz do locutor passa a mensagem correta? As palavras transmitem a mensagem por inteiro? As palavras foram escritas para ser ouvidas? A chave para uma produção bem-sucedida é certificar-se de que essas decisões não sejam deixadas ao acaso.

UTILIZANDO ELEMENTOS DO SOM PARA CONSEGUIR UM EFEITO

Até agora nossa discussão foi bastante teórica. A partir daqui, vamos avaliar exatamente como as técnicas de produção aprendidas nos capítulos anteriores são usadas. O trabalho de um produtor geralmente requer que ele seja meio artista, meio técnico. Você usará equipamento eletrônico altamente sofisticado para traduzir o que deseja do ponto de vista técnico como produto acabado, algo que pode ser facilmente transmitido.

Os problemas na produção geralmente aparecem quando o produtor acredita ser um artista bom demais para se incomodar com o aspecto técnico do trabalho. Da mesma forma, a qualidade da produção fica a desejar quando um produtor apaixonado por complexas parafernálias se esquece de que está no ramo da comunicação. Um músico precisa saber como soprar um trompete e colocar os dedos nas palhetas corretamente, mas também precisa ter habilidade artística para tocar notas que transmitam um significado. Embora as máquinas possam ser programadas para tocar trompetes, em regra não farão um bom trabalho. Tendo isto em mente, vamos ver como alguém que é produtor de rádio, e não somente que saiba operar o equipamento, realiza operações simples.

GRAVANDO UMA VOZ

Você aprendeu sobre a cadeia de eventos que permite gravar voz num computador, num MiniDisc, ou mesmo numa fita analógica. Agora, comece a pensar como um produtor. Você quer gravar um programa de entrevistas entre duas pessoas (um moderador e um convidado). Vamos começar com as necessidades fundamentais: o mesmo tipo de microfone usado para gravar música clássica poderá ser usado? É necessário o mesmo grau de qualidade e do mesmo padrão de captação? E quanto ao efeito do equipamento nos participantes? Embora o microfone de estúdio convenientemente colocado, suspenso num pedestal, possa se prestar à função, esse grande instrumento pendurado no meio do caminho entre o moderador e o convidado terá um efeito intimidador? Pode apostar que sim.

Quem não está familiarizado com o rádio geralmente vê o microfone com a mesma desconfiança que uma broca de dentista. Como produtor, você deve levar isto em conta. Provavelmente descobrirá que os melhores resultados são obtidos com dois microfones colocados discretamente em mesas. Dois microfones de lapela também poderão ser usados, embora talvez não sejam encontrados facilmente numa emissora de rádio comum. Existem mais aspectos na escolha de um microfone do que cuidar das considerações técnicas que discutimos no Capítulo 5. Veja se você pode pensar em outros exemplos.

Gravando Música

Você progrediu até o ponto de ser capaz de realizar o cue de um CD, tocá-lo e rotear o sinal por meio da mesa para dentro do computador, de uma cartucheira digital ou um MiniDisc. Agora, vamos imaginar uma produção real.

Digamos que você recebeu a tarefa de fazer um anúncio de utilidade pública (PSA) de 30 segundos para uma hotline que trata de saúde pública. A música que pretende usar tem uma letra e algumas partes inteiramente instrumentais.

A letra que você quer usar é "Eu serei seu amigo para sempre, me liga...". Mas você não pode colocar a música por baixo da locução, por dois motivos:

1. A letra segue depois daquele trecho que você quer usar no início do spot. E ela fará o script a ser lido ficar ininteligível.
2. A intenção é que o spot termine com um clímax musical. Para ser preciso, usar o clímax instrumental que por acaso está no final dessa trilha de três minutos.

Como um produtor que realiza várias funções deve lidar com este dilema? Se houver tempo ou se a edição não for complexa, a melhor solução será escolher os segmentos apropriados de música usando uma ilha de computação digitalizada. Os trechos podem ser facilmente usados e colocados na playlist de programas como o Adobe Audition (Figura 10.3) ou o Peak. Editar o fundo musical proporcionará uma trilha mais suave e da melhor qualidade sonora possível. Agora é possível gravar a voz e o fundo musical em uma segunda máquina, como um MiniDisc ou uma cartucheira digital.

Outra solução seria usar os trechos selecionados e colá-los no setor multipista usando programas de computador. Então, seria possível gravar a voz e alinhar as trilhas perfeitamente, usando as várias possibilidades da estação de trabalho audio-

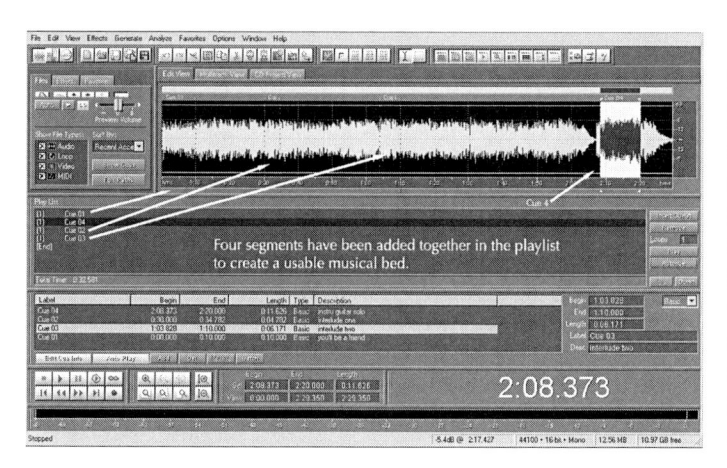

FIGURA 10.3

Foram obtidos quatro trechos dessa música para uma playlist, a fim de se criar um fundo musical. Isto é feito facilmente selecionando os trechos desejados e adicionando-os no setor da playlist.

digital (DAW). Esta solução permitiria aproveitar as possibilidades de manipulação de amplitude e de cross-fading do programa. Esse tipo de produção demora um pouco mais para ser realizada no começo, mas pode oferecer um produto final mais bem acabado.

Se houver uma ilha de computação disponível, existem formas alternativas de se criar um fundo musical útil. Uma estratégia possível é gravar os 25 segundos finais da música num MiniDisc ou em outra mídia de gravação.

Já que se sabe (lendo o tempo do CD ou contando o tempo) que a faixa tem exatamente 2:30 de duração, deve-se simplesmente iniciar o CD e o timer ao mesmo tempo e começar a gravação quando o timer chegar em 2:05. Imaginemos que tenha sido determinado que a parte de abertura da letra dura cerca de nove segundos (e com isso determinou-se o tempo de duração do texto que será lido). Nesse ponto, é possível realizar novamente o cue do MiniDisc e observar esta sequência:

- Iniciar o CD e fazer o seu fade up na mesa. (Logicamente, já foram registrados os níveis e sabe-se em que volume colocar.)
- Iniciar o timer assim que o CD começar a tocar.
- Gravar os primeiros cinco segundos da letra.
- Iniciar o MiniDisc com o fader desligado, cinco segundos depois da reprodução do CD, antes de abrir o microfone. É preciso lembrar que se tem mais quatro segundos antes do fim da letra. O spot agora está pronto para terminar exatamente quando se deseja terminá-lo: 30 segundos do início do spot.

- Ligar o microfone e ler o texto.
- Quando a linha principal da letra terminar, começar a baixar o volume do CD abaixo da voz (processo que é chamado de *ducking*) e ler o texto. Durante a leitura do texto, executar um cross-fade. Ou seja, aumentar o volume do MiniDisc à medida que abaixar o do CD. Feito de forma gradativa, e por debaixo da sua voz, o cross-fade pode não ser detectável. Deve-se lembrar que, nesse momento, a música não deve estar acima da voz.
- Não esquecer de usar fones de ouvido para monitorar os níveis do microfone em relação aos níveis da música.
- Quando a leitura do texto estiver terminada, abaixar a música ao nível correto no medidor VU para terminar o spot.

Criou-se assim um spot que tem o tempo certo e que inclui o começo e o fim desejado. Todos os elementos de produção reforçam a mensagem e criam um efeito. Em particular, a música reforça a mensagem. O resultado é um produto que coloca o ponto a ser dito em primeiro plano, com todos os elementos de produção agregados à mensagem. Pode-se fazer esse anúncio de utilidade pública de várias formas. Outra maneira de se fazer a mesma coisa, e que pode ser mais fácil, é gravar 40 segundos da música num MiniDisc. Desta forma não será preciso começar o disco durante o spot; entretanto, é preciso ser exato quanto ao tempo antes de o spot começar.

O que se pretende com esta discussão é ilustrar o fato de que existem várias soluções para a maioria dos problemas de produção. Dependendo de quanto tempo se tem e do equipamento de que se dispõe, o produtor será frequentemente levado a determinar a melhor maneira de criar um spot ou um segmento de programa.

RESUMO

O objetivo final da produção de rádio é obter um efeito – criar uma imagem na mente do ouvinte e comunicar uma mensagem.

Num trabalho de produção, os elementos sustentam um tema central para conseguir um efeito. Por exemplo, uma música agitada num comercial de restaurante gera vibração e animação. Os elementos de produção também são usados como grifes para criar identificação imediata na mente dos ouvintes.

A música é um elemento de produção comumente usado para criar um efeito. Ela é mais bem empregada quando contribui explicitamente para comunicar uma ideia. Usar uma música simplesmente por usar em geral dispersa a atenção e se revela contraprodutivo. Da mesma forma, os efeitos sonoros precisam ser usados cautelosamente. Eles podem ser muito eficientes quando seu uso é lógico e sustenta o tema central. Quando são usados apenas porque estão disponíveis, perdem seu sentido.

A coloração do som, outro fator que contribui para alcançar um efeito, é a forma técnica segundo a qual o som é manipulado. Outros fatores que contribuem para alcançar um efeito são a velocidade e o ritmo, a qualidade vocal e o som das palavras individuais.

APLICAÇÕES

SITUAÇÃO 1 / O PROBLEMA O produtor recebeu uma difícil e importante tarefa: produzir um comercial para um perfume masculino. A locutora – uma mulher – pareceu ler o texto corretamente, mas o cliente não gostou do spot, mesmo sem conseguir definir o que realmente não agradou. Seu único comentário foi: "Não parece que ela está falando comigo".

SOLUÇÃO POSSÍVEL Depois de pensar no assunto, o produtor mudou os microfones. Usando um de alta qualidade, com um padrão de captação cardioide, instruiu a locutora a se aproximar dele. Resultado: maior presença e um sentimento de maior intimidade no comercial.

SITUAÇÃO 2 / O PROBLEMA A produtora de uma emissora FM estava encarregada de preparar um anúncio de utilidade pública que defendia a redução da poluição do ar.
De acordo com o script, o locutor deveria ler o texto em espaço aberto, com pássaros cantando ao fundo. Mas, quando ela tentou fazer isso, o equipamento portátil não produziu material de qualidade: os pássaros, que estavam realmente cantando no parque onde o spot foi gravado, quase não estavam audíveis no produto final.

SOLUÇÃO POSSÍVEL Percebendo que as coisas não soam para o ouvido necessariamente da mesma maneira que num microfone, a produtora gravou só os pássaros numa fita. Isto lhe deu a opção de poder mexer no volume ao mixar a locução e os efeitos sonoros de fundo na mesa.

A trilha de voz do locutor trouxe outro problema: soava muito ruim porque havia sido gravada em um equipamento portátil de qualidade inferior à dos microfones de estúdio. Essa falta de qualidade ficaria muito aparente quando o spot fosse tocado no ar. Mas gravar o texto do locutor no estúdio fez que todo o spot soasse falso. Ele não parecia um locutor se apresentando num espaço aberto, mas como uma gravação de estúdio mixada com efeitos sonoros.

A produtora lembrou do que tinha aprendido sobre a física do som e percebeu que os problemas vinham do fato de o microfone estar numa parte muito aberta do estúdio, perto de várias paredes descobertas. Alguns testes resultaram no reposicionamento do microfone em uma área neutra. Sem o som batendo nas paredes, estava mais flat e o ouvinte podia imaginar com maior facilidade que o spot inteiro havia sido gravado em uma área aberta.

A essa altura a produtora pensou que conseguiria o efeito desejado, dentro das restrições técnicas do equipamento. Entretanto, havia mais um problema.

Embora os sons dos pássaros que ela havia gravado no parque funcionassem para o fundo, não possuíam qualidade suficiente para ser destacados, como se queria fazer no começo do spot. Ela achou que a produção precisava abrir com uns dois segundos de efeitos sonoros consistentes, e então se faria um fade down por baixo da voz do locutor.

Resolveu este problema encontrando os efeitos apropriados no acervo de efeitos sonoros da emissora. A única coisa que ela achou ("Sons de Pássaros") não seria apropriada para o fundo do spot inteiro, mas era perfeita para chamar a atenção numa abertura. Para criar o produto inteiro, ela usou o som dos pássaros do CD e realizou o cross-fade dele com o som ambiente que ela tinha gravado.

O resultado final foi um anúncio de utilidade pública de alta qualidade, que obteve o efeito desejado.

EXERCÍCIOS

1. Construa um script para um anúncio de utilidade pública de 60 segundos. Para este exercício, não se esqueça de incluir:

   - Um efeito sonoro
   - Um fundo musical
   - Narração

   Certifique-se de que tudo no seu anúncio de utilidade pública (PSA) tenha um propósito. Nada deve parecer ter sido jogado ali só para constar.

2. Sob a supervisão de seu professor, produza o spot de utilidade pública.

3. Se um acervo de músicas para produção estiver disponível, peça aos presentes na classe que escolham músicas apropriadas para o seguinte:

   - A abertura de um programa de notícias
   - O fundo de um comercial de cerveja
   - O fundo de um programa de moda

   Discuta essas escolhas e as impressões dos seus colegas nesses três casos. (A concepção de um bom comercial de cerveja, por exemplo, varia de pessoa para pessoa.) Note as diferenças na concepção dos colegas tanto em relação aos cenários quanto à correta seleção de música.

4. Escale celebridades para narrar as seguintes produções de rádio hipotéticas. (Lembre-se de que as celebridades serão ouvidas, não vistas.) Escreva suas escolhas e os motivos que o levaram a isso.

   - Um comercial de aspirina
   - Um comercial de um restaurante elegante
   - Um anúncio de utilidade pública para salvar a vida selvagem
   - A parte de um assassino insano num drama de rádio
   - Um comercial para acessórios femininos caros e um pouco fúteis.

   Discuta seu ponto de vista com os alunos e com o professor. Durante a discussão, tente explicar o mais claramente possível o que cada voz de celebridade tem que criaria os efeitos corretos e transmitiria as várias mensagens.

11

✳

Os Elementos Dramáticos na Produção de Rádio

O propósito deste capítulo não é falar do que se tornou uma forma artística quase obsoleta,[1] mas introduzir os princípios do drama radiofônico que estão presentes em outras formas de produção de rádio.

Este breve capítulo contém apenas um exercício. Em vez da habitual realização de exercícios, apresentaremos um drama radiofônico completo no Apêndice B. A produção deste gênero pode servir como projeto para a classe; sua leitura dará uma visão da estrutura do drama e dos elementos dramáticos. Se o tempo não permitir (a produção de um drama radiofônico é um projeto grande), o exercício no final deste capítulo será suficiente.

Este gênero de rádio praticamente desapareceu, o que é triste. O drama radiofônico dos velhos tempos, como podem comprovar seus seguidores, envolvia o público de uma forma que a televisão não pode fazer. Um programa de rádio cria imagens na mente que podem fornecer um cenário muito mais intenso do que aquele que pode ser produzido na TV.

O drama radiofônico também é uma excelente forma de se aprender os recursos mecânicos da edição, do posicionamento de microfones, da gravação de vozes e da mixagem. Será possível perceber que a produção apresentada no Apêndice B é excepcionalmente desafiadora, mas bastante instrutiva também. Técnicas

---

[1] As emissoras de rádio brasileiras se destacaram nas décadas de 1940 e 1950 na produção de programas com excelente produção dramática. Muitos grandes nomes do teatro passaram pelo rádio, seguindo depois para a TV, como Beatriz Segall, Fernanda Montenegro, Chico Anysio, entre outros. Infelizmente, por falta de interesse comercial e investimento, as radionovelas e outros formatos que utilizavam uma linguagem dramática foram sendo retirados do ar. Atualmente, este elemento de linguagem resiste na produção de alguns programas de humor e nos comerciais.

do drama de rádio podem ser adaptadas para a inserção de elementos dramáticos em comerciais e, até certo ponto, em programas de notícias e de assuntos públicos. Este é o foco essencial deste capítulo.

A ESTRUTURA DO DRAMA

O *drama* é uma composição que conta uma história por meio da ação e do diálogo. Geralmente gira em torno de um conflito: uma pessoa contra outra, ou uma pessoa contra a sociedade ou a natureza. Um drama, em sua forma mais ampla, tem um enredo; e, geralmente, esse enredo tem começo, meio e fim. Também inclui técnicas dramáticas, como suspense e exposição. Vamos analisar esta descrição e ver como cada termo se relaciona ao drama radiofônico e aos elementos dramáticos na produção de rádio.

Ação

Já que o rádio não é uma mídia visual, a ação deve ser transmitida pelo som. Experimente fazer o seguinte: feche os olhos e imagine que sons seriam necessários para a transmissão do que acontece numa luta de boxe. A ação numa luta profissional seria dramatizada no rádio com o toque do sino, o barulho da multidão e o som das luvas batendo.

Diálogo

O diálogo daria uma descrição da luta. As palavras são muito importantes no drama de rádio, pois dão a maioria das informações e do significado de uma cena e descrevem a maior parte da ação. A cena da luta profissional, por exemplo, poderia ser completada com o diálogo de um apresentador de ringue ou uma conversa no canto de um dos lutadores.

Enredo

O enredo é o desenvolvimento da história. Toda ação e todo diálogo devem servir à continuidade do enredo; ou seja, cada cena de ação ou de diálogo deve desenvolver o enredo e reforçar a mensagem.

Começo, Meio e Fim

O drama geralmente tem uma sequência de eventos e uma conclusão. Embora os elementos dramáticos na produção radiofônica nem sempre tenham uma sequência completa de começo, meio e fim, quase sempre existe algum tipo de resolução no qual o problema é solucionado. Em termos dramáticos, isto é conhecido como o *desenredo*, que é a resolução de um conflito.

Conflito

O conflito no drama nem sempre precisa ser uma briga entre duas pessoas. O conflito pode ser a luta de alguém para superar uma dor de cabeça, que é um tipo de conflito mostrado frequentemente em comerciais de rádio. (A resolução, logicamente, viria do analgésico fornecido pelo patrocinador.)

Suspense

O suspense é o que nos faz continuar ouvindo. Para obter o suspense, os escritores do enredo evitam colocar o conflito e a resolução ao mesmo tempo. A dor de cabeça da Dona Maria será curada? Geralmente devemos esperar cerca de 20 segundos de propaganda do produto para descobrir a resposta.

Exposição

Os detalhes devem ser revelados de forma lógica e realista. O processo de fornecer informações é conhecido por exposição e é uma parte importante de todos os tipos de drama.

Pense nisso: fornecer ao público toda a informação de que precisa para compreender uma cena que está se desencadeando é uma tarefa muito difícil. Nas peças escritas antigamente, uma forma popular de exposição era ter duas faxineiras, em meio a uma conversa supostamente casual, fazendo a cena enquanto tiravam o pó da casa. Esse tipo de exposição, que é uma recriação desajeitada dos fatos, ficou conhecida pelo nome de *feather-duster exposition*, e os escritores modernos geralmente a evitam.

Técnicas de exposição mais elegantes geralmente possuem elementos dramáticos mais curtos. Digamos que o produtor de um comercial de rádio quer fazer uma cena que enfatize a necessidade de uma família de comprar um computador para ajudar o filho nas tarefas de matemática. Seria mais interessante aos propósitos do cliente ter um casal – em vez de faxineiras, como mencionado anteriormente – discutindo as notas baixas do filho? Talvez, mas a cena poderia ser feita de forma mais rápida e eficiente com, por exemplo, uma breve cena na sala de aula, onde o filho demonstra sua falta de habilidade em matemática ao não conseguir resolver um problema no quadro negro.

ELEMENTOS DRAMÁTICOS NA PRODUÇÃO DE COMERCIAIS

Embora possa haver poucas oportunidades de produzir o tipo completo de drama incluído no Apêndice B, certamente será possível incorporar elementos dramáticos nos comerciais que forem produzidos.

"Ah, minha cabeça está me matando!" Quantas vezes já se ouviu essa fala, ou alguma similar, numa propaganda de analgésicos? É o começo de um drama comum – uma parte da vida de alguém, por assim dizer – que pode ser usado de forma eficiente. Note como é mais conveniente usar a cena dramática do que fazer um locutor falar sobre o fato de Dona Maria ter dor de cabeça. O drama, na verdade, serve a dois propósitos num comercial de rádio: capturar a atenção e comprimir o tempo.

Capturar a Atenção

Todos nós estamos interessados nos acontecimentos da vida. Por que, afinal, as novelas, os reality shows e outras formas dramáticas similares atrairiam interesse tão grande? No comercial de rádio, uma cena dramática envolve o ouvinte e chega a um determinado ponto. Por exemplo, uma cena cômica que mostra mecânicos incompetentes atrai o ouvinte e cria o plano de fundo para o discurso que explica por que uma determinada oficina mecânica faz um trabalho melhor do que os negligentes mostrados no comercial. Note como o comercial reproduzido na Figura 11.1 usa uma cena dramática similar para atrair a atenção.

Comprimindo o Tempo

Qual aproximação parece ser mais eficiente, do ponto de vista do produtor de rádio?

1. John trabalha em um jornal; ele é repórter e a pressão ali é muito grande. Agora ele está trabalhando com um prazo apertado. A pressão por vezes o oprime, afetando sua saúde, provocando azia e dores de estômago.
2. SFX (efeitos sonoros): TELETIPOS, AGITAÇÃO EM UM ESCRITÓRIO.

    VOZ: John, o prazo para a notícia sobre o incêndio é daqui a 5 minutos!
    JOHN: Cara, essa pressão realmente às vezes me angustia. Sinto azia, dores de estômago...

Note que a cena 2 duraria cerca da metade do tempo necessário para a execução da cena 1. De forma similar, o efeito sonoro de estrondo de um raio e da chuva caindo demora muito menos do que um texto de locução dizendo que a tempestade está feia. A Figura 11.2 mostra um comercial que compacta seus componentes ao usar elementos dramáticos. No Capítulo 12, lidaremos com os conceitos de chamar a atenção e de compactar o tempo, e também com outras facetas da produção de comerciais de rádio.

(PHIL ASSOBIANDO UMA MÚSICA BEM POPULAR. EFEITOS SONOROS DE ALGUÉM MEXENDO EM PAPEL ROÇANDO E UMA CAIXA SENDO ESMAGADA NA MESA... OS EFEITOS SONOROS CONTINUAM.)

LEW: EI... O QUE VOCÊ ESTÁ FAZENDO?

PHIL: ESTOU EMBRULHANDO UM MARAVILHOSO PRESENTE DE NATAL DE MODO ARTÍSTICO. COMO VOCÊ PREFERE... ÔPA; FIZ UM PEQUENO BURACO NA TOALHA. BOM... VOU COLOCAR UM VASO EM CIMA E NINGUÉM VAI NOTAR.

LEW: OLHA, VOCÊ ESTÁ PERDENDO TEMPO COM ESSA BAGUNÇA. SE VOCÊ AO MENOS...

PHIL (INTERROMPE): ESPERA. COLOQUE SEU DEDO AQUI E SEGURE. QUANDO EU DISSER "SOLTA", SOLTE, OK?... SOLTA. (SOM DE PAPEL E DE UMA CAIXA CAINDO. O PRESENTE CAI NO CHÃO.)

LEW: OLHA... EM VEZ DE FAZER TUDO ISSO, POR QUE VOCÊ NÃO LEVA SEUS PRESENTES PARA A COUNTY?

PHIL: A COUNTY QUER MEUS PRESENTES?

LEW: ELES VÃO EMBRULHAR PARA VOCÊ. DE GRAÇA. DAÍ, VOCÊ PODE PEGÁ-LOS PARA O NATAL... TODOS BEM EMBRULHADOS.

PHIL: ELES VÃO FAZER ISSO PARA MIM?

LEW: PARA VOCÊ E PARA TODOS QUE LEVAREM SEUS PRESENTES ANTES DO DIA 16 DE DEZEMBRO.

PHIL: JURA? EI, VOCÊ ACHA QUE ELES SABEM FAZER UM BELO LAÇO COM FITA? EU ESTAVA PARA ... (FADE OUT)

FIGURA 11.1 Script para um comercial que usa elementos dramáticos para atrair atenção.

> (ABERTURA COM EFEITO SONORO DE UM CARRO EM MOVIMENTO)
>
> **ESPOSA:** É MUITO DIFÍCIL ENCONTRAR UMA CASA PARA COMPRAR EM TÃO POUCO TEMPO.
>
> **MARIDO:** É VERDADE. E TEMOS MESMO DE TERMINAR ISSO ATÉ AMANHÃ... OU TEREMOS DE VOLTAR OUTRO DIA.
>
> **ESPOSA:** (SUSPIRA)
>
> **LOCUTOR:** VOCÊ NÃO PRECISA PASSAR POR ISSO NA IMOBILIÁRIA JH, NA RUA 143. NA IMOBILIÁRIA JH, O CLIENTE NÃO PRECISA CORRER DE UM LADO PARA OUTRO PARA VER TUDO O QUE TEMOS À VENDA... VOCÊ SE SENTA EM UM CONFORTÁVEL SOFÁ E FOLHEIA UM GUIA ILUSTRADO DE CASAS À VENDA E ESCOLHE AS CASAS QUE SE ENCAIXAM NAS SUAS NECESSIDADES E NO SEU ORÇAMENTO. DEPOIS AS MOSTRAMOS POR MEIO DE UM EQUIPAMENTO DE GRAVAÇÃO MODERNO. ASSIM, SE VOCÊ ACHAR QUE NÃO GOSTA DO PAPEL DE PAREDE, JÁ SABERÁ DISSO ANTES DE IR ATÉ A CASA. QUANDO ENCONTRAR A CASA QUE QUER VISITAR, NÓS O LEVAREMOS PARA VÊ-LA DE PERTO. COMPRAR UMA CASA É UM PROCESSO SIMPLES NA IMOBILIÁRIA JH. VENHA CONFERIR.

FIGURA 11.2 Script de um comercial que usa técnicas de dramatização para comprimir o tempo.

ELEMENTOS DRAMÁTICOS NA PRODUÇÃO DE RÁDIO

O objetivo do drama é contar uma história interessante de forma atraente. O objetivo das notícias não é muito diferente. Embora um produtor de notícias tenha de ser extremamente cuidadoso para não levar os ouvintes a entender algo errado e para não adulterar a informação visando ter impacto dramático, o uso inteligente dos elementos dramáticos certamente é aceitável.

Documentários geralmente contêm alguns elementos dramáticos; uma história sobre poluição na praia, por exemplo, pode ser melhorada com o som das gaivotas.

O contraste, que é um aspecto importante do drama, é também usado como um elemento de dramatização em produção de documentários. Assim, o argumento de um político de que as arrecadações de impostos é insuficiente poderia contradizer a alegação de um funcionário municipal de que o orçamento da cidade é gasto em salários com empregados negligentes e desperdiçado por outros meios. Tocar as duas trilhas uma logo depois da outra, sem comentários, aumenta o valor dramático e causa um impacto que nenhuma narração conseguiria atingir. A música também é um elemento importante na produção de documentários, embora quase nunca seja usada para a produção de notícias sérias, com exceção da abertura de noticiários.

Lembre-se de que a narrativa de notícias, de fatos públicos e de documentários pode também usar elementos dramáticos. Não tenha medo de experimentar novas ideias em produção de notícias. Elementos dramáticos, se forem de bom gosto e não forem falsos, podem renovar bastante o que seria uma área envelhecida da produção de rádio. O som da polícia e de viaturas do corpo de bombeiros correndo para chegar a uma cena, por exemplo, pode ser acrescentado a uma notícia para dar maior impacto.

CONSIDERAÇÕES TÉCNICAS SOBRE O DRAMA DE RÁDIO

A consideração mais importante sobre a produção de dramas de rádio ou a inserção de elementos dramáticos é criar a ilusão de lugar e movimento. Por lugar queremos dizer a localização dos atores; por movimento, a ação no espaço físico.

Dando a Ilusão de Lugar

As características acústicas são importantes para determinar o lugar. Por exemplo, você acreditaria que um som forte e reverberante estivesse vindo de alguém numa praia, mesmo com efeitos sonoros de ondas ao fundo? Não, não seria convincente (da mesma forma que o estúdio ao vivo fez que a cena em lugar aberto não soasse natural).

Você acreditaria que alguém está gritando do outro lado da rua, se o ator mantivesse o microfone a 10 cm da boca? Uma conversa íntima pareceria natural se fosse captada por um microfone, na sala, a vários metros de distância?

A ilusão correta do local é determinada pela técnica de microfone. O produtor terá de afastar ou aproximar atores do microfone para conseguir o efeito correto.

Dando a Ilusão de Movimento

O drama de rádio geralmente transmite o movimento dos atores, por isso é importante que o posicionamento dos microfones dê a ilusão de movimento. Um elemento de script que exige que um ator saia da sala e bata a porta, por exemplo, terá de soar verdadeiro. Como sugerimos anteriormente, fazer que um ator bata mesmo a porta do estúdio pode não criar o efeito desejado, porque o microfone não ouve da mesma forma que os ouvidos humanos. Um melhor resultado poderia ser obtido se o ator se afastasse alguns metros do microfone. O som de batida da porta pode ser transferido para a gravação ou feito ao vivo por um assistente do estúdio ou pelo sonoplasta, para que soe verdadeiro. Em qualquer caso, deve haver uma ilusão de movimento na cena e o movimento precisa ser reproduzido ao microfone para se conseguir um som realista.

Fazer que o Plano de Fundo seja uma Rede de Credibilidade

Os sons que ouvimos (ou ignoramos) como ruído de fundo do dia a dia seriam intrusivos demais para um drama de rádio. Isso ocorre porque na vida real dirigimos nossa atenção a certos sons e excluímos outros de nossa atenção. No drama de rádio, é muito importante planejar os efeitos sonoros de fundo para criar uma rede de credibilidade. Se precisamos dar a impressão de andarmos por ruas movimentadas, os efeitos sonoros precisam nos levar de um lugar para outro. Geralmente, o produtor inexperiente sequencia erroneamente um som depois do outro, em vez de criá-los e mixá-los. É preciso que os sons entrem e saiam da perspectiva. A criação do som é feita com pré-planejamento e execução cuidadosa dos níveis de áudio, e é um elemento vital da credibilidade dramática.

A perspectiva correta é uma função além do simples volume do som (ou, no caso do drama em estéreo, do posicionamento espacial). A perspectiva também inclui a forma como um personagem ouviria o som. Um efeito sonoro de filme exemplifica isso melhor. Em um filme de boxe, o som dos golpes é muito diferente quando a visão da câmera (perspectiva) representa uma pessoa que está sendo atingida. Os golpes geralmente são apresentados, visual e auditivamente, em movimento lento, como batidas e explosões catastróficas. Quando a câmera serve como observador, os golpes não são apresentados de forma tão dramática.

Técnicas de Microfone Usadas para Conseguir Ilusão de Lugar e de Movimento

Criar ilusão de lugar é em grande parte responsabilidade da forma física e da construção do estúdio, mas, como explicamos anteriormente, a distância que os atores mantêm do microfone tem uma importância muito grande. O arranjo ideal para um drama de rádio no qual os atores precisam lidar com lugar e movimento é suspender o microfone com um pedestal (Figura 11.3) e reunir os atores em torno dele. Isso impede que tropecem em fios e batam no suporte de texto.

Um microfone omnidirecional é a melhor opção, embora possam ser usados também padrões bidirecionais. Geralmente, a presença maciça é vista como um atributo desejável no drama radiofônico, então um microfone condensador sensível pode ser uma sábia escolha. Vários artifícios técnicos podem ser úteis para criar diversas ilusões, mas não precisam necessariamente ser elaboradas. Um dispositivo que faz bater duas tábuas, por exemplo, cria um som de tiro convincente e está sempre pronto para ser utilizado com pouca ajuda do técnico de efeitos sonoros.

Os programas atuais tornam possível realizar vários efeitos que, anteriormente, precisavam ser feitos manualmente ou com equipamento especial. A Figura 11.4 mostra como a equalização permite criar um efeito de telefone (como se alguém estivesse telefonando). Muitos efeitos especiais podem ser criados com o uso das habilidades especiais de uma estação de trabalho audiodigital (DAW).

Design do Som

A produção do drama, desde a sua concepção até sua finalização, é um processo demorado, que precisa ser planejado com o produto final tendo em vista cada estágio. É preciso ter sempre em mente que o drama radiofônico é uma ilusão. Ele não acontece simplesmente; mas precisa ser criado. Ter habilidade técnica e de

FIGURA 11.3
Atores reunidos em torno de um microfone montado num pedestal.
Fonte: Philip Benoit.

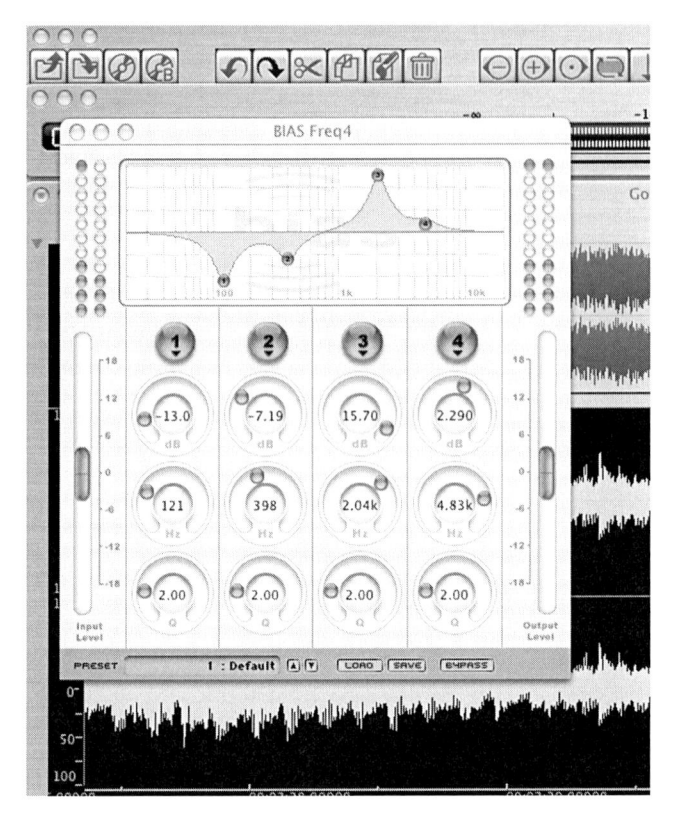

FIGURA 11.4

Usando o equalizador de quatro bandas embutido no software, é possível criar um efeito de telefone realista para qualquer arquivo sonoro comum.

Fonte: BIAS, Inc.

planejamento é uma necessidade para o produtor que pretende que o ouvinte acredite nessa ilusão. O processo de desenvolvimento de uma ideia de pré-produção do que será uma produção é chamado *design do som*.

RESUMO

Embora o drama de rádio como forma artística já tenha tido sua época de ouro, o drama e os elementos dramáticos são ferramentas comuns numa ampla gama de tarefas de produção de rádio. Muitos comerciais bem-sucedidos são na verdade pequenos dramas ou comédias. Um elemento dramático geralmente tem as estruturas tradicionais: ação, diálogo, enredo, começo, meio e fim, conflito, suspense e exposição. Elementos dramáticos podem atrair a atenção e podem comprimir o tempo ao expressar muitos pensamentos numa pequena cena dramatizada. Os elementos dramáticos têm seu lugar na produção de notícias, embora seja essencial que não enganem o ouvinte.

Entre as grandes diretrizes do produtor de rádio estão criar a ilusão de lugar, passar a ilusão de movimento e fazer que o fundo seja uma rede de credibilidade. É possível criar ilusões de lugar e de movimento com técnicas de microfone.

APLICAÇÕES

Situação 1 / O problema Uma produtora recebeu a incumbência de produzir um documentário de 15 minutos sobre os efeitos, entre os fazendeiros locais, dos programas de financiamento do governo. Logo ficou claro que a seleção de entrevistas que ela queria apresentar era extremamente maçante. Uma entrevista em particular, com um fazendeiro e seu contador, era lastimável.

Solução possível Para dar mais vida aos fatos, a produtora tomou duas atitudes. Primeiro, a narração não foi feita no estúdio, mas, sim, no local, numa fazenda; o som de fundo conferiu uma textura dramática. Depois, em vez de fazer perguntas para o fazendeiro e seu contador, a produtora os convenceu a dialogar entre si, dramatizando uma discussão franca sobre como as políticas de financiamento do governo haviam afetado a operação. O objetivo era ouvir uma conversa entre o fazendeiro e seu contador, e não lhes fazer perguntas.

Situação 2 / O problema Um produtor numa emissora de rádio recebeu a incumbência de desenvolver comerciais para um fabricante e vendedor de luvas. Os anúncios anteriores não tinham nada além de um texto de locução exaltando a resistência e o conforto das luvas; esses anúncios não pareciam ser eficientes. A instrução do patrocinador era: "Quero algo mais curto".

Solução possível Em busca daquele "algo mais curto", o produtor constatou que, de fato, as luvas eram resistentes. Os pescadores que operavam nas águas costeiras do Atlântico as usavam quase que exclusivamente. O produtor levou um gravador portátil para barcos de pesca e entrevistou alguns dos pescadores que estavam usando as luvas. Eles falaram sobre como um bom par de luvas facilitava a vida num barco de pesca. Um deles também descreveu um incidente no qual suas luvas o ajudaram a enfrentar uma tempestade. Com o som ambiente e alguns efeitos sonoros transmitidos na gravação, o produtor empregou cenas dramáticas para produzir um comercial impactante, que se adequou às necessidades do cliente.

EXERCÍCIO

Crie um spot de 60 segundos que conte a história de seu primeiro dia na faculdade. Conte ao ouvinte sobre os desafios daquele dia, como foi a recepção dos colegas, o hábito de comer nos restaurantes universitários, encontrar sua sala, encontrar um amigo ou um colega de república, perder-se pelo câmpus e conhecer alunos do terceiro e do quarto ano. Faça isso usando apenas efeitos sonoros e música. (*Dica*: a voz pode ser usada como um efeito sonoro quando não ouvimos nenhuma pessoa falando em particular).

12

※

Produção de Comerciais

A produção de comerciais, no que se refere a gerentes e proprietários, está no cerne do principal propósito do rádio: obter lucro. Goste ou não, é assim que as emissoras comerciais sobrevivem, pois é vital que os comerciais, que são o resultado tangível das iniciativas de vendas, sejam benfeitos e se sobressaiam em relação aos outros.

Como produtor de comerciais de rádio, você terá três responsabilidades:

1. Produzir comerciais que impulsionem as vendas,
2. Produzir comerciais que agradem ao cliente, e
3. Produzir comerciais que se harmonizem com o estilo da sua emissora.

O terceiro aspecto é mais importante do que se possa imaginar, porque, independente de qual seja o estilo da sua emissora, certamente não é "somente de comerciais". Em outras palavras, os ouvintes sintonizam para ouvir um tipo de música em particular, ou programas de notícias/bate-papo, ou ainda a cobertura de esportes. Os comerciais geralmente são considerados pelo ouvinte como uma interferência e, assim, uma mensagem que pareça ser entediante e ao mesmo tempo inadequada será duplamente desagradável.

Este é o motivo pelo qual a mais nova tendência no ramo da propaganda de rádio seja fazer mais com menos. De fato, em 2005, a gigantesca cadeia de rádio Clear Channel começou a promover comerciais de 30 segundos, em vez de 60 segundos, com o slogan *"less is more"* ["mais é menos"]. O objetivo é diminuir a interferência – e cabe ao produtor definir o quanto antes qual o propósito comercial, mantendo a atenção do ouvinte durante o intervalo.

O produtor de comerciais (que pode ser qualquer pessoa na emissora – um gerente de vendas, um locutor ou um gerente de produção) precisa traduzir os objetivos, manter a atenção e diminuir a interferência numa produção radiofônica que não funcione apenas com o público, mas que também agrade o cliente. Além disso, o produtor de rádio atual enfrenta desafios únicos para criar comerciais para o território praticamente desconhecido das vendas de podcast.

Neste capítulo, falaremos de todos os elementos que formam um comercial, incluindo o apelo de vendas em geral, o conteúdo e os valores de produção. É importante ter uma visão bem abrangente dos comerciais, porque a maioria dos profissionais do rádio lida com a produção de comercial em vários níveis e em diferentes momentos de suas carreiras. Tenha em mente que sua função ao preparar um comercial de rádio incluirá qualquer um, ou todos os aspectos seguintes:

- Escrever o script ou montar um conceito
- Narrar o comercial
- Fazer o trabalho de produção
- Convencer o cliente de que sua abordagem é a correta

A última tarefa é um desafio comum na área de produção de comerciais; o produtor geralmente fica entre o vendedor e o cliente, e precisa agir como juiz ao decidir o que é eficiente e o que é uma boa produção.

Você pode ter a grande responsabilidade de determinar que elementos e valores de produção tornarão o comercial eficiente. Isso será, possivelmente, mais efetivo ainda se atuar tanto em vendas quanto em produção, algo comum nos primeiros trabalhos de radiodifusão (infelizmente, às vezes, a única forma de ter uma renda decente).

O QUE FAZ QUE UM COMERCIAL SEJA EFICIENTE?

Sabemos, após mais de meio século de envolvimento com propaganda em radiodifusão, que não existem regras obrigatórias para determinar o quanto uma propaganda de rádio é eficiente. Na verdade, as regras que geralmente são impostas de cima se revelam erradas. Muitos anos atrás, grandes agências de propaganda determinaram que o humor não era uma forma eficiente de ajudar a vender um produto; como prova, apontaram grandes empresas cujos comerciais divertidos não vendiam seus produtos. Mas, então, uma coisa engraçada aconteceu: os comerciais humorísticos começaram a ser o ponto central de campanhas de propaganda de grande sucesso, e são comuns, hoje, em todos os formatos.

Mesmo sem regras estritas, sentimos que o princípio mais importante da propaganda de rádio é que os comerciais, assim como a programação, devem atrair a atenção do público, sem ser irritantes, porque os ouvintes conseguem, especialmente nos carros, sintonizar outra emissora simplesmente apertando um botão. Isto é de certa forma o que ocorreu na evolução da televisão. Há vinte anos ou mais havia menos opções e menos controles remotos. A teoria, na época, era de que um comercial de televisão irritante poderia ser eficiente porque fazia o espectador se lembrar dele. Muitos anos atrás, uma campanha de TV bem-sucedida reprovava pessoas que tinham "o colarinho encardido". Isto era irritante, mas funcionava. A coisa mais importante é que esse colarinho chama a atenção e apela para um valor humano fundamental. Considere que esse horrível encardido sempre era descoberto num ambiente público e geralmente luxuoso, como em uma viagem. (Mas nunca enquanto o marido estava jogando futebol.) Havia sempre a cena de uma dona de casa morrendo de vergonha enquanto o colarinho encardido do marido era enfaticamente apontado.

É improvável, entretanto, que um spot irritante fosse tão eficiente na TV moderna; e esta é uma lição que o rádio aprendeu, às vezes de forma dolorosa. Então, o que *realmente* funciona no rádio? Não existem fórmulas mágicas para produzir comerciais eficientes; mesmo as grandes agências de propaganda, amparadas por milhões de dólares para pesquisa, às vezes fracassam. Por outro lado, comerciais que vão contra a pesquisa e a prática pré-estabelecida às vezes funcionam espetacularmente bem.

Embora talvez não consiga, de modo geral, avaliar a eficiência dos comerciais que produziu (exceto pelo feedback de vendedores locais), você pode usar os apelos básicos que aparecem repetidamente nas propagandas, incluindo elementos dos comerciais eficientes nas suas produções.

ELEMENTOS EFICIENTES EM PROPAGANDA DE RÁDIO

Essencialmente, um comercial de rádio precisa ser eficiente em termos de som, pois o veículo não tem imagem. Isto não é necessariamente uma desvantagem. Uma imagem na mente pode ser infinitamente mais persuasiva que uma imagem na tela ou numa propaganda impressa.

O escritor e produtor Stan Freberg demonstrou este atributo de forma bastante eficiente em um spot promocional bem conhecido, produzido para o Radio Advertising Bureau. Ele criou uma cena imaginária, completada com efeitos sonoros, na qual esvaziava o Lago Michigan, o enchia de chocolate quente, colocava uma montanha de chantilly e fazia que a Royal Canadian Air Force soltasse uma cereja de 10 toneladas em cima. Freberg, então, desafiou anunciantes em potencial a "tentar fazer isso na televisão". (Você pode imaginar os efeitos sonoros que Freberg usou?)

O ponto é que toda a imaginação do ouvinte é manipulada para a mensagem pelo uso de música e de técnicas dramáticas – muitas das quais são as mesmas que apresentamos no capítulo anterior. Bill Burton, do Detroit Radio Advertising Group, resumiu isto da seguinte forma: "O rádio é um veículo de vendas ideal para estimular tanto a imaginação quanto a mente. Qual mídia seria melhor para vender os ótimos aromas do perfume, da loção de barba, da sopa de vegetais para o almoço ou o cheiro de peru e presunto assando – não há como converter esses maravilhosos aromas para uma foto ou um filme, mas a visualização mental pode ser impressionante. O melhor do rádio acontece na sua mente. Os personagens e situações com os quais se identifica, os sabores, cheiros, emoções, tudo ganha vida pelo poder da imaginação".[1] Lembre-se, também, de que a propaganda no rádio pode e deve ser feita para um público-alvo. Uma das grandes vantagens do rádio é que seu público geralmente é bem definido. Você quer anunciar remédios para acne? Compre espaço nos horários noturnos da emissora de hot hits local. Um anunciante de uma autorizada Mercedes-Benz seria esperta se anunciasse em uma emissora só de notícias. A companhia de cerveja que quiser anunciar seus produtos aos consumidores potenciais certamente comprará espaço na emissora esportiva local.

O produtor de rádio pode se beneficiar de ambos os elementos da propaganda, a possibilidade de criar imagens mentais e o alvo da propaganda, para criar peças eficientes. Isto significa que é preciso pensar em termos radiofônicos, o que pode parecer óbvio, mas não é. Em primeiro lugar, o produtor de comerciais de rádio geralmente diverge do cliente. E assim acontece porque muitos vendedores acreditam que o único comercial eficiente é o que tem um locutor lendo sobre os itens e preços da loja que podem ser comprimidos em um spot de 30 segundos. Não estamos exagerando. Se você estiver encarregado ao menos de parte do conceito criativo de um comercial (isso ocorre frequentemente, em especial se estiver envolvido na venda), esta é uma situação que provavelmente enfrentará repetidamente.

O produtor que lida com esse cliente enfrenta uma situação particular. A maneira mais fácil de sair dela é dar ao cliente o que ele quer, o que pode não ser especialmente eficiente, causando o fechamento da conta. De forma alternativa, o produtor pode tentar uma abordagem mais inteligente, o que certamente poderia produzir resultados muito melhores, gerando incremento na veiculação. Entretan-

---

[1] Em: http://radiodetroit.com/resources/creativity.html.

to, tenha em mente que mesmo o comercial criado da forma mais inteligente possível pode dar errado.

Em longo prazo, você e o cliente estarão em melhor situação se tentarem se esquivar da proposta de enumerar tudo o que a loja do cliente tem. Aqui estão dois exemplos de como Lew O'Donnell e Phil Benoit, que já tiveram uma agência de propaganda, cuidaram desse problema. Não que essas sejam as melhores abordagens ou as únicas possíveis; elas são apenas alternativas que se mostraram eficientes.

Uma Propaganda de Loja de Calçados

Um comerciante, durante anos, manteve listas de 10 ou 11 marcas de tênis escolares infantis para a volta às aulas com seus respectivos preços. Os resultados eram razoáveis. Embora o dono da loja de calçados inicialmente tenha se oposto à ideia, foi desenvolvida uma campanha de rádio, na qual a empolgação nostálgica da época da volta às aulas foi recriada na mente dos pais (Figura 12.1).

Propaganda de uma Revendedora de Veículos

O dono de uma revenda de veículos foi convencido a substituir seu anúncio de apresentação de carros e preços por uma abordagem que estimulava consumidores potenciais a ver carros ao domingos. O script (Figura 12.2) também transmitia uma atitude reservada.

Note como grandes anunciantes evitam a abordagem das listagens. Cadeias de mercearias, por exemplo, podem destacar um ou dois itens em especial, mas o foco do comercial é: "Nossas lojas são acessíveis, convenientes e oferecem a maior variedade pelos melhores preços". Boa parte dessa mensagem pode ser comunicada com técnicas dramáticas ou por meio de música. Entretanto, praticamente qualquer abordagem será melhor do que uma extensa lista. Um motivo para isso é que um ouvinte de rádio pode não compreender as listas de produtos e preços, embora elas sejam eficientes em um anúncio de jornal. Em segundo lugar, uma lista de produtos e preços não explora as qualidades da propaganda no rádio.

Mas o que exploram os pontos fortes da propaganda no rádio? Em essência, qualquer anúncio que cria imagens mentais mostra algum benefício ao consumidor, benefício este que pode ser tangível (economizar dinheiro) ou perceptível (evitar a humilhação do "encardido no colarinho").

Um Comercial Engraçado de Pizza

O humor e uma abordagem pessoal no rádio podem cativar o público, conduzindo ouvintes para uma cena representada no teatro da mente. Um pouco de sarcas-

> **LOCUTOR**: LEMBRA DA ANSIEDADE DE VOLTAR ÀS AULAS QUANDO VOCÊ ERA CRIANÇA? HAVIA UM POUCO DE TRISTEZA PELO FIM DAS FÉRIAS, MAS HAVIA, TAMBÉM, UMA CURIOSIDADE... UM NOVO COMEÇO E UMA SENSAÇÃO DE QUE BONS MOMENTOS ESTAVAM POR VIR COM O NOVO ANO ESCOLAR.
>
> EM MEIO A ESSA ANIMAÇÃO CHEGAVA A HORA DE COMPRAR ROUPAS NOVAS, COM UM CHEIRO ESPECIAL DE "NOVO". E SE SENTIR ESSE CHEIRO HOJE EM DIA, PROVAVELMENTE VOCÊ PENSARÁ NA VOLTA ÀS AULAS.
>
> MAS O MELHOR DE TUDO ERA COMPRAR TÊNIS NOVOS. OS VELHOS TINHAM SE DESGASTADO NO ÚLTIMO ANO, E AGORA ERA HORA DE COMPRAR UNS NOVINHOS, QUE O LEVARIAM A UM BOM COMEÇO.
>
> BEM, A VONA SAPATOS, NA RUA 122, É O LUGAR QUE PODE CRIAR LEMBRANÇAS COMO ESTAS PARA O SEU FILHO. E LÁ VOCÊ VERÁ QUE ENCONTRA QUALIDADE E TODOS OS TAMANHOS DE CALÇADOS. AS MELHORES MARCAS INFANTIS DA GRANDE COLEÇÃO DA VONA OFERECEM O TAMANHO QUE VOCÊ PROCURA E A QUALIDADE QUE VOCÊ MERECE.
>
> ISSO É IMPORTANTE PARA VOCÊ. MAS, PARA SEU FILHO, O QUE IMPORTA MESMO É A DIVERSÃO DE COMPRAR TÊNIS PARA A VOLTA ÀS AULAS.
> UMA ÉPOCA CHEIA DE SIGNIFICADO PARA OS JOVENS.
>
> VONA SAPATOS... ONDE COMPREENDEMOS VOCÊ.

FIGURA 12.1 Script de um comercial que apela para a nostalgia para persuadir seu público.

mo, se não for demasiado, pode atrair ouvintes que estão usando o rádio como válvula de escape em suas idas e vindas do trabalho. Um exemplo interessante é mostrado nos dois scripts das figuras 12.3a e 12.3b. Esses scripts humorísticos de comerciais de pizza são oferecidos a clientes locais por uma associação de marketing para pizzarias. Você pode ouvi-los clicando no arquivo MP3 em http://www.pmq.com/mag/2001summer/marendt.shtml (em inglês).

ABORDAGENS PRÁTICAS EM COMERCIAIS DE RÁDIO

Nesta seção, discutiremos o apelo específico que a propaganda de rádio pode ter e também os princípios básicos da criação de um comercial. Fornecemos uma lista

> **LOCUTOR**: COMPRAR UM CARRO É UMA DECISÃO IMPORTANTE. É PRECISO TEMPO E PESQUISA. VOCÊ OLHA E FALA ... NEGOCIA E DECIDE. MAS HÁ MOMENTOS EM QUE VOCÊ GOSTARIA DE ESTAR SOZINHO NO PÁTIO DE UMA REVENDEDORA E TER TODO O TEMPO DO MUNDO SÓ PARA OLHAR A FROTA DE CARROS, SEM FALAR COM UM VENDEDOR.
>
> BEM, NA BURRITT CHEVROLET, QUE FICA NA RUA BRIDGE, EM OSWEGO, ENTENDEMOS ESSA NECESSIDADE. ENTÃO, AQUI ESTÁ UMA SUGESTÃO. VENHA NO DOMINGO. TODOS OS NOSSOS CARROS ESTARÃO NO PÁTIO ... E NÃO TEM NINGUÉM LÁ. VOCÊ PODE OLHAR ATÉ DIZER CHEGA.
>
> LOGICAMENTE, ASSIM QUE TIVER VISTO NOSSA EXCELENTE FROTA DE CHEVROLETS NOVOS E NOSSOS ÓTIMOS CARROS A-1 SEMINOVOS, PROVAVELMENTE VAI QUERER VOLTAR E FAZER UM TEST DRIVE.
>
> É ASSIM QUE NOSSOS VENDEDORES SÃO ÚTEIS. ELES ESTARÃO POR LÁ NOS OUTROS SEIS DIAS DA SEMANA E FICARÃO FELIZES EM AGENDAR UM TEST DRIVE. VÃO CONVERSAR COM VOCÊ ATÉ CHEGAR AO MELHOR NEGÓCIO POSSÍVEL NAQUELE CHEVY OU NAQUELE CARRO SEMINOVO.
>
> ENTÃO, POR FAVOR ... SINTA-SE À VONTADE. VISITE A BURRITT CHEVROLET NA TWA BRIDGE, EM OSWEGO. VENHA NO DOMINGO, TRANQUILO. DEPOIS, VOLTE SEGUNDA, OU TERÇA, OU QUALQUER OUTRO DIA, E DESCUBRA POR QUE SOMOS OS MELHORES "REVENDEDORES" NA CIDADE.

FIGURA 12.2 Script para um comercial que tenta atenuar a pressão da compra de um carro.

bastante objetiva de alguns gatilhos de emoções que são frequentemente usados na propaganda. Esses apelos geralmente não são discutidos dessa forma, mas, se devem ser usados, você precisa reconhecê-los pelo que são. Embora não exista um acordo universal acerca da efetividade de todos esses apelos, porque a propaganda é uma área de poucas evidências predefinidas, acreditamos que os apelos representam motivações usadas na propaganda moderna.

Cada um desses comerciais é voltado para um indivíduo. Muito frequentemente, tendemos a pensar nos nossos ouvintes como um grupo de pessoas, mas, na verdade, eles são indivíduos. Pense em quando você ouve rádio. Talvez no carro, indo para o trabalho, ou com um fone de ouvido na praia. Comerciais devem sempre falar com o indivíduo e envolvê-lo na mensagem. Isso é muito mais eficiente do que apelar para uma abordagem estereotipada "Ei, olá a todos na terra do rádio". Embora seja difícil acreditar, à luz do que ocorre no ar na maioria dos

SPOT DE PIZZA 1

SFX (EFEITOS SONOROS): RESTAURANTE BARULHENTO, VIDEOGAMES, CRIANÇAS GRITANDO

VOZ 1: OLÁ, SENHOR, BEM-VINDO À CASA DE BRINQUEDOS E PIZZARIA PINKY!

VOZ 2: OLÁ. EU QUERIA PEGAR UMA MESA E COMER UMA PIZZA, POR FAVOR.

VOZ 1: OK! QUEM É O ANIVERSARIANTE?

VOZ 2: NÃO É UM ANIVERSÁRIO ... SÓ EU. SÓ QUERO UMA PIZZA.

VOZ 1: OK, AQUI ESTÁ SEU CHAPÉU DA FESTA!

VOZ 2: CHAPÉU DA FESTA? ESPERE ... VOCÊ NÃO TEM UMA MESA SILENCIOSA EM ALGUM LUGAR? TALVEZ NOS FUNDOS ... (CORTE)

VOZ 1: AH, CLARO! BEM DO LADO DA BANDA CIDADE FELIZ DA PINKY! BOFFO, MOSTRE A ESSE CAVALHEIRO A MESA 67, POR FAVOR!

BOFFO: TÁ BOM, CHEFE! (SNIF SNIF)

VOZ 2: (ARRASTANDO PARA DENTRO DO RESTAURANTE): ESPERA ... PARA ...EU SÓ QUERIA JANTAR SOSSEGADO ...

LOCUTOR: PROCURANDO UM ÓTIMO LUGAR PARA COMER PIZZA, COM UM AMBIENTE RELAXADO? EXPERIMENTE A LUIGI'S PIZZARIA. PIZZAS E MASSAS FANTÁSTICAS, ÓTIMAS SALADAS; CERVEJAS NACIONAIS E IMPORTADAS, NUM AMBIENTE CONFORTÁVEL. ESTAMOS ABERTOS DAS 11H ÀS 23H, SETE DIAS POR SEMANA. E AINDA OFERECEMOS UM AGRADÁVEL BUFÊ PARA O ALMOÇO DE SEGUNDA A SEXTA.

SFX: (DE VOLTA AO PINKY)

VOZ 2 (LAMENTOSA): BOFFO, A MINHA PIZZA JÁ ESTÁ PRONTA?

BOFFO: QUASE, SENHOR. MAS, ANTES, VAMOS TODOS CANTAR COM A BANDA CIDADE FELIZ!

VOZ 2: AI, MEU DEUS!

LOCUTOR: PARA A MELHOR PIZZA E UM JANTAR SILENCIOSO, VENHA À LUIGI'S PIZZARIA, NA RUA OAK. E, PROMETEMOS, SEM PALHAÇADA.

FIGURA 12.3
a. Spot de pizza número 1.

SPOT DE PIZZA 2

SFX: RESTAURANTE SILENCIOSO

ATENDENTE: OLÁ, BEM-VINDO À LUIGI'S PIZZARIA.

VOZ 2: SIM, AHN..., OLÁ. EU QUERIA UMA MESA E UMA PIZZA, POR FAVOR.

HOSTESS: OK! POR AQUI.

VOZ 2: ESPERA, POR ACASO NÃO TEM PALHAÇO AÍ ATRÁS, TEM?

ATENDENTE: PALHAÇOS? ACHO QUE NÃO ENTEN ...

VOZ 2: VOCÊ NÃO VAI ME DAR NENHUM CHAPÉU IDIOTA PARA USAR, VAI?

ATENDENTE (JÁ VIU ISSO ANTES): AHH, NÃO, SENHOR. NENHUM CHAPÉU DE FESTA, NENHUM PALHAÇO, NENHUM GARÇOM CHAMADO BOFFO.

VOZ 2: EI, COMO VOCÊ SABIA ...?

ATENDENTE: O SENHOR FOI ATÉ A CASA DE BRINQUEDOS E PIZZARIA PINKY, NÃO FOI?

LOCUTOR: PROCURANDO UM ÓTIMO LUGAR PARA UMA PIZZA, COM UM AMBIENTE RELAXADO? EXPERIMENTE A LUIGI'S PIZZARIA. PIZZAS E MASSAS FANTÁSTICAS, ÓTIMAS SALADAS; CERVEJAS NACIONAIS E IMPORTADAS, NUM AMBIENTE CONFORTÁVEL. ESTAMOS ABERTOS DAS 11H ÀS 23H, SETE DIAS POR SEMANA. E AINDA OFERECEMOS UM AGRADÁVEL BUFÊ PARA O ALMOÇO DE SEGUNDA A SEXTA.

SFX: (DE VOLTA AO LUIGI'S)

ATENDENTE: COMO ESTÁ, SENHOR?

VOZ 2: MMMMM. ESSA PIZZA ESTÁ ÓTIMA . . . MAS QUEM É AQUELE CARA COM O CABELO LARANJA QUE ESTOU VENDO? ELE NÃO É UM PALHAÇO, É?

ATENDENTE: NÃO. ESSE É MARVIN, O AJUDANTE DE GARÇOM. ELE É ASSIM MESMO.

LOCUTOR: PARA SABOREAR A MELHOR PIZZA E UM JANTAR SILENCIOSO, VENHA À LUIGI'S PIZZARIA, NA RUA OAK. E, PROMETEMOS, SEM PALHAÇADA.

FIGURA 12.3 (continuação)
b. Spot de pizza número 2.

mercados de rádio, houve uma época em que o rádio era considerado uma mídia tão "pessoal" que os anunciantes relutavam em apresentar certos produtos, como mostra o Radio Retrô deste capítulo.

Apelo à realização pessoal. A promessa do Exército de ajudar a ser "tudo o que você pode ser" representa este apelo, com uma promessa sutil de que o produto do anunciante pode ajudá-lo a ser aquela pessoa que você sempre soube que poderia ser. Uma empresa de cartões de crédito, por exemplo, dirige um comercial para uma mulher na sala de aula de uma faculdade, realizando suas ambições pessoais porque, aparentemente, conseguiu pagar seu curso. Embora possamos discordar da

---

RÁDIO RETRÔ • VOCÊ NÃO PODE VENDER ISSO NO AR

No início do rádio, os produtores e anunciantes na verdade não tinham certeza de para que essa mídia servia. Seria uma caixinha de música? Uma companhia? Uma fonte de informações? E qual seria o meio mais apropriado para vender um produto ou serviço, já que o rádio era totalmente diferente de outras formas de entretenimento porque ia até o ouvinte, em vez de o ouvinte ir até ele, como ocorreria com um filme ou um concerto. O rádio ficava na sala de estar e era quase como uma parte da família.

A WEAF era a principal emissora da AT&T na década de 1920, e enfrentou o problema do que fazer com as propagandas. O modelo que prevaleceu nos primórdios do rádio, em que anunciantes pagavam por meia hora de entretenimento, não era eficiente. Mas alguns poderosos representantes do público, incluindo o secretário de Comércio Hebert Hoover, que mais tarde se tornaria presidente, se irritavam com a ideia de que eventos importantes no rádio eram transformados em "sanduíche" entre anúncios de remédios patenteados. A WEAF experimentou diferentes comerciais para produtos – o que se opunha ao patrocínio de um programa inteiro –, mas desenvolveu cuidadosamente uma lista de coisas que os patrocinadores não podiam fazer. Nada de vendas agressivas, nada de amostras, nenhuma menção à localização de lojas e nada de produtos constrangedores. Um comercial para pasta de dentes foi recusado porque o gerente da WEAF achou que este era um tópico muito "pessoal" para ser mencionado no ar.[1]

---

[1] Para ter acesso à interessante história da propaganda no rádio, veja trecho de um texto de Erik Barnouw, The Sponsor: Notes on Modern Potentates (New Brunswick, NJ: Transaction Publishers, 2004), disponível em: <http://social.chass.ncsu.edu/_wiley/courses/comtech/sponsor.html>.

[A publicidade brasileira é considerada uma das melhores e mais técnicas do mundo. Já produzimos algumas peças brilhantes que ganharam prêmios internacionais. Mais dados podem ser conseguidos nos links: Grupo de Mídia de São Paulo: http://www.gm.org.br/; Grupo de Profissionais de Rádio de São Paulo: http://www.gpradio.com.br/; Jornal *Meio e Mensagem*: http:// www.mmonline.com.br/home.mm e Rádio Agência: http://www.radioagencia.com.br/ index.php]

abordagem usada pelo comercial do cartão de crédito, não seria mais eficiente do que enumerar uma série de lugares nos quais um cartão de crédito pode ser usado (mesmo incluindo todos os lugares onde você gostaria de estar?).

Apelo à autoridade. Não queremos que nos "conduzam pela mão" para nos informar sobre um produto? Um ex-senador usou o apelo à autoridade para incentivar os homens a buscarem tratamento para disfunção sexual.

Apelo ao efeito dominó. "Cada vez mais pessoas estão descobrindo todos os dias..." apela ao desejo de fazer parte de uma tendência. Esta é uma poderosa emoção humana. Faça como as pessoas de sucesso! Use os mesmos produtos que as pessoas "in"! Você reconhece vários apelos mercadológicos decorrentes desta abordagem?

Apelo ao medo de rejeição. Este é um pouco diferente do efeito dominó, porque ilustra os aspectos negativos de não estar na moda. Comerciais que lidam com produtos de higiene pessoal são, sem dúvida, os que mais exploram o apelo baseado no medo da rejeição. Note como as pessoas se afastam dos pobres coitados com mau hálito, caspa, e assim por diante. Você não quer ser como eles, quer?

Apelo ao sucesso sexual. Este apelo pode ser tão óbvio quanto um comercial bastante conhecido sugerindo que certa marca de pasta de dentes clareadora tornava seu sorriso mais atraente. Essa categoria se sobrepõe a várias outras, incluindo a da realização pessoal e a do medo da rejeição. Em muitos casos, este tipo de mensagem pode ser tão óbvio que alguns podem considerá-la ofensiva.

Apelo ao reforço do ego do ouvinte. "Você sabe que esse produto é melhor porque é uma pessoa inteligente" é uma abordagem corriqueira. Na verdade, o comercial dá ao ouvinte uma chance de usar o produto ou o serviço e provar que é, realmente, tão esperto quanto o comercial afirma. Várias companhias de compra e venda de ações usam este tipo de abordagem nos seus anúncios.

Apelo ao prestígio. "Você não merece um carro?" Se não fosse por uma necessidade inata de ter prestígio, itens como carros luxuosos e roupas de grife provavelmente não venderiam. O apelo ao prestígio atinge aquele nervo sensível que nos faz querer provar, por meio dos nossos carros, roupas e carteirinhas de clubes, que somos um pouco melhores que os outros.

Apelo ao valor intrínseco e à qualidade. Este apelo passa por várias categorias, incluindo a de prestígio e de reforço do ego, mas o efeito desta abordagem é convencer o ouvinte de que o produto ou serviço vale seu preço. Comerciais de carros geralmente alegam que o consumidor pode economizar em longo prazo ao comprar um carro de alta qualidade, que vai durar. Outros comerciais que recomendam produtos de marcas famosas usam o mesmo apelo. Às vezes, são usadas comparações diretas.

Apelos a outros liberadores de emoção. Saudade, laços familiares, culpa, lealdade, tradição e mesmo o simples ato de comprar – todos desempenham funções para alcançar consumidores.

Execução de Comerciais de Rádio

Várias técnicas visando reforçar o apelo de um comercial tornam a mensagem eficiente. A maioria dessas técnicas foi tratada em outras partes deste livro, mas aqui falaremos de algumas das aplicações específicas à produção de comerciais de rádio.

A música em comerciais de rádio. A música é muito eficiente para estabelecer o clima ou as condições gerais de um comercial – talvez até mesmo a atitude de uma pessoa que está representando um elemento dramático. Por exemplo, uma música da qual participam outros cantores é um forte motivador para o efeito dominó. Um comercial que faz apelo à nostalgia pode rapidamente criar o clima usando músicas antigas. Neste caso, a música se torna uma forma rápida de comunicar uma mensagem. Por exemplo, é muito mais eficiente criar um clima com a música de um grupo de dance do que preencher o precioso tempo com uma narração para indicar a hora e o local.

A música, então, ajuda muito o produtor de comerciais, criando um clima e reforçando uma mensagem. Entretanto, a música nem sempre é um atributo positivo num comercial. Como já vimos, músicas populares podem ser utilizadas excessivamente. Além disso, uma música que é atualmente popular pode abafar a mensagem porque os ouvintes ouvem a música e ignoram o que diz o comercial.

A música para comerciais pode vir de outras fontes, além do acervo da emissora para reprodução no ar. Recapitulando, a música pode ser obtida de:

- *Acervos genéricos de música comercial*, que podem ser comprados como coletâneas ou obtidos na internet. Essas coleções têm temas musicais para uma ampla gama de aplicações. Esse tipo de música de produção em geral é bastante útil, mas pode se tornar repetitivo. Companhias de produção musical atualizam constantemente seus produtos, para que estejam sempre renovados e de acordo com as tendências musicais.

Alguns pacotes musicais mais antigos incluíam músicas com letras geralmente banais, como "Você encontrará no shopping". Além disso, quando uma letra está associada a uma companhia, ela perde sua utilidade para outras aplicações.

- *Jingles de agência de propaganda de um grande anunciante.* Quando grandes fabricantes dão uma contribuição ao orçamento de marketing dos vendedores locais, o resultado é conhecido como propaganda cooperativa, ou co-op. Os mesmos tipos de jingles são usados por grandes organizações que têm franquias locais. Grande parte dessa música preparada vem num formato conhecido como **donut**, cujo "buraco" é preenchido pelo texto do vendedor local. A Figura 12.4 mostra o exemplo de um script para uma propaganda co-op em donut. Muitos grandes fabricantes fornecem tanto o texto quanto o jingle. O vendedor local insere seu próprio endereço ou informações sobre sua loja no donut.
- *Música original produzida localmente.* Anunciantes ou agências de propaganda geralmente acionam estúdios de gravação para compor músicas originais visando anúncios em rádio. Isso geralmente não é tão difícil ou caro quanto se pode imaginar, e a música produzida localmente pode destacar de modo considerável um spot. Algumas emissoras de rádio trabalham com os integrantes musicalmente talentosos da equipe e freelancers para produzir spots musicais internamente. Ao usar uma música, o produtor geralmente seguirá as orientações apresentadas no Capítulo 6; as estruturas de edição (a fusão de música e voz) são bastante usadas na produção de comerciais.

A voz em comerciais de rádio. O papel do produtor, ao lidar com execução vocal em comerciais, vai além de fazer a locução ou encontrar um locutor. O produtor também é responsável por assegurar que o texto correto seja usado. Embora orientações quanto às habilidades da locução estejam além do objetivo deste livro, é importante que o produtor saiba que qualquer pessoa que lê um texto precisa enfatizar palavras-chave. O significado precisa ser claro; se o objetivo do comercial for expressar um valor intrínseco, a palavra *valor* precisa receber a ênfase adequada.

A tecnologia impactou a produção de comerciais de tal forma que um produtor pode dispensar um amplo estúdio de gravação. A "Atualização do Mercado", deste capítulo descreve como é possível produzir comerciais no conforto de sua casa.

> SCRIPT DE RÁDIO
> JOAN MAYER
> DE 30 SEGUNDOS
> CO-OP
>
> USE COM A FAIXA Nº 2
>
> ABERTURA MUSICAL: (10 SEGUNDOS)
>
> FADE DA MÚSICA DOWN
>
> **LOCUTOR**: É ISSO MESMO, NÃO HÁ MELHOR MANEIRA DE ENTRAR NA PRIMAVERA DESTE ANO DO QUE COMPRAR UM TERNO COM SAPATOS COMBINANDO DA JOAN MAYER. VOCÊ ENCONTRARÁ UMA AMPLA COLEÇÃO AGORA MESMO EM _____.
> COM UMA ROUPA DA JOAN MAYER FICA FÁCIL DIZER "ESTOU PRONTO", PRONTO PARA A PRIMAVERA. A GRANDE COLEÇÃO DE TERNOS EM DACRON LEVE COM CORES PARA COMBINAR E COORDENAR TAMBÉM COM NOSSA EXCELENTE MARCA DE CALÇADOS FACILITA ENCONTRAR AS ROUPAS PARA O SEU MELHOR VISUAL PARA A PRIMAVERA. ENTÃO, VÁ LOGO ATÉ _____ _____ E FAÇA JÁ SUA ESCOLHA.
>
> **SOBE A MÚSICA**: (5 SEGUNDOS)

FIGURA 12.4 Script de um comercial que usa um donut.

Um locutor deve transmitir credibilidade. Basicamente, alguém que interpreta um diplomata não poderá soar como uma pessoa de 21 anos.

Outro aspecto da credibilidade é a consistência da mensagem: o locutor que destaca as vantagens do banco da região soa amigável? Lembre-se de que graves muito fortes não tornam confiável a pronúncia de um locutor. No rádio atual, o comunicador se "comunica" com um público, em vez de discursar para ele, e está substituindo o locutor.

Outro aspecto da escolha de um locutor é a compatibilidade de sua voz e a pronúncia com a abordagem que a mensagem propõe. Por exemplo:

- A abordagem *hard-sell* (venda direta, de estilo promocional) requer um locutor com uma voz autoritária e forte (mas não necessariamente uma voz profunda).

- A abordagem *sincera* pede um locutor mais descontraído, que não tenha a pronúncia artificial de um DJ. Um locutor com a artificialidade monótona comumente encontrada em algumas rádios (especialmente em rádios voltadas a pequenos mercados) não seria uma boa escolha para um comercial que exige sinceridade, como o spot para um banco.
- A abordagem *excêntrica* geralmente beira à comédia. Essa abordagem requer um locutor que tenha bastante flexibilidade e capacidade de atuação. Uma voz fora do padrão geralmente preenche esses requisitos muito bem. Uma voz fingida, forte, como a de locutores, não funciona bem nesse tipo de comercial, a não ser que seja uma paródia de locutores fingidos e de voz forte.
- Qualquer elemento *dramatizado* em um comercial requer um locutor com habilidade de atuação. Locutores hábeis não são necessariamente bons atores, por isso deve ser feita uma análise cuidadosa ao escalar o elenco de um comercial com cenas dramáticas.

O principal fator aqui é que, para aproveitar as diferentes abordagens disponíveis para os anúncios de rádio, o produtor deve ser capaz de combinar o estilo de locução certo e a mensagem.

SUGESTÕES PARA PRODUZIR COMERCIAIS EFICIENTES

As questões elementares para produzir bons comerciais estão muito ligadas aos princípios de qualquer boa produção de rádio: uma mensagem clara e uma produção limpa. Os elementos dos quais falamos neste capítulo ajudarão a definir a mensagem e estruturá-la corretamente. Aqui estão algumas sugestões específicas para a produção de comerciais de rádio em especial.

Conheça seu Público

Alguns comerciais não dão certo porque a mensagem não atinge o público desejado. Certifique-se de que seu script fala com o seu público-alvo e passa a mensagem claramente. Se seu comercial afirma algo, tente identificar que aspecto do produto ou do serviço reforça esta afirmação.

Evite Efeitos

Por algum motivo, produtores e vendedores locais parecem se apaixonar por ecos, efeitos sonoros, e assim por diante. Um comercial que depende de efeitos geralmen-

> **ATUALIZAÇÃO DO MERCADO • O ESTÚDIO DE SOM CASEIRO:**
> **A TECNOLOGIA FAZ QUE O SOM DE BOA QUALIDADE ESTEJA DISPONÍVEL PARA PEQUENAS AGÊNCIAS DE PRODUÇÃO**
>
> Quando Jay Flannery foi entrevistado para esta mesma seção na edição anterior deste livro, ele estimou que alguém poderia montar um estúdio de rádio/gravação caseiro com qualidade profissional por menos de $ 20.000.
>
> Pouco mais de três anos depois, ele avaliou que esse valor estaria pela metade. Logicamente, o incrível nessa tecnologia é que, quinze anos atrás, um estúdio de qualidade similar custaria mais de $ 100.000.
>
> Flannery é presidente da Class A Communications, de Liverpool, NY. Veterano do mercado de rádio de Syracuse, NY, ele é um dos milhares de produtores independentes que montaram sua produtora em casa, usando um PC como ferramenta de produção. Ele produz uma variedade de produtos, de liners a comerciais e programas educativos.
>
> O aspecto mais inovador desse setor é produzir comerciais e liners para programas de rádio webcast. Para seu trabalho em comerciais, ele frequentemente interage com outros freelancers que trabalham em casa, como profissionais da voz; uma de suas colegas de trabalho habituais é uma mulher que vive no Texas, e a interação entre eles ocorre on-line. Flannery escreve os comerciais, que geralmente contêm uma voz masculina e uma feminina. Ela grava as falas femininas; Flannely grava as masculinas, e as reúne digitalmente.
>
> Ainda que o equipamento envolvido no processo não seja barato, Flannery nota que, no universo de companhias iniciantes, o estúdio inteiro custa menos do que um floricultor, por exemplo, pagaria por um caminhão. Embora ele se mostre indeciso quanto a recomendar qualquer equipamento específico, já que equipamentos digitais evoluem muito rapidamente, recomenda para a com produção de rádio em casa:
>
> ■ Compre o computador mais potente que puder, com o disco rígido de maior capacidade possível. Discos rígidos são,

te tem uma mensagem principal fraca. Além disso, produzir todos os seus comerciais com efeitos é repetitivo. Embora os efeitos sonoros e os eletrônicos certamente tenham seu lugar na produção de comerciais, garanta, antes de usá-los, que eles reforcem a mensagem para ter uma influência direta no comercial em si.

Resuma o Foco

Você deve ser capaz de resumir o foco de um comercial em poucas palavras: "Os funcionários dessa loja são grandes conhecedores dos produtos" ou "Esse banco é amigável e quer lhe dar atenção". Comerciais que enfatizam o benefício de um produto ou serviço funcionam melhor no rádio. A abordagem ampla – mencio-

- atualmente, uma barganha, porque os preços caíram nos últimos anos.
- Use seu computador para edição de áudio exclusivamente em trabalhos de produção. Outros programas podem interferir com o armazenamento e com o processamento.
- Compre a melhor placa de som que puder. (Uma placa de som é a placa de circuito digital que processa o áudio.) As placas de som que vêm com o computador raramente têm qualidade suficiente para trabalhos de produção profissionais. Diferentes placas trabalham melhor com diferentes sistemas.
- Considere montar algo totalmente digital. Equipamentos analógicos, como mesas de mixagem, funcionarão bem, mas mesas digitais darão maior qualidade e conveniência.
- Compre equipamentos de edição de áudio que satisfaçam suas necessidades. Você não precisa gastar uma fortuna, e alguns dos programas de alto padrão, mesmo se excelentes, podem ser mais do que precisa. Você também vai querer um programa que crie arquivos PDF, porque vai passar muito tempo trocando scripts por e-mail. Fora isso, considere um programa que permita fazer sua própria música. Não é tão complexo quanto se pensa. Qualquer pessoa com um conhecimento rudimentar de teclado pode escolher notas, colocá-las em camadas, utilizando programas de edição musical, e produzir um fundo adequado.

Quanto aos desafios de se trabalhar em ambiente doméstico? Um bom mic anula boa parte do barulho externo, e, embora Flannery diga que ocasionalmente precisa regravar um segmento por causa do latido de um cachorro ou de uma campainha que tocou, este é um problema menor do que se imagina. Com planejamento cuidadoso, diz ele, você pode achar um local e horário silencioso para gravar.

nar todos os benefícios de um produto ou serviço – geralmente não surtem os mesmo resultados, especialmente porque a atenção do ouvinte dura pouco e porque o tempo é limitado. Se a mensagem for dispersa ou confusa, escreva o comercial de novo. Lembre-se de que se você está tentando usar um anúncio de 15 ou de 30 segundos para reduzir a interferência na programação, sua abordagem deve ser precisa.

Note como o texto na Figura 12.5 – que dura 30 segundos – consegue, de maneira clara e definitiva, tocar nos pontos principais do produto, que é um anúncio de alta qualidade. Perceba, também, que muitos dos conceitos são abstratos, não é como vender uma peça de computador. As palavras não são desperdiçadas neste texto.

Não Assuste o Ouvinte

Alguns produtores apreciam a ideia de que quanto mais volume melhor, e enfrentam muitas dificuldades para garantir que cada elemento sonoro "estoure" o VU. Não há dúvidas de que se deve buscar uma boa qualidade técnica, mas volume em excesso pode, muitas vezes, ofuscar a mensagem.

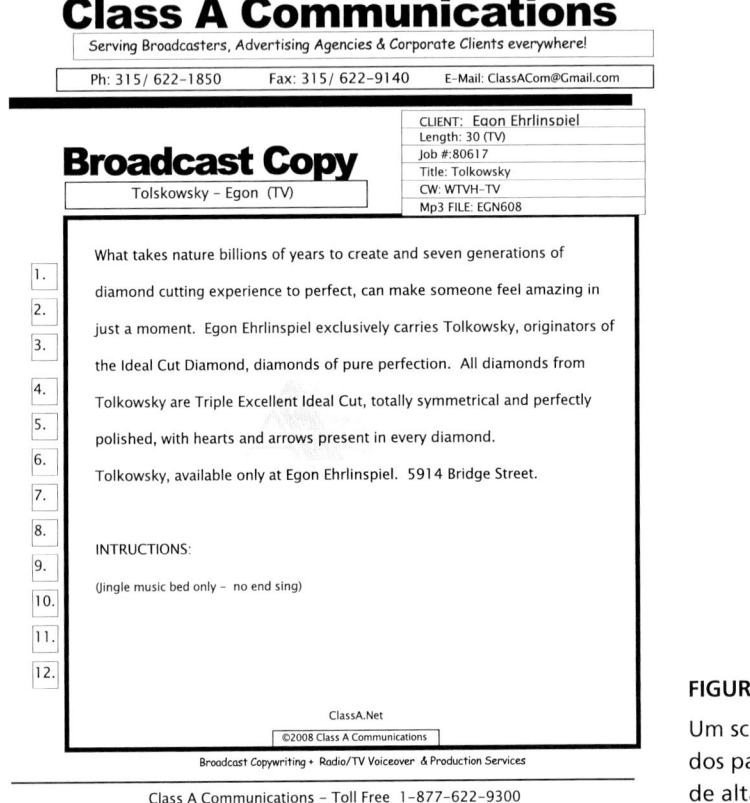

FIGURA 12.5
Um script de 30 segundos para um anúncio de alta qualidade.[2]

---

[2] O que a natureza leva bilhões de anos para criar e sete gerações com experiência em lapidação de diamante demoram para aperfeiçoar, pode fazer alguém se surpreender em apenas um minuto. Egon Ehrlinspiel tem a exclusividade de Tolkowsky, criador do Ideal Diamont Cut, para lapidações perfeitas. Todos os diamantes de Tolkowsky possuem o Triple Excelente Ideal Cut, são totalmente simétricos e perfeitamente lapidados, com corações e setas presentes em todos eles. Tolkowsky pode ser encontrado apenas na Egon Ehrlinspiel, 5914 Bridge Street.
INSTRUÇÕES: (música de fundo – final instrumental)

Leia o Spot para o Cliente, ou, Melhor Ainda, Toque uma Boa Demo

Se você tiver que escrever o spot e conseguir a aprovação do cliente, pode acabar com um produto melhor nas mãos se ler o script, em vez de apenas entregar um papel ao anunciante. Por quê? Porque as pessoas tendem a avaliar as palavras, em vez de considerar o conceito inteiro. Elas também tendem a superestimar a quantidade de texto que cabe em um determinado segmento. Ler seu spot em voz alta não deixa nenhuma dúvida para o cliente de que são, realmente, 30 segundos de texto. Ao fazer isso, você projeta o foco do comercial como deve ser apresentado, e não se envolve numa discussão sobre a escolha de uma palavra em particular.

Se você tiver um bom spot experimental gravado, com certeza deve tocá-lo para o cliente ouvir. Entretanto, se ainda estiver muito experimental, tocar o áudio pode ser contraproducente.

Não Force o Humor

Se existe alguma dúvida sobre se o spot é ou não engraçado, provavelmente não é. Nada pior do que uma tentativa humorística frustrada. Além disso, seja realista ao considerar que uma parte significativa de seus ouvintes pode achar a piada ofensiva. Você não pode agradar a todos, e há pessoas que se ofendem por muito pouco diante de quase todos os tipos de humor, mas lembre-se de que pessoas com formações diferentes da sua terão sensibilidades bem diferentes.

Busque Alta Qualidade Técnica

Empenhe-se para ter a melhor qualidade técnica possível em seus comerciais. A faixa tem de ser uma obra-prima de 30 segundos, e deve brilhar. É uma boa ideia salvar cópias de todos os comerciais para o caso de ocorrer uma falha com o disco rígido ou a cartucheira; caso contrário, terá de produzir o spot inteiro de novo. A propósito, sempre salve elementos de produção difíceis de ser produzidos, como jingles e efeitos sonoros elaborados, caso você queira dar ao comercial um ponto de vista diferente, mantendo alguns dos elementos de produção originais. Se seu comercial foi produzido numa estação de trabalho computadorizada, salve a playlist (também chamada de edit list) junto com os arquivos sonoros originais.

Não Use Demais uma Mesma Faixa Musical

É comum se apegar a uma faixa musical que funciona bem em produção e usá-la constantemente. Evite isso. Se você usa música do acervo de sua emissora para tocar no ar, fique atento às novas seleções que poderiam servir para o trabalho de produção.

Uma lista dos fundos musicais usados para várias produções às vezes pode ser uma boa forma de assegurar que uma faixa em particular não seja utilizada demais. Cole um cartão de identificação na embalagens dos CDs e enumere os spots e as datas em que usou certas faixas. (Imagine como seria embaraçoso descobrir que você e outro produtor usaram recentemente a mesma faixa para dois comerciais de bancos diferentes.)

Faça que a Mensagem Seja Simples

Muitas ideias em um comercial, conforme discutimos, pode poluir todo o conceito do spot. Mantenha foco na mensagem.

Evite estes Cinco Erros Comuns em Comerciais

Evite o que chamamos os Cinco Grandes Erros na produção de comerciais, alguns dos quais já tratamos aqui. Especialmente, evite os seguintes:

1. *Falta de foco.* O ouvinte precisa receber uma mensagem simples que não "pule" de uma ideia para outra.
2. *Má qualidade técnica.* Isto inclui comerciais com som muito alto, muito suave, mal mixados ou mal produzidos. Aceite a dificuldade de melhorar ou refazer um comercial quando não ficar tão bem no ar quanto estava na produção.
3. *Falta de integridade.* Como mostramos no Capítulo 11, uma mensagem será mais eficiente se tiver começo, meio e fim. Um comercial sem essas etapas definidas, terminando sem uma conclusão satisfatória, perde muito de seu impacto.
4. *A abordagem de linha de produção.* Todos nós desenvolvemos alguns hábitos de trabalho, mas quando um produtor faz vários comerciais que parecem iguais, existe um problema sério. Eles perderão impacto, e os clientes – que, no final das contas, também têm ouvidos – irão reclamar. Ocasionalmente, diversifique abordagem. Use locutores e músicas diferentes. Não use os mesmos efeitos especiais em comerciais para clientes diferentes. Se for possível, tente sair do seu meio para conseguir novos locutores. Existem muitos artistas de locução que gravarão seu texto por um preço razoável, enviando-lhe o arquivo por e-mail.

5. *Medo de experimentar.* Não tenha medo de tentar uma nova abordagem só porque não foi feita antes na sua emissora ou na sua cidade. Você pode cometer erros, mas não se permitir a liberdade de experimentar pode limitar, além de seu potencial criativo, os benefícios à sua carteira de clientes.

A propaganda no rádio é uma válvula de escape viável para sua criatividade – que permitirá que seu talento seja muito apreciado. Embora a propaganda possa ser uma fria questão de dinheiro, produtores de propagandas no rádio mostraram que quando ela é criativa, feita de forma honesta e com bom gosto, pode ser eficiente.

APLICAÇÕES DA PRODUÇÃO EM PROMOÇÕES DA EMISSORA

Muito associada à produção de comerciais dirigidos a clientes de propaganda de uma emissora está a produção que a própria emissora faz em prol de seus esforços promocionais. Essa área vem recebendo atualmente mais importância do que nunca, porque a concorrência pela atenção do público nunca foi tão acirrada.

Primeiro, nossa sociedade está saturada de uma ampla variedade de tipos de mídia. Cada uma faz o melhor que pode para levar o público a consumir a informação ou o entretenimento que oferece. Segundo, toda emissora de rádio no ar enfrenta forte concorrência pela atenção e fidelidade do ouvinte de seu mercado e de seu meio, além dos dispositivos de som alternativos, como os tocadores de CD em carros, os iPods, e assim por diante. Ainda que a emissora possa contar com seu sucesso em atrair a atenção de um grande número de ouvintes, a renda gerada com a propaganda cairá, e a rádio no final fracassará. Mesmo no caso da radiodifusão pública o público é vital. Ouvintes são uma grande fonte de apoio financeiro, e grandes patrocinadores da programação são relutantes em dar apoio a uma programação que não atraia ouvintes o suficiente.

O resultado é que as emissoras não podem mais confiar apenas na sua programação para manter uma base adequada de ouvintes e, portanto, de anunciantes. A promoção é uma grande ferramenta para gerar interesse no ouvinte e conquistar sua fidelidade. A produção é um elemento-chave para criar veículos promocionais que ajudem as emissoras a construir sua identidade, e para criar animação e interesse entre ouvintes.

Existe uma diferença fundamental entre os tipos de técnicas de produção que são usadas para a produção de comerciais e o trabalho feito para a promoção da emissora. Como já dissemos, em geral recomenda-se evitar o uso de efeitos em produção de comerciais. A ideia é não fazer que as técnicas de produção chamem atenção para si. O que se quer, na verdade, é focar a atenção do público na mensagem do anunciante.

Em promoção, entretanto, os elementos da produção são mais importantes para o sucesso do esforço como um todo. O uso indiscriminado de tais efeitos, como a repetição, a reverberação, os efeitos sonoros, o ambiente sonoro por meio do **flanging** (mudar a altura de elementos gravados) e do punch, que é decorrente da hábil mistura de muitos elementos sonoros diferentes, e às vezes incomuns, tudo isso é que atrai a atenção dos ouvintes. Em muitos casos, o texto usado em spots promocionais pode praticamente não existir. As únicas palavras em alguns spots promocionais são avulsas (conhecidas por *liners*) que funcionam como um slogan. A fala "Mais música, menos papo", por exemplo, pode ser o único texto usado. Isso pode ser seguido pela identificação da emissora, ou outro tipo de identificação, seguido de alguma referência da frequência da emissora. A frase "Hot 106", por exemplo, pode ser seguida de um jingle musical.

O segredo para se realizar tais spots de forma eficiente é a forma como os elementos são misturados e como o efeito é produzido pelo som geral do spot. É possível, por exemplo, começar o spot com um efeito sonoro criado eletronicamente, adicionar o flanger à pronúncia do locutor e inserir um som de bateria entre a locução e o jingle. Tudo isso pode ser gravado sobre um fundo musical de um acervo de músicas para produção cujo tempo foi "comprimido" para que termine assim que o jingle começar. Tudo pode ter menos de 10 segundos de duração quando estiver pronto para ir ao ar.

É difícil recomendar técnicas específicas que podem ser empregadas em situações de produção promocional, porque o campo está aberto a muita experimentação e criatividade. O segredo para se tornar um produtor de sucesso em produção é conhecer bem os tipos de efeitos de áudio que podem ser produzidos com as possibilidades oferecidas pelo equipamento de seu estúdio. A disponibilidade de estações de trabalho digitais com capacidade multitrilha e o acesso a bons acervos de efeitos sonoros e de músicas para produção podem ser extremamente vantajosos. Além disso, as estações de trabalho em audiodigitais estão ampliando consideravelmente as possibilidades criativas para a produção promocional, com plug-ins de softwares que permitem que o produtor modifique os sons de formas incomuns.

Operando tanto com a tecnologia de ponta quanto com os modestos equipamentos e instalações que ainda caracterizam muitas emissoras de rádio excelentes, sua criatividade como produtor pode ser um importante ingrediente na produção para a promoção da emissora. Ouça quantas emissoras diferentes puder. Sempre que tiver oportunidade, pergunte aos técnicos como certos efeitos são criados.

Aperfeiçoe suas habilidades de produção. E, por último, experimente, e queira sempre aprender.

A produção promocional habilmente integrada no calendário do que vai ao ar pode ajudar muito a criar os elementos de identificação que, juntos, fazem o som da emissora. Nenhuma outra área no campo da produção oferece mais desafios criativos e recompensas aos produtores de rádio.

RESUMO

Produtores de comerciais precisam realizar algumas tarefas, incluindo a produção de comerciais que estimulem as vendas, que agradem ao cliente e que se encaixem no perfil da emissora. Muitos elementos ajudam um comercial a ser eficiente. Geralmente, eles vão mais além do que você possa imaginar. Por exemplo, não basta simplesmente reproduzir listas de mercadorias e preços num anúncio de rádio. O rádio precisa entrar no teatro da mente.

Muitos apelos estão envolvidos na propaganda de rádio, incluindo apelos à realização pessoal, à autoridade, ao efeito dominó, ao medo de rejeição, ao sucesso sexual, ao fortalecimento do ego do ouvinte, ao prestígio, ao valor intrínseco e à qualidade, e outros desencadeadores de emoções.

A música é uma ferramenta importante na produção do rádio, mas é útil apenas quando reforça o tema central do spot. A voz do locutor obviamente tem um papel importantíssimo. Mas não é suficiente que ele tenha uma boa voz; precisa também ter uma voz apropriada àquele spot em particular.

Comerciais devem ter um foco específico; ou seja, você deve ser capaz de resumir o comercial numa frase. Se for muito complexo para ser condensado, é muito complexo para ser um comercial de rádio. Simplifique.

A produção para a promoção da emissora objetiva criar empolgação entre os ouvintes, o que ajuda a atraí-los à emissora e a distingui-la dos seus concorrentes. O segredo do sucesso em produção para a promoção da emissora é ter um conhecimento abrangente das técnicas de produção de áudio e criatividade ao utilizá-las.

APLICAÇÕES

Situação 1 / O problema O diretor de produção de uma emissora de rádio estava montando um comercial para uma sorveteria. O cliente insistiu num texto que enaltecia a atmosfera retrô da loja, que incluía uma descrição física da sorveteria e uma dissertação à moda antiga. Como estava, o comercial era desinteressante, verborrágico e sem foco.

Solução possível Cerca de 15 segundos do texto foram excluídos e foi adotado um fundo com uma música dos anos 1890. A música para banjo e piano, que era brilhante e alegre, além de transmitir uma ideia do momento histórico, acentuou a mensagem, que pôde, então, ficar mais clara e refinada.

Situação 2 / O problema Um banco local, um dos maiores consumidores da emissora, ficou extremamente insatisfeito com os fracos resultados de seu anúncio de rádio. Os comerciais, que eram produzidos de forma elaborada com música e narração feitos pela jovem locutora da emissora no período da manhã, davam ênfase à honestidade e confiabilidade do banco e de seus funcionários. Entretanto, a mensagem parecia não chegar ao ouvinte.

Solução possível A música e a pronúncia rápida foram descartadas e foram realizados novos comerciais. Os novos spots tinham a voz da gerente da emissora, uma mulher de quase 60 anos, que enfatizava, em tom de conversa reservada, que o banco e seus funcionários eram honestos, confiáveis e úteis à comunidade. Como resultado dessa mudança, os valores intrínsecos da produção apoiaram a mensagem.

EXERCÍCIOS

1. Substitua o texto seguinte para locução por uma cena dramática mais curta ou uma sequência de efeitos sonoros. Seu objetivo é encurtar a mensagem, focá-la claramente e imprimir maior impacto. Esta tarefa pode ser realizada tanto como um exercício de produção em si quanto como um exercício mental, com a solução escrita na forma de script.

   "O Complexo de Apartamentos Rolling Hills é mais do que um lugar para se viver. É um lugar para se aproveitar – Com quadras de tênis, uma piscina e uma quadra poliesportiva. Você pode apreciar todas essas instalações e as famílias com crianças são bem-vindas. Todos podem se divertir muito no Rolling Hills."

   (*Dica*: Como os efeitos sonoros funcionariam aqui?)
   (*Dica*: Que tal uma cena dramatizada, com moradores satisfeitos?)
   (*Dica*: Como deve ser a voz?)

NO AR! • ENCAIXANDO SEU TEXTO NO TEMPO DESIGNADO – COMO LOCUTORES PODEM LER NO TEMPO DEFINIDO

Boa parte da produção de programas gravados envolve dar voz a comercial, anúncio de serviços públicos ou promoção, e essa tarefa quase sempre envolve trabalhar com limitações de tempo rígidas. Um spot de 30 segundos tem de durar exatamente 30 segundos, e a introdução de 10 segundos de um locutor no início de uma parte vocal tem de ser igualmente precisa. Alguns comerciais, por exemplo, têm um "buraco" no meio, onde o locutor local insere seu texto. Isto não é tão difícil quanto parece. Existem algumas técnicas para se desenvolver seu relógio interno.

- Em primeiro lugar, reconheça que esta habilidade vem com a experiência. Pratique sempre.
- Desenvolva uma familiaridade com a música e as frases musicais. Ouça música criticamente ou receba aulas de apreciação musical, e será capaz de identificar coisas como mudanças de tonalidade e distinção entre um solo de trompete e de corne inglês. Isso será útil, porque descobrirá que os fundos comerciais estão, agora, carregados de dicas. Você será capaz de ensaiar seu texto e notar que terá de terminar a primeira narração quando a tonalidade mudar, e terminar a leitura inteira cerca de dois segundos depois da entrada dos trompetes.
- Aprenda a contar intervalos de 10 segundos. Se puder medir precisamente 10 segundos, contar 30 ou 60 segundos virá automaticamente. Pratique com textos e um cronômetro. Conte quantas palavras você lê normalmente em 10 segundos.
- Marque seu texto com marcações temporais. Escreva no texto dicas para si mesmo.
- Aprenda como comprimir um texto. Geralmente existe muito texto e pouco tempo para lê-lo. Isto é um problema, especialmente em comerciais locais, pois os vendedores podem querer uma quantidade absurda de detalhes comprimidos em 30 segundos. Você e sua equipe de vendas podem orientá-los, mas é certo que gastará muito tempo tentando comprimir 45 segundos de texto em 30 segundos. Isto não é fácil, mas aqui estão dois truques que poderá usar:
- Mantenha a proporção em todos os elementos do texto. Pense da seguinte forma: quando uma orquestra acelera uma parte da música, ela acelera tudo... as semínimas, as mínimas, as pausas, e assim por diante. Elas permanecem proporcionais. Você precisa fazer o mesmo com seu texto; não mude o fraseado nem elimine pausas naturais entre palavras ou frases. Acelere tudo. Não altere a melodia nem o ritmo de sua voz.
- Leia à frente de seu script. Isto permite acelerar o texto, mantendo sua cadência natural. Quando lê em voz alta a mesma palavra que seus olhos estão vendo no texto, você se torna uma máquina de leitura, e também soa como uma. Em contrapartida, quando lê algumas palavras ou uma sentença inteira à frente do texto, você está recitando frases e estará se comunicando, não repetindo palavras. É necessário prática, mas não é tão difícil quanto parece.

2. Um banco solicitou comerciais para atrair mais correntistas que sejam jovens profissionais. Escreva um comercial de 60 segundos que satisfaça esta necessidade. Uma ideia seria a de uma jovem médica dizendo que não tem tempo para gerenciar seu dinheiro com cuidado e que o pessoal do banco ajuda muito nesta tarefa. Efeitos sonoros ou elementos dramáticos poderiam ajudar a destacar esta mensagem? Se tiver tempo e um laboratório disponíveis, produza o spot.
3. Escreva um tratamento (uma descrição da abordagem e dos elementos de produção) para cada uma das seguintes situações. Diga por que acha que cada uma delas será eficiente.
   a. Uma loja de sapatos quer alcançar operários com uma mensagem sobre suas resistentes botas de trabalho.
   b. Uma drogaria tem uma nova linha de cosméticos para homens. O gerente da loja quer alcançar jovens adultos masculinos e convencê-los de que não há problemas em usar cosméticos. (Um atleta local bem conhecido seria uma boa escolha para vender cosméticos?)
   c. Uma loja de ferragens quer atrair moradores de apartamentos, e não apenas os que moram em casas. (Quais produtos em uma loja de ferragens interessariam moradores de apartamento e por que eles devem ir a uma loja de ferragens para comprá-los, em vez de ir a uma loja de departamentos?)

13

Produção de Notícias

A produção de notícias é parte crucial do trabalho realizado numa emissora de rádio padrão. Um dos motivos é que as notícias são uma parte muito visível do produto de muitas rádios. Sendo assim, os valores intrínsecos da produção se sobressaem claramente. Já que as notícias são levadas ao ar frequentemente na maioria das emissoras, em especial nas AM, o produtor é chamado para atuar na redação e mudar questões inerentes à qualidade da produção de forma mais rápida.

Nem sempre é possível mudar o conteúdo de uma notícia a cada meia ou uma hora, mas é possível sim, modificar a estrutura de produção ou de edição. Por exemplo, o produtor de notícias pode decidir eliminar um *depoimento* (um trecho de áudio gravado) usado às 8 horas, e, em seu lugar, referir-se a ele como parte do noticiário das 9 horas. O produtor também pode escolher transformar em dois fatos uma notícia, em vez de apenas um, e refazer o noticiário do horário seguinte.

A frenética velocidade das notícias requer a capacidade de realizar o trabalho com rapidez.

Além disso, o trabalho precisa ser benfeito: as notícias da rede de rádio podem ser apresentadas logo antes ou depois do noticiário local, e o produtor precisa oferecer uma produção que não seja inferior às demais.

Quando você começar no rádio, prepare-se para exercer várias funções. Todos os que se envolveram já foram praticamente convocados para realizar e compreender a tarefa de produzir notícias. Em geral, espera-se que os locutores de emissoras menores possam criar noticiários aceitáveis; até mesmo os vendedores podem ser chamados para discutir o conteúdo em detalhes.

Independente da função particular ocupada na preparação da programação de notícias, o que importa lembrar é que o rádio é uma mídia sonora. Quantidade e qualidade de som não garantem necessariamente um bom noticiário, mas atribuem impacto e atratividade.

O que queremos dizer com "quantidade e qualidade de som"? Em resumo, o objetivo da programação de notícias de rádio é oferecer mais do que um simples locutor lendo o texto. Elementos sonoros adicionais – como uma entrevista realizada com o personagem principal da notícia; um relato ao vivo feito localmente por um funcionário da emissora; ou o barulho de uma passeata que está ocorrendo – se somam à variedade e maximizam o impacto.

Esses atributos dizem respeito às qualidades do rádio e às questões que podem ser enfatizadas por uma notícia. Até o momento, o rádio não foi superado em velocidade nem em portabilidade – ele pode colocar a notícia no ar rapidamente, a qualquer hora e em qualquer lugar. Isto nunca foi mais evidente do que no desastre do Furacão Katrina. Para muitos milhares de pessoas que se encontravam na área do desastre e não tinham energia elétrica, os rádios portáteis eram as únicas conexões com as notícias e informações. O rádio é, também, uma mídia pessoal, um meio de comunicação individual, e, como tal, pode efetivamente colocar questões de interesse geral numa notícia. Além disso, a mídia pessoal que é o rádio pode aproximar um ouvinte de uma notícia, diretamente onde é realizada no local de um incêndio. Fontes sonoras podem ajudar muito neste caso.

Repetindo, as fontes sonoras não fazem o noticiário. Bons princípios jornalísticos precisam ser seguidos, e a voz e a pronúncia da pessoa que está no ar precisam ser apropriadas. O produtor de notícias – quer seja ele o atual pauteiro e leitor das notícias, quer seja o executivo encarregado do noticiário em geral da emissora – é responsável por uma ampla variedade de tarefas. O leque de funções (que podem ser divididas entre várias pessoas) inclui a pauta, a redação das notícias, a montagem dos elementos de um noticiário (incluindo as notícias e elementos sonoros), e a leitura e reportagem das notícias.

Vamos analisar essas tarefas e examinar como a produção tem um papel a desempenhar na sua execução.

PAUTA

Uma limitação das notícias por rádio é que o jornalista geralmente está no estúdio. Especialmente em emissoras menores, o diretor de notícias pode ser o único jornalista. Embora um bom repórter faça o máximo para sair e ir a campo, mesmo que seja apenas para ir até a delegacia de polícia, prefeitura, e assim por diante, boa parte da pauta deve ser feita no estúdio. Em emissoras maiores, os repórteres de rua montam a pauta *in loco* ou dependem do trabalho do pauteiro.

De qualquer modo, a pauta consiste na obtenção de fatos a partir dos quais são elaboradas as notícias. Consiste em reunir *depoimentos*, segmentos de eventos gravados ou que são notícia. Um depoimento pode ser parte de uma entrevista ou a gravação do **som ambiente** que é resultado de um evento, como uma marcha fúnebre ou a sirene de um incêndio. Embora a terminologia varie, o som ambiente ou uma entrevista são chamados de **sound bite** (os trechos de uma entrevista utilizados na edição são chamados de sonora); entretanto, este termo é utilizado de forma mais ampla na TV do que no rádio. O *sound bite* geralmente se refere à parte de uma entrevista. A pauta para o rádio também envolve muitas gravações por telefone.

Em emissoras menores, grande parte da pauta é feita por meio de uma leitura atenta do jornal local e dos sites das agências de notícias. Embora não se admita, em geral, muitos noticiários locais são feitos com o locutor lendo diretamente os textos desses veículos. Às vezes, o ouvinte pode até mesmo perceber que as páginas estão sendo viradas! Entretanto, é mais comum que as notícias sejam reescritas. Em mercados pequenos e até nas rádios de médio porte, o jornalista de rádio não tem muitas fontes além dos jornais, embora se deva evitar depender muito deles. Um dos motivos é que, às vezes, os jornais estão errados, e quando isso acontece, você também vai errar. Além disso, a maioria dos jornais é bastante intolerante diante do reaproveitamento de seu material por outra organização com fins lucrativos. Muitos jornais têm copyright e poderiam processar uma emissora que se apropria integralmente do conteúdo.

É importante para uma equipe de notícias de rádio desenvolver seu próprio sistema de escolha de pautas (fontes, ligações para a polícia, e assim por diante), porque os ouvintes geralmente não toleram notícias defasadas, que são tão atraentes quanto o jornal de ontem.

REDAÇÃO DE NOTÍCIAS

Palavras – a ordem delas, seu significado e ritmo – podem ser consideradas parte do valor intrínseco da produção. O estilo influencia o som, e a redação, logicamente, reúne tudo. A redação também envolve a maneira como os elementos sonoros são montados.

Embora tratar da redação esteja além do objetivo deste livro, é importante que um produtor de notícias se lembre de que o que for escrito deve soar correto quando for lido em voz alta, e precisa ser interativo. Atualmente, textos pesados e bombásticos não têm lugar no rádio. Saiba que os ouvintes têm apenas uma oportunidade de compreender o que está sendo dito; eles não podem ler de novo, como num artigo de jornal. Por isso, a clareza é essencial.

Outra diferença entre textos de jornal e de rádio (e outra razão para não se ler direto do jornal) é que os jornais usam o estilo de escrita de **pirâmide invertida**, no qual o quem, o que, onde, quando e por que mais importantes estão expressos nas primeiras sentenças. Apesar de suas vantagens na mídia impressa, esse formato geralmente é confuso e tedioso para o ouvinte.

As notícias no rádio exigem sentenças mais curtas e verbos ativos, e esta forma de escrever é bastante diferente do jornalismo impresso. Repetindo uma frase popular e válida, a escrita para rádio é feita para os ouvidos, e não para os olhos.

Por exemplo, um **lead** de jornal pode informar que "John Smith, de 24 anos, da 91-B Mechanic St., em Centerville, foi morto num acidente, hoje, perto da via de acesso da Jefferson Street para a I-100, quando seu carro colidiu com um caminhão que estava na contramão, disse a polícia". A frase (que nem é tão longa, quando se trata de manchetes para jornais) seria confusa para ouvintes, que receberiam melhor a notícia se ela fosse: "Uma pessoa morreu quando seu carro colidiu com um caminhão que, segundo a polícia, estava trafegando na contramão na saída da via expressa". Assim, os detalhes podem ser mostrados, aos poucos, de forma a agradar os ouvidos.

No rádio, as frases devem ser curtas (no máximo, 20 a 25 palavras). É preciso escrever usando ordem direta. Em outras palavras, "O capitão da Polícia Estadual, David Smith, disse que não existem notícias que apontem o destino do caçador desaparecido", em vez de "Não existem notícias que apontem o destino do caçador desaparecido, segundo o capitão David Smith, da Polícia Estadual".

A proficiência na redação de notícias virá de cursos de jornalismo e treino no trabalho, então, não nos estenderemos mais sobre isso aqui, a não ser para lembrá-lo de que, se ainda não sabe como usar um processador de texto a esta altura da carreira, precisa aprender. Muitas emissoras de rádio simplesmente não contratarão alguém para a área de notícias que não consiga digitar razoavelmente bem; de qualquer modo, digitar é uma habilidade bastante útil em praticamente qualquer carreira de comunicação.

EDIÇÃO DE NOTÍCIAS

Uma responsabilidade importante do produtor de notícias é reunir as partes do noticiário e decidir o que irá ao ar. (Estamos falando aqui de um noticiário, embora mais adiante, neste capítulo, examinemos outras facetas da produção de notícias para o rádio, junto com detalhes mais específicos da estrutura do programa.)

O processo de edição pode envolver tanto a seleção e a ordem das notícias quanto a escolha dos elementos sonoros.

Escolhendo as Notícias e sua Ordem

O que vai para o ar? O que vai entrar primeiro? Geralmente, a responsabilidade de responder a essas duas perguntas cairá sobre você, e requer uma certa capacidade de julgar as notícias. Divulgar uma notícia em primeiro lugar a torna, efetivamente, a história principal, e atribui ao divulgador uma importância maior. Embora a avaliação de notícias seja um assunto mais bem discutido em aulas de jornalismo, o produtor de notícias de rádio precisa estar ciente de que geralmente é necessário misturar novos fatos, de vez em quando, para torná-los variados. Uma notícia geralmente recebe prioridade por ser nova. O aspecto tempo é importante, porque o rádio é uma mídia que prospera na atemporalidade – ele pode dar notícias mais rápido do que qualquer outra mídia.

Escolhendo os Elementos Sonoros

Em seguida, pode-se selecionar um depoimento e integrá-lo na transcrição. Além do fato e do som ambiente, descritos anteriormente, geralmente se tem acesso a gravações realizadas por jornalistas em campo. Esses produtos sonoros geralmente vêm na forma de **relatos diretos**, ou **voicers**, e **depoimentos de voz**.

Relatos diretos. (Produtos sonoros – boletins) Esses elementos estritamente noticiosos são relatados por um jornalista e assinados segundo modelos como "Eu sou Jane Roberts, falando para a WXXX News". Os relatos noticiosos diretos geralmente têm entre 30 e 90 segundos, embora não exista uma regra escrita para isto.

Depoimentos de voz (matérias editadas). Um depoimento de voz é construído à maneira de uma intercalação de voz (voice wrap), a estrutura de edição e de produção explicada no Capítulo 6. É simplesmente o relato de um jornalista com um trecho de depoimento inserido. É assinado da mesma forma que um relato direto.

UMA RÁPIDA ORIENTAÇÃO PARA A REDAÇÃO DE NOTÍCIAS DE RÁDIO

Uma das reclamações mais comuns que ouvimos daqueles que contratam pessoal para atuar em notícias de rádio é que os candidatos simplesmente não têm habilidade para escrever. É recomendável fazer o maior número possível de cursos sobre redação de notícias em rádio. Por enquanto, é importante familiarizar-se com os princípios básicos apresentados nesta orientação sobre notícias. Como o equipamento de produção é usado por quase todos atualmente, a linha que separa o produtor do repórter é tênue. É prudente afirmar que se você quiser entrar no ramo do noticiário de rádio, precisa saber redigir, e, hoje em dia, a demanda por redatores é maior do que nunca.

Para começar, lembre-se deste fato essencial: o estilo utilizado em rádio não será o mesmo para relatórios escritos, trabalhos, texto de jornal ou qualquer coisa cuja intenção seja fazer um caminho direto do papel aos olhos e ao cérebro. O texto de rádio faz um caminho dos olhos à boca e aos ouvidos, então ele deve ser diferente em estilo, pontuação e estrutura da sentença.

Não tente redigir textos para rádio usando a mesma pontuação e estrutura de sentenças que usaria num trabalho ou relatório de negócios, ou acabará produzindo um texto que não pode ser lido no ar nem tampouco entendido pelo ouvinte. Em contrapartida, não use o estilo de rádio para escrever seus relatórios ou trabalhos. O trabalho voltará desfigurado, com rabiscos vermelhos indicando: *sentença incompleta! Estrutura sentencial pobre! Parágrafos curtos demais! Ideias sem pleno desenvolvimento! Não use contrações!*

A primeira coisa que você deve lembrar a propósito da redação de notícias para rádio é que não está propriamente escrevendo. Está atribuindo discurso ao papel. Está contando uma notícia, que será narrada. Por isso, precisa usar palavras e frases que possam ser faladas naturalmente, repassando a notícia na forma que nos acostumamos a ouvir.

Por exemplo, suponha que você tenha acabado de receber uma carta informando que ganhou uma bolsa de estudos completa para o curso de Direito em Harvard. Você pega o telefone para ligar para seu pai. Depois de "Oi, pai", seria provável que dissesse isso: "Após quatro anos de esforços fui recompensado. Recebi uma carta do curso de Direito de Harvard hoje. 'Estamos felizes em informar que você foi premiado com uma bolsa completa, que cobre todas as mensalidades, taxas, moradia e alimentação', diz a carta."?

Duvidamos. Ninguém fala assim – nem mesmo os professores da escola de Direito de Harvard. É muito mais provável que a conversa fluísse assim: "Estou indo para a escola de Direito de Harvard... de graça! Os quatro anos mais difíceis da minha vida finalmente valeram a pena. Uma bolsa completa! A carta que eu recebi hoje diz que a bolsa cobre as mensalidades, as taxas, a moradia e as refeições".

O que vimos, claro, é outra comparação entre estilos no texto impresso e no de rádio. É óbvio que o primeiro exemplo, embora seja claro quando escrito, será absolutamente ilegível se se tentar dizer em voz alta. O primeiro exemplo não conta uma história na forma coloquial; o segundo sim. Com isto em mente, vamos ver como as notícias para rádio são "contadas" no papel.

Convenções do Script de Rádio

O que faremos aqui é "construir" uma notícia de rádio de ponta a ponta, para ilustrar como um script de rádio é colocado no papel. O objetivo desta seção não é tanto apresentar técnicas de redação em si, mas, sim, como uma notícia comum é criada e como se faz seu script. As emissoras variam muito seu formato particular de script, mas a maioria são variações do mesmo tema. Então, para acompanhar a sequência de eventos desde o começo, iniciaremos com o papel e o teclado, depois trabalharemos o topo da página do script, até terminar.

Papel e Impressão

Mesmo com a difusão dos computadores em redações de rádio, é provável que o texto impresso sempre faça parte do processo de elaboração das notícias. Muitas redações de rádio menores ainda não estão computadorizadas, e talvez isto nunca ocorra, pois o investimento simplesmente não justifica o objetivo final. Assim, talvez você tenha de escrever sua notícia num processador de textos e depois imprimi-lo para ser lido no ar. (Em mercados menores, programas de áudio e texto integrados podem nem vir a surgir.)

Isto não é só uma questão de economia. Sistemas de informação computadorizados realizam muitas funções que não são necessárias em uma pequena redação de rádio, como criar gráficos ou enumerar os vários eventos encontrados em um noticiário de meia hora (Figura 13.1). Embora os programas de notícias estejam se tornando populares em emissoras de médio e grande portes, em emissoras menores a maioria dos textos acaba no papel de qualquer forma. Mesmo o locutor mais corajoso que leia a partir de um prompt computadorizado hesitaria entrar no ar sem ter nas mãos um texto no papel, em razão de poder acontecer um problema no computador.

Então, já que a redação de notícias para rádio ainda envolve palavras numa página, lembre-se de que elas devem ser facilmente legíveis. Isto significa muito espaço branco na página, o mínimo de correções possível, correções feitas de forma clara, quando necessário, e uma fonte grande e legível.

É muito difícil ler um texto na página, por isso a maioria das emissoras usa o espaço três em seus textos. Algumas usam espaço dois, mas três é mais comum, porque com ele o texto é mais facilmente lido e permite correções de última hora. Margens amplas, dos dois lados, são úteis também.

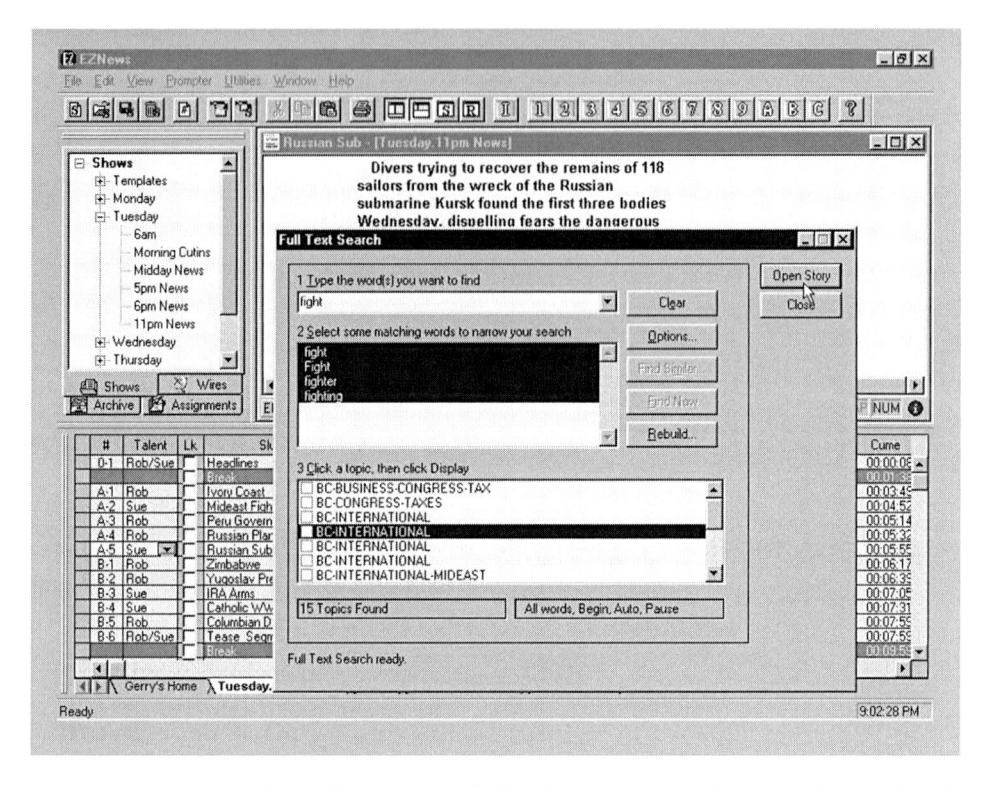

FIGURA 13.1 Pacotes de notícias computadorizados são encontrados em emissoras de médio e grande portes. Esses programas executam muitas tarefas avançadas, como realizar buscas de palavras em todo o texto.
Fonte: Automated Data Systems.

ALGUNS LOCUTORES ACREDITAM QUE TEXTOS ESCRITOS EM CAIXA ALTA (MAIÚSCULAS) SÃO MAIS LEGÍVEIS. ISTO ACONTECE SIMPLESMENTE PORQUE ELES ESTÃO ACOSTUMADOS A VER O TEXTO DE LOCUÇÃO ESCRITO ASSIM; É DE CERTA FORMA UMA TRADIÇÃO NA ELABORAÇÃO DE NOTÍCIAS. NÃO EXISTE UM PADRÃO UNIVERSAL; ALGUMAS EMISSORAS TUDO EM CAIXA ALTA, E OUTRAS, NORMALMENTE CAIXA ALTA E BAIXA. SEGUNDO NOSSA ÚLTIMA VERIFICAÇÃO, A AP RADIO E A REUTERS, OS DOIS MAIORES SERVIÇOS DE TRANSFERÊNCIA DE DADOS, E TODAS AS REDES TELEVISIVAS, USAM TEXTOS EM CAIXA ALTA E BAIXA. QUAL É SUA OPINIÃO?

A escolha geralmente será imposta, porque você será obrigado a seguir o sistema utilizado na redação. Se for possível escolher, sugerimos caixa alta e baixa, um formato que parece ser uma tendência crescente na apresentação de textos para rádio. Embora alguns locutores argumentem que o texto escrito todo em maiúsculas seja mais legível, a maioria de nós está acostumada a ver em caixa alta e baixa em quase todos os outros tipos de trabalho escrito. Além disso, escrever em caixa alta e baixa facilita identificar se uma palavra é um nome próprio.

Uma última palavra sobre papel e digitação: no rádio, geralmente não há a necessidade de ter várias cópias do script, já que os computadores permitem que as cópias sejam armazenadas eletronicamente e recuperadas quando necessário. Ter duas cópias do script geralmente é o suficiente. Lembre-se de que em geral é uma boa ideia não escrever em cima de versões anteriores de uma notícia, porque é preciso um registro do que realmente foi ao ar. No entanto, a redação do rádio moderno é cada vez mais um lugar futurista, com um rápido desaparecimento do papel (mesmo ele sendo um recurso útil, portátil e durável). É mais frequente que a redação de rádio em mercados maiores seja um centro multimídia, com conjuntos de televisores e computadores (Figura 13.2). Como muitas emissoras de rádio estão integrando mídia em seus sites, a moderna estação de trabalho de rádio pode incluir programas de edição de vídeo. Na verdade, não é incomum que repórteres

FIGURA 13.2 Redações modernas incluem uma gama de fontes de notícias e, ainda, um computador e equipamento de edição.

de rádio usem simplesmente câmeras de vídeo e tirem o áudio para o noticiário do rádio, postando o vídeo no site.

Muitas grandes emissoras usam o sistema chamado ENPS (Electronic News Production System), um pacote de software criado pela Associated Press. O ENPS recolhe notícias de várias fontes, permite que jornalistas dividam textos, áudio e vídeo, e facilita a edição em vários tipos de mídia, incluindo a publicação diretamente na internet. De acordo com a AP, cerca de 700 salas de redação, em 58 países, usam o ENPS hoje em dia.

O Cabeçalho

A maioria dos departamentos de notícias de rádio exige que os redatores coloquem algumas informações básicas no topo da página: a retranca, que é uma descrição muito breve, geralmente apenas uma palavra-chave que identifica a notícia; o nome do redator ou suas iniciais, e a data. O local exato para essas informações varia de redação para redação.

Alguns departamentos colocam três itens de retranca em linhas separadas, rente à margem esquerda:

ENFERMEIRAS
HAUSMAN
17/9

ou, na linha superior:

ENFERMEIRAS   HAUSMAN   17/9

O cabeçalho é uma forma de identificar rapidamente a própria notícia, descobrindo quem a escreveu, para o caso de algum questionamento, ou se um outro repórter precisar de mais informações e queira falar com o redator. A data é essencial por vários motivos, incluindo o fato de que os scripts são arquivados, e que você precisará saber em que data os eventos descritos aconteceram quando for ao arquivo. Por exemplo, esta notícia fala sobre a falta de enfermeiras em um hospital da cidade, e inclui a informação de que a administradora do hospital se dirigiu à câmara municipal. Se você redigir uma notícia relacionada a ela no mês seguinte, ou no ano seguinte, precisará saber quando o encontro ocorreu.

Outro motivo importante para a inclusão da data é que todos os scripts aparentam ser iguais, e será preciso uma forma confiável para diferenciar uma notícia antiga de uma nova. Verifique sempre duas vezes as datas de textos locais e recebidos por serviços antes de lê-los. (Uma história triste, mas real, ilustra o motivo por trás deste aviso. Certa vez, um faxineiro encontrou uma notícia de dois anos antes, que havia sido enviada por uma agência, atrás de uma mesa que tirara do lugar enquanto estava encerando o chão. Ele colocou o papel na pilha sobre a mesa – a transcrição do noticiário daquele dia, claro – e o texto foi lido no ar. Referia-se a uma conta que estava sendo vetada por um presidente que não estava mais no cargo.)

Uma ótima ideia colocada em prática em algumas redações de jornais é marcar, no script, o horário do noticiário no qual a notícia foi lida. Pode-se escrever à mão ou digitar no fim do cabeçalho. Já que a maioria das notícias de rádio é reescrita durante o dia, especificar o horário do noticiário dará uma ideia de como uma notícia evoluiu após várias modificações, e também evitará a confusão se um ouvinte ou um gerente tiver uma pergunta sobre a notícia "do jornal das 7h30" e for preciso descobrir qual versão foi ao ar.

Então, seu cabeçalho final pode ficar assim:

ENFERMEIRAS HAUSMAN   17/9   7H30

Recomendamos este formato.

A Notícia

Agora vem o corpo da notícia. Pule duas linhas em espaço três e comece a escrever.

ENFERMEIRAS HAUSMAN   17/9   7H30

A administradora do hospital da cidade diz que a equipe de enfermagem está em condições críticas.

Jane Smith esteve na Câmara Municipal ontem à noite para avisar que uma escassez de enfermeiras está provocando uma crise no serviço de saúde. Smith diz que cerca de um terço dos cargos de enfermagem no hospital da cidade está, no momento, em aberto. Segundo ela, todos sofrem com isso.

Marcação do Som (Cue)

Um dado sobre a Sra. Smith está num arquivo de som de computador, ou gravado em algum tipo de equipamento (por exemplo, uma cartucheira digital, um Mini-Disc, um cartucho manual). Mas você precisa indicar certas informações sobre o arquivo sonoro. O leitor do script precisa saber de três coisas:

1. Que existe um arquivo sonoro (ou uma fita) e que ele deve rodar em determinado momento da notícia. O script deve conter um aviso informando o nome do arquivo (ou da fita) – o título com o qual ele foi rotulado. Neste caso, o mais provável seria "Smith". ("Smith" seria escrito como o nome do arquivo de som. Se houver duas faixas da Sra. Smith, os arquivos seriam rotulados "Smith 1" e "Smith 2".)

    Programas de notícias modernos mostram o fato dentro do script e incluem o título da informação, a duração e a marcação de saída.
2. A duração do arquivo sonoro (fato) (tempo). Isto é importante para que o locutor possa estar pronto para começar a leitura na hora certa – logicamente, quando a parte gravada terminar. Se for um depoimento longo, de, digamos, 20 segundos, o locutor pode escolher usar esses 20 segundos para realizar alguma tarefa de última hora, como revisar rapidamente a notícia seguinte.
3. A marcação de saída (deixas). Essa *marcação* é uma transcrição escrita das últimas palavras que são ditas na fita. Esta é a dica para o locutor começar a ler o resto da notícia.

Também é útil, mas nem sempre necessário, saber a marcação de entrada da gravação. Isto dá segurança imediata ao locutor de que a declaração correta está sendo reproduzida e, ao mesmo tempo, avisa o locutor se o arquivo errado foi "lançado", dando a oportunidade de tirá-lo rapidamente, evitando que o constrangimento se prolongue.

A inserção de um aviso de ocorrência de um depoimento no script às vezes é feita desta forma:

ENFERMEIRAS	HAUSMAN	17/9 7H30

A administradora do hospital da cidade afirma que a equipe de enfermagem está em condições críticas.

Jane Smith esteve na Câmara Municipal ontem à noite para avisar que uma escassez de enfermeiras está provocando uma crise no serviço de saúde.

Smith diz que cerca de um terço dos cargos de enfermagem no hospital da cidade está, no momento, em aberto. E, diz ela, todos sofrem com isso.

ÁUDIO: SMITH DURA: 20 – TEMPO 20"
MARCAÇÃO DE ENTRADA: "ONTEM À NOITE ACONTECEU...
(DEIXA INICIAL)
MARCAÇÃO DE SAÍDA: "... NÃO PODE CONTINUAR POR MUITO TEMPO."
(DEIXA FINAL)

Existem muitas variações dos métodos para se indicar marcações de áudio, mas a maioria envolve uma combinação reconhecível dos itens que mostramos.

Um método não muito comum, mas muito eficiente, é imprimir a entrevista inteira no script. Desta forma, se uma declaração não funcionar, o locutor pode simplesmente ler a menção, como se nada tivesse ocorrido, improvisando os "ela disse" como necessário. Uma transcrição completa da entrevista ficaria assim, quando incorporada ao script:

ENFERMEIRAS HAUSMAN   17/9   7H30 A

A administradora do hospital da cidade afirma que a equipe de enfermagem está em condições críticas.

Jane Smith esteve na Câmara Municipal ontem à noite para avisar que uma escassez de enfermeiras está provocando uma crise no serviço de saúde. Smith diz que cerca de um terço dos cargos de enfermagem no hospital da cidade estão, no momento, em aberto. E, afirma, todos sofrem com isso.

ÁUDIO: SMITH DURA: 20

"ONTEM À NOITE, NOVAMENTE OUTRO IDOSO TEVE DE AGUARDAR UMA HORA E MEIA A MAIS PARA RECEBER SEU ANALGÉSICO. NÓS SIMPLESMENTE NÃO CONSEGUÍAMOS ATENDÊ-LO. TÍNHAMOS TRÊS EMERGÊNCIAS ACUMULADAS, E FALTAVAM CINCO ENFERMEIRAS NA SALA DE CIRURGIAS. TEMO QUE DA PRÓXIMA VEZ QUE ISSO OCORRER, SEJA PIOR DO QUE DEIXAR UM IDOSO COM DOR. ELE PODERIA MORRER ESPERANDO... E ACHO, REALMENTE, QUE O ESTRESSE ESTÁ MATANDO AS ENFERMEIRAS. ISSO NÃO PODE CONTINUAR POR MUITO TEMPO."

Algumas grandes agências noticiosas, como os centros de notícias de redes de rádio, transcrevem todas as entrevistas usadas durante o noticiário. Elas geralmente não fazem isso no script, mas, sim, num local separado que inclui outras informações sobre a entrevista. A transcrição está disponível para o locutor (mantida em uma pilha separada da do script) para servir como uma paráfrase emergencial caso a entrevista não possa ser reproduzida. Esta prática está se tornando cada vez mais rara, porque os programas de notícias podem dar ao leitor a transcrição da entrevista.

Tag de Notícias

O último passo é concluir a notícia com uma ou duas sentenças, o que é conhecido por tag. Geralmente é considerado um formato inadequado simplesmente terminar uma entrevista e seguir para a próxima notícia. Fazer isso confunde os ouvintes e faz que a notícia pareça estranhamente incompleta. Além disso, neste caso, existem ainda detalhes que devem ser explicados. Sabemos que há escassez de enfermeiras e que a administradora está reclamando disso, mas por que existe esta escassez, e será que se vai fazer algo a esse respeito?

Então, eis como essas questões podem ser respondidas e como a notícia pode ser concluída:

ENFERMEIRAS HAUSMAN   17/9   7H30

A administradora do hospital da cidade afirmou que a equipe de enfermagem está em condições críticas.

Jane Smith esteve na Câmara Municipal ontem à noite para avisar que uma escassez de enfermeiras está provocando uma crise no serviço de saúde. Smith diz que cerca de um terço dos cargos de enfermagem no hospital da cidade está, no momento, em aberto. Segundo ela, todos sofrem com isso.

ÁUDIO: SMITH DURA: 20 (TEMPO:20")
MARCAÇÃO DE ENTRADA: "ONTEM À NOITE ACONTECEU ... (DEIXA INICIAL)
MARCAÇÃO DE SAÍDA: "... NÃO PODE CONTINUAR POR MUITO TEMPO". (DEIXA FINAL)

A administradora Smith do hospital da cidade, diz que simplesmente não consegue atrair enfermeiras por causa do que acredita ser um duplo problema. Ela diz que há escassez de enfermeiras em todo o Estado... e alega que o hospital da cidade não pode competir para ter enfermeiras por causa das más condições de trabalho e dos salários abaixo da média.

O conselheiro municipal, Arthur Lake, diz que estabelecerá uma força-tarefa para investigar a opção de contratar uma firma terceirizada para recrutar enfermeiras de outras cidades.

###

Aqui estão alguns pontos do script que merecem ser discutidos.

1. O ### no fim indica que a notícia terminou. Em outras palavras, mostra ao leitor que não há uma segunda página. A maioria das notícias de rádio não tem mais do que uma página, mas quando tem, é imperativo indicar que existe mais texto a ser lido. Alguns redatores de notícias colocam (mais) na parte debaixo da página. Outros desenham uma flecha, indicando que a notícia continua. Se a notícia na qual eles estão trabalhando estivesse em duas páginas, isso seria indicado da seguinte forma:

ENFERMEIRAS   PÁGINA 2 DE 2 HAUSMAN   17/9 7H30

A administradora do hospital da cidade diz que a equipe de enfermagem está em condições críticas.

Jane Smith esteve na Câmara Municipal ontem à noite para avisar que uma grave escassez de enfermeiras está provocando uma crise no serviço de saúde. Smith diz que cerca de um terço dos cargos de enfermagem no hospital da cidade está, no momento, em aberto. Segundo ela, todos sofrem com isso.

ÁUDIO: SMITH DURA: 20 (TEMPO 20")
MARCAÇÃO DE ENTRADA: "ONTEM A NOITE ACONTECEU..."
(DEIXA INICIAL)
MARCAÇÃO DE SAÍDA: "... NÃO PODE CONTINUAR POR MUITO TEMPO".
(DEIXA FINAL)

A administradora Smith do hospital da cidade, diz que simplesmente não consegue atrair enfermeiras por causa do que acredita ser um duplo problema. Ela diz que existe uma escassez de enfermeiras em todo o Estado... e alega que o hospital da cidade não pode competir para ter enfermeiras por causa das más condições de trabalho e dos salários abaixo da média.

ENFERMEIRAS   PÁGINA 1 OF 2 HAUSMAN   17/9 7h30

O conselheiro municipal, Arthur Lake, diz que estabelecerá uma força-tarefa para investigar a opção de contratar uma firma terceirizada para recrutar enfermeiras de outras cidades.

###

2. Se você precisar dividir uma notícia em duas páginas, nunca quebre uma sentença. Termine sempre uma página com uma sentença completa.
3. Note que reidentificamos quem fala de forma um pouco abreviada depois que soltamos a entrevista. Fazer uma segunda referência depois da entrevista ajuda a tornar a notícia clara para o ouvinte. Ouvintes de rádio geralmente se distraem, ou, por algum motivo, perdem parte da notícia; talvez eles tenham apenas entrado num túnel ou só agora tenham sintonizado a emissora. Em qualquer caso, usar uma segunda referência, mais curta, depois da entrevista, lembra ao ouvinte quem acabou de falar e o mantém sintonizado.

Algumas empresas noticiosas pedem que o redator da notícia coloque o tempo no script. O tempo de duração, incluindo o depoimento, frequentemente é escrito no canto direito superior. Você pode avaliar o tempo aproximado do script lendo o texto em voz alta ou contando as linhas. Contar linhas depende do tipo de fonte que se escolheu e da definição das margens; em geral isto é menos preciso do que ler em voz alta. Muitos softwares de noticiário vão, como foi dito antes, dar o tempo da notícia com base na própria velocidade com que o locutor lê. [Em alguns casos, emissoras brasileiras consideram que as linhas em um roteiro em lauda têm em torno de 5 segundos cada para efeito de contagem de tempo.]

Lead-in para Relatos de Voz

É bastante comum que este tipo de notícia – o relato de uma reunião na Câmara Municipal – seja preparado por um repórter de campo, inteiramente gravado e deixado para o locutor da manhã. A notícia geralmente será protegida e concluída com a marcação de saída padrão da emissora. Uma marcação de saída padrão é a que os repórteres são instruídos a dizer quando concluem sua reportagem, como "Mike Michaels, falando da prefeitura, para a WXXX News".

O relato de Mike Michaels, um depoimento de voz (às vezes chamado voice actuality – VA ou wraparound), ficaria assim:

A administradora do hospital da cidade, Jane Smith, informou à Câmara Municipal que uma escassez de enfermeiras está provocando uma crise no serviço de saúde. Smith afirma que quase um terço dos cargos de enfermagem no hospital da cidade está em aberto no momento. Segundo ela, todos sofrem com isso.

"ONTEM À NOITE OUTRO IDOSO TEVE DE AGUARDAR UMA HORA E MEIA A MAIS PARA RECEBER SEU ANALGÉSICO. NÓS SIMPLESMENTE NÃO CONSEGUÍAMOS ATENDÊ-LO. TÍNHAMOS TRÊS EMERGÊNCIAS ACUMULADAS, E FALTAVAM CINCO ENFERMEIRAS NA SALA DE CIRURGIAS. TEMO QUE DA PRÓXIMA VEZ QUE ISSO OCORRER, SEJA PIOR DO QUE DEIXAR UM IDOSO COM DOR. ELE PODERIA MORRER ESPERANDO... E ACHO, REALMENTE, QUE O ESTRESSE ESTÁ MATANDO AS ENFERMEIRAS. ISSO NÃO PODE CONTINUAR POR MUITO TEMPO."

A administradora Smith do hospital da cidade, diz que simplesmente não consegue atrair enfermeiras por causa do que acredita ser um duplo problema. Ela diz que existe uma escassez de enfermeiras em todo o Estado... e alega que o hospital da cidade não pode competir para ter enfermeiras por causa das más condições de trabalho e dos salários abaixo da média.

O conselheiro municipal, Arthur Lake, diz que estabelecerá uma força-tarefa para investigar a opção de contratar uma firma terceirizada para recrutar enfermeiras de outras cidades. Aqui é Mike Michaels, falando da Prefeitura, para a WXXX News.

###

Você frequentemente escreverá scripts de introduções para um relato direto ou matéria editada de voz. A introdução pode ser uma simples transição para o trecho, mas geralmente é usada para atualizar a notícia usando os itens protegidos na faixa gravada. Por exemplo:

ENFERMEIRAS   MICHAELS INTRODUÇÃO AV   PÁGINA 1 DE 2 HAUSMAN   17/9

Funcionários públicos estão reunidos hoje para buscar soluções para o que foi considerado um início de crise no serviço de saúde. O presidente da Câmara, Arthur Lake, está em reunião com a administradora do hospital da cidade nesse momento. Lake e a Câmara Municipal receberam uma reprimenda sobre a situação na reunião de ontem à noite, e Mike Michaels estava lá.

ÁUDIO: MICHAELS
DURAÇÃO 58
SAÍDA: SOC

MICHAELS RELATOU QUE A ADMINISTRADORA DO HOSPITAL DA CIDADE, JANE SMITH, AVISOU OS VEREADORES QUE A ESCASSEZ DE ENFERMEIRAS DO HOSPITAL ESTÁ PREJUDICANDO OS CUIDADOS AOS PACIENTES E CAUSANDO ENORME ESTRESSE NAS ENFERMEIRAS. O CONSELHO MUNICIPAL CRIARÁ UMA FORÇA-TAREFA PARA INVESTIGAR NOVOS MÉTODOS DE RECRUTAR ENFERMEIRAS.

Você notará várias questões relacionadas à introdução.

1. O elemento tempo (ontem à noite) está escrito na introdução, e não no VA. Portanto, o VA poderia ser usado no relatório das 23 e no das 7h30. O depoimento não ficará desatualizado porque foi protegido de forma inteligente.
   A introdução pode ser ajustada para compensar o elemento tempo.
2. A introdução não repete a primeira sentença de Mike Michaels. Soa muito estranho repetir as mesmas palavras.
   "Mike Michaels afirma que existe uma crise no serviço de saúde surgindo no Hospital da Cidade." Áudio de Michaels: "Existe uma crise no serviço de saúde surgindo no Hospital da Cidade. Ontem à noite..."
3. Entretanto, a introdução faz uma referência ao evento noticiado. Esta é uma prática geralmente considerada muito melhor do que simplesmente dizer: "Agora, Mike Michaels tem um relato a respeito da falta de enfermeiras no hospital da cidade"; ou "vamos às informações sobre a falta de enfermeiras, com Mike Michaels".
4. Além da informação que você esperava (a duração, o nome do arquivo sonoro ou da faixa e o fato de que ele termina com a marcação de saída padrão), esta introdução inclui um breve sumário da notícia. Escrever este tipo de introdução leva tempo, algo em falta no jornalismo de TV e rádio, por isso muitas redações não seguem esta prática. Mas é muito recomendável. Se o depoimento não for ao ar, o locutor pode simplesmente ler o

sumário — e quem estiver ouvindo não perceberá. (Outra opção é pedir que Mike Michaels deixe uma cópia do seu script em um local de fácil acesso, se é que o relato foi totalmente transcrito, e não parcialmente aproveitado. Você pode cobrir a falha ao improvisar em cima do script de Michaels.)

Pontuação

Alguns redatores de notícias de rádio usam como marcação as reticências (...) para indicar as pausas numa notícia.

Outras más notícias do Palácio do Governo, hoje ... As taxas da União estão subindo novamente.

A pergunta é se as reticências são a forma correta de pontuação para notícias que devem ser transmitidas. Alguns redatores gostam de usá-las. Mike Ludlum, ex-diretor executivo de notícias nas emissoras de rádio da CBS e ex-diretor de notícias de emissoras de rádio informativas de Nova York e Boston, acha que elas são úteis. "As reticências funcionam muito bem para mostrar como flui o texto", explica, "e para indicar pausas efetivas e ênfases". Mas Ludlum também nota que muitos âncoras preferem sentenças incompletas com frases para reproduzir o estilo interativo, que é muito usado na redação de notícias para rádio.

Outras más notícias do Palácio do Governo, hoje. As taxas estão subindo novamente.

Resumindo: qualquer técnica serve. Use o que for padrão no seu departamento ou emissora. Os travessões (–) também funcionam, e são especialmente úteis para colocar um trecho no meio de uma sentença.

Um dia comprido – e encharcado – para os corredores da Marine Corps Marathon.

As vírgulas são usadas da mesma forma que nos textos impressos comuns: para marcar intercalação do adjunto adverbial, da conjunção, das expressões explicativas ou corretivas; para marcar inversão do adjunto, dos objetos pleonásticos anteposto aos verbos; para separar elementos coordenados, enumeração; para marcar elipse do verbo; para isolar o aposto etc. Há muitas regras para o uso da vírgula na comunicação escrita, para a redação de notícias de rádio talvez seja melhor simplificar e usar as vírgulas onde normalmente seria feita uma pausa ao falar.

O uso do apóstrofe (vale mais para o inglês, uma vez que no português é pouco utilizado) para fazer contrações também é motivo de discussão – não a respeito da apóstrofe em si, mas da contração –, embora a maioria dos redatores de notícias use contrações livremente para que as frases se pareçam mais a conversas. Como regra geral, contrações são permitidas – recomendadas, na verdade –, exceto quando existe uma possibilidade de se entender algo errado.

Palavras

Algumas palavras e sentenças soam forçadas quando lidas em voz alta. Outras são trava-línguas que podem fazer o locutor de notícias hesitar, sibilar ou estourar as sílabas. A fórmula é simples: se você não conseguir ler confortavelmente em voz alta, ou se não soar natural, não escreva no papel.

> Uma mortalha gigantesca paira sobre Washington, enquanto a Casa Branca se contorce numa guerra intestina entre grupos.

Ninguém usa "mortalha gigantesca" numa conversa, a não ser, talvez, redatores de manchetes de jornais. Muito poucas pessoas dizem "a Casa Branca se contorce" sem hesitar ou cuspir, então não escreva isso. "Intestina" é uma palavra mais apropriada para uma tese de doutorado. Poucas pessoas sabem o que ela significa, e mesmo aqueles que sabem a julgariam imprópria para um texto noticioso.

Jargões e Palavras Técnicas

Da mesma forma, tome cuidado com os termos técnicos, ou jargão. Você pode saber o que é um scanner CAT, mas nem todos sabem. Dizer que CAT é uma sigla para *computerized axial tomography* não ajudará, já que poucas pessoas sabem o que este termo significa. Então, defina-o em um linguagem comum.

> O Riverdale Memorial Hospital solicitou fundos para comprar um scanner CAT, uma máquina que custa milhões de dólares utilizada para visualizar o interior do corpo humano usando raios X.

Gírias são aceitáveis em algumas situações, mas tome cuidado para usar uma que as pessoas entendam; para não vulgarizar seu linguajar; e que não seja ofensiva.

Voz Ativa *Versus* Voz Passiva

A redação de notícias para rádio geralmente é mais eficaz, direta e compreensível quando construída na voz ativa, e não na passiva. Uma sentença está na voz ativa quando o sujeito realiza a ação.

Major Leavitt entregou o relatório.

Uma sentença está na voz passiva quando o sujeito da sentença age por meio do objeto, usando uma preposição como "por". (Esta é uma definição informal e específica para nosso exemplo, o que não quer dizer que esteja gramaticalmente correta em todos os casos.)

O relatório foi entregue pelo prefeito Leavitt.

Em geral, tente manter seu texto na voz ativa. Vez ou outra, o uso da voz passiva é aceitável para atribuir variedade, mas a voz ativa geralmente conduz a história mais vigorosamente. Na verdade, você pode usar várias sentenças simples, na voz ativa, sujeito-verbo-objeto, na redação de notícias para rádio. Quando todo o resto falhar, faça o básico, especialmente em uma notícia confusa, carregada de detalhes. Construções do tipo sujeito-verbo-objeto são fáceis de escrever e de compreender.

"Dizer" e o Uso do Tempo Presente

O verbo *dizer* possui dois usos comuns. Um é usar o tempo presente sempre que for possível. Se você rever o script ENFERMEIRAS, verá que o verbo dizer na 3ª pessoa do singular "diz" é usado várias vezes. Este termo é geralmente a melhor escolha para textos de rádio do que o "disse" (o passado), porque está no tempo presente – e rádio e televisão são mídias do "agora". Entretanto, esteja ciente de que existe certa inexatidão quanto ao uso do "diz" no tempo presente, porque o que alguém disse ontem não é necessariamente o que alguém diria hoje. Use "diz" na maioria das circunstâncias, mas se você estiver citando uma afirmação duvidosa ou uma pertinente a uma época em particular, use "disse".

O senador Smith diz que seu adversário é desonesto e mentiroso.

É melhor destacar quando e onde isto foi dito, porque o senador Smith pode não estar dizendo isto hoje em dia, especialmente se recebeu uma visita do advogado de seu adversário.

O senador Smith – em discurso para os presentes no banquete anual dos Veteranos de Guerras Estrangeiras do Oeste, ontem à noite – disse que seu adversário é desonesto e mentiroso.

Use também "disse" se a afirmação for pertinente a um local ou momento, independente de ser ou não polêmica.

À frente do público, durante o Memorial Day, o prefeito disse que a ameaça de uma guerra nuclear deve ser eliminada – para sempre.

Existe outro problema com o "diz" ou "disse". Estamos cansados de escrever isto. *Consideramos* que as pessoas também se cansam de ouvir isto, mas não temos certeza se alguém do público realmente nota isto. Então, procuramos opções. Note que, em uma seção do script de rádio, usamos "considera" no lugar de "diz" ou "disse".

Ela diz que existe uma escassez de enfermeiras em todo o Estado... e considera que o hospital da cidade não pode competir por essas enfermeiras por causa das más condições de trabalho e salários abaixo da média.

"Considera" é uma palavra totalmente diferente de "diz". Ela traz implícito certo ceticismo – que provavelmente se justifica, neste caso. Como repórter, eu sentiria certo desconforto em usar "diz" no trecho que considera que o hospital da cidade tem más condições de trabalho, porque o sentido é exatamente este – uma consideração. "Considera" implica que esta é uma afirmação sem provas, que foi feita por uma pessoa ou grupo; entretanto, "considera" pode dar um ar não intencional de suspeita.

O presidente do State College, Martin Gold, considera que o número de registrados aumentou neste ano.

Existe alguma suspeita de que ele está mentindo? Se houver, "considera" dará certo, mas, caso não haja, "considera" imprime certo ceticismo não intencional à notícia. Fique com "diz" a maior parte do tempo. Embora seja tentador usar "considera", "declara", "afirma", e assim por diante, "diz" é geralmente a melhor escolha.

Há outra consideração importante a se fazer sobre o tempo dos verbos. Embora "diz" seja um exemplo de como manter o texto de rádio no tempo presente, tome cuidado para não criar sentenças em que o sentido poderia ficar distorcido em razão do tempo verbal.

Números e Abreviações

Alguns símbolos que são perfeitamente compreensíveis na escrita são difíceis para o locutor de notícias, que tem de lê-los em voz alta. Números, símbolos e abreviações podem ser trava-línguas ou demorar uma fração de segundo para serem decodificados pela mente. Por isso, os redatores de notícias desenvolveram convenções específicas para lidar com este problema.

Números

Geralmente, você pode simplesmente abreviar números grandes. Um orçamento municipal de "quase cinquenta milhões de dólares" é relativamente preciso se o número for $ 49.887.211,12. Você pode também abreviar distâncias. "Uma viagem de 320 km" está certo, mesmo se você souber que na verdade são 322 km. Mas não abrevie declarações específicas quanto a um fato importante no qual os números realmente fazem a diferença. Você não poderia, por exemplo, abreviar os números de mortos em um desastre de avião (a não ser que os números sejam estimativas, e, neste caso, você deve dizer que eles são estimativas).

Símbolos e Abreviações

Símbolos e abreviações geralmente distraem em textos que devem ser lidos em voz alta. Por exemplo, é melhor que o símbolo $ fique de fora; escreva "quinhentos dólares" em vez de usá-lo. Parênteses raramente são usados. Escreva "por cento" em vez de usar o símbolo %. Aspas para demarcar citações quase nunca são usadas, já que as citações no rádio são parafraseadas ou atribuídas oralmente.

Abreviações podem travar completamente um âncora, caso ele não esteja familiarizado com elas, então tome cuidado.

À exceção de Sr., Sra., e Dr., é bom que você escreva tudo por extenso.

Nomes

Os redatores de notícias de rádio geralmente não usam abreviações do nome do meio. Entretanto, existe uma exceção: se você estiver informando que um homem chamado Frank Jones morreu em um acidente de trânsito, é melhor dar o máximo de informações possíveis, incluindo a abreviação do nome do meio e o endereço completo. Por quê? Porque pode haver inúmeros Frank Jones em uma grande cidade – e mesmo numa cidade de médio porte –, e relatar a morte de alguém com este nome pode assustar os amigos e a família de Frank A. Jones, Frank B. Jones, Frank C. Jones, entre outros.

Novamente, lembre-se de que as convenções mencionadas aqui não são universais. Não pense que um script diferente das especificações apontadas neste capítulo está "errado" ou, até mesmo, que o que você leu aqui é o "certo". O script de cada emissora tem características individuais e variações.

Então, adote o formato comumente usado em seu departamento ou emissora, mas esteja preparado para se adaptar a diferentes formas de fazer as coisas quando você seguir adiante. Isso, logicamente, quase não será um problema para você, porque aprendeu os princípios básicos. Quanto aos detalhes técnicos, eles podem ser escolhidos em algumas horas.[1]

RELATO E LEITURA DE NOTÍCIAS

Nas pequenas emissoras, o papel do produtor se justapõe aos do repórter e do locutor noticiarista. De novo, os tópicos referentes à leitura de notícias e ao arquivamento de sonoras estão além do âmbito da produção para rádio, discutida neste livro, mas é importante lembrar que eles têm sua função. A inflexão e o tom de voz são tão eloquentes quanto a escolha de palavras. A velocidade da fala certamente é um valor intrínseco da produção, e outros dois são a qualidade e o estilo do relato improvisado, feito por jornalistas em campo, que podem envolver o uso de um telefone ou de um rádio transmissor/receptor. Como produtor de notícias, você deve saber que relatos improvisados devem ser feitos com certa frequência e são o tipo de coisa que o rádio faz melhor do que qualquer outra mídia.

Muitas emissoras de rádio usaram a velocidade das informações para poder se autodenominar "líderes em notícias" ou "a autoridade em notícias" da comunidade. Esse tipo de slogan deve ser sustentado por uma boa cobertura e relatos precisos, mas o rádio sempre tem dado provas de capacidade de sair ao vivo na hora da notícia. Geralmente, isso pode ser feito com uma simples ligação telefônica. Qualquer pessoa que já tenha ouvido o *All Things Considered*, da NPR, ou ao *As It Happens*, da CBC Canada, sabe da grande capacidade do rádio de cobrir notícias de última hora imediatamente.

A pauta, o texto, a montagem, a leitura e o relato de notícias são tarefas básicas que formam a estrutura da programação de notícias. Essas tarefas podem ser in-

---

[1] Foram adaptados trechos de "Protions of Primer on Newswriting were adapted from Carl Haussman's book", do livro *Crafting the News for Electronic Media*, de Carl Hausman: Writing, Reporting and Producing (Belmont, CA: Wadsworth, 1992).

tegradas em vários tipos de programas, que, para auxiliar a discussão, agrupamos em programação de notícias e de assuntos públicos, noticiários e talk shows. (Talk shows geralmente são uma parte da programação de assuntos públicos, mas são diferentes o suficiente para receber tratamento separado.)

PROGRAMAÇÃO DE NOTÍCIAS E DE ASSUNTOS PÚBLICOS

Embora não haja uma definição precisa, a **programação de assuntos públicos** difere da programação de notícias por ser menos imediata. A programação de assuntos públicos geralmente é dirigida para um tópico específico, que é examinado mais a fundo do que seria possível num relatório de notícias. O papel de um produtor em assuntos públicos pode envolver a seleção dos tópicos a serem discutidos ou examinados, a escolha de convidados, cuidar de todas as questões de organização e mesmo configurar os microfones.

A parte mais importante da programação de assuntos públicos é a entrevista, ou talk show, que discutiremos detalhadamente em breve. Anúncios de serviços públicos também são responsabilidade do produtor.

Anúncios de utilidade pública, conhecidos por PSA (sigla em inglês), geralmente são anúncios curtos, parecidos, em estrutura, com os comerciais, que são transmitidos sem custo em prol de organizações sem fins lucrativos. Os PSAs têm em geral de 30 a 60 segundos, a mesma estrutura dos comerciais, e podem ser realizados com as técnicas de produção que descrevemos no Capítulo 11.

Um dos objetivos do PSA é chamar a atenção para uma mensagem. Você não interviria no noticiário adicionando música ou um diálogo definido, mas o anúncio de utilidade pública pode, certamente, se beneficiar do cuidado com detalhes de produção.

NOTICIÁRIOS

No rádio, o noticiário geralmente é um programa de três a cinco minutos, inserido na programação musical da emissora. Na maioria dos casos, a emissora oferece o noticiário no início ou na metade da hora, embora as notícias locais possam seguir as notícias da rede, começando, por exemplo, dois, três, quatro ou cinco minutos após o início da hora, dependendo de quando a emissora se separa do noticiário da rede. (Redes de rádio estruturam o noticiário de forma que os afiliados locais possam se separar, suavemente, em vários momentos.)

Os noticiários produzidos localmente em geral são montados numa sala de redação que contém alguns equipamentos que facilitam sua produção. O equipamento de uma típica redação inclui meios de gravar do telefone, que é uma parte vital da coleta de notícias para o rádio (embora algumas emissoras escolham não usar entrevistas por telefone). Existe geralmente um computador ou MiniDisc na redação para gravar o áudio e editá-lo e, também, um computador conectado a uma agência de serviços. Em alguns casos, o noticiário é feito diretamente da redação, então ela pode ter também um microfone e uma mesa ou um pequeno mixer.

O conteúdo e a estrutura do noticiário variam muito de emissora para emissora. A seguir, apresentamos algumas misturas e arranjos padronizados.

Notícias Exclusivamente Locais

Muitas emissoras utilizam notícias de rede, colocando todo o esforço de sua equipe no noticiário local. A equipe de notícias normalmente coleta, escreve, monta e lê o noticiário no ar. As notícias locais nessas emissoras geralmente incluem dois depoimentos ou mais. Boa parte da cobertura é reescrita no papel. Se o tamanho da equipe permitir, são cobertos encontros locais (geralmente durante as tardes) e é deixado um **relatório** para o repórter da manhã.

Notícias Locais com Texto Enviado

Muitas emissoras integram informações internacionais, nacionais e estaduais aos noticiários feitos localmente. Em geral, essas conseguem notícias de agências noticiosas, em especial a Associated Press (AP), a CNN e a Reuters. Existem outros serviços noticiosos, muitos disponíveis pela internet ou por e-mail, e alguns são enviados pelo correio.

Embora hoje em dia suas transmissões sejam feitas por satélite, o nome *wire services* ainda é utilizado, como um lembrete de que todas as notícias foram, um dia, enviadas por linhas de telégrafo e telefone. Esses serviços oferecem feeds especiais para radiodifusores – que diferem do serviço oferecido a jornais. Em essência, as notícias são mais curtas e escritas em estilo radiofônico; em geral construídas de forma a ser atualizadas rapidamente, com inserção de novas informações. As agências de notícias indicam onde a nova informação deve ser inserida.

O serviço oferecido por agências noticiosas inclui grandes resumos de notícias, que são enviados em horários do dia predeterminados; sumários mais curtos, que compõem um texto de cerca de dois minutos; sumários de manchetes; relatórios do mercado de ações; notícias do mundo da agricultura; trechos de filmes e respectivos comentários; esportes e a previsão do tempo.

As agências de notícias também fornecem uma programação especial baseada em questões atuais. Um jornalista pode usar essa programação, que é enviada bem antes de um evento futuro, para aumentar a cobertura de uma grande notícia, como uma convenção política. O material de agências de notícias tem uma retranca (**retranca** é uma frase curta que identifica ou esclarece) com o horário da transmissão e outros dados relevantes (Figura 13.3).

As agências de notícias oferecem o que é conhecido pelo nome de *state split*; ou seja, os serviços são submetidos aos departamentos de Estado e as notícias estatais são enviadas às emissoras certas. Boa parte das notícias é coletada por emissoras locais afiliadas e então informadas às agências. Relatórios sobre mortes no trânsito, por exemplo, são quase sempre enviados por afiliados locais. A previsão do tempo também é enviada por *split*. São enviadas várias previsões, e o jornalista local escolhe a mais apropriada. (Ela pode ter uma retranca, por exemplo: SETE CIDADES DO SUDESTE.)

As agências de notícias são muito úteis e fornecem conteúdo que uma emissora local não conseguiria obter facilmente em nenhum outro lugar. Infelizmente, o excelente trabalho feito por elas, associado ao fato de que muitas emissoras de rádio têm uma equipe inadequada, leva à síndrome do *rip-and-read* (literalmente, cortar e ler) [mais conhecido no Brasil por Gillete Press], em que o noticiário se limita a um locutor lendo dois minutos do que estiver disponível. Essa expressão data da época em que as feeds de agências de notícias eram impressas em teletipos. O operador da mesa corria até a sala de notícias e arrancava (*rip*) o texto da máquina cerca de um minuto antes de lê-lo (*read*) no ar.

Em pequenas emissoras, a postura *rip-and-read* em relação às notícias geralmente resulta no noticiário sendo lido por um locutor, e não por um jornalista. A noção de que é uma prática aceitável fazer só desta forma é rejeitada pela maioria dos jornalistas e, em regra, o noticiário aparenta ser o que é exatamente: algo que se aproxima de maneira indiferente e bastante negligente do compromisso de uma emissora de oferecer notícias.

Se você usar material de agências de notícias em seus noticiários – certamente fará isto em algum momento da sua carreira no rádio –, revise o texto antes. Fique atento às notícias estatais e regionais que afetem diretamente sua comunidade. Locutores negligentes que fazem o *rip-and-read* geralmente não dão atenção às notícias estatais e regionais que possam se relacionar, por exemplo, com a saúde de uma indústria local ou um morador ou ex-morador local.

AP V0901 RD INT – 2º NOTICIÁRIO DO HORÁRIO DE DIREÇÃO 12–15 6H54 A

FORAM RELATADOS PROBLEMAS COM A TURBINA NA QUEDA ... MÁS NOTÍCIAS NO BEISEBOL ... EM BREVE REDUÇÃO NOS IMPOSTOS

(MORRISVILLE, CAROLINA DO NORTE) – APARENTEMENTE UMA TURBINA FALHOU NO AVIÃO DA AMERICAN EAGLE QUE CAIU TERÇA-FEIRA NA CAROLINA DO NORTE. AS AUTORIDADES DIZEM QUE A CAIXA-PRETA REGISTROU QUE A TRIPULAÇÃO FALAVA DE UMA "FALHA", ABORTANDO O POUSO. QUINZE PESSOAS MORRERAM NA QUEDA.

(FRESNO, CALIFÓRNIA) – TESTEMUNHAS AFIRMAM QUE AMBAS AS TURBINAS ESTAVAM DESLIGADAS QUANDO O LEARJET CAIU NUMA VIZINHANÇA DE FRESNO, NA CALIFÓRNIA. AUTORIDADES DIZEM QUE AMBOS OS TRIPULANTES MORRERAM NA QUEDA E QUE AO MENOS 15 PESSOAS SE FERIRAM EM TERRA. O AVIÃO FAZIA PARTE DE UMA SIMULAÇÃO DE GUERRA DA GUARDA NACIONAL.

(NOVA YORK) – UMA NOVA PESQUISA INDICA QUE SEIS EM CADA DEZ AMERICANOS CONCORDARIAM EM PAGAR MAIS IMPOSTOS, DESTINADOS A TRABALHOS E TREINAMENTO, COMO FORMA DE AJUDAR PESSOAS A SAÍREM DA PREVIDÊNCIA SOCIAL. A MESMA NOTÍCIA DA CBS, DO NEW YORK TIMES, ENCONTRA FORTE APOIO PARA LEIS QUE EXIJAM QUE BENEFICIADOS DA PREVIDÊNCIA SOCIAL TRABALHEM.

(RYE BROOK, NOVA YORK) – OS DOIS LADOS DO STRIKE DE BEISEBOL ESTÃO ENDURECENDO SUAS POSIÇÕES. HOUVE CONVERSAÇÕES ONTEM, E HOJE OS DONOS SE ENCONTRAM EM CHICAGO, ONDE SE ESPERA QUE IMPONHAM UM LIMITE NO SALÁRIO. OS JOGADORES PROMETEM UMA BRIGA QUE IRÁ PARAR NA JUSTIÇA.

(WASHINGTON) – JIMMY CARTER DISSE QUE TENTARÁ ACABAR COM A GUERRA DA BÓSNIA SE OS SÉRVIOS ATENDEREM ÀS CONCESSÕES PROMETIDAS. SEU ANÚNCIO VEIO DEPOIS DE ENCONTROS COM AUTORIDADES SÉRVIAS, NA GEÓRGIA. A CASA BRANCA DIZ QUE CARTER É BEM-VINDO POR SUA TENTATIVA, MAS NÃO COMO REPRESENTANTE DOS ESTADOS UNIDOS.

(BRUXELAS, BÉLGICA) – OS MINISTROS DE DEFESA DA OTAN ESTÃO RENOVANDO SEU APOIO ÀS FORÇAS DE MANUTENÇÃO DA PAZ DAS NAÇÕES UNIDAS NA BÓSNIA. ENCERRANDO ENCONTROS NA BÉLGICA, LÍDERES AFIRMAM QUE DISSERAM A SEUS GENERAIS QUE ENCONTRASSEM FORMAS DE DAR RETAGUARDA ÀS FORÇAS. MAS TAMBÉM ESTÃO SENDO ELABORADOS PLANOS PARA EVACUAÇÃO, CASO HAJA NECESSIDADE.

(WASHINGTON) – AUTORIDADES DIZEM QUE UM JÚRI DE ACUSAÇÃO FEDERAL COMEÇOU A CHAMAR TESTEMUNHAS PARA SABER SE EXISTEM CONEXÕES ENTRE ATAQUES EM CLÍNICAS DE ABORTO DE TODO O PAÍS. UM ATIVISTA DOS DIREITOS AO ABORTO DIZ QUE JÁ ERA HORA. MAS UM LÍDER ANTIABORTO APELIDOU A INVESTIGAÇÃO DE "CAÇA ÀS BRUXAS".

(NAÇÕES UNIDAS) – O UNICEF DIZ ESTAR VENCENDO A BATALHA CONTRA AS DOENÇAS INFANTIS. A AGÊNCIA DIZ QUE (M) MILHÕES DE CRIANÇAS FORAM SALVAS COM UMA AMPLA CAMPANHA MÉDICA LANÇADA EM 1990. DIZ QUE A PNEUMONIA E A MÁ NUTRIÇÃO PERMANECEM COMO GRANDES CAUSAS DE MORTALIDADE.

FIGURA 13.3

Exemplo de texto de agências de notícias.

As agências de notícias oferecem recursos tão bons que muitas pessoas envolvidas na produção de rádio nem prestam atenção a alguns princípios importantes de trabalho. Aqui estão algumas breves sugestões para o uso eficiente de serviços noticiosos na produção de notícias para o rádio.

Acostume-se com a grade e o funcionamento do serviço. Geralmente, o calendário de transmissão não é informado; se for o caso, consiga-o e informe-se. Os serviços noticiosos oferecem manuais de funcionamento, guias de pronúncia e outros tipos de literatura descritiva que podem ser muito úteis, mas que geralmente não chegam até o pessoal de notícias. Pedir e ler o material de apoio é proveitoso. A AP também publica um guia de estilo útil, que é referência para todos os jornalistas de rádio.

Revise o texto para encontrar erros de digitação e problemas de pronúncia. Quando se está no ar, lendo uma notícia, não é o momento certo de se resolver um erro de digitação. Esses erros ocorrem em feeds de agências de notícias. Você pode até mesmo encontrar material que foi trocado. Não corra o risco de hesitar diante de um nome ou uma palavra que não lhe pareça familiar. Use um dicionário caso tenha dúvida e peça que alguém na emissora mostre como pronunciar nomes de pessoas e de locais.

Os serviços de agências noticiosas geralmente têm guias de pronúncia para palavras difíceis. Aprenda a usar esses guias e evite constrangimento para si mesmo e para sua emissora.

Verifique sempre o horário de transmissão de uma notícia. Caso imprima suas notícias, um papel é igual a qualquer outro. Este é o motivo da importância de verificar todo o texto para se certificar de que uma notícia antiga não foi incluída no texto que vai ao ar. Monitore seu texto impresso vindo de agências, para descobrir se não foi enviada uma atualização referente à sua notícia.

Notícias com Texto de Agências e Áudio da Rede

Além da edição de notícias, alguns serviços de agências noticiosas e de redes colocam à disposição boletins, matérias e depoimentos de voz para as emissoras afiliadas. Esse tipo de composição permite trabalhar com muita criatividade, atribui mais flexibilidade ao som e imprime ao noticiário um tom muito profissional. Os correspondentes relatam notícias de todo o mundo, e os depoimentos de última hora são enviados tão logo sejam recolhidos.

Uma agência de notícias como a AP envia uma descrição conhecida por **quadro de notícias**, que descreve o fato, dá sua duração e informa se ele é um depoimento de voz ou um relato. Cada trecho tem uma contagem regressiva ("Começando em três... dois... um... Hoje, em Washington, houve uma...") para que a pessoa que está na redação possa ligar o gravador no momento certo ou editar em cima da contagem regressiva no computador.

Lembre-se de que o serviço de áudio é diferente do texto enviado, que entra em um computador por uma feed de satélite. O serviço de áudio é um extra. Este tipo de produto também é disponibilizado por organizações privadas que querem fornecer notícias de graça, em troca de publicidade. Faculdades e universidades geralmente contam com esses serviços como parte de suas atividades de relações públicas (Figura 13.4). Serviços noticiosos que usam tecnologia RSS (*rich site summary*) podem oferecer informações atualizadas diretamente a usuários que assinam o serviço.

TALK SHOWS

Os programas de *talk* abrangem desde aqueles baseados em notícias e focados em questões comunitárias até entrevistas com celebridades. Mas, geralmente, eles estão sob a alçada do departamento de notícias ou assuntos públicos.

Geralmente, o *talk show* é gravado antes, com um apresentador e um ou vários convidados discutindo um tópico previamente combinado. As duas formas mais comuns são o programa entre duas pessoas e a mesa-redonda. Uma variação popular é o programa de ligações. No talk show entre duas pessoas, um entrevistador e um convidado discutem um tópico. O entrevistador geralmente opera sua própria mesa, com o convidado em um microfone separado, no mesmo estúdio. Às vezes, a mesa é operada por um técnico.

A *mesa-redonda* tem um moderador e vários participantes. Aqui, a microfonação correta e um bom moderador se tornam elementos muito importantes. Além de seguir as técnicas de microfone apresentadas neste livro, você pode lidar com a questão de microfonar uma discussão em mesa-redonda tendo o mínimo de entrevistados possível. Algumas mesas-redondas de rádio realmente são horríveis, porque é impossível acompanhar a discussão. Uma manifestação de vozes sem posicionamento físico dificulta as coisas para o ouvinte.

É importante, numa discussão entre várias pessoas, que o produtor ou moderador frequentemente identifique durante o programa cada pessoa que está falando, evitando, sempre que possível, que duas delas falem ao mesmo tempo. (Isto ocorre mais comumente do que se pode imaginar.)

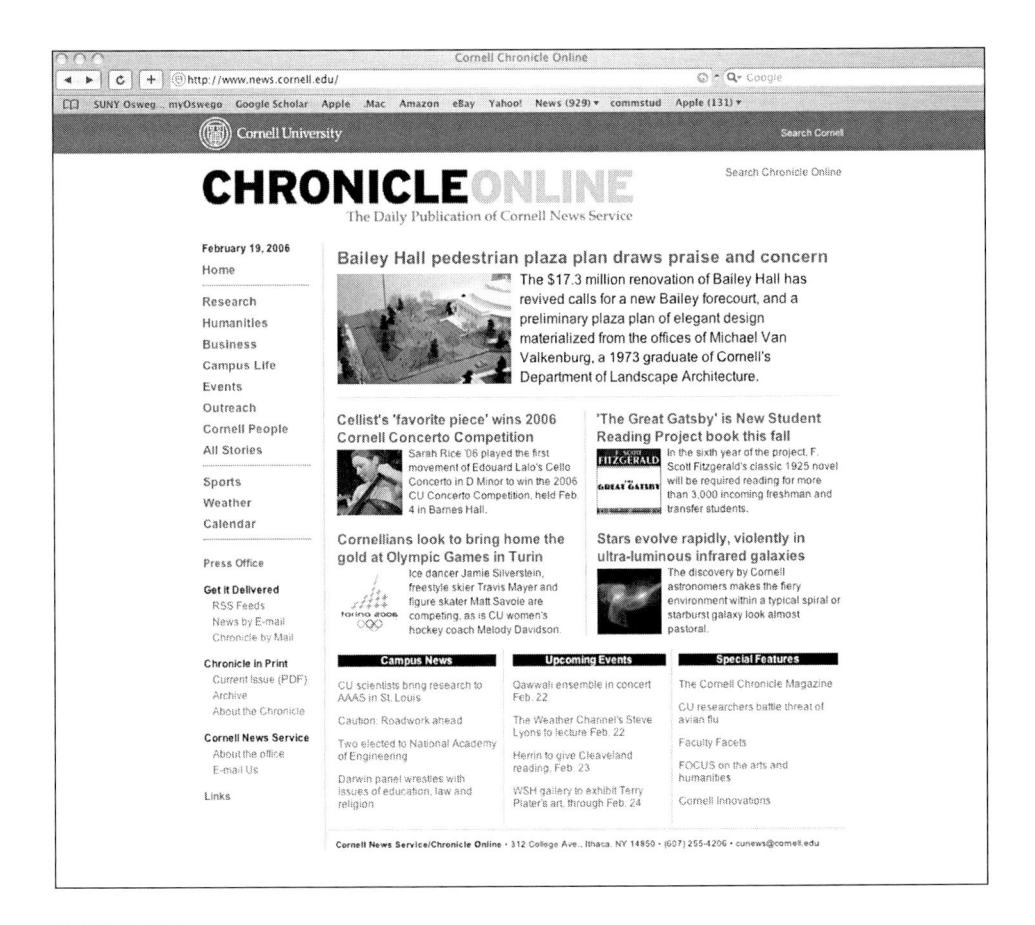

FIGURA 13.4
Sites promocionais, como este, podem ser úteis no desenvolvimento de ideias para notícias.
Fonte: Cornell University.

O programa por *chamadas telefônicas* é um *talk* idealizado para incluir o público ouvinte, e muito popular em emissoras de news/talk locais. Normalmente gira em torno de um tema de discussão previamente anunciado, mas, às vezes, os ouvintes ligam e falam sobre o que têm em mente. Entretanto, o que está na mente do ouvinte nem sempre é adequado no ar, por isso é comum o uso de um sistema de atraso. Ou seja, o programa é gravado ao vivo e enviado ao ar alguns segundos depois. Os produtores de programas de chamadas telefônicas geralmente verificam as ligações antes, tirando quem pode criar problema e esclarecendo o assunto com os ouvintes. Um operador de mesa cuida do sistema de atraso, monitorando o sinal que sai, já que foi atrasado ou pré-gravado

EVENTOS ESPECIAIS

O produtor de notícias e de utilidades públicas em geral é responsável pela produção de eventos especiais. Cobrimos muitos dos seus aspectos técnicos no Capítulo 14. Lembre-se de que lhe pode ser solicitado que cubra uma ampla gama de eventos, como inauguração de lojas, feiras anuais e entrevistas públicas.

TÉCNICAS DE PRODUÇÃO PARA NOTÍCIAS E UTILIDADES PÚBLICAS

Certas técnicas são muito apropriadas em determinados tipos de produção. Nesta seção, discutiremos algumas das técnicas que são particularmente relevantes para a programação de notícias e de utilidades públicas, que não estão sendo tratadas em outras partes deste livro.

Entrevista

Embora fosse mais apropriado fazer uma abordagem completa sobre entrevistas num curso que ensina como atuar, certos princípios se relacionam diretamente à produção. A entrevista é, na verdade, uma técnica de produção de notícias, porque a forma como uma pergunta é colocada determina o produto que dela resulta. Aqui vão algumas sugestões.

Faça perguntas simples e diretas. Tente se colocar no lugar do ouvinte, determinando o que ele gostaria de perguntar. Por exemplo, ao questionar um porta-voz quanto a um serviço público cujas taxas estão aumentando, certifique-se de perguntar quanto esse aumento custará a cada ouvinte individualmente. Também é importante colocar a questão de forma a não ser vaga ou constrangedora; desta forma, a resposta obtida terá menos chances de ser evasiva ou longa demais.

Seja receptivo a respostas curtas, mas não faça perguntas que possam ter como resposta sim ou não. Um simples *sim* ou *não* não fornece depoimentos. Entretanto, questões que se abrem a respostas ponderadas são ruins, porque podem ser difíceis de editar. Aqui vai um exemplo:

Pergunte: Quanto a mais o proprietário de um imóvel vai pagar de IPTU depois do aumento?

Não pergunte: Que impacto terá o aumento sobre os proprietários de imóveis da área, e o que eles, e a Câmara Municipal, acham da situação?

Faça perguntas em sequência. Num talk show, é importante seguir uma linha de questionamento, caso se desenvolva uma conversa interessante. Formule questões tendo como base as respostas anteriores. Não caia na armadilha de ir à entrevista sem uma lista de perguntas preparadas. Esta prática é um erro comum, e resulta uma entrevista ruim para o ouvinte interessado. Ele não estará acompanhando uma lista de perguntas; o ouvinte pode estar realmente interessado nas respostas obtidas e provavelmente quer ouvir uma sequência inteligente.

Situe os ouvintes. Isto é muito importante num talk show de rádio, porque as estatísticas dizem que os ouvintes ficam menos tempo sintonizados que os telespectadores. O produtor ou moderador deve, com frequência, mencionar os nomes dos convidados, identificando o tópico.

Edição de Depoimentos e de Notícias

Saber editar é essencial nos noticiários. A edição permite diversificar, porque é possível usar partes diferentes de trechos de entrevistas, rearranjá-los e reescrever as notícias com base neles. Além da variedade, editar os depoimentos permite moldar a notícia a ser apresentada da forma mais rápida e sucinta possível.

Um dos maiores desafios para produtores de notícias iniciantes é como criar uma notícia e como editar um depoimento numa entrevista. Qual parte do áudio deve ser usada no ar? Qual parte deve servir como informação que será escrita na forma de notícia? Embora não existam regras rígidas, pode ser útil lembrar que fatos geralmente cabem melhor nas notícias, ao passo que reações e comentários são prefencialmente usados como depoimentos. Por exemplo, o ouvinte está menos interessado em ouvir um político recitando quantos votos recebeu do que ouvir suas reações à vitória e seus planos para depois das eleições.

Utilizando Fontes Sonoras na Produção de Notícias de Rádio

O uso de fontes sonoras como fundo na produção de notícias de rádio é algo geralmente negligenciado. As tomadas de som podem realmente enriquecer uma notícia. Barulho de trânsito, por exemplo, pode ajudar muito uma notícia sobre a construção de uma autoestrada. Se você recebeu a tarefa de fazer um relato de voz ao vivo, em campo, geralmente será útil ter ruído local no fundo, porque ele fará que a notícia aparente ser mais urgente para o ouvinte. Se você estiver cobrindo a ocorrência de um incêndio, por exemplo, não seria muito mais eficiente ter o ruído das sirenes de caminhões dos bombeiros e das chamas no fundo? Estranhamente, alguns repórteres de notícias (que estão acostumados com o estúdio) procuram um lugar silencioso para gravar seus relatos.

Pense em elementos sonoros que possam ser usados em seus relatos no rádio (sem, claro, ser dramático demais ou dar a entender algo errado). Planeje antes as tomadas de som que você quer fazer.

Utilizando Eficientemente o Telefone

Antigamente, era uma prática comum entre repórteres de rádio enviar o som de uma fita pelo telefone, utilizando um par de clipes jacaré conectado a um gravador de fita e a um telefone. Isto pode ser feito rapidamente de um local remoto. Hoje em dia, entretanto, é cada vez mais difícil encontrar telefones públicos com conexões de bocal que se destaquem facilmente. Uma boa solução é usar um gravador flash, como o gravador digital portátil Marantz PMD 660 (Figura 13.5), que pode gravar um arquivo digital que é transferido para o computador e então enviado à emissora por uma conexão Wi-Fi.

A grande disponibilidade de celulares promete muito para os profissionais de notícias que vão a campo. Esta tecnologia oferece muitas vantagens. Uma muito importante é que, já que você pode usar facilmente seu telefone celular de praticamente qualquer lugar, não precisa procurar um orelhão quando quiser enviar uma notícia ao estúdio. Há fones de ouvido disponíveis para quase todos os modelos de telefones celulares, e a qualidade de áudio dos celulares digitais mais novos também é muito superior àquela dos telefones com fio. Alguns telefones celulares podem ser conectados a gravadores de fita e MiniDiscs, embora, em alguns modelos, isto possa anular a garantia do telefone. Entretanto, talvez a vantagem mais significativa do celular seja porque permite relatar um fato ao vivo, diretamente do local.

O telefone, logicamente, também é uma ferramenta de coleta dados – na verdade, uma das ferramentas mais importantes para a coleta de informações. Em-

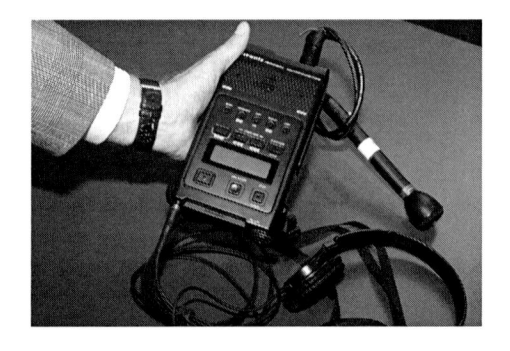

FIGURA 13.5

Novos gravadores flash permitem que os repórteres transfiram arquivos a laptops para ser editados e transmitidos na emissora por meio de redes Wi-Fi.

Fonte: Philip Benoit.

bora não se possa sempre conseguir que celebridades venham ao estúdio ou concedam uma entrevista pessoalmente, é surpreendente o quanto elas podem ser acessíveis numa ligação telefônica. Uma informação rotineira, ou mesmo uma notícia estatal recebida de uma agência, pode ganhar mais importância com entrevistas cuidadosas feitas por telefone.

Gravar do telefone é uma prática comum no rádio, e deve, definitivamente, ser explorada por um produtor de notícias. É preciso informar todos os envolvidos de que está sendo feita uma gravação. Peça ao seu diretor de notícias que o oriente em relação à política legal e os procedimentos referentes à gravação por telefone usados na sua emissora.

Utilizando Moderna Tecnologia de Coleta de Notícias

Embora a área esteja incerta quanto ao papel da tecnologia computadorizada nas redações, os equipamentos modernos estão permeando as atividades no rádio. Aqui vão alguns pontos a considerar.

A edição digital (descrita plenamente nos Capítulos 6 e 9) é uma prática padronizada nas redações modernas, e a versatilidade do equipamento promete noticiários melhores. A redação atual depende de som armazenado digitalmente e de boletins informativos em áudio gerados no computador, e não em carts, ou cassetes. Se a emissora de rádio usa um sistema de arquivamento em servidores, assim que um repórter salva um arquivo de áudio num servidor este pode ser reproduzido na sala de controle. As redes de computadores ajudaram a simplificar o processo envolvido na transmissão de um depoimento no ar tão logo ele tenha sido editado e salvo.

Sistemas de computadores executam desde simples processadores de texto até pacotes integrados que editam e tocam áudio. O processamento de texto obteve ampla aceitação no noticiário de rádio, embora algumas emissoras ainda usem máquinas de escrever comuns. A maior vantagem do processamento de texto é, logicamente, a velocidade com a qual se pode fazer correções e complementações. Além disso, muitas configurações para conteúdo noticioso permitem que mais de uma pessoa da equipe tenha acesso à notícia. O mais sofisticado desses sistemas permite que o material de agências de notícias seja enviado diretamente a sistemas centralizados de computadores, que podem ser acessados por muitos membros da equipe pelo uso de PCs em rede. Este aspecto do uso dos computadores em atividades envolvendo noticiário de rádio está ganhando cada vez mais aceitação em muitas redações de médio porte.

Modernos programas noticiosos capturam o material das agências de notícias e o enviam a um computador, para que possa ser usado por várias pessoas diferentes ao mesmo tempo. Um redator pode trabalhar numa atualização da notícia para a hora seguinte, enquanto outro redator edita o texto para o âncora que está no ar. Pode-se também lidar com notícias criadas localmente da mesma forma. Esses sistemas permitem que sejam realizadas muitas funções por várias pessoas da equipe (Figura 13.6).

Se, por exemplo, ocorrerem desdobramentos numa notícia que está para ir ao ar, um redator pode rapidamente atualizá-la e enviá-la imediatamente a uma tela do estúdio de transmissão. Quem lê a notícia no ar pode, então, excluir a versão original, substituindo-a pela atualizada e lendo-a diretamente da tela. Manchetes atualizadas podem ser escritas e remetidas diretamente ao âncora no ar. Pode-se lidar da mesma forma com comunicados. Notícias de arquivos podem ser enviadas

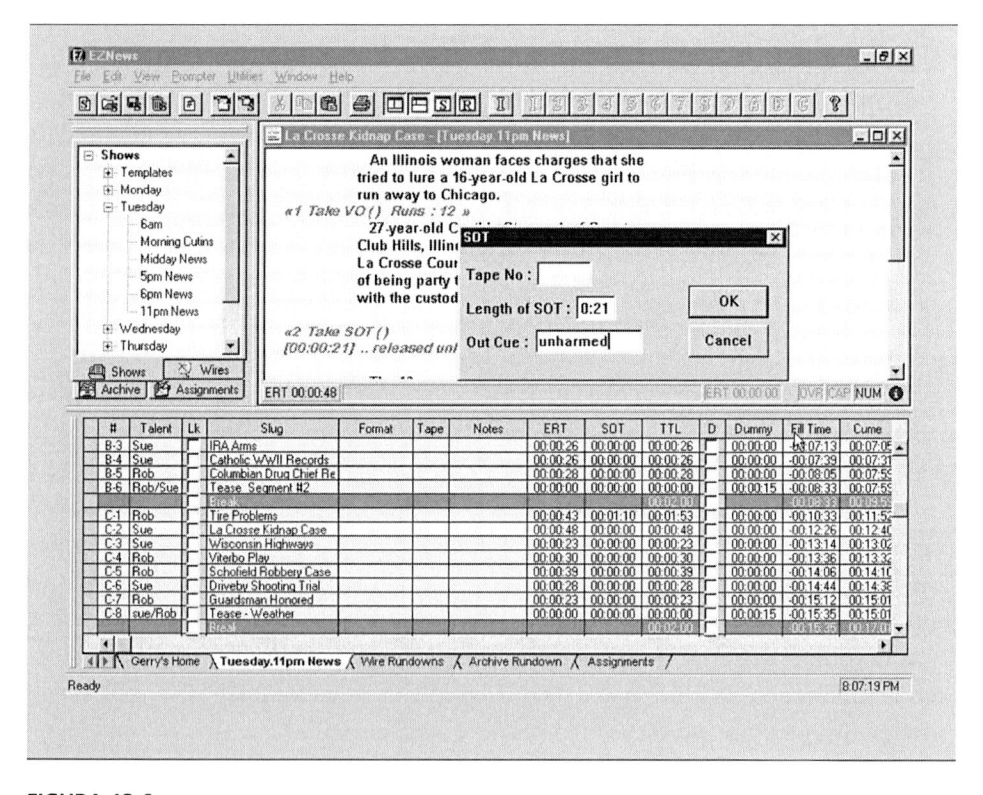

FIGURA 13.6

O programa de notícias facilita a tarefa do produtor de atualizar e reorganizar as notícias de um noticiário.

Fonte: Automated Data Systems.

ao webmaster da emissora, simplificando o processo de atualização de notícias no site da emissora.

Equipamentos de transmissão modernos tiveram um grande impacto nas práticas de coleta de informações para o rádio e a influência da tecnologia continua crescendo. O repórter de rádio de hoje geralmente tem um transmissor portátil para enviar à emissora relatos ao vivo; grandes emissoras têm uma série de amplificadores de sinal em toda a cidade para assegurar uma transmissão de qualidade. Telefones celulares também tornaram possível às emissoras menores transmitir notícias importantes ao vivo do local onde acontecem. Feeds de satélite tiveram um efeito notável na programação de notícias e assuntos públicos. Formatos modernos de notícias e de informações permitem transições para programas locais, que criam a ilusão de um programa de notícias integrado.

Fazendo o Noticiário Formar um Conjunto Coeso e Integrado

Os elementos devem ter sequência lógica, e a velocidade e o estilo de locução devem mudar para refletir o conteúdo da notícia. Isto parece óbvio, mas muitos locutores de notícias não alteram sua pronúncia de acordo com a notícia. Portanto, a notícia sobre os filhotes de urso que nasceram no zoológico parece igual ao relatório de uma tragédia de carro que matou duas pessoas. De modo geral, evite, e desconfie, do estilo jovial ao ler notícias sérias.

Na essência, o noticiário é uma reportagem completa e, embora os elementos individuais variem em relação ao conteúdo, os itens devem se seguir naturalmente. No noticiário, procure obter informações completas; não deixe o ouvinte no ar, esperando uma resposta que nunca vem. Em relação a uma informação apresentada, não deixe depoimentos em suspenso; em outras palavras, não coloque no ar um trecho de entrevista seguido diretamente de outra notícia. Tenha alguma coisa por escrito sobre o depoimento, mesmo que seja simplesmente para identificar quem falou. Casualmente, é sempre uma boa ideia identificar quem está dando um depoimento antes e depois de reproduzi-lo. Uma das maiores responsabilidades do produtor de notícias de rádio é evitar que o ouvinte faça confusão.

Responsabilidade é uma palavra muito repetida em redações de rádio. Fornecer notícias é uma grande responsabilidade e é importante não se esquecer disto. Os jornalistas não devem ser cheios de si e arrogantes, e precisam perceber que estão num meio sério. Logicamente, embora seja sério, também pode ser divertido. Informar – e, em particular, por meio do rádio – é uma das profissões mais estimulantes, e que mais se modificam.

RESUMO

Os jornalistas de rádio têm uma grande vantagem sobre os seus concorrentes de outras mídias, porque o rádio é relativamente simples e imediato, e as notícias podem ser colhidas e transmitidas com grande velocidade. A elaboração de notícias de rádio requer um estilo próprio. As sentenças são mais curtas do que as notícias para jornais e a referência vem em primeiro lugar numa sentença.

Os serviços noticiosos fornecem notícias e informações valiosas, que podem ser integradas à produção de uma emissora. Entretanto, é importante que um produtor de notícias evite a tentação do "*rip-and-read*" (Gillete Press). É essencial que o jornalista de rádio tenha a habilidade para fazer entrevistas. Entre os pontos mais importantes a lembrar durante a condução de uma entrevista destaca-se fazer perguntas sequenciais, simples e diretas, que induzam a respostas concisas. Entretanto, é melhor evitar perguntas que levam apenas a respostas *sim* ou *não*.

Não tenha medo de usar fontes sonoras na produção noticiosa de rádio. Desde que não sejam usados para distorcer os fatos, sons de multidões cantando, caminhões de bombeiros disparando a sirene etc. são recomendados e muito evocativos.

Não se esqueça de que o telefone é uma das suas ferramentas mais úteis. Você pode gravar uma entrevista por telefone e enviar notícias gravadas para a emissora por telefone.

Modernos sistemas de processamento de notícias podem capturar conteúdo de agências de notícias por computador, permitindo que vários membros da equipe trabalhem simultaneamente nas informações. Esses sistemas permitem uma rápida atualização das notícias e o despacho instantâneo de novos desdobramentos.

APLICAÇÕES

Situação 1 / O problema Uma repórter de notícias tinha a tarefa de cobrir um protesto potencialmente violento de trabalhadores numa fábrica local. Chegando ao local, descobriu que os piqueteiros haviam recebido instruções de não falar com a imprensa, e a polícia não a deixaria passar da barricada para fazer uma entrevista. A abordagem óbvia seria ler suas anotações no microfone, mas isto pareceu uma forma superficial de cobrir a notícia.

Solução possível A repórter posicionou-se o mais próximo possível da barreira policial e gravou sua matéria com gritos e outros sons ambiente no fundo. Mais tarde, houve um tumulto e ela gravou seu som, editando-o dentro de outra matéria que ela produziu na emissora.

Situação 2 / O problema Um produtor de notícias a serviço numa tarde de domingo descobriu que não estava acontecendo nada – e ele tinha um noticiário de meia hora pela frente, dentro de duas horas. Tudo o que tinha à disposição eram os principais artigos do jornal local, mas reescrever e adaptar artigos de outra organização não é fácil para uma rádio local.

Solução possível Uma notícia estadual enviada pela agência de notícias falava dos planos do governador de melhorar a qualidade da educação pública no Estado. Era uma notícia substancial e interessante, mas não tinha um enfoque local. O produtor de notícias verificou em seus arquivos de números de telefones e ligou para:

- o diretor de um colégio local,
- o chefe da união de professores local, e
- um aluno de uma faculdade estadual.

Ele perguntou a opinião de cada um sobre as propostas do governador e gravou o depoimento direto do telefone. Assim ele tinha uma boa história principal para o noticiário que estava chegando.

EXERCÍCIOS

1. Peça que outro aluno leia um artigo de jornal. Em seguida, entreviste-o sobre o artigo, como se seu parceiro fosse porta-voz de uma das partes envolvidas. (Seu parceiro deve manter o recorte em mãos, para referência.) Tente apresentar uma discussão lógica a respeito do assunto. Já que seu parceiro não é, na verdade, um especialista no assunto, ele poderá não ter respostas, mas esta é exatamente a situação que você enfrentará de vez em quando ao produzir notícias para o rádio. Seu objetivo é transformar a discussão numa entrevista de três a cinco minutos.
2. Pegue a entrevista que você criou, extraia um trecho e escreva uma matéria. Faça que seu voice wrap dialogue com o trecho particularmente importante da entrevista e defina 60 segundos de duração.
3. Crie dois novos leads (respondendo às questões o que, quando, onde, com quem, por quê) e refaça a notícia. Reescreva-a e reajuste-a, como se esti-

vesse atualizando a notícia para dois noticiários que virão a seguir. Casualmente, o contato com o equipamento que você provavelmente usará é de grande valia, por isso, se tiver oportunidade de praticar, aproveite. Grave uma feed de áudio, por exemplo, e pratique tirando o áudio do telefone. Familiarize-se com o uso de gravadores de fita cassete portáteis.

NO AR! • TÉCNICAS PARA UMA BOA PERFORMANCE AO VIVO

Fazer uma pergunta e conseguir uma resposta clara é um processo mais complicado do que se imagina. Os entrevistados frequentemente têm interesses pessoais e procuram responder às perguntas de forma evasiva. Embora uma resposta possa não estar muito longe da verdade, pode, contudo, estar rebuscada. Às vezes os entrevistados simplesmente mentem ou se recusam, sem rodeios, a dar uma resposta, ou então fogem de um dos aspectos da pergunta. Os jornalistas de rádio, e de outras mídias, desenvolveram várias técnicas especializadas para extrair a informação quando enfrentam tais circunstâncias.

Uma boa entrevista jornalística é um processo de três partes.

O entrevistador experiente usa a seguinte abordagem:

- Sintonize-se com a motivação da pessoa que está sendo entrevistada, porque ela tem um papel importante na definição do clima da entrevista e do tipo de informação que será repassada.
- Determine a estrutura apropriada para a entrevista.
- Faça perguntas estruturadas, especialmente para obter uma resposta significativa. Às vezes, essas perguntas vão direto ao ponto. Outras, são perguntas abertas, "exploradoras", feitas para manter o entrevistador falando.

Saiba que essas são rotulações generalizadas, não fórmulas. Muitos jornalistas têm seu próprio estilo, e este capítulo não tem como objetivo apontar uma "única" forma de se fazer uma entrevista. Entretanto, esses métodos são bons pontos de partida.

Motivações dos Entrevistados

Por que alguém fala com um repórter em primeiro lugar? Esta é uma pergunta importante, porque o tipo de informação que você recebe é determinado, em parte, pelas circunstâncias que o colocaram em contato com o entrevistado. Essas circunstâncias incluem a obrigação profissional do entrevistado, a busca de retorno pessoal ou profissional, ganhar inadvertidamente a atenção pública e o desejo de confessar ou divulgar informação.

Obrigação Profissional

Algumas pessoas são levadas a falar com a mídia porque é seu trabalho fazer isto. Delegacias de polícia, por exemplo, têm policiais designados para assuntos públicos (porta-voz, relações públicas ou assessores de imprensa). Os profissionais de relações públicas de organizações com ou sem fins lucrativos são levados (até certo ponto) a falar com a mídia; afinal de contas, esta é uma função claramente definida desta descrição da atividade.

Uma pessoa que tem a responsabilidade profissional de falar com repórteres pode fazê-lo com certa relutância, dependendo da circunstância. Por exemplo, exige-se de departamentos policiais que eles forneçam alguns dados para a mídia, mas não existe lei que diz que devam fazê-lo de forma enfática ou que devam dar dados adicionais que tornem a notícia mais completa. Embora os departamentos policiais geralmente forneçam informações à imprensa por telefone, os policiais envolvidos nessa tarefa acham que esta é uma obrigação incômoda e às vezes "esquecem" de informar aos repórteres grandes acontecimentos.

NO AR! • TÉCNICAS PARA UMA BOA PERFORMANCE AO VIVO (continuação)

Quando um Relações Públicas (RP) for levado a falar com um jornalista apenas por obrigação profissional, poderá muitas vezes apresentar dados incompletos. Nenhuma pessoa de RP, por exemplo, estará aberta a um questionamento sobre despejos tóxicos encontrados na propriedade da empresa. É provável que você receba respostas superficiais e que o RP não dê informações comprometedoras. Lembre-se, existem muitos poucos casos nos quais qualquer pessoa é obrigada a dar uma notícia completa. Nenhuma lei diz que um RP tem de falar tudo só porque um repórter está ao telefone.

Quando, portanto, alguém lhe der uma informação por ser sua obrigação profissional, lembre-se de que aquilo que você receber

- pode ser de natureza superficial;
- pode estar incompleto porque a pessoa que está respondendo às suas perguntas provavelmente não sente nenhuma motivação de entrar no cerne da questão; ou
- pode ser intencionalmente enganadora se sua pergunta envolve um posicionamento negativo.

Retorno pessoal ou profissional

Alguns entrevistados aparecem na frente de câmeras e microfones pelo simples fato de promover sua organização, seu produto ou a si mesmos. Não há intrinsecamente nada de errado nisto. Entretanto, um jornalista tem a obrigação de apresentar a informação de maneira equilibrada, assegurando-se de que os fatos que estão sendo colocados no ar têm interesse legítimo para o público – e não representam apenas uma propaganda gratuita para quem está sendo entrevistado.

O pessoal de relações públicas geralmente adota uma atitude muito diferente quando está falando com um jornalista sobre um assunto que promete retorno pessoal ou profissional, diferentemente das circunstâncias em que lidam com rancor com a mídia para cumprir com uma obrigação profissional, como uma notícia que não querem que seja publicada.

Profissionais de relações públicas podem ser muito solícitos, às vezes até mesmo de forma sedutora, e quando isto acontece dão informações valiosas. Por exemplo, bons Relações Públicas (que geralmente eram repórteres, antes de entrar no muito mais lucrativo campo de Relações Públicas) sabem do que os repórteres precisam e de que forma precisam. Por exemplo, se ocorrer um grande confronto no Oriente Médio, é provável que o Relações Públicas das grandes universidades de todo o país atenda ao telefone as grandes agências de notícias para marcar entrevistas com os especialistas em questões do Oriente Médio. Este arranjo pode ajudar a todos. O repórter, que estava se esforçando para conseguir um ponto de vista e uma análise, tem um especialista "caindo do céu". A universidade recebe publicidade em todo o país e, como se diz teoricamente, ganha credibilidade aos olhos de futuros alunos e de suas famílias.

Lembre-se, porém, de que a informação que lhe é fornecida pode nem sempre ser da melhor qualidade. Seguindo com o exemplo da universidade e do Oriente Médio, lembre-se de que o profissional de RP está sob a pressão de colocar a faculdade no noticiário e pode acabar indicando um "especialista" que é menos qualificado do que alguém que você mesmo encontraria.

Isto, logicamente, não é uma acusação ao pessoal de RP. Eles simplesmente têm um trabalho a fazer, e todos querem ter destaque. Representantes de quase todos os negócios acham que suas organizações terão proveito financeiro com uma publicidade positiva. Políticos, por motivos óbvios, querem boa publicidade. Mas, embora a informação dada como meio de obter retorno pessoal ou profissional não seja necessariamente mentirosa, lembre-se de que esse conteúdo não lhe foi dado apenas para que tenha informação.

Ganhar inadvertidamente a atenção pública

Algumas pessoas se envolvem em acontecimentos por acaso. Elas testemunham um trágico acidente, ou voltam do trabalho para casa e descobrem que ela pegou fogo. Vítimas de crimes também são colocadas, sem querer, em confronto com a atenção pública.

Essas fontes não têm nenhuma obrigação de dar informações. Elas também não terão o pensamento ideológico do candidato político que oferece informação para se beneficiar, então, provavelmente não darão informações com segundas intenções. Mas jornalistas veteranos sabem que pessoas que são colocadas diante da atenção pública apresentam, de qualquer forma, dois problemas de credibilidade: primeiro, elas geralmente são testemunhas inexperientes. Segundo, elas frequentemente relutam em dar informações.

Filtre e avalie as informações, como um historiador, quando lidar com a avaliação de um evento que foi realizada por uma "testemunha não experiente". Historiadores que narram batalhas, por exemplo, usam às vezes uma frase coloquial, chamada de "síndrome de estar no campo de batalha", que se refere aos problemas inerentes a uma explicação de alguém que viu um evento sob uma perspectiva limitada. O soldado, por exemplo, pode exagerar na violência do conflito porque foi a primeira vez que esteve em combate. Ele também poderia superestimar o papel de sua unidade na conquista da vitória, baseando sua estimativa na justificável alegria sentida por um grupo de soldados lutando lado a lado numa situação de vida ou morte.

Desejo de confessar ou divulgar informação

Muitas pessoas trazem informações simplesmente porque querem "tirar algo do coração", ou, mais comum ainda, porque acham que sabem de uma situação que precisa ser levada ao conhecimento público.

Quando for entrevistar essas pessoas, lembre-se de dois pontos essenciais:

- Existe a tentação de acreditar que, quando alguém fala algo negativo sobre si mesmo, informação é verdadeira. É provável, logicamente, que uma informação negativa tenha maior chance de ser verdadeira do que uma positiva. Mas, às vezes, pessoas confessam coisas que não fizeram por motivos que em geral só elas sabem. Então, é prudente não aceitar um "desabafo" como totalmente verdadeiro.
- Quando alguém revela uma informação voluntariamente, é preciso saber por que ela está agindo assim. A pessoa tem um motivo oculto, um interesse pes-

> **NO AR! • TÉCNICAS PARA UMA BOA PERFORMANCE AO VIVO (continuação)**

soal? Caso tenha, a informação é suspeita. Por exemplo, você pode falar com alguém que cuida de manter a lei e esta pessoa lhe oferece a informação, sob anonimato, de que um importante policial está sob investigação, mas as autoridades do alto escalão, estão acobertando. Esse informante pode estar dando a informação por estar realmente indignado com o fato de um policial de alto escalão estar se safando de algo. Certamente, dar essa informação poderia ser considerado um serviço de utilidade pública. Entretanto, existe também a possibilidade de que seu entrevistado tenha uma rixa pessoal contra a pessoa que está alegadamente sob investigação e que esteja usando sua emissora como arma.

Agora que você tem melhor noção das formas como a perspectiva e a motivação de um entrevistado podem alterar o caráter da informação que recebe, está pronto para planejar a estrutura básica da entrevista.

Estrutura adequada de uma entrevista

Vários fatores atuam para determinar como uma entrevista será estruturada e realizada. Entre eles está o uso que se pretende da entrevista, a disponibilidade do entrevistado e a cooperação dele.

Uso pretendido da entrevista

Existem três tipos principais de entrevistas para noticiário: aquelas feitas para ser usadas como base, como um depoimento ou trecho, ou num talk show.

A *entrevista como base* serve simplesmente para compilar informação que pode ser útil na produção de uma notícia. Entretanto, essa informação provavelmente não será usada diretamente no ar. Por exemplo, um médico atuando como repórter pode convocar seus amigos clínicos e questioná-los sobre as tendências gerais e novidades no campo da medicina. Todos estão cientes de que esse encontro é simplesmente um bate-papo, uma troca de ideias, e não para ser usado como fonte. Os clínicos certamente não falariam livremente ou dariam opiniões contundentes ou provocativas se fosse feita referência aos seus nomes. Da mesma forma, os repórteres não usam o conteúdo desses encontros como um fato literal. Eles *sempre* verificam a informação com um entrevistado que está sendo gravado, porque quando as pessoas não são citadas, elas não são responsáveis diretamente por suas alegações – e isto cria oportunidades para exageros, pontos de vista tendenciosos e até mesmo mentiras.

O depoimento ou declaração dado em entrevista destina-se à produção de um trecho de áudio que pode ser inserido numa declaração no rádio ou diretamente num noticiário lido pelo âncora. O objetivo de uma entrevista para colher um depoimento ou declaração é obter uma resposta que seja curta, direta e capaz de se sustentar por si só. Você pode usar várias técnicas (discutidas na seção seguinte) para extrair um depoimento ou uma declaração utilizável como resposta.

Uma entrevista para talk show em geral precisa durar determinado período e também ter um fluxo – um senso de continuidade. Ou seja, precisa ir de um assunto para o próximo de acordo com algum tipo de sequência. O convidado num talk show pode falar muito mais do que durante uma entrevista para fornecer um depoimento.

Disponibilidade do entrevistado

A mesma qualidade que faz que as pessoas possam contribuir com notícias também limita a quantidade de tempo disponível para elas na imprensa. Isto, por sua vez, afeta a maneira como você estrutura a entrevista. Como fazer para se encontrar com o entrevistado? Você vai visitá-lo pessoalmente em algum lugar, pede que ele venha até a emissora, ou faz a entrevista por telefone?

Uma entrevista pessoal em determinado lugar, que geralmente é o escritório do entrevistado ou o lugar de um evento do qual ele está participando, na maioria das vezes é a escolha ideal para colher informações para o rádio. Um dos motivos é que isto coloca o entrevistado em seu ambiente e fornece alguns dos recursos físicos ou auditivos que melhoram a entrevista. Além disso, geralmente esta é a única forma de você ter acesso à pessoa.

Pedir que o entrevistado visite a emissora não é uma opção comumente usada na maioria das atividades de coleta de informações. Embora isto seja certamente conveniente para o repórter, a maioria das pessoas que são notícia simplesmente não tem tanto tempo disponível. As exceções mais frequentes são os convidados que aparecem em talk shows. Estes podem ou não ser uma produção relacionada a notícias, mas não se esqueça de que você consegue em geral usar trechos deles num noticiário, caso o programa envolva um convidado importante.

Muitas vezes, o jornalista precisa recorrer a uma entrevista por telefone. As emissoras de rádio, que em geral têm uma equipe pequena, frequentemente utilizam este mecanismo para reunir informações. Uma entrevista por telefone é também muito mais conveniente para o entrevistado, e pode ser o único meio de ter acesso a ele.

Mas entrevistas por telefone têm algumas desvantagens. Como as conversas gravadas por telefone são instantaneamente reconhecidas como tal, alguns jornalistas acham que elas não passam a urgência ou a presença que faz do rádio uma mídia poderosa. Algumas emissoras de rádio chegam até a proibir o uso de entrevistas por telefone e insistem que um repórter obtenha cada depoimento pessoalmente, utilizando um gravador e um microfone de alta qualidade. Entretanto, a maioria das emissoras permite o uso de entrevistas por telefone quando esta é a única alternativa lógica, como entrevistar um cidadão preso numa área longínqua em guerra.

Cooperação do entrevistado

Por vários motivos, os entrevistados podem não querer falar com você, ou podem estar interessados em cooperar apenas até certo ponto. A estrutura da entrevista, então, pode mudar de acordo com este fator. Ocorrem dois problemas em particular:

1. Colocar o entrevistado na frente do microfone. Em casos raros, você terá de fazer uma "emboscada" para a pessoa na rua. Uma rua é considerada, legalmente, um "local público", o que significa que o repórter tem mais direito de ter acesso ao entrevistado do que se ele estivesse numa propriedade privada. Deve-se considerar a entrevista "emboscada" apenas quando várias tentativas de se obter uma entrevista padrão falharam. Lembre-se de que uma emboscada geralmente aumenta a simpatia pelo en-

NO AR! • TÉCNICAS PARA UMA BOA PERFORMANCE AO VIVO (continuação)

trevistado, que pode ser visto pelo público como "vítima" da emboscada.

2. Driblando um "sem comentários". Algumas figuras públicas que conhecem a mídia frequentemente não relutam em exercer seu direito constitucional de ficar de boca fechada. Embora alguns críticos digam que colocar no ar um "sem comentários" possa fazer que uma pessoa inocente pareça culpada, muitos veteranos de notícias observam que as pessoas que exercem esta opção podem e evitam ser responsabilizadas pelos seus atos.

Deixando de lado este argumento, que não pode ser resolvido aqui, lembre que um "sem comentários" não faz uma notícia particularmente informativa ou atraente. Quando estiver estruturando uma entrevista, existem três métodos principais de superar a barreira do "sem comentários":

- Se o entrevistado se recusar a dar uma entrevista, informe-o de que você relatará a recusa. Este é um método muito eficiente de mudar a atitude dele. Pode não necessariamente driblar o "sem comentários", mas muitas vezes faz que o entrevistado fale.
- Se, ao microfone, o entrevistado responder "sem comentários", pergunte por que ele está se recusando a falar. Caso o entrevistado responda, a explicação do "sem comentários" pode ser a resposta que você queria em primeiro lugar.
- A variante do rotineiro "sem comentários" é a desculpa para o "sem entrevistas". Se você não consegue nem mesmo colocar o entrevistado ao telefone – digamos que Sua Excelência está sempre em uma "reunião" –, informe a secretária de Sua Excelência que você gostaria que sua ligação fosse retornada em um horário específico. Certifique-se de estar presente para receber a ligação, caso ela seja feita. Caso Sua Excelência não retorne a ligação, tente esta tática mais uma vez – mas não deixe de informar a secretária de que, caso sua ligação não seja retornada, você colocará isto no ar. (Uma opção alternativa: descubra o nome do chefe de Sua Excelência e peça que a secretária transfira a ligação para o escritório dele. Sua Excelência pode, do nada, se materializar.)

Depois que você tiver determinado (a) as motivações e perspectivas de seu entrevistado e (b) a estrutura apropriada para a entrevista, é hora de fazê-la. A geração de respostas aproveitáveis é resultado direto da realização de perguntas bem elaboradas. Certas técnicas podem ajudar a colher citações confiáveis, diretas e convincentes de entrevistados.

Perguntas que geram uma resposta expressiva

Uma resposta "expressiva" é, simplesmente, uma resposta que servirá aos seus propósitos e àqueles do público que está vendo ou ouvindo. Uma resposta expressiva precisa ser

1. útil no seu contexto técnico – por exemplo, a parte importante de um depoimento de voz;
2. uma resposta direta para a pergunta e para as perguntas seguintes; e
3. esclarecedora para o ouvinte ou telespectador.

Contexto técnico
Uma resposta evasiva não lhe será muito útil caso precise de uma resposta de 20 segundos para inserir num depoimento de voz de 90 segundos. Além disso, um trecho de entrevista não será muito funcional se for muito complexo ou simplista para o público. Se você estiver entrevistando um convidado para obter um trecho maior, como para um talk show, precisa obter respostas que manterão o interesse do ouvinte ou telespectador por um período maior, talvez meia, ou até mesmo uma hora.

A seguir, temos algumas sugestões para que a mensagem se encaixe na sua mídia:

- Quando você estiver fazendo uma pergunta para obter uma declaração curta, não relute em perguntar a mesma coisa várias vezes. Você pode receber olhares estranhos de seu entrevistado, mas também obterá respostas diferentes e, às vezes, melhores.

  Se estiver entrevistando para o rádio, pode obter vários áudios diferentes para noticiários de rádio. Quando usar a técnica de perguntar a mesma coisa várias vezes, você pode, na verdade, mudar as perguntas sutilmente, para que pareça estar fazendo uma pergunta diferente, quando na verdade não está. Você também pode optar por informar seu entrevistado antes.

  "Às vezes pergunto a mesma coisa mais de uma vez", você pode dizer, "então não se surpreenda se ouvir que estou me repetindo. Faço isso para o caso de haver um problema técnico".

- Quando quiser uma resposta curta, faça uma pergunta curta! Se estiver querendo uma declaração de 10 segundos, pergunte ao prefeito, "Qual é o item mais urgente na pauta da Câmara Municipal hoje?". Não pergunte, "Prefeito, você poderia explicar as prioridades estabelecidas para o encontro da Câmara Municipal de hoje – como você planeja lidar com todos os itens na pauta e como a agenda ficou tão cheia, antes de mais nada?".

- Se quiser uma resposta simples, faça uma pergunta simples.

  Por exemplo, você provavelmente irá querer perguntar a um médico: "Como o colesterol prejudica o corpo?". A não ser que esteja produzindo uma faixa para um público que tem treino especial, não comece com: "Doutor, qual é o mecanismo que faz que o colesterol contribua para a arteriosclerose?". A última pergunta traz algumas questões interessantes sobre todo o processo de entrevista. Independente do tipo de entrevista – declaração, talk show ou de base –, a pergunta inicial dá o tom da entrevista toda. Se você começá-la com um tema complicado, nunca fará que seu especialista volte a questões simples.

- Lembre-se de que, independente de quanto conhecimento tiver obtido durante sua pesquisa, seu público estará, essencialmente, começando do zero. Note, também, como a questão sobre "qual é o mecanismo que faz que o colesterol contribua para a arteriosclerose?" força o entrevistado a trilhar caminhos mais profundos do que você ou seu público gostariam. Ao perguntar sobre o "mecanismo" que torna o colesterol prejudicial, você estará perguntando sobre um processo complexo e ainda mal compreendido, mas seu en-

> **NO AR! • TÉCNICAS PARA UMA BOA PERFORMANCE AO VIVO (continuação)**
>
> trevistado médico provavelmente começará sua resposta daí. Isto terá pouco significado para o público, que simplesmente quer ter uma ideia geral do que o colesterol pode fazer às suas maltratadas artérias.
>
> ■ Se você estiver fazendo um talk show (ou seja, um programa com uma introdução, um encerramento e uma duração predeterminada), lembre-se de que ele é, em essência, uma reprodução de uma situação social. Isto significa que o público espera ser apresentado ao convidado. O assunto deve começar de um nível mais geral e ir se tornando mais específico; a conversa deve começar de forma mais formal e ir se tornando mais pessoal; as questões devem se tornar mais focadas à medida que a conversa flui. Existem dois motivos para se observar esta convenção: em primeiro lugar, se você começar com uma pergunta repentina e desafiadora, pode parecer rude ou grosseiro. Ou, pior, você pode forçar seu convidado a ficar na defensiva, tendo de enfrentar os 29 poucos comunicativos minutos restantes de programa.
>
> Logicamente isso não ocorre sempre. De vez em quando, você pode querer ir direto ao cerne da questão. Isso depende do entrevistador e do entrevistado. Entretanto, entrevistadores mais experientes sabem que é mais seguro ir "aquecendo" o entrevistado com perguntas mais leves, guardando as bolas mais difíceis para o final.
>
> **Extraindo uma resposta direta**
> As pessoas dão respostas evasivas por vários motivos. Às vezes, elas estão tentando esconder algo. Mas é mais comum que simplesmente estejam inquietas e com medo de ser mal interpretadas, e podem evitar sua pergunta ou escolher não se aprofundar no assunto. É trabalho de um jornalista obter respostas expressivas, independente desses obstáculos. Em geral, esta é uma tarefa em três partes, envolvendo a obtenção de uma resposta direta, focando a questão e estimulando respostas mais profundas.
>
> *Obter uma resposta direta* significa direcionar o entrevistado. Nestes tempos de consultores de mídia e profissionais de Relações Públicas, as pessoas públicas perspicazes geralmente aprendem a evitar uma pergunta, dando as respostas que querem – sem considerar o que foi perguntado. Por exemplo, você pode ser forçado a fazer uma pergunta com resposta sim ou não porque sua entrevista com um candidato político não está chegando a lugar algum. Você pergunta:
>
> P: Você planeja demitir o ajudante que divulgou a informação sobre seu opositor?
> R: Nós teremos uma campanha honesta e direta. É importante mantermos foco nos nossos esforços, porque as condições econômicas nessa cidade...
>
> Você é responsável por redirecionar a entrevista. "Desculpe-me", você pode dizer, "Mas eu não compreendi muito bem sua resposta. Você vai demiti-lo ou não?". Esta é uma tática. Aqui estão outras.
>
> ■ *Se a questão não estiver sendo respondida, faça o seguinte.* Comece simplesmente repetindo a pergunta. Se não funcionar, explique que a pergunta não

foi respondida e pergunte novamente. Caso ainda não consiga uma resposta, pergunte diretamente ao entrevistado por que ele está evitando sua pergunta.
- Não se deixe levar por uma discussão com seu entrevistado. Esta estratégia – fazer de você parte do problema – é um meio de evitar uma pergunta. Por exemplo, seu entrevistado pode responder à sua pergunta ao dar, basicamente, uma resposta irrelevante, e então perguntar "Isso é justo?".
- *Nunca deixe que o entrevistado lhe faça perguntas; este é o seu trabalho.* Simplesmente volte à pergunta ou diga: "O que eu acho não é importante. O que é importante são os resultados das suas ações diante do comitê... Agora, novamente, você pretende...".

Focar a questão significa colocar a entrevista de volta nos eixos quando ele desviar o assunto, seja casualmente ou de propósito. Às vezes, você precisa focar a questão apenas porque seu entrevistado está falando "pelos cotovelos". São particularmente úteis as duas técnicas.

- *Use uma paráfrase para forçar uma resposta clara.* Se não estiver conseguindo uma resposta clara, resuma o que acha que o entrevistado disse e repita isto para ele. Então, pergunte, diretamente, "É isso o que você está dizendo?". Por exemplo, se uma autoridade pública acabou de dizer algo como "Nós precisamos reavaliar as capacidades de melhoria que perdemos nas várias transações que ocorrem em certas categorias econômicas, e reconsiderar a estrutura de rendas do...", você deve parafrasear o que acha que ouviu: "Sr. Representante, o senhor acabou de dizer que é favorável a um acréscimo no imposto sobre vendas?". Este método permitirá forçar uma resposta compreensível.
- *Use uma transição para voltar ao assunto.* Convidados, especialmente em entrevistas longas como talk shows, podem, acidental ou propositalmente, falar de assuntos dos quais querem tratar. Por exemplo, o gerente de um hospital da cidade que foi acusado de chefiar uma operação escusa pode querer mudar o assunto para o fato de que a Câmara dos Vereadores ainda precisa formular um orçamento estável para o ano. Vincule os dois assuntos e force uma transição de volta ao seu tema inicial:

Gerente do Hospital: "... desde janeiro, e ainda não foi feito nada".

Você: "A falta de um orçamento estável tem algo a ver com as acusações de que você está quase seis meses atrasado em seu faturamento?".

Talvez *exista* uma ligação entre os dois, talvez não. De qualquer forma, você impediu seu convidado de sair do assunto para uma polêmica que só serve a ele.

Estimular respostas aprofundadas é algo necessário para manter a entrevista fluindo e para dar o tempo e a oportunidade de obter respostas reais. Várias técnicas mostraram-se úteis.
- *Não faça perguntas sem saída, a não ser que seja forçado a tanto.* A maioria dos livros que tratam de como fazer entrevistas aconselha a não fazer perguntas

> **NO AR! • TÉCNICAS PARA UMA BOA PERFORMANCE AO VIVO (continuação)**
>
> do tipo sim ou não, porque tais questões não estimularão respostas mais aprofundadas e produzirão uma resposta estranhamente curta. Isto é verdade, até certo ponto, mas existem momentos em que você precisa pedir um sim ou não. Se seu entrevistado está sendo evasivo diante da pergunta, não tenha medo de fazer uma pergunta dessas.
>
> - *Domine a arte de esperar mais do que seu entrevistado*. Se você receber uma resposta curta, que não responde nada, não mude de assunto só por sentir a necessidade de manter a conversa em movimento. Deixe o gravador rodando, mantenha o microfone perto do rosto do entrevistado e espere. É mais certo que ele ceda antes de você.
> - *Tome cuidado ao permitir que seu entrevistado entenda seu jeito de fazer anotações*. Em outras palavras, não permita que saiba quando você ficou animado com a informação, porque ele pode se fechar. A ex-estrela do basquete Larry Bird, por exemplo, "lia" repórteres muito bem; quando eles param de escrever e te olham, diz ele, é uma boa hora de calar a boca, porque o assunto está ficando "profundo demais".
>
> Entrevistados geralmente estão bastante preocupados com o que você escreve – e têm motivo para isto –, podendo tornar seu trabalho difícil quando perguntam: "Você não vai anotar isso?". Pode ocorrer a situação oposta, quando um entrevistado fizer uma alegação surpreendente e você correr para escrevê-la no seu bloco de notas. Eles se impressionarão com a importância do que acabaram de dizer e vão fazer o possível para retirar ou relativizar a declaração.
>
> Quando, portanto, estiver fazendo uma entrevista com bloco de notas – ou seja, reunindo informações que não envolvem a presença direta de um microfone –, não revele sua estratégia ao deixar que seu entrevistado compreenda seus hábitos de anotações. Uma maneira de ocultar sua forma de anotar é escrever constantemente, mesmo se você estiver apenas rabiscando em seu bloco. Isto não dá ao entrevistador nenhuma dica do que você acha que é ou não importante, e evita as síndromes do "você não vai escrever isso?" e do "espera, eu não quis dizer isso".
>
> Fonte: Partes deste box foram adaptadas do livro *Crafting the News for Electronic Media*, de Carl Hausman. (Belmont, CA: Wadsworth, 1992)

14

✶

Produção Esportiva e a Distância (Externas)

A produção esportiva e a distância (externas) constitui apenas uma pequena parte da programação de uma emissora de rádio, mas essas áreas colocam o pessoal de produção de rádio em situações de grande responsabilidade. O trabalho de produção a distância, seja cobrindo uma entrevista coletiva ou um jogo de futebol, é uma atividade difícil, que requer muita preparação. Numa época em que a programação de rádio é cada vez mais retransmitida, o produto a distância é aquele que imprime à emissora uma identidade local, por isso é crucial acertar em sua produção. O conhecimento do equipamento e das técnicas de produção também entram em jogo, pois os aspectos operacionais são importantes para se devolver o sinal à emissora.

Transmissões a distância geralmente incluem eventos esportivos, motivo pelo qual inserimos uma discussão sobre a cobertura de esportes neste capítulo. Outras transmissões a distância compreendem um locutor fazendo uma externa de uma revenda de carros, uma nova loja, um restaurante ou outro empreendimento. O objetivo nesses casos é dar ao cliente (que pagou uma taxa para que a transmissão fosse originada em sua empresa) visibilidade e mais oportunidades de negócios. Com menos frequência, a produção a distância inclui a cobertura de notícias, como transmissões ao vivo de entrevistas coletivas. Apresentações musicais são às vezes transmitidas a distância; embora geralmente se gravem shows *in loco*, sem transmiti-los no ar ao vivo.

Questões ligadas ao hardware e de teor técnico serão determinadas pelo equipamento que sua emissora tem em mãos e pelas qualificações de sua equipe técnica. Confie nos técnicos da sua emissora quanto aos conselhos recebidos; eles são os especialistas e farão muitas das escolhas e das instalações.

Seu papel como produtor envolve o planejamento, a execução e o branding desses eventos. Embora a equipe técnica possa ajudar com os arranjos técnicos, o produtor deve ter uma certa compreensão de todos os elementos do programa e dos tipos de efeitos que fazem que transmissões a distância sejam bem-sucedidas.

Combinado com um conhecimento básico do equipamento de produção para rádio, seus conhecimento e planejamento serão os ingredientes-chave para uma boa transmissão a distância.

Sua responsabilidade é montar as transmissões a distância com a melhor qualidade possível, fornecendo o som necessário para manter os padrões da emissora.

EQUIPAMENTO DO RÁDIO A DISTÂNCIA

A maioria dos equipamentos usados em tarefas a distância para reproduzir uma operação de estúdio, como tocar música, é bastante similar àqueles encontrados em aplicações de estúdio, embora se dê preferência aos modelos menores. Para trabalhos a distância, pode-se ainda encontrar alguns antigos consoles de vitrola em operação, mas é mais comum que um computador portátil com um disco rígido rápido assegure o necessário para criar o som que uma operação desse tipo exige.

Submixers são também usados em produções a distância, especialmente quando vários microfones diferentes precisam ser usados e as entradas da mesa são limitadas, como geralmente são. Submixers geralmente são chamados *mixers portáteis*. Mixers portáteis, como aqueles produzidos pela JK Audio, a Shure e a Sony, são especialmente úteis para transmissões de notícias a distância. Essencialmente, são pequenas mesas de som (alguns são do tamanho de um tijolo) que acomodam várias entradas de microfone ou de linha. Controles de volume permitem ao operador configurar um nível correto (Figura 14.1).

Vez ou outra alguns mixers portáteis podem ser *agrupados*, o que significa que várias entradas podem ser combinadas num mixer e sua saída pode ser enviada a outro mixer, junto com outras fontes de áudio. Esta é uma tática particularmente útil quando existe a possibilidade de ter de colocar dez microfones numa mesa.

Cartucheiras digitais ou MiniDiscs geralmente não são levados *in loco*, porque os spots são reproduzidos no estúdio, assim como noticiários em geral. De volta ao estúdio, o sinal da transmissão a distância muitas vezes é enviado por um canal próprio e o operador da mesa cuida da coordenação de outros elementos do programa que são originados no estúdio. Às vezes, o conteúdo do programa feito a distância pode ser enviado por micro-ondas ou para a emissora, ou diretamente para o transmissor. Unidades de micro-ondas estão se tornando cada vez mais comuns em radiodifusão. Emissoras norte-americanas maiores têm muitos minitransmissores em locais estratégicos da cidade. Algumas emissoras experimentaram enviar o material

FIGURA 14.1 Alguns mixers para operações a distância combinam funcionalidades de áudio com uma unidade telefônica para simplificar as conexões.
Fonte: JK Audio.

por stream num dispositivo de comunicação por internet. Embora esta seja uma estratégia promissora, sendo provavelmente o método opcional do futuro, demorará um pouco até que o tipo de equipamento necessário abra caminho até as emissoras de médio e pequeno portes.

Linhas Telefônicas

As linhas telefônicas ainda são o meio preferido para operações realizadas a uma distância considerável. Transmissores bidirecionais especiais para distâncias curtas geralmente são usados para situações em que a perda de sinal ou a interferência não é problema. Entretanto, em grandes cidades, mesmo distâncias curtas podem ser um problema se houver prédios no caminho.

O sistema de linhas fixas ainda é uma opção atraente, por ser facilmente acessível em quase todos os lugares e pelo fato de que o dispositivo para colocar o sinal na linha telefônica e capturá-lo no estúdio, geralmente chamado *codec*, permite uma qualidade de sinal melhor que a das linhas telefônicas padrão. (Veja o box "Em Sintonia com a Tecnologia", neste capítulo.) Além disso, as linhas telefônicas em si melhoraram nos últimos anos, graças à ampla adoção da tecnologia digital. É possível então alugar um "loop" de alta qualidade da empresa de telefonia, ou, se a transmissão a distância for feita de uma empresa, pode-se ter a sorte de encontrar uma linha de alta velocidade já instalada.

E, claro, é possível realizar uma tarefa a distância usando o serviço de telefonia celular, embora apenas alguns tipos de serviço funcionem suficientemente bem

EM SINTONIA COM A TECNOLOGIA • ENVIANDO UM SINAL DAQUI PARA LÁ

Como você leva o sinal de volta à emissora ou para a antena? Em grandes mercados, onde a distância a ser coberta não é muito grande, a escolha geralmente é um transmissor de duas vias, como o Marti (Figura 14.2). (Marti é um nome comercial usado por uma empresa que fornece ampla gama desses dispositivos. No Brasil usamos LP (analógicas) ou Linhas digitais de transmissão.)

Um transmissor de duas vias é um método simples e confiável, mas há situações em que ele não funciona bem. Com tantas pessoas usando o espectro do rádio para transmissões de curta distância, existe a possibilidade de interferência. Algumas construções – notadamente shopping centers – embaralham toda a transmissão. O sinal não vai muito longe e é preciso arrumar vários pontos de transmissão para retransmitir o sinal caso se esteja tentando cobrir muitos quilômetros. Você pode fazer acordos com técnicos de radiodifusão de diferentes emissoras de rádio para evitar a duplicação de frequência e interferência. Aprenda mais sobre isso acessando o site http://www.sbe.org/freq_index.php, da Society of Broadcast Engineers.

Curiosamente, a transmissão por linhas telefônicas POTS (canais digitais) está na vanguarda de uma revolução técnica. O motivo é um dispositivo chamado codec, uma abreviação para *coder-decoder*. (No mesmo tipo de abreviação, modem é uma diminutivo de *modulator-demodulator*.) O que os codecs fazem, em essência, é colocar som (e, em outras aplicações, vídeo) num formato digital, comprimindo então essa informação para que possa ser transmitida pelo condutor relativamente estreito de uma linha telefônica fixa ou de um telefone celular. O codec que está do outro lado é capaz de organizar os dados comprimidos, transformando-os novamente em som. Quanto melhor for a compressão, melhor será a velocidade e a qualidade – igual ao seu modem de computador comum.

As companhias que produzem codecs para essas linhas avançaram muito em métodos de compressão nos últimos anos. Esses codecs, como aqueles feitos pela empresa Comrex, produzem qualidade mais do que adequada para a transmissão de algo como um jogo de futebol de uma cidade distante (Figura 14.3). E não há como

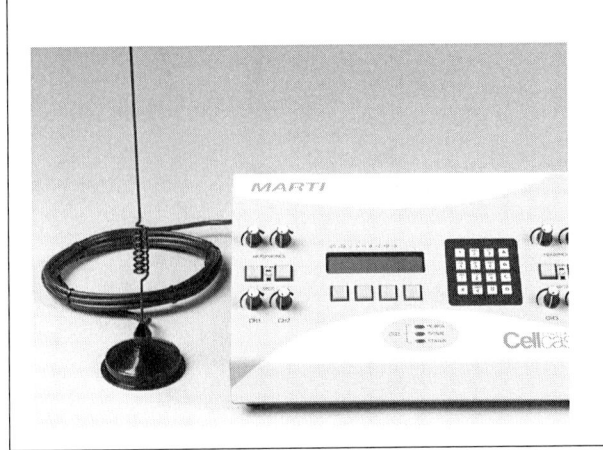

FIGURA 14.2

A unidade completa para transmissão a distância usa tecnologia de telefonia celular.

Fonte: Marti Electronics.

ter maior conveniência; é quase tão simples quanto plugar um telefone.

Muitos codecs funcionam com linhas ISDN de alta qualidade, que são geralmente uma instalação permanente, tanto em relação ao terminal para a linha quanto para o codec instalado. As aplicações para instalações de transmissões a distância permanentes variam desde algo simples, como um codec instalado numa igreja para transmitir uma cerimônia, até uma linha digital transmitida entre uma grande emissora de rádio em Nova York e o apartamento de um locutor em Dallas. É assim que a WCBS Radio, em Nova York, combinou com um locutor que contratou para fazer a voz das promoções e informar o ID da emissora. Hoje, esses serviços estão abrindo caminho para sistemas de transmissão mais eficientes pela internet.

Os celulares são uma opção muito atraente para o produtor em externas. Existem codecs que são plugados em qualquer celular padrão e outros que são usados especialmente para serviços GSM de alta qualidade, disponíveis em grandes regiões metropolitanas, mas não em todos os Estados Unidos ou em todo o Canadá. Muitos codecs de alta qualidade permitem escolher entre várias opções de transmissão.

Codecs baseados em software são a última, e talvez a mais interessante, das opções. Fazer uma transmissão a distância é tecnicamente possível, e novos equipamentos foram lançados nos últimos dois anos, tornando esta tecnologia uma realidade.

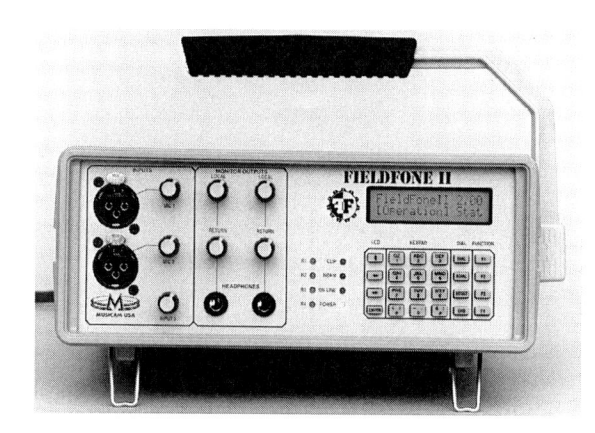

FIGURA 14.3a

O equipamento digital para transmissão a distância torna possível fornecer feeds de alta qualidade usando linhas telefônicas padrão.

Fonte: MUSICAM, USA Holmdel, NJ.

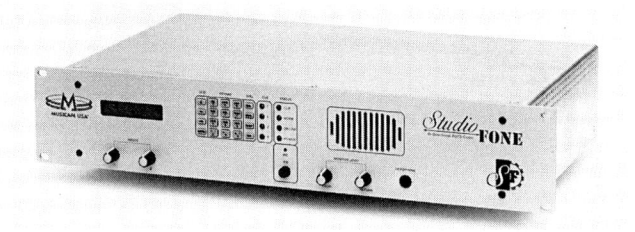

FIGURA 14.3b

Esse codec permite que as emissoras transmitam áudio de alta qualidade através de linhas telefônicas e ISDN.

Fonte: MUSICAM, USA Holmdel, NJ.

para oferecer o tipo de áudio de alta qualidade de que se precisa para um programa ao vivo mais longo, e não um breve sumário de notícias. Melhores resultados podem ser obtidos alugando-se um canal de alta frequência da companhia telefônica, usando um transmissor de micro-ondas ou um codec digital que se conecta tanto com o telefone quanto com a internet.

A terminologia usada por companhias telefônicas é confusa, porque às vezes os nomes de linhas e serviços diferentes variam entre firmas, mas os termos são mais ou menos padronizados e úteis de conhecer ao se alugar ou usar uma linha telefônica para um trabalho a distância.

POTS Um acrônimo para "plain old telephone service" ("serviço de telefonia antigo"). Diz respeito a uma linha telefônica comum, que geralmente oferece nível bastante limitado de transferência de informações – geralmente em torno de 33 kbps (kilobytes por segundo).

ISDN Um acrônimo para "integrated services digital network" ("rede digital de serviços integrados"). Esta é uma linha de alta qualidade que geralmente pode transmitir voz, dados e vídeo em velocidades de até 64 kbps. As linhas ISDN são comuns em muitas empresas, embora aconteça de não se dispor de uma para atividades de transmissão a distância porque a empresa provavelmente depende da linha para transmissões de informações. Uma tecnologia de sistemas telefônicos mais nova, baseada em pacotes, está fazendo que os sistemas ISDN sejam menos úteis hoje em dia.

GSM O tipo de serviço de telefonia celular mais adaptável para transmissões a distância. O GSM geralmente se refere ao "sistema global de comunicação móvel", mas o acrônimo na verdade vem das palavras em francês **Groupe Spécial Mobile**, um grupo de pesquisa fundado para desenvolver um padrão internacional para a comunicação por celular. Embora o GSM seja padrão na Europa, é menos usado nos Estados Unidos e no Canadá. Ele funciona bem para operações a distância porque não envia informações em pacotes, como a maioria dos outros sistemas de telefonia celular. As questões técnicas estão além do propósito deste capítulo, mas, em termos básicos, o GSM fornece um sinal menos suscetível de sofrer perda de dados enquanto transmite material como música. Nos últimos anos, provedores de serviços dificultaram o uso de GSM com equipamento de radiodifusão aos radiodifusores.

Modems DLS e a **Cabo** O serviço de Digital Subscriber Line ("Linha Digital por Assinatura") é uma conexão de velocidade muito alta, que usa uma linha telefônica comum para oferecer serviços digitais. Os modems a cabo são essencialmente caixas de interconexão a um serviço de internet de alta velocidade fornecido pela companhia local de cabeamento. Muitas pequenas empresas usam esses serviços para acessar serviços de internet de alta velocidade. Os equipamentos para transmissão a distância podem usar o serviço de internet de uma empresa para fornecer possibilidades de transmissão a distância para emissoras de rádio. O produtor a distância simplesmente conecta um cabo CAT 5 do codificador de transmissão à internet da empresa local. (Alguns equipamentos mais novos funcionam até mesmo em redes Wi-Fi.)

Outros Equipamentos para Transmissões a Distância

A maioria das emissoras usa um codificador e decodificador codec de telefone ou um transmissor de micro-ondas. *Codificador codec* é um dispositivo que converte as ondas sonoras para uma stream digital, que é então enviada ao estúdio. O decodificador, localizado no estúdio, converte a stream de volta para uma onda sonora, que pode ser usada pela emissora.

 É importante ter o maior número possível de canais de comunicação com o estúdio. Lembre-se de que será preciso um método para falar fora do ar. Um telefone celular é também útil, para que a pessoa que está no ar numa transmissão a distância tenha um método extra para se comunicar com o estúdio. Quando estiver transmitindo de uma loja, você pode escolher simplesmente usar um telefone disponível – se o dono da loja deixar – e manter a linha em aberto com o operador da mesa na emissora. Em locais menos acessíveis, o provedor de telefone pode usar um telefone separado quando a linha de transmissão estiver instalada.

 Embora um locutor a distância possa se comunicar com a emissora falando na linha que está no ar enquanto o sinal estiver em cue (na mesa da emissora), esse tipo de operação pode ser arriscada, porque a comunicação pode acabar sendo transmitida. Entretanto, às vezes, o locutor a distância e o operador da mesa não têm tempo para conversar. É preciso estabelecer antes um sistema de sinais ou um protocolo para evitar a confusão.

 Os microfones são, logicamente, parte do equipamento necessário para uma transmissão a distância. Uma boa opção é usar microfones de bobina móvel duráveis, porque o trabalho a distância pode ser pesado para o equipamento. Determinar se é preciso ou não usar um microfone cardioide depende do ambiente físico e de quanto ruído de fundo se pretende incluir. O uso exagerado da direcionalidade do microfone pode prejudicar a transmissão; afinal de contas, você está se comunicando a partir de um evento no qual precisa utilizar o som ambiente, e não em um estúdio.

As técnicas de microfone também devem ser levadas em conta em ambientes externos. **Filtros contra o vento** (também conhecidos como **pop filters**), como mostra a Figura 14.4, são úteis para eliminar o barulho de vento, que, num microfone, não soa como vento, mas como um estrondo. Fique ciente de que microfones de fita são muito mais suscetíveis a barulho de vento do que os do tipo bobina móvel. Quando estiver utilizando um microfone para produção em campo, escolha um com uma suspensão shock mount para reduzir os ruídos do seu manuseio.

Em determinados casos, pode-se querer adicionar um microfone para captar sons ambiente. Em um jogo de basquete, por exemplo, geralmente colocam-se microfones perto das tabelas para capturar o som real do jogo. Microfones separados na plateia também dão "vida" e maior flexibilidade ao balanço entre o locutor e o ruído da multidão, porque o volume dos microfones pode ser controlado separadamente numa mesa ou num submixer. Locutores de esportes frequentemente usam microfone com fone de ouvido, uma combinação que lhes permite ouvir a si mesmos, ou as dicas vindas do estúdio.

Capturar a voz de alguém falando geralmente é um problema na cobertura de notícias a distância, seja uma transmissão ao vivo ou uma gravação *in loco*. O resultado será melhor se a pessoa que estiver dando uma entrevista coletiva, por

FIGURA 14.4

Carl Hausman com um microfone com filtro contra vento.

Fonte: Philip Benoit.

exemplo, permanecer em pé ou sentada em frente ao púlpito. Com o microfone colocado no púlpito se obtém, de modo geral, uma qualidade de áudio razoavelmente boa.

Colocar o microfone num púlpito geralmente significa agrupá-lo a vários microfones de outros repórteres; assim, um rolo de fita crepe deve ser um elemento essencial em seu equipamento para transmissão. Se não houver outro microfone na mesa ou em um púlpito, tente improvisar com a fita algum modo de prendê-lo. Lembre-se de que, ao instalar um microfone num púlpito, terá que esperar terminar o evento para retirá-lo, a fim de não atrapalhar o orador.

Certifique-se de levar cabo suficiente para alcançar seu gravador, mixer ou qualquer outro equipamento. Mais adiante neste capítulo apresentamos mais detalhes sobre planejamento e o que levar para uma transmissão a distância.

Outra forma de captar áudio de alguém que está falando é conectar no public address (PA) system. (Os microfones de PA geralmente não têm a melhor qualidade, por isso o sinal pode ser inferior.) Muitos sistemas PA foram montados com esta função em mente. Se não for possível ter acesso prévio ao bloco PA, é aconselhável levar vários tipos de conectores; deve-se levar em consideração que nem todos terminais PA tem saídas XLR padrão.

Uma variação do terminal PA é o *múltiplo*, geralmente instalado pelo pessoal experiente em relações públicas para permitir que repórteres se conectem ao áudio. O pessoal de relações públicas faz isto como uma maneira de manter o púlpito livre de um monte de microfones. Múltiplos para fins profissionais em geral têm saídas tanto de mic-level quanto de line-level para a comodidade de quem trabalha com radiodifusão.

Para fins esportivos, são usados microfones com fones de ouvido. Além de representarem um excelente isolante de ruído (por causa das qualidades físicas do microfone e porque ficam muito próximos da boca do locutor), são ideais quando o locutor está num local barulhento, como numa cadeira próxima à campainha num ringue de boxe.

Microfones com fones de ouvido também deixam as mãos do locutor livres e não se acumulam sobre a mesa, o que é definitivamente bom quando é preciso cuidar de várias coisas ao mesmo tempo (Figura 14.5). Alguns microfones com fones de ouvido são wireless e transmitem um sinal FM. A linha particular do diretor pode normalmente ser enviada para um dos lados do fone de ouvido, simplificando o contato entre a produção e o locutor – uma opção usada sempre na televisão. Alguns têm um botão embutido, que desliga o microfone se o locutor precisar tossir, limpar a garganta ou se comunicar com alguém fora do ar.

FIGURA 14.5

Muitos locutores preferem uma combinação de microfone com fone de ouvido quando estão trabalhando em um ambiente barulhento.

Fonte: Telex.

PLANEJANDO A TRANSMISSÃO A DISTÂNCIA

Uma transmissão a distância precisa ser bem planejada. Na verdade, uma das maiores fontes de problemas em transmissões a distância tem sido, e continua a ser, a falta de planejamento anterior. É necessário trabalhar muito os detalhes para executar corretamente transmissões a distância, e sempre haverá pressão com relação a esses eventos. Muito dinheiro de anunciantes está em jogo, junto com o prestígio da emissora. Às vezes, uma transmissão a distância é feita com uma organização sem fins lucrativos e a emissora a usa como compromisso com os serviços públicos da comunidade. Em muitos casos, os direitos para uma transmissão esportiva foram comprados com antecedência, por isso o produtor precisa estar preparado para proteger os interesses da emissora ao oferecer um produto bem elaborado e digno de ser levado ao ar.

Assinando Contratos

O primeiro passo no planejamento é fazer um acordo contratual, que pode envolver um vendedor assinando um contrato com o departamento de vendas ou a administração de uma faculdade que está fechando um contrato com a emissora em relação aos direitos de um evento esportivo. Esta é a hora de se certificar das condições que existirão na locação de onde se fará o programa. É essencial, neste momento, ter uma compreensão clara do que será e do que não será oferecido para a transmissão: haverá acesso a energia elétrica, telefones e uma proteção garantida para o equipamento? Quando se terá acesso à locação do evento?

Preparando o Local

O próximo passo é analisar o local. Isto deve, preferencialmente, ser feito duas vezes: antes e depois da instalação do codec ou transmissor remoto. Na primeira visita, você pode se familiarizar com a área e fazer um plano mostrando o lugar de várias peças do equipamento. Durante essa visita, deve-se também determinar a disponibilidade de energia e verificar as condições de ruído externo e de vento.

Na segunda inspeção, feita mais próxima do dia em que a transmissão será levada ao ar, verifica-se se a linha telefônica (ou outra instalação de transmissão) está instalada e se as condições não mudaram desde a última visita. Deve-se checar, por exemplo, se não foram introduzidas novas fontes de ruído ou se a cabina de transmissão recentemente construída não está posicionada de frente para o vento. Nem sempre é possível fazer duas visitas de inspeção, especialmente se for planejada uma transmissão de outra cidade, mas o dito de que é melhor prevenir do que remediar aplica-se à transmissão de rádio a distância.

Preparando o Equipamento

Por falta de um conector, pode-se perder a transmissão. O mesmo se aplica a microfones, cabos e fontes de alimentação de energia. Deve-se verificar o equipamento antes de sair e imediatamente depois da chegada. Embora as necessidades específicas possam variar, a lista de itens importantes provavelmente se parecerá com esta:

- Codec ou transmissor micro-ondas
- Mesa ou mixers
- Microfones
- Filtros contra o vento
- Cabo (ao menos o dobro do que se pretende usar)
- Uma variedade de conectores e adaptadores (macho/macho, fêmea/fêmea e macho/fêmea)
- Cabos de alimentação e adaptadores com saídas de dois e três pinos

- Fitas (isolante, crepe e vedante)
- Celular para se comunicar com o estúdio
- Um relógio eletrônico portátil e preciso
- Rádio portátil, para captação local do sinal (utilizado para retorno do ar)
- Gravadores, caso sejam usados
- Fones de ouvido
- Púlpitos e prendedores de microfones
- Chave de fenda, tesoura e outras ferramentas.

Não se deve esquecer de usar a fita isolante para proteger os fios e impedir que as pessoas tropecem neles (Figura 14.6). Melhor ainda, pendure os fios no teto, caso seja possível.

Preparando um Sistema de Comunicação

Uma das situações mais embaraçosas e antiprofissionais em radiodifusão pode ocorrer quando o locutor de uma transmissão a distância e o operador da mesa na emissora não conseguem descobrir quem deve fazer o quê. Muito desta confusão pode ser evitado com o planejamento anterior de um protocolo.

Seu papel como produtor pode incluir agir como locutor de uma transmissão a distância ou como locutor de mesa; neste caso, resolva antes o que será levado ao ar no estúdio, e quando será. As informações sobre o clima devem ser lidas do estúdio? Se não, como a previsão do tempo chegará até o locutor exter-

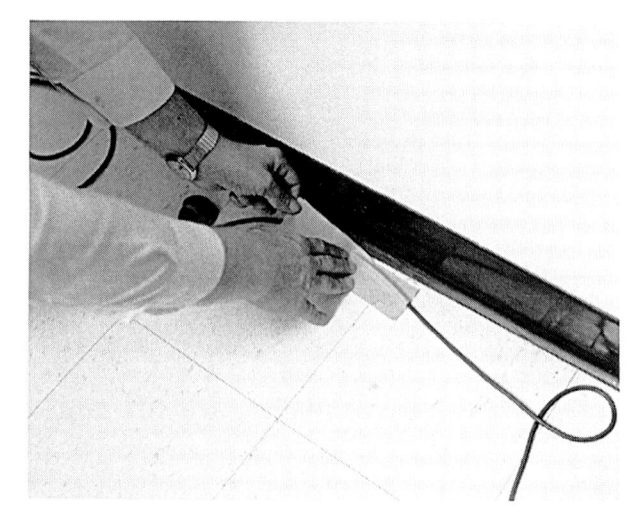

FIGURA 14.6
Usar fita para prender o cabo no chão é uma boa medida de segurança.
Fonte: Philip Benoit

no? O operador da mesa e o locutor a distância devem ter uma compreensão clara sobre tais questões.

O locutor a distância pode também manter a produção fluindo tranquilamente ao dar dicas ao operador da mesa, como "Em um momento, voltaremos à emissora para obter as notícias locais, mas, antes, vamos falar com Joe Robinson, que é o gerente do...". Preparar o sistema de comunicação também pode envolver a instalação da linha telefônica separada, que discutimos anteriormente. Embora os detalhes individuais possam variar, pensar antes sobre o lugar, o equipamento e os métodos de comunicação é sempre uma parte necessária da produção para transmissão a distância bem-sucedida.

A seguir, examinaremos algumas das exigências particulares da transmissão de eventos esportivos.

A TRANSMISSÃO DE ESPORTES

É essencial planejar a transmissão de esportes. O produtor de um evento esportivo, que, em empresas menores, pode ser também locutor, terá a responsabilidade de montar, para o uso do locutor, as escalações de jogadores, informações sobre as cores e outros dados, também terá de ser responsável pela instalação física. A prática é muito útil. Se possível, tente fazer uma pequena cobertura (grave-a em campo, para seu próprio referencial) de um evento esportivo similar, de preferência no mesmo local.

Para se preparar para a transmissão esportiva, verifique todas as conexões e os microfones. Tenha cuidado especial com o lugar onde está o microfone do público e esteja preparado para movê-lo ou ter outro suspenso; um torcedor violento ou descontrolado pode realmente estragar todos os seus planos.

Defina com os locutores quem cuidará do início e do final da transmissão; quem vai anunciar os comerciais, quem vai começar a falar quando a transmissão começar e quem será responsável por se comunicar com o estúdio caso haja problema no equipamento ou se surgirem outras dificuldades. Planeje quem transmitirá o programa de volta ao estúdio para a reprodução de segmentos gravados, como comerciais e identificadores da emissora.

Por fim, existem dois outros fatores a se considerar quando estiver planejando o evento. Grandes públicos podem dificultar o estacionamento dos carros da equipe. Procure saber onde vai estacionar no dia do evento. Além disso, esteja ciente de que eventos esportivos em locais abertos estão sujeitos a atraso ou cancelamento por causa da chuva. Decida antes quando e se o programa voltará à emissora caso atrase por causa de chuva. O operador da mesa estará pronto para continuar com a programação normal? Os locutores preencherão o tempo com um bate-papo e outras atrações?

Todos os eventos esportivos oferecem desafios próprios ao produtor. A seguir, temos algumas sugestões para os problemas específicos trazidos por vários esportes.

Futebol

O futebol é um jogo maravilhoso para o rádio. Em essência, é possível falar de um jogador e/ou uma jogada por vez, e se beneficia ainda mais quando o locutor agradável conta histórias interessantes que cativam os fãs. Muitos ouvintes cresceram com o futebol de rádio, e acham que ele atrai mais do que outros esportes em outras mídias. Não há dúvida de que as qualidades evocativas de um bom locutor, auxiliado por uma equipe de produção que lhe dá apoio e informação, podem fazer do futebol um acontecimento de primeira categoria no rádio. Na verdade, antes que as transmissões a distância de futebol fossem tecnicamente possíveis, os locutores que estavam fazendo os jogos "de fora" para a equipe da casa eram surpreendentemente inovadores.

O mesmo ritmo informal que torna o futebol um jogo ideal para o rádio também traz problemas.

De um ponto de vista técnico, os sons de um jogo de futebol nem sempre voltam ao microfone do locutor. (Este é um problema comum a muitos esportes.) Um microfone shotgun ou **parabólico** (microfone posicionado num prato reflexivo) pode ser usado para captar a batida na bola ou a chegada da bola na luva do goleiro.

Basquete

O basquete está sujeito a muitos problemas de áudio. Um ginásio cheio de gente aplaudindo é um ambiente inadequado para fazer transmissões, mas um meio vazio pode ser até pior, por causa de problemas de reverberação. Em coberturas realizadas em quadras, você provavelmente não terá acesso a uma cabina de imprensa. Mesmo em muitos jogos de faculdades, a cobertura é feita de uma mesa baixa próxima ao chão do ginásio. O microfone precisa ser bem escolhido para que possa eliminar ruídos de pessoas que estejam próximas do locutor, e apresentar uma boa acústica no nível do chão.

Uma opção é o locutor usar um microfone direcional ou com fone de ouvido, tendo um microfone separado para o público. Os dois podem então ser mixados para criar um balanço que soe melhor. Você pode suspender o microfone da cabina de imprensa ou mesmo pendurar os microfones na estrutura que segura a tabela; isso trará alguns sons interessantes à cobertura.

O basquete envolve muitas informações estatísticas, então o(s) locutor(es) precisa(m) ter a habilidade de manter os números corretos. Por exemplo, os ouvintes vão querer saber quantas faltas ou rebotes um certo jogador tem à medida que o jogo for progredindo; assim, é preciso um locutor bem organizado – ou um locutor que conte com ajuda competente – para ter essas estatísticas em mãos.

Esportes de campo

Esportes praticados em um campo aberto, como o futebol, geralmente são de difícil cobertura, por vários motivos. Em primeiro lugar, pode não existir arquibancadas ou assentos que coloquem o locutor acima da ação, oferecendo-lhe uma boa perspectiva. Segundo, o barulho do vento geralmente é um problema caso não haja um estádio ou cabina para bloquear as correntes de ar. Outro é o barulho do público, porque pode não haver um lugar para pendurar um microfone para o público. A disponibilidade de energia e de linhas também pode ser complicada.

Nos esportes de campo, uma das melhores opções disponíveis é ter um microfone parabólico ou shotgun em mãos para captar o **som ambiente** do público e dos atletas. (Filtros de vento geralmente são uma ótima ajuda.) Você pode criar uma pequena plataforma para elevar o locutor, caso não exista alguma posição adequada. O topo de um edifício geralmente funciona, caso seja necessário. Se você não puder montar uma plataforma e a área de jogo estiver longe de qualquer estrutura, a carroceria de uma caminhoneta é melhor do que nada.

NOTA FINAL

O dia dos responsáveis por uma transmissão a distância é tipicamente tenso, e o grau de tensão de modo geral é inversamente proporcional ao planejamento anterior.

O fator mais importante ao se fazer uma transmissão a distância, especialmente de um evento esportivo, é chegar na hora. A pontualidade é um problema frequente na cobertura de grandes esportes. Por quê? Porque o que é normalmente um caminho ao estádio que leva 10 minutos de carro pode demorar duas horas no dia do jogo. Se for um jogo fora de sua cidade, tente reservar hospedagem perto o suficiente para ir andando, ou planeje sair bem antes do horário para garantir que estará no lugar na hora para a transmissão. Um locutor de rádio conhecido lembra com horror do dia em que estava escalado para narrar um grande jogo. O trânsito estava horrível, e teve a desagradável experiência de ouvir o hino nacional do rádio de seu carro, enquanto estava esperando no trânsito, tentando, em vão, chegar ao estádio na hora.

Para concluir, gostaríamos de abordar a questão do planejamento mais uma vez. Problemas podem ocorrer, e ocorrem, mas preparar-se antes pode ser a diferença entre um pequeno inconveniente e uma história trágica. Ter um equipamento reserva pode ser a diferença entre realizar um rápido reparo e não ir para o ar.

RESUMO

A produção de esportes e a distância é, em geral, uma pequena parte do trabalho de um típico produtor de rádio, mas tende a ser uma questão cara e importante, que exige um planejamento cuidadoso.

Vários equipamentos para operações a distância estão disponíveis, incluindo codecs que fazem que linhas digitais soem, se não com qualidade de estúdio, ao menos aceitáveis para vários usos.

Planejar com antecedência é algo extremamente importante. Lembre-se, está em jogo muito dinheiro dos anunciantes.

Para produzir uma transmissão a distância, o princípio básico é avaliar cada peça de equipamento que você talvez possa precisar, dobrar essa quantidade e reunir tudo. Fique ciente de que precisará de um sistema de comunicação com o estúdio. Resolva todos os detalhes antes.

Os esportes apresentam uma ampla gama de problemas de produção. O problema mais imediato em qualquer evento esportivo envolve escolher um locutor competente. Depois disso, o produtor deve se ocupar do arranjo do posicionamento dos microfones, de forma a eliminar ruídos estranhos.

Por fim, planeje estar no local bem antes do horário em que o evento deve começar. Muitas transmissões a distância foram arruinadas porque as pessoas cruciais estavam presas no trânsito.

APLICAÇÕES

Situação 1 / O problema A produtora de uma transmissão a distância – em uma feira em um pavilhão de exposições – teve muita dificuldade em lidar com o ruído do sistema de ar-condicionado que estava logo acima dela. O setup não pôde ser alterado, então foi colocado um microfone direcional. Desta vez, entretanto, não havia nenhum som ambiente. O objetivo da transmissão a distância era passar a sensação um programa vindo do evento, mas a transmissão soava como se estivesse vindo de um armário.

Solução possível Um microfone foi suspenso do teto logo acima dos caixas e o ruído do ambiente foi enviado a um mixer. Obteve-se um bom balanço entre o microfone do locutor e o do ambiente. Agora, havia uma noção de "ao vivo" na transmissão.

Situação 2 / O problema Relatórios ao vivo do torneio local de tênis soavam repetitivos e sem vida.

Solução possível O produtor de rádio recorreu a uma técnica da televisão e usou um microfone parabólico para captar o som das raquetes no ar e o barulhinho da bola batendo no chão. Agora, quando o locutor falava "Nós estamos perto do Set point", os ouvintes podiam ouvir a bola sendo sacada e rebatida.

EXERCÍCIOS

1. Teste as qualidades sonoras de vários lugares levando um gravador portátil e um microfone em várias áreas e em estabelecimentos comerciais. Tente gravar um teste (com permissão do gerente) no salão de exposição de uma concessionária, num supermercado, num vestiário, num restaurante, num shopping, em um campo aberto e em outros lugares que você quiser tentar. Anote rapidamente as características que acha que cada local tem e note os problemas que cada um pode trazer para uma transmissão a distância.
2. Escreva alguns dos problemas essenciais que, na sua opinião, podem ser encontrados nas seguintes situações. Então, proponha possíveis soluções. Por exemplo, imagine transmitir de uma cabina numa feira. Você pode encontrar problemas como uma multidão desordeira ou um vento intenso. Para resolver esses problemas, você deve pedir ao gerente da feira para colocar um dos policiais em serviço perto da cabina e colocar a mesa de transmissão a distância contra a parede que está voltada para o vento, para impedir que ele chegue ao microfone.

   Agora, pense em problemas e soluções para o seguinte:

   - Cobertura de uma competição de natação;
   - Transmissão a distância de um local de construção de um novo edifício;
   - Transmissão a distância da abertura de um evento que está para ocorrer em um parque da cidade.

3. Planeje e execute uma transmissão a distância vinda do corredor ou de uma sala adjacente ao seu estúdio de produção. Você e seus parceiros podem inventar qualquer situação, mas existe uma regra básica: você não pode resolver problemas abrindo a porta e conversando. Qualquer comunicação deve ser feita por fios que você e seu professor ou assistente de laboratório passarem pelo interfone ou telefone. Instale microfones e um laptop, caso seja possível, e passe a saída deles do corredor ou da outra sala para a mesa no estúdio de produção. Designe algumas tarefas, como tocar comerciais ou ler as notícias, ao operador da mesa no estúdio.

15

✷

Produção Avançada de Rádio

Este capítulo, que trata de produção avançada, servirá como ponto de partida para a exploração de várias áreas especializadas. A gravação multicanal de música, por exemplo, é uma especialidade em si, e podemos oferecer apenas uma introdução básica neste capítulo. Como parte desta discussão, falamos de gravação em estéreo e exploramos brevemente a relação entre um sinal estéreo e a radiodifusão. Atuar como técnico ou engenheiro e em outras operações similares também é uma especialidade. Sem pretender aqui escrever um manual de instruções aos iniciantes em eletrônica, apresentaremos alguns termos, técnicas e conceitos básicos que podem ser úteis àqueles que trabalham com produção de rádio e que estejam interessados em expandir seus conhecimentos nessas áreas.

As aplicações do áudio em outras formas de mídia são amplas, e, embora envolvam tipicamente os princípios com os quais lidamos neste livro, muitas estão fora do seu perfil. Há muitos manuais bem acessíveis para esses fins, bem como para as aplicações mais avançadas dos princípios apresentados neste livro. Verifique as leituras sugeridas no fim do livro.

GRAVAÇÃO MULTICANAL

É possível realizar uma gravação multicanal de várias formas. Atualmente, muitos programas das estações de trabalho audiodigitais (DAWs) incorporam possibilidades de produção multitrilha dentro do software. Esses programas podem permitir mixar até 128 trilhas de áudio, embora seja necessário um computador de grande capacidade para tanto. As DAWs podem substituir as mesas de gravação multitrilha em algumas situações. Entretanto, o número de trilhas que podem ser gravadas simultaneamente em geral é limitado pelas configurações de hardware do computador. Em outras palavras, se a placa de som possui apenas uma saída estéreo, será possível gravar apenas duas trilhas por vez, apesar de o programa poder acomodar mais trilhas. Placas de som que aceitam oito entradas são relativamente comuns em pequenos arranjos multitrilhas. Por causa desta limitação, algumas emissoras de rádio incorporaram equipamento de gravação multicanal em suas operações de estúdio. Sistemas multitrilha permitem gravação e mixagem musical de alta qualidade, entre outros projetos de áudio complexos, como adicionar sons a apresentações multimídia.

Multicanal significa o que o próprio termo diz: a mesa e o gravador são capazes de isolar alguns canais, dependendo da configuração de canais da mesa e da configuração de trilhas do sistema de gravação e reprodução. É importante distinguir entre trilhas (que são associadas com equipamento de gravação, como gravadores de fita multitrilha ou DAW) e canais, que podem ser associados com mesas, como entradas e saídas.

Na gravação multicanal, uma fonte de áudio separada pode ser colocada em cada um desses canais e depois mixada no produto final. Em gravação de música, por exemplo, pode-se isolar a bateria em um, dois ou mais canais; o vocalista principal, em outro canal, e a guitarra em outro. Esses canais individuais poderiam ser direcionados para trilhas separadas, que mantêm todas as fontes à parte. Isto permite ao produtor balancear as fontes sonoras corretamente, quando a mixagem final de fontes ocorrer depois. As mesas de áudio multicanal normalmente oferecem uma gama de efeitos para moldar o som, que podem alterar sua coloração. As DAWs com capacidade multitrilha podem fornecer uma ampla variedade de controles para moldar o som e controlar efeitos para cada canal (Figura 15.1c).

Formatos comuns para a gravação multicanal em fita incluem arranjos de 4, 8, 16, 24 e 32 trilhas. Esse número corresponde a quantas trilhas são colocadas no projeto (arquivo). Em instalações de gravação de alta qualidade, estúdios de 24 e de 16 trilhas são os dois formatos mais populares, enquanto os estúdios de 4 e de 8 trilhas são mais comuns em emissoras de radiodifusão. Os modernos gravadores de fita geralmente são sistemas baseados em tecnologia digital. A Figura 15.1a mostra uma mesa usada para uma gravação multitrilha complexa. A Figura 15.1b mostra um gravador de fita digital de 8 trilhas, usado em gravações multitrilha. A Figura 15.1c apresenta trilhas virtuais no Pro Tools, uma DAW digital. Atualmente, as DAWs substituíram a maioria dos sistemas de fita.

Por que se utiliza a gravação multicanal? Porque ela possibilita ao produtor muito mais flexibilidade e controle.

Em gravação de músicas, por exemplo, gravar num sistema multicanal oferece uma vantagem diferente. Se a gravação de um grupo musical fosse feita em apenas

a. Mesa de gravação multitrilha.
Fonte: Fritz Messere.

b. Este gravador digital multitrilha usa uma fita cassete e pode gravar até oito trilhas ao mesmo tempo.
Fonte: Fritz Messere.

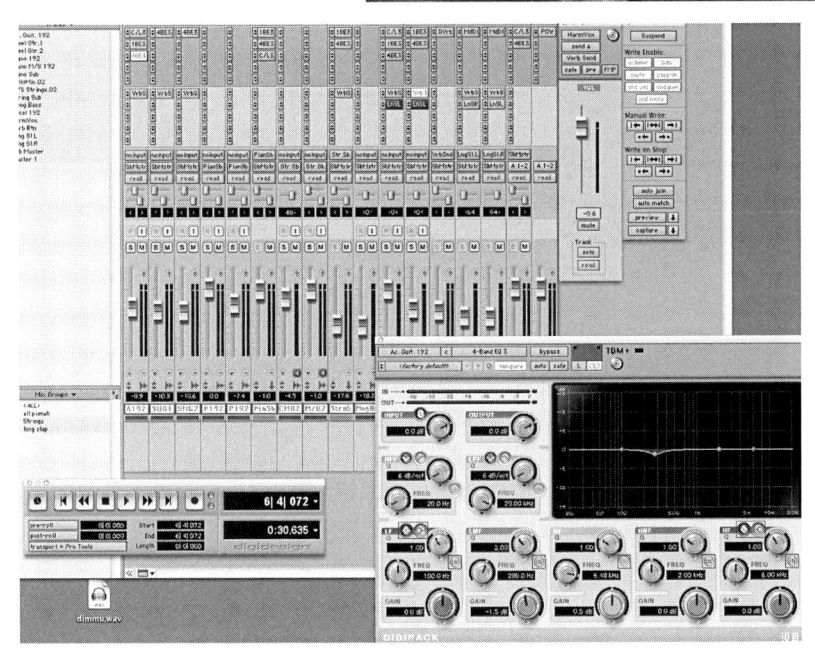

c. Estação de trabalho Pro Tools mostrando faders de mixagem para cada canal. Vários canais têm equalização ou efeitos programados. Aqui, o canal 1 tem um equalizador de quatro bandas designado.
Fonte: Digidesign.

FIGURA 15.1 Equipamento para gravação multitrilha.

uma trilha (ou em duas trilhas em estéreo, conforme discutiremos adiante neste capítulo), o resultado da gravação inicial seria o final. Se a posição do microfone fizesse as trompas soarem muito alto, não seria possível fazer muito a respeito. Com gravação multicanal, as trompas podem ser mixadas e gravadas separadamente, e então seus níveis de volume podem ser elevados ou reduzidos durante a seção seguinte, chamada *mixdown*, quando os elementos musicais são remixados.

As vantagens da gravação multicanal não param por aí. Suponha que a parte da trompa tenha saído muito ruim, sem possibilidade de melhoria, durante a gravação. Quando cada instrumento for microfonado separadamente e gravado numa trilha individual, outro músico pode ser chamado para regravar apenas a parte da trompa, que então seria mixada no produto final. Esta flexibilidade também permite que um cantor faça várias versões de uma música até que o som desejado seja obtido. Um cantor pode também realizar o **overdub** de sua própria voz, adicionando uma parte harmônica, por exemplo, a uma canção previamente gravada.

As mesas multitrilha têm também como moldar o som; ou seja, têm uma variedade de dispositivos eletrônicos que podem ser usados para alterar a qualidade do sinal de áudio, tanto durante a gravação quanto durante o mixdown. As estações digitais modernas também oferecem as mesmas possibilidades para moldar o som (e às vezes até mais), mas, dependendo do sistema de computador, os efeitos podem demorar um pouco para ser **renderizados**.

Renderização é o tempo que o computador demora para realizar uma tarefa específica. Os microcomputadores precisam realizar dezenas de milhares de cálculos dentro do programa para colocar uma reverberação ou eco em um som, e, como resultado, às vezes não se ouve o efeito imediatamente quando colocado no canal de áudio. Em geral, o tempo de renderização está ligado à velocidade do computador e ao número de efeitos que se coloca num som. Entretanto, cada vez com mais frequência, com processadores de vários núcleos, o tempo de renderização está se tornando instantâneo, o que permite ao produtor ouvir os resultados imediatamente.

Antes de discutir recursos de multitrack, vamos dar uma olhada numa típica configuração de mesa. A mesa mostrada na Figura 15.2a é um modelo de oito canais com 24 entradas que podem ser designadas para qualquer uma das oito saídas de canal ou para todas elas. Ela funciona utilizando o mesmo princípio das mesas de 16 e de 24 canais. Deve-se lembrar sempre de que, independente da complexidade do hardware, o princípio é o mesmo; ou seja, em uma mesa de mixagem multicanal geralmente se tem uma placa de duas funções. Um lado da placa controla entradas; o outro controla saídas. Esta estrutura reflete e se relaciona com as funções de um técnico de gravação e de um produtor de gravação; o técnico se certifica de que as entradas estão certas e que os medidores estão fazendo uma leitura correta, enquanto o produtor, à direita, opera a mixagem e a remixagem da saída da mesa.

Módulos de Entrada

O lado de entrada (Figura 15.2b) da placa recebe os sinais dos microfones (ou de outras fontes) e os envia por uma série de circuitos. Um sinal é roteado por uma série de circuitos conhecidos por *módulos*; os controles de cada um deles estão localizados em colunas verticais. Existem módulos para canais tanto de entrada quanto de saída na mesa. Os circuitos nos módulos de entrada (não enumerados na ordem da corrente do sinal) incluem:

O fader vertical/slide. Mesas multitrilha usam faders verticais/slide em vez de pots circulares, aparentemente porque a posição de um grupo de faders de slide é mais facilmente perceptível à primeira vista que as posições de vários pots. A maioria dos produtores também acha que é mais fácil controlar vários faders do que vários pots.

Controles de seleção de entrada. Incluem seletores mic-level e line-level. Além da seleção de fontes, as mesas multitrilha oferecem controle trim – um ajuste fino do volume de entrada, que permite manter os sliders na melhor área para controle.

Modeladores de som. Equalizadores e filtros são tipos de **modeladores de som**; ambos localizados nos módulos de entrada. Um **equalizador** altera o padrão da frequência de uma fonte de áudio; ele pode, por exemplo, aumentar algumas frequências. Um **filtro**, por sua vez, elimina frequências de um certo âmbito. Um pot de efeitos ou auxiliar pode ser encontrado em um módulo de entrada também. Pots de efeitos ou auxiliar permitem que o técnico aplique efeitos especiais, como reverberação, a um canal específico.

Seleção de pan. O **pot de pan** varia a quantidade de sinal estéreo enviado a cada lado dos sinais. Girar o pot para a esquerda enviará parte do sinal mais para o canal esquerdo, e vice-versa. Um pot de pan é usado no mixdown final.

Solo. O **solo** faz que as outras entradas fiquem mudas, para que o canal que estiver em solo possa ser ouvido sozinho. Isto é útil para a técnica, conforme ela mexe no som que está apenas naquele canal. Todas as outras entradas estarão mudas.

a. Esta mesa multitrilha com 24 entradas pode ser controlada tanto manualmente quanto por programas de computador.

Fonte: Fritz Messere.

b. Os faders nesta mesa podem ser determinados pelo operador. Essas definições são mostradas na leitura LED acima do fader de cada canal.

Fonte: Fritz Messere.

FIGURA 15.2 Configuração típica de uma mesa.

Delegação de barramento. Controla o envio do sinal dos módulos de entrada para os módulos de saída da placa, que são conhecidos por *barramentos*. **Barramento** é uma junção de circuitos. Qualquer quantidade de canais de entrada pode ser roteada em um barramento particular na seção de saída da mesa. Por exemplo, seis canais de bateria (caixa, tom-tons, bumbo, pratos, dois chimbaus) podem ser direcionados para dois canais do barramento durante um mixdown, um para a esquerda e outro para a direita, em uma mixagem estéreo. Lembre-se de que no Capítulo 2 discutimos programa e audição numa mesa de rádio. Eles também são barramentos.

Barramentos de Saída

Os barramentos de saída (Figura 15.3) mandam o sinal para o equipamento de gravação ou para o computador e para os monitores (embora existam controles adicionais para os monitores, em geral acima dos barramentos de saída). O recurso de barramento permite que os sinais designados para cada barramento sejam alterados em volume e pan, e alguns efeitos também podem ser adicionados no nível de saída. Quando os efeitos são adicionados no barramento de saída, o efeito final será aplicado a todos os sinais nesse barramento. O que importa lembrar é que os barramentos de saída correspondem aos números da trilha no dispositivo de gravação que está sendo usado.

Controles de Monitor

Na área de saída da placa multipista, o fluxo do sinal para os alto-falantes é controlado pelos controles de monitor.

FIGURA 15.3
Esta mesa tem oito canais de saída e um fader master. Controles de monitor dão ao produtor opções flexíveis de monitoramento.
Fonte: Fritz Messere.

Mais uma Nota sobre Mesas Multicanais

A variedade de hardwares disponíveis para a gravação multicanal é impressionante, e uma discussão sobre o hardware em geral termina apontando as últimas maravilhas no mercado. Entretanto, o mais importante a respeito da gravação multicanal não são os atributos técnicos envolvidos. O que se deve lembrar é que essas mesas oferecem grande flexibilidade, porque têm seções de entrada e de saída independentes. Os circuitos de entrada moldam o sinal de áudio, designando-o (e a qualquer outra entrada que você escolher) para uma trilha de gravação em particular.

Assim que o processo de gravação tiver sido completado, a seção de entrada da mesa reproduz as trilhas gravadas e as direciona aos barramentos de saída designados. O barramento de saída é uma junção de circuitos que envia o mixdown final a uma estação de trabalho ou algum tipo de gravador mestre (por exemplo, gravador de CDs, MiniDiscs etc.) e permite que o produtor ouça a mixagem final. Atualmente, é possível masterizar gravações em som estéreo ou 5.1 surround.

Uma placa multicanal pode enviar sinais para um dispositivo de gravação pelos mesmos pots que são usados para o mixdown. Alguns canais podem ser pré-mixados; a bateria, por exemplo, geralmente é colocada em apenas uma ou duas trilhas, embora possam ter sido usados quatro ou mais microfones separados para gravá-la. Graças à sua capacidade de moldar o som e designar sinais particulares a certas trilhas, um sistema de gravação multicanal oferece grande flexibilidade a quem está gravando, e permite a remixagem do conteúdo do programa.

Embora o hardware possa variar, o princípio não muda. Compreendendo o princípio, você será capaz de se adaptar com um mínimo de orientação à configuração específica de qualquer mesa multicanal.

O Papel da Gravação Multicanal

As emissoras de rádio usam cada vez mais as possibilidades de gravação multitrilha das DAW para gravar comerciais, spots promocionais e voicers. Jingles e gravações ou mixagem de músicas frequentemente são feitos em DAW ou gravadores multitrilha (Figura 15.4).

A gravação multitrilha encontra também amplo uso em várias áreas relacionadas ao áudio, como a produção multimídia e as trilhas para televisão e cinema, mas é, antes de tudo, do domínio de quem grava músicas (o técnico de gravação, que pode também ser o produtor e/ou o músico). A gravação de música é algo que às vezes deve ser realizada pelo pessoal de emissoras de rádio.

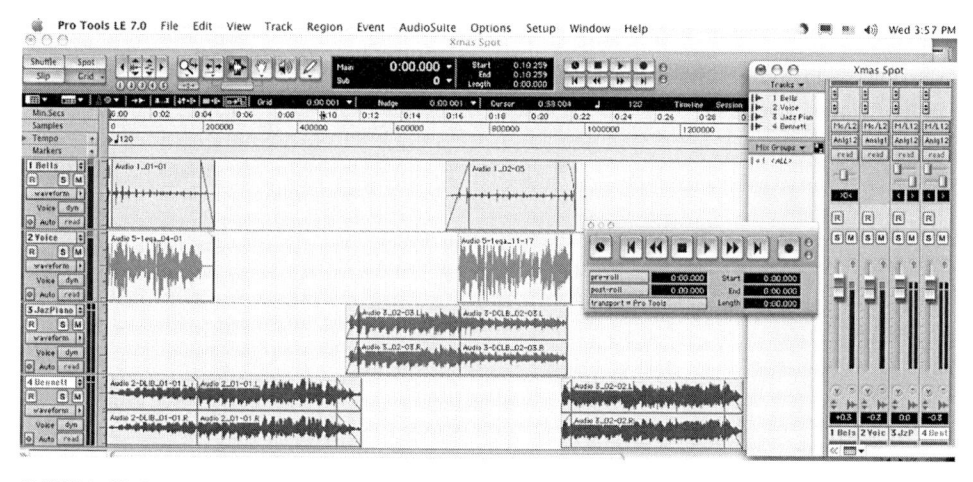

FIGURA 15.4
Este é um spot de 30 segundos criado numa DAW multitrilha. Cross-fades e ducking são executados nos controles do programa.
Fonte: Digidesign.

Embora a mixagem multitrilha ofereça grande flexibilidade em gravação de músicas, não é a única forma de se gravá-las. Algumas são feitas montando-se apenas um par de microfones (ou um microfone estéreo) em cima do grupo musical. A maioria no entanto é em estéreo, por isso falamos, a seguir, da gravação e da microfonação em estéreo. Por fim, concluímos a discussão sobre música apresentando técnicas de microfone usadas em gravação multitrilha.

ESTÉREO

Qualquer mesa pode rotear sinais em um ou mais de um canal master. Para estéreo, existem dois canais master, geralmente designados canal esquerdo e direito. O som estereofônico confere um senso de profundidade e localização ao conteúdo do programa, da mesma forma que dois ouvidos ou dois olhos dão um senso de profundidade.

O estéreo é popular porque o balanço entre a esquerda e a direita confere uma sensação de localização espacial. Numa orquestra sinfônica, por exemplo, os violinos estão à esquerda, as trompas no centro, e os violoncelos à direita. Numa reprodução estéreo, o som dos violinos emana inicialmente do alto-falante esquerdo, dando ao ouvinte a mesma sensação de orientação espacial. As trompas são ouvidas em ambos os alto-falantes, e os violoncelos do alto-falante da direita. Este senso de orientação espacial ocorre porque seus ouvidos estão acostumados a decodificar essa minúscula diferença quando o som chega a eles. Nossa capacidade de localizar o som ao nosso redor é muito boa, é por isso que somos capazes de dizer aproximadamente qual é a posição de alguém que está falando conosco, mesmo que não o vejamos.

Uma qualidade da gravação multicanal que não mencionamos ainda é que ela permite atribuir artificialmente uma relação espacial a um som em particular. Pelo fato de que cada instrumento ou voz pode ser gravado numa trilha separada, o produtor pode decidir onde colocar esse som (esquerda, direita, centro) na mixdown final. Quer que a guitarra venha da esquerda, e o sax da direita? É uma simples questão de manipular os controles de pan. As mesas estéreo usadas em radiodifusão são capazes de processar o sinal estéreo. Elas têm um medidor VU separado para cada canal master. Operar uma mesa de radiodifusão estéreo é essencialmente o mesmo que operar uma mesa mono ou uma

---

RÁDIO RETRÔ • O NASCIMENTO DA GRAVAÇÃO MULTITRILHA

A gravação multitrilha é regra hoje em dia, e é difícil acreditar que, apenas uma geração atrás, a maioria das gravações era feita colocando um grupo inteiro de músicos e cantores na frente de um microfone. Embora esta abordagem tenha algumas vantagens artísticas, ela limita as oportunidades de quem está gravando alterar o projeto final ou fazer mudanças no som da mixagem.

A primeira pessoa a usar a gravação multitrilha para um grande projeto foi o mesmo homem que inventou a guitarra, Les Paul, que morreu em 13 de agosto de 2009, aos 94 anos. Usando equipamento de gravação em evolução nas décadas de 1940 e 1950, Paul gravou uma trilha de guitarra, regravou outra e criou um refrão de guitarras usando uma só guitarra. Seu aperfeiçoamento da guitarra se deu em paralelo à sua experimentação de enviar e mixar sinais num gravador de fita.

Durante a década de 1960, os Beatles elevaram a gravação multitrilha à forma artística que permanece até hoje. Paul McCartney ficou impressionado com o trabalho multitrilha feito pelos Beach Boys em *Pet Sound*, e usou esta tecnologia para fazer o ainda impressionante álbum *Abbey Road*, que tem faixas como "Come Together", "Maxwell's Silver Hammer" e "Octopus's Garden".

De vez em quando, a tecnologia multitrilha ainda faz algo para nos impressionar. Um exemplo recente é o "dueto" entre Natalie Cole e seu pai cantando "Unforgettable" – realmente inesquecível, porque Nat King Cole morreu muitos anos antes de Natalie gravar o dueto, usando suas antigas gravações.

mesa multitrilha, mas é possível controlar os canais da esquerda e da direita com um fader, em vez de dois.

Existe, entretanto, uma diferença significativa entre os processos de gravação estéreo e mono. Colocamos as informações neste capítulo numa ordem específica, de modo a levar a uma discussão sobre as técnicas de microfone para gravação de música, pois a explicação sobre as técnicas de microfone para gravação em estéreo deve esclarecer o papel do som, do estéreo e da mixagem. Entender o princípio básico da gravação musical ajuda a aumentar nossa compreensão acerca de todas as áreas do áudio.

GRAVANDO MÚSICA

Existem duas formas de gravar música em estéreo: gravar a totalidade sonora e **gravar os componentes isolados**. A primeira envolve, por exemplo, colocar dois microfones (um para o canal direito e um para o esquerdo) para gravarem um concerto orquestral. Como mencionamos, este método só permite uma tentativa: seu produto é, em essência, a versão final. Numa gravação de componentes isolados, você coloca alguns microfones em várias seções da orquestra e mixa as entradas com uma mesa multicanal.

Qual delas você escolhe? A gravação da totalidade sonora geralmente é usada para concertos orquestrais porque os microfones captam o ambiente da sala de concerto. Também é mais fácil colocar os microfones, e – dizem algumas pessoas – esta forma não dá um som artificial à música; também elimina diversos problemas associados com o uso de vários microfones, como o faseamento. A gravação de componentes isolados é mais comum no estúdio de gravação e mais usada para música popular.

Ambos os métodos podem produzir excelentes resultados. Em vários campos da produção radiofônica, a gravação de componentes isolados é mais útil porque a música (ou o conteúdo do programa) pode ser remixada – uma praticidade de grande valia para a gravação de jingles comerciais e voice-overs. Por exemplo, se você tiver um cliente que pagou pela criação de um fundo musical/jingle, o ideal é ter o fundo e o voice-over em trilhas separadas, para que a mensagem do comercial possa ser mudada sempre que for apropriado, mantendo o fundo musical.

Técnicas de Microfone para a Gravação da Totalidade Sonora

Quando estão trabalhando com uma orquestra ou um coral, os produtores geralmente colocam os microfones no teto acima da seção do público, de frente, logicamente, para a orquestra ou o coral. Os microfones cardioides são bastante usados, mas, na gravação do centro, um microfone bidirecional é adicionado. Os métodos mais populares de se orientar os mics são chamados de *coincidente, par espaçado e meio lado*.

Microfonação coincidente. Configurar **microfones coincidentes** (Figura 15.5a) envolve cruzar dois microfones cardioides, geralmente em um ângulo de cerca de 90 graus. Isso imita a forma que os ouvidos ouvem e resulta no tipo de som que se ouve quando se está sentado no meio da sala de concerto. Por quê? Porque o microfone para o canal esquerdo capta a maioria dos sons do lado esquerdo do palco, o mic para o canal direito capta a maioria dos sons deste lado, e os sons que vêm do meio são balanceados entre os dois. Se o ângulo do microfone for muito pequeno, a ilusão espacial é perdida, se for muito aberto, surge um "buraco" no meio da orquestra.

Microfonação de pares espaçados. Quando os microfones estão em paralelo, geralmente a 30 ou 60 cm de distância (Figura 15.5b), consegue-se um som muito amplo. Ter microfones de pares espaçados aumenta o efeito estéreo, embora os microfones estejam sujeitos a alguns problemas de cancelamento de fase, porque seus padrões de captação têm um pouco de sobreposição.

Microfonação de meio lado. Esta técnica envolve o uso de um microfone bidirecional para captar som de ambos os lados, com um microfone cardioide voltado para o meio (Figura 15.5c); resulta em um som extremamente espaçado, mas requer um dispositivo especial, conhecido por *inversor de fase*, para reunir os sinais de forma correta.

Essas técnicas podem ser usadas com sucesso em várias aplicações para a gravação da totalidade sonora. Além disso, podem ser usadas para microfonar um instrumento numa gravação de componente isolado, embora a maioria dos instrumentos seja geralmente captada com apenas um microfone porque o pot de pan da mesa será usado para orientar o instrumento espacialmente.

Gravação de Componentes Isolados

A questão mais comum que se coloca a respeito da gravação de componentes isolados é: "Como o microfone pode captar apenas um instrumento?". Isolar instrumentos um do outro no estúdio de som em geral envolve o uso de defletores ou de cabinas de isolamento, ou o afastamento físico de um instrumento para uma sala do lado. Entretanto, o uso de um microfone para um instrumento resulta con-

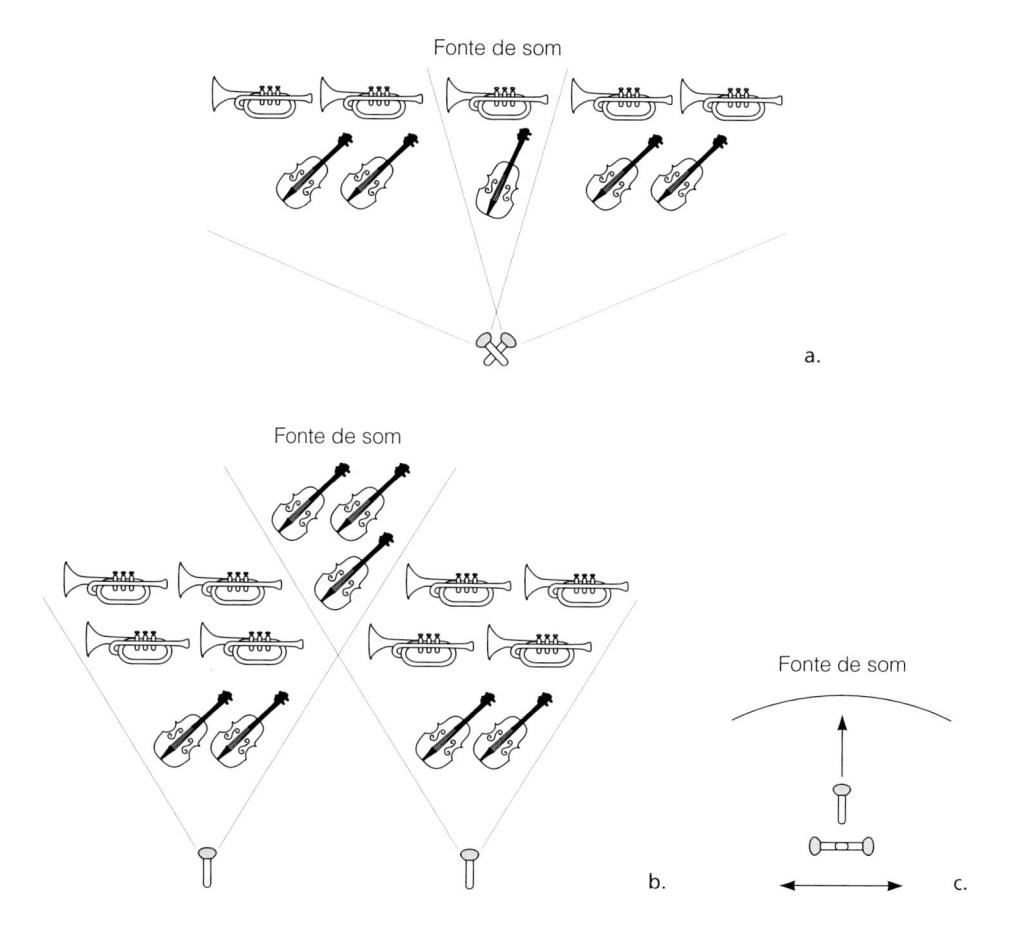

FIGURA 15.5 Orientações dos microfones.

siderável isolamento do som dos outros instrumentos, um fator que é geralmente surpreendente para quem está gravando pela primeira vez.

As seguintes técnicas de microfone são úteis na gravação de componentes isolados:

Para cantores. A maioria dos vocalistas populares fica confortável a uma distância relativamente curta do microfone, enquanto cantores clássicos preferem uma distância maior. De qualquer modo, a distância é quase sempre menor do que 30 cm, com o microfone colocado mais ou menos no nível da boca. Em geral não se considera uma boa prática deixar o vocalista segurar o microfone.

Para cantores populares, é usual colocar um filtro acústico entre o vocalista e o microfone, para minimizar a possibilidade de o aparelho dar estouros (puff) ou sibilar (sss).

Para baterias. Microfonar uma bateria pode ser uma tarefa bastante complexa, envolvendo até seis microfones. Muitos técnicos em gravação optam por um microfone separado para cada unidade (chimbau, caixa, tom-tom, e assim por diante), enquanto outros preferem microfonar toda a bateria acima, geralmente com um par cruzado. É, em grande parte, uma questão de experimentação e julgamento pessoal.

Para pianos. No método mostrado na Figura 15.6, um microfone é apontado para as cordas mais graves, e outro para as mais agudas. Isso resulta uma mistura sonora ampla. Outros métodos incluem posicionar um microfone para a tampa aberta de um piano de cauda ou colocar um microfone em um dos buracos pelos quais sai o som. Microfones condensadores sensíveis, como o AKG C451B, geralmente são os preferidos para a gravação de pianos.

Para cordas. Uma guitarra elétrica (assim como um sintetizador) pode ser microfonada ao se apontar um microfone para a caixa amplificada que recebe seu sinal. Caixas de conexão direta podem ser usadas para rotear o sinal da guitarra diretamente para a mesa. Violões geralmente são microfonados quando se aponta um microfone para o buraco pelo qual o som sai. O AKG C451B é uma boa escolha por ser bastante sensível aos sons sutis das cordas vibrando.

Para metais. Metais usualmente são microfonados perto da campana, porque todos os sons saem dela. Um EV RE20 é uma boa escolha, porque este microfone de bobina móvel resistente não será ultrapassado pelo som abrangente de um trompete. Além disso, seu som "quente" característico diminui um pouco o brilho do trompete.

Para sopros. A maioria dos sons dos instrumentos de sopro sai pelas cavidades onde se põem os dedos (e não pela campana), então este é o lugar do microfone. O Neumann U87 é muito sensível ao sopro intenso de um clarinete e dá excelente resposta (Figura 15.7). Muitos microfones condensadores novos com diafragmas grandes foram introduzidos recentemente e oferecem ótimas características de áudio, podendo ser levados em conta em substituição ao Neumann U87, mais caro.

FIGURA 15.6
Microfonando um piano.
Fonte: Philip Benoit.

Para trabalhos com grupos. Com pequenos grupos de rock, pode-se facilmente colocar um microfone em cada instrumento. Com grupos maiores, é possível atribuir um microfone por seção: um para os violinos, outro para os metais, e assim por diante. É, em grande parte, uma questão de experiências e de testes. À medida que se obtém mais prática gravando música, desenvolvem-se técnicas que funcionem melhor.

Dependendo da acústica do estúdio e da seleção de microfones disponíveis, a distância real entre o microfone e o instrumento pode estar sujeita à tentativa e erro antes de se descobrir os melhores resultados.

EQUIPAMENTO ELETRÔNICO E SEU USO EM PRODUÇÃO DE RÁDIO

O rádio é um campo em constante mutação, e o equipamento usado pode ser altamente complexo. Vamos agora falar de alguns dos equipamentos de rádio mais avançados e algumas das aplicações da tecnologia mais interessantes para produzir rádio e criar efeitos. Um profissional de produção de rádio precisa estar atualizado quanto aos avanços nos equipamentos. Leia jornais, vá a conferências e fale com colegas de várias áreas. A profissão de produtor de rádio tem um nível artístico muito alto e vale a pena estar informado a respeito das novidades.

Equipamento

Primeiro, vamos nos ocupar do hardware.

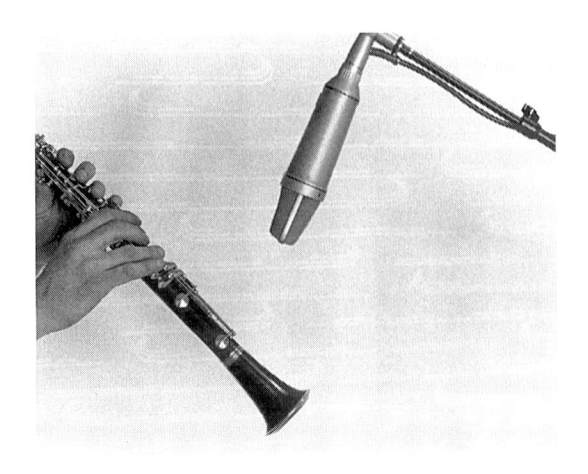

FIGURA 15.7

Instrumentos de madeira são mais bem captados se for colocado um microfone perto das cavidades onde se põem os dedos.

Fonte: Philip Benoit.

Equalizadores. Esses dispositivos estão sempre presentes em estúdios de gravação, e têm muitas funções em todos os aspectos da radiodifusão. Basicamente, um equalizador altera a resposta de frequência de um sinal de áudio. Ele pode ser usado para aumentar e diminuir determinados alcances de frequência. A função de um equalizador é mudar a característica de um sinal de áudio. Um produtor de R&B (rhythm and blues) ou urban que quiser fazer que uma faixa instrumental soe mais grave e potente, por exemplo, poderia usar um equalizador para aumentar as frequências graves.

Num modelo comum de equalizador, chamado **equalizador gráfico** (Figura 15.8a), os controles permitem configurar uma representação gráfica da curva de resposta que se pretende criar. Ao olhar as posições dos faders, pode-se dizer que frequências, dentre as audíveis, foram aumentadas ou diminuídas. Cada controle do equalizador geralmente é uma oitava maior do que o anterior.

Também usado frequentemente em áudio, temos o **equalizador paramétrico**. A diferença entre esses dois tipos está principalmente na quantidade das frequências selecionadas que podem ser manipuladas. Um equalizador paramétrico permite selecionar uma frequência e aumentá-la ou apenas cortá-la, ou também as que estão em volta (Figura 15.8b). Isso é feito escolhendo o alcance acima e abaixo da frequência que se deseja EQ (jargão de rádio que significa "equalizar"), usando um controle de área de frequência. Por exemplo, pode-se remover melhor um ruído de 60 Hz de uma transmissão a distância com um equalizador paramétrico do que com um gráfico, porque este pode ser ajustado para não cortar as frequências próximas (que podem ser desejáveis, porque adicionam profundidade ao som da sua transmissão a distância) (Figura 15.8c). Tentar realizar esta tarefa com um equalizador gráfico pode resultar que a transmissão a distância soe metálica e fraca, porque eliminaria toda a oitava que está em torno do ruído de 60 Hz.

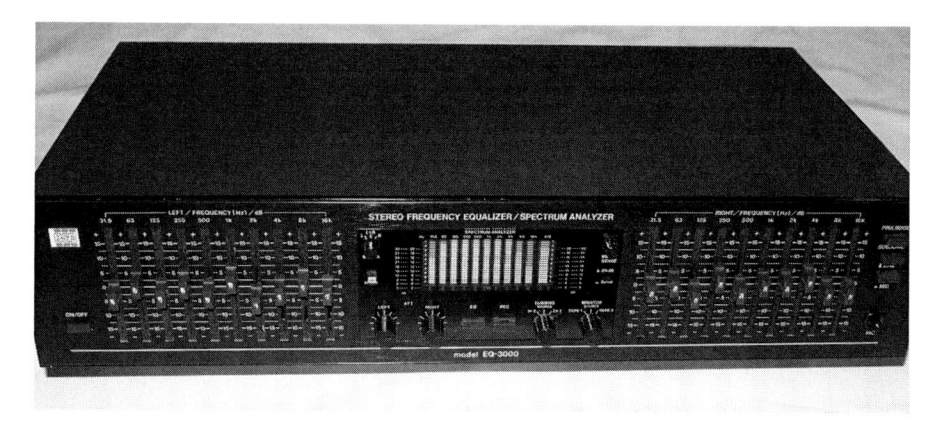

a. Este equalizador gráfico também mostra os espectros de frequências das várias bandas de áudio.
Fonte: Fritz Messere.

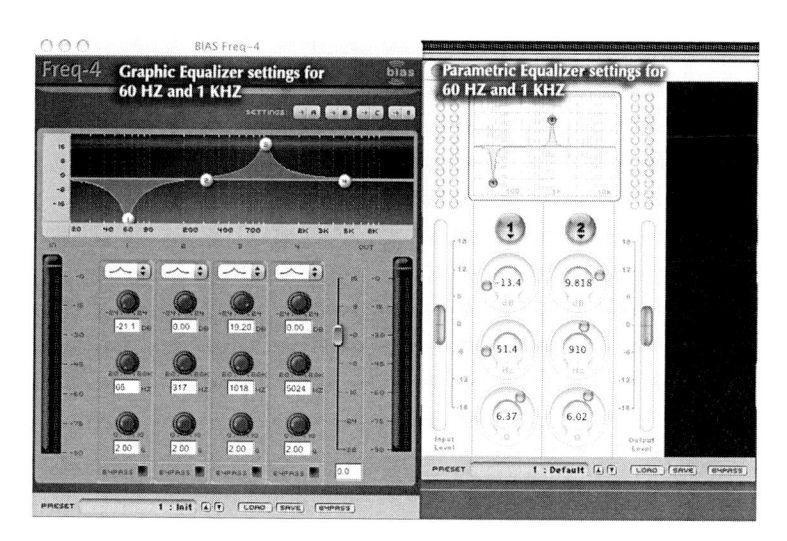

b. Equalizadores DAW combinam a potência tanto de equalizadores gráficos quanto de paramétricos para moldar o som. Os dois tipos estão sendo mostrados aqui, centrados entre 60 Hz e 1 kHz. Perceba que o equalizador gráfico afeta uma ampla gama de frequências em torno dos 60 e 1kHz. O equalizador paramétrico não faz isso.
Fonte: BIAS, Inc.

FIGURA 15.8

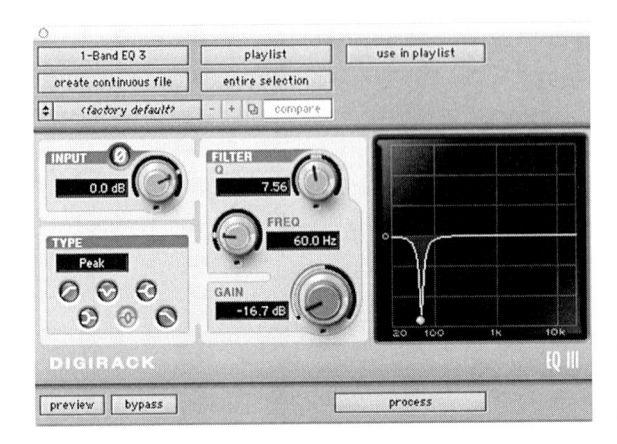

c. Programas permitem ao usuário criar um filtro de rejeição de banda de 60 Hz bastante útil.

Fonte: Digidesign.

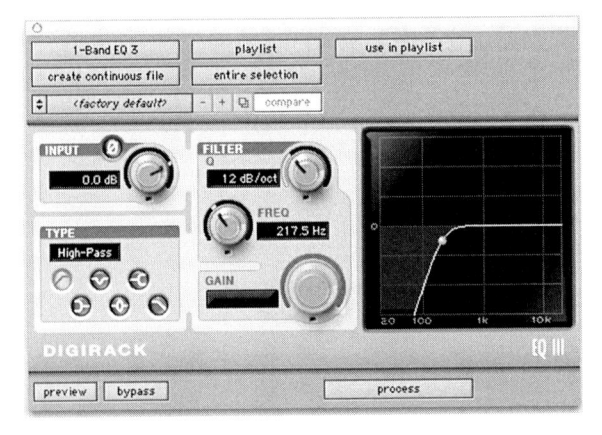

d. O filtro passa-alto mostrado aqui atenuará frequências abaixo de 200 Hz, mas deixará passar todas as frequências acima disso.

Fonte: Digidesign.

FIGURA 15.8 (continuação)

Atualmente, a maioria das estações de trabalho computadorizadas oferece possibilidades de equalização dentro do programa. Isso permite que o técnico aplique equalizações a canais de áudio separados ou múltiplos. A Figura 15.13 mostra alguns efeitos disponíveis para usuários do Peak Pro, da BIAS.

Filtros. Às vezes, um produtor quer excluir todo um alcance de frequências. Um ruído de fundo, por exemplo, pode às vezes ser eliminado por um **filtro passa-baixo**, que permite que as frequências mais baixas passem, mas remove as frequências mais altas selecionadas.

Um **filtro passa-alto**, que cortará frequências baixas, pode ser usado para eliminar um pouco do ruído de vento ou um ruído grave. A Figura 15.8d mostra este filtro variável de um software. É necessário tomar cuidado para garantir que, quando estiver utilizando um filtro, você não remova conteúdo em excesso junto com o ruído.

Um filtro que está configurado para um único e estreito alcance de frequências é chamado *filtro rejeita-faixa* (Figura 15.8c). Alguns componentes eletrônicos, chamados *noise gates,* podem também agir como filtros quando não houver sinal de áudio no circuito. Por exemplo, um noise gate frequentemente é usado em estúdios com um ruído de fundo, como o de um ar-condicionado, que, embora mais baixo em intensidade do que a voz de um locutor, seria ouvido se um microfone estivesse aberto e ninguém estivesse falando. Um noise gate age como um circuito liga-desliga e é ativado pela mudança de volume entre a voz do locutor e o ruído do ar-condicionado. Assim que o locutor parar de falar, o noise gate fecha, impedindo que o ruído passe pelo circuito. Quando o locutor começar a falar novamente, o noise gate abre e passa o áudio (e, durante esse tempo, a voz do locutor encobre o ruído de fundo).

Compressores e limitadores. Esses dispositivos em geral são encontrados no rack de equipamento em salas de controle de rádio e em programas de áudio (Figura 15.9). Um compressor diminui o **alcance dinâmico** do sinal de áudio. Partes de volume baixo são elevadas, e vice-versa. O resultado é que o áudio fica mais consistente na faixa, embora se reduza um pouco do alcance dinâmico da música.

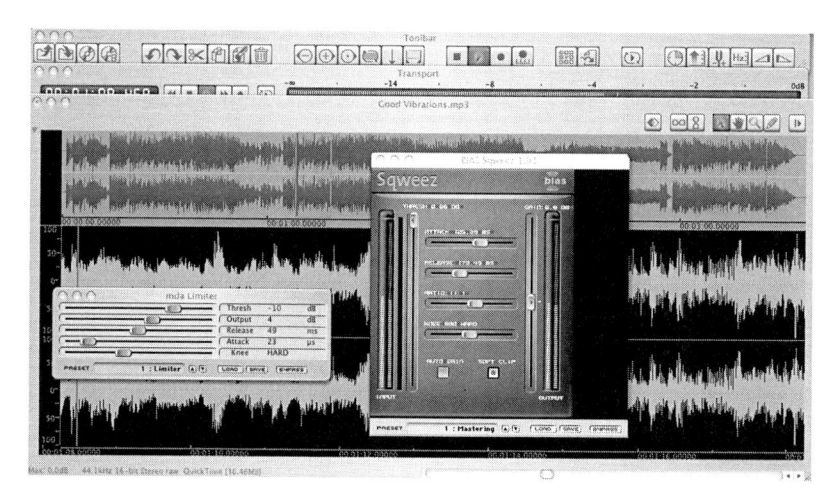

FIGURA 15.9 O Peak Pro 5.0 permite que os usuários escolham entre vários tipos diferentes de compressão.
Fonte: BIAS, Inc.

A compressão tem vários fatores que podem ser modificados e variados, incluindo o **tempo de ataque** (o tempo que leva para o compressor entrar depois de ser afetado por um som em particular) e o **tempo de liberação** (o tempo que o compressor leva para deixar que o sinal volte a seu nível anterior). Um **limitador** é um compressor que restringe muitos ruídos de alto volume (ou picos momentâneos em músicas) e tem uma elevada taxa de compressão. O limitador é útil para evitar que os sons altos muito repentinos sobremodulem o sinal. (Na verdade, a FCC exige que as emissoras de rádio mantenham seus sinais dentro de limites de tolerância para evitar a sobremodulação.) A compressão geralmente é usada em emissoras para manter um sinal relativamente constante, que não cairá o suficiente para "sumir do dial".

Equipamento e software para redução de ruído. Alguns dispositivos produzidos pela **Dolby** Laboratories reduzem o ruído que geralmente é associado com a gravação em fita analógica. Em unidades profissionais, como Dolby S, o espectro de frequência é dividido em várias bandas. Cada banda é pré-enfatizada (elevada em volume) em certo grau durante a gravação, o que reduz o ruído de fundo relativo ao sinal. Unidades Dolby para uso profissional comumente são colocadas em racks e instaladas entre a saída da mesa e o dispositivo de gravação.

O Dolby SR com frequência é usado na indústria cinematográfica. Esse dispositivo é usado em gravação analógica.

Outro dispositivo de redução de ruídos recebe o nome comercial **dbx**; tem um efeito mais pronunciado do que o Dolby e usa uma fórmula logarítmica mais intrincada para a expansão e contração do som. O sistema dbx pode fornecer até 30 dB de redução de ruído em gravações em fita analógica. Os gravadores de fita digital e estações de trabalho DAW não enfrentam os mesmos problemas de ruídos que os gravadores analógicos. Portanto, Dolby e dbx em geral não são encontrados nessas unidades.

Existem muitos acervos de áudio transcritos em fita de áudio que não estão disponíveis em CD. Programas como o SoundSoap podem ser usados para remover o ruído de fundo de áudio, os cliques e as crepitações dessas gravações antigas. E podem melhorar substancialmente a qualidade sonora.

Processadores de efeitos. Com processadores de efeitos multicanal pode-se alterar o som de várias formas. Essas unidades geralmente oferecem alguns efeitos padrão, como *reverberação*, que é a criação de várias repetições de som misturadas e que adicionam profundidade ao som original. *Eco* (às vezes chamado de eco *slap-back*) é uma repetição atrasada diferente do som, enquanto um *efeito de chorus* é um som recirculado, com um curto atraso entre o sinal original e o atrasado. Com os *flangers*, pode-se criar uma imagem-espelho de um som e então mudá-la um pouco, o que dessincroniza os dois sons e os tira de fase, criando um efeito bizarro que tem sido descrito como água passando pela voz.

A maioria dos processadores de efeitos permite mixar e reunir esses efeitos em várias combinações diferentes, criando inúmeras possibilidades para se produzir um efeito especial. Entretanto, esses efeitos especiais precisam ser usados com moderação (e não muito comumente), ou perderão seu impacto no público ouvinte.

Spatial enhancers. Ao mixar e subtrair componentes do sinal estéreo, os **spatial enhancers** produzem um sinal que dá a impressão de haver maior presença, ou um ambiente espacial maior. A intenção é reproduzir mais detalhes na música, dando-lhe um som mais natural. Os *spatial enhancers* geralmente funcionam mudando as relações de fase das diferentes frequências sonoras. Por exemplo, adicionar um pequeno sinal atrasado e mixá-lo com o original produz uma imagem estéreo mais "ampla".

As unidades feitas pela Behringer, Aphex, BBE, entre outras, oferecem melhorias psicoacústicas ao processamento de sinal de áudio (Figura 15.10). Uma emissora de rádio pode usar esses spatial enhancers junto com compressores ou limitadores de pico para atingir um som único.

Técnicas

Aqui estão algumas técnicas avançadas para efeitos especiais que um produtor pode julgar ser úteis. Algumas delas usam equipamentos complexos, outras não.

Reverb. Reverberação, também chamada **reverb**, é uma técnica e uma referência para um hardware em particular, chamado *unidade de reverb*. Algumas pessoas que trabalham em produção dizem que o reverb é o efeito especial mais importante dentre os que estão à disposição do produtor. A maioria das DAWs fornece reverb na seção de efeitos especiais do programa. O reverb se diferencia do eco pelo fato de que ele é obtido devolvendo uma cópia eletronicamente atrasada ao sinal original. Unidades de reverb têm um controle chamado *depth*, que permite que o produtor varie a quantidade do sinal originado que é mixado de volta. Os parâmetros de reverberação podem ser ajustados. Isto é útil para aumentar ou diminuir a impressão do tamanho da sala e é frequentemente usado para aumentar a claridade vocal em uma produção.

Eco. Este efeito pode ser criado dentro da seção de efeitos especiais do programa ou em uma unidade de efeitos eletrônicos separada. Eco é o retorno do sinal origi-

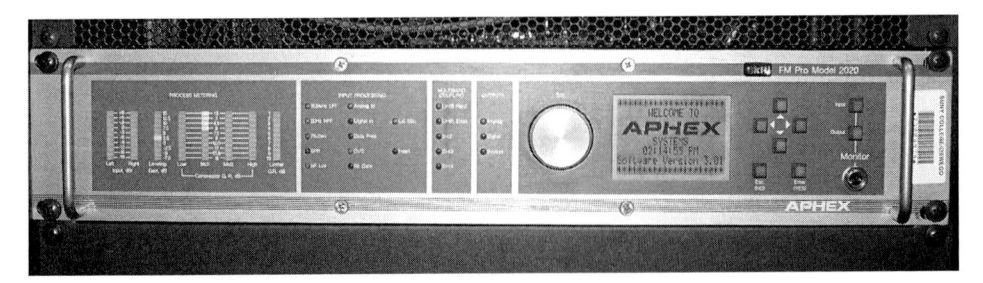

FIGURA 15.10 Unidades de sound enhancement usam várias técnicas para melhorar a qualidade sonora.

Fonte: Fritz Messere.

nal da cabeça de leitura voltando pelo áudio. Em essência, ele produz o mesmo efeito que se obtém gritando "Oi" numa caverna. Na Figura 15.11 temos o efeito de delay que foi configurado para criar um eco do som original.

Reverse boomerang effect. Este efeito foi originalmente criado tocando uma fita de áudio de trás para a frente e mixando-a com áudio. Muitas pessoas atribuem aos Beatles a invenção do efeito, usado em álbuns como *Revolver* e *Sgt. Pepper's Lonely Hearts Club Band*. Hoje, ele pode ser realizado usando efeitos de programas em algumas DAW. O efeito, quando usado com bom-senso, pode adicionar elementos de surpresa e mistério ao ouvinte.

Forward echo. Com este, os ecos aparecem antes do som original, criando expectativa. Em uma ID de emissora com formato rock, por exemplo, o eco pode criar empolgação ao anteceder o anúncio do prefixo da emissora. Produzir um forward echo é algo um tanto complicado, mas, assim que perceber como isto se dá, ele fará sentido. Este efeito precisa ser criado em estação de trabalho computadorizada para que se possa aumentar o volume das trilhas individualmente. Primeiro, grave sua trilha de voz a *seco* (sem reverb ou efeitos). Então, copie-a para uma trilha nova, que chamaremos de trilha de efeitos. Usando o efeito *reverse*, converta a trilha para uma versão de trás para a frente de seu original. Então, aplique um *eco* (também chamado delay) à trilha invertida. Assim que for adicionado o delay, reverta a trilha de efeitos novamente. Em seguida, ao reproduzir as trilhas original e a de efeitos simultaneamente obterá um forward echo. Alguns programas de áudio também permitem que se crie efeitos dramáticos ao usar *delays pingue-pongue*. Será preciso um pouco de experimentação para que as possibilidades do sistema possam ser conhecidas.

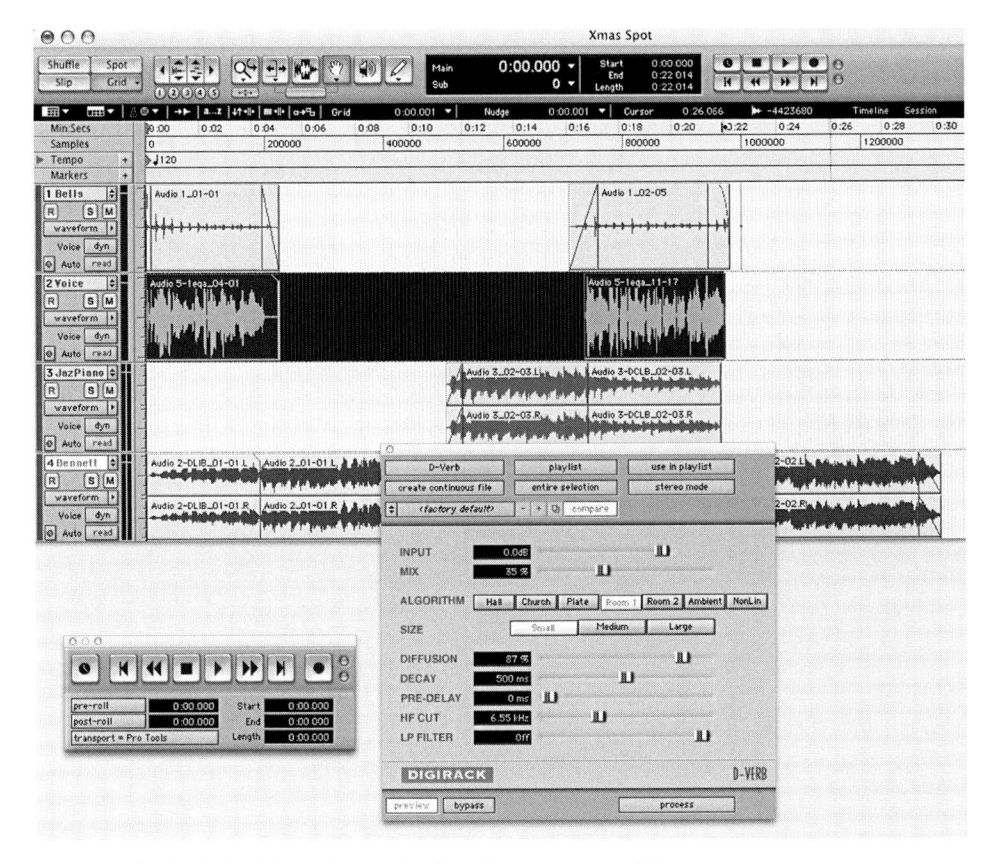

FIGURA 15.11 Foi adicionado eco à trilha de voz no canal 2.
Fonte: Digidesign.

Pan potting. Também conhecida como **channel bouncing**, esta técnica faz uso da possibilidade única do estéreo de capturar a atenção de um ouvinte que não está esperando que a voz de um locutor oscile dentro de um spot. O pan potting pode ser usado para criar uma ilusão dramática de movimento (como um trem sibilando enquanto passa). Pode também ser usado com reverberação para fazer que o som de fundo mude, mantendo a imagem estéreo principal igual. Esses efeitos podem ser usados conectando a unidade de reverb na mesa como entrada separada e mudando o pan do sinal de um extremo ao outro numa velocidade constante.

Mudar a altura. A maioria das DAW tem um efeito que permite mudar a altura do arquivo de áudio. O efeito pode ser variado amplamente, para fazer que uma voz ou um instrumento fique muito lento, ou criar o efeito agudo "chipmunk" (estridente) (Figura 15.12). Num comercial de remédio, por exemplo, o texto pode começar com um "Você está doente?" com a voz do locutor ficando cada vez mais lenta. O efeito reforçaria a mensagem.

Doubletracking. Este efeito especial interessante, relativamente simples de ser produzido, significa gravar uma voz e então alterar uma cópia daquela narração numa segunda trilha – talvez equalizando-a, fazendo um pequeno delay ou mudando em pouco a altura. Ambas as vozes, que estão dando a mesma narração, são reproduzidas conjuntamente. O efeito dá à voz um aspecto misterioso que prende a atenção.

Gating. Pode-se usar compressores para produzir um som cristalino, reduzindo a reverberação natural de um efeito sonoro. Efeitos sonoros, rufar de tambores, de pratos e mesmo vozes podem ser modificados utilizando técnicas de compressão que "secam" o som e lhe dão força.

Stuttering. As vozes que passaram pelo processo de gating podem ser coladas várias vezes numa estação de trabalho para criar um efeito repetição que é comumente usado em emissoras de formatos urban e modern rock.

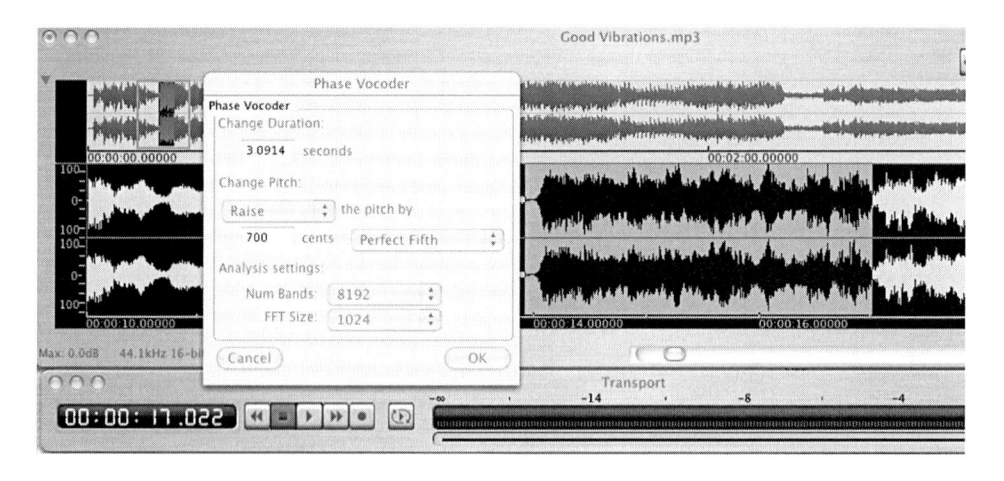

FIGURA 15.12 Os programas DAW oferecem muitas possibilidades de manipulação de áudio. Aqui, a altura da voz pode ser aumentada, para fazer com que ela soe como um chipmunk.

Fonte: BIAS, Inc.

Normalizing. Um programa de estação de trabalho frequentemente permite que usuários normalizem todas as trilhas num arquivo de áudio. Esta pode ser uma ferramenta útil para fazer que várias fontes de áudio diferentes, coladas no arquivo de som, tenham o mesmo nível de áudio.

RESUMO

Oferecemos uma quantidade limitada de informações a respeito do aspecto técnico do rádio, embora os programas modernos tenham enorme capacidade (Figura 15.13).

Existe um motivo para isto. Geralmente, as instruções sobre rádio se transformam numa discussão sobre equipamentos, e embora isto seja interessante em alguns casos, pode ser contraproducente. Um equipamento ultrassofisticado e a conversa não menos sofisticada sobre ele parecem obstruir a questão da produção de rádio.

A produção de rádio é, na nossa opinião, uma arte. Como qualquer outra arte, ela requer uma compreensão abrangente das técnicas e ferramentas do meio. Mas

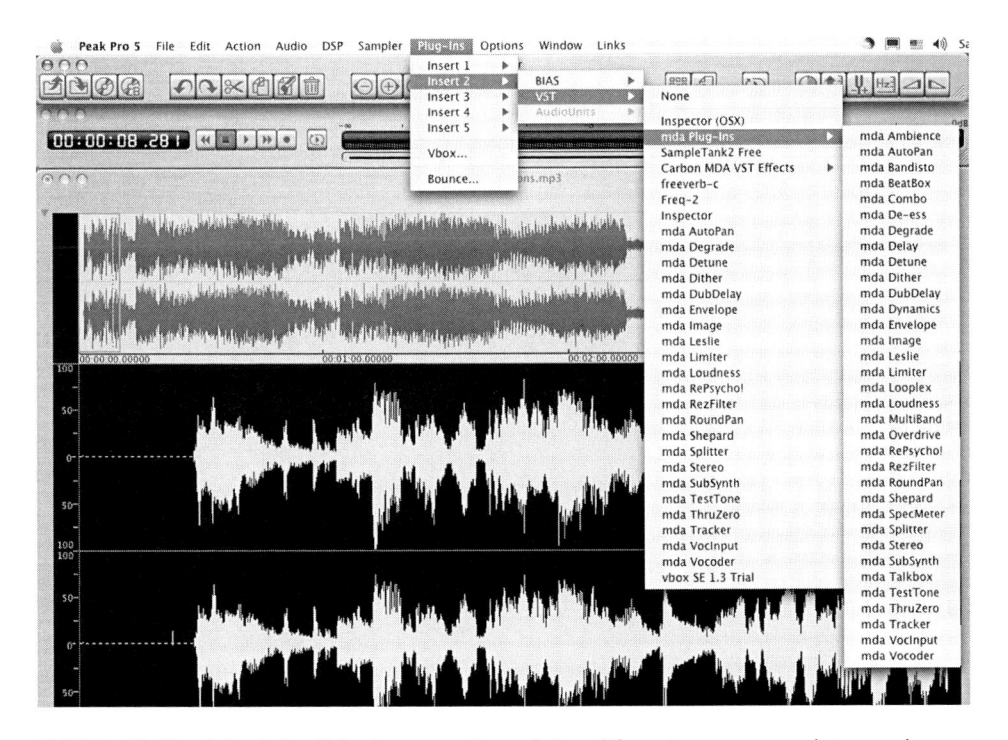

FIGURA 15.13 O Peak Pro 5.0 oferece muitos efeitos diferentes que o produtor pode usar para manipular áudio.

Fonte: BIAS, Inc.

é mais do que plugar um equipamento e usá-lo para produzir uma novidade sonora. Para aqueles que passaram muito tempo na vida envolvidos com rádio, esta mídia é uma forma muito pessoal de comunicação, pois ela entra nas casas, viaja conosco no carro e até mesmo nos faz companhia enquanto corremos. A produção de rádio é a arte de realizar os efeitos que fazem que o rádio seja uma mídia tão íntima e mágica.

A gravação multicanal é usada quando muitas fontes sonoras precisam ser gravadas, mixadas e remixadas separadamente. Uma mesa multicanal comum tem módulos de entrada de um lado, e barramentos de saída do outro. O lado de entrada capta os sinais dos microfones; os barramentos de saída enviam o sinal mixado a algum equipamento de gravação master e aos monitores de áudio. Cada lado tem vários controles que moldam o som.

As técnicas mais populares para gravar em estéreo são a microfonação coincidente, a de par espaçado e a de meio lado. A gravação da totalidade sonora é realizada colocando-se um ou mais microfones num local central para gravar o som conforme o ouvinte ouviria. A gravação de componentes isolados consiste em colocar microfones separados em cada fonte sonora e mixar os inputs juntos. Isso permite uma flexibilidade muito maior, oferecendo a possibilidade de reparar maus takes enquanto a música está sendo executada.

Usa-se uma ampla gama de componentes eletrônicos para moldar o sinal, incluindo equalizadores, filtros, compressores, limitadores, equipamento de redução de ruído, unidades de efeitos especiais e *spatial enhancers*. Algumas estações de trabalho computadorizadas fornecem muitas das mesmas possibilidades de moldar o som usando programas embutidos. Técnicas usadas em produção de rádio avançada incluem efeitos como eco, reverb, *forward echo, pan potting* e *doubletracking*.

APLICAÇÕES

Situação 1 / O problema A produtora de um programa estava gravando um coral da igreja para reprodução posterior. Ela microfonou cada seção de vocal separadamente e planejava mixar o programa. O diretor do coro ouviu uma gravação de teste e não ficou satisfeito com o que ouviu. "O coral", disse ele, "soa como um grupo de vocalistas de jingle".

Solução possível Por que o som variou tanto em relação ao que o diretor do coro estava acostumado a ouvir? Porque a microfonação de perto das sopranos, das contraltos, dos tenores, e assim por diante, não permitiu que a música reverberasse pelos espaços arquiteturais da igreja. Em consequência, os efeitos da acústica – e o som do coro da igreja – foram alterados. A produtora optou pelo uso de um par cruzado de microfones cardioides acima da décima fila de assentos e conseguiu obter um som mais rico e realista.

SITUAÇÃO 2 / O PROBLEMA Um grupo de vocalistas e músicos de jingles estava fazendo um comercial para uma sorveteria. Solicitou-se música da década de 1890, com banjo e piano. Infelizmente, o som que vinha pelos microfones tinha os fortes e ricos tons do piano de cauda do estúdio, com microfones apontados para sua tampa levantada.

SOLUÇÃO POSSÍVEL O produtor reposicionou os microfones para um lugar diretamente acima dos martelos. Agora, ouvia-se mais o som dos martelos e o piano parecia muito mais *honky-tonk* do que de cauda.

EXERCÍCIOS

1. Microfone um piano de várias formas, notando os efeitos dos diferentes posicionamentos do microfone. Posicione o(s) microfone(s) em um ou em todos os seguintes posicionamentos, notando como isso muda as características do som:

   - Atrás do quadro de ressonância, em um piano de armário
   - Em um dos buracos de dentro de um piano de cauda
   - Apontado para a tampa levantada
   - Em cima do teclado

   Se tiver um violão, tente microfoná-lo na boca e nos frets. Note a diferença no som conforme o microfone é movido de um lugar para o outro.
2. Se tiver equipamento de gravação multitrilha, grave um grupo musical sob a supervisão de seu instrutor ou assistente de laboratório. Remixe a gravação duas vezes usando o equipamento que estiver disponível. O objetivo é fazer duas gravações do mesmo material de programa que soam radicalmente diferentes graças à mixagem.
3. Como uma variação do Exercício 2, divida a classe em dois grupos e peça para que cada grupo grave separadamente os mesmos músicos tocando a mesma música. Veja se as duas versões são idênticas e como elas se diferenciam.

16

✸

Produção, Programação e o Formato Moderno

Em nenhum outro momento na história do rádio o som de uma emissora foi tão importante. Com tantas opções de entretenimento e notícias, incluindo novas propostas radiofônicas na internet, podcasts e a programação por satélite – sem falar da concorrência de outras formas de mídia –, é essencial que o produto satisfaça claramente às necessidades do público.

Isto poderia, por certo, soar absurdo, já que alguns dos formatos mais "novos" parecem não ter nenhum formato. De qualquer forma, essas propostas de formatação livre visam satisfazer as claras necessidades de um público específico – neste caso, mais música, menos papo e uma playlist mais abrangente. Mas, na maioria das vezes, o formato é nitidamente definido e é papel do produtor manter o foco nesta definição.

O que é, exatamente, programação? Existe uma linha divisória muito tênue entre produção e programação. Já definimos bem todos os parâmetros da produção nos capítulos anteriores e falamos da formatação de formatos atuais e como eles se relacionam com a produção.

A programação, para os nossos propósitos, diz respeito simplesmente à seleção e ao arranjo de música, locução e outros elementos do programa de maneira atraente aos ouvintes da emissora.

Tratamos aqui especificamente do público de rádio, dos princípios elementares do formato de transmissão especializada e das técnicas de produção usadas em formatos específicos. Extremamente detalhado e voltado para a programação, este capítulo foi deixado por último porque vai servir como ponto de partida para a prática e o estudo de outros aspectos do rádio, que incluem a seleção de música, o estilo de locução e a mistura de elementos – fatores aos quais nos referimos frequentemente como parte do esforço de fazer uma programação. Além disso, trata, por obrigação, de algumas funções de gerência, incluindo desenvolvimento e medição da audiência.

Começaremos analisando mais de perto o público moderno, antes de discutir especificidades da produção.

O PÚBLICO E O FORMATO

Por que se preocupar em definir a natureza do público e como medir a audiência? Especialmente porque identificar e cativar o público é o coração e a alma da produção no ar e fora do ar.

Abordamos o assunto "formatos" no Capítulo 1, mas a análise detalhada deles seria prematura antes de tratarmos dos fundamentos para entender efetivamente as práticas de produção no ar e fora do ar. Agora que construímos a base, podemos examinar a estrutura do rádio: o público e os métodos de medição da audiência.

O Público

Pergunta elementar: O sucesso de uma emissora de rádio depende essencialmente do número de pessoas que a ouvem. Certo? Resposta: Não exatamente. Na verdade, os diretores de programas podem tanto reclamar do público "perdido" quanto do fato de haver pouquíssimos ouvintes.

Embora isto pareça estranho, é uma boa forma de ilustrar a difícil situação de muitas mídias modernas. O rádio tornou-se uma mídia feita para alcançar certos públicos, excluindo outros. Uma emissora de rádio vende público para um anunciante (ou, em muitos casos, para uma agência que representa anunciantes). É possível acessar muitas emissoras de rádio, além de, literalmente, milhares de propostas pela internet ou por satélite. Quantas emissoras diferentes você realmente ouve? Duas, ou, no máximo, três?

Um público abrangente e mal definido não é atraente para um anunciante que pode estar vendendo:

- cosméticos para mulheres jovens, ou
- veículos importados e caros a empresários bem-sucedidos, ou
- equipamentos para carros de jovens.

Não que tamanho não seja importante. Uma vez que se tem um público claramente definido, quanto maior a audiência melhor. Entretanto, como o público é hoje supersegmentado, o programador ou produtor quer poder "capturar" o segmento certo (um universo estatístico de público).[1] Um segmento lucrativo pode fazer que uma emissora tenha um público menor do que outra na mesma região, mas com mais lucro. Por exemplo, a emissora de notícias WINS, de Nova York, raramente está na liderança quanto ao número de ouvintes. Entretanto, é, em geral, líder, ou quase, quando se trata de receita publicitária do mercado, superando tranquilamente as emissoras de rock e o current hit radio (CHR), que contam com um público muito maior.

O motivo é o tipo de ouvinte: uma emissora só de notícias geralmente reúne um público com maior poder aquisitivo, voltado para as questões de negócios, do que uma CHR, e pode, portanto, cobrar mais por spot. Neste caso, o ouvinte mais próspero se traduz em mais dinheiro para a emissora.

Métodos de Medição de Audiência

Já que os números, e as pessoas representadas por esses números, são ferramentas importantes no arsenal do vendedor de rádio, não é surpresa que os métodos de medição de audiência sejam relativamente complexos. Nosso propósito aqui não é tanto oferecer um manual de orientações, mas, sim, fazer uso de um vocabulário comum para a compreensão de alguns dos fatores de medição de audiência que afetam o som de uma emissora e, portanto, sua programação e estratégia de produção. Em outras palavras, quando começarmos a lançar mão de expressões como TSL, *alcance* e *audiência acumulada*, ao discutirmos produção para formatos específicos, isto não deve parecer uma conversa secreta em uma língua estrangeira.

Então, vamos rapidamente definir e identificar os serviços de medição de audiência, aquelas companhias que coletam dados sobre os ouvintes de rádio; a *total survey area* e a *metro survey area*,[2] contextos nos quais são medidos os índices; e as unidades de medida, incluindo índices, share, número médio de pessoas que só

---

[1] Como já dissemos, segmento é uma representação estatística de uma população quanto à sua idade, renda, educação etc. Usamos o termo aqui num sentido informal, para representar o que compõe um público.

[2] Ambos são sistemas de medição utilizados pelo governo federal dos Estados Unidos. No caso brasileiro, o perfil da audiência se dá pela junção de várias pesquisas de fontes diferentes, como: *Ibope*: grupo que desde a década de 1940 realiza pesquisas sobre a mídia rádio (e outras, como televisão, internet, telefonia) oferecendo informações sobre o comportamento da população brasileira. *Crowley*: empresa especializada que atua desde 1977 na monitoração eletrônica das emissoras de rádio que atuam no Brasil; atualmente realiza trabalhos de auditoria independente nas dez principais cidades do país. *Projeto Inter-Meios*: iniciativa que agrega os principais meios de comunicação para a normatização do mercado brasileiro, confirmando e divulgando números sobre os investimentos no setor, atuante desde 1990. *Ipsos Marplan*: instituto especializado em levantar e interpretar dados dos consumidores para orientação de estratégias empresariais em diversos setores, em especial de comunicação, desde 2001. (NRT)

sintonizam 15 minutos, audiência acumulada, alcance, tempo gasto ouvindo rádio, mudança de estação e pessoas usando o rádio. Embora não façamos referência a todos esses termos e conceitos neste capítulo, é necessário entender quais usamos antes de definir os outros.

Serviços de Medição de Audiência. Várias empresas fornecem informações sobre os ouvintes, mas a Arbitron Inc. é a maior especialista em medição de audiência nos Estados Unidos. Sua principal ferramenta é um diário no qual os ouvintes gravam o que ouviram durante o dia, embora ela esteja no processo de introduzir dispositivos eletrônicos capazes de registrar que emissora uma pessoa sintonizou (por meio de frequências embutidas no sinal). O método do diário é um dos motivos pelos quais as emissoras se esforçam tanto para fazer que sua "assinatura" seja digna de registro. Outro fator importante é que a Arbitron geralmente aceitará estações, como Kiss ou Lite, num registro de diário como prova de que o ouvinte estava sintonizado nessa emissora.

Um modelo de medição de audiência é mostrado na Figura 16.1. Nenhum relatório de serviço de medição é exatamente assim, mas incorporamos aspectos de vários deles para que qualquer relatório de medição seja relativamente familiar assim que você souber o que procura.

Um relatório de medição de audiência geralmente inclui mais de uma emissora, para que se possa fazer comparações entre várias, mas mencionamos apenas a WAAA para tornar o exemplo mais simples. O relatório de hora em hora enumera o share e o número estimado de pessoas sintonizadas, contadas pelo método *average quarter-hour* (média de quinze minutos, sigla AQH, em inglês). O (00) significa que o número relacionando "pessoas" deve ser multiplicado por 100, ou simplesmente ser acrescido de dois zeros. Olhando para a primeira coluna, 5–6h, pode-se ver que P12 + PAR (percentual de pessoas com mais de 12 anos) é de 9,7%. A informação é então transformada em número estimado de ouvintes, o número total de pessoas que têm 12 anos ou mais (adicione dois zeros), e o número estimado de ouvintes em vários grupos de idade e gênero (M18–34 é para mulheres de 18 a 34 anos). A maioria dos relatórios de medição enumera vários grupos de idade e gênero.

Outro tipo de relatório aponta o total de ouvintes em um dia para outra emissora hipotética. AQH PRS (00) significa o total de pessoas no *average quarter-hour*, junto com os pontos do índice de audiência, o share e a audiência total acumulada. As informações se tornarão compreensíveis à medida que se lê esta seção; então, é preciso consultar os números de vez em quando.

Entre outros serviços de pesquisa em rádio fornecidos pela Arbitron, temos o RADAR, um acrônimo para *Radio's All Dimension Audience Research*, que se apoia em

Emissora WAAA

Hora em Hora

Metro Survey Area AQH (00)

	5h	6h	7h
	6h	7h	8h
WAAA			
P12 + PAR	9.7	9.4	8.0
P12 +	136	136	125
M18–34	26	24	24
H18–34	60	62	58

WAAA Total Seg.-Sab. 6h – 10h Todos os Adultos 25-49

Estimativas AQH e AUDIÊNCIA ACUMULADA
Adultos 25–49

	AQH	AQH	AQH	AUDIÊNCIA ACUMULADA
	PRS (00)	PRS RTG	PRS PAR	PRS (00)
WAAA	157	1.9	10.2	1980

FIGURA 16.1 Este é um exemplo de relatório de audiência para a emissora hipotética WAAA.

entrevistas por telefone para medir a penetração de uma rede de rádio, o que se tornou um trabalho complexo, já que as "redes" podem ser criadas simplesmente apontando para um satélite. Uma organização do setor, o Radio Advertising Bureau, também fornece alguns tipos de pesquisa sobre público, uso do rádio e outras informações mensuráveis.

O medidor *pessoal eletrônico e portátil*, que mensura o uso do rádio em tempo real, entre várias outras mídias, incluindo televisão e internet, foi introduzido em 2006.

A Arbiton pretende ter medidores demográficos substituindo o diário nos 50 maiores mercados do rádio até 2010. O medidor é um dispositivo de medição passivo, que tem cerca do tamanho de um celular e pode registrar a exposição do consumidor a uma ampla variedade de mídias, incluindo as de radiodifusão, a cabo e o rádio on-line; é carregado por participantes selecionados aleatoriamente. No final de cada dia, os participantes conectam a unidade a um *dock* que extrai os códigos indicadores de quais mídias o usuário foi exposto.

Total Survey Area, Metro Survey Area. Estas são áreas nas quais é feita a medição de público. A total survey area geralmente inclui várias regiões que recebem duas ou mais emissoras de uma área metropolitana. O metro survey area é uma área local definida pela cidade e seus arredores mais próximos. Lembre-se de que a maioria das discussões a respeito dos índices de audiência se baseia no metro survey area, que são áreas de medição muito mais úteis, agora que a maioria das emissoras serve a centros de concentração demográfica, e não a áreas que englobam várias regiões.

Índice de Audiência. É um percentual de toda a audiência disponível. Às vezes, o número de ouvintes é expresso assim mesmo – um número total, estimado a partir da interpretação estatística dos resultados. Falando de forma mais concisa, o índice de audiência é a porcentagem de uma audiência disponível que, no jargão específico, é chamada de *universo*.

Share. O share é o percentual de pessoas que estão realmente ouvindo. Esta é a medição mais comumente usada no rádio. O share frequentemente é fragmentado em vários gêneros e grupos etários, como "mulheres de 18 a 34". Quando se veem shares enumerados sem nenhuma referência específica à idade, as figuras geralmente se referem a todas as pessoas com mais de 12 anos.

Average Quarter-Hour Persons. Um quarto de hora é a unidade básica da medição da audiência no rádio. **Average quarter-hour persons (AQH)** é o número de ouvintes que permanecem sintonizados ao menos 5 minutos ao longo de um quarto de hora determinado. Um problema é que não se pode simplesmente somar seus números para obter o número total de pessoas que estão ouvindo durante o dia, porque os números de AQH vão sobrepor parte das mesmas pessoas, mas é importante, entretanto, para calcular o índice bruto de audiência, como veremos em breve.

Audiência Acumulada. A medição de público cumulativo, ou audiência acumulada, soluciona a dificuldade para determinar o número total de pessoas que estão ouvindo usando a interpretação estatística para definir o número de ouvintes não duplicados.

Turnover. É um termo relativamente autoexplicativo, embora a maneira de obtê-lo seja bastante complicada (motivo pelo qual não o incluímos na Figura 16.1 do relatório de medição hipotético). O índice de rotação é a quantidade de pessoas em relação à audiência total que deixa de ouvir a emissora durante um determinado período.

Time Spent Listening. TSL é a medida de tempo médio que um indivíduo permanece sintonizado na emissora.

Avaliando com que frequência uma emissora atinge seu público

Associada a toda a estrutura do formato está a eficiência em constituir uma audiência que atenda às necessidades do anunciante. Isto se tornará mais claro mais adiante, mas, antes, vamos encerrar o vocabulário básico referente ao modo como um anunciante adquire spots e o que ele espera desta compra. Existem várias maneiras de calcular e expressar a eficiência de um comercial. Lembre-se de que, ainda que o número total do público seja importante, não é o único componente utilizado na fórmula.

Gross Impressions (audiência bruta acumulada). A unidade de medição mais básica para um comercial é o total de veiculações, ou seja, o número total de exposições de um comercial. Ele é calculado multiplicando-se os *average quarter-hour persons* durante o tempo em que o comercial passou pelo número total de spots. Lembre-se de que este número reflete um público duplicado. A mesma pessoa pode estar ouvindo o comercial várias vezes (o que não é necessariamente um fator negativo, conforme discutiremos em breve).

Gross Rating Point. Os pontos brutos de audiência são simplesmente uma forma de expressar o total de veiculações como índice de audiência. Multiplique os pontos de audiência AQH pelo número total de comerciais reproduzidos nesses quartos de hora para determinar os pontos de audiência bruta. Muitos anunciantes compram tempo no rádio com base em um cálculo de quantos pontos de audiência bruta eles querem conseguir em um tempo determinado.

Alcance. O alcance é uma medida de quantos ouvintes diferentes ouvem o comercial. Ele é calculado usando-se o número de audiência acumulada. O cálculo em si é muito complexo para merecer ser discutido aqui, já que somar a audiência acumulada requer habilidade estatística. Lembre-se apenas de que o alcance representa o número de diferentes pessoas expostas ao spot.

Frequência. É o número médio de vezes que uma pessoa ouve, em teoria, um comercial. É determinado dividindo-se a audiência bruta acumulada pela audiência acumulada.

Pagando para Obter Eficiência

As fórmulas mencionadas anteriormente são usadas para calcular a eficiência da compra feita por um anunciante. Elas geram números que dão aos anunciantes um custo relativo que eles podem comparar aos de outras emissoras. Esses custos relativos são normalmente expressos de uma destas três formas: custo por milhar, por ponto e *optimum effective scheduling*.

Custo por milhar. CPM é simplesmente o custo de se alcançar mil ouvintes. (M é o número romano para mil.) Este dado resulta de números que incluem novos ouvintes num determinado período e aqueles que podem ter ouvido o comercial anteriormente; então compõe-se, no vernáculo de rádio, de uma audiência duplicada.

O CPM é calculado dividindo-se o custo de todos os spots pela audiência bruta acumulada, após tê-la dividido mil.

$$CPM = \frac{\text{Custo de Todos os Spots}}{\text{Total de Veiculações} \div 1.000}$$

Se são gastos $ 500 por 100 mil veiculações no total, divide-se o total de veiculações por 1.000 (para expressar o número em milhares) e o custo de todos os spots ($ 500) por este número, para produzir um CPM de 5. Isto significa que custa $ 5 para alcançar 1.000 ouvintes.[3] Se um anunciante conhece o CPM, pode comparar o custo de veicular anúncios em todas as emissoras de um mercado ou entre vários mercados. O CPM também será fragmentado para refletir o gênero e a idade dos ouvintes.

Custo por Ponto. CPP se tornou o modo mais aceito para medir o posicionamento efetivo de anúncios no rádio. É uma medida de quanto custa "comprar" um rating point (ponto de audiência) num determinado mercado. O CPP é definido dividindo-se o custo de todos os spots pelos pontos brutos de audiência.

$$CPP = \frac{\text{Custo de Todos os Spots}}{\text{Pontos Brutos de Audiência}}$$

---

[3] Esses exemplos foram adaptados de O'Donnell, L. B., Hausaman, C., Benoit, P. *Radio Station Operations*: Management and Employee Perspectives. Belmont, CA: Wadsworth, 1989.

Como você deve lembrar, os pontos brutos de audiência são o produto do número de spots transmitidos multiplicado pelo índice AQH. Por exemplo, se são produzidos cinco spots, um a cada dia, de segunda a sexta, em um quarto de hora que tenha um índice de 1.5, serão comprados 5 × 1,5 = 7,5 pontos de audiência bruta. Se cada spot custar $ 125, gasta-se $ 625. Dividindo-se $ 625 (custo de todos os spots) por 7,5 (pontos brutos de audiência), obtém-se um CPP de $ 83,33%.

Optimum Effective Scheduling. Alguns anunciantes e executivos de rádio avaliam que o custo por ponto não é uma forma particularmente efetiva de se medir a eficiência da propaganda no rádio, porque os CPM e CPP não quantificam o segmento do público que ouve o comercial mais de uma vez.

Como dissemos, um público duplicado nem sempre é um fator negativo, porque os spots de rádio geralmente precisam ser ouvidos várias vezes para que a mensagem "entre". Uma forma de se comparar a eficiência de propagandas está sendo aceita como substituto para os CPP e CPM. O **optimum effective scheduling** (OES) é uma fórmula matemática que determina o número de pessoas que ouvem o spot três ou mais vezes, identificando este número em pelo menos 50% do público total.

Para sua informação, o OES é determinado multiplicando-se a taxa de turnover por 3,29, e o público acumulado por 0,46. Vamos parar por aqui, pois é muito demorado explicar a composição desses números. Entretanto, o princípio básico é simples. A maioria dos ouvintes de uma emissora ouve entre 5 e 8 horas por semana, então o OES calcula quantos spots são necessários para dar a esses ouvintes três repetições de um spot. É suficiente dizer que, embora o OES tenha seus admiradores, também tem críticos, que dizem que a fórmula funciona melhor para comparar compras em mercados pequenos, e que força os anunciantes a realizar compras grandes demais. (O preço médio de compra para a reprodução de spots, quando calculado por OES, era cerca de $ 450 na década de 1990; hoje em dia este número deve ser maior.[4])

Então, aonde queremos chegar? Não é preciso que alguém envolvido em produção compreenda os detalhes da medição de público, mas, como já dissemos, o vocabulário de medição e composição de público é intrinsecamente necessário para a compreensão do formato moderno e de como a produção se encaixa neste formato.

Dotado do conhecimento obtido nestas poucas páginas, é possível agora avaliar o design dos formatos e a produção desses formatos como um diretor de programa

---

[4] Veja "OES Gets Results through Effective Reach", *Broadcasting*, 27 jan. 1992, p. 32-3.

os avalia: como estratégias para conquistar e manter uma ampla, fiel e (no caso do rádio comercial) rica audiência.

Novas associações entre mídias/rádio prometem assegurar a qualidade do rádio, mas, no momento, essas tecnologias colocam enormes desafios: como medir públicos de maneira confiável.

De alguma forma, a internet reviveu antigos métodos de medição de público – em particular, o diário. Eles eram considerados pouco dignos de confiança, porque as pessoas não os carregavam com elas, ou não escreveriam anotações sobre seus hábitos. Mas, hoje em dia, o uso abrangente da internet está revivendo o método do diário, especialmente na Europa. Quem os defende diz que os diários na internet são um método confiável para gravar o uso de podcast e telefones, dispositivos não registrados facilmente pelos sistemas de monitoração eletrônica.

Dito isto, os dispositivos de medição de uso do rádio chamados de personal people meters mostraram-se muito úteis para a companhia de monitoramento Arbirton, e sua mecanização digital também pode permitir verificar a compra de produtos por consumidores após sua exposição aos comerciais.[5]

O mundo virtual apresenta problemas para a medição de audiência, dos quais o mais difícil é o dilema "ação *versus* page views". A propaganda na internet pode produzir uma exposição enorme, mas, como todo o ambiente na internet é um universo mundial, fica difícil rastrear a ação da mesma forma que um comercial de rádio mede resultados por meio de algum tipo de teste.

No entanto, à medida que os sistemas de medição on-line estão se sofisticando, tornam-se mais esclarecedores do que qualquer outra categoria de medição em propaganda. O *click-through* é um bom teste para se verificar a ação versus page views, mas esses sistemas ainda precisam de maior refinamento.

Um problema em particular para o rádio é que, com o número de veiculações em novas mídias crescendo, o CPM diminui. É provável que se torne cada vez mais difícil convencer quem compra mídia da necessidade de se pagar uma CPM relativamente alta para a propaganda no rádio.

AS ESPECIFICIDADES DO FORMATO DE RÁDIO

Por que o formato, esta ferramenta feita para conquistar e manter um público, é tão complexo? Afinal de contas, um programador razoavelmente inteligente não pode simplesmente escolher algumas músicas, anunciantes e locutores de notícias para que o programa simplesmente vá ao ar?

---

[5] Matthew Flamm, "No static for Arbitron as people meters thrive; Radio industry falters, but stock is a buy as firm dominates field", *Crain's New York Business*, 12 nov. 2007.

Talvez. Mas os formatos surgem e desaparecem sob condições alheias (a concorrência e as mudanças demográficas são algumas), bem como o formato em si. O programador e o gerente de produção precisam levar todos esses fatores em conta na hora de criar o som da emissora.

Definindo Formatos Atuais

Se você tentasse seriamente (como alguns fizeram), poderia provavelmente catalogar mais de cem variações de estratégias de programa qualificadas como formatos. Algumas pessoas que rastreiam formatos tentaram – mas a maioria desistiu – classificar toda e qualquer variação de estratégias de programa. Atualmente, estamos inclinados a usar categorias amplas, descritivas dos formatos, e aplicar adjetivos de qualificação para definir melhor esses formatos. (Por exemplo, uma adult contemporary (AC) "light" tem menos rock do que uma AC "hot".)

A revista *Billboard* e a Arbitron (a companhia de monitoramento) dividiram os formatos em mais de uma dúzia de categorias para seus relatórios de share de formato. Vale a pena definir alguns deles. Combinar o entendimento dos formatos característicos com os conceitos de medição de público que explicamos anteriormente permitirá, na seção final deste capítulo, dar uma olhada relativamente detalhada no papel da produção para o reforço do formato. As definições seguintes espelham as descrições introduzidas em capítulos anteriores, mas oferecem novos tipos de formatos e explicam como esses termos se relacionam com a construção

---

RÁDIO RETRÔ • DE ONDE VIERAM OS FORMATOS?

Nem sempre o rádio teve receitas de formatos que ajudavam os programadores a escolher música para seus ouvintes. Nos seus primórdios, a maioria do tempo no ar era dedicada à chamada *programação em bloco*, em que parte do dia seria dirigida, digamos, à música clássica, e então o próximo bloco para dance, e assim por diante.

Não é surpresa que isso não gerasse um alto índice de lealdade ou de ouvintes.

Quem inventou o formato moderno? Ninguém sabe, mas a versão mais conhecida é que o dono de uma emissora de rádio em Omaha, chamado Todd Storz, estava num bar no início da década de 1950 e notou que as pessoas que usavam a jukebox escolhiam sempre as mesmas gravações. A lenda diz que ele decidiu padronizar a programação de seu rádio de acordo com a jukebox, que tinha 40 gravações. (As jukebox da época usavam discos de 45 rpm, mídias pequenas que continham apenas uma música.)

O formato Top 40 foi refinado por outro dono de emissora, Gordon McLendon, de Dallas, que, na metade da década de 1950, evoluiu o conceito de tocar um pequeno número de hits famosos mixados por DJs com "personalidade" ou escolhidos por concursos.

do formato. Falaremos, também brevemente, das características essenciais e expectativas em relação ao aspecto demográfico. A informação sobre CPM não é essencial para um produtor, mas dá uma visão do tipo de ouvintes e do nível de afluência.

Os Grandes Formatos

Até o outono de 2008,[6] no Hemisfério Norte, a Arbitron mediu os seguintes formatos:

80s Hits
Active Rock
Adult Contemporary (AC)
Adult Hits
Adult Standards/MOR
Album Adult Alternative (AAA)
Album Oriented Rock (AOR)
All News
All Sports
Alternative
Children's Radio
Classical
Classic Country
Classic Hits
Classic Rock
Contemporary Christian
Contemporary Inspirational
Country
Easy Listening
Educational
Family Hits
Gospel
Hot AC
Jazz
Latino Urban
Mexican Regional
Modern AC
New AC (NAC)/Smooth Jazz
New Country
News/Talk/Information
Nostalgia
Oldies
Pop Contemporary Hit Radio
Religious
Rhythmic AC
Rhythmic Contemporary Hit Radio
Rhythmic Oldies
Smooth AC
Soft AC
Southern Gospel
Spanish Adult Hits
Spanish Contemporary
Spanish Contemporary Christian
Spanish News/Talk
Spanish Oldies
Spanish Religious
Spanish Sports
Spanish Tropical
Spanish Variety
Talk/Personality
Tejano
Urban AC
Urban Contemporary
Urban Oldies
Variety
World Ethnic
Outros

---

[6] Arbitron, Inc., "Radio Station Formats", Disponível em: <http://www.arbitron.com/home/formats.htm>. Acessado em: 29 nov. 2008.

As Últimas Tendências em Formatos

Os formatos vêm e vão, geralmente de acordo com tendências sociais mais amplas. Aqui estão alguns desdobramentos interessantes que foram surgindo à medida que este livro estava começando a ser impresso:

1. A Latino Urban é um dos segmentos de mídia que crescem mais rapidamente. Os formatos hispânicos englobam mais de 10% de todos os ouvintes nos Estados Unidos com 12 anos ou mais.
2. Por sua vez, os formatos voltados para os adolescentes estão caindo. A audiência de rádio entre pessoas de 12 a 17 anos caiu para cerca de 8% de todos os ouvintes, registrando queda constante na última década. O uso de equipamentos de som alternativos, como os tocadores de MP3, por adolescentes parece ser o principal motivo.
3. Notícias/bate-papo continua sendo o formato dominante, com uma participação de 17,6% dos ouvintes com 12 anos ou mais. Adult contemporary está em segundo, com uma parcela de 14,8%, seguido por Hispanic (11,2%), CHR (10,7%), urban (10,1%) e country (9,2%), de acordo com o mais recente *Marketing Guide and Fact Book* (2007), do Radio Advertising Bureau.

Eis uma breve descrição de alguns dos principais formatos:

Adult Contemporary. Adult contemporary (AC) é um formato abrangente que geralmente inclui alguns hits atualmente populares, chamados *currents*, hits recentes, *recurrents*, e músicas mais antigas, conhecidas por *oldies*. O AC vai de hot AC, com rock, a light, ou easy, AC. Algumas emissoras de AC se autoproclamam um mix, usando uma mistura de tipos e épocas de músicas. Os formatos adult contemporary geralmente são indicados para ouvintes em geral, em vez de ouvintes dedicados a apenas um gênero musical. Existem variações de hot AC e light AC. O AC tem ouvintes relativamente abastados. O CPM é alto. Este formato, particularmente, tem sucesso com mulheres de cerca de 30 anos.

Adult Standards. É quase o mesmo formato que o middle-of-the-road (MOR). (MOR é ainda um formato existente, mas adult standarts é o termo usado pela *Billboard* e Arbitron.) Em todo caso, adult standarts geralmente significa música como a de Tony Bennett e Brenda Lee. Entretanto, este formato não é mais sinônimo de música da Segunda Guerra Mundial. Seleções dos Platters e mesmo dos Carpenters geralmente são ouvidas em emissoras de adult standarts. Lembre-se de que os fãs que tinham 20 anos quando os Carpenters estavam no topo agora estão com seus 50 anos. O tempo passa. O CPM funciona bem, mas os números estão caindo nas emissoras de adult standard frequentemente encontradas na faixa AM.

Classical. O formato classical geralmente inclui música orquestrada, ópera, e, às vezes, show musical. Algumas emissoras clássicas têm peças orquestrais modernas, mas a maioria tende a ficar com Bach, Brahms e Beethoven. O CPM é muito alto; o público é caracteristicamente muito rico. As emissoras de rádio públicas geralmente transmitem neste formato.

Classic Rock. Este costumava ser o formato originário de álbuns rock, mas agora ele tem sua própria identidade. O Classic rock pode ser mais bem definido como os maiores hits dos melhores cem álbuns de rock de todos os tempos, sem novidades. Seleções do Cream e do Moody Blues são exemplos de faixas que estão sempre no classic rock.

Contemporary Hits Radio (CHR). CHR, também conhecido por Top 40 ou current hit radio, costumava ser o que o seu segundo nome diz: as 40 músicas mais famosas tocadas repetidamente. Mas esta estratégia infelizmente é muito vaga para uma emissora que quer se distinguir no mercado. As rádios CHR/Top 40 atuais têm como característica dividir sua programação com formatos especialmente adequados ao público que muda ao longo do dia. Algumas emissoras de CHR/Top 40 também ampliam sua playlist para conquistar um público mais amplo, enquanto outras tocam Top 40s rítmicos para atrair o público mais jovem. Esses formatos geralmente fazem uso de muita promoção para consolidar seu público. O CHR/Top 40 tem um CPM relativamente baixo, porque seu público em geral não tem muito dinheiro, mas aqui também os jovens são muito ativos em relação aos seus hábitos de consumo.

Country. Conforme dissemos, o country é um formato que usa "botas rurais", mas não está limitado aos ouvintes do campo. As melodias country têm como característica um som fanhoso e as letras geralmente falam da luta do dia a dia. O Country estava no auge em 2005, e continua entre os formatos mais populares. Estranhamente, isto é uma bênção para os programas nacionais e produtores de rádio, que devem seguir pela estreita faixa entre ignorar as novidades e alienar ouvintes tradicionais. (A palavra *produtor* é um bom substituto para *programador*, porque planejar o que irá ao ar é, na verdade, uma questão de produção ao vivo. Usamos *produtor* com uma frequência cada vez maior.)

O público country não é visto como particularmente rico, embora o formato tenha conquistado sucesso entre ricos e jovens, graças, em parte, ao enorme sucesso de várias estrelas de country crossover. Lembre-se de que os jovens não são em particular ricos individualmente, mas gastam muito como grupo.

Modern Rock. O modern rock, também chamado de new rock, tem muita música progressiva, incluindo muitas seleções que seriam caracterizadas como alternative new rock. A música tende a ser atual, com bandas que ganharam destaque nos últimos cinco anos. O CPM varia muito.

New AC/Smooth Jazz. Este tipo de formato tem jazz e vocais compatíveis. Essas emissoras tocam música agradáveis de se ouvir, feitas para criar um clima de jazz. A música tende a ter uma velocidade média e às vezes nos referimos a ela como new adult contemporary. O CPM varia amplamente.

News/Talk. De acordo com o *The Radio Book*, a combinação de ligações, entrevistas ao vivo e programação de notícias, chamada news/talk, é o formato mais bem-sucedido na faixa AM. Mesmo sendo tradicional e popular, este formato depende de bons profissionais e é bastante influenciado pelo mercado. Quando não há crises, as taxas de audiência de emissoras de talk caem. A sorte dos programadores de news/talk é que, ao que parece, padecemos da antiga maldição oriental de "viver numa época interessante". Até o final de 2008, news/talk era o formato mais bem-sucedido, tendo caído levemente do seu ponto máximo na temporada eleitoral de 2005 nos Estados Unidos.

O news/talk tem um público relativamente rico. (As emissoras all-news têm um público muito rico.) Ele é particularmente marcante entre empresários. Os ouvintes em geral são mais velhos (35 ou mais), em vez de, digamos, mais jovens (18 a 34 anos).

Oldies. O que compõe o oldie é discutível, mas, para a maioria dos produtores, um oldie é uma faixa lançada há pelo menos dois ou três anos, e, logicamente, muitos oldies datam de muito mais tempo. Algumas emissoras fazem rodízio de todas as épocas de música gravada, mas o mercado para oldie também é segmentado. Você descobrirá que a maioria dos rodízios (o esquema de música tocado) em formatos oldie se concentra num período identificável de 15 anos. Muitas dessas emissoras tocam músicas do início da década de 1960 até o final da de 1970, para os *baby boomers*.

O CPM do oldies geralmente é um pouco maior do que a média, e alguns destes formatos são bastante bem-sucedidos; particularmente os formatos oldies específicos, como os de classic rock, contam com um público grande e leal. Desde 2004, algumas emissoras de oldies começaram a perder parcela de seu público.

Religious. O nome "religioso" é autoexplicativo, mas note que este formato pode incorporar aspectos de outros. Um pouco da música cristã atual, por exemplo, é praticamente impossível de ser distinguido do que se toca no formato adult contemporary. Muitas dessas emissoras não são comerciais, então o CPM não se aplica, ou, no caso de emissoras comerciais que empregam o formato religious, varia amplamente.

Rock. O rock, geralmente denominado album-oriented rock (AOR), tem faixas de heavy rock mais longas, e é essencialmente voltado para um público masculino relativamente jovem. O álbum rock tem muitas variações, mas, em essência, conta com música mais antiga, faixas mais longas e toca música sem parar por mais tempo do que o Top 40.

O AOR tem um CPM baixo, porque o público é considerado menos rico e menos apto a comprar uma ampla gama de produtos em comparação com outros públicos.

Spanish. Uma grande variedade de formatos de música hispânica se tornou famosa por causa do crescente número de latinos nos Estados Unidos. Produtores de emissoras de rádio perceberam isto quando viram o resultado do censo demográfico mais recente, e houve um bom crescimento de emissoras com o formato Spanish. (Em algumas comunidades que existem nos Estados Unidos, perto da fronteira com o México, e, logicamente, na parte sul da Flórida, as emissoras de formato spanish estão no ar há anos.) Os formatos de música hispânica se dividiram em subformatos conforme o gênero cresce em popularidade. O CPM pode ser bom em muitas áreas em que existe uma junção de produtos facilmente identificáveis para este público.

Urban. Os formatos urban têm R&B, rap, hip-hop, hard rock e outros feitos para atrair públicos jovens que vivem em cidades, muitas vezes negros e latinos. Não é surpresa que o urban seja um formato popular nas grandes cidades. Como todos os formatos, o urban muda de conteúdo e força em sua programação. Muitas emissoras urban também têm uma boa dose de faixas Top 40 e são apelidados de "churbands", ou rhythmic Top 40. (Se você ouvir, digamos, uma música de Whitney Houston numa emissora de urban, estará provavelmente sintonizando uma emissora que toca urban com tendências churban.) O formato rhytmic oldies tende a ser uma mistura dos oldies de urban com rap do início do movimento e hits Motown de tempo rápido. O CPM para o urban pode até ser significativo, porque o formato vende muito bem alguns produtos.

Outros Formatos. Existem inúmeros outros formatos, incluindo all-news, vários étnicos, e até mesmo uma emissora que só toca Elvis (incluindo uma por satélite). É particularmente interessante o formato all-sports, que está se mostrando bem-sucedido na WFAN, em Nova York, e na WEEI, em Boston. A internet permite que sejam criados formatos muito específicos, embora o modelo de negócios para muitos deles não esteja totalmente desenvolvido. O formato mais incomum dentre os que conhecemos é o DogCatRadio.com, que programa músicas para serem ouvidas por animais de estimação quando seus donos não estão em casa. Mesmo recebendo muita publicidade, ele nunca foi visto como um estouro em audiência.

Existe muita sobreposição entre formatos. É impossível separar exatamente, por exemplo, um hot AC de um light Top 40/CHR. Note que novos formatos estão em constante fusão, e muitos dos grandes de hoje vieram de outros, híbridos, de alguns anos atrás.

Preenchendo o Nicho: As Tendências Atuais

Depois de examinar a gama de formatos disponíveis, podemos concluir que conseguir e manter um público não é algo que se faz à margem de um contexto. As preferências do público em constante mudança, o rearranjo de formatos concorrentes, as variações sazonais e outros fatores externos afetam a viabilidade da programação para nichos.

Aqui estão algumas das tendências mais dignas de nota na programação de rádio em 2008:

1. Os programadores estavam reformulando o foco com base no conteúdo e (até certo ponto) nas pessoas. Os agentes de radiodifusão estavam procurando capitalizar suas qualidades, oferecendo o que emissoras de rádio para iPods e celulares não têm – foco local e conexões pessoais.

2. Apesar da tendência para uma orientação mais consistente em relação à personalidade, havia também um movimento na outra direção. Os ditos formatos Jack, que têm uma playlist extremamente ampla – até 1.200 músicas que englobam quatro décadas –, não têm locutores e quase nenhuma propaganda. Ainda não se chegou a nenhuma conclusão a respeito do formato Jack. Mesmo mostrando-se bem-sucedidos em alguns mercados, os

GÊNEROS E FORMATOS RADIOFÔNICOS NO BRASIL, por Eduardo Vicente

Não existe, efetivamente, um consenso quando se discute a questão de gêneros e formatos, uma vez que as classificações variam de autor para autor. Não devemos considerar este um grande problema, mas sim compreender que as classificações, na produção artística, não devem aspirar à mesma precisão que se espera delas na área biológica. Afinal, fugir às convenções e amalgamar influências são qualidades inerentes ao fazer artístico.

Sendo assim, é mais proveitoso entender que a função das classificações é a de oferecer um direcionamento inicial para a produção e análise de obras, ou para a pesquisa e ensino do tema. A classificação a seguir tem por base o trabalho de diferentes autores. Para uma discussão mais aprofundada sobre o tema recomendamos, entre outros, o livro *Gêneros radiofônicos*, de André Barbosa Filho (2003).

Antes de mais nada, devemos fazer a diferenciação entre **gênero** e **formato radiofônico**. Consideramos *gênero radiofônico* uma classificação mais geral da mensagem, que considera o tipo específico de expectativa do ouvinte que ela visa atender. Os *gêneros* radiofônicos que apresentamos aqui são: *publicitário* ou *comercial*, *jornalístico* ou *informativo*, *opinativo*, *musical*, *dramático* ou *ficcional* e *educativo-cultural*. *Formatos* radiofônicos são os modelos que podem assumir os programas realizados em cada um dos diferentes gêneros. Vale relembrar o perigo das formulações rígidas, acrescentando que há programas que, como veremos a seguir, acabam misturando diferentes formatos de diferentes gêneros radiofônicos.

A questão da classificação em gêneros e formatos na produção audiovisual é bastante polêmica, não existindo nem mesmo um consenso entre os diferentes autores nas classificações das produções. A própria ideia de classificação é questionada, um autor como Arlindo Machado chega a afirmar que "esse tipo de discussão se tornou alguma coisa anacrônica, quando não irrelevante" (Machado, 2001). Embora entendendo essa posição, consideramos que a classificação pode fornecer condições para uma compreensão mais didática das possibilidades de produção que o rádio pode nos oferecer.

O perigo do qual devemos sempre fugir é o de um enquadramento rígido das produções, que nos leve a discussões intermináveis sobre a classificação de uma determinada obra ou, mais grave ainda, aprisione nossa criatividade. Nossa classificação deve servir apenas como uma orientação geral, por ser necessariamente incompleta, uma vez que se resume aos gêneros e formatos que consideramos mais importantes ou de uso mais frequente no rádio atual. Ela também não segue rigidamente a classificação de nenhum autor, sendo resultado tanto do cruzamento de diferentes obras quanto de opiniões e experiências pessoais.

Gênero Publicitário ou Comercial

É aquele que tenta seduzir, convencer, vender uma ideia ou produto. Seus formatos mais conhecidos são:

Jingle: Um anúncio cantado, normalmente de melodia simples ou conhecida, que tenta fixar a marca ou produto na memória do ouvinte.

Assinatura: Um texto curto que associa o produto ao evento ou programa que ele patrocina (como "sob o patrocínio de..." ou o famoso "as Pílulas de Vida do Dr. Ross orgulhosamente apresentam...").

Vinheta: A abertura de um programa. Normalmente traz um tema musical (como o dos programas esportivos da Jovem Pan ou do Jornal Nacional).

Testemunhal: O tipo de publicidade que se utiliza da "credibilidade dos comunicadores – apresentadores e animadores de programas – quando da leitura de um texto comercial, tendo em vista o convencimento do público" (Barbosa Filho, 2003, p. 126). Este tipo de publicidade é muito usado também na TV, em programas como o do Ratinho e da Ana Maria Braga.

Spot: Um comercial com locução que pode ser apoiada por trilha musical, efeitos e ruídos (BG, do inglês *background*). É o tipo mais criativo de peça publicitária, podendo usar elementos ficcionais e humorísticos (contar uma história, ter diferentes personagens etc.). O tipo de spot mais comum consiste em uma peça locutada com fundo musical. Normalmente, a música de fundo é instrumental (também conhecida *trilha branca*), para não prejudicar a compreensão da locução.

Gênero Jornalístico ou Informativo

É aquele em que o rádio busca levar ao ouvinte a informação de modo mais atualizado e abrangente. Seus formatos mais utilizados são:

Nota: Informe curto (com cerca de 30 segundos) e sintético sobre um fato ou acontecimento.

Boletim: Informativo curto (com, no máximo, cinco minutos de duração) e apresentado com maior frequência, que traz uma síntese das notícias mais importantes do dia.

Reportagem: Matéria específica e de maior fôlego sobre um determinado tema. Pode incluir entrevistas, externas, opinião do repórter, BG etc. Poderíamos considerar a reportagem como um formato que combina elementos dos gêneros jornalístico e opinativo.

Entrevista: Depoimento dado a um ou mais repórteres tanto em estúdio quanto em externas.

Externa: Matéria jornalística feita no local do acontecimento, que busca não só levar ao ouvinte a informação mais recente, como também o clima, a ambientação do local onde estão ocorrendo os fatos. Neste formato, as descrições do repórter, suas impressões sobre o que acontece ao seu redor e os depoimentos que consegue obter assumem grande importância.

Crônica: Pode ser esportiva, política, de moda, de comportamento etc. O que o caracteriza é a liberdade do autor em escolher o tema e expressar suas opiniões pessoais sobre o assunto em questão. Assim, o foco da crônica é a persona do autor/apresentador, muito mais do que a notícia em si.

Debate ou mesa-redonda: Reúne diferentes personalidades (preferencialmente especialistas sobre um determinado assunto) para, mediados por um apresentador, expressarem seus diferentes pontos de vista sobre um ou mais temas. Pode incluir, também, a participação do ouvinte.

Radiojornal: Programa dividido em diferentes seções que "congrega e reproduz outros formatos jornalísticos, como notas, notícias, reportagens, comentários e crônicas" (Barbosa Filho, 2003, p. 100).

GÊNEROS E FORMATOS RADIOFÔNICOS NO BRASIL (continuação)

Documentário radiofônico: De formato híbrido, pode incorporar elementos de todos os gêneros aqui apresentados, como entrevistas, depoimentos pessoais, opiniões, dramatização de textos e acontecimentos. Para tanto, necessariamente exige o uso de música e efeitos.

Programas esportivos: Além daqueles produzidos dentro de formatos jornalísticos tradicionais (como mesa-redonda, boletim etc.), podem ser classificados como programas esportivos também as transmissões de eventos, entre as quais se destaca evidentemente a do futebol.

Gênero Musical

É o tipo de programa que ocupa o maior espaço da programação de grande parte das rádios comerciais do país. Preferimos não definir diferentes formatos para este tipo de programa, uma vez que todos se baseiam na alternância entre música e locução. As variações possíveis vão dos programas em que o locutor pouco interfere em uma programação musical quase ininterrupta (caso da maioria das FMs) àqueles em que cada música é precedida de um longo comentário explicativo (às vezes do próprio autor) ou mesmo executada ao vivo.

Gênero Dramático ou Ficcional

As produções deste gênero buscam utilizar todos os recursos da linguagem sonora e radiofônica (música, efeitos, silêncio e vozes) para construir ambientes e personagens e, por meio deles, apresentar histórias reais ou fictícias. Embora seja pouco usado no rádio brasileiro atual, é um gênero extremamente importante, desafiador e muito útil para a expressão de indivíduos e comunidades. Entre seus formatos, podemos destacar:

Radionovelas: Dramas radiofônicos de longa duração, divididos em capítulos que, no Brasil, fizeram imenso sucesso entre as décadas de 1930 e 1950. Nos Estados Unidos, ganharam o apelido de "soap operas" pelo fato de serem patrocinadas por fabricantes de produtos de limpeza ou de higiene e endereçadas a um público exclusivamente feminino.

Seriado: "É formado por peças independentes umas das outras – tramas diferenciadas com começo, meio e fim –, focalizando personagens centrais fixos." (Barbosa Filho, 2003, p. 118).

Peça radiofônica: Formato ainda muito utilizado na Europa, é uma produção unitária que pode ser tanto a dramatização de uma situação social pertinente à realidade da comunidade que o produz (sociodrama), como uma produção original ou a adaptação de um texto (livro, conto, crônica, história em quadrinhos etc.).

Poemas dramatizados: Sendo o poema uma obra tão ligada à expressão oral (pelo uso que faz da rima, do ritmo, da aliteração etc.) ele se presta muito bem à leitura dramática que pode ser acompanhada de BG, efeitos, intervenções, sobreposições de outras vozes etc.

Esquete: Quadro cômico curto que pode ser apresentado no intervalo da programação.

Gênero Educativo-Cultural

Embora pouco usado no Brasil, este gênero é bastante comum em países desenvolvidos. Destina-se, como diz o nome, à transmissão de conteúdos educacionais e culturais, sendo os seus principais formatos:

Documentário educativo-cultural: É aquele dedicado a temas artísticos, históricos, sociais e/ou culturais. Como os documentários jornalísticos, estes também podem recorrer aos mais diferentes recursos. São bons exemplos de documentários educativo-culturais produções do projeto "Rádio Escola", do Ministério da Educação, como a série "Tirando Versos da Imaginação", que trata da cantoria de viola nordestina.

Audiobiografia: Programa que se concentra em discutir vida e obra de uma determinada personalidade.

Programa Temático: Voltado para a discussão do conhecimento em uma área ou em um tema específico.

Além dos formatos aqui retratados, há outros que não podem ser enquadrados em um gênero específico. Seria esse o caso dos programas *infantis* e de *variedades*.

Embora dedicados a públicos distintos, eles têm em comum o fato de ser compostos por uma miscelânea de quadros – jogos, concursos, divulgação de eventos, música, noticiários, dramatização de histórias e situações, apresentação de calouros e convidados etc. – além de reservarem um papel preponderante para seu apresentador e oferecer diferentes possibilidades de participação ao seu público (ao vivo, por telefone, carta, internet).

Bibliografia

BARBOSA FILHO, André. *Gêneros radiofônicos*. São Paulo: Paulinas, 2003.

FERRARETTO, Luiz Artur. *Rádio: O veículo, a história, a técnica*. Porto Alegre: Sagra, 2001.

MACHADO, Arlindo. *A televisão levada a sério*. São Paulo: Senac, 2001.

MCLEISH, Robert. *Produção de rádio*. São Paulo: Summus, 2001.

VV.AA. *Onda cheveríssima! Comunicación para la convivência*. Bogotá: Paulinas, 2003.

programadores se perguntam quantos formatos de rádio sobreviveram no passado sem depender da sua personalidade.
3. Em geral, os adult hits, all-sports e classic hits registraram melhoria no market share, da mesma forma que os formatos de música mexicana e hispânica. Estiveram também em crescimento os formatos especiais para crianças, educacionais, étnicos, adult hits de música hispânica e os new country.

PRODUÇÃO NO AR E FORA DO AR NO FORMATO MODERNO

Eis onde se encontram a medição da audiência e as características do formato: o produtor, no ar ou não, precisa mesclar o desejo do patrocinador de ter um público claramente definido com o do público, de ter um formato atraente.

Vamos tratar inicialmente de uma questão fundamental para evitar a mudança de estação – um princípio que se aplica a todos os formatos –, e então examinaremos especificamente as técnicas de produção em alguns grandes formatos que você provavelmente encontrará em algum momento da sua carreira no rádio.

A Produção e a Mudança de Estação

O trabalho do produtor consiste, na verdade, em dois pontos: conquistar os ouvintes e evitar afastá-los. Você quer aumentar o tempo que sua emissora está sendo sintonizada, limitando seu turnover. Três importantes fatores estão envolvidos aqui: evitar os dead spots e as transições incômodas, e manter o ouvinte sintonizado ao longo do quarto de hora.

Evitando dead spots. Suponha que você tem um formato CHR/Top-40 rígido e um trabalho de qualidade e bem cronometrado sendo feito pelo locutor, e coloca um comercial calmo e sem música no fundo. Provavelmente perderá alguns ouvintes, motivo pelo qual muitos spots de CHR são construídos com boa música de produção.

Na verdade, quase todos os formatos usam música de produção de alta qualidade. Foi-se a época em que se podia pegar um disco da estante e usar qualquer música instrumental antiga por baixo do comercial. Atualmente, uma música de produção vívida, que se encaixe com o formato, é uma necessidade real.

Várias empresas fornecem música de produção que projeta um certo clima dentro das restrições dos vários formatos. As faixas vêm em CDs e são relacionadas por seleção. Alguns acervos de música de produção são agora atualizados muito frequentemente com novos lançamentos, para que os fundos musicais reflitam tendências atuais.

Evitando transições incômodas. Um produtor ao vivo precisa tomar cuidado para não fazer o ouvinte "cair da cadeira". Uma faixa calma indo para uma ousada e agitada pode manter seus ouvintes acordados, mas também acordá-los o suficiente para que troquem de emissora.

Alguns diretores de programação fazem questão de ouvir os finais e começos para ver se encaixam. Caso contrário, é necessário fazer algum rearranjo. Por exemplo, uma introdução muito agitada, com tempo rápido, é uma má escolha para seguir o final de uma música calma, mas é uma escolha boa para colocar no fim de um noticiário cheio de energia.

Alguns diretores de programação combinam a tonalidade das músicas. *Tonalidade* é um esquema musical no qual se encaixam as notas de uma música. Em termos simples (e realmente simplistas), a tonalidade de uma música é a primeira nota da escala usada para escrevê-la. Esta nota, três acima (a *terça*) e as cinco acima (a *quinta*) soam naturais e completas. As notas que não estão na nota-base (chamada de *tônica*) ou na terça ou na quinta não soam completas, mantendo o suspense, esperando que a música se "decida". Algumas tonalidades simplesmente não evoluem bem para outras. Uma tonalidade geralmente evolui bem para si mesma e para uma música cuja nota da tônica seja baseada numa nota encontrada na primeira tonalidade. O especialista em áudio Stanley R. Alten compilou uma lista de tonalidades compatíveis – que podem evoluir bem de uma para outra (Figura 16.2).

Para quem não tem treinamento musical, o parágrafo anterior é provavelmente uma "conversa de louco". Honestamente, um dos autores deste livro, que trabalhou como músico erudito profissional, geralmente não consegue dizer qual é a tonalidade de uma música apenas ao ouvi-la. Entretanto, qualquer pessoa que tenha um ouvido razoável pode julgar se uma transição entre duas músicas é gritante em razão da mudança na tonalidade ser muito grande. Apenas ouça; se o começo da seleção seguinte soar gritante, dissonante ou estranho quando sobreposto ao final da anterior, as tonalidades não se misturam, e é melhor refazer a seleção musical.

Manter o ouvinte sintonizado durante 15 minutos. Lembre-se de que a Arbitron, maior sistema de medição, conta ouvintes por números sintonizados durante um quarto de hora. Como resultado, parte do trabalho de um produtor ou programador é manter o ouvinte sintonizado durante este crítico intervalo de 15 minutos.

A música nesta tonalidade seguirá com	Primeira opção	Segunda opção	Terceira opção
A	A	D	E
A♯ (B♭)	A♯ (B♭)	D♯ (E♭)	F
B	B	E	F♯
C	C	F	G
C♯ (D♭)	C♯ (D♭)	F♯ (G♭)	G♯ (A♭)
D	D	G	A
D♯ (E♭)	D♯ (E♭)	G♯ (A♭)	A♯ (B♭)
E	E	A	B
F	F	B♭	C
F♯ (G♭)	F♯ (G♭)	B	C♯ (D♭)
G	G	C	D
G♯ (A♭)	G♯ (A♭)	C♯ (D♭)	D♯ (E♭)

FIGURA 16.2 Tonalidades musicais compatíveis.[7]
Fonte: De Stanley R. Alten, *Audio in Media*. 3. ed. (Belmont, CA: Wadsworth, 1991).

Produção para Adult Contemporary (AC)

O AC precisa de uma estratégia de produção particularmente coesa, porque existe muita concorrência. Se você estiver gerenciando uma easy AC que entra num ritmo muito cadenciado, esteja certo de que existe outra emissora de easy AC no mercado pronta para roubar seus ouvintes.

Produção de AC no ar. As emissoras no formato AC geralmente têm 6 a 14 faixas no rodízio principal – ou seja, 6 a 14 músicas atuais que serão regularmente inseridas na playlist. Quanto mais cadenciado for o formato AC, mais músicas atuais. Em geral, o AC depende que o Top 40 introduza gravações num mercado, mas os ACs atuais mais cadenciados estão inserindo as mesmas novas músicas.

A seleção musical é importante, porque uma faixa de hard rock pode afastar ouvintes. Diretores de produção de AC ouvem cuidadosamente e podem até mesmo desqualificar uma faixa por causa de uma parte. "Parece que todo mundo tem

---

[7] A correspondência entre a nomenclatura das notas em inglês e português é: A (lá), B (si), C (dó), D (ré), E (mi), F (fá), G (sol); *sharp* (#) sustenido e *flat* (b) bemol. (NE)

que colocar algo numa música só para irritar", diz o consultor Bob Lowrey.[8] Trechos muito agitados ou ritmos densos, por exemplo, geralmente tornam a música inadequada para o formato AC, mas não se esqueça de que existe o outro lado da história. Uma seleção AC muito calma (*Feelings* vem à mente) também pode afastar os ouvintes de rádio. Tente enunciar brevemente a seleção (identificá-la depois de tocá-la; outra palavra para isto é *backsell*). A pesquisa mostra que a falta de identificação das músicas está irritando cada vez mais o público de AC.

Produção de AC fora do ar. Sua seleção de fundos musicais para comerciais precisa refletir a estratégia de programação da emissora. Em geral, quase nunca é recomendável usar música atual como fundo musical. Elas são apenas uma pequena parte do rodízio, então você estará distraindo o ouvinte do som da emissora e, ao mesmo tempo, atrapalhando o formato.

Se você está produzindo um comercial, lembre-se de usar uma boa seleção de vozes femininas. Seu público provavelmente será composto de muitas mulheres, o que às vezes esquecemos de levar em conta. ACs calmos são populares entre mulheres de 18 a 34 anos, e ACs muito leves o são entre as de 30 e 50 anos. A voz do comercial geralmente é representativa do ouvinte, então, certifique-se de que seu público tenha porta-vozes suficientes.

Produção para Album-Oriented Rock

Programadores de Album-oriented rock (AOR) querem um TSL forte entre seus números. Este formato precisa de um público fiel.

Produção de AOR no ar. Longas sequências são a regra. A estratégia básica do AOR é oferecer músicas longas, por isso as interrupções frequentes afastam o público. Embora a tipificação clara seja importante, pesquisas mostram cada vez mais que os ouvintes de AOR estão ficando entediados com o "blá-blá-blá" incessante entre os locutores, por isso muitas emissoras estão restringindo o falatório ao mínimo possível.[9]

Produção de AOR fora do ar. Isto não significa, entretanto, que a tipificação não seja importante. Na verdade, a AOR ainda depende, e muito, do DJ familiar

---

[8] Citado por Sean Ross. "Soft AC Reconsiders Its Sources". *Billboard*, 8 fev. 1992.
[9] Idem.

que projeta um estilo de vida. Lembre-se de que a produção de spots para AOR precisa dar aquela sensação de proximidade, geralmente alcançada com um microfone de alta qualidade e um locutor perto dele. Recomenda-se utilizar fundos musicais apropriados, e um áudio persuasivo e compacto. Mas não deixe que seus spots lembrem demasiadamente o formato Top 40.

Produção para Country

O time spent listening é provavelmente a consideração mais importante para o country. A força do country está em um TSL marcante; em termos práticos, isto significa que evitar a mudança de estação é especialmente importante.

Produção de Country no ar. As emissoras country têm um problema peculiar: a superabundância. O Country está de volta entre os ouvintes mais jovens, e muitos jovens cantores de country famosos estão ocupando o topo das paradas. Então, qual o problema? Os fãs de country são muito leais aos antigos padrões, e você corre o risco de prejudicar seu TSL e a base da sua audiência se os afastar com muita música nova. Muitas emissoras estão descobrindo que uma solução para este problema é inserir uma nova faixa entre uma antiga e uma atual. Isto "facilita a entrada" da nova música, sem afastar o público que espera ouvir os clássicos do passado.[10]

Produção de Country fora do ar. Novamente, as faixas da atualidade não são a melhor opção para os fundos musicais. Provavelmente, será melhor utilizar os fornecidos pelas empresas de produção de música. Esses acervos têm fundos musicais que seguem todas as tendências do country, do agitado ao bem tradicional.

Não se sinta compelido a usar fundos musicais. O country não exige música o tempo todo (como o Top 40). Um spot familiar e benfeito, lido por um dos locutores de sua emissora, pode ser muito eficiente.

A "familiaridade" descreve bem o bom country, porque provavelmente em nenhum outro lugar no rádio a ligação entre o locutor e o ouvinte é mais importante. Os diretores de produção de country fazem de tudo para tornar a equipe de locutores acessível ao público; então, tire proveito deste conhecimento.

---

[10] Veja "Programming: How to Get What Country's Got", *Radio Only*, dez. 1991, p. 24.

Produção para News/Talk

O news/talk depende muito da sintonia frequente dos ouvintes para criar uma audiência acumulada. O time spent listening é um fator importante, mas os programadores de news/talk sabem que os ouvintes que sintonizam e mudam de estação são a base de seus números. Ideias e apresentações novas são vitais para estabelecer um público ouvinte.

Produção de News/Talk no ar. Sabemos que o público se modifica constantemente, então é importante que isto ocorra sem afetar a fluência do programa. Em segmentos falados, por exemplo, as conversas não devem continuar após os comerciais. Um ouvinte que sintonizou durante os comerciais não será capaz de acompanhar a conversa depois deles e, como resultado, a sintonia, que cria uma audiência acumulada, pode ser enfraquecida.

Se você tem um programa regular, facilite aos ouvintes encontrá-lo. A WCBS-AM, de Nova York (que é all-news, e não news/talk, mas o exemplo que citamos funciona para ambos os formatos), coloca no ar seu "News and Weather Together on the Eights" ["Notícias e Previsão do Tempo juntos no Oitenta"]. Não apenas isto ajuda a reforçar a lembrança do ouvinte sobre a frequência (88, no dial), mas também estimula qualquer pessoa que estiver presa no trânsito a sintonizar 8 minutos depois, 18, 28 minutos depois, 38, e assim por diante. Convença os ouvintes a esperar 5 minutos, e você terá índices de audiência acumulada muito altos.

Produção de News/Talk fora do ar. Um fundo musical geralmente prejudica os spots, então seja sensato. Em condições ideais, os comerciais e anúncios de serviços públicos (PSAs) devem soar como o produto de news/talk em si: vigoroso e oficial. Os apresentadores dos programas, e, às vezes, os jornalistas, se a política da emissora permitir, são geralmente as melhores escolhas para serem a voz dos spots, em vez de locutores anônimos. Se você usar fundos musicais, lembre-se de que seu público tende mais para o ouvinte mais velho e conservador. Nunca use fundo hard-rock.

Produção para CHR/Top 40

Quando você produz um programa para o formato CHR/Top 40, está lutando contra o turnover. Em geral, os anunciantes de Top-40 querem o melhor de ambos os mundos: um índice de audiência elevado (alcance) e muitos ouvintes constantes (frequência). Por quê? Porque muitos dos principais produtos anunciados no Top 40 precisam se distinguir da concorrência.

As bebidas não alcoólicas, por exemplo, precisam de uma estratégia mercadológica que tenha uma frequência relativamente alta. Essas bebidas são muito semelhantes (você teria dificuldades para diferenciá-las com os olhos vendados) e dependem da percepção do público para gerar vendas. Construir uma imagem requer que a mensagem seja repetida um número de vezes suficiente para que seja absorvida.

O CHR/Top 40 não tem um público particularmente rico, por isso o CPM é baixo.

Produção de CHR/Top-40 no ar. Como você mantém esses números, fazendo que seus ouvintes sejam leais? Há menos flexibilidade em relação à programação porque o CHR/Top 40 tem uma playlist limitada. Em geral, seu objetivo é fazer que a produção seja coesa, manter o mínimo de conversação no ar e garantir que sua emissora tenha uma identidade própria. A "crise de identidade" às vezes envolve a criação de uma tática para fazer que ouvintes lembrem de sua emissora. Liners – slogans que são lidos durante o programa, geralmente em cima da introdução da música – são vitais. Repetir sempre o liner ajuda a reforçar sua imagem e dá aos ouvintes algo para que se lembrem de sua emissora quando estão preenchendo seus diários.

"Hot Hits 100 – É fogo" é particularmente útil se sua identificação lembra a palavra "hot" e se a sua frequência estiver perto de 100 MHz. Mas tome cuidado, porque se quem escreve diários inventar suas próprias identificações (se eles acham que estão ouvindo à WHOT quando sua emissora é, na verdade, a WHTS), você pode começar a perder crédito por causa dos acessos aos diários.

Embora o CHR/Top 40 não permita grande flexibilidade na playlist, isto não significa que você não possa variar seu rodízio de faixas *power* – aquelas que estão no topo das paradas – e de oldies. Muitas emissoras Top-40/CHR incorporam uma boa seleção de oldies, especialmente quando pode haver uma grande porcentagem de ouvintes mais velhos, como à noite.

Produção de Top-40/CHR fora do ar. Fundos musicais agitados e alto grau de compressão são, praticamente, uma necessidade. Neste formato, o instante de distanciamento da música que toca continuamente é visto geralmente como um fator significativo para a mudança de estação.

A abordagem personalizada não funciona tão bem no CHR/Top 40 quanto em outros formatos. Os DJs estão em segundo lugar em relação à música, então a lealdade do público é somente para com a música. Uma atração personalizada feita pelo DJ, sem música, será geralmente menos eficiente neste formato do que em um country ou AC.

Produção para Urban/Churban/Rhythmic Top 40

O ritmo é a chave do formato urban, e estar na moda é essencial.

Produção de Urban/Churban no ar. Os sucessos de rap são voláteis. O que está bem numa semana, pode cair como uma pedra na seguinte, então o programador ou produtor precisa ficar atento para manter o formato "vivo". Embora os sets de uma só música fossem a base da programação no formato urban, muitos programadores e produtores de emissoras descobriram que colocar música sem parar é uma forma eficiente de se criar um público, mantendo-o por mais de 15 minutos.

Por acaso, existe um truque para que sua emissora pareça ser mais atual do que a concorrência. Algumas emissoras de urban, churban e CHR/Top 40 descobriram que realizar o frontsell de novas músicas – ou seja, anunciar as faixas antes de tocá-las – ajuda a consolidar sua reputação como inovadoras. Isto significa colocar as novas faixas quando elas puderem ser anunciadas desta forma, como logo após um intervalo comercial.[11]

Produção de Urban/Churban fora do ar. Fundos musicais rítmicos são importantes para a produção de comerciais, embora os spots com locutores famosos, alguns sem música, não estejam fora de questão. Os formatos urban funcionam melhor com DJs marcantes no ar do que o CHR/Top 40, então não tenha medo de dar um toque pessoal num comercial ou numa produção de PSA. Mas não exagere, porque perder o ritmo geralmente é equivalente a perder o público.

COLOCANDO UM FORMATO NO AR

Concluiremos este capítulo discutindo como alguém se torna um programador – agrupando todos os elementos, implementando uma playlist e colocando o formato no ar.

Se você for instruído a "programar" sua emissora, uma das primeiras tarefas é criar o cronograma do programa e a playlist. O primeiro nem sempre está relacionado a um relógio físico pendurado na parede do estúdio; refere-se mais a uma estrutura teórica na qual os elementos do programa são inseridos. Lembre-se deste importante princípio: o cronograma do programa é simplesmente uma estrutura que cria a consistência em cada *hora de som* e em cada dia de radiodifusão.

---

[11] Veja "Programming: How to Bring It Back", *Radio Only*, nov. 1991, p. 22.

O Formato e a Hora de Som

Seu objetivo é fazer que sua emissora seja reconhecida e que seu público se sinta à vontade ao ouvi-la. Cada parte da hora de som terá um propósito.

Por exemplo, aqui está uma sequência típica de uma hora de som de uma emissora AC, detalhando o que ocorre e por quê:

- Um curto segmento de notícias e a identificação da emissora no início da hora – dê ao público notícias no momento certo e atenda às exigências legais de identificação da emissora.
- Vocal potente – incentive o público a voltar à programação.
- Oldie – ofereça lembranças boas e agradáveis.
- Dois comerciais – pague as contas.
- Bulleted Hit (em ascensão) – atraia novamente a atenção do público após os comerciais; mostre que a emissora está acompanhando as músicas atuais.
- Vocal mais leve – a programação não pode ser intensa o tempo todo; o público precisa de um descanso.
- Previsão do tempo, comercial e promoção da emissora – dê ao público o que o interessa, assegure o lucro da companhia e faça o público se sentir feliz por ouvir sua emissora.
- Uma música que está saindo das paradas – mantenha a consistência da playlist deixando o público se distanciar aos poucos dos hits que estão caindo.
- Um hit que está entre os 10 mais ouvidos – mantenha vibrante e atual.

E assim por diante. O mecanismo desse cronograma provavelmente não é claro para o ouvinte, mas os efeitos sim.

Diferentes formatos terão objetivos diferentes. Num formato dance, o objetivo é nunca deixar o ritmo parar. Num formato nostalgia, pode ser nunca pular décadas e, estranhamente, jamais usar a palavra *nostalgia*, para evitar lembrar os ouvintes sobre a própria idade.

Construindo a Playlist

Como um programador decide que música tocar? Um importante mecanismo nesta decisão é monitorar os lançamentos do mercado para verificar a popularidade de certas faixas. A *Billboard* e a *Radio and Records* mantêm planilhas de vendas e de frequência no ar muito detalhadas. Um programador também monitora a venda de discos nas lojas locais e, logicamente, em outras emissoras do mercado.

A parte mais complicada de se construir a playlist é introduzir uma nova música. Os públicos tendem a mudar de emissora quando ouvem músicas com as quais não estão familiarizados, então o programador é encarregado por garantir que as novas faixas atrairão o "antigo" público. O box "Em Sintonia com a Tecnologia" traz muitas dicas de como fazer o rodízio de novas músicas na programação.

CONCLUSÃO

Apesar do mau agouro, o rádio é muito forte. A renda tem caído um pouco, mas, com as novas tecnologias HD e de internet disponíveis, o céu é o limite para uma mídia que se mostrou consideravelmente resiliente e adaptável.

Queremos encerrar esta discussão com uma citação de Jim Robinson, presidente da ABC Radio Networks. Robinson disse ao *Billboard Radio Monitor* que um dos motivos pelos quais os iPods e outros dispositivos de som ganharam tanto impulso é que "a escolha da programação no rádio se tornou um pouco mais limitada e previsível do que os consumidores podem aceitar num mundo no qual se tem muitas outras escolhas. Então, temos uma oportunidade de avaliar nossa criatividade e nossa forma de nos apresentarmos. Essa é a nossa oportunidade de mostrar nossa desenvoltura como indústria".[12]

Lembre-se: é esta capacidade do rádio de estar presente, mesmo enquanto fazemos outra coisa, que o torna tão importante no nosso tempo. Podemos ouvi-lo no trabalho, no carro ou enquanto caminhamos.

E o produtor continuará a planejar essa jornada no tempo e no espaço.

RESUMO

Encontrar e servir um público específico é provavelmente mais importante agora do que em qualquer outro momento da história do rádio.

Os índices de audiência de rádios geralmente são medidos em períodos de 15 minutos. Dados sobre a audiência, tanto duplicados quanto não duplicados, são importantes para as emissoras de rádio, porque elas precisam alcançar um grande número de ouvintes, mas a natureza da mídia por si só faz que seja importante

---

[12] Sanders, Tony. "Jazzing Up ABC: Jim Robinson". *Billboard Radio Monitor*, 8 jul. 2005. Disponível em: <http://www.allbusiness.com/services/motion-pictures/4487181-1.html>. Acessado em: 29 nov. 2008.

EM SINTONIA COM A TECNOLOGIA • A NOVA MÚSICA E A RÁDIO UNIVERSITÁRIA

É fato que as emissoras de rádio universitárias tradicionalmente pensam em si mesmas como o lugar onde são feitas e tocadas novas músicas. Durante as décadas de 1980 e 1990, algumas das maiores bandas de rock, como o U2, REM, The Police, Talking Heads e INXS, surgiram no cenário musical das faculdades.

Atualmente, há nos Estados Unidos[1] cerca de 800 emissoras licenciadas para faculdades e universidades, e algumas não licenciadas que formam o cenário musical. Grande parte dos DJs é de estudantes de radiodifusão, mas, em igual número, temos aficionados por música que acham que passar um tempo no microfone é uma experiência estimulante.

A música indie está na moda agora, mas como ela começou?
No fim da década de 1970, Robert Haber, fundador do *College Music Journal* (*CMJ*), criou um espaço no qual os diretores musicais de emissoras universitárias podiam dividir suas playlists. Antes de fundar o *CMJ*, ele era o diretor musical da WBRS, a emissora de rádio da Brandeis University. Haber descobriu que a indústria musical estava praticamente ignorando as tendências que surgiam no cenário musical das faculdades. Acreditando que estava na hora de dar força aos programadores de faculdades, Haber criou o *CMJ* no porão da casa dos pais. Sua ideia era relativamente simples, mas, como muitas outras coisas bem-sucedidas, era preciso aproveitar o momento.

O raciocínio por trás da sua ideia era que a nova música descoberta em Seattle, como a do Nirvana, poderia não estar entrando no ar muitas vezes em Syracuse porque era possível que os estudantes ouvintes dessa emissora ainda não tivessem sido apresentados ao som grunge. Entretanto, à medida que as grandes gravadoras começaram a compreender a importância no cenário musical universitário, o *CMJ* se tornou um bom barômetro do ritmo da nova música.

Ao longo, portanto, das últimas duas décadas, o *CMJ* cresceu, tornando-se uma bíblia para os programadores musicais universitários. Todo ano, sua Music Marathon (Maratona Musical) é um evento de quatro dias muito concorrido, que apresenta alguns dos estilos mais promissores no futuro.

Atualmente, o *College Music Journal* é uma potência efetiva para designar novas músicas, entretanto, não é a única fonte.

O novo cenário musical
Nos últimos anos, o cenário das novas músicas mudou. O Napster desencadeou uma revolução nos computadores, por meio da qual as pessoas descobriram que era possível partilhar música pela internet. Utilizando tecnologia de compartilhamento de arquivos, ficou fácil colocar um arquivo MP3 num servidor, permitindo que o mundo o acesse. Quando o Napster facilitou o compartilhamento de arquivos, acabou, ao mesmo tempo, irritando as gravadoras, já que o produto delas acabou, praticamente, disponível de graça. Depois que a Justiça fechou o Napster, o Grokster e outros sites de compartilhamento de arquivos ilegais, novos sistemas legais começaram a ser desenvolvidos.

Atualmente, os alunos de faculdades parecem ter adotado os laptops e os iPods

---

[1] O Brasil tem hoje 3.988 emissoras de rádio em funcionamento. São 1.707 em ondas médias (AM) e 2.281 em frequência modulada (FM), segundo relatório da Anatel, divulgado no estudo Mídia Dados 2009. (Fonte: http://blogs.abril.com.br/blogdojj/2009/09/brasil-tem-3-988-emissoras-radio.html. Acessado em 22 dez. 2009).

como vingança – eles podem procurar música nova sempre que tiverem uma conexão com a internet. Existem milhares de sites de música na internet, mas o iTunes, da Apple Computer, é talvez o exemplo mais bem-sucedido de um site comercial.

Até 2008, a Apple alega ter vendido mais de cinco bilhões de músicas via download, e nele pode-se encontrar uma ampla variedade de gêneros musicais para navegar. (Na verdade, a playlist top do iTunes para música alternativa espelha com frequência a lista da *College Music Journal*!)

O podcasting e além dele: encontrando nova música

O podcasting possibilitou que muitos especialistas em música dessem informação sobre música nova.

Algumas das opções disponíveis destacam discussões sobre punk, electronic, latina e muitos outros estilos musicais. Gravadoras menores comunicam lançamentos futuros e a seção de rádio do iTunes tem mais de 40 streams de emissoras de rádio de escolas.

Embora o iTunes possa ser o site de música mais bem-sucedido, certamente não é a única forma de se aprender sobre a nova música. O Napster.com (que agora é legal) permite que os assinantes ouçam músicas completas e dividam suas opiniões no Narchive. O Live365 é outra fonte alternativa para ouvir música nova, que cita mais de seiscentas emissoras na categoria alternativa e agora informa que fornece seu serviço a vários milhões de ouvintes por mês. As bandas de indie podem fazer o upload do acervo musical do site, que permite que as várias emissoras de rádio do Live365 tenham acesso a essas músicas. O site MP3.com fornece um serviço de músicas similar para outros sites de músicas, com a diferença de que você pode ouvir a música inteira. Todos esses serviços podem ser úteis para diretores de emissoras de música que estão procurando o próximo grande hit.

Os sites de música indie podem ser recursos muito úteis para os programadores de música. O Indie-Music.com e o Allmusic.com são ótimos para identificar novos cenários musicais e verificar tendências. Clique na opção Play Radio do Indie-Music.com para acessar uma seleção musical baseada no gênero escolhido. Seleções inteiras são tocadas através do tocador de músicas do computador. O Allmusic.com fornece uma ampla gama de atributos úteis, incluindo biografias de artistas, influências musicais e informação de álbuns que acabaram de ser lançados.

O Pandora.com é um site muito interessante, que pode ajudar os ouvintes a ampliar seu conhecimento de um gênero em particular. Quando você acessa o site, uma janela de pop-up pede para identificar um músico de sua preferência. De lá, o site o conduz por uma jornada musical que toca música relacionada àquele artista ou gênero. As seleções musicais escolhidas são refinadas pelo Music Genome Project, que informa avaliar músicas baseando-se num arranjo de parâmetros muito complexos. (Se você estiver começando um trabalho numa emissora que toca música que não lhe seja muito familiar, este seria um site bastante útil.)

À medida que a internet evolui, os diretores musicais certamente terão outras maneiras de descobrir novos artistas e gêneros musicais. A tecnologia continua abrindo horizontes musicais cada vez mais amplos. Isto será uma vantagem para a nova geração de programadores musicais de emissoras de rádio universitária.

alcançar o mesmo ouvinte várias vezes com um anúncio específico. A Arbitron, uma empresa que usa diários de ouvintes para medir o comportamento do público, fornece a maioria dos índices de audiência do rádio.

Os principais métodos de se calcular a eficiência de propagandas são os custos por milhar e por ponto e o *optimum effective scheduling*.

EXERCÍCIOS

Existem muitos tipos de formatos. Uma tipificação particularmente eficiente os define como adult contemporary, news/talk, country, CHR/Top 40, album oriented rock (AOR), urban, oldies, spanish, classic rock, adult standards, easy listening, adult alternative, religious, classical, modern rock, dentre outros.

Uma das grandes questões na produção de rádio é evitar o turnover. Isto se faz evitando os dead spots, livrando-se das transições gritantes e dando aos ouvintes a música e a conversa que eles querem. É particularmente importante, graças à forma como se mede audiência de rádio, manter os ouvintes sintonizados por um quarto de hora. Embora o rádio tenha recentemente enfrentado dificuldades, a mídia está se recuperando e o processo de recuperação natural passa, segundo a crença de algumas pessoas, pela restauração da sua missão básica: dar aos ouvintes o que eles querem.

1. Evitamos, propositalmente, mostrar vários cronogramas de programa, porque eles tendem a oferecer uma conceituação superficial e relativamente inútil do que uma emissora individual realmente faz. Mas a Figura 16.3 traz um exemplo de cronograma de programa.

    Usando-o como referência, construa seu próprio cronograma de emissora, monitorando uma emissora em particular por uma hora. Use o vocabulário que definimos neste capítulo (current, recurrent, e assim por diante) junto com as descrições óbvias (notícias, intervalo comercial). Este é um projeto ideal para uma sala de aula, já que você pode comparar os vários formatos e, talvez, as diferenças de percepção quanto a uma mesma emissora durante uma mesma hora. Também pode ser útil fazer o cronograma de uma emissora não comercial, como sua afiliada local da National Public Radio. Seu professor designará emissoras a alunos da sala de aula.
2. Escreva e produza um comercial de 30 segundos para um produto de sua escolha e produza-o de três formas: para uma soft AC, uma CHR/Top 40, e para uma emissora country. Não pense que somente sua escolha de música de fundo será suficiente e não parodie a locução (parecer um perso-

nagem "caipira" estereotipado não ficará bem num bom comercial de country). Você está livre, e até mesmo convidado, a mudar o texto nos três comerciais.

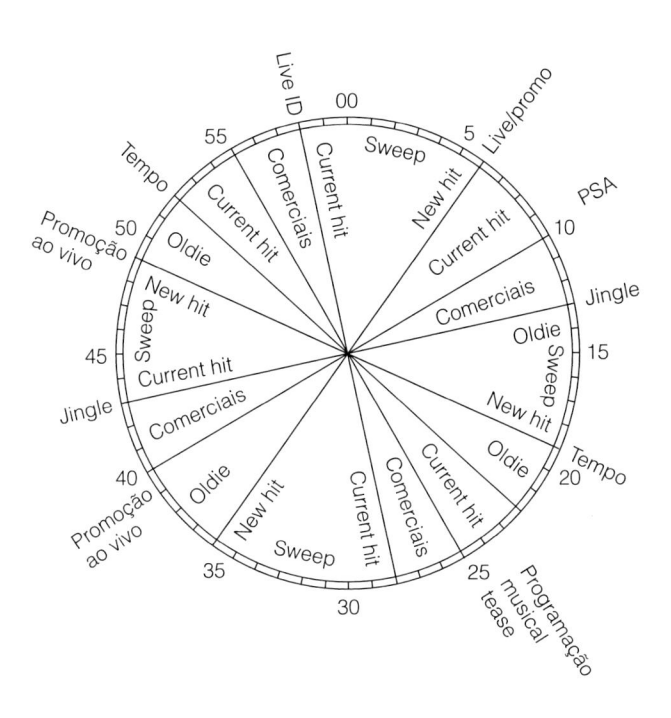

FIGURA 16.3 Cronograma de programa.

Fonte: S. R. Alten, *Audio in Media*. 3. ed. Belmont, CA: Wadsworth, 1991.

Apêndice A

✴

Uma Peça de Richard Wilson

A produção desta peça[1] serve como um bom exercício para entender a criação e o fluxo de um drama de qualidade. Ela provavelmente apresentará – como pretende – um grande desafio técnico. De fato, consideramos peças menos difíceis e sofisticadas para incluir neste apêndice, e avaliamos que o desafio proposto aqui poderá oferecer uma excelente experiência de aprendizado. Ela também ilustra o que dissemos no Capítulo 1 acerca da necessidade de manter uma "textura de credibilidade".

O falecido Richard Wilson foi um premiado autor de ficção e não ficção. Ganhou o Prêmio Nebula de "Ciência e Ficção para Escritores da América" pela sua novela *Mother to the World*. Wilson publicou mais de uma centena de contos e três novelas. Escreveu também um livro de histórias, foi repórter e editor em Chicago, Washington, Nova York e Londres.

E agora, Mais uma Vez….

Ruídos: Chaves na porta, a porta se abre, dois homens entram no aposento.

VIZINHO   (Don) Entre e tome mais um drinque, Harry. Ainda é cedo.

HARRY   Não, obrigado. Já bebi demais.

VIZINHO   Você só faz aniversário uma vez por ano.

HARRY   Só uma? Ultimamente, eles parecem acontecer com mais frequência.

---

[1] Copyright © 1984 de Richard Wilson. Todos os direitos reservados. Adaptada para o rádio por Carl Hausman.

VIZINHO   Nada disso... Com cinquenta e três ainda se é jovem. Além disso, você não parece ter um dia a mais que 52. Este é um belo apartamento. Você vive aqui há muito tempo, não é mesmo?

HARRY   Cerca de 30 anos. Eu e minhas recordações.

VIZINHO   Da Helen? Desculpe, mas as pessoas no prédio costumam falar.

VIZINHO   Está tudo bem. Helen morreu aqui. Íamos nos casar.

Enquanto isso, vivemos aqui. O trem da via elevada da Nona Avenida ainda era o melhor. Os trens trepidavam do lado de fora destas janelas. Que barulho eles faziam! Mas não nos importávamos. Mantínhamos as venezianas abaixadas e nos sentíamos bem isolados.

VIZINHO   Não tive a intenção de despertar lembranças tristes.

HARRY   Nunca fico triste ao pensar na Helen. Sinto falta do trem elevado, de qualquer modo. Ele começou a ser desativado no dia do enterro dela.

Ruídos: O vizinho começa a gesticular nervosamente.

VIZINHO   Olha, é melhor eu ir.

HARRY   Tudo bem. Vivo muito no passado, exceto quando alguém me arranca dele, como você. Obrigado pela noitada, Don. Há anos que ninguém me chama para a vida.

VIZINHO   Não foi nada. Tenho de ir.

HARRY   Você quer um café ou algo assim? Quer sentar comigo e assistir à TV?

VIZINHO   Não, obrigado. Boa noite, Harry. Feliz aniversário.

HARRY   Boa noite.

Ruídos: A porta se abre, o vizinho sai.

Ruídos: Harry arrasta uma cadeira, liga a TV, muda de canal. Em meio aos ruídos e à voz do locutor na TV, os comerciais se sucedem. Eles se alternam para criar um crescendo agressivo.

VOZES   Melhor! Mais! Maior! Mais novo! Melhor! Mais! Maior! Mais novo! Dor! Dor! Dor! Alívio! Sentir alívio! Alívio imediato! Cãibras? Irregular? Dores nas costas? Machucados? Machucados? Coma! Fume! Beba! Diet! Perca peso! Faça exercícios! Vá! Venha!

CORRA! PERGUNTE AO SEU MÉDICO! PEÇA AO DONO DA MER-
CEARIA!! PERGUNTE AO SEU...

Ruídos: A TV é desligada. Passos enquanto Harry atravessa o quarto. Clique do rádio sendo ligado. Barulho característico do dial passando pelas estações.

Voz (*calma e amigável enquanto Harry gira o dial*): Trouxemos o Atwater Kent concert...

Nova voz (*enquanto gira o dial*): Esta é a emissora WEAF se despedindo...

Nova voz (*enquanto gira o dial*): E então, uma boa noite, de novo, destes queridinhos do ar, May Singhi Breen e Peter de Rose...

Nova voz (*enquanto gira o dial*): Sou Raymond Knight, a "Voz do Diafragma", falando com vocês.

Nova voz (*enquanto gira o dial*): Sintonize novamente amanhã a WJZ, com Billy Jones e Ernie Hare, os Happiness Boys.

Ruídos: Harry desliga o rádio.

Harry (*sem acreditar*): WEAF. WJZ. Estou de volta ao passado... quando eu era feliz... jovem. Quando a vida não era complicada. (*Risadas*) Estou feliz. Sou jovem. (*Ele começa a acreditar nisso.*) É verdade. Por que não? Enquanto eu quiser, é verdade, aqui neste quarto, agorinha. Enquanto não olhar no espelho... enquanto eu não ligar a TV. Tenho 25 anos! Helen está viva! Mas onde ela está? Ela foi até a esquina, acho. Ela estará de volta em um minuto com o nosso leite da meia-noite e nossos biscoitos de aveia... Talvez dois pedaços de charlotte.

Ruídos: A distância, o ruído do trem elevado. Vem crescendo, crescendo, e chega cada vez mais perto.

Harry   O trem elevado... mas se eu olhar, ele não estará aqui.

A voz do rádio   *Sim, estará.*

Harry   Quem disse isso? O rádio? Você... mas... Quero que esteja, mas ele não está.

A voz do rádio   *Sim, está.*

Harry   Tenho de encontrá-lo no meio do caminho. Ter fé. Tenho de sair. Então, ele estará lá. Eu sei. Eu sei.

Ruídos: O vago trepidar da plataforma do trem.

HARRY   É a plataforma do trem elevado... E a máquina de chicletes... e o espelho... Sou *jovem*. (*A voz dele reflete uma mudança na idade.*)

APRIL   Claro que é. E bonito também.

HARRY   Quem é você? Helen?

APRIL   Helen? Não. Você tem uma moeda de 5 centavos? Preciso passar pela catraca?

HARRY   Cinco centavos?

APRIL   A de 10 não serve. Ela ainda não foi inventada. Você sabe.

HARRY   Não tenho certeza se entendo o que você quer dizer.

APRIL   Sim, você sabe. Você tem duas moedas de 5 centavos para trocar?

Ruídos: Som de moedas enquanto eles fazem a troca.

HARRY   Como você pode saber sobre as moedas de 10 centavos com a efígie Roosevelt? Ele nem foi eleito presidente ainda. Ele não é governador de Nova York?

APRIL   Não sou boa em atualidades, mas acho que essa época é mais adiante. Só um minuto, deixe-me passar pela catraca.

Ruídos: A moeda cai na catraca e ela gira. Passos de April.

HARRY   Você também não é daqui, certo? Mas suas roupas parecem atuais. Como você chegou até aqui? (*Risadas.*) Eu nem mesmo sei que ano é. Estava muito escuro para ver a placa de identificação e não achei uma banca de revistas... para comprar um jornal.

APRIL   Você não precisa de jornal.

HARRY   Pareço ter a sua idade. Quantos anos você tem?

APRIL   Vinte e quatro.

HARRY   Eu tenho 25. Vejamos... Eu nasci (*ele conta para si mesmo*)... e se eu tenho 25 anos, estamos em 1936. Está certo?

APRIL   Isso não tem importância. Tudo é relativo no duoverso.

HARRY   Aonde?

APRIL   Não ligue. Você não precisa entender.

HARRY   Eu realmente não quero me aprofundar nisso. É muito delicado.

APRIL   Não é, na verdade. Mas posso entender o que você sente.

HARRY   Pode? Eu estava ouvindo o rádio – é um velho aparelho Atwater Kent – porque estava louco com a televisão... Você sabe o que é uma televisão?

APRIL   Sim, claro.

HARRY   Muito bem. Você conhece as moedas de 10 centavos de Roosevelt e as de 5 centavos de Jefferson. Talvez você conheça Helen. Ela morreu, mas se este for...

APRIL   Lamento. Você não vai encontrar Helen. Pode-se reverter o tempo, mas não se pode cancelar a morte.

HARRY   Eu não achei *realmente* que pudesse.

APRIL   Você disse que estava ouvindo rádio – mergulhando no passado.

HARRY   Eu não disse isso.

APRIL   É assim que funciona.

HARRY   Aconteceu com você também?

APRIL   Não *aconteceu* exatamente. Eu planejei.

HARRY   Bem, eu não, na verdade – qual o seu nome?

APRIL   April.

HARRY   (*formalmente*): Olá, April. Sou Harry. Onde você está indo?

APRIL   Vou com você... enquanto você faz seu passeio por 1936. Depois, vou com você para sua casa.

HARRY   (*surpreso e confuso*) Oh? Para casa comigo?

APRIL   Vai estar tudo bem.

HARRY   (*não tão seguro*) Claro. Mas... Em casa, onde está o aparelho de TV? Você seria... não seria... velha?

APRIL   Não se preocupe com nada, Harry. Divirta-se. É para isso que você voltou, não é? Você não está mais feliz?

HARRY   (*depois de uma pausa*) Sim, estou.

APRIL   Aonde você quer ir?

HARRY   Primeiro? Primeiro para o Staten Island Ferry. Porque... porque era ali...

APRIL   Você não tem de explicar. Não no duoverso.

Ruídos: O trem chega à estação... Ruídos se dissipam no vento, ondulações. Ruídos de sirenes a distância.

APRIL   Estou feliz que tenha duas moedas de 5 centavos para a balsa.

HARRY   Estou aqui de verdade? Literalmente?

APRIL   O que você acha?

HARRY   Eu não sei. Aqui... agora. É demais! Eu poderia me encontrar comigo mesmo? Se eu olhasse, poderia encontrar um outro Harry? Aquele que viveu em 1936 pela primeira vez?

APRIL   Não. Você é um só Harry neste ano de 1936.

HARRY   Este 1936? Eu... é o que você quer dizer com... o que você chama de... duoverso? Existe mais de um?

APRIL   Sim, mas você não deve pensar que entendo todas as coisas das quais sei o nome. Eu sei que você não estaria aqui – e nem eu poderia – a não ser que houvesse algo controlando os paradoxos. Isto é o duoverso, me disseram – dois universos idênticos para evitar que os viajantes do tempo trombem consigo mesmos.

HARRY   (*confuso*) Quem disse isso? Não... não me diga. Não preciso saber. Estou tão feliz de ter encontrado você.

APRIL   Estou feliz de ter encontrado você. Ando procurando há tanto tempo.

Ruídos: A balsa.

HARRY   (*como uma reza*) Não vamos perder o que encontramos. Vamos manter para sempre.

APRIL   E mesmo apesar de mim... sob as árvore do tempo...? Algo assim? Oh, Harry!

Ruídos: Eles se abraçam e se beijam.

APRIL   (*com um remorso imenso*) É impossível, Harry... Estou indo em sentido contrário.

Ruídos: Harry e April seguindo até a porta do apartamento de Harry. Ruídos do trem elevado no fundo.

As portas se abrem. Ruídos de Harry e April entrando.

> APRIL   Não fizemos muito turismo no seu passado tão querido. Não vimos o Hipódromo, o bonde na Broadway...
>
> HARRY   Não, não acenda as luzes ainda. Você é todo o passado que desejo. (*preocupado.*) Tudo bem você estar aqui?
>
> APRIL   É o jeito que tem de ser. Não tem outro.
>
> HARRY   Mas sou velho, e você?
>
> APRIL   Não até a gente ligar a TV, Harry. Não até lá. Vou acender as luzes agora.

Ruídos: Luzes sendo acesas.

> HARRY   Ainda sou jovem. Eu... sente-se, por favor. O que posso lhe oferecer?
>
> APRIL   Café?
>
> HARRY   Eu só preciso esquentar, já está pronto.

Ruídos: Passos através do aposento.

> APRIL   (*falando com ele*) Eu deveria saber que você toma café de verdade. Para você, nada de milhões de minúsculos grânulos,[2] não é, "Veterano"?

Ruídos: Harry volta ao quarto. Ruídos de xícaras; Harry e April bebendo.

> HARRY   Começa a dizer algo, mas o trem encobre sua voz. Finalmente:
>
> APRIL   (*pousa a xícara. Ruídos da cadeira rangendo enquanto ela se levanta*) Obrigada pelo café... e tudo mais.
>
> HARRY   (*ruídos dele se levantando*) Não vá! Por favor!
>
> APRIL   Preciso ir. É um longo caminho. Ligue a TV, por favor.

---

[2] Refere-se a uma propaganda norte-americana de café solúvel, de 1951, da Maxwell Coffes House, que dizia: "Not a powder! Not a grind! But millions of tiny Flavor Buds of real coffee... ready to burst instantly into that world-famous MAXWELL HOUSE FLAVOR!" ("Não é pó! Não é moído! São milhões de minúsculos grânulos com sabor do verdadeiro café... prestes a desmanchar instantaneamente no mundo do famoso Maxwell Houve Flavour!"). (NE)

HARRY   Não... Não ligo! Não, você vai ficar velha!

APRIL   Você não entende.

HARRY   Por favor! É cedo demais. Não tem nada na TV. Espere...

APRIL   Eu esperei, Harry. Você não sabe por quanto tempo.

Ruídos do trem elevado. Ruídos de April se mexendo e ligando a TV. Som da TV. À medida que o barulho do trem elevado se faz mais presente, os ruídos desaparecem.

VOZ DA TV   E agora, crianças, é hora do Tio Jack falar da incrível surpresa que espera por vocês e suas mães, no supermercado...

Ruídos: A TV é desligada.

HARRY   (*a idade novamente na voz*) Você é o mesma! Sou velho... mas você tem 24 anos! Ainda que voltemos ao presente!

APRIL   (*tristemente*) Eu lhe disse que estávamos indo em direções contrárias. Seu caminho era para trás. O meu era... é... para frente. Oh, querido, desculpe. Eu precisei usar você. Não tinha escolha.

HARRY   Você veio do passado, mas em 1936, você nem mesmo tinha nascido!

APRIL   Gostaria que fosse assim – tenho tanto medo de feri-lo –, mas eu não pertenço ao seu passado, nem mesmo ao seu presente... Eu pertenço ao futuro.

HARRY   O futuro... então eu sou apenas... uma parada na sua jornada... onde você está indo... eu morri!

APRIL   Não, Harry. É tudo... relativo. É o que você é agora que importa. Não o que será, ou foi.

HARRY   Sei que esperava demais. Eu queria minha juventude e queria você – e não posso ter ambas as coisas. Não posso sequer ter uma ou outra.

APRIL   (*aflita com a tristeza dele*) Devia ser tão simples, tão científico. Eu ia voltar – eles têm máquinas – e fazer anotações. Absorveria a atmosfera do passado. Oh, não faz mal! Você é o que importa. Eu te machuquei, e tudo o que eu queria era dar a você a felicidade que pudesse, ao passar...

HARRY   Não faz mal. Sou apenas um fantasma na sua vida – no seu presente verdadeiro. No lugar ao qual você pertence, sou apenas um cadáver no cemitério.

Ruídos: April começa a chorar.

HARRY   Deixe-me acabar. Seja realista. Sou apenas um elemento complicador no seu caminho. Você não deve se comparar com alguém que... com alguém que não existe no seu tempo real. Mas pense em mim de vez em quando... lá em cima, em dois mil e... seja lá o que for.

APRIL   Harry, pare! Não se mate na sua própria vida... Ficarei com você, querido. Ficarei! Não posso fazer isso com você.

HARRY   Não, não vou deixar. Veja, sou um homem sentimental que teve o privilégio de conhecer a juventude de novo. Conhecendo esta juventude, conheço a sua juventude. Não deixarei que você se sacrifique... por um fantasma que morreu antes que você nascesse.

Ruídos: April soluça.

HARRY   Venha, criança. Lave o rosto. Tire esse batom. A flecha do Cupido é coisa do passado. (*com atitude indulgente, paternal.*) Vamos! Você tem de se arrumar e encontrar alguém que possa trocar uma moeda que ainda não foi cunhada... Perdoe minha vaidade, mas espero que desta vez seja uma mulher.

Ruídos: April vai ao banheiro. Ruídos de água correndo. Ruídos de passos de volta no quarto.

HARRY   Quando você for, não diga adeus.

APRIL   Está bem.

HARRY   Odeio longas despedidas. Saia como se... como se fosse até ali na esquina... para buscar leite e alguns biscoitos de aveia.

APRIL   (*tentando fingir*) Está bem. Acho que estou pronta. Há alguma coisa que você queira enquanto eu estiver fora?

HARRY   Talvez uma charlotte russa?

APRIL   (*o fingimento falha*) Oh, Harry, eu nem mesmo sei o que é isso!

HARRY   Não se preocupe.

Ruídos: A porta se abre, April sai. Silêncio. De repente, a porta se abre com força. Passos de April enquanto ela entra.

HARRY   Você não foi!

APRIL   (*ofegante, com dificuldades para falar*) Si-sim.

HARRY   Você não poderia ter ido e voltado tão rápido.

APRIL   (*ofegante*) Eu poderia ter voltado no tempo até ontem, se quisesse, viajando no tempo. Ao menos existe um ontem.

HARRY   Claro que existe um ontem. É onde nós – você quer dizer para onde você voltou – adiante... ou seja lá como você fala – não é – não foi?

APRIL   Não há amanhã.

HARRY   O que você quer dizer?

APRIL   Para onde eu estava indo, teria me tornado um cadáver – sem nem mesmo um cemitério. Quero dizer que quando cheguei perto de onde queria ir, percebi que não era mais ali. Algo apagou – ou ele por fim explodiu – eu não sei. Só sei que sumiu.

HARRY   ... e então você voltou para mim.

APRIL   Isso não é lisonjeiro, não? Lamento.

HARRY   Você está aqui. Os detalhes não importam.

APRIL   Você é aquele para quem eu voltei.

HARRY   Isso importa. Muito. Seja bem-vinda. Mas aquele para quem você voltou é um homem velho.

APRIL   Psiu. Você não é velho. Você viveu uma vida interrompida. Sou aquela idosa, atirando-se para a frente e para trás por entre os séculos.

HARRY   Você mente – adoravelmente. Mas fique comigo. Ao menos até se localizar nesses tempos malucos.

APRIL   Quero ficar com você. Você é a mesma pessoa que encontrei na plataforma do trem elevado. Você acha que mudou, por dentro?

HARRY   (*alegremente*) Por dentro, sempre penso em mim como se tivesse 19 anos – jovem demais para uma mulher madura como você.

April Oh, Harry, posso amar você. E vou. Me dê apenas um pouco de tempo.

Harry Você tem todo o tempo que eu deixei.

April Quero ficar com você para sempre, Harry. E se nós só ouvirmos rádio nos anos que restam, tudo ficará bem, enquanto estivermos juntos. E numa noite, Harry, quem sabe – vamos ligar o velho Atwater Kent – e ouvir o Street Singer ou os Happiness Boys – e em seguida o programa será tragado pelo trem elevado da Ninth Avenue – eu quase posso ouvi-lo – chacoalhando por todo o caminho através daquele tempo mágico, quando você tinha 25 anos e eu 24.

Ruídos: Ouve-se o trem elevado. Seu barulho aumenta e em seguida desaparece até tudo silenciar.

Apêndice B

Retrospectiva concisa da história do rádio: quando o passado encontra o futuro

Ao longo deste livro, tentamos, sempre que possível, demonstrar o quanto a moderna prática envolvendo o rádio está atrelada ao passado. Pois, como se trata de um texto sobre produção de rádio, o espaço que pôde ser consagrado à história nos principais capítulos era limitado. Neste apêndice, podemos ter uma visão mais ampla de como o rádio se desenvolveu. Nosso objetivo é mostrar como esse veículo, na forma como existe hoje, se desenvolveu a partir da evolução cultural, dos avanços tecnológicos e de mudanças demográficas. Além disso, muito embora não possamos realmente prever o futuro, alguns elementos da história se repetem, e talvez possamos apontar algumas saídas para o futuro da produção e programação de rádio investigando seu passado.

Para os primeiros ouvintes do rádio, os sinais invisíveis que lampejavam pelo ar transparente pareciam ser mais do que magia – uma magia que não só enviava mensagens com uma velocidade relâmpago, mas também eliminava barreiras geográficas. A distância não impunha mais limites geográficos ao conhecimento dos fatos ocorridos no mundo. A informação podia atravessar o espaço, penetrar paredes e montanhas. Qualquer forma de expressão humana que pudesse ser comunicada por meio da voz, ou da música, podia alcançar tanto a mais remota casa rural quanto as coberturas de Manhattan. Uma simples caixa podia transformar a casa de uma pessoa num teatro, numa sala de concertos ou numa sala de aula. O alcance da proposta era grandioso e inegável.

Esta é uma breve história, iniciada há pouco mais de cem anos.

OS PRIMÓRDIOS DA MÍDIA MÁGICA

O rádio tem sua origem nos estudos teóricos de James Clerk Maxwell. O Tratado de Eletricidade e Magnetismo de Maxwell, publicado em 1873, postulou a existência das ondas eletromagnéticas. Fazendo uso de fórmulas matemáticas, Maxwell determinou a existência de uma energia invisível no universo, uma energia que funcionava como a luz que se vê.

Cerca de uma década mais tarde, um físico alemão de nome Heinrich Hertz realizou uma experiência de laboratório que confirmou a teoria de Maxwell. A demonstração de Hertz acerca da existência do fenômeno eletromagnético, todavia, não apontou nenhuma aplicação prática para esse tipo de energia. De fato, naquela época, era duvidoso que aquelas ondas pudessem ter algum interesse prático.

Cerca de cem anos atrás, um jovem artesão chamado Guglielmo Marconi foi o catalisador que transformou essas descobertas acadêmicas num meio de transmissão de informação. As ondas "hertzianas" fascinaram o jovem Marconi, que superou outros cientistas na tentativa de manipulá-las para poder enviar mensagens telegráficas. Marconi usou um método de liga-desliga para transmitir o código desenvolvido por Samuel Morse, e em dois anos desenvolveu um método de transmissão de sinais suficientemente poderoso para atravessar grandes distâncias, e até mesmo vastas superfícies de água. O desenvolvimento de um sistema de radiotelegrafia, como era chamado, prometia ser de extrema utilidade numa época de crescentes viagens e comércio intercontinentais.

Marconi apresentou suas descobertas ao governo italiano, mas este não manifestou nenhum interesse. A mãe de Marconi, que tinha prestígio como mulher de negócios astuta e persistente, levou Marconi à Inglaterra. O governo britânico ficou fascinado com a tecnologia do rádio, uma vez que oferecia um sistema de comunicação rápida com o império decadente. O produto de Marconi atendeu a todas as promessas de se tornar um sucesso, e assim foi constituída uma companhia tendo Marconi como um dos seis diretores e o acionista principal. Depois que a patente e as licenças foram obtidas, o rádio também se tornou bem-sucedido do ponto de vista financeiro.

Marconi repetiu seu sucesso nos Estados Unidos, onde a Marinha tinha grande interesse em adquirir tecnologia que pudesse dar um substancial diferencial estratégico. Marconi constituiu uma empresa norte-americana e o radiotelégrafo, como foi chamado o equipamento, tornou-se um empreendimento comercial norte-americano que em breve serviria como base para toda uma indústria.

O RÁDIO DESCOBRE SUA VOZ

Outros inventores e cientistas estavam atraídos pelo rádio, mas desencantados com as estáticas e seus ruídos. O desafio era descobrir um meio de manipular as ondas do rádio para que o som pudesse viajar pelo espaço da mesma forma que viajava através do telégrafo. Um inventor chamado Reginald Fessenden achava que a natureza física do liga-desliga das ondas ininterruptas – que funcionava muito bem em relação ao código Morse – poderia impedi-las de transmitir som indefinidamente. Fessenden se associou à General Electric, com F. W. Alexanderson, e juntos desenvolveram um dispositivo chamado alternador, que poderia transmitir uma onda contínua. Fessenden fez um teste com o alternador na noite de Natal, no Brant Rock, em Massachusetts. Ele tocou seu violino, leu a Bíblia, desejou Feliz Natal aos ouvintes e os informou que voltaria a transmitir na noite do Ano-Novo. Sem dúvida, aquilo foi recebido com um grande choque pelo reduzido grupo de operadores sem fio a bordo, que antes disso só tinham ouvido o *staccato* de sinais codificados.

Nos primeiros anos do século XX, vários pesquisadores levaram o rádio adiante. Um deles, Charles D. Herrold, que estava à frente de uma faculdade de engenharia em San José, na Califórnia, transmitiu programas regularmente e forneceu aos ouvintes uma programação por escrito. A operação de Herrold só terminou quando a Primeira Guerra Mundial teve início, mas depois da guerra outros deram continuidade. Hoje, a Rádio KCBS de San Francisco tem sua linhagem no equipamento transmissor pequeno e de pouco alcance de Herrold.

Esse poder limitado, aliás, continuou sendo um problema sério para as primeiras emissoras de rádio que desejavam transmitir voz e música. Uma onda interrompida levando o código Morse podia viajar várias milhas, mas as ondas que carregavam som produziam um sinal fraco. Um cientista chamado Lee de Forest trabalhou para melhorar a capacidade da nova mídia amplificando os sinais. Sua invenção foi apelidada de "tubo de áudio", e na teoria era realmente muito simples: o sinal era transmitido por uma rede eletrônica, e outro mais poderoso era enviado por essa rede, colhendo a impressão do primeiro sinal e amplificando-o. O equipamento operava com mais eficiência no vácuo; e, por conseguinte, foi denominado tubo a vácuo.

De Forest também ofereceu uma programação de rádio inicial para um grupo disperso de cientistas e afins. As primeiras pessoas ouviram uma grande variedade de apresentações musicais ao vivo, leituras, gravações e reportagens de eventos. Os murmúrios e sons que encobriam as ondas eram fascinantes, em parte porque era muito novo – quase a mesma coisa que as primeiras transmissões pela internet. Era uma época empolgante, com as companhias de rádio enviando sinais codificados a legiões de amadores "brincando de rádio", transmitindo de suas camas ou de seus celeiros. O governo começou a emitir licenças para as emissoras de rádio numa tentativa de regularizar a situação, porque aqueles que "brincavam de rádio" escolhiam muitas vezes arbitrariamente uma frequência, sem se importar muito com o problema da interferência.

Os tempos de "brincar rádio" logo acabaram, repentinamente. Com o advento da Primeira Guerra Mundial, a Marinha e o Exército fecharam as emissoras amadoras e assumiram as operações comerciais da programação. Por causa da especialidade que haviam desenvolvido, os amadores foram requisitados pelas forças armadas.

O RÁDIO DEPOIS DA PRIMEIRA GUERRA MUNDIAL

Durante a Primeira Guerra Mundial, a tecnologia avançou rapidamente, e com o fim do conflito, várias empresas norte-americanas decidiram explorar as possibilidades comerciais do rádio. Muitas empresas de porte estavam envolvidas em um ou outro aspecto da tecnologia wireless. Entre elas estavam General Electric, AT&T, Westinghouse e, obviamente, a American Marconi.

Durante a guerra, várias disputas por patentes foram deixadas de lado para que as empresas se concentrassem em atender às demandas militares. Após o armistício, a American Marconi viu-se na condição de uma participante indesejada na grande disputa em torno das comunicações. A América estava se tornando isolacionista, e a Inglaterra havia ficado com a American Marconi. A tecnologia das comunicações era considerada demasiadamente importante para estar nas mãos de estranhos. Assim, foi fechado um acordo e uma nova corporação norte-americana foi criada. Aos acionistas da Marconi foi dada uma parte das ações. Os estatutos da incorporação determinavam que não mais de 20% das ações poderiam estar nas mãos de estrangeiros, e que somente cidadãos norte-americanos podiam deter cargos de chefia ou de diretoria.

General Electric, AT&T, Western Electric e Westinghouse apropriaram-se de boa parte das ações. O nome dessa nova megacorporação, definido em outubro de 1919, foi Radio Corporation of America (RCA). Muitos empregados que constituíam a American Marconi migraram para a RCA. Um deles era David Sarnoff, que deu continuidade à campanha que havia iniciado na Marconi, para tentar gerar interesse pela sua ideia da "caixa musical de rádio". Como já havia acontecido antes, não houve compradores. Mas não demorou muito para que a RCA se desse conta de que estava perdendo uma ótima oportunidade.

O RÁDIO CANTA BEM

Por que demorou tanto para que a indústria do rádio percebesse o potencial aparentemente óbvio do meio? No centro do problema estava um cenário que reproduzia classicamente a história do ovo e da galinha: os ouvintes não tinham meios de captar o sinal a não ser que fabricassem seus próprios aparelhos. Isso significava que existiam muito poucos aparelhos receptores. Ainda assim, as empresas relutavam em investir em receptores manufaturados, porque não havia efetivamente uma rádio a ser captada pelos ouvintes. A grade de horários ainda era "improvisada", e a programação decididamente irregular. Do ponto de vista das empresas que poderiam fornecer uma programação de rádio, não havia motivo para desenvolver uma grade de programas regular e de qualidade antes que houvesse uma substancial massa de ouvintes e uma maneira de ganhar dinheiro com eles.

A Westinghouse Company rompeu com esse esquema. Situada em Pittsburgh, na Pennsylvania, a empresa se empenhou em assumir um importante papel no setor das comunicações e eletricidade. Durante a Primeira Guerra Mundial, adquiriu vários contratos governamentais no setor de radiocomunicações e afins. Mas quando a guerra acabou, a Westinghouse estava em desvantagem competitiva porque a RCA e a American Telegraph and Telephone Company (ATT) tinham dominado o mercado, e controlavam a maior parte das patentes de rádio e afins.

Quem ajudou a Westinghouse a romper essa barreira foi Frank Conrad. Conrad tinha apenas o curso primário, mas aprendeu trabalhando e se tornou um dos seus mais destacados funcionários. Seus chefes lhe disseram, no entanto, que a atividade do radioamador tinha seu tempo certo. Usando o prefixo da sua estação radiotransmissora, 8XK, ele estabeleceu contato da sua garagem com outros amantes do hobby, que frequentemente elogiavam a qualidade técnica das suas transmissões. Diante do aumento do interesse, Conrad passou a apresentar um pequeno programa todos os sábados à noite, usando discos de uma loja de música local, à qual ele fazia referência gratuitamente. Ele também transmitia recitais de saxofone e piano ao vivo. Mantinha em mente que o rádio ainda era uma novidade, especialmente para pesquisadores e aficionados pelo hobby. Mas, graças ao grande incentivo de Frank Conrad, o rádio estava prestes a tomar o país de assalto.

Uma loja de departamentos de Pittsburgh distribuiu um anúncio de jornal falando do programa de Conrad, observando que as transmissões eram feitas graças a um "equipamento wireless" em funcionamento na loja. O anúncio informava que aparelhos similares estavam à venda na loja por $ 10. O chefe de Conrad, Harry Davis, vice-presidente da Westinghouse, viu o anúncio e teve uma ideia: se fossem oferecidos programas interessantes em quantidade suficiente, o rádio passaria da categoria de hobby de pessoas tecnicamente hábeis e se transformaria num meio de entretenimento para todos. Ou seja, o rádio poderia se tornar um produto de consumo de massa, e a Westinghouse poderia fabricar rádios – e ter lucro.

Davis chamou Conrad ao seu escritório e esboçou um plano. Conrad construiria um novo transmissor que seria instalado na fábrica da Westinghouse. Uma programação regular (embora limitada) seria instituída e previamente divulgada. Davis calculou que, com uma programação regular, as pessoas iam querer adquirir aparelhos de rádio. (A retrospectiva nos mostra que ele estava certíssimo.) Ele teve outra ideia para maximizar a propaganda: queria que Conrad e seus colegas de trabalho montassem e fizessem o novo transmissor funcionar antes das eleições presidenciais que se aproximavam.

Havia pouco tempo para isso, mas Conrad garantiu que era possível. Na última semana de outubro, o U.S. Commerce Department consignou o prefixo KDKA à emissora da Westinghouse. O Correio de Pittsburgh aceitou que o serviço de linha telefônica chegasse até a emissora e, no dia 2 de novembro de 1920, a KDKA transmitiu o pleito eleitoral que conduziu Warren Harding ao cargo de 29º presidente dos Estados Unidos.

O RÁDIO DEPOIS DA KDKA: O CAOS FUTURO

Em todo o país, as pessoas falavam do fenômeno chamado rádio. Empresas e empreendedores abriram emissoras de rádio. Fabricantes lançaram aparelhos tão rápido quanto podiam. O ministro do Comércio, Herbert Hoover, descreveu a "febre do rádio" e a considerou "uma das coisas mais surpreendentes que observei no dia a dia norte-americano". Nesses primórdios excitantes e caóticos, a programação de rádio era uma proposta desordenada. Os operadores das emissoras dependiam em grande parte de talentos voluntários. Grupos musicais, solistas e leitores ficavam felizes em estar no ar e se expor por meio do rádio. Outras emissoras comerciais se expandiram rapidamente, mas a expressão emissora comercial significava apenas que elas eram licenciadas pelo Departamento de Comércio Norte-Americano. A propaganda ainda não tinha nenhuma função no rádio.

Vários jornais, faculdades, universidades e organizações religiosas rapidamente abriram sua emissora de rádio, muito embora essas estações não gerassem renda. (Mais uma vez, é impossível não estabelecer um termo de comparação com as empresas que começaram patrocinando os websites em troca de publicidade e boa vontade, sem nenhum retorno financeiro imediato.)

A situação logo gerou um impasse. Os proprietários de emissoras não pagavam pela programação porque não tinham como fazê-lo. Além disso, não existia uma clara ideia de como, exatamente, as emissoras poderiam se sustentar. A noção de que os anunciantes poderiam pagar por anúncios comerciais ainda não estava consagrada.

Muitos pensavam que tais anúncios seriam não só mal produzidos como também desencorajariam os ouvintes de sintonizar as emissoras. Líderes políticos, bem como numerosos radiodifusores, se opunham firmemente à ideia de se "oferecerem" aos patrocinadores. Os marqueteiros tinham de ser freados.

Mas a ideia segundo a qual as estações existiam para vender aparelhos estava minguando. À medida que a audiência aumentava, também crescia a demanda por uma melhor qualidade técnica. Os proprietários de emissoras de rádio sentiram a necessidade de buscar um equipamento profissional de melhor qualidade, em vez de depender de estúdios e transmissores montados às pressas. Isso custaria dinheiro. Além do mais, os mais talentosos estavam perdendo o entusiasmo de se apresentar no rádio de graça. E o público ouvinte estava se tornando mais sofisticado, e fazia pressão para ter o tipo de programação que esperava.

Algo tinha de acontecer. Falava-se em copiar o modelo britânico de financiamento da radiodifusão, obrigando os proprietários de rádios a pagar uma taxa anual. Esse conceito não deu certo nos Estados Unidos. Outra ideia malsucedida foi a de emissoras fazerem solicitações diretamente aos ouvintes – pedindo que enviassem doações para apoiar a emissora. Essa tática não gerou muito lucro, embora as emissoras de rádio e TV públicas a empreguem até hoje.

A comercialização das ondas do rádio estava prestes a acontecer. Ela começou praticamente de maneira discreta, para depois ganhar velocidade e audácia. E transformou o rádio numa iniciativa rentável para vários proprietários. Também permitiu que os programadores de rádio contratassem os maiores talentos disponíveis, das orquestras sinfônicas aos astros de primeira grandeza de Hollywood e Broadway.

AT&T CRIA IMPOSTO SOBRE TRANSMISSÃO

O primeiro indício do potencial comercial do rádio surgiu em 1922, e a empresa que estava por trás disso era a AT&T. O conceito era radical: a AT&T – empresa de telefonia – não forneceria programas, somente as instalações. Da mesma forma que fornecia linhas telefônicas aos consumidores – e uma rede de telefonia para acessar –, ela proporcionaria instalações de radiotransmissão para consumidores pagantes do que quer que quisessem colocar no ar. A renda da AT&T viria dos custos gerados por esse serviço, o chamado imposto sobre transmissão. A partir do conceito da AT&T, a programação poderia ser bancada pelos consumidores pagantes. Se você quisesse se apresentar ou ler algo no ar, podia fazê-lo por cerca de $ 50 durante 15 minutos de transmissão. A empresa desenvolveu esse conceito numa emissora de Nova York, sob o prefixo WEAF.

Mas a AT&T descobriu uma falha no conceito – e essa mesma falha era nociva à indústria do rádio como um todo. Se não havia uma programação atraente, não haveria público. A AT&T decidiu que precisava providenciar uma determinada quantidade de programas para "dourar a pílula", por assim dizer. E, logo, a WEAF começou a atrair o público pagante.

Uma empresa imobiliária local decidiu experimentar pagar pela radiotransmissão. Sua mensagem dava ênfase ao apelo da vida no campo, e a empresa, que tinha apartamentos para alugar no "campo" (na verdade, nos subúrbios), ficou feliz com o retorno obtido. Com o tempo, outras empresas pagaram pelo privilégio de enviar suas mensagens ao público por meio do rádio. E a radiotransmissão comercial encontrou assim o caminho para se tornar a principal forma de sustentação da grande maioria de emissoras de rádio dos Estados Unidos.

A Saída da AT&T

Por ironia, justamente quando o rádio comercial e um futuro muito promissor ganhavam forma, a AT&T abandonou o mercado do rádio, vendendo a pioneira emissora WEAF à RCA por um milhão de dólares. A decisão da empresa de telefonia se deu depois dos frequentes atritos envolvendo os principais atores desse mercado emergente, em especial as empresas que haviam adquirido ações da RCA e firmaram contratos de licenciamento mútuo de patentes.

A AT&T sustentava que detinha o direito exclusivo de vender períodos de permanência no ar. Além disso, mantinha controle sobre a boa qualidade das ligações telefônicas que permitia a duas ou mais emissoras apresentar o mesmo programa simultaneamente, um conceito conhecido naquela época como "cadeia de transmissão". Outros radiodifusores tinham de usar linhas telegráficas de qualidade inferior.

Obviamente, uma solução para essas tensões se fazia necessária. As partes em atrito aceitaram se submeter a uma arbitragem legal. A AT&T não se saiu bem. A decisão favoreceu a RCA, a GE e a Westinghouse. Depois de discussões posteriores, a empresa de telefonia aceitou a proposta segundo a qual se afastaria dos negócios com o rádio, mas teria o direito exclusivo de estabelecer interconexões (redes) entre as emissoras.

DESENVOLVIMENTO DAS REDES

David Sarnoff, pioneiro da radiodifusão, que mais tarde se tornaria presidente da RCA, demonstrou o potencial das redes de radiodifusão desde 1921, quando o rádio ainda se encontrava no estágio de hobby. O fato ganhou o apelo de um nocaute de campeão: o campeão peso-pesado Jack Dempsey *versus* o campeão francês Georges Carpentier. O evento aconteceria na cidade de Jersey, em Nova Jersey. Usando um transmissor emprestado e uma antena improvisada, Sarnoff se organizou para transmitir a luta pelo rádio e por alto-falantes em teatros, salões e celeiros conectados entre si numa "rede" por toda a parte oriental do país. Estima-se que cerca de 300 mil pessoas tenham acompanhado a grande luta. Foi um dia importante para o rádio, mas não exatamente para Carpentier, que foi nocauteado no quarto round.

No ano seguinte, a AT&T conectou sua emissora-líder em Nova York, a WEAF, com a estação WNAC, de Boston, para uma programação musical. Por volta de 1923, havia uma "mininetwork" composta de seis emissoras, e em meados de 1924, uma cadeia de emissoras de rádio funcionando de costa a costa. RCA, Westinghouse e General Electric aventuraram-se, assim, numa "cadeia de transmissão". Mas como tinham acesso a linhas telegráficas de qualidade inferior, não tiveram o mesmo sucesso que a AT&T – muito embora sua vez ainda estivesse por vir.

NBC e CBS

Em meados da década de 1920, o significado e o potencial da radiodifusão eram claros para todos, à exceção dos céticos mais conservadores. A RCA, que não havia dado atenção aos relatórios premonitórios de Sarnoff acerca da "caixa de música" poucos antes, agora estava pronta para mergulhar na questão. Graças ao estímulo contínuo de Sarnoff, a RCA conseguiu estabelecer uma rede permanente chamada National Broadcasting Company (NBC).

Poucos meses mais tarde, a NBC criou uma segunda rede. A original foi apelidada de A Rede Vermelha, e a nova, A Rede Azul. Por fim, o governo federal forçou a NBC a desistir da Rede Azul, porque temia demasiada concentração nas mãos de uma única companhia. No devido momento, a Rede Azul se transformou na American Broadcasting Company (ABC).

A ideia de uma rede radiofônica fazia sentido sob vários aspectos. Se várias emissoras, em lugar de uma só, transmitissem a mesma programação simultaneamente, o custo do programa poderia ser dividido. A qualidade da transmissão poderia ser melhorada, atraindo mais ouvintes, e quanto maior a audiência, mais atraente seria o programa para os patrocinadores. Aparentemente, era uma situação que oferecia benefícios a todos os envolvidos, à exceção, talvez, daqueles que sentiam que a programação segmentada em prol de determinada comunidade havia sido compactada num período menor e pouco desejável. (Muitos acreditavam que essas pessoas tinham um valor fundamental).

NOVOS CONCORRENTES LANÇAM OLHARES À NBC

A NBC podia observar além do seu setor corporativo e ver que a concorrência avançava. Uma empresa concorrente, chamada United Independent Broadcasters (UIB), estava oferecendo alguns programas. Mas não havia por que se preocupar com isso. A NBC era indiscutivelmente a mais poderosa, e a UIB parecia não ter vida longa – e não teve. Esta última adquiriu algumas emissoras, mas no fim acabou fechando. A Columbia Phonograph Record Company comprou o que sobrava da UIB, e a renomeou como Columbia Phonograph Broadcasting System (CPBS).

O novo nome não ajudou. Os patrocinadores demoraram a aparecer, uma vez que a maioria dos anunciantes de rádio preferia se associar à NBC, a "rede de qualidade". Novos investidores, incluindo os proprietários da WCAU, Isaac e Leon Levy, se precipitaram na brecha, enquanto a CPBS, acumulando dívidas, estava prestes a se retirar. Mais ou menos nessa época, o nome da rede mudou para Columbia Broadcasting System (CBS).

PALEY COMANDA A CBS

William S. Paley tinha 26 anos de idade e era executivo da empresa da sua família, Congress Cigar Company, que tinha feito anúncios na WCAU e na rede CBS. Ele estava impressionado com o poder da propaganda por rádio. Encorajado pelos Levy e com a bênção (e investimentos) da sua família, Paley decidiu verificar se o que intuía em relação ao rádio era correto. Mudou-se para Nova York na condição de presidente da Columbia Broadcasting System. David Sarnoff ainda não sabia, mas agora tinha bons motivos para olhar por cima do próprio ombro. Parte dessa história é contada no box mais adiante "David Sarnoff e William S. Paley", para apresentar duas das mais fascinantes – e contrastantes – personalidades que definiram a radiodifusão.

A PROPAGANDA CHEGA À MATURIDADE

No fim dos anos de 1920, o rádio ainda se mostrava desconfortável em relação à sua crescente comercialização. Esse rádio que ocupou a sala de estar ditou, de acordo com o que se pensava, um certo decoro. Mensagens com grande apelo para vendas eram desprezadas. Os executivos da rede se preocupavam com o conteúdo dos comerciais: será que a pasta de dentes era um produto desagradável para se anunciar no ar? Será que se devia informar o preço do produto? Uma prática interessante visando ao esforço de anunciar sem realmente anunciar dizia respeito a uma abordagem um tanto curiosa: para se beneficiar do fato de estar no ar sem passar pela indecência de estar de fato apresentando uma mensagem comercial, exibiam-se frequentemente grupos de entretenimento logo depois dos patrocinadores. O Cliquot Club Eskimos, por exemplo, entrava no ar logo depois de uma empresa de bebidas. O poder não lapidado do meio significava que as sutilezas não iam durar. Aos poucos, o incremento das vendas comerciais acabou sendo uma característica normal do rádio. Muitas emissoras que haviam sido iniciadas por benevolência e publicidade nos jornais, lojas de departamentos ou outras associações empresariais migraram para o patrocínio comercial.

Como resultado, as agências de publicidade (empresas que designam uma produtora de publicidade, apontam onde se deve inserir a publicidade e negociam o preço do tempo de divulgação ou o espaço em várias mídias) passaram a desempenhar um papel mais decisivo no rádio. De fato, elas começaram a criar e produzir programas, bem como a patrociná-los. Departamentos de rádio foram criados nas principais agências de publicidade e seu pessoal passou a coordenar scripts e a contratar talentos. As redes, que tiravam suas receitas do tempo de permanência no ar, se entusiasmaram com esse arranjo.

Em meados da década de 1930, já se levava a sério o grande poder econômico do rádio. De fato, alguns jornais viam o rádio como uma ameaça à própria existência da mídia impressa, e se engajaram em protestos, tão tolos quanto se recusar a imprimir a programação de rádio a ser divulgada. Apesar dessa tática, o rádio tornou-se mais forte, crescendo em popularidade durante a época chamada de "A Era de Ouro".

A ERA DE OURO E O ENTRETENIMENTO EM MASSA

O que intrigava os patrocinadores era a audiência maciça – tanto nacional como local – que a mídia conseguia atrair semana após semana. Mas o que incomodava os executivos do rádio era como alcançar e reter esse público tão amplo e diversificado. A escala de horários regular da programação podia censurar uma grande quantidade de assuntos, e essa popularidade recente estava pressionando um mercado que na verdade não tinha certeza do que deveria colocar no ar. Qual era o programa de rádio ideal? Não havia uma "tradição" da programação de rádio, de forma que os programadores de rádio tinham de buscar outros modelos. Por exemplo:

- Os jornais sabiam que os colunistas que apareciam na mesma parte do jornal a cada dia atraíam leitores de maneira regular, da mesma forma que as histórias em quadrinhos, que reuniam leitores graças a histórias corridas que só precisavam de um pequeno desenvolvimento semanal.
- A indústria do cinema havia explorado os seriados com grande sucesso. Aventuras e dramas em capítulos induziam multidões a acompanhar religiosamente as peripécias de Tarzan ou os "Perigos de Pauline".
- Um tipo de espetáculo de palco conhecido como vaudeville atraía o público que ansiava pela diversidade oferecida por sucessivos atos apresentados rapidamente, um atrás do outro.

Esses modelos de programa, adaptados às ondas do rádio, se tornaram seu alicerce nos anos 1930 e 1940. E o rádio transformou esses modelos num estilo de programa que era exclusivamente seu – mesclando o apelo do seriado com a austeridade (ainda que um pouco indireta) da mensagem publicitária. Por exemplo, Jack Armstrong, do All American Boy, era patrocinado pela Wheaties, um cereal que satisfazia por si só o "Café da Manhã dos Campeões". Os seriados deram aos ouvintes a oportunidade de se familiarizarem com o elenco de personagens que se apresentariam a seguir. Os personagens na verdade conduziam a maioria dos espetáculos; os enredos eram em geral artifícios para colocá-los em situações de apuros e como resolvê-las. Diálogos criativos e efeitos sonoros eram usados, mas a verdadeira magia tinha lugar na cabeça dos ouvintes, que acrescentavam sua própria imaginação ao mix e criavam personagens inexistentes no teatro da mente.

A versão vaudeville do rádio evoluiu no formato de variedades. No lugar do palco iluminado no teatro escuro, o mágico som da gargalhada emanava de um lugar que só o ouvinte podia imaginar. Um meio-termo entre as variedades e o seriado – a comédia – logo se tornou o esteio da Era de Ouro do rádio.

O público se compunha de fãs dedicados a estrelas que nunca haviam visto, e alguns seriados, como *Amos'n Andy*, eram tão populares que muitas salas de cinema tinham de interromper sua programação quando o programa começava, para não haver uma queda do público que frequentava o cinema.

Programas como comédias de situação e aventuras românticas, assim como gincanas, proporcionavam bons momentos numa época em que estes eram escassos. A Era de Ouro do rádio foi uma época terrível para a nação como um todo. Os anos 1930 e 1940 testemunharam uma profunda depressão econômica seguida da Primeira Guerra Mundial, que levaria o rádio em breve para um novo estágio.

O RÁDIO CHEGA À MATURIDADE

Embora algumas das primeiras emissoras difundissem novas propostas, como as eleições de 1920 pela KDKA, o noticiário regular demorou algum tempo para se desenvolver. O rádio, que contava com poucos repórteres, não estava em condições de competir com os jornais, um setor que tinha dois séculos de experiência coletiva e a tradição de mobilizar, uma base econômica sólida e uma ampla rede de fontes noticiosas. Na verdade, o noticiário no rádio era frequentemente usado para preencher o tempo, caso os locutores tivessem de improvisar quando o apresentador não conseguia chegar ao estúdio. (Muitas vezes, o locutor lia as notícias diretamente do jornal local.)

Alguns eventos apontavam para o potencial do rádio. Uma das mais dramáticas demonstrações do poder do noticiário de rádio para cobrir eventos repentinos – e impor um estrondoso "furo de reportagem" aos jornais – ocorreu em 1933, quando um repórter descreveu a tão esperada ancoragem do dirigível Hindenburg quando chegou a Akehurst, Nova Jersey. O dirigível explodiu enquanto o locutor estava no ar ao vivo – e a descrição arrebatadora que fez da cena, enquanto os passageiros queimados caíam ao chão, foi um exemplo vívido e memorável do que o rádio podia fazer.

Antes da Segunda Guerra Mundial, o papel dos comentaristas ganhou substancial importância. Um dos mais conhecidos era H. V. Kaltenborne, que tinha experiência acumulada como editor de jornal. Kaltenborne começou com "bate-papos" no ar – que às vezes continham críticas embaraçosas ao governo. Houve um movimento para reprimi-lo; afinal, era o governo que, no interesse público, licenciava as rádios. Será que era adequado Kaltenborne usar as ondas de rádio públicas para investir contra funcionários públicos? Kaltenborne venceu e se impôs como o decano dos novos comentaristas de rádio; mas a questão fundamental, de como um indivíduo particular pode usar ondas de rádio públicas, permanece até hoje relativamente em aberto.

À medida que a guerra na Europa se agravou, os norte-americanos passaram a vivenciar a força total do rádio. Quando o diretor responsável pela CBS, Edward

R. Murrow, deu início às suas famosas transmissões de Londres na década de 1930, o rádio vinha sendo usado para transmitir da Europa havia quase uma década. A CBS, conduzida pelo jovem William Paley, havia se sobressaído como uma potência que podia competir com a todo-poderosa NBC. Um repórter da CBS chamado Caesar Searchinger foi pioneiro nas transmissões da Europa, que permitiram aos norte-americanos ouvir a voz do rei da Inglaterra e, mais tarde, o dramaturgo George Bernard Shaw aproveitou a oportunidade para repreender a estrutura social norte-americana.

Foi, porém, Hitler que fez que a Europa se tornasse relevante para os norte-americanos. A voz de Hitler e de outros líderes europeus, como Churchill, Mussolini e Chamberlain, era literalmente trazida para a mesa de jantar e sala de estar do norte-americano. Graças, sobretudo, ao rádio, os acontecimentos europeus passaram a se parecer mais com os fatos norte-americanos, e assumiram a mesma importância. O isolacionismo que havia caracterizado a política norte-americana desde o fim da Primeira Guerra Mundial se dissipou à medida que o mundo se tornou, de modo figurado, um lugar menor. E os norte-americanos passaram a entender cada vez mais que o que afetava a Europa também afetava a América.

Quando os alemães deram início à sua Blitzkrieg (termo alemão para a "guerra-relâmpago"), Edward R. Murrow estava em condições de descrever – numa transmissão ao vivo, tal como estava acontecendo – os ataques aéreos noturnos. Ele transmitia aos norte-americanos, sentados no conforto e segurança de suas casas, o profundo e devastador medo que acompanhava o som das sirenes dos ataques aéreos. Os ouvintes de rádio ouviam as sirenes, as explosões e os gritos, enquanto a voz de barítono contida de Murrow descrevia a cena com frases curtas, que capturavam as imagens, os sons e até mesmo os odores das vizinhanças:

De … Londres. (Bombas explodem no fundo.) Não há palavras para descrever o que está acontecendo. A coragem das pessoas, o clarão e o estampido das armas pelas ruas, o mau cheiro dos abrigos antiaéreos.

Aos poucos, os norte-americanos se conscientizaram de que Hitler precisava ser freado. A Europa havia estado em guerra durante anos, enquanto a América se mantinha à parte. Os norte-americanos, enojados pela devastação da Primeira Grande Guerra, justificadamente não queriam tomar parte em outro conflito europeu. O presidente Franklin Delano Roosevelt acreditava que a América devia participar da guerra, e usou o rádio como veículo para apresentar seu ponto de vista. Reconhecia o valor do rádio como meio de comunicação de massa com uma convicção íntima. Ele transmitiu o que acabou sendo conhecido como "uma conversa junto à lareira", de modo amigável, encorajando discussões que espalhavam de maneira original seus planos de tirar o país dos seus problemas com a Depressão. Mais tarde, seu assunto se tornou a guerra. Norte-americanos em vilarejos, cidades ou fazendas em todo o país sintonizavam para ouvir seu presidente, que geralmente lhes falava como um pai, oferecendo fagulhas de esperança.

Depois, no início de dezembro de 1941, o presidente Roosevelt fez, durante um encontro no Congresso, seu discurso transmitido pelo rádio ao vivo.

> Ontem, 7 de dezembro de 1941, uma data que perdurará na vergonha, os Estados Unidos da América foram súbita e deliberadamente atacados pelas forças aéreas e navais do Império do Japão... Peço ao Congresso que declare que, desde o ataque sem motivo e covarde do Japão... um estado de guerra se impõe entre os Estados Unidos e o Império do Japão.

O Congresso atendeu à solicitação do presidente, e os Estados Unidos entraram em guerra. Filhos, irmãos, maridos e pais seguiram como voluntários ou foram recrutados. As famílias que ficaram para trás contaram cada vez mais com o rádio para se manter em contato com o desenrolar dos fatos. Relatórios intercontinentais eram enviados pelas ondas curtas de rádio às salas de controle das redes do país, e em seguida alimentavam as emissoras filiadas.

Com o fim da guerra, os jornalistas de rádio se tornaram hábeis em reunir notícias que surpreendiam pela instantaneidade. Murrow e um experiente time de correspondentes formaram o núcleo de uma empresa noticiosa que viria a representar a maior excelência no jornalismo norte-americano. A CBS se tornou modelo para outras redes à medida que implantavam suas próprias agências noticiosas em todo o mundo.

O noticiário por rádio e ele próprio entraram nos anos 1950 na crista do poder, do prestígio e da popularidade. Em seguida, o teto desabou.

A TELEVISÃO OFUSCA O *BOOM*

A televisão foi apresentada na World Fair de 1936 (com cobertura pelo *New York Times*, que observou que as possibilidades comerciais da TV eram duvidosas). Foi aperfeiçoada nos anos 1940 e se tornou aparelho doméstico nos anos 1950. No começo, muita gente do rádio se mostrava francamente cética quanto à possibilidade de a TV se tornar um meio respeitado e respeitável. Muitas estrelas do jornalismo da CBS evitavam a mídia, vendo-a como um acessório de propaganda de vida curta.

Este aparelho esmagou o rádio como um trator. As estrelas que podiam ser vistas tinham muito mais apelo do que aquelas que só podiam ser ouvidas. Personalidades como Jack Benny migraram para a televisão e presenciaram um aumento de audiência incomparável. A televisão começou a explorar suas próprias vantagens técnicas e se tornou mais do que um simples rádio com imagens. Milton Berle, por exemplo, usou elaboradas gagues visuais para compor seu próprio tipo de pastelão. Ernie Kovaks empregou efeitos especiais, experimentando com certa frequência, durante horas, estúdios incrivelmente caros para produzir um visual que se estenderia por apenas uns poucos segundos.

A magia do rádio parecia ter sumido; ele simplesmente não conseguia competir com uma mídia como a televisão. Mas podia deixar a comunicação em massa para a televisão e reinventar para si mesmo uma mídia que atraísse um público mais específico.

O rádio focou sua audiência na transmissão de canções gravadas, música por música. Este não era propriamente um hábito novo, "inventado", segundo a história do rádio, nos anos 1930, quando um locutor chamado Martin Block popularizou o formato por meio de um programa conhecido como Make-Believe Ballroom. Ao que parece, Block chegou a essa ideia quando a orquestra do estúdio não apareceu e ele precisou preencher o tempo. É, creditado-lhe o desenvolvimento do moderno formato "disc jockey", que posteriormente foi adaptado a programas como Your Hit Parade. Esses programas tocavam as músicas mais populares da semana e eram em parte responsáveis pela evolução do formato Top 40.

A música no rádio era também uma mistura eclética na década de 1950. Os disc jockeys podiam tocar música clássica, seguida de jazz; big band e depois qualquer coisa que quisessem tocar. Eles desenvolveram grande habilidade para misturar tudo isso. Tornaram-se, excelentes profissionais, capazes de entreter, persuadir e motivar. Além disso, divertiam-se fazendo o que faziam. E quando a televisão ameaçou desmantelar a indústria do rádio, o talento da brigada emergente de disc jockeys foi dividido com uma nova força poderosa: o rock 'n' roll e o estilo de vida que ele propunha.

O ROCK SALVA O RÁDIO

À medida que o rock evoluiu do rhythm and blues, a juventude do país foi atraída por essa nova forma de expressão musical. Nos anos 1950, o rock era rebelde, uma transformação revigorante do manto de subordinação que encobria os Estados Unidos do pós-guerra. As pessoas jovens ansiavam por seu papel na sociedade. Coincidentemente, elas também estavam dispondo de alguma renda acumulada nesses anos de prosperidade.

As emissoras de rádio perceberam esse despertar, e enquanto milhões de pessoas sintonizavam as músicas dos primeiros roqueiros, como Bill Haley and the Comets, Carl Perkins, e Ferlin Husky, os programadores de rádio descobriam algo de grande importância: isso era mais do que música. O rock era um estilo de vida.

O velho formato do hit parade – tocando as músicas mais populares da semana de acordo com as vendas de discos – era agora usado para montar a programação das emissoras de rádio. Tratava-se de um formato relativamente fácil de implantar, até mesmo na menor das emissoras: bastava ler uma das publicações da indústria do disco e tocar as 40 faixas mais populares.

Ao que se constatou, fazer dinheiro com o Top 40 era muito fácil também. Os fabricantes de refrigerantes, que eram tradicionalmente anunciantes de grande cacife, acharam que tinham uma conexão direta com o estilo de vida dos jovens – e numa ocasião chamaram isso de conexão com a "geração Pepsi". Os produtos de beleza e o mercado crescente do fast-food abasteceram a volta do rádio. E ele encontrou uma voz nova e eloquente. Disc jockeys como Allen Freed, que desenvolveu o conceito de "personalidade" como componente essencial do Top 40 do rádio, alcançaram o estrelato. O rádio em si se tornou uma poderosa força no universo da música; tanto, que alguns programadores de rádio se engajaram numa prática antiética e ilegal, conhecida por *payola*,[1] segundo a qual – em troca de propina da gravadora – eles dariam a determinada faixa um bom tempo no ar.

A juventude era o maior, mas não o único, segmento de população atraído pela caixa musical novamente redescoberta. Os adultos passaram a considerar o rádio um bom companheiro; o desenvolvimento de novos e pequenos componentes chamados transistores (no lugar das volumosas válvulas eletrônicas in-

---

[1] "Payola", contração do inglês "pay" e "Victrola". O termo é conhecido entre nós como "jabaculê" ou "jabá".
"Na indústria da música, consiste na prática de uma gravadora pagar dinheiro para a transmissão de músicas em uma rádio ou TV. Jabaculê é muitas vezes também empregado com o sentido do improviso ou gambiarra. O termo foi criado pelo folclórico jornalista paulista Paulo A. Santana que tinha por hábito fazer uso de palavras complicadas e de sonoridade engraçada em suas locuções. Não se sabe exatamente quando o termo passou a ser amplamente usado no meio, mas conta-se que Paulo Santana, apaixonado pela cozinha nordestina, ao receber uma certa quantia para divulgar uma dupla de cantores, teria exclamado "– O jabá do almoço de hoje está garantido" na presença de alguns colegas. Dali em diante, estes passaram a utilizar a palavra com o sentido que tem hoje nos meios da comunicação. Jabaculê é uma corruptela da expressão, ao que se sabe, também cunhada nesse sentido pelo mesmo autor." Fonte: Wikipedia. Acessado em: 20 jan. 2010. (NE)

> ### DAVID SARNOFF E WILLIAM S. PALEY
>
> Entre outras coisas, David Sarnoff gostava de ser lembrado pela sua participação numa tragédia internacional, quando ainda estava com seus vinte e poucos anos, muito antes de se tornar conhecido pela sua contribuição para o rádio e a teledifusão. Sarnoff chegou a este país vindo com sua família da Rússia na virada do século. Ele conseguiu um emprego na Marconi Wireless Telegraph Company of America e se tornou um operador de grande competência, enviando e recebendo os sinais codificados em código Morse. De acordo com um biógrafo oficial, pode-se creditar a Sarnoff o fato de ter informado ao mundo, no dia 14 de abril de 1912, que o luxuoso navio Titanic havia se chocado contra um iceberg no Atlântico Norte e afundara, consumindo mais de 1.500 vidas. Aparentemente, Sarnoff se manteve no seu posto por 72 horas quase sem comer nem descansar, funcionando como elo de informação entre o local do desastre e a terra firme.
>
> Dizemos "aparentemente" porque há sérias dúvidas acerca de a avaliação do grau de heroísmo de Sarnoff estar correta. Informações posteriores dão conta de que Sarnoff pode ter exagerado ao conversar com seu biógrafo e ter-se apresentado como o único elo com o Titanic quando, na verdade, outros operadores também podem ter desempenhado papéis de relevância. Como muitos grandes homens, Sarnoff tem um ego impressionante, e seu talento para a autopromoção provavelmente o tenham levado a distorcer os fatos.
>
> Não obstante, seu lugar na história está garantido. De origem muito humilde, ele galgou o sucesso partindo da Marconi Company até a Radio Corporation of America, onde trabalhou como diretor-geral entre 1947 e a data da sua morte, em 1971. Ele foi um dos primeiros defensores da radiodifusão quando outros falharam em ver seu potencial, e teve grande importância para o desenvolvimento da televisão.
>
> William S. Paley cresceu no conforto, diferente de David Sarnoff, aquele que se tornaria seu maior rival nos negócios. Mas Paley não se sentia realmente satisfeito na pele de um executivo de uma empresa familiar. Ele encontrou o desafio da sua vida na jovem e nem um pouco próspera rede de radiodifusão Columbia Broadcasting

ventadas por Forest) resultou o rádio poder agora ir para a praia, para o quintal e, particularmente, para o carro.

O RÁDIO SINTONIZA SUA AUDIÊNCIA

Ao se darem conta de que muitos motoristas iam e vinham do trabalho, pela manhã e ao final do dia, e com o advento de o rádio ter se tornado comum nos carros, os programadores passaram a explorar este "horário de trânsito" lucrativo. Logo, uma

System. Paley era cortês e podia ser charmoso, mas era também um homem de negócios astuto, que cuidou da CBS até que se tornasse bem-sucedida, e depois a transformou num colosso. No final dos anos 1940, durante a Era de Ouro do rádio, Paley empreendeu uma mudança rápida e dramática na NBC. Desferiu um "ataque talentoso" sobre a outra rede, atraindo vários dos melhores artistas da CBS. Em ambas as emissoras e televisões, Paley foi conhecido pelo seu gênio de programador e gosto pelo talento.

Como a Segunda Grande Guerra Mundial se aproximava, Paley bancou na CBS a implantação de um serviço noticioso sério através do rádio. A CBS News, inicialmente no rádio, e em seguida na televisão, se tornou a primeira divisão de difusão conhecida. Com a ajuda do correspondente Edward R. Murrow e dos colegas Eric Sevareid, Charles Collingwood, William Shirer e outros, a CBS estabeleceu um padrão jornalístico para o mercado das comunicações. Paley estava orgulhoso da sua nova divisão, da qual não se esperava rentabilidade. Era a "joia da coroa" no império da CBS.

Sob Paley, a respeitável instituição CBS desenvolveu a gravação em long-play. Mas houve também alguns passos em falso no caminho. Nos anos 1940, a CBS aperfeiçoou o sistema de TV em cores, mas perdeu para a versão da RCA. Nos anos 1960, numa época em que numerosas corporações se esbaldaram na diversificação, a CBS comprou várias empresas, incluindo o New York Yankees (que em seguida caiu da primeira para a última colocação no prazo de dois anos), uma empresa de violões e outra de brinquedos. Nos últimos anos, a CBS se desfez da maioria dessas aquisições, que não eram realmente bem-sucedidas, e decidiu se concentrar no seu próprio negócio. Apesar desses desvios de rota, tal como Sarnoff, ele é uma verdadeira figura histórica na saga da radiodifusão.

---

[1] *Sarnoff e Paley* foi escrito por Michael C. Ludlum com exclusividade para *Modern Radio Production*. Publicado mediante permissão.

---

emissora podia ser identificada pelo seu formato, um termo que significa o tipo de música que a emissora toca. A emissora era comumente conhecida como Top 40 ou Country and Western. Aquelas que escolhiam ficar no meio do caminho eram denominadas middle-of-the-road (MOR).

Ao longo dos anos 1960, os métodos de amostragem de audiência se tornaram mais sofisticados, e a distinção entre os tipos de audiência foi aperfeiçoada. No final do anos 1960, quando talvez quatro ou cinco emissoras dominavam a maior parte da área metropolitana, havia por fim lugar para muitas outras por causa dos nichos de mercado que haviam sido descobertos e cultivados.

Quase todo esse crescimento se deu na faixa AM. (AM refere-se a modulação de amplitude.) Havia muitas razões para o crescimento da AM. A FM (frequência modulada) tinha estado disponível por anos e anos, mas uma certa confusão acerca das frequências consignadas provocou o enfraquecimento dessa tecnologia. Colocar uma rádio FM no carro era uma iniciativa cara, e os equipamentos domésticos preparados para captar FM geralmente não funcionavam direito.

No fim dos anos 1960, ocorreram avanços significativos em relação à qualidade dos receptores bem como à capacidade das emissoras de transmitir um sinal de FM de alta qualidade. Quando a FM foi aperfeiçoada, ultrapassou a AM no quesito fidelidade do som, já que o sinal é menos suscetível às interferências e as emissoras de FM estão consignadas a uma faixa de frequência mais larga, o que significa que seu sinal pode transportar mais informações sonoras. Esta frequência que não era usada, passou a ser uma fonte de influência dominante, e a AM foi afetada. No entanto, depois de sofrer importantes perdas nos anos 1980, as emissoras de rádio AM conquistaram um grau de sucesso relativo, muitas delas programando bate-papos e notícias, dois formatos que continuaram crescendo em popularidade.

Apêndice C

※

Linha do tempo do rádio no Brasil[1]

O rádio, no Brasil e no mundo, tem trajetórias semelhantes, desde as primeiras pesquisas com a transmissão de ondas hertzianas realizadas pelo padre Roberto Landell de Moura até a digitalização do som e da instalação da primeira emissora na web. Em alguns momentos, este avanço cultural, social e tecnológico enfrentou a lentidão de um país extenso e subdesenvolvido. Porém, com o passar dos anos, o distanciamento inicial foi atenuado pela facilidade de conexão em quase todo o planeta, processo denominado globalização do conhecimento.

Com o objetivo de traçar uma cronologia com os acontecimentos mais importantes do rádio brasileiro, foi montada uma linha do tempo, registrando o ano e os fatos, a partir de literatura radiofônica, além de sites ligados ao Rádio.

ANO	FATOS
1893/ 1894	• Emissão das primeiras ondas de rádio a distância pelo padre Roberto Landell de Moura, em São Paulo, fato, no entanto, que não tem comprovação documental. Apenas sete anos depois, em 1900, uma notícia foi publicada no *Jornal do Commercio*, do Rio de Janeiro, em 10 de junho, sobre as experiências do "padre inventor".

[1] Elaborada pelo professor Luciano Klöckner, da Faculdade de Comunicação Social (Famecos), Pontifícia Universidade Católica do Rio Grande do Sul (Famecos), inspirada em material didático produzido pelo professor Sergio Stosch, da mesma faculdade. A "Linha do tempo do rádio no Brasil", com material sonoro, pode ser consultada no site www.pucrs.br/radiofam, da web rádio dos alunos da Famecos.

ANO	FATOS
1918	• O final da Primeira Guerra Mundial (1914-1918) leva a tecnologia, antes de controle expresso das Forças Armadas, para a área comercial. David Sarnoff, russo radicado nos Estados Unidos, sugere a concepção de uma caixa receptora de música à Marconi Company para venda ao público. A ideia não vinga, mas estabelece um caminho futuro para o desenvolvimento do rádio como a primeira mídia eletrônica de massa.
1919	• Primeira transmissão de uma emissora brasileira, a Rádio Clube de Pernambuco, em Recife (6 de abril). Entretanto, não é considerada a primeira transmissão oficial. Existem controvérsias em relação à data e ao ano da experiência. Alguns livros citam que, de fato, o teste teria ocorrido em fevereiro de 1923, dois meses antes de a Rádio Sociedade do Rio de Janeiro entrar no ar.
1922	• Primeira transmissão oficial. Realizada por ocasião da Exposição do Centenário da Independência no Rio de Janeiro (7 de setembro), com o pronunciamento do presidente Epitácio Pessoa, seguida de audição de músicas, entre as quais, trechos da ópera *O Guarani*, de Carlos Gomes.
1923	• Inaugurada a primeira emissora no Brasil, a Rádio Sociedade do Rio de Janeiro, por Edgard Roquette Pinto e Henry Charles Morize, cuja missão primordial era difundir a educação e a cultura. Doada ao Ministério de Educação e Cultura em 1936, passa a se chamar Rádio MEC, que se tornaria o embrião do sistema de rádios educativas no país. Em homenagem a Roquette Pinto, 25 de setembro, data do seu nascimento (1884), é instituído o Dia Nacional da Radiodifusão.
1930	• Primeiras coberturas jornalísticas pelo rádio, durante a Revolução de 30. Torna-se, nesta ocasião, conhecido o repórter e locutor César Ladeira, pela Rádio Record, de São Paulo, considerado depois a voz da Revolução Constitucionalista de 32, ao lado de Celso Guimarães, da Rádio Cruzeiro do Sul. Coube a Ladeira introduzir um novo modelo para o rádio, com a contratação de um *cast* de profissionais com remuneração mensal.

ANO	FATOS
1932	• Criado o primeiro jingle no rádio brasileiro pelo cartunista e compositor Antônio Gabriel Nássara, com o refrão: "Oh, padeiro desta rua, tenha sempre na lembrança. Não me traga outro pão, que não seja o pão Bragança". A padaria Bragança situava-se no bairro de Botafogo, no Rio de Janeiro. • O Decreto-Lei nº 21.111 libera as emissoras para veiculação de anúncios. • A Rádio Record de São Paulo realiza as primeiras propagandas políticas do rádio brasileiro.
1933	• Rádio Escola do Municipal do Distrito Federal, obra do educador Anísio Teixeira, que desenvolve aulas para o povo através do novo veículo.
1935	• O presidente Getúlio Vargas, por intermédio do Departamento de Propaganda e Difusão Cultural (DPDC), do Governo Federal, cria o programa *Hora do Brasil*. • As rádios Kosmos e América, de São Paulo, são as primeiras a apresentar programas de auditório.
1936	• Entra no ar a Rádio Nacional do Rio de Janeiro, emissora que, por anos, foi a mais ouvida em todo o Brasil.
1937	• O programa *Hora do Brasil* (cujo nome foi alterado, em 1946, para *Voz do Brasil*) passa a ser transmitido em rede nacional obrigatória. Nos anos 1990, algumas emissoras obtiveram liminares para transmitir o programa no horário da madrugada. A situação permanece a mesma, apesar de muitos projetos tramitarem no Congresso visando modificar o horário, e até mesmo a retirada da Voz do Brasil do ar.
1938	• Formação da primeira rede nacional de rádios, a Rede Verde e Amarela, liderada pelas Organizações Byngton, responsável pela realização da cobertura esportiva pioneira de um Campeonato Mundial de Futebol na França.

ANO	FATOS
1939	• Começam as atividades do Departamento de Imprensa e Propaganda (DIP), criado pelo presidente Getúlio Vargas, órgão que tem, entre outras finalidades, exercer censura prévia sobre os programas radiofônicos.
1940	• O governo do presidente Getúlio Vargas estatiza a Rádio Nacional do Rio de Janeiro. • As primeiras agências de publicidade começam a atuar, e os programas de rádio recebem patrocinadores, como Coca-Cola, Gessy Lever, Colgate, Esso, Goodyear, entre outros.
1941	• Lançado para os professores do ensino secundário o programa educativo *Universidade no Ar*, pela Rádio Nacional do Rio de Janeiro. • O ano marca a primeira edição de *O Repórter Esso*, boletim de notícias de cinco minutos, irradiado pela Rádio Nacional do Rio de Janeiro e emissoras de outras quatro capitais (São Paulo, Belo Horizonte, Recife e Porto Alegre). • Também pela Nacional estreia *Em busca da felicidade*, radionovela cubana, pioneira no gênero, que permanece até 1943 no ar. No mesmo ano, é produzida *Fatalidade*, de Oduvaldo Viana, na Rádio São Paulo, primeira radionovela criada no Brasil.
1942	• A Rádio Nacional amplia a potência, inaugurando estação de ondas curtas com oito antenas voltadas para os Estados Unidos, Europa e Ásia, transmitindo para o exterior em quatro idiomas.
1944	• Criada a Associação Brasileira de Rádio (ABR). A entidade colabora para regulamentar a profissão de radialista e também com o texto base do Código Brasileiro de Radiodifusão. Em 1962, já contemplando a televisão, foi instituído o Código Brasileiro de Telecomunicações.
1945	• Com o fim da Segunda Guerra Mundial, o modelo de rádio brasileiro, até então um *mix* europeu, passa a adotar o exemplo dos Estados Unidos.

ANO	FATOS
1947	• A Rádio Pan-Americana de São Paulo é a primeira emissora a dedicar-se continuamente a transmissões esportivas.
1947/ 1948	• Montadas as primeiras redações jornalísticas especialmente para o rádio. Em 1947, a Rádio Globo estrutura um departamento de notícias para o noticiário *O Globo no Ar*. Em 1948, a Rádio Nacional implanta a *Seção de Jornais Falados e Reportagens*. • No final dos anos 1940 e início dos 1950 tornam-se disponíveis os primeiros gravadores magnéticos de rolo para consumo doméstico.
1950	• Inicia-se a concorrência com a Televisão e a Era da Imagem. É inaugurada a PRF-3 TV Tupi-Difusora, de São Paulo (18 de setembro). Os elencos e principais programas das rádios começam a se transferir para o novo veículo. Ao rádio cabe flexibilizar, inovar na programação. • A notícia recebe tratamento destacado. Vários radiojornais e boletins noticiosos (sínteses) são elaborados pelas emissoras, buscando igualar-se à audiência da Rádio Nacional. A iniciativa de Carlos Palut, com a Rádio Continental, de criar unidades volantes (Comandos Continental) para que os repórteres falassem direto do local dos acontecimentos, promove uma revolução no rádio informativo. • O rádio segmenta-se nos 30 anos seguintes com uma programação mais eclética (estilo que predomina nas televisões abertas de hoje), especializa-se tanto nas emissoras de Amplitude Modulada (AM) quanto nas de Frequência Modulada (FM). Os estilos variam a partir dos mais populares, com esportes (predominantemente o futebol), polícia, até o jornalismo com prestação de serviço, informações e música.
1954	• A Rádio Bandeirantes tenta um modelo inédito: a cada 15 minutos, 1 é dedicado à transmissão de informações.
1955	• Entra no ar a primeira rádio em FM, Rádio Imprensa, do Rio de Janeiro, comercializando a programação em supermercados, lojas e escritórios.

ANO	FATOS
1957	• Inaugurada a Rádio Guaíba de Porto Alegre, uma das primeiras emissoras a dedicar-se ao público classe AB, investindo no trinômio música-esporte-notícia. Um ano depois, em 1958, transmite a Copa do Mundo, da Suécia, tornando-se a primeira a contar com o retorno no estúdio • Também entra no ar, em Porto Alegre, a Rádio da Universidade Federal do Rio Grande do Sul, primeira emissora universitária AM do Brasil, por obra de Antônio Alberto Goetze e Elyzeu Paglioli (18 de novembro).
1957/ 1958	• Organização do Sistema de Rádio Educativo Nacional (Sirena), pelo professor João Ribas da Costa, que contabilizou 47 emissoras na luta contra o analfabetismo. Em 1963, o Sistema foi incorporado à Rádio Educadora de Brasília, e extinguiu-se. • São comercializados internacionalmente os primeiros radiorreceptores transistorizados com funcionamento a pilha.
1959	• Rádio Jornal do Brasil, do Rio de Janeiro, uma das primeiras emissoras a integrar música e notícia, inova ao lançar o Serviço de Utilidade Pública (achados e perdidos).
1961	• A renúncia do presidente da República Jânio Quadros deflagra uma crise de governo. No Rio Grande do Sul, o governador Leonel Brizola utiliza a Cadeia Radiofônica da Legalidade, com mais de uma centena de emissoras, liderada pela Rádio Guaíba, e garante a posse do vice João Goulart, Jango, na Presidência. • Decreto presidencial regulamenta, em 1961, o Movimento de Educação de Base (MEB), criado por Dom Eugênio Salles, com supervisão da Conferência Nacional dos Bispos do Brasil (CNBB), embora as ações da Igreja neste campo já existissem desde os anos 1950.
1962	• Fundada a Associação Brasileira de Emissoras de Rádio e Televisão (Abert) (27 de novembro). • É instituída a propaganda política gratuita no rádio e na televisão.

ANO	FATOS
1963	• Estabelecido o Código Brasileiro de Radiodifusão.
1964	• O golpe militar de 31 de março, que perdurou até os anos 1980, impõe diversos atos institucionais que recrudescem a censura sobre os veículos de comunicação, até mesmo extinguindo alguns programas radiofônicos. • No Rio Grande do Sul é montada a Segunda Cadeia da Legalidade para resistir ao golpe militar, coordenada pela Rádio Difusora de Porto Alegre, mas a tentativa não dá resultado. • Os gravadores cassetes, lançados pela Phillips no início dos anos 1960, começam a chegar ao país.
1965	• O Brasil é integrado ao Intelsat para transmissões de rádio e televisão via satélite.
1967	• Criado o Ministério das Comunicações e, com ele, o Departamento Nacional de Telecomunicações (Dentel), órgão encarregado de fiscalizar as programações das emissoras de rádio e de televisão.
1968	• As ligações em FM, utilizadas como links para transporte do som dos estúdios aos transmissores, são proibidas. O governo decide distribuir esses canais, visando expandir o número de emissoras, o que efetivamente ocorre em meados dos anos 1970. A Rádio Difusora de São Paulo foi a primeira a transmitir regularmente em FM no Brasil (2 de dezembro de 1970).
1969	• Rádio Cultura AM de São Paulo é estatizada, passando a fazer parte da recém-instituída Fundação Padre Anchieta.
1970	• Emissoras oficiais e privadas transmitem o *Projeto Minerva*. O programa é produzido pelo Serviço de Radiodifusão Educativa do Ministério da Educação e Cultura e gerado pela Rádio MEC do Rio de Janeiro (4 de novembro).

ANO	FATOS
1973	• Lançado pelo governo o Plano Básico de Canais em FM com incentivo à produção de radiorreceptores com faixas AM e FM. O número de emissoras em FM aumenta. O padrão seguido é o dos Estados Unidos, com comunicadores de voz jovem aplicando aos diálogos informalidade, humor, além de promover sorteios de brindes e rodar muita música.
1975	• O Governo cria a Radiobrás (Lei nº 6.301, de 15 de dezembro).
1980	• Inicia-se a automatização das emissoras de rádio. Até fins dos anos 1990 o cartucho e a fita magnética são substituídos pelo MiniDisc (MD), o disco de vinil pelo Compact Disc (CD), e o próprio radiotransmissor utilizado pelos repórteres é trocado pelo telefone celular, transformando cada profissional numa unidade móvel. • Na área da informática, os computadores são, gradativamente, implantados nos estúdios e nas redações. Do mesmo modo, as redes nacionais de telefonia são supridas de fibras ópticas, essenciais para elevar a velocidade e aumentar a qualidade das transmissões. • A segmentação das rádios comerciais torna-se mais intensa a partir da metade dos anos 1980.
1981	• Começa em Sorocaba, interior de São Paulo, o movimento das rádios alternativas, ou livres, que depois se espalhou pelo país.
1982	• A Rádio Bandeirantes AM, de São Paulo, transmite o radiojornal *Primeira Hora* via satélite.
1983	• A Rádio Gaúcha, de Porto Alegre, é a primeira emissora AM a implantar o estilo para transmitir noticiário radiofônico 24 horas por dia, processo que se consolida nos anos seguintes. Tentativa semelhante foi desencadeada pela Rádio Jornal do Brasil, do Rio de Janeiro, em 1980, mas algumas versões relatam que a programação era completada por música. A experiência durou seis anos, mas foi descartada por falta de investimentos em profissionais e equipamentos. • Instituído oficialmente o Sistema Nacional de Radiodifusão Educativa (Sinred), que funcionou até 1988. Em 1994, houve tentativa de reativá-lo, mas sem êxito.

ANO	FATOS
1988	• A Constituição Brasileira de 1988 prevê a regulamentação de vários itens que abrangem os meios de comunicação social. Entre eles: as permissões para as rádios comunitárias (regulamentadas em 1998) e a criação do Conselho de Comunicação Social (regulamentado em 2002).
1989	• Desponta a primeira rede de rádio comercial via satélite, a BandSat AM. A partir de 1990, outras emissoras passam a transmitir nesta modalidade, entre elas, Jovem Pan e Transamérica.
1990	• Sistema de rádio por cabo é lançado, mas não se firma.
1991	• No rádio AM, uma inovação: surge a primeira emissora *all news* do país, a Central Brasileira de Notícias (CBN). Em 1995, ela também seria pioneira neste estilo no rádio FM.
1993	• Formada a Rede Conesul de Comunicação, agregando as rádios Gaúcha (Porto Alegre/Brasil), Mitre (Buenos Aires/Argentina), Carve (Montevidéu/Uruguai), Ñanduti (Assunção/Paraguai) e Cooperativa (Santiago/Chile).
1995	• A web comercial brasileira começa oficialmente neste ano (31 de maio), embora a primeira conexão tenha acontecido em 1991, e em 1994 a Embratel tenha oferecido os primeiros contatos à rede mundial. Muitas emissoras convencionais começam a experimentar as transmissões on-line pela world wide web (www), que tornou possível acoplar som, imagem e vídeo, além dos textos. As pioneiras a transmitir a programação ao vivo foram: Gaúcha, Jovem Pan, Eldorado e CBN.
1996	• A rádio CBN, de São Paulo, passa a transmitir a mesma programação da AM em FM, ampliando a audiência. *A posteriori*, a mesma medida é aplicada no Rio de Janeiro. Experiência pioneira no gênero foi registrada pela Rádio Eldorado em 1958. • Surge a Associação Brasileira de Radiodifusão Comunitária (Abraço).

ANO	FATOS
1997	• O Congresso Nacional aprova a Lei Geral das Comunicações, criando a Agência Nacional de Telecomunicações (Anatel). • Entra na internet a RadioFam da PUC do Rio Grande do Sul, web rádio universitária pioneira no país.
1998	• Realizada a primeira transmissão experimental em Digital Audio Broadcasting (DAB) no Brasil, em Foz do Iguaçu, no Paraná, durante Congresso da Abert, pelo sistema europeu Eureka-147. • O Decreto nº 26.615 regulamenta as rádios comunitárias (Lei nº 9.612, de 19 de fevereiro de 1998). • Entra no ar a Rádio Totem, com sede em São Paulo, considerada a primeira emissora brasileira com existência apenas na internet.
2000	• Começam as discussões sobre a implantação do Sistema de Rádio Digital. • A transmissão por rádio ganha um aliado e um concorrente. O aliado é o telefone celular, cujos novos aparelhos oferecem o rádio em FM, mas eliminam a transmissão em AM. O concorrente são os tocadores de música (Ipod, MP3, MP4 etc.). Este fato, aliás, já havia ocorrido com os gravadores de fita de rolo e cassetes nos anos 1960 e 1970, o walkman nos anos 1980, e os CD players nos anos 1990.
2003	• Rádio Gaúcha, de Porto Alegre, é a primeira emissora comercial brasileira a realizar uma transmissão experimental de recepção digital no Brasil pelo padrão In-Band-On-Channel (Iboc), da empresa iBiquity Digital. Outro sistema testado pela Rádio Nacional de Brasília é o Digital Radio Mondiale (DRM), desenvolvido e adotado por países europeus.
2004	• O podcast, serviço de transmissão de áudio, é incorporado como mais um atrativo das emissoras na web.
2005	• Primeira rede em FM a transmitir 24 horas de notícias (BandNews).

ANO	FATOS
2007	• Carta dos Pesquisadores de Rádio e Mídia Sonora do Brasil, iniciativa da reunião do grupo da Intercom, em Santos-SP, é divulgada, questionando o Ministério das Comunicações sobre a tecnologia e os métodos na implantação do rádio digital no país. • Criada a Empresa Brasil de Comunicação (EBC), congregando a TV Brasil, NBR (televisão a cabo), Agência Brasil e os Sistemas de Rádio (Rádio Nacional AM e FM-DF, Rádio Nacional AM-RJ, Rádio MEC AM-RJ, Rádio MEC AM-DF, Rádio MEC FM-RJ, Rádio Nacional do Alto Solimões-AM, Rádio Nacional da Amazônia–OC, Radioagência Nacional)
2008	• Comissão da ABERT entrega ao Ministério das Comunicações relatório final dos testes com o sistema de rádio digital Iboc, realizados pelo Instituto Mackenzie, concluindo que o padrão é o único a atender às necessidades da radiodifusão sonora brasileira em Ondas Médias (OM) e FM.
2010	• Ministério das Comunicações divulga padrão do rádio digital brasileiro.

REFERÊNCIAS

Livros

ALMEIDA, Hamilton B. *O outro lado das telecomunicações*: A saga do Padre Landell. Porto Alegre: Sulina-ARI, 1983.

FERRARETTO, Luiz Artur. *Rádio*: O veículo, a história e a técnica. Porto Alegre: Sagra-Luzzatto, 2000.

HAUSSEN, Doris Fagundes. *Rádio e política*: Tempos de Vargas e Perón. 2. ed. Porto Alegre: Edipucrs, 2001. (Coleção Comunicação, 9).

HAUSSEN, Doris Fagundes; CUNHA, Mágda Rodrigues. *Rádio brasileiro*: Episódios e personagens. Porto Alegre: Edipucs, 2003. (Coleção Comunicação, 29)

MOREIRA, Sonia Virgínia. *O rádio no Brasil*. 2. ed. Rio de Janeiro: Mil Palavras, 2000.

_____. *Rádio em transição*: Tecnologias e leis nos Estados Unidos e no Brasil. Rio de Janeiro: Mil Palavras, 2002.

PEROSA, Lilian Maria F. de Lima. *A hora do clique*: Análise do programa de rádio "Voz do Brasil" da Velha à Nova República. São Paulo: AnnaBlume; ECA/USP, 1995

PRATA, Nair. *Webradio*: Novos gêneros, novas formas de interação. Florianópolis: Insular, 2009.

STOSCH, Sergio. *Introdução ao rádio*: Aspectos históricos. Polígrafo de aula, produzido para a Disciplina de Radiojornalismo I, da Faculdade de Comunicação Social (Famecos), da Pontifícia Universidade Católica do Rio Grande do Sul (PUC-RS).

TAVARES, Reynaldo C. *Histórias que o rádio não contou*: Do galena ao digital, desvendando a radiodifusão no Brasil e no mundo. São Paulo: Negócio, 1997.

ZUCULOTO, Valci Regina Mousquer. A programação do rádio brasileiro no campo público: um resgate da segunda fase histórica, dos anos 40 ao início dos 70. Trabalho apresentado no Grupo de Pesquisa Rádio e Mídia Sonora, *IX Encontro dos Grupos/Núcleos de Pesquisa em Comunicação. XXXII Congresso de Ciências da Comunicação* (*INTERCOM*), Curitiba-PR, 04 a 07/09/2009.

Sites

http://www.abraconacional.org.
http://www.ebc.com.br.
http://www.mc.gov.br.
http://www.pucrs.br/famecos/vozesrad.

Glossário

A

a distância Produção feita em determinado local fora do estúdio (externas).

AC Ver adult contemporary.

acervo de produção Uma coleção de músicas ou de efeitos sonoros, usada em produção. Acervos de produção são geralmente alugados, mas, às vezes, também são comprados integralmente; e, cada vez mais, estão aparecendo em CD.

acústico/a O estudo do som. São também as propriedades de um estúdio, sala ou sala de concertos, que contribuem para a qualidade do som ouvido nesses locais.

adult alternative Um formato de rádio que toca jazz e vocais compatíveis com o estilo.

adult contemporary (AC) Um formato de rádio abrangente que geralmente inclui alguns sucessos populares mais recentes, novos hits e músicas mais antigas.

adult standards Um formato de rádio para toda a família, que geralmente toca músicas mais antigas, melodias de espetáculos e vocalistas tradicionais.

agulha A parte do toca-discos que faz contato com os sulcos de um disco, vibrando em resposta ao molde neles registrado. As vibrações criam um sinal elétrico na cápsula e esse sinal é enviado, em seguida, a um amplificador, distribuído num sistema de áudio.

air monitor Um mostrador na mesa de som que monitora a saída de sinal da emissora à medida que ela é captada. Monitora a saída efetiva do transmissor e não a da mesa ou de qualquer outro equipamento de áudio pertencente à cadeia de som.

airshift Período no qual qualquer operador de rádio põe a programação da emissora de rádio no ar.

album rock (album-oriented rock – AOR) Um formato de rádio que toca longas seções de heavy-rock e se dirige essencialmente a um público masculino jovem. Também chamado de *album-oriented rock*.

alcance A medida de quantos ouvintes diferentes ouvem um comercial. É também a porção de um espetro de frequências que um microfone ou outro equipamento de áudio pode reproduzir.

alcance dinâmico A diferença em volume entre os sons com maior e menor volume de uma fonte sonora.

alto-falante Um dispositivo que reproduz som ao transduzi-lo em ondas sonoras.

altura A interpretação imprecisa, feita pelo ouvido e pela mente, da frequência de um som.

amplificação A elevação do volume, ou força, de um sinal.

amplificador Um equipamento utilizado para elevar o volume ou força de um sinal.

amplitude A propriedade de uma onda sonora ou sinal elétrico que determina sua magnitude.

analógico Em rádio, um tipo de fonte sonora gravada que produz uma onda sonora similar à onda original. Os métodos tradicionais de se reproduzir sons, como os discos de vinil e fitas, usam métodos de gravação analógica, e não digital.

anúncios de serviços públicos (PSA) Elementos de programa feitos para dar ao público uma informação necessária.

AOR *Ver* album rock.

arquivo CD-DA (compact disc–digital audio) O formato de arquivo sonoro padrão em CD.

Ascap American Society of Composers and Publishers: uma agência de licenciamento de música.

Atrac (Adaptive Transform Acoustic Coding) Um método de compressão de arquivos sonoros de audiodigital que usa princípios psicoacústicos.

audiência acumulada Medição de audiência acumulada. Uma medida que usa interpretações estatísticas para determinar o número de ouvintes de rádio, sem duplicação.

audiência bruta acumulada (gross impressions) A unidade de medição mais básica para um comercial é o total de veiculações, ou seja, o seu número total de exposições.

áudio Som eletronicamente transmitido ou recebido.

audition Um modo de operação da mesa no qual o som pode ser enviado para um alto-falante sem ser enviado para um transmissor. É também o acesso a material ou talentos antes da produção.

automação Utilizar máquinas para colocar elementos de um programa no ar; reduz essencialmente a necessidade de mão de obra humana.

average quarter-hour (AQH) A quantidade de ouvintes que sintonizam uma emissora ao menos cinco minutos ao longo de 15 minutos predeterminado.

B

backsell (back-announce) Enunciar as seleções musicais depois que foram tocadas.

backtracking Rotação de um disco no sentido anti-horário em um toca-disco de radiodifusão; parte da sequência de funções para realizar o cue de uma gravação.

barramento Uma junção de circuitos, nos quais as saídas de algumas fontes sonoras são associadas por mixagem.

bidirecional Um padrão de captação de microfone no qual são aceitas fontes sonoras de duas direções opostas – na frente e atrás do microfone –, mas não dos lados.

binário O método de uso de dois pulsos – ligado e desligado – pelo computador, para codificar sua linguagem.

bit Um dígito binário. É a menor porção da linguagem de computador.

BMI Broadcast Music International, uma agência de licenciamento musical.

braço O braço móvel de um toca-discos, que tem, em sua ponta, a agulha e a cápsula.

BWF Arquivo sonoro WAV para radiodifusão. *Ver* formato WAV.

bytes Palavras digitais que são feitas de até 8 bits que podem representar valores entre 0 e 255. Os CDs usam bytes por sample, para detalhar os valores de frequência e de volume.

C

cabeça de apagamento A parte do sistema de cabeças de um gravador de fita que remove os sinais gravados da fita.

cabeça de gravação A parte do sistema de cabeças no qual um gravador de fita imprime o padrão sonoro numa fita magnética.

cabeça de leitura A parte do sistema de cabeças de um gravador ou deck de fita que lê os padrões criados na fita pela cabeça de gravação e produz um sinal elétrico que passa essa informação para o resto do sistema de reprodução.

cabeças Os dispositivos de um gravador de fita que colocam um sinal na fita; geralmente consistem de uma cabeça de apagamento, uma de gravação e uma de leitura. A cabeça de apagamento desorganiza as partículas de óxido de ferro na fita, a cabeça de gravação as organiza em uma ordem, e a cabeça de leitura lê o padrão formado pela cabeça de gravação.

campo eletromagnético Uma área que contém ondas magnéticas padronizadas, produzidas por eletricidade.

canal O caminho que é seguido por um sinal, conforme ele viaja pelos componentes de um sistema. Também, a designação para entrada ou saída de uma mesa de som.

capacitor Um dispositivo que armazena sinais elétricos, usado (entre outras funções) como elemento num microfone condensador. Condensador é o termo antigo para capacitor.

cápsula O dispositivo do toca-discos que converte as vibrações da agulha em energia elétrica.

cardioide Um padrão de captação de microfone que é unidirecional e tem formato de coração.

carretel doador Em inglês *supply reel,* quando se refere à fita do gravador de rolo e *supply spool* quando se refere à fita cassete DAT. É o carretel que contém a fita de áudio, que ao se desenrolar passa pelas cabeças e enrola-se no carretel receptor.

carretel receptor Em inglês *takeup reel,* quando se refere à fita do gravador de rolo e *takeup spool* quando se refere à fita cassete DAT. É o carretel que recebe a fita que se desenrola do carretel doador após passar pelas cabeças.

carrossel Um dispositivo circular e rotatório, usado para a reprodução automática de cartuchos.

cartucheira Uma unidade que reproduz e grava cartuchos de fita. Hoje em dia, o termo cartucheira geralmente se refere a um gravador de disco rígido que funciona como uma cartucheira analógica.

cartucho de fita Um loop contínuo de fita gravável, dentro de uma caixa de plástico. Geralmente chamado cart.

cassete Dois pequenos carretéis no qual a fita é enrolada, armazenados em uma caixinha de plástico.

CD *Ver* compact disc.

celular GSM (Groupe Spécial Mobile) Tipo de serviço de telefonia celular que pode dar suporte a transmissões a distância.

central processing unit (CPU) – unidade de processamento central O cérebro de um computador; os circuitos que realizam os cálculos.

channel bouncing Uma técnica de produção que move o som de um alto-falante para o outro. Às vezes, é chamado de pan potting.

chave/tom Numa mesa de som, o dispositivo para ligar ou desligar um pot (e, por meio deles, uma fonte sonora). Além disso, o esquema musical no qual caem as notas de uma música.

ciclo Movimento completo de um som ou onda elétrica, seguindo seu padrão natural, até seu ponto de início.

classic rock Um formato de rádio de album rock, sem novos lançamentos.

classical Formato musical que toca peças orquestrais e de coral; também chamado concert music.

codec Uma abreviação para coder/decoder, dispositivo que codifica sinais de áudio em pulsos digitais, para uso com o sistema de telefone público. Na emissora, o decodificador traduz o sinal codificado de volta para áudio.

coloração As nuances sonoras que dão ao som uma característica particular.

combo Operar a mesa e fazer a locução no ar, ao mesmo tempo. Geralmente, isso se chama realizar uma operação combo.

compact disc (CD) Um disco gravado digitalmente e reproduzido por um leitor a laser.

compressão Processo utilizado para minimizar a distorção, ao reduzir as diferenças de nível entre trechos com volume baixo e alto num som gravado ou transmitido.

conexão normal A forma como uma equipe de engenheiros roteia um sinal sob circunstâncias normais. Para mudar o padrão utiliza-se uma patchcord para "sair do normal".

console Um equipamento que amplifica, roteia e mixa sinais de áudio.

contemporary (current) hit radio (CHR) Ver top 40.

contemporary christian Um formato religioso, que tem rock cristão e músicas agitadas.

controlar os níveis Manter controle sobre a força dos sinais, para fazer que o programa não fique sobremodulado.

controle trim Um controle de ajuste que faz mudanças muito sutis no nível de volume de uma mesa.

conversor analógico/digital (conversor A/D) Um dispositivo eletrônico que converte áudio analógico em pulsos eletrônicos digitais.

conversor digital-para-analógico (D/A) Uma interface eletrônica que converte arquivos sonoros digitais em playback analógico de áudio.

country Um formato de rádio "com botas de campo", mas não limitada a ouvintes rurais.

CPM Ver custo por milhar.

CPP Ver custo por ponto.

CPU Ver central processing unit.

cross-fade Substituição gradual de uma fonte sonora por outra. O fade out de um som é feito simultaneamente ao fade up de outro. Chega um ponto em que os níveis sonoros deles são os mesmos.

crossover Uma música que está ligada a duas categorias musicais, como country e pop.

cue Preparar uma gravação ou equipamento de reprodução para que ele toque no primeiro ponto do som, ou em outro ponto de início desejado. Além disso, indicar com um sinal de mão, ou outra forma qualquer, o momento desejado de início de uma atividade. Também, um canal ou mesa que permite ouvir uma fonte sonora sem colocá-la no ar.
current hit radio *Ver* top 40.
custo por milhar (CPM) O custo para se alcançar mil ouvintes.
custo por ponto (CPP) Uma medida de quanto custa "comprar" um ponto de audiência em determinado mercado.

D

dead air Silêncio não intencional no ar.
dead-potting Iniciar uma fonte de som com o pot fechado; geralmente é feito num momento cuidadosamente calculado, com o objetivo de finalizar uma fonte sonora (como uma música) em um momento preciso.
decibel Aplicada ao som, é uma medida de volume relativo.
demoduladores de som Dispositivos numa mesa de gravação, que podem ser usados para mudar as características físicas do sinal de áudio.
depoimento de voz Relato de um jornalista com um trecho de outra declaração inserido.
depoimento Som extraído de um evento, gravado ou transmitido no momento em que o evento ocorreu. Também chamado *sound bite*.
diafragma A porção de um microfone que vibra, em resposta ao som.

digital Baseado na tradução de uma fonte sonora original em linguagem binária de computador.
Digital Audio Workstation (DAW) – estação de trabalho audiodigital Um computador com um programa de gravação de áudio, ou uma interface digital independente, conectado a um computador e pronto para gravar, editar e reproduzir arquivos sonoros digitais.
disc jockey (DJ) Um locutor da equipe que atua como apresentador de um programa musical.
disco Um vinil ou CD.
distorção Uma mudança ou alteração na qualidade do som, que diminui a capacidade do ouvinte de identificá-lo com sua fonte.
Dolby Nome comercial de um sistema de redução de ruído.
donut Na produção de rádio, é um trecho de áudio gravado que dá uma introdução, um encerramento e um fundo musical. Um locutor usa o trecho como um auxiliar de produção, ao ler o texto por cima do fundo musical, preenchendo, assim, o "buraco" do donut.
doubletracking Gravar uma voz, e, então, gravar outra versão da voz levemente alterada por meio eletrônico. Quando ambas as vozes são mixadas e reproduzidas, o resultado é um efeito estranho.
downlink O método pelo qual um receptor em terra capta uma transmissão por satélite.
ducking Inserir, por fade, as trilhas de música ou de efeitos sonoros num volume abaixo da voz.
DVD Digital Versatile Discs (também Digital Video Discs). Mídia digital que permite a reprodução sonora de alta resolução, incluindo formatos de som surround.

E

eco Repetição de um som, geralmente causada pela reflexão da fonte sonora numa superfície rígida. Além disso, é um efeito especial eletrônico criado com o uso de uma unidade de delay ou reenviando a saída da cabeça de leitura de um gravador de fita durante a gravação.

edição Em produção de áudio, a alteração da estrutura de um som gravado – mais comumente por meio da manipulação eletrônica de trechos ou arquivos de áudio. Resumindo, a reorganização e substituição de trechos de áudio são funções de edição comuns.

efeito de proximidade Uma propriedade que certos microfones têm de atenuar frequências mais graves à medida que as fontes sonoras se aproximam.

efeito sonoro Qualquer som usado para ajudar a criar uma imagem, evocar uma emoção, comprimir o tempo, esclarecer uma situação ou reforçar uma mensagem, que não seja música ou fala. Abreviado, em scripts, para SFX.

eixo Uma haste de metal giratória num toca-fitas, que determina a velocidade do movimento da fita. Ela gira o rolete de tração.

elemento A parte do microfone que transduz o som em energia elétrica.

emenda eletrônica (edição) A remoção de porções de uma gravação e a reorganização subsequente do material restante com o uso de equipamento eletrônico, e não com o corte de uma fita.

emendar alterar fisicamente fitas de áudio ao cortá-las e reagrupá-las novamente.

Emergency Alert System (EAS) Uma rede do Governo Federal Norte-Americano que transmite informações ao público, em épocas de guerras, desastres naturais ou outras circunstâncias urgentes.

energia de movimento Energia produzida pelo movimento, como o do som. O som se qualifica como uma energia de movimento, por ser produzido por uma vibração física em moléculas no ar ou em outro meio.

envelope sonoro A waveform que representa um som. Nos dias de hoje, o termo se refere geralmente à representação da waveform numa tela de computador, produzida por um MIDI ou outro dispositivo de edição digital.

equalização Alteração de uma fonte sonora, como resultado de uma mudança no seu balanço de frequências.

equalizador Um equipamento para aumentar, limitar ou eliminar certas frequências de áudio.

equalizador gráfico Um dispositivo que molda o som; os controles produzem uma representação visual da resposta de frequência, e isso explica o termo gráfico.

equalizador paramétrico Um tipo de equalizador que permite que o operador selecione uma frequência em particular, aumentando-a ou diminuindo-a.

estabelecer Tocar uma porção reconhecível e distinta de uma fonte sonora. Por exemplo, um produtor pode estabelecer um tema musical antes de reduzi-lo com o pot.

estéreo O uso de dois canais para a reprodução sonora, criando a ilusão de profundidade e espacialidade.

estouro (estalido) Um som explosivo e indesejável, causado por uma pronúncia muito vigorosa de sons, como p e b.

estruturas de edição e de produção Padrões de edição comumente usados na produção de rádio, para criar música, voice under, voice up, cross-fade, voice out, music up, music wrap, voice wrap, e várias combinações desses padrões.

extração Importar um arquivo sonoro de uma outra mídia gravada, como um CD, para uma DAW. Também chamado ripping.

F

fade Aumentar ou diminuir o volume de uma fonte sonora na mesa, em uma determinada velocidade (geralmente, lenta).

fader vertical/slide Um pot que desliza para cima ou para baixo numa única fenda, em vez de ser girado num eixo projetado (como o pot circular tradicional).

faixa Um trecho de som gravado num disco ou fita. Também, trecho de produção de áudio, como um comercial ou anúncio de utilidade pública.

filtro contra estouros Tela existente em um microfone, ou colocada sobre ele, que bloqueia o vento, evita também os ruídos causados por locutores que "estouram" os ps e bs.

filtro de vento Um filtro que se encaixa dentro ou fora de um microfone, bloqueando o ruído causado pelo vento.

filtro passa-alto Um filtro que permite que apenas frequências altas passem, cortando as frequências mais baixas; é usado, por exemplo, para eliminar um ruído grave.

filtro passa-baixo Um filtro que permite que apenas frequências graves passem, cortando as altas; usado, por exemplo, para eliminar ruídos.

filtro Um sistema eletrônico que reduz ou elimina sons de frequências selecionadas.

final musical falso Em alguns conteúdos gravados, é o fim aparente de um segmento gravado, que, na verdade, não é o fim.

fita de audiodigital Fita de áudio associada a um sistema de gravação em fita, que permite que o som seja gravado em linguagem binária de computador.

fita de áudio Uma fita fina usada para gravar som que foi convertido para o sinal magnético.

fita magnética Em produção de rádio, é uma fita de áudio composta por uma tira coberta de partículas de óxido de ferro. Quando as partículas são alinhadas em resposta a um sinal em um dispositivo de gravação analógico ou digital, o sinal pode ser armazenado para, depois, ser reproduzido como som.

flanger Dispositivo que cria uma imagem-espelho de um som, produzindo efeitos sonoros incomuns.

flanging Atrasar um pouco a reprodução de uma fonte sonora, mixando o som reproduzido com a fonte sonora original, para criar um efeito especial.

formato A estratégia de programação de uma emissora de rádio, feita para atrair um público determinado; a mistura de todos os elementos do som de uma emissora, incluindo o tipo de música tocada e o estilo de locução.

formato MP3 (MPEG-1, Audio Layer III) Um formato de arquivo de áudio desenvolvido para uso em vídeo Motion Picture Experts Group (MPEG). É um formato de áudio comprimido, ideal para a transmissão pela internet. Muitos tocadores de áudio portáteis usam o formato MP3.

formato WAV Arquivos sonoros digitais armazenados em um formato de modulação de códigos de impulsos do Windows. As configurações comuns para um formato WAV são um arquivo de 16 bits, 44.1 kHz, em estéreo.

forward echo Um eco ao contrário, usado como efeito especial; o eco vem antes, e o som a seguir.

frequência O número de vezes que uma onda sonora se repete em 1 segundo – expressa em ciclos por segundo (cps) ou hertz (Hz). Além disso, é o número de vezes aproximado que um ouvinte ouve, teoricamente, um comercial.

frequência de sampleamento O número de vezes por segundo (expresso em Hz) que uma unidade de gravação digital coleta uma amostra de fonte sonora.

frontsell Anunciar a seleção musical antes de ela ser tocada.

full track Um método de gravação no qual o sinal é colocado sobre toda a largura de uma fita.

fundo musical Um trecho de música gravada usado como som de fundo numa produção para radiodifusão (geralmente, um comercial). *Ver também* donut.

G

gate Um dispositivo eletrônico que pode abrir ou fechar, baseando-se em um limite sonoro. Usado em gravação para "enxugar" trilhas e para evitar ruídos indesejáveis.

geoestacionário Posicionamento orbital sobre a mesma área da Terra, como resultado de uma movimentação junto com a rotação da Terra.

geração Em gravação analógica, é o termo usado para se referir ao número de vezes que se fez cópia de um arquivo sonoro a partir de uma fita master. A segunda geração é uma cópia da primeira cópia.

gravação da totalidade sonora O ato de gravar como única fonte sonora toda a saída de som de um grupo musical, por exemplo, e não como seções ou instrumentos separados, com microfones diferentes. *Ver também* gravação de componentes isolados.

gravação de componentes isolados Gravar vários componentes de uma orquestra, ou de outra fonte sonora que tenha vários componentes, usando um microfone separado para cada um deles. A saída de cada microfone é gravada em canal separado. Elas são mixadas depois da sessão de gravação.

guia de fita Equipamento em um deck de fita que mantém a fita precisamente posicionada enquanto gira.

H

hardware O equipamento físico de um sistema de computador, ou o maquinário que está conectado a um.

harmônicos Frequências relacionadas a uma frequência fundamental, que são múltiplos da original. A mistura de harmônicos com a fundamental dá a um som seu timbre ou coloração tonal particular.

headstack Uma haste na qual são colocadas várias cabeças de gravação, uma em cima da outra.

hertz (Hz) Unidade de frequência (idêntica a ciclos por segundo), assim chamada em homenagem a Heinrich Hertz, cujas descobertas tornaram as transmissões por rádio possíveis.

high fidelity Permitir uma reprodução fiel e de alta qualidade.

hipercardioide Um padrão de captação de microfone que é muito estreito, tem formato de coração e é unidirecional.

hot-potting Iniciar uma fonte sonora com o pot em aberto.

I

improviso Falar ao vivo sem um script preparado.

índice de audiência Uma porcentagem do público total disponível.

intervalo O momento durante o qual um locutor fala ou quando são tocados comerciais, depois de transmitir uma seleção musical.

ISDN (Integrated services digital network). Um tipo de linha de dados, usada em radiodifusão para conectar afiliados de uma rede que estão em lugares distantes.

J

jazz Formato musical caracterizado por um som sincopado e variações melódicas, frequentemente improvisado pelo músico.

L

lead A primeira frase ou frases de uma notícia – geralmente a parte mais importante da notícia.

limitador Um dispositivo usado para anular os níveis dinâmicos de um som reproduzido, acima de um limite pré-ajustado, para dar um nível de saída mais constante.

live assist Um método no qual a automação é usada para ajudar um operador a realizar tarefas mais simples e eficientemente.

log O registro oficial de uma emissora acerca do que foi levado ao ar durante um dia de transmissão.

lossy Um esquema de compressão de dados no qual parte dos dados originais são perdidos.

M

medidor de unidade de volume (medidor VU/VU meter) Um dispositivo que fornece uma leitura visual do volume do som. O uso mais importante de um medidor VU é ter o zero na escala como referência do nível correto de saída de áudio.

mesa A mesa usada para controlar o som.

metadata Informação contida num arquivo de computador. No formato BWF, as informações sobre o nome da música, sua duração e artista podem ser usadas para automatizar emissoras de rádio.

microchip Um pequeno circuito produzido por um processo fotográfico, usado em tecnologia de computadores.

microfonação coincidente Dois microfone cardioides colocados para se cruzarem num ângulo de aproximadamente 90 graus; é um método padrão de gravação.

microfonação de meio-lado Técnica para gravação da totalidade sonora, envolvendo um microfone bidirecional que capta sons das laterais da área a ser gravada e um microfone cardioide no meio; usada para obter um som bastante espaçado.

microfonação de par espaçado Dois microfones colocados paralelamente um ao outro, a 30 ou 60 centímetros de distância; usados em gravações estéreo para produzir um som muito amplo.

microfone Um transdutor que converte energia sonora para um sinal elétrico, que pode ser, então, amplificado, gravado ou transmitido.

microfone com fone de ouvido Um microfone que se encaixa diretamente na cabeça, usando fones de ouvido; útil para locutores esportivos.

microfone condensador Um microfone que conta com um capacitor e normalmente exige uma fonte de energia externa. Mudanças na posição do diafragma do microfone alteram a força da carga mantida pelo dispositivo elétrico.

microfone de bobina móvel Um microfone cujo elemento característico é uma bobina que se move por um campo magnético (produzindo, assim, um sinal elétrico) em resposta ao movimento do diafragma, que vibra em resposta às ondas sonoras.

microfone de fita Um microfone com um elemento fino como papel, que vibra em resposta à velocidade das ondas sonoras. O elemento é suspenso em um campo magnético que converte o som em um sinal elétrico.

microfone de gradiente de pressão Outra denominação para o microfone de fita, que opera medindo a diferença de pressão entre um lado da fita e o outro.

microfone de lapela Um pequeno microfone que fica pendurado por um cordão em torno do pescoço do locutor, ou preso na roupa; não é muito usado na produção de rádio.

microfone dinâmico Um microfone cuja bobina se move por um campo magnético, em resposta à vibração sonora captada por seu diafragma.

microfone direcional Um microfone que capta som de apenas uma direção. Também chamado de microfone unidirecional.

microfone parabólico Um microfone posicionado em um prato reflexivo que tem um formato parabólico; usado para captar sons distantes.

microfone shotgun Um microfone longo e estreito, que tem um padrão de captação estreito e altamente direcional.

microfonia Reamplificação de um som, resultando num som agudo e alto vindo do alto-falante; geralmente causada pela captação, por microfone, da saída de um alto-falante que está tocando o som captado pelo microfone; também ocorre quando a cabeça de gravação de um gravador de fita recebe o sinal de saída do mesmo gravador.

MIDI Um dispositivo que faz a interface entre vários instrumentos produtores de som com um computador e entre eles.

MiniDisc Um sistema de gravação magneto-ótico, desenvolvido pela Sony. Cada disco pode guardar cerca de 80 minutos de gravação estéreo, em, no máximo, 255 trilhas. O equipamento Minidisc pode ser usado para gravação, reprodução de locuções de spots e edição.

mixar Combinar algumas fontes sonoras.

modern rock Um formato de rádio que apresenta músicas progressivas.

modulação A impressão eletrônica de um sinal sonoro numa onda de áudio ou de rádio.

monitor Alto-falante em um estúdio ou sala de controle.

mouse Um dispositivo que controla o movimento da informação em uma tela de computador.

multicanal Um tipo de mesa usada na gravação de sons, que é capaz de isolar canais uns dos outros.

múltiplo Um setup que permite que vários microfones sejam plugados numa fonte sonora; útil para eventos públicos, nos quais muitos jornalistas estarão usando gravadores de fita.

multitrilha Um dispositivo que grava várias fontes de áudio, geralmente colocadas em uma fita.

Mylar® Substância usada como reforço para a fita de áudio, estica-se mais facilmente que o acetato.

N

needle drop A forma de se medir o uso de parte de um conjunto de efeitos sonoros ou fundos musicais licenciados. As taxas são cobradas "per needle drop".

new rock *Ver* modern rock.

news/talk Um formato de rádio que combina programa de telefonemas (com a participação do público), entrevistas ao vivo e notícias.

newswire O provimento de notícias, por parte de um serviço como o oferecido pela Associated Press. Hoje em dia, o termo é errôneo, porque a fonte é geralmente uma transmissão por satélite, e não um fio (wire) de teletipo.

níveis Os volumes dos sinais, geralmente como são lidos por um medidor VU.

O

omnidirecional Padrão de captação de microfone capaz de captar fontes sonoras, igualmente bem, de todas as direções.

onda senoidal Representação visual de uma onda sonora, à medida que se move por seus vários valores de compressão e rarefação.

onda Um ciclo completo de energia sonora ou elétrica.

optimum effective scheduling (OES) Uma fórmula matemática que determina a quantidade de pessoas que ouve um spot de rádio três ou mais vezes e, ao mesmo tempo, formando ao menos 50% do público total.

overdub Adicionar outro elemento de áudio a um preexistente. Por exemplo, um ouvinte pode ouvir seu trabalho previamente gravado enquanto está gravando (realizando o overdub) de uma parte harmônica.

óxido de ferro Ferrugem, numa fita magnética, a substância que contém o sinal.

P

padrão de captação Uma representação da área na qual um microfone capta eficientemente um som, baseado num padrão polar de 360 graus.

padrão polar Um gráfico formado de círculos concêntricos que recebem valores cada vez menores conforme se aproximam de seu centro; um padrão sobreposto no gráfico representa a área na qual cada microfone capta som de forma eficiente.

parcela A porcentagem de pessoas que estão realmente ouvindo a emissora.

parte do dia Porção de um dia de transmissão. Inclui horário matutino (6–10h), meio-dia (10–15h), horário vespertino (15–18h) e noite (18–24h).

patchbay Um dispositivo no qual se plugam as patchcords, para rotear sinais.

patchcord Um fio com uma conexão de fácil inserção, usado para re-rotear sinais, para a comodidade do operador.

patching Método de mudança do roteamento de um sinal por um sistema de áudio. Também uma conexão colocada temporariamente entre entradas e saídas de áudio.

pirâmide invertida Método de elaboração de uma notícia, no qual os detalhes mais importantes da notícia são dados no começo ou no topo. A notícia pode então ter sua parte inferior cortada.

plano Amber America's Missing: Broadcast Emergency Response. Um sistema desenvolvido por quem lida com radiodifusão para alertar os cidadãos sobre o desaparecimento de crianças e fornecer informações sobre elas.

playback only Designação de uma cartucheira ou outra unidade de áudio que não tem capacidade de gravar.

podcast Um programa de rádio idealizado para ser transmitido por stream de internet a um pequeno dispositivo portátil, como um iPod.

ponto de edição Um ponto numa linha do tempo de uma DAW, ou de outra fonte de reprodução, no qual o produtor quer que a edição comece ou termine.

pontos de audiência bruta Método para expressar o total de exposições pelo número de pontos de audiência. O índice AQH, multiplicado pelo número total de comerciais tocados nos quartos de hora, determina os pontos de audiência bruta.

pot Abreviação de potenciômetro. Um dispositivo em uma mesa de som para controlar o volume.

pot de pan Um controle que permite que um produtor transfira uma fonte sonora do canal esquerdo ao direito, ou vice-versa, num sistema estéreo.

pot master O potenciômetro (controle de volume) que controla toda a saída de uma mesa.

potenciômetro *Ver* pot.

prato A parte de um toca-discos onde o disco é colocado e que o faz girar.

preamp Abreviação de pré-amplificador. Um pequeno amplificador que aumenta um sinal, geralmente até chegar em line level. Ele geralmente realiza o primeiro passo no processo de amplificação.

pré-amplificador *Ver* preamp.

produção O processo de manipulação de elementos sonoros com equipamentos de rádio para transmitir uma mensagem e realizar um efeito.

produtor Uma pessoa que manipula equipamento de rádio para preparar um programa e realizar um efeito.

program Um modo de operação no qual o som pode ser enviado pela mesa para um transmissor.

programação A seleção e o arranjo da música, locução e outros elementos de programa, de forma a atrair os ouvintes da emissora.

programação de assuntos públicos Elementos de programa que tratam do interesse geral do público.

Q

quadro Um resumo das informações que devem ser fornecidas por um serviço de áudio; geralmente impresso, mas, às vezes, falado.

quantização O processo de conversão de uma waveform sonora em números binários, que expressa tanto a frequência quanto a amplitude.

quarter track Um método de gravação no qual os canais individuais são gravados em cada uma das quatro trilhas de uma fita.

R

random-access memory (RAM) Em um computador, a área na qual os softwares podem ser carregados e a informação pode ser carregada e recuperada.

rarefação Uma área na qual as moléculas se tornam menos densas; o oposto da compressão. As ondas sonoras são levadas pelo ar por uma série de rarefações e compressões.

read-only memory (ROM) A área do computador na qual as informações (especialmente aquelas que vieram instaladas de fábrica) podem ser lidas, mas não acessadas.

rede Uma integração de emissoras de radiodifusão, em que uma fonte de programação central fornece material às emissoras individuais, compondo o sistema.

redifusoras Empresas que distribuem programas ou conteúdo de programas para emissoras individuais, de graça.

relação sinal-ruído A relação (expressa em decibéis) entre os sons desejáveis de uma gravação ou transmissão e o ruído indesejável de um sistema.

renderizar O tempo que uma DAW leva para realizar um efeito ou executar uma instrução do software.

resposta de frequência Toda a gama de frequências que pode ser produzida por um sistema de áudio.

resposta flat Uma resposta fiel de um microfone.

retranca Um título usado por uma agência de notícias para permitir a rápida identificação de uma notícia (exemplo: PREVISÃO DO TEMPO PARA A REGIÃO SUDESTE.).

reverb Abreviação de reverberação. Um efeito produzido com um dispositivo eletrônico que atribui um atraso a uma fonte sonora, adicionando-a depois ao sinal.

reverberação *Ver* reverb.

rock Formato musical que tem guitarra e bateria. Subgêneros incluem o modern rock, o classic rock e o alternative rock.

rolete de tração Uma roda de borracha, movida pelo eixo num deck de fita, que mantém a fita girando na velocidade correta.

ROM *Ver* read-only memory.

rotatividade Medição de quantas pessoas do público dessintonizam da emissora, durante um certo período.

rotear canalizar um sinal de áudio.

roteiro Uma relação de fatos, entregue a um locutor como guia para a realização de um comercial improvisado.

ruído ambiente Ruído que ocorre, por acaso, num ambiente.

S

saída Qualquer coisa que é enviada para fora de um sistema de áudio.

sample and hold circuit Circuito eletrônico usado para converter áudio analógico em áudio digitalizado.

sampleamento O processo de conversão de áudio analógico em bits digitais, para ser usado num computador ou sintetizador.

satélite Um dispositivo em órbita que, entre outras coisas, retransmite sinais para uma grande superfície da Terra.

senso Representação estatística de uma população; geralmente usada no rádio para se referir às características de um público ouvinte.

sequência baseada em tarefas A organização de tarefas de produção de rádio na ordem mais conveniente e eficiente, para que sejam realizadas dentro do estúdio de produção. Portanto, realizar a parte final de um comercial primeiro pode ser preferível em certas circunstâncias.

serviço de agências noticiosas Uma empresa de coleta de notícias que fornece texto noticioso e relatórios de áudio para assinantes, que usam esse serviço para complementar seus próprios recursos de coleta de notícias. O nome (em inglês, *wire service*, é um anacronismo porque a maioria do conteúdo é enviada hoje em dia por satélite, e não por fio).

serviços de medição de audiência As empresas que coletam dados sobre a audição de emissoras de rádio.

SFX efeitos sonoros.

shape Como componente da resposta de frequência, é o nível de resposta em várias frequências dentro do alcance de um microfone; é basicamente a forma do gráfico que indica a sensibilidade de um microfone em várias frequências.

sibilância A proeminência notável de sons de s.

sinais line level Sinais de áudio enviados a uma mesa por dispositivos de reprodução, como computadores, tocadores de CDs e outros equipamentos externos que tenham seus próprios circuitos.

sincronismo de fase Quando dois ou mais sons chegam num microfone ao mesmo tempo, se diz que os sons estão em fase e a amplitude deles combina. Quando os sons alcançam o microfone em momentos diferentes, se diz que estão fora de fase e eles cancelam um ao outro. Um princípio similar se aplica às ondas elétricas.

sintetizador Um instrumento musical eletrônico, que lembra um órgão, mas que pode produzir uma ampla gama de sons.

sistema mudo Dispositivo que corta automaticamente o alto-falante da sala de controle, para prevenir microfonia quando um microfone estiver aberto.

slipcueing Encontrar o ponto inicial de um disco, ao deslizá-lo de trás para a frente num prato de toca-discos, sem permitir que ele se mova. Em geral usado alternadamente (embora de forma bastante imprecisa) com o slipstarting.

software Os programas rodados por um computador.

solo Um controle numa mesa multitrilha que silencia outras entradas para que o canal que sobrou possa ser ouvido sozinho.

som A percepção, pelo ouvido ou por outro instrumento, das ondas que resultam da vibração de moléculas do ar.

som ambiente Som local usado para destacar o clima de um depoimento ou uma declaração.

sound bite Um trecho de som gravado no local de uma notícia, integrado a um noticiário. Geralmente usado como sinônimo de depoimento, o termo todavia vem sendo mais comumente usado em rádio se o trecho de som for um efeito sonoro, como o toque de uma sirene.

spanish Um formato de programa popular, que tem estilos musicais com um "sabor" latino próprio.

spatial enhancers Dispositivos usados para alterar o sinal estéreo, dando a impressão de um ambiente físico maior – ou seja, para criar a impressão de um salão muito grande.

spot Uma locução pré-gravada (em geral, um comercial).

stinger Uma curta abertura musical, feita para atrair a atenção. São cada vez mais produzidos com tecnologia digital.

streaming Tecnologia que permite que um usuário final ouça um arquivo de áudio, à medida que o sinal é transmitido de um servidor distante. O Quicktime e Real Audio são exemplos de tecnologia de streaming.

submixer Uma mesa em miniatura, na qual várias fontes podem ser enviadas a um dos diversos submasters numa mesa multicanal completa.

sulcos Os canais estreitos e contínuos em um vinil, que são seguidos pela agulha.

supercardioide Padrão de captação de microfone estreito, com formato de coração, unidirecional e entre o padrão cardioide e o padrão hipercardioide.

switch de seleção Um botão que permite ao operador de mesa escolher qual, dentre duas ou mais fontes, será controlada por determinado pot.

switcher de roteamento Um switch eletrônico que pode rotear os sinais de entrada e de saída. Os switchers de roteamento substituem os painéis manuais de patch.

T

tecnologias sólidas Descreve equipamentos eletrônicos que operam sem válvulas eletrônicas.

tempo de ataque O período de tempo que uma unidade de processamento de áudio leva para ativar o compressor após ser afetado por um som em particular.

tempo de liberação O tempo que uma unidade de processamento de áudio precisa para permitir que um sinal volte a seu nível anterior.

tempo gasto ouvindo (TSL) Uma medida do tempo médio que um ouvinte sintoniza uma emissora.

toca-discos (vitrola) Um sistema que consiste de um prato, um motor, um braço, um controle de velocidade e um switch liga-desliga; usado para tocar gravações de discos convencionais (vinis).

tocador de CDs Um dispositivo que reproduz um disco codificado digitalmente, utilizando um laser que lê o código no disco.

tom/chave Numa mesa de som, o dispositivo para ligar ou desligar um pot (e, por meio deles, uma fonte sonora). Além disso, o esquema musical no qual caem as notas de uma música.

tom de cue Um som produzido para transmitir um sinal a um operador ou a um dispositivo automatizado.

tônica A nota fundamental que determina as outras notas musicais que formarão um acorde correto.

top 40 Um formato de rádio que costuma incluir a maioria das músicas mais populares ou uma parte específica do dia (formatos adequados especialmente ao perfil do público, que muda durante o dia). Também chamada contemporary ou current hit radio (CHR).

track A porção de uma fita magnética usada para gravar informação sonora. É também a cápsula do toca-discos que contém a agulha, que segue os sulcos que compõem as faixas de um disco.

transdutor Qualquer dispositivo que realiza a função de converter energia de uma forma à outra.

transição Passagem de uma música para outra sem interrupção.

transmissão Gravar som de uma fonte gravada para outra. É também o processo de copiar um arquivo digital.

transmissor O dispositivo responsável pela produção de ondas de rádio que levam o sinal de uma emissora.

two track Um método de gravação no qual os sinais são colocados simultaneamente nas duas trilhas (metade do comprimento da fita cada) de uma fita, tornando possível a gravação estéreo. Também chamado half-track.

U

unidirecional Um padrão de captação de microfone capaz de captar fontes sonoras com clareza, de apenas uma direção.

uplink O equipamento que envia um sinal para um satélite.

urban Um formato de rádio que tem rap, hard rock ou outras particularidades de formato feitas para atrair um público jovem que mora nas cidades.

V

voice report (voicer) O relato verbal de uma notícia, feito por um jornalista que anuncia no fim da transmissão seu nome, às vezes o local de onde produziu o relato e o nome da empresa de notícias.

voice wrap Uma estrutura de edição e de produção que começa com uma voz, abre caminho para uma segunda voz, e volta, finalmente, à primeira voz, até o final do spot.

voice-tracking Uso de um programa de computador para inserir trechos de voice-over em programas de rádio, eliminando, assim, a necessidade de um DJ.

volume O nível de som, percebido segundo graus variáveis de altura.

W

waveform complexa Uma representação visual, geralmente feita em um computador ou osciloscópio, das diversas ondas sonoras que compõem um determinado som.

waveforms Representações visuais de ondas físicas.

wow O som que uma gravação ou fita faz quando a porção de áudio é ouvida antes que o dispositivo de reprodução tenha chegado à velocidade total.

X

XLR Um tipo de conector de três pinos, comumente usado no rádio.

Sugestões de Leitura

No Brasil, nos últimos 20 anos, tivemos um aumento considerável da publicação de livros e estudos sobre o meio rádio. Há uma série de pesquisadores espalhados por todo o país que atuam diretamente registrando a história e as alterações sofridas por este meio de comunicação.

Livros

AGUIAR, Ronaldo Conde. *Almanaque da Rádio Nacional*. São Paulo: Casa da Palavra, 2007.
AITCHISON, Jim. *A Propaganda de Rádio do Século XXI* . São Paulo: Bossa Nova, 2009.
ALMEIDA, Hamilton. *Padre Landell de Moura – Um Herói sem Glória – O Brasileiro que Inventou o Rádio, a TV*. Rio de Janeiro: Record, 2006.
AMOS, S. W. *TV, Rádio e Som* – Fundamentos. São Paulo: Hemus, 2004.
BARBOSA FILHO, André; PIOVESAN, Ângelo; BENETON, Rosana. *Rádio – Sintonia do Futuro*. São Paulo: Paulinas, 2010.
CALABRE, Lia. *A Era do Rádio*. Rio de Janeiro: Jorge. Zahar, 2002. (Descobrindo o Brasil)
CESAR, Cyro. *Como Falar no Rádio – Prática de Locução AM e FM*. 10. ed. São Paulo: Summus, 2009.
CONSANI, Marciel. *Como Usar o Rádio em Sala de Aula*. São Paulo: Contexto, 2007.
FERRARETTO, Luiz Artur. *Rádio – O Veículo da História e a Técnica*. São Paulo: Sagra Luzzatto, Insular, 2008.
JUNG, Milton. *Jornalismo de Rádio*. São Paulo: São Paulo: Contexto, 2004.
MCLEISH, Robert. *Produção de Rádio*. São Paulo: Summus, 2001.
MEDITSCH, Eduardo. *O Rádio na Era da Informação*. Florianópolis: Insular, 2007.
_____. *Teorias do Rádio*. Vol. 1. Florianópolis: Insular, 2005.

MEDITSCH, Eduardo; ZUCULOTO, Valci. *Teorias do Rádio – Textos e Contextos – Vol. 2*. Florianópolis: Insular, 2005.
MENEZES, Jose Eugenio de Oliveira. *Rádio e Cidade –* Vínculos Sonoros. São Paulo: Annablume, 2007.
MESQUITA, João Lara. *Eldorado, A Rádio Cidadã*. São Paulo: Terceiro Nome, 2008.
ORTRIWANO, Gisela Swetlana. *A Informação no Rádio*. Novas Buscas em Comunicação. São Paulo: Summus, 1985.
PERDIGÃO, Paulo. *No Ar PRK-30 –* O Mais Famoso Programa de Humor da Era do Rádio. 2. ed. São Paulo: Casa da Palavra, 2006.
REIS, Clóvis. Propaganda no Rádio – Os Formatos de Anúncio. Blumenau: Furb, 2008.
SAROLDI, Luiz Carlos; MOREIRA, Sonia V. *Rádio Nacional – O Brasil em Sintonia*. Rio de Janeiro: Jorge Zahar, 2005.
TAVARES, Mariza; FARIA, Giovanni. *CBN, A Rádio que Toca Notícia*. Rio de Janeiro: Senac Rio, 2006.

Blogs

O professor e pesquisador Rogerio Christofoletti fez um levantamento on-line sobre profissionais e acadêmicos de comunicação que possuem blogs. Desta lista, separamos alguns que divulgam informações do meio radiofônico.

Do Brasil

André Deak – http://www.andredeak.com.br
André Lemos – http://www.facom.ufba.br/ciberpesquisa/andrelemos
Avery Veríssimo – http://www.avery.jor.br
Beatriz Dornelles – http://biadornelles.blogspot.com
Bibiana Friderichs – http://www.scriptografias.blogspot.com
Blog do Jornalismo – http://www.blogdojornalismo.wordpress.com
Carla Schwingel – http://ciberjornalismobr.blogspot.com
Carlos Castilho – http://observatorio.ultimosegundo.ig.com.br/blogs.asp?id_blog=2
Carlos D'Andréa – http://novasm.blogspot.com
Carolina Terra – http://rpalavreando.blogspot.com
Fernando Firmino da Silva – http://jornalismomovel.blogspot.com
Gerson Martins – http://brciberjornalismo.blogspot.com
Gilberto Gonçalves – http://corpo12.blogspot.com
Grace Bender Azambuja – http://vidasemfio.livejournal.com
Grupecj – http://grupecj.blogspot.com

GT História da Mídia Digital – http://www.gthistoriadamidiadigital.blogspot.com
Ivan Satuf – http://problemasinterativos.blogspot.com
Mirna Tonus – http://interacoesdigitais.blogspot.com
Moacir Barbosa de Souza – http://historiadoradio.myblog.com.br
Núcleo de Comunicação Digital – http://f5labdigital.blogspot.com
Nupejoc – http://www.nupejoc.blogspot.com
Pollyana Ferrari – http://remixnarrativo.blogspot.com
Processos Comunicacionais – http://processocom.wordpress.com
Raquel Recuero – http://www.pontomidia.com.br/raquel
Rogério Christofoletti – http://monitorando.wordpress.com

De Portugal

João Paulo Menezes – http://blogouve-se.blogspot.com
Luis Bonixe – http://radioejornalismo.blogspot.com
Observatório da Imprensa – http://blog.observatoriodaimprensa.pt
Silvino Lopes Évora – http://nosmedia.wordpress.com
Victor Ferreira – http://prometeu.wordpress.com

Links de Instituições de Pesquisa

Abecom – Associação Brasileira de Escolas de Comunicação Social:
    www.eca.usp.br/associa/abecom
Aboic – Asociación Boliviana de Investigadores de La Comunicación:
    www.aboic.net/contenido/organizacion.htm
AEJMC – Association for Education in Journalism and Mass Communication: www.aejmc.org
Alaic – Asociación Latinoamericana de Investigadores de la Comunicación: www.alaic.net
Amic – Asociación Mexicana de Investigadores de la Comunicación:
    http://hyperlab.politicas.unam.mx/amic
Assibercom – Associação Iberoamericana de Comunicação:
    www.imultimedia.pt/ibercom/index_por.html
Compos – Associação Nacional dos Programas de Pós-graduação em Comunicação:
    www.compos.org.br
Coneicc – Consejo Nacional para la Enseñanza y la Investigación de las Ciencias de la Comunicación: www.coneicc.org.mx
Enecos – Executiva Nacional dos Estudantes de Comunicação Social: www.enecos.org.br
Eptic – Economia Política de las Tecnologías de la Información y de la Comunicación:
    www.eptic.com.br

Felafacs – Federación Latinoamericana de Facultades de Comunicación Social: www.felafacs.org
FNPJ – Fórum Nacional de Professores de Jornalismo: www.fnpj.org.br
IAMCR – International Association for Media and Communication Research: www.iamcr.net
ICA – International Communication Association: www.icahdq.org
Lusocom – Federação Lusófona de Ciências da Comunicação: www.intercom.org.br/lusocom
SBPC – Sociedade Brasileira para o Progresso da Ciência: www.sbpcnet.org.br
SFSIC – Société Française des Sciences de L'Information et de la Communication: www.sfsic.org
Sopcom – Associação Portuguesa de Ciências da Comunicação: www.sopcom.ubi.pt

Associações profissionais

Aberje – Associação Brasileira de Comunicação Empresarial: www.aberje.com.br
ABJC – Associação Brasileira de Jornalismo Científico: www.abjc.org.br
ABP – Associação Brasileira de Propaganda: www.abp.com.br
ABRP – Associação Brasileira de Relações Públicas: www.abrpnacional.com.br
ANJ – Associação Nacional de Jornais: www.anj.org.br
Conferp – Conselho Federal de Profissionais de Relações Públicas: www.conferp.org.br
Fenaj – Federação Nacional dos Jornalistas: www.fenaj.org.br
Fenapro – Federação Nacional das Agências de Propaganda: www.fenapro.org.br
Snel – Sindicato Nacional dos Editores de Livros: www.snel.org.br

Redes de Pesquisa

Rede Alcar – Rede Alfredo de Carvalho para o resgate da memória e a construção da história da imprensa no Brasil: www.jornalismo.ufsc.br/redealcar
RedCom – Red de las Carreras de Comunicación Social y Periodismo: www.red.com.org
Regiocom – Curso Internacional de Comunicação para o Desenvolvimento Regional: www2.metodista.br/unesco/regiocom.htm

Entidades Civis

CMI – Centro de Mídia Independente: www.midiaindependente.org
FNDC – Fórum Nacional pela Democratização da Comunicação: www.fndc.org.br
UCBC – União Cristã Brasileira de Comunicação Social: www.catolicanet.com.br/ucbc
WACC – World Association for Christian Communication: www.wacc.org.uk
WACC – World Association for Christian Communication – América Latina: www.wacc-al.org

Bancos de Dados

BOCC – Biblioteca On-line de Ciências da Comunicação: http://bocc.ubi.pt
Cátedra Unesco/Umesp de Comunicação para o Desenvolvimento Regional:
www.metodista.br/unesco
Grupo de Mídia Rio de Janeiro: www.midiarj.org.br
Grupo de Mídia São Paulo: www.gm.org.br
GPR/SP – Grupo dos Profissionais de Rádio de São Paulo: www.gpradio.com.br
Portcom – Rede de Informação em Comunicação dos Países de Língua Portuguesa:
www.portcom.intercom.org.br
Revcom – Coleção Eletrônica de Revistas de Ciências da Comunicação:
http://revcom2.portcom.intercom.org.br

Agências Reguladoras

Anatel – Agência Nacional de Telecomunicações.

Associações de Radiodifusores Brasileiros

Associação Bahiana de Emissoras de Rádio e Televisão / Abart. Associação Catarinense de Emissoras de Rádio e Televisão / Acaert. Associação Cearense de Emissoras de Rádio e Televisão / Acert. Associação das Emissoras de Radiodifusão de Mato Grosso do Sul / Aerms. Associação Goiana de Emissoras de Radiodifusão / Agoert. Associação das Emissoras de Radiodifusão da Paraíba / Asserp. Associação das Empresas de Radiodifusão de Pernambuco / Asserp. Associação Amazonense de Emissoras de Rádio e Televisão / Amert. Associação das Emissoras de Rádio e Televisão de São Paulo / Aesp. Associação das Emissoras de Rádio e Televisão do Estado do Rio de Janeiro / Aerj. Associação de Rádio, Televisão e Jornais de Sergipe / Assert. Associação dos Veículos de Comunicação / Avec. Associação das Emissoras de Rádio e Televisão do Estado de Tocantins / Aerto. Associação das Emissoras de Radiodifusão do Paraná / Aerp. Associação Gaúcha de Emissoras de Rádio e Televisão / Agert. Associação Mato-Grossense de Emissoras de Rádio e Televisão/ Amart. Associação Mineira de Rádio e Televisão / Amirt. Associação Paraense de Emissoras de Rádio e Televisão / Apert-PA. Associação Alagoana das Emissoras de Rádio, Televisão e Jornais/Alert.

Outras Instituições

Abird – Associação Brasileira da Indústria da Radiodifusão
http://www.abird.com.br

Conar – Conselho Nacional de Autorregulamentação Publicitária
http://www.conar.org.br/
Ecad – Escritório Central de Arrecadação e Distribuição
http://www.ecad.org.br

Instituições de Medição e Pesquisa

CBAB – Crowley Broadcast Analisys do Brasil
http://www.crowley.com.br/
Ibope
http://www.ibope.com/sintonize/

Projeto Inter-Meios
http://www.projetointermeios.com.br/
Instituto Ipsos Marplan
http://www.ipsos.com.br

Da Edição Norte-Americana

Listamos aqui livros e periódicos que serão particularmente úteis para entender o rádio como um todo e de produção, em particular.

Obras sobre Produção e Técnica

ALEC NISBETT. *Use of Microphones*. 4. ed. Stoneham, MA: Focal Press, 1994.
ALTEN, Stanley R. *Audio in Media*. 7. ed. Belmont, CA: Wadsworth, 2005.
BARTLETT, Bruce; BARTLETT, Jenny. *Practical Recording Techniques*. 4. ed. Stoneham, MA: Focal Press, 2004.
BROWN, Antony. *The Focal Easy Guide to Adobe Audition 2.0*. New York, NY: Elsevier, 2006.
DABBS, Ron. *Using Audition*. San Francisco, CA: CMP Books, 2004.
MACQUEEN, Colin; ALBANESE, Steve. *Pro Tools 7 Power!* The Comprehensive Guide. Boston, MA: Thomson, 2006.
MCDANIEL, DREW O.; RICK SHRIVER; KENNETH, C. *Fundamentals of Audio Production*. Allyn and Bacon, 2007.
NATIONAL ASSOCIATION OF BROADCASTERS. A Broadcast Engineering Tutorial for Non-Engineers. Washington, DC: NAB, 1999.
PETER KIRN. *Digital Audio*: Industrial-Strength Production Techniques. Berkeley, CA: Peachpit Press, 2006.

REESE, David E.; GROSS, Lynne S. Radio Production Worktext. 4. ed. Stoneham, MA: Focal Press, 2001.

WATKINSON, Jon. *Introduction to Digital Audio*. 2. ed. Stoneham, MA: Focal Press, 2002.

Sobre o Rádio em Geral, seu Funcionamento e Textos que Tratam Essencialmente do Rádio

BARNOUW, ERIK. *A History of Broadcasting in the United States*. New York: Oxford University Press, 1966, 1968, 1970.

DOMINICK, Joseph; MESSERE, Fritz; SHERMAN, Barry. *Broadcasting, Cable, the Internet and Beyond*. 6. ed. New York: McGraw-Hill, 2007.

DOUGLAS, George H. *The Early Days of Radio Broadcasting*. Jefferson, NC: McFarland Publishing, 1987.

GELLER, Valerie. *Creating Powerful Radio*: Getting, Keeping and Growing Audiences News, Talk, Information and Personality Broadcast, HD, Satellite and Internet. Stoneham, MA: Focal Press, 2007.

KEITH, MICHAEL C. *The Radio Station*. 6. ed. Stoneham, MA: Focal Press, 2003.

O'DONNELL, Lewis B.; HAUSMAN, Carl; BENOIT, Philip. *Radio Station Operations*: Management and Employee Perspectives. Belmont, CA: Wadsworth, 1989.

STERLING, Christopher H.; KITTROSS, John M. *Stay Tuned*: A History of American Broadcasting. 3. ed. Hillsdale, NJ: Lawrence Earlbaum, 2002.

WILLIAMS, Gilbert A. *Legendary Pioneers of Black Radio*. New York: Praeger, 1998.

Programação

EASTMAN, Susan Tyler; FERGUSON, Douglas. *Broadcast/Cable Programming*: Strategies and Practices. 6. ed. Belmont, CA: Wadsworth, 2006.

GRAHAM SCOTT, Gini. Can We Talk? *The Power and Influence of Talk Shows*. New York: Insight Books, 1996.

HOWARD, Herbert H.; KIEVMAN Michael, S. *Radio and TV Programming*. 2. ed. New York: Macmillan, 1994.

LEVIN MURRAY, B. *Talk Radio and the American Dream*. Lexington, MA: Lexington Books, 1986.

ROUTT, Edd; MCGRATH, James B., WEISS, Frederic A. *Radio Format Conundrum*. New York: Hastings House, 1978.

Novidades sobre o Rádio

HAUSMAN, CARL. *The Decision-Making Process in Journalism*. Chicago: Nelson-Hall, 1990.

KALBFELD, Brad. *The Associated Press Broadcast News Handbook*: Incorporating the AP Libel Manual. 3. ed. New York: Associated Press, 2000.

WHITE, Ted; MEPPEN, Adrian J.; YOUNG, Steven. *Broadcast News Writing, Reporting and Production*. 2. ed. New York: Macmillan, 1996.

Divulgação e Realização

HAUSMAN, Carl N.; BENOIT, Philip; MESSERE, Fritz; O'DONNELL, Lewis B. *Announcing*: Broadcast Communicating Today. 5. ed. Belmont, CA: Wadsworth, 2004.

HYDE, Stuart W. *Television and Radio Announcing*. 8. ed. Boston: Houghton Mifflin, 2004.

Propaganda e Publicidade

APPLE, Terri; OWENS, Gary. *Making Money in Voice-Overs*: Winning Strategies to a Successful Career in TV, Radio and Animation. Los Angeles: Lone Eagle, 1999.

OGILVY, David. *Confessions of an Advertising Man*. New York: Atheneum, 1989.

WARNER, Charles H.; BUCHMAN, Joseph. *Broadcast and Cable Selling*. 2. ed. Belmont, CA: Wadsworth, 1991.

ZEIGLER, Sherilyn K.; HOWARD, Herbert H. *Broadcast Advertising*: A Comprehensive Working Textbook. 3. ed. Ames: Iowa State University Press, 1991.

Periódicos

Além dos livros, os seguintes periódicos são recomendados para todos os que se interessam pelo rádio sob qualquer aspecto.

Billboard. Nielson Business Media. 770 Broadway, New York, NY, 10003. Importante fonte de informação sobre a indústria da música, abrangendo tanto a radiodifusão como a música de varejo: http://www.billboard.com.

Broadcasting and Cable. Reed Business Information, 360 Park Avenue South, New York, NY, 10100. Periódico com ênfase nos aspectos comerciais e regulamentares: http://www.broadcastingcable.com.

Radio and Records. The Nelson Company: http://www.radioandrecords.com/RRWebSite/

Radio Ink. Streamline Publishing Co., 224 Datura St., Ste. 1015, West Palm Beach, FL, 33401. Excelente periódico que oferece uma ampla visão sobre música e empresas de radiodifusão: http://radioink.com/

Links

Capítulo 1

Apple iTunes and Podcasting: www.apple.com/itunes
Apple QuickTime Player: www.apple.com/quicktime/mac.html
How Radio Works: http://www.howstuffworks.com/radio.htm
Sirius Satellite Radio: www.sirius.com
Web Radio Locator: www.web-radio.fm
Windows Media.Com: www.windowsmedia.com/MediaGuide/Home
XM Satellite Radio: www.xmradio.com

Capítulo 2

Audio Articles from Broadcast Engineering Magazine:
    http://broadcastengineering.com/audio/
Harris Audio Consoles and Networks: http://www.broadcast.harris.com/default.asp
Logitek Production Consoles: www.logitekaudio.com
Wheatstone Production Consoles: www.wheatstone.com

Capítulo 3

Differences between DVD Audio and CD:
    http://electronics.howstuffworks.com/question344.htm
How CDs work: www.howstuffworks.com/cd.htm
Turntable history: www.djsociety.org/Turn%20History.htm
Vintage Audio History: http://www.videointerchange.com/audio_history.htm

Capítulo 4

How hard disk drives work: www.howstuffworks.com/hard-disk.htm
How MiniDiscs work: www.minidisc.org/first_minidisc.html
Ploeg's Recording History Page: www.geocities.com/Vienna/Strasse/6397/rechist.htm
Sound recording history: www.recording%2Dhistory.org

Capítulo 5

How microphones work: www.howstuffworks.com/question309.htm
How the ear works: www.bcm.tmc.edu/oto/research/cochlea/Volta Audio–How
    Do Microphones Work? https://bbamusic.wikispaces.com/Audio+How+do+
    Microphones +Work%3F

Multimedia Bluffer's Guide to microphones:
   home.pacific.net.sg/~firehzrd/audio/mics.html

Capítulo 6

Adobe Audition Software: www.adobe.com/products/audition/main.html
Audacity–Free Open Source Recording Software: http://audacity.sourceforge.net/
BIAS Peak Software: www.bias-inc.com
Digidesign Audio: www.digidesign.com/
The tapeless studio: www.webdevelopersjournal.com/studio

Capítulo 7

American Society of Composers, Authors and Publishers (Ascap):
   www.ascap.com/index.html
Audio Education Resources: www.audioed.com.au
Broadcast Music Incorporated (BMI): www.bmi.com/
Wikipedia on Podcasting: en.wikipedia.org/wiki/Podcasting

Capítulo 8

Jinglesfreak.com: www.jinglefreaks.com
Pams history and radio jingles: http://www.pams.com/history.html
The DJ Society: www.djsociety.org
The FCC's Emergency Alert System: http://www.fcc.gov/pshs/services/eas/

Capítulo 9

Apple's GarageBand: www.apple.com/ilife/garageband
How computers work: computer.howstuffworks.com/pc.htm
How MIDI works: midistudio.com/Studios/Esh!/howmidi.htm
Information about in-band digital radio: www.ibiquity.com/hdradio
Shareware for radio production: www.hitsquad.com/smm/cat/RADIO_PRODUCTION

Capítulo 10

Absolute sound effects archive: www.grsites.com/sounds
Free sound effects: www.stonewashed.net/sfx.html
Old-time sound effects in radio broadcasting: www.old-time.com/sfx.html

Capítulo 11

BBC Radio 3 Speech and Drama Programmes:
   http://www.bbc.co.uk/radio3/speechanddrama/index.shtml
Collection of old time radio dramas and shows: radiolovers.com
Mercury Radio Theater: www.mercurytheatre.info
Old Time Radio Network: http://www.otr.net/
WRVO Playhouse Daily Podcast:
   http://feeds.feedburner.com/TheWrvoPlayhouseHighlightReel

Capítulo 12

Bob and Ray Comedy Classics: www.bobandray.com/listen.html
Library of American Broadcasting – Old Radio Commercials:
   www.lib.umd.edu/LAB/AUDIO/soundbites .html
Old Time Radio Commercials: www.old-time.com/commercials

Capítulo 13

American Public Media: americanpublicmedia.publicradio.org
Associated Press Radio Website:
   http://www.apbroadcast.com/AP+Broadcast/Radio/default.htm
C-SPAN Radio: www.c-span.org
National Public Radio: www.npr.org
UPI news: www.upi.com

Capítulo 14

ESPN Radio: http://espnradio.espn.go.com/espnradio/index
WBUR's It's Only a Game: www.onlyagame.org

Capítulo 15

Audio mixing info: www.answers.com/topic/audio-mixing
AudioMixing.htm Radio and Production Magazine: www.rapmag.com
How to Mix A Pop Song from Scratch: http://www.audiomelody.com/1/Articles/How-to-Mix-a-Pop-Song-from-Scratch
Soundprint: www.soundprint.org
TweakHeadz Lab_The Perfect Mix: http://www.tweakheadz.com/perfect_mix.html

Capítulo 16

Live365.com: http://www.live365.com/index.live
Radio and Records Magazine: http://www.radioandrecords.com/RRWebSite/
Radio locator: www.radio-locator.com
Shoutcast: www.shoutcast.com
TVRadioWorld North American Radio Links: radiostationworld.com

Índice Remissivo

A

ABC (American Broadcasting Company), 199-201, 421
Abordagem *hard-sell*, 282
Abordagem linha de produção em comerciais, 288
Abrams, Lee, 16
Ação, 258
Acervo,
  efeitos sonoros, 241
  genéricos, de música comercial, 280
  produção, 169
  SmartSound, 216-217
Acústica, **113**
Agências de notícias (*syndicators*), **8**
Agulhas (de toca-disco), 69
Agulhas, **67**
Air monitor (ou monitor), **32**, **198**
Airshifts, **20**, **24**, **186-189**, 239
Album-Oriented Rock (AOR), 406, 415-416
Alcance dinâmico, **381**
Alcance, 393, **397**
Alta fidelidade, **124**
Alten, Stanley, 413
Alto-falante do cue, 34-36
Altura, **111**, 112

American Society of Composers, Authors and Publishers (Ascap), 168
American Telegraph and Telephone Company (ATT), 443
Amplificação, 28
Amplificadores, **32**
Amplitude, **109**, 110-111, 114, 251
Anúncios de serviços públicos (Public service announcement – PSA), **319**
Aparelhos cassete, 95, 98-99, 100-101
Apresentação de dados, 161, 193-194
Apresentações de última hora, 202-205
Armazenamento de informações digitais, 78, 80-82, 92-95
Arquivos audiodigital, compressão de, 96-97
Arquivos de áudio não comprimidos, 64
Arquivos sonoros, 140-141, 142-144
Ascap (American Society of Composers, Authors and Publishers), **168**
Atribuições na redação de notícias, 299, 336
  alvo, 5, 6
  apelo de propagandas para, 272-273, 278-279
  evitando gíria com, 314
  oferecendo assuntos para, 265-268
  processador, 382-383

técnicas, 383-387
texto, 248-249
Audiência
  comunicando-se com, 194, 241-242
  concorrência para, 2, 237-238, 289-290
  conhecendo seu, 205
  conquistando a atenção de, 260
  conquistando ouvintes, 286-288
  duplicado, 397, 399
  efeitos dos formatos no público-alvo, 6
  eficiência em alcançar, 398-400
  fator de dessintonização, 196, 412-414
  formato e o, 6-8, 392-400
  índices, 393-397, 421
  métodos de medição, 393-397
  survey area, 393-396
  turnover, **396**
Audiência acumulada, **396**
Áudio, **27-28**
  compressão, 96-97
  da rede, 323-324
  de transmissão de esportes a distância, 357-359
  duplicação, 62
  equipamento de áudio. *Ver* equipamento
  fundos musicais, 140, **169**-170
  sampling, **76**-80
Áudio da rede, 323-324
Audio Digital Tape (DAT), 79, **84**-86, 87, 91-92
Audio in Media (Alten), 414
Automação, 50, **222**-229
Avançando na leitura do script, 293

B
Base, entrevista como, 338
Belizaire, Rodney, 114
Benoit, Phil, 273
Block, Martin, 4
Blocos de programação, 10
BMI (Broadcast Music Incorporated), **168**
Botão de pausa, 90

Botão de play, 89, 99
Botão on (switches de roteamento), 30
Braço do toca-disco, **67**
Broadcast Music Incorporated (BMI), **168**
Buffers, 82
Bulk erasers (ou bulkers), 95
BWF. *Ver* formato WAV
Bytes, **80**

C
Cabeça de apagamento, **86**
Cabeça de leitura, **98**
Cabeça de leitura/gravação, 81, **87**
Cabeçalho, redação de notícias, 304-305
Cabeças de gravação, **86**, **98**
Cabeças, 80, 86-87
Cadência, 141-142
Campo eletromagnético, **83**
Canais audition, **34**
Canais de cue, 28, 34
Canais de entrada múltiplos inputs, 34
Canais de entrada, múltiplos, 34
Canais principais, 371-373
Capacitor, **117**
Cápsulas (para braços), **67**
Captação (polar) padrões dos microfones, **117**-122
Carretel doador, **86**, **98**
Carretel receptor, **86**, **98**
Carrosséis, **223**
Cartucheiras digitais, 43, **94**, 101-102
Casos, escolhendo notícias, 299
Categorias de formatos, 6-8, 400-407
CD players, **29**, 65-66
  exemplos de uso de emissoras, 29-33
CD serviços, 201
CD-DA (Compact Disc-Digital Audio) formato, 63-64
CD-RWs (CD read-writes), 61-62
CDs (compact discs), 58-61, 140, 250-252
CDs graváveis. *Ver* CDs (compact discs)
Celular, **350-351**

Channel bouncing, **385**. *Ver também* canais de pot de pan, **367**, **385**

Chaves (switches de roteamento). *Ver* botão on (switches de roteamento)

Chip, computador, 211. *Ver também* microchip

Ciclos, **107-108**

Cinco Maiores Erros, 288-289

Circuito (radiodifusão), 346

Circuitos sample-and-hold, 78

Classificações musicais, 171-173

Código binário, 58, 61

Colagem, 148-153

Coleta de depoimentos, 338

Coloração do som, 135, 242-243, 253, 364

Comentários, Medidor de VU, 30-32

Comerciais. *Ver* propaganda/comerciais

Commission (FCC), 10

Compact disc (CD) player. *Ver* CD player, falta de, 288

Compact discs (CDs). *Ver* CDs (compact discs)

Competência técnica, 23

Componentes do microfone, 118

Componentes eletrônicos dos microfones, 113-117

Compressão Adaptive Transform Acoustic Coding (ATRAC), 97

Compressão ATRAC (Adaptive Transform Acoustic Coding), 97

Compressão do tempo, 260-262

Compressão lossless/lossy, 96-97

Compressão, 96-97, **106**, 108, 114, 117-118, 243, 348, 381-382

Compressores, 381-382

Comunicação com sinais de mão, 177-178

Conectores (de microfones), 120, 121, 133

Conexões normais, **52**

Conflito, 259

Conrad, Frank, 443

Considerações técnicas sobre o drama de rádio, 263-266

Contagem regressiva, 91

Contemporary Hits Radio (CHR), 6, 201, 393, 403-404,

Conteúdo, **192**-193

Controle de cue, 100

Controle shuttle, 90

Controles de gravadores de fita / indicadores, 89-90

Controles de monitor, 369

Controles de seleção de entrada, 367

Controles, 86-90, 96-97, 367-371

Conversor analógico para digital, 44, 68, 80

Copiar, **140**, 148-153

Correção de erros, 79, 91-92

Cortes, 65

CPM (custo por milhar), 398

CPP (custo por ponto), 389-399

CPU – central processing unit (unidade de processamento central), **211**

Credibilidade, 264

Criando música, 280-281

Cross-fades, 83, 246-247

Currents, 403

Custo por mil (CPM), **398**

Custo por ponto (CPP), 389-399

Custos de licenciamento, 168, 239-240

Custos. *Ver* questões financeiras

D

D-A (conversor digital-para-analógico), 82

Dados digitalizados, armazenamento de, 58, 64, 80-82

DAT (audiotape digital), 79, **84**-86, 88, 91

Datas nos scripts de redação de notícias, 304-305

Davis, Harry, 443

DAW (estação de trabalho audiodigital), 82, 141, 144-145, 214-215, 363-367

DBX, **382**

De olho nos níveis, 47, 186

Dead-potting, **71**

Decibéis, 110

Delegação de barramento, **369**

Depoimentos de voz (voicers), **299**, 310-313
Depoimentos em entrevistas, 338
Design do som, 265-266
Diafragmas, **113,** 116, 120
Diálogo, 258
Digital-para-analógico (D-A)
    conversores, 82
Disc jockey (DJs), **4**
Discos (vinil), 69, 75
Discos graváveis, sistemas usados por, 61-63
Distância dos microfones, 133, 137
Distorção, **243**
Distorções de som, 71
    Emissoras de rádio FM
        WQEW-AM/WQXR, 180
DJs (disc jockey), **4**
Dolby, **382**
Donuts, 281-282
Doubletracking, 386
Downlinks, 11, **199**
Drama/elementos dramáticos, 5, 19, 258
    considerações técnicas, 263-266
    enredo, 258
    estrutura de um drama, 258-259
    na produção de comerciais, 260-262
    papel do, na produção de rádio, 262-263
Ducking, 217, 252
DVD, 61, 66

E

EAS (Emergency Alert System), **187**-188, 227
Ecos, 243, 383-384
    forward echo, **384**
Edição
    auxiliada por computador, 214-222
    com um MiniDisc, 153-155
    copiando, colando e fazendo looping,
        148-153
    destrutiva, 140, **145**
    digital, **140,** 216-222, 329
    em aparelho de fita cassete, 100-101
    fazendo pontos de edição, **145**, 148

juntando trechos gravados, 157
não destrutiva, 147-148, 157
relatos informativos/notícias, 226
scrubbing, 145, 214
selecionar, 145, 147
transferência, 140, 156-157
usando estações de trabalho audiodigital
    (DAWs), 82-83, 144-145
usando MiniDiscs (MDs), 92-94
Edição auxiliada por computador, 214-222
Edição destrutiva, 140, **145**
Edição não destrutiva, 147-148, 157
Editando depoimentos e notícias, 327
Efeito de proximidade, **124**
Efeito dominó, 279, 280
Efeitos, 235. *Ver também efeitos sonoros* (SFX)
    tipos de, 236-239
    usando elementos sonoros para, 249
    uso da música para, 239-241
    velocidade e ritmo, 243-245
Efeitos especiais, 383-387
Efeitos, evitar, 283-284
Efeitos gerados por computador, 216
    gravação, 241
    histórico, 4-5
    produção em programas gravados, 179-181
    técnicas para, 386-387
    usos de, por produtores, 241-242
    utilização de ilusões, 263-266
Efeitos sonoros (SFX), 241, 276-277
Elementos de produção, 181-182, 237-249,
    283-289
Elementos do programa, velocidade,
    243-245
Elementos sonoros, escolhendo, 299
Emendar, 140, 142-144
Emergency Alert System (EAS), **187**-189, 227
Emissora comercial, 398-400
Emissoras
    automatização da, 186, **222**-229
    identificação das, pelo formato, 205
    mudando de formato por meio de, 8

promoções 246-247
trabalhadores da, 186
Emoções, 236, 238, 279-280
Emprego do celular, 328, 348-349. *Ver também* emprego do telefone
Encaixando o texto no tempo designado, 293
Energia de movimento, **106**
Energia, problemas com, 359
Entrevistas, incentivos para os entrevistados, 375-379
   estrutura de, 379-380
   por telefone, 339
   questões de sentido das respostas, 341-344
   tipos de, 339
Envelope sonoro (waveform), 114, **218**
Equalização de sinais de áudio, 40
Equalizadores gráficos, **378**
Equalizadores paramétricos, **378**-379
Equalizadores, 266, **367**, 378-379
Equipamento
   de rádio a distância, 346-354
   efeitos sonoros, 290, 387
   em estúdios de produção, 139
   esportes, 357-359
   nomes comerciais de, 348, 382
   organizando o equipamento, 198
   para gravação de multicanais, 363-371
   preparando, 355-356
   produção, 377-383
   redução de ruído, 101, 382
Equipamento remoto digital, 351
Era de Ouro do Rádio, 5, 449-450
ERP (apagamento, gravação, leitura, cabeças de), **98**
Erros, Os Cinco Maiores, 288-289
Escolha de microfones, 128-134
   construção de sentenças na redação de notícias, 297-298, 300, 313-314
Esportes a distância, 357-359
Estações de trabalho audiodigitais (DAWs), 82, 141, 144-145, 214-215, 363-367
Estalos, **174**

Estilo, 22, 193
Estilos musicais, 171-173
Estrutura do drama, 258-259
Estúdio
   equipamentos no, 163-165, 198
   estúdio de som caseiro, 284-285
   leiaute do, 162-166
   o mais moderno estúdio de gravação, 180
   trabalhando em, 166-168
   tratamento sonoro no, 165
Estúdio de som caseiro, 284-285
Estúdio/microfones prontos para usar, 125-127
Exemplos de mesa hipotética, 29-43
Experimentação, 181, 320, 373
Exposição, 259
Extraindo (retirando) um arquivo sonoro, **140**

F

Fade, 197
Fader master, **39**
Faders, **30**, 367
Faixa AM (amplitude), 200, 295
Faixa de FM (frequência modulada), 224
Faseamento/fasear, 174-176
Fast-Forward (FF) controle, 90, 99-100
Fazendo o cue
   CDs, 67
   contagem regressiva, 91
   disco de vinil, 69, 71
   discos, 33, 69, 71
   Fita, 90-91, 100
Fazendo pontos de edição, 144-146
FCC (Federal Communications Commission), 10
Feed de satélite, **199**, 226
   downlinks, 11, **199**
   moderno, 206
   para serviços de rede, 199
   uplink/downlink, 11, **199**
Fessender, Reginald, 4
Filtro acústico, 375

Filtro passa-alto, **380-381**
Filtros contra vento, **352**
Filtros passa-baixo, **380**
Filtros, 352, **367**, 380-381
Final falso, **196-197**
Fita de áudio, 75, **84**-86
Fita magnética, **75**, **83**-84
Fitas magnéticas, 83-86
Flangers/flanging, **290**, 383
Flannery, Jay, 284
Foco, falta de, 288
Fones de ouvido, 39
Formato "Jack", 9, 407
Formato Adult Contemporary (AC), 6, 9, 193, 201, 205, 243, 403
Formato Adult Standards, 403-404
Formato Classic Rock, **404**
Formato Classical, 404
Formato Contemporary Christian, 402
Formato Contemporary Hits, 404
Formato Country, 6, 172, 404-405
Formato da curva de resposta, 130
Formato Jazz, 172, 405
Formato Latino, 403
Formato Middle-of-the-Road (MOR), 403
Formato Modern Rock, 405
Formato New Adult Contemporary (new AC), 405
Formato Nostalgia, 420
Formato Oldies, 405-406
Formato Religious, 406
Formato Rhythmic top 40, 406, 419
Formato Smooth Jazz, 405
Formato Spanish, 406
Formato Top 40, 6, 401, 404, 412, 414, 416, 418
Formato Urban, 200, 205, 406-407
Formato Urban/Churban, 419
Formato WAV, 63-64
Formatos ready-to-use, 8
Formatos Rock, 172, 404, 405, 406, 415-416
Formatos, **3**-4
    colocando formatos no ar, 419-420

conhecendo seu, 205
construção de, 8-9
construindo, 8-9
da era de ouro, 5, 25
efeitos na audiência específica, 5-6
formatos, 392
gravando, 64, 92-93
para gravação em multicanais, 363-364
programando, 10-11
tendências, 403-407
Forward echo, **384**
Freberg, Stan, 271-272
Frequência, 76, **108**, **109**-110
Fundos musicais, **169**, 240, 288

G

Gerações, **156**, 182
Gerador de tonalidade, 109
Geradores, voz, 213
Gíria, na redação de notícias, 315
Gradiente de pressão, microfones, **116**-117
Gravação analógica, 67, 85, 382
    atribuindo microfones a baterias, 376
    cantores, 375-376
    colocando o texto nos comerciais, 293
    componentes isolados, **373**, 374-377
    digital *versus* analógico, 85-86
    digital, 76, 79-80
    efeitos sonoros, 241-242
    formatos, 84
    gravação de disco rígido, 80-82
    instrumentos musicais, 376-377
    MiniDiscs (MDs), 92-94
    mono, 372-373
    multicanais, 363, **364**-369
    música, 280-281
    processo, 76, 81
    quarter track, **96**
    totalidade sonora, 373-374
    two track, **96**
    voz no gravador, 249-250
Gravação analógica, 67, 85, 382

Gravação de componentes isolados, **373**, 374-377
Gravação de disco rígido, 80-82
Gravação digital, 76, 79-80
Gravação em mono, 372-373
Gravação em quarter track, **96**
Gravação em totalidade sonora, 373-374
Gravação multicanais, 363, **364**-369
Gravação two track, **96**
Gravações de voz, 249-250
Gravações, vinil. *Ver* discos (vinil)
Gross rating points, 397
GSM (Groupe Spècial Mobile), 350-351
Guias de fita, **88**

H
Hardware, **210**, 377-383
Harvey, Mike, 200
Harvey, Paul, 244
Headstacks, **100**
Hertz (Hz), 59, **108**
Hertz, Heinrich, 108
História do rádio, 4, 439, 459. *Ver também* Rádio moderno
Hoover, Herbert, 444
Hora de som, 420
Hot-potting, **71**
Humor, 205, 271, 287

I
Identificação (com um produto /serviço), 235-236, 238
Identificação (IDs), emissora, 202-203
Ilusões, 263-264. *Ver também* efeitos sonoros (SFX)
Improviso, **162**, 192, **204-205**, 307, 313, 318
Inconveniências, evitando, no ar, 196-197
Indicadores, gravadores de fita, 89-90
Informações, gravação em disco rígido, 75, 80-82
Inserção local, 202-204, 227, 228
Instrumentos musicais, gravando, 376

Interjeições, 204
Intersecções, 171
Intervalos, ondas, 107
Introduções, na redação de notícias, 311, 312
Inversores de fase, 374
ISDN, 349, 350

J
Jargão, 314-315
Jargões na redação de notícias, 314-315
Jingles, 170, 240, 281, 373

K
Kilohertz (kHz), quilohertz, 60

L
Lead-in para relatos de voz, 310-313
Leads, notícias, **298**
Leitura de VU "no vermelho", 30
Leitura de VU "zerada", 30, 31
Lendo no tempo definido, 293
Limitadores, **382**
Liners, 284, 290
Link impresso, **163**
Locutores (locutores/convidados), 174-177, 353-354. *Ver também* locutores
Locutores no início, 22
Locutores. *Ver também* performance
  apelos, propagandas, 274-280. *Ver também* público/ouvintes
  esportes, 357-359
  estilo de, 22-23, 193
  falantes (locutores/convidados)
  improvisação, **162**, 193, **204-205**, 307
  performance ao vivo, 22-23
  público AQH (average quarter-hour), 394, **396**
  qualidade vocal de, 245
  usando um microfone, 137, 196-197, 253, 352-353
Logs do programa, 188, 227
Ludlum, Mike, 313

M

Manipulando discos de vinil, 70-71
Mantendo o ritmo, 190-192
Marcação do som (cue), 306-308
Marcação, 306
Marcadores de saída, **33**, 369
Marconi, Guglielmo, 4
Mecanismos de gravação (gravadores analógicos), 98
Medição da audiência, método de, 393-397
Mesa da sala de controle, 33-39
Mesa de som, **27**
    diagrama de multicanais. *Ver também* diagrama do multitrilhas, 365
    digital (virtual), 44-46, 48-50
    funções da, 27-28
    multicanal, **364**-366, 370
    operação de, 47-520
    realidade *versus* digital (virtual), 48-49
    sugestões para operar, 206
    tipos de, 43-46
Mesas digitais (virtuais), 44-46, 48-49
Mesas multicanais, 366, 370. *Ver também* Mesa da sala de controle
Mesas virtuais, 48-50
Métodos de medição, audiência, 393-397
Microchips, **5**, 211
Microfonação coincidente, 374
Microfonação de meio lado, 374
Microfone de mão, 125
Microfone direcional, padrões de captação, 117-122, **175**
Microfones, **37**
    colocação de, 134
    coloração do som, 242-243
    componentes eletrônicos de, 113-117
    equipando vários locutores com microfones, 174-177
    escolha/uso de, 128-134
    padrões de captação (polar), 117-122
    qualidade do som e, 112
    resposta de frequência de, 122-124
    técnicas de gravação de componentes isolados, **373**, 374-377
    técnicas de gravação de totalidade sonora, 373
    técnicas de uso, 137, 174-177, 264-265, 352-353, 373-374
    tipos físicos de, 125-128
Microfones bidirecionais, **117**, 118-120, 265
Microfones cardioides, **117**, 119, **120**-121, 124, 128, 174, 175, 352, 374
Microfones com fones de ouvido, 354
Microfones condensadores, **113**, 117, 132
Microfones de bobina móvel, **113**
Microfones de fita, **113**, 116-117
Microfones de lapela, **127**
Microfones de par espaçado, 374, 388
Microfones dinâmicos, **113**, 131, 135
Microfones omnidirecionais, **117**-118
Microfones parabólicos, **358**
Microfones shotgun, 127, 358, 359
Microfones unidirecionais, 120, 121
Microfonia, **37**, 128. *Ver também* ruído
MIDI (musical instrument digital interface), **212**-214
MiniDiscs (MDs), 92-94, 153-155
Misturando fontes sonoras, 193-194
Mixagem multitrilhas, **162**, 215
Mixagem, **28**, 364
Mixdown, 366
Modelos de microfones nos padrões de resposta, **123**-124
Modelos de microfones, 126
Modelos de turnos, 189, 190-192
Modern Rock (ou rock novo), 405
Modulação de cue, 90-91, **101**, 201
Modulação, **32**
Módulos de entrada, 367-369
Monitores, **32**
Montagem/microfone de estúdio, 125-127
MOR (Formato Middle-of-the-Road), 403
Movimento, dando a ilusão do, 263-264
MP3s, **64**, 96-97

MPEG audio layer, 64
Mudança de estação, 412-414
Múltiple, **52**
Multitimbres, 213
Murrow, Edward R., 118
Música
   ao vivo, 3-4
   classificação genérica da, 172-173
   destacando temas com, 237
   em rádio comercial, 280-281, 288
   encontrando novas, 423
   escolhendo, 170-171
   estilos de, 171-173
   fontes de, 239-240
   gravando, 373-374
   músicas compatíveis, 414
   nova (new), 405, 414-415, 417, 422-423
   original, 281
   produção de alta qualidade, 412
   uso de, por produtores, 239-240
Música especializada, 173
Música popular, 173
Musical Instrument Digital Interface (MIDI), **212**-214

N

National Press Club, 18
National Public Radio (NPR), 14. *Ver também* rádio não comercial/pública
Níveis, 31-32, 40, 90, 133, 186
Noise gates, 381
Normalizing, 387
Notas tônicas, 413
Notícias/news-talk, 405
   edição de notícias, 298-299
   eventos especiais, 326
   exclusivamente locais, 320
   funções no planejamento das notícias, 318-319
   notícias locais com texto enviado, 320-321
   produção, 326-332, 417
   relato e leitura, 318-319
   reunindo, 296-297, 331-332
   talk shows, 324-326
NPR (National Public Radio), 14, 18, 185. *Ver também* rádio não comercial/pública
Números binários, 76-78

O

O uso dos "locutores" na redação de notícias, 316
O'Donnell, Lew, 273
Objetivos, dos produtores comerciais, 269
OES (optimum effective scheduling), **399**
Onda senoidal, 76, 107-109
Ondas, **107**, 110, 114
Open/Close, 90
Operação da mesa, 47-53
Operações combo, **21**, 187
Operadores (console), tarefas de, 31
Operadores de mesa, 186, 326
Oportunidades de trabalho, 17
Optimum effective scheduling (OES), **399**
Organizando o Equipamento, 198
Outputs (fontes), 39-40, 51-52
Ouvintes. *Ver* audiência; produção ao vivo
Overdub, **366**
Óxido de ferro, 80, **83**

P

Pacotes, airshifts, **20**
Padrões de captação hipercardioide, 119, **121**
Padrões de captação supercardioidal, 119, **121**
Padrões de resposta flat, **123**
Pagamento para obter eficiência, 398-400
Painéis (mesas). *Ver* Mesa de som
Painéis na sala de controle, 37-40
Painel de discussões, atribuindo microfones a, 174-175
Palavras técnicas, na redação de notícias, 314-315
Palavras, 314
Pan potting, **385**

Partes do dia, **228**
Patchbays, **51**
Patchcords, **51**
Patching, **51**-52
Performance ao vivo. *Ver* locutores
　produção ao vivo, 195-199, 204-205
　programação característica, 189
　sugestões para, 195-199
　vários formatos, 403-407
Performance, 22-23, 204-205. *Ver também* locutores
Pesquisa, audiência, 393, 396
Pessoal da locução (operação combo), 21
Pirâmide invertida, **298**
Pitch, mudando, 385-386
Placa de som, 285
Planejando antecipadamente, 195-196
Planos de fundo, nos dramas, 265
Playlists, 152, 420-421
Plugs XLR, **134**
Plugues (microfone), 134
Podcasting, 423
Pontuação na redação de notícias, 313-314
Pop filters, **352**
Pot master, 39
Potenciômetros (pots), **30**, 41
Pots de pan, **367**
Prato (do toca-discos), **67**
Pré-amplificadores (preamps), **30**
Prefixo da radiotransmissora, 197, 218
Preparação, 357
Preparando-se para o pior, 198
PRI (Public Radio International), 18
　Ver também rádio não comercial/pública
Processamento de texto, 329
Processo binário, **211**
Produção, **5**, 139
　(a distância) desafios para, 355-356
　a distância. *Ver* Produção à distância
　acervos, 169, 170
　adult contemporary, 403
　album-oriented rock (AOR), 406, 415-416

　ao vivo, no-ar. *Ver também* produção ao vivo
　apoiando temas, 237-239
　colocando formatos no ar, 419-421
　comerciais, 283-289
　definindo formatos através de, 401-402
　documentário, 262-263
　drama/elementos dramáticos, 260-262
　edição de notícias, 320-323, 331-332
　elementos de, 239-249, 260-262
　elementos musicais de, 239
　esportes à distância, 357-359
　eventos fora do estúdio, 352
　formato country, 416
　formato urban/churban, 419
　iniciativas promocionais da emissora, 289-291
　mudança de estação, 412-414
　news-talk fora do ar, 417
　notícias/assuntos públicos. *Ver* notícias/news-talk, 417
　objetivos do, 239
　problemas com, 249
　programas gravados. *Ver* produção de programas gravados
　top 40, 417-418
Produção a distância (externas)
　equipamento para, 346-354, 355-356
　esportes, 357-3590
　planejando a transmissão a distância, 354-357
　radiodifusão, 166
Produção ao vivo, 195-199, 204-205
Produção de programa gravado
　combinando elementos na, 181-182
　complexidade de, 162
　efeitos sonoros, 179-181
　gravado *versus* ao vivo, no ar, 161-162
　leiaute dos estúdios, 162-166
　música, 168-173
　trabalhando em estúdios, 166-168
　voz, 173-179
Produção de rádio. *Ver* edição

Produção fora do ar, 415-416
Produção independente, 284
   obrigações do 166-168, 186-189
   papéis de, 20-24
   responsabilidades de, 189, 269
Produção live-assists, **222**, 226
Produtores de programas
   assuntos públicos, **319**
   desenvolvimento no rádio, 11
   emissoras de rádio pública, 17
   formatos, 6-9, 400-412
   funções, computadores em, 9, 229-231
   notícias, 319
   nova música, 421, 422-423
   objetivos de, 6
   primórdios do rádio, 4-5
   Programação de assuntos públicos, **319**.
      Ver também Notícias/news-talk;
      Rádio não comercial/rádio pública.
   serviços de satélite, 226-227
Programação em formatos curtos, 200
Programação por wire-service, 199, **226**
Programadores, 419-420
Programas de ligações, 200, 324
Programas, 4-5
Promoções da emissora, 289-291
Promoções, 246-247, 289-291, 404
Propaganda/comerciais ausência de
   abordagens práticas de se aproximar, 274-283
   comerciais, 19
   elementos de comerciais eficientes, 271-274
   execução de, 280-283
   foco de um comercial, 273, 284-285, 287, 288
   frequência de vezes que se ouve um comercial, 280-281
   música em, 236, 280-281
   produção de comerciais, 269-291
   proporção do texto em comerciais, 293
   rendas, 10, 289
   responsabilidade dos produtores de, 269
   simplicidade das mensagens, 271-272, 288
   voz em, 281-283
Proporção de texto nos comerciais, 293
Publicação da informação, 337-339
Público atingido, 397
Público average quarter-hour (AQH), **396**

Q

Quadro de notícias, **324**
Quadro de pessoal reduzido, 185
Qualidade técnica, 287, 288
Qualidade, 274, 318, 391
Quantização, 78
Questões financeiras
   apoio para emissoras de rádios não-comerciais, 17
   contabilidade da rádio não-comercial, 17-20
   custos dos spots, 393, 397-400
   financiamento das emissoras de rádio pública, 17-20
   pagamento por eficiência, 398-400
   taxa de licença musical, 169, 170
Questões legais, 297, 329
Questões sobre entrevistas para noticiário, 359

R

Radio Advertising Bureau, 2, 271, 395, 403
Rádio moderno, 20-24. *Ver também* História do rádio
Rádio não comercial/pública, 17-18
Rádio por satélite, 11-16
Rádio Universitária, 422-423
Rádio web, 14-15
Rádio XM, 11-12
Rádio, história do. *Ver* história do rádio
RAM (random access memory), 82, **211**
Rarefações, **106**
R-DAT, máquinas, 84-88
Read Only Memory (ROM), **211**
Real *versus* digital (virtual) consoles, 49-50
Realizando operações combinadas, 206

Realizando uma airshift, 186
Receptores, para rádio por satélite, 11-12
Rede acústica, 120
Redes, **10**-11, 323-324
Redigindo notícias
    a notícia, 305
    atribuições na, 299
    cabeçalhos, 304-305
    construção da frase em, 298
    convenções do script em, 301
    datas em textos, 304-305
    "dizer" em, 315-316
    estilo, 297-298
    exemplo de texto de agências de notícias, 322
    introdução ao relato de voz, 310-313
    introduções em, 311-312
    jargão, 314-315
    marcação do som, 306-308
    nomes, 318
    números, 317
    pontuação em, 313-314
    símbolos e abreviações, 317
    tags de notícias, 308-310
    tempo do verbo, empregos em, 315-317
    tipos de fontes em, 301
    uso das palavras, 297-298
    usos do computador em, 301-304
    voz ativa *versus* voz passiva, 315
    voz passiva em, 315
Relação sinal-ruído, 31-32
Renderização, **366**
Responsabilidades, 21-24, 166-168, 189, 269, 298, 332, 345
Resposta de frequência dos microfones, 122-124
Retranca, 304, **321**
Reunindo notícias, 296-297, 329-331
Reverb, 382, **383**
Revisão, 323
Rewind (Rew), controle, 89, 90, 100
Ritmo, mantendo, 190-192, 243-245
Rolete de tração, **88**

ROM (read only memory), **211**
Roteamento, **28**, 43, 52
Rotinas, estabelecendo uma, 195
RP (Relações Públicas), 230-231, 336-337
Ruído
    ambiente, **359**
    de fundo, 181
    de microfones de mão, 125-126
    deletando, 215
    dispositivos de redução, 101, 382
    distorção do som, 71
    formatos do barulho perceptível, 63-65
    microfonia, **37**
    relação sinal-ruído, 31
    sibilar, **174**
    wow, 71

S
Saída, **33**
Saindo do normal, **52**
Sala de controle, 163
Sampling, **76**-80
Satélites geostacionários, **199**
Scripts, 301
Segurança, 148, 206, 356
Seleção (ou backsells), 415
Seletor, 155
Seletor, 36, 43
Separação sonora, 180
Sequência baseada em tarefas, **166**
Sequência de looping, 148-153
Sequenciadores, 213
Set de preparação para trabalho a distância, 355
SFX, efeitos sonoros, 241, 276-277
Shares, audiência, 396
Simplicidade nas mensagens comerciais, 288
Sinais
    amplificação/roteamento/mixagem, 28
    equalização de áudio, 40
    estéreo, 47
    frequência de sampleamento (sampling), **59**, **76**

frequência/volume, 111
roteamento, **28**, 222
Sinais estéreo, 47, 369, 371, 383
Sinais manuais, 177-179
sinais remotos, transmitindo, 348-349
Síndrome rip-and-read, 321
Sintetizador, 213
Sirius, 11-12
Sistemas mute, **37**
Sistemas, microfones, 125
Sites de internet
    canal exclusivo, 2
    radar, 14
    Rádio CBS, 14
Slipcueing, 71
Slogans, 269, 290, 319
Slots, 226
SmartSound, 216-217
Software, 48, 82, **210**-212, 215-217, 382.
    Ver também tecnologia
Software de automação, 9, 50, 185-186, 203, 223-226
Solos (mutes), **367**
Som ambiente, **297**, 359
Som ambiente, 359, 361
Som de coberturas ao vivo, 182
Som digital, 60, 96-97
Som, 28
    acervos, 169-170, 180, 239, 241, 280
    ambiente, **297**, 359
    amplitude, 109, 110-111
    coloração do, **242-243**
    componentes do, 107-109
    das palavras, 248
    digital, 96-97
    distância do, 112
    duração do, 112
    efeitos, 5, 179-181, 241-242
    evitando a reflexão do, 164, 165, 180
    frequências, 108, 109-110
    gravação da totalidade sonora, 373-374
    localização espacial do som, 371-372

misturando as fontes sonoras, 193-194
modeladores, **367**
moléculas, **107**
qualidade, 112
real, **182**
rede acústica, 120
separação, 180
superposição de fontes, 185
técnicas, 383-387
tom puro, 107
usando efeitos de finalização, 249
versus áudio, 27
"Som" de uma emissora, 3, 189-194
Sons, relações espaciais de, 371
Sound Bite, **142**, 297
Spatial enhancers, **383**
Spots, 250-252, 287, 409, 412
Stinger, **241**
Stopsets, **227**
Submixing, 50-51
Suspense, 259
Switcher de roteamento, **30**, **51**
Switches de seleção, 36
Switches, 348-349

T
Tag de notícias, 308-310
Talk shows com uma pessoa, 324
Talk shows, tipos de, 324-326
Tapes, apagar (bulk erase), 95
Tecla de record (Rec), 89, 99
Tecla de record mute, 90
Tecla de stop, 90, 100
Técnicas de apresentação no ar. *Ver* locutores; tecnologia e performance
Técnicas psicoacústicas, 97
Tecnologia digital, 58-60, 214, 230-231
Tecnologia e performance, 14-15, 96, 114-115, 284-285, 329-331, 348-349, 422-423
Tecnologia wireless, 229
Tecnologias sólidas, **5**

Tempo de ataque, **382**
Tempo de liberação, **382**
Tempo no ar, 161-162
Tempo/velocidade, 216, 243-244
   elementos do programa, 226-227
   tempo de ataque, **382**
   tempo de liberação, **382**
   texto no tempo determinado, 293
   velocidade de busca, 82
Tendências, 403
Termos ofensivos no ar, 195
Texto, princípios do, 248-249
Timbre, 112
Time Spent Listening (TSL), 397
Toca-discos de tração direta, 67
Tonalidades de músicas, 413, 414
Trabalhos com grupos, gravando, 377
Transdução, **69**
Transdutores, microfones, **106**, 125
Transferência, **140**, 156-157, 181-182
Transições, 413
Transmissão ao vivo, 201
Transmissão atrasada, 202
Transmissor de dados, 188
Transmissor, 191
Tratamento sonoro em estúdio de produção, 165
Trechos de entrevistas, 340-341
Trilha, **91**, **96**
Trilhas, **169**, 170-171, 215, 216-217, 240, 288
Turnover, 396
Tynan, Bill, 246-247

U

Unidade de processamento central (central processing unit – CPU), **211**
Unidade de volume (VU), medidor de, **31**, 90
Uplinks, 11, 199
Uso do computador. *Ver* também automação
   edição, 17, 214-222

efeitos gerados por computador, 212-214
funções de, 215, 225, 227-228, 232
na função de programação, 229-232
na redação de notícias, 297-298
para a coleta de notícias, 329
princípios básicos do, 210-212
radiodifusão digital, 105
uso do mouse, 215
Uso do telefone, 328-329, 335-336

V

Velocidade do som, 112
Velocidade/evolução dos efeitos, 244
Velocidades de busca, 82
Velocidades, mudando. *Ver* pitch
Vertical/slider fader, 1, 43
Vinil. *Ver* discos.
Vocais, como fundo para anúncios, 241
Voice actuality (VA), 310
Voice wrap, 299. *Ver* Voice actuality (VA)
Voice-tracking, 166
Voicers (Relato direto), 299
Volume, **28**
Voz
   ativa *versus* passiva, na redação de notícias, 315
   compatibilidade dos anunciantes, 282
   em comerciais, 281-283
   geradas por computador, 236
   gravação, 249-250
   na produção de programas gravados, 174-177
   qualidade da, 245

W

WAV, 63-64
Waveforms, **109**, 141-143, 220
WEAF, 278
Westinghouse Company, 442-444
Westwood One, 200
Winchell, Walter, 244